《论语》的真相 上

贾志刚 著

广西师范大学出版社
·桂林·

LUNYU DE ZHENXIANG
《论语》的真相

图书在版编目（CIP）数据

《论语》的真相：上下册 / 贾志刚著. --桂林：广西师范大学出版社，2023.3
 ISBN 978-7-5598-5656-2

Ⅰ．①论… Ⅱ．①贾… Ⅲ．①《论语》—研究 Ⅳ．①B222.25

中国版本图书馆 CIP 数据核字（2022）第 222217 号

广西师范大学出版社出版发行

（广西桂林市五里店路 9 号　　邮政编码: 541004）
　网址：http://www.bbtpress.com

出版人：黄轩庄

全国新华书店经销

广西广大印务有限责任公司印刷

（桂林市临桂区秧塘工业园西城大道北侧广西师范大学出版社集团有限公司创意产业园内　邮政编码: 541199）

开本：720 mm × 1 010 mm　1/16

印张：60　　　字数：1 184 千字

2023 年 3 月第 1 版　　2023 年 3 月第 1 次印刷

定价：169.00 元（上下册）

如发现印装质量问题，影响阅读，请与出版社发行部门联系调换。

序一　我为什么要解读《论语》

首先我想说说为什么要写这本书。

我们知道,从古至今,解读《论语》的人成千上万,各类因《论语》而成的大师也是不胜枚举。既然有了这么多解说,为什么我还要来凑这个热闹?因为我要讲的是《论语》的真相。

先来说说我对《论语》了解和理解的过程。

从前我对《论语》毫无兴趣,不过还是买了几本解读《论语》的书来装模作样。不看还罢,看了几眼之后,对《论语》平添了几分厌恶,感觉满篇絮絮叨叨的仁义道德都是骗人的把戏,感觉孔子就是一个骗子。

后来写《说春秋》,第七部是"孔子世家",不得不硬着头皮去研究《论语》。这个时候,因为时代背景已经很清晰,所以对于孔子的言行多了许多理解。到写完"孔子世家",《论语》的背景就都了然于胸了。

到这个时候,对孔子的印象就是一个邻家大爷,是一个看上去严肃,实际上很和蔼、慈祥、博学、幽默的老师。《论语》并不枯燥,也并不说教。也是这个时候我发现,历来的解读者九成以上根本不了解《论语》的时代背景,也不了解孔子的个人背景。

我决定重新解读《论语》,于是,就有了《说论语》的出版。

《说论语》以时间、人物、概念为线索,对《论语》所有章节重新排序。于是,我们就可以很清晰地看到《论语》中每一章的事件背景、孔子和学生之间的关系、孔子的思想变化过程。

可以说,《说论语》给出了《论语》绝大多数章节的背景和真相,这是此前的同类书所不具备的。

当时我很得意,我认为《论语》不过如此,不过是老师和学生之间的对话,并没有太大的价值。后来的若干年里,我接触并且感受到世界上各种文化的差异。文明程度越高,人们就越是懂得守规则、反思、包容、自尊、自信等。我猛然发现,其实这些东西一样不少都是《论语》所强调的。

我用了很长时间去思考这个问题,最终我明白了一点:孔子生活在一个贵族的时代,他所宣扬的周礼就是贵族的规则。

我们知道,孔子生活在贵族社会的时代。可是,从秦朝开始,中国进入了皇权专制社会。这是两种完全不同的文化。所以我恍然大悟,为什么历来的解读者们无法正确解读《论语》呢，因为他们与孔子生活在截然不同的两种文化下。

孔子强调反省、包容、自尊、守规则、礼仪礼节、情商、统治者以身作则，反对忠君思想，践行言论自由思想自由……而绝大多数解读者的解读原则只有一个：忠君爱国。

有人说了，大师们强调的不是忠君爱国，而是仁义道德。不错，可是，强调仁义道德的目的就是要忠君爱国。

可以说，他们的解读与孔子的本意南辕北辙。

孔子和《论语》被误解很多年。

循着这样的思路，我开始整理《论语》中所要表达的贵族精神，也就是孔子所说的君子的精神。最终，我得到了贵族精神十八条标准，并依此对《论语》进行了重新排序和解读。

到这个时候，我感觉自己才算真正理解了《论语》，感受到孔子的伟大。他为这个国家、民族留下了一份最为宝贵的财富，让我们有机会、有可能重拾贵族精神，在骨子里留下一点贵族的血脉。

我希望这部书能够让读者重新认识《论语》、孔子。但更重要的是，我希望这本书能够帮助大家重新了解贵族精神，重新成为一个贵族、一个走到全世界都受尊重的人。那时，我们才有资格说我们的文化复兴了。

为了让读者更好地理解《论语》，我决定采取对比的方式解读《论语》。所以，我在这里挑选了几位大师的解读来进行对照，他们都是我尊重的学者。

这几位大师和他们的著作就是：钱穆先生和《论语新解》、杨伯峻先生和《论语译注》（用于本书第二册）、南怀瑾先生和《论语别裁》、李零先生和《丧家狗：我读〈论语〉》、李泽厚先生和《论语今读》（用于本书第一册）、傅佩荣先生和《傅佩荣解读论语》（用于本书第二册）、鲍鹏山先生和《论语新读》（用于本书第一册）。

子曰：君子和而不同。如有得罪之处，还望大师们海涵。当然，如果你的手头还有其他人的《论语》解读，不妨自己拿来对照，择优从之。

序二　要从《论语》学做人

《论语》究竟讲什么？或者说，我们要从《论语》中学什么？或者说，讲解《论语》，究竟是想告诉读者什么？简单说，《论语》的价值是什么？

钱穆说"孔子之教人以学，主在学为人之道"。南怀瑾说"我们把整部《论语》研究完了，就知道孔子讲究做人做事，如何完成做一个人"。李零说"我读《论语》……目的无他，我们需要的是一个真实的孔子，特别是在这个礼坏乐崩的世界"。李泽厚认为对《论语》"加以新的解说发挥，它……也可以与《圣经》、佛经……一样起着……慰安人际、稳定社会、健康身心的功能作用"。傅佩荣认为《论语》的价值在于"教人们走上人生正道"。鲍鹏山认为"《论语》在告诉我们要做什么样的人，也是给我们一生的依据"。

基本上，多数大师认为《论语》是孔子教学生做人的道理。其中，李泽厚认为《论语》可以起到宗教圣典的作用。在这一点上，我与大师们是相同的，我认为《论语》就是教人怎样做人。

做怎样的人呢？很简单，做一个贵族。

孔子宣扬的是周礼，教学生的是六艺。无论是周礼还是六艺，都是用来培养贵族的，都是贵族所要求具备的行为规则和才能。只有明白了这一点，才能从《论语》中发现和归纳贵族的标准，才能按着这些标准培养我们自己的贵族精神。

我很喜欢李零先生那句"特别是在这个礼坏乐崩的世界"，因为这确实是一个礼坏乐崩的世界，经过了几千年的专制统治之后，贵族精神已经荡然无存。

好在，我们有《论语》。

接下来要做的，就是按照贵族精神的十八条标准来解读《论语》。

请注意，绝大多数解读者是按照自己的固有思维去解释《论语》，而我是按照从《论语》中总结出来的思想去解读和还原。

这部书分为两册，第一册的内容是对从《论语》总结出来的十八条贵族精神标准的逐条解说；第二册的内容则是孔子教导学生具备贵族精神的具体案例，有成功的有不成功的，但是都能给我们带来启发。

序三 《论语》排序学问大

在正式开始之前,我们先解决两个小问题。

第一,《论语》是谁编纂的?

这个问题历来有争议,不过前文提及的几位大师似乎都没有提到这个事情。

其实这是一个简单的问题,《论语》就是曾参和他的弟子编纂的。依据在哪里?整部论语,只有孔子、有若和曾参从头到尾被称为"子",钱穆注意到了这一点。

第二,为什么《论语》的排序是混乱的?

关于这个问题,钱穆曾经提过,不过没有解释。其他几位大师没有提出这个问题,当然就不会有答案。

那么,我来给出一个合理的解释。

当初编纂《论语》的时候,排序是个大问题,按照什么标准来排呢?年龄、成就、辈分、财富、官职?哪一样都不好。就像校友会聚餐,座次的排列总是令人头疼。最好的办法是什么呢?就是只排主桌,其他自由落座或者随机安排。这样做,既能突出重点,又能皆大欢喜。

《论语》的排序就是这样的,尽管总的排序混乱,可是第一篇只有五个人出场,第一个出场的是孔子,之后的顺序是有若、曾参、子夏和子贡。看出来了吗?孔子,祖师爷;有若,孔子学校的时任校长;曾参,孔子学校的时任教务主任、《论语》编纂小组组长;子夏,当时天下霸主魏文侯的老师;子贡,时任中国首富、孔子学校主赞助商。

看上去很俗是吧?

其实一点儿也不俗,神仙开会也是要讲顺序的。梁山好汉喝酒也是一样啊,主桌是几个大头领,其余都是自由组合。

有人质疑:你说法不对,子禽也在第一篇出现啊。

我的回答是:你认为端菜的服务员也算出席盛宴吗?

目 录

第一篇　贵族精神标准之一：不抱怨

第一章　人不知而不愠　　　　　　　　　　　3
第二章　求仁得仁，又何怨　　　　　　　　　6
第三章　婚姻的敌人是抱怨　　　　　　　　　9
第四章　无力改变别抱怨　　　　　　　　　　11
第五章　多想办法少抱怨　　　　　　　　　　13
第六章　知足者常乐　　　　　　　　　　　　16
第七章　工作中不要抱怨　　　　　　　　　　18
第八章　若想上进别抱怨　　　　　　　　　　21
第九章　不怨天，不尤人　　　　　　　　　　23
第十章　无怨才能坦荡　　　　　　　　　　　25
小结　抱怨，你就输了　　　　　　　　　　　27

第二篇　贵族精神标准之二：自省

第一章　管仲知礼吗？　　　　　　　　　　　31
第二章　孔子的自省　　　　　　　　　　　　34
第三章　好学生为什么没有好结果？　　　　　38
第四章　一日三省　　　　　　　　　　　　　41
第五章　了解别人更重要　　　　　　　　　　44
第六章　躬自厚而薄责于人　　　　　　　　　47
第七章　君子求诸己　　　　　　　　　　　　49
第八章　见贤思齐　　　　　　　　　　　　　51
小结　自省改变命运　　　　　　　　　　　　53

第三篇　贵族精神标准之三：知耻

第一章　有耻和无耻　　　　　　　　　　　57
第二章　贫富与羞耻　　　　　　　　　　　59
第三章　没有朋友是可耻的　　　　　　　　61
第四章　修行不以穷苦为耻　　　　　　　　64
小结　知耻，要从小抓起　　　　　　　　　67

第四篇　贵族精神标准之四：守规则

第一章　所有人都要守规则　　　　　　　　71
第二章　守规则从上层开始　　　　　　　　74
第三章　规则比领导人重要　　　　　　　　76
第四章　我为孔子卸黑锅　　　　　　　　　77
第五章　规则和美德　　　　　　　　　　　79
第六章　规则和行为　　　　　　　　　　　81
第七章　中庸也是规则　　　　　　　　　　83
第八章　守规则少犯错　　　　　　　　　　85
第九章　规则改变习惯　　　　　　　　　　86
第十章　规则不到义来补　　　　　　　　　88
第十一章　礼让也要守规则　　　　　　　　90
第十二章　规则与形式的关系　　　　　　　92
第十三章　宁要规矩不要排场　　　　　　　94
第十四章　求婚的规矩　　　　　　　　　　96
第十五章　是可忍孰不可忍　　　　　　　　98
第十六章　不守规则是可以互相影响的　　　101
第十七章　规则的破坏　　　　　　　　　　103
第十八章　见色忘义　　　　　　　　　　　105
第十九章　官场和职场的礼　　　　　　　　107
小结　为什么要学习贵族精神　　　　　　　109

第五篇　贵族精神标准之五：自尊自爱

第一章　给别人留下自尊　　　　　　　　　113
第二章　自尊和虚荣　　　　　　　　　　　115
第三章　尊严和以直报怨　　　　　　　　　117

第四章　以直报怨　　　　　　　　　　119
第五章　患得患失往往牺牲尊严　　　　121
第六章　做好本职获取尊重　　　　　　123
第七章　远离羞辱　　　　　　　　　　124
第八章　自信　　　　　　　　　　　　125
第九章　坦诚是最大的自尊　　　　　　129
小结　自尊，然后有尊严　　　　　　　132

第六篇　贵族精神标准之六：自知

第一章　巧言乱德　　　　　　　　　　135
第二章　知难而退　　　　　　　　　　141
第三章　悬崖勒马　　　　　　　　　　143
第四章　知进退保平安　　　　　　　　146
第五章　正直更要知进退　　　　　　　148
第六章　装傻是一种境界　　　　　　　151
第七章　乱世更需谨慎　　　　　　　　153
第八章　知取舍　　　　　　　　　　　156
第九章　不在其位，不谋其政　　　　　159
第十章　理智战胜面子　　　　　　　　161
第十一章　别把自知当谦虚　　　　　　163
第十二章　别把自知当骄傲　　　　　　167
第十三章　人无远虑，必有近忧　　　　170
小结　自知，知进退知取舍　　　　　　172

第七篇　贵族精神标准之七：勇敢

第一章　勇敢不是不怕死　　　　　　　175
第二章　有错就改才是勇敢　　　　　　177
第三章　闻过则喜才是勇敢　　　　　　180
第四章　过而不改，是谓过矣　　　　　182
第五章　见义勇为　　　　　　　　　　184
第六章　仁者必有勇　　　　　　　　　186
第七章　勇者不惧　　　　　　　　　　188
小结　勇，不要好勇　　　　　　　　　190

第八篇　贵族精神标准之八：包容

第一章	君子和而不同	193
第二章	周礼是包容的产物	196
第三章	不要求全责备	198
第四章	反面典型子张	200
第五章	环境的影响	203
第六章	肯定式教育	205
第七章	孔子的包容精神	208
第八章	孔子的博大胸襟	210
第九章	多包容就能少抱怨	212
第十章	让人说话天不会塌	214
小结	全球化时代更需要包容	216

第九篇　贵族精神标准之九：敬畏

第一章	君子有三畏	219
第二章	态度决定一切	221
第三章	每事问	224
第四章	慎终追远	226
第五章	敬鬼神而远之	228
第六章	天道不可欺	231
第七章	敬畏后人的评价	234
小结	没有敬畏，所以没有底线	236

第十篇　贵族精神标准之十：诚信

第一章	人而无信步履维艰	239
第二章	信是义的体现	240
第三章	公信力	242
第四章	如何建立公信力	244
第五章	职场成功需要信	247
第六章	缺乏诚信活得累	249
第七章	义，从守信开始	251
小结	重建诚信，从公信开始	253

第十一篇　贵族精神标准之十一：坚持与变通

第一章　坐怀不乱——柳下惠的坚持　　257
第二章　底线与理想——孔子的坚持　　260
第三章　撞上南墙也不回头　　263
第四章　骨感的理想也是理想　　265
第五章　知其不可而为之　　267
第六章　别把龙套当主角　　269
第七章　不义的富贵如浮云　　271
第八章　君子贞而不谅　　273
第九章　学会变通　　275
第十章　"碰瓷"难题　　278
第十一章　同学关系的最高境界　　281
第十二章　孔子的坚持与变通　　283
第十三章　匹夫不可夺志　　285
第十四章　最坚定的坚持是信仰　　287
小结　我们需要一个底线来坚持　　289

第十二篇　贵族精神标准之十二：人性与孝道

第一章　以人为本就是人性　　293
第二章　执法的人性　　294
第三章　法与亲情的纠结　　295
第四章　孝是做人的基础　　298
第五章　三年不改父道的孝　　300
第六章　孝也要遵从周礼　　302
第七章　孝子担忧父母的健康　　304
第八章　孝和敬的关系　　305
第九章　学生对老师的孝　　306
第十章　不要与父母争执　　308
第十一章　老师对学生的爱　　310
小结　人性必须受到尊重　　312

第十三篇　贵族精神标准之十三：礼仪礼节

第一章　君子之争　　315

第二章　君子讲礼不讲力　　　　　　　　　317
第三章　丧葬的规矩　　　　　　　　　　　318
第四章　同情心　　　　　　　　　　　　　320
第五章　祭祀斋戒的规矩　　　　　　　　　322
第六章　祭祀的本质还是礼　　　　　　　　324
第七章　礼轻诚意重　　　　　　　　　　　326
第八章　饮食卫生要讲究　　　　　　　　　329
第九章　家居衣着不随便　　　　　　　　　331
第十章　于细节处见人品　　　　　　　　　333
第十一章　官场礼仪要注意　　　　　　　　336
第十二章　教俭戒骄　　　　　　　　　　　340
第十三章　祭祀的过程　　　　　　　　　　342
小结　所谓礼仪之邦　　　　　　　　　　　345

第十四篇　贵族精神标准之十四：文化修养

第一章　思无邪　　　　　　　　　　　　　349
第二章　乐而不淫　　　　　　　　　　　　351
第三章　感情骗子的分手诗　　　　　　　　354
第四章　诗的作用　　　　　　　　　　　　356
第五章　入门诗　　　　　　　　　　　　　359
第六章　有知识不等于有能力　　　　　　　361
第七章　音乐发烧友的境界　　　　　　　　363
第八章　好的音乐直抵心灵　　　　　　　　365
第九章　文质彬彬，然后君子　　　　　　　367
第十章　有文化没修养　　　　　　　　　　369
小结　要文化更要修养　　　　　　　　　　371

第十五篇　贵族精神标准之十五：学习与创新

第一章　学知识好比学走路　　　　　　　　375
第二章　举一反三　　　　　　　　　　　　377
第三章　乐趣是最好的老师　　　　　　　　379
第四章　三人行到底是几个人　　　　　　　381
第五章　学而不厌，诲人不倦　　　　　　　383
第六章　求知者的四个层次　　　　　　　　385

第七章	是自我吹嘘还是谦虚	387
第八章	学与思的关系	389
第九章	急于求成，求的什么成	391
第十章	孔子教的是什么	393
第十一章	温故而知新	396
第十二章	学习需要恒心	398
第十三章	好学不等于安贫	400
第十四章	后生可畏	402
第十五章	不要跟脑残浪费时间	403
第十六章	把话说清楚就行了	405
第十七章	孔子是学理工科的	407
第十八章	招生广告	409
小结	不要执迷于标准答案	412

第十六篇　贵族精神标准之十六：语言

第一章	前言戏之耳	415
第二章	不失自尊的语言	417
第三章	化解尴尬的语言	420
第四章	困境中的语言	421
第五章	颜回的名言	424
第六章	颜回对孔子的赞扬	426
第七章	这才是使者的语言	428
第八章	犀利的反问	430
第九章	反面教材宰我	432
第十章	正面教材子贡	434
第十一章	巧妙的引导	437
第十二章	退让的语言	439
第十三章	表扬一下自己	442
第十四章	不卑不亢	444
第十五章	讷于言而敏于行	446
小结	藏起自己的锋芒	448

第十七篇　贵族精神标准之十七：德

第一章	以德治国是怎么回事	451

第二章　靠忽悠是不行的　　　　　　　　　453
第三章　上梁不正下梁歪　　　　　　　　　455
第四章　君子之德风　　　　　　　　　　　457
第五章　善待与教化　　　　　　　　　　　459
第六章　自己的德和别人的德　　　　　　　461
第七章　缺德不能赖别人　　　　　　　　　463
第八章　习惯也是一种德　　　　　　　　　465
第九章　德比品德更重要　　　　　　　　　468
第十章　德比能力更重要　　　　　　　　　470
第十一章　损害德的两种行为　　　　　　　472
第十二章　与民争利招致怨恨　　　　　　　475
第十三章　让自己的百姓成为榜样　　　　　477
第十四章　德的反面　　　　　　　　　　　479
第十五章　知德者鲜矣　　　　　　　　　　481
小结　"德"早已不复存在　　　　　　　　482

第十八篇　贵族精神标准之十八：仁

第一章　己所不欲，勿施于人　　　　　　　485
第二章　吃亏是福　　　　　　　　　　　　487
第三章　仁的三个层次　　　　　　　　　　489
第四章　别把自己当圣人　　　　　　　　　491
第五章　仁人和圣人的不同　　　　　　　　493
第六章　仁是做人的根本　　　　　　　　　494
第七章　交友要看性格　　　　　　　　　　496
第八章　为人处世三大爱好　　　　　　　　498
第九章　为人处世的"三戒"　　　　　　　501
第十章　为人处世的"九思"　　　　　　　502
第十一章　守成的第一要素是仁　　　　　　504
第十二章　人穷志短　　　　　　　　　　　506
第十三章　仁者乐山　　　　　　　　　　　508
第十四章　仁的宗教化　　　　　　　　　　510
第十五章　杀身成仁，成什么仁　　　　　　513
小结　让"仁"回归本原　　　　　　　　　516

第一篇

贵族精神标准之一

不抱怨

什么是抱怨？简单说，就是把失败的责任、不幸的原因推到别人的头上。

抱怨，通常是一种弱者的行为。

不抱怨，这是孔子在《论语》中反复强调的一点，也是孔子自己努力去做到的一点。

原本，不抱怨应当是贵族精神中的第三条，但是因为《论语》的第一章就在强调不抱怨，因此我把它提到了第一条。

人生不如意事常八九，真的贵族不抱怨。

为什么不抱怨？

因为喜欢抱怨的人通常不会去反思自己，一个喜欢抱怨的人通常不敢承担责任，也不会去改变自己。

因为一个喜欢抱怨的人注定是一个失败的人。

第 一 章

人不知而不愠

1·1（1·1）子曰："学而时习之，不亦说乎？有朋自远方来，不亦乐乎？人不知而不愠，不亦君子乎？"

【译文】
孔子说："学了又时常温习，不是很愉快吗？有朋友从远方来，不是很高兴吗？人家不了解我，我也不抱怨、恼怒，不是一个君子吗？"

现在我们来看《论语》的第一篇第一章，也就是整部书的开篇。我们要解决四个问题：第一，主语是什么？第二，"亦"怎么理解？为什么要用反问句？第三，这段话的背景是什么？第四，为什么用这一章作为整部《论语》的开篇？

这一章的文字意思非常清晰，可是如果忽略了几个细节，那么在理解上就会差之千里。

首先解决第一个问题：主语是什么？

钱穆：本章乃叙述一理想学者之毕生经历，实亦孔子毕生为学之自述。

所以，主语是孔子自己，推及大家。

李零：这是在对学生们训话，主语是学生们。

南怀瑾、李泽厚和鲍鹏山都认为主语是"每个人"。除了钱穆认为这段话是孔子在说自己，其余人都认为主语是非特定的人，李零则认为是学生们。但是，对于绝大多数学生来说，其实根本不存在"有朋自远方来"和"人不知"的问题，所以这样的话是不太可能针对学生的。

这段话的主语应当是孔子自己。

之后我们来解决第二个问题："亦"怎么理解？为什么要用反问句？钱穆和南怀瑾、李零都没有翻译和解读。李泽厚解释为"是"，鲍鹏山释为"也"。

那么，这个"亦"字究竟应该怎么翻译呢？

"学而时习之，不亦说乎？有朋自远方来，不亦乐乎？人不知而不愠，不亦君子乎?"当你发现这是反问句的时候,我相信你的第一感觉就是:这三句一定是反驳,是辩解,并且是强烈的反驳和辩解。

"亦"在这里可以有两种解释,第一种是"也",但是这个解释使得整句的语气看上去很软很怂;第二种则是表强调的语气助词,在句子中当成"正是""就是"来解读,这样的话,整句的语气就很强烈、自信。

毫无疑问,"亦"的正解是"就是,正是"。

之后我们可以来解决第三个问题了:这段话的背景是什么?

首先,作为反问句,前面的问句是什么?是谁提出的问题?

从强烈反问的语气我们可以知道,前面的问句和提问的人是来者不善的。

提问题的可能是任何人,但是我给出一个最恰当的人选,这个人就是叔孙武叔。叔孙武叔是谁?三桓之一、叔孙家族的家长。叔孙家族与孔子的关系一向疏远,叔孙武叔对孔子也一向看不起,但是特别佩服子贡,《论语》中就有两处叔孙武叔在子贡面前贬低孔子,被子贡一通训斥的记载。

现在,我们来尝试还原现场。

当孔子给弟子上课的时候,叔孙武叔来砸场子了:"孔老师,你学了这么多知识,到头来还是个教书匠,你是不是很郁闷?周游列国这么多年,像只丧家犬一样,最后灰溜溜地回来,在鲁国也没有几个朋友,你是不是很失败?你的学说没人赏识,你的主张没有人认同,是不是说明你这个人人品很差?"

基本上,这就是前面的三句问话。

这话当然要反驳,于是孔子反问道:"我的学问虽然没什么使用的地方,可是我经常温习练习,不正是快乐?虽然我在鲁国没几个朋友,可是常有国际友人来看望我,不就是愉悦?虽然没什么人了解我认同我,可是我不生气不恼火不抱怨,难道不正是一个君子?"

现在解决最后一个问题:为什么这一章放在了整部《论语》的开头?

> 钱穆:以本章列本篇之首,实有深义。学者循此为学,时时反验之于己心,可以自考其学之虚实浅深,而其进不能自已矣。
>
> 李零:这样的编排没什么特别的意思,好像研究生入学,导师给他们训话,主要是讲学习的快乐。
>
> 李泽厚:作为论语首章,并不必具有深意。……"学"者,学为人也。学为人而悦者,因人类即本体所在,认同本体,悦也。友朋来而乐,可见此本体乃群居而作个体独存也。"人不知而不愠",则虽群却不失个体之尊严,实在与价值也。此三层愈转愈深,乃"仁"说之根本,乐感文化,实用理性之枢纽。作为论语首章,不亦宜乎。

南怀瑾和鲍鹏山没提这个问题。那么，这三句反问作为全书的开篇真的没有任何深意？绝对不是。

之所以用这三句话开篇，是因为这是孔子一生的真实写照，是孔子一生的总结，也是孔子作为君子的证明。

为什么这样说？

从某个角度来看，孔子的反驳是苍白的。首先，学习的目的是什么？孔子最得意的门生子夏说了：学而优则仕。学习的目的就是为了出仕，发挥自己的才能，而不是拿来温习的。孔子满腹经纶而没有平台去发挥，只能不断地温习，不是很失败的事情吗？同样，孔子在鲁国很少朋友，只有卫国的朋友有时来看望，不是也很孤独吗？没有人认同你赏识你，不是说明你做人不成功吗？

所以，这段话就是孔子一生的写照：学而时习之（学问没有发挥的地方，只能自我欣赏）；有朋自远方来（国内没什么朋友）；人不知（不受赏识和理解）。

从这个意义上说，孔子的一生真是足够失败。可是，事情如果反过来看，就完全不同了。

"学而时习之"，可是依然很快乐；"有朋自远方来"，可是依然很快乐。前两句的意思是孔子即便不如意，也能自得其乐，这并不容易。

但是，最重要的是最后那一句。"人不知"，可是，不愠。不管生活怎样对待我，我不生气，不沮丧，不抱怨，我心甘情愿，情绪稳定，落子无悔。不错，我的一生很失败，可是我知道自己是对的，我为自己的信念和理想努力过。就算失败，我坦然接受，我相信历史总有一天会证明我的正确。

要做到这一点，更不容易。能做到这一点的，一定是个君子。什么是君子？就是具有贵族精神的人。

不抱怨，这就是孔子身上贵族精神的体现。

孔子的一生一直在反思，他也有困惑也有烦恼，不断反思的结果是他发现自己的主张与环境并不相容，可是他无法改变环境。那么，是改变自己适应环境，还是坚持自己的理想并忍受挫败？孔子选择了后者。

一生奋斗，归于失败，可是孔子不抱怨。这，正是孔子最伟大的地方。

因此，《论语》中给出的十八条贵族标准的第一条就是：不抱怨。

我们学习这一章的收获就是三个字：不抱怨。

第二章

求仁得仁，又何怨

1·2（7·15）冉有曰："夫子为卫君乎？"子贡曰："诺；吾将问之。"入，曰："伯夷、叔齐何人也？"曰："古之贤人也。"曰："怨乎？"曰："求仁而得仁，又何怨？"出，曰："夫子不为也。"

【译文】

冉有问子贡："老师会帮助卫国的国君吗？"子贡说："嗯，我去问他。"于是就进去问孔子："伯夷、叔齐是什么样的人呢？"孔子说："古代的贤人。"子贡又问："他们有怨恨吗？"孔子说："他们求仁而得到了仁，为什么有怨恨呢？"子贡出来对冉有说："老师不会帮助卫君。"

这一章，我们要解决的是两个问题：第一，孔子为什么敬佩伯夷、叔齐？第二，求仁得仁是什么意思？

这段话一直没有什么歧义，因此钱穆、李零、李泽厚、鲍鹏山的翻译与上述大同小异。李泽厚说他不了解历史背景，所以抄引杨伯峻的。

唯一不同的是南怀瑾的：

> 孔子周游列国时，各国都排斥孔子，生怕他有意夺取政权，唯有在卫国的时候，卫灵公、南子、一般大臣，都对孔子很好，尊敬他，照顾他。所以当时大家都怀疑他，甚至孔子自己的弟子，听了太多的谣言，也起怀疑，像冉有，有一天就说，我们老师真想做卫国的国君吗？……子贡问了当皇帝的话没有？

这个解读是错误的。第一，无论从哪个方面讲，孔子都没有想做卫国国君；第二，皇帝的称谓是从秦始皇开始的，卫国国君只能称呼卫君或者卫公。

钱穆和李零都是很清楚这段话的背景的。

当初卫公的太子蒯聩因为图谋杀害卫灵公夫人南子，被卫灵公驱逐出境。因此，卫灵公死后，国君的位置传给了太孙，也就是蒯聩的儿子姬辄，即卫出公。蒯聩知道儿子当了国君，回来争夺宝座，在晋国赵简子的帮助下，占领了卫国的戚地作为据点。卫出公坚决不给父亲让位，派重兵防范。而此时孔子正在卫国。冉有想知道孔子会不会帮助卫出公，于是问了这个问题。冉有这个时候是孔子的管家，性格细致谨慎，不轻易说话，口才一般。所以，一定是卫出公自己或者派人来问过冉有，看孔子是不是愿意在卫国出仕，帮助自己。冉有拿不准孔子的想法，不敢直接去问，就请口才一流的子贡帮忙。子贡很狡猾，他知道孔子对于卫国父子争位这件事情非常反感，如果直接去问，很可能被训斥。所以，他拐了个弯去问伯夷、叔齐的事情，获得了答案。

那么，孔子是怎样看待父子争位这件事情的呢？很容易推导出来。从君臣关系来说，蒯聩是在谋反；从父子关系来说，卫出公是不孝不敬。所以，父子两个都不是好东西。

这段话，如果弄不懂事件背景、人物性格、人物关系，怎么解读？

伯夷、叔齐是商朝末年孤竹国国君的长子和第三子，父亲去世之后，都不愿意继位，因此双双逃离孤竹国。后来，周朝取代了商朝，伯夷、叔齐认为周朝是反叛，坚持不肯吃周朝的粮食，最终饿死在首阳山。"不食周粟"这个成语，就是来自这里。

下面来解决第一个问题：孔子为什么敬佩伯夷、叔齐？

钱穆认为是因为"伯夷、叔齐的孝悌"。南怀瑾认为"伯夷、叔齐信守仁道的节操，饿死不食周粟"。李零说："伯夷、叔齐属于'不降其志，不辱其身'的一类，宁可饿死，也不放弃自己的信念。对自己的遭遇，毫无怨言。"鲍鹏山和李泽厚都认为是因为"伯夷、叔齐的兄弟礼让"。

伯夷、叔齐兄弟相让，这一点确实难得。但是，类似的例子并不是没有。而孔子为什么独独这样敬佩伯夷、叔齐呢？

我赞成李零先生所说的"不降其志，不辱其身"，这才是最难能可贵的品质。孔子的意思是伯夷、叔齐为了坚持自己的价值观，连生命都付出了，难道自己要为了出仕、做官而放弃自己的价值观吗？

所以，子贡判断他不会去帮助卫出公。

再来解决第二个问题："求仁得仁"是什么意思？钱穆释"仁"为"心安"；南怀瑾释为"仁道"；李泽厚释为"仁"；鲍鹏山释为"仁德"；李零没有解释。

什么是仁？什么是仁德？什么是仁道？似乎大师们都没有说清楚。反而是钱穆的"心安"更实在一些。

解读一段话，首先要联系上下文。所以，要明白这个"仁"是指什么，首先要弄懂"怨乎"是怨什么？

伯夷、叔齐这辈子就是做了两件事，第一是放弃了国君的位置，第二是不食周粟而饿死在首阳山。其中第一件事是自愿的，第二件事是被迫自愿的，而且后果严重。所以，子贡所说的"怨乎"很显然是指不食周粟这件事。

而对于伯夷、叔齐不食周粟这件事情，孔子并不赞成，甚至反对，因为孔子是支持周朝取代商朝的。孔子所赞赏的，只是伯夷、叔齐为了价值观而付出生命的精神品格。

既然"求仁而得仁"这句话是指伯夷、叔齐不食周粟这件事情，所以这个"仁"就不是"仁德""仁道"。孔子所赞赏的是"求仁得仁"这件事，而不是其中的"仁"。这个"仁"不专指任何概念或者任何事情，而是泛指，就像数学里的未知数 X 一样。如果一定要给个中文定义的话，那就是"什么""啥"。

所以，"求仁而得仁"也能解释成"求啥而得啥"或者"求什么而得什么"。这个"仁"并不等于就是好的、对的，而只是本人心甘情愿的选择。

譬如隔壁老王就喜欢攀岩，结果摔死了，可是死得其所，这就是"求仁而得仁，又何怨？"譬如名将马援就说了，身为将军，最大的愿望就是死在战场。所以，如果在战场上战死，他一定不会抱怨，这也是"求仁而得仁"。

那么，这句"求仁而得仁，又何怨？"想要表达什么呢？

孔子的意思就是他们既然自己选择了自己的道路，坚持了自己的价值观，还有什么可以抱怨的呢？至于他们的选择是否正确，那是另一回事。

而孔子在赞扬肯定他们的同时，其实也是在说自己。自己也和他们一样，不论结局怎样，始终坚持自己的理念和价值观。所以，自己不抱怨。

这一段，实际上呼应了"人不知而不愠，不亦君子乎？"那句话。

到这里，我们可以这样总结孔子的话：自己做出的选择，不论什么结果，不能抱怨。

第三章

婚姻的敌人是抱怨

1·3（17·25）子曰："唯女子与小人为难养也，近之则不孙，远之则怨。"

【译文】
孔子说："只有女子和小人是难以养的，亲近她（他），她（他）就会无礼，疏远她（他），她（他）就会抱怨。"

这一章，要解决的是两个问题：第一，"女子"是指什么？第二，孔子歧视妇女吗？

这一章的字面非常简单，历来翻译也没有什么区别。

先来说第一个问题："女子"是指什么？钱穆和李泽厚认为"专指家里的仆妾"；南怀瑾和李零、鲍鹏山都认为是指"女人"。

仆妾的说法我不赞同。

据我所知，孔子没有纳妾。如果是指仆妇丫鬟的话，怎么孔子还有近之远之的问题了？怎么还不逊还怨呢？钱穆和李泽厚的初衷是为孔子辩解，实际反而有点"高级黑"。

那么，是指女人吗？当然。但是，要先搞清楚背景再说。实际上，大师们都忽略了"养"字，而这个字很重要。"养"是什么意思？是养活？还是相处？没人提出这个问题。

孔子十六岁丧母，所以老娘没有让他养，他养的就是老婆丌官氏和女儿孔雀而已，那个年代女儿不存在无礼和抱怨的问题，因此孔子所说的这个难养的女子，就是特指老婆丌官氏了。或者退一步，孔子说女子难养，就是从老婆丌官氏身上总结出来的。

丌官氏不是鲁国人，是孔子的哥哥帮他从宋国娶过来的。不知道是生活习惯的问题，还是生活条件的问题，又或是个性的问题，还是丌官氏原本在宋国有相爱的人，总之，两口子的关系很不好。再加上孔子从季孙家辞职之后，创业办学校在一开始不太顺利，生活比较拮据，丌官氏的怨言更多，夫妻关系更加恶化。最终，孔子无法忍受，不得不在最困难最需要帮助的时候将丌官氏送回了宋国娘家。

这件事情对孔子的打击非常大，有两点可以证明。第一，孔子此后再也没有娶妻；第二，丌官氏去世之后，儿子孔鲤显得很伤心，孔子斥责他伤心过度。

所以，这段话是孔子无奈的感慨，还带着愤怒。一不小心伤及无辜，并非他的本意。

实际上，孔子的这段话展示了一个普遍现象：在婚姻生活中，抱怨是导致夫妻关系恶化的最主要的原因。

我们现在的离婚率越来越高，其实分析一下就能发现，大多数的夫妻之间并没有不共戴天的仇恨，就是平时互相抱怨，最后积小怨为大怨，看见对方就讨厌。

所以，大凡和谐的夫妻关系和家庭，一定是夫妻之间互相理解、包容和扶持的。

再来解决第二个问题：孔子歧视妇女吗？钱穆和李泽厚认为不歧视。李零和鲍鹏山则持相反观点。南怀瑾："这不是孔子歧视妇女，因为这里骂完女人，随后不是还骂小人吗？小人不就是男人吗？所以，孔子眼里，男人还不如女人。"

大师们打架了。南怀瑾还用他的"禅"术说明孔子不歧视女人，歧视男人。

其实，孔子真的不歧视妇女。如果孔子歧视妇女的话，总该有别的证据，问题是，没有。

还有，什么是歧视妇女？孔子是一个一切按照周礼行事的人，所以，对于妇女的态度，一定是按照周礼的原则来进行的。而在周礼中，夫妻一体，是互相尊敬的关系。有人说周武王有能臣十人，其中包括了周武王的夫人，孔子还特地摘出来说只有九人，因为夫人不是他的臣，他们是一体的。而且周礼规定，国君不能把夫人的父亲当作自己的臣子。

没错，周朝妇女的地位比较低，但是是受尊重、有尊严的。这一点，比后来要好得多。所以没理由说孔子歧视妇女。为什么这里要说女子难养呢？

唉，提起伤心事，顺口抱怨了一句而已。

如今，常听女人说"臭男人没有一个好东西"，这难道是歧视男人？其实不是，就是发泄一下情绪而已。

这一章其实告诉我们很多道理。第一，夫妻间不要互相抱怨，要互相包容。第二，有的时候，一句不经意的抱怨可能成为对你不利的证词。第三，要做到不抱怨真的很难，孔子有的时候也会忍不住来两句。不过呢，说过了就算了，自己也别当真。

不抱怨，夫妻间不抱怨，朋友间不抱怨，同事间不抱怨。

第四章

无力改变别抱怨

1·4（6·16）子曰："不有祝鮀之佞，而有宋朝之美，难乎！免于今之世矣。"

【译文】

孔子说："若是没有祝鮀的口才，就要有宋朝的美色，这不是太难了吗？我在当今这个世界上算是没戏了。"

这一章的解读历来众说纷纭，并且很多断句是错误的。这一章要解决的是两个问题：第一，孔子究竟在表扬祝鮀和宋朝，还是在讽刺他们？第二，孔子这段话的主语是什么？

以上是我的断句和译文，传统的断句是这样的——子曰："不有祝鮀之佞，而有宋朝之美，难乎免于今之世矣。"大师们都是按照传统断句进行翻译的。

> 钱穆：没有祝鮀的口才，反而有宋朝的美色，定难免害于如今之世。
> 南怀瑾：假使一个人没有祝鮀的口才，虽然长得像宋公子朝那么帅，可是在这个社会上，还是吃不开、行不通的。
> 李零、李泽厚、鲍鹏山：没有祝鮀的口才，又没有宋朝的美色，就什么也做不成，就难以免遭祸害。

前两人都是肯定口才，否定美貌。后三人是肯定口才，也肯定美貌。不过南怀瑾又犯了一个低级错误，他说宋朝是宋国的公子，公子是世袭的官名。实际上，公子就是国君的儿子，既不是世袭，更不是官名，这是常识。按照钱穆的译法，所有长得美的人，只要没有口才，就一定会遭到灾害。按照李泽厚、李零和鲍鹏山的译法，要么口才好，要么长得帅，否则就难免祸害。按照他们的说法，至少百分之八十的人要遭受灾祸了。

孔子会说这样的话吗？

现在来解决第一个问题：孔子究竟在表扬祝鮀和宋朝，还是在讽刺他们？

我们还是先交代一下背景。

祝鮀是卫国的太祝，字子鱼，孔子多次赞扬他。祝鮀口才非同一般，受卫灵公的重用；宋朝是宋国的公子，长得很帅。卫灵公的夫人南子也是宋国人，早年就与宋朝混在一起，他们应该是同父异母的兄妹。后来南子嫁到卫国，把宋朝推荐给卫灵公，宋朝得以在卫国吃香喝辣。

为什么卫灵公这么喜欢宋朝呢？一来是卫灵公很宠爱南子，对她言听计从；二来，卫灵公喜欢男色。除了宋朝，还有一个叫弥子瑕的美男也深受他的宠爱。基本上，卫灵公每天就在后宫里跟他们这几个人混在一起。

宋朝这人很牛，牛到什么程度呢？

卫国的太后叫宣姜。说是太后，实际上可能比卫灵公岁数还小，只不过因为她是卫灵公父亲的夫人，所以就是太后。宋朝在后宫混的时间长了，竟然跟太后混成了一对。后来宋朝跟着太后一帮人谋反，被卫灵公赶到了晋国。结果呢，南子不干了，在南子的坚决要求下，卫灵公又把宋朝请回来了。

当时宋国人把这当成一个笑话，所以有一首民歌唱道：卫国人啊，你们的母猪已经下崽了，就把我们配种的公猪还给我们吧。母猪指的是南子，公猪指的就是宋朝。

这么两个人，一个靠口才，一个靠美色，都混得不错。可是孔子看自己呢，口才和美色都没有，只有学问，结果混得四六不靠。所以，孔子感慨：要混得好，要么有口才，要么有美色。孔子是在肯定他们。至于有没有讽刺的意味，不好说。

现在来解决第二个问题：孔子这段话的主语是什么？

历来很多解说，常常都是忽略主语的。而一段话如果不说明主语，就只能含糊其辞了。为什么他们要忽略主语呢？最常见的原因就是不了解背景，不知道孔子想说的是谁。几位大师不约而同地把这段话当成了无主语句，如果一定要说有的话，那就是"一个人"。但实际上，这段话的主语是孔子本人。孔子是在感慨自己既没有口才也没有美色，这辈子没戏了。

所以，这段话的传统断句是错误的。按照传统断句，"难乎免于今之世矣"应该是"难免于今之世矣"，其中的"乎"是多余的。

孔子这是在抱怨吗？有点。

这一章和上一章一样，都是在表达要做到不抱怨的困难程度。孔子明知道不应该抱怨，偶尔还是忍不住来两句。所以，人无完人。一个人懂得道理，却未必就能够做到。自己无法改变的事实，不要抱怨，抱怨也没用。

第五章

多想办法少抱怨

1·5（14·39）子击磬于卫，有荷蒉而过孔氏之门者，曰："有心哉，击磬乎！"既而曰："鄙哉，硁硁乎！莫己知也，斯己而已矣。深则厉，浅则揭。"子曰："果哉！末之难矣。"

【译文】

孔子在卫国，一次正在击磬，有一位背扛草筐的人从门前走过说："这个击磬的人有心事啊！"一会儿又说："声音铿铿的，真没劲，没有人了解自己，那就算了呗。好像涉水一样，水深就踩着石头过去，水浅就撩起衣服蹚过去。"孔子说："果然如此啊！（做个决定）是没有那么难啊。"

如果能够了解背景，进入情境，其实理解这一章并不困难。这一章要解决的是两个问题：第一，对话的背景是什么？第二，"果哉！末之难矣"是什么意思？

先来说说磬。这是古代的一种乐器，把石片打孔，用绳子吊在空中来敲击。可以想见，这种乐器一定是很多片构成的，制作相当复杂，声音也未必好听。所以即便在春秋，也很少有人玩这个。

这一章，对前面部分的解析很清晰，也没有争议。唯一有争议的是最后的"果哉！末之难矣"。

  钱穆：说得真干脆，我没话可说。
  李零：你要说得这么绝，我就无话可说了。
  南怀瑾：果然啊，人生最后的定论实在很难下啊。
  李泽厚：真坚决啊，我可没话反驳他了。
  鲍鹏山：他真是一位淡然忘怀世事的人，如果不能决然忘怀世事，要像他那样心静也很困难啊。

大师们的翻译算不算五花八门呢？再来看看大师们的解说。

钱穆：此荷蒉者果决于忘世，则亦无以难之。此所谓道不同不相为谋。孔子心存天下世道，与荷蒉者心事不同，异心不能同解，则复何说以难彼？

南怀瑾："深则厉，浅则揭"这两句话，是出自《诗经·卫风·雄雉》。"末之难矣"——我与古人的解释不同，就在这句话上。古人对"末"解释为"没有"，就是没什么困难的意思。我认为"末"是"最后"的意思。孔子说人生最后的定论实在很难下，我们做一辈子人，尤其断气的时候，自己这篇文章的末章最难下笔。无论大小事情，都是"末之难矣"。同时孔子这里也在讲乐理，最后的余音是很难处理。演奏停止了以后，乐音仍绕梁三日，使人回味无穷，这是很难的。

李零：此章说明，孔子说不患人不知，其实他还是非常在乎的。

鲍鹏山：此人以涉水为喻，说明，如果世道黑暗已深，不可救药，不妨听之任之，甚至同流合污。他暗示孔子与世同沉浮，冷眼看世界，不要不可为而为之。但是孔子看着天下生灵涂炭，人民苦难深重，他"末之难矣"，不能保持心灵平静。

李泽厚没有解说。我只想说两点。第一，"深则厉，浅则揭"是出于《诗经·邶风·匏有苦叶》；第二，《论语》不是《诗经》，孔子生活的时代有充分的言论自由，而且这件事并没有发生在公共场合，因此没有必要搞什么隐喻暗示，所以我们应该尊重文字的本意、尊重背景，而不是随意联想。

首先来解决第一个问题：对话的背景是什么？我们可以进行推导。

孔子在卫国看不到前途，因此心情郁闷，下一步怎么办？是留还是走？于是，他通过击磬来表达自己的内心。内心郁闷的时候，击磬一定是有气无力，东一下西一下，难听得要命。背草筐的人按理也不是什么高人，不过还是有文化的人，并且知道孔子住在这里。他很容易就听出来孔子有心事，心不在焉。随后他猜到了孔子的心事，这个人很聪明。于是他接着说了"深则厉，浅则揭"，意思很清楚：遇上困难，想办法啊。遇上什么样的困难，就想什么样的办法，办法总比困难多啊。世上没有过不去的河，光在这里敲这些破石头有什么用？

以孔子的性格，听到这句话，他脱口而出的一定是：哎呀，果然如此啊，（做个决定）是没有那么难啊！随后，孔子做出了离开卫国、周游列国的决定。

之后我们来解决第二个问题："果哉！末之难矣"是什么意思？

这里的"末"，通"未"，意思是没有。正确的译法就是：果然啊，没有那么难啊。

如果懂得背景，按字面意思就很容易理解这一章了。背草筐的人实际上是给了一个积极的正能量的建议，告诉你只要想办法，一定能过河。孔子也恍然大悟：是啊，没那么难啊。

而大师们的解读将两人对立起来。

那么，这一章给我们带来怎样的启示呢？

我们知道，孔子是反对抱怨的，因此他遇上问题极力地让自己不去抱怨。可是，不抱怨不等于不郁闷。郁闷总要发泄，各人宣泄的方法不同，孔子是通过音乐，这也叫作幽怨，不说出来，但是能让人感受到。

这一次呢，背草筐的人说的这段话让孔子豁然开朗，从幽怨中走出来。

从此，孔子知道，幽怨也是抱怨的一种，要避免幽怨以及抱怨，最好的办法是去想办法。

正是在卫国，孔子才真正理解了"不抱怨"。

所以，这一章依然在讲不抱怨。

第六章

知足者常乐

1·6（5·3）子谓子贱，"君子哉若人！鲁无君子者，斯焉取斯？"

【译文】
孔子评论宓子贱说："这个人真是个君子呀。如果鲁国没有君子的话，他是从哪里学到这种品德的呢？"

这一章非常简单，但是，在貌似简单的一段话背后，却有发人深省的故事。这一章要解决两个问题：第一，这一章的背景是什么？第二，孔子欣赏宓子贱的什么品质？

首先，我们来看看大师们是怎样翻译和解读的。

钱穆：与上面翻译基本相同。斯，此也。上斯字指子贱。下斯字指其品德。取，取法义，亦获取义。

南怀瑾：假使现在有人认为鲁国没有一个君子，那么子贱这个人不就是君子吗？如果说这人不是君子，还有什么人可以说是君子呢？

大师们的翻译基本一致，只有南怀瑾不同。很显然，南怀瑾是错的。

解读各自不同，李泽厚认为"这是说，美好品德的取得来自环境"；鲍鹏山认为"孔子不是在夸宓子贱，而是在夸鲁国"。李零没有解读。

那么，这一章就真的如此没有意义？当然不是。

首先我们来解决第一个问题：这一章的背景是什么？

宓子贱，名不齐，字子贱，鲁国人，小孔子三十一岁。孔子对宓子贱相当看好，评价也相当高。

孔子为什么说宓子贱是君子呢？先来解释一下什么是君子，李零其实解释过，我在这里再说一遍。

君子对应小人，君子和小人的区别其实有两种。第一种是基于出身的，贵族为君子，贱民为小人。那么，士农工商算什么？就算群众吧。第二种是基于品行的，具有贵族精神的人为君子，没有贵族精神的是小人，跟出身没有任何关系。

孔子所说的君子和小人，基本上都是第二种。在《论语》中，君子，就是具有贵族精神的人。

那么，孔子为什么说宓子贱真是个君子呢？因为宓子贱的身上洋溢出贵族精神来了。是什么事情让孔子发出如此感慨呢？故事是这样的。

孔子的侄子孔蔑和宓子贱同时做官，一次孔子去看望他们。孔子问孔蔑："自从当官以来，有什么得失啊？"孔蔑开始抱怨，一边说话一边掰指头："叔啊，要说得到了什么，还真不知道。不过要说失去了什么，那至少有三样。第一呢，公务繁忙，没时间学习了；第二呢，工资太少，喝粥都不够，不能照顾亲戚们，因此亲戚们都疏远我了；第三呢，还是公务繁忙，没时间参加朋友们的婚礼葬礼之类的，朋友们也疏远我了。唉，当官真不是人干的活。"

孔子用同样的问题问宓子贱，宓子贱说："失去的嘛，好像没有，得到的挺多，至少有三样。第一呢，当初读的书呢，现在都可以实践了，所以学问更明白了；第二呢，工资虽然不多，可是能够让亲戚们有口粥喝了，所以亲戚们更亲近了；第三呢，公事虽然繁忙，还是能抽出时间参加朋友们的活动，看望生病的人，所以朋友们更亲近了。"孔子完全没有想到二人的态度竟然截然相反。

因为宓子贱对当官一直没有兴趣，是孔子极力推荐、勉励才去的，孔子以为他会抱怨。而孔蔑本身素质一般，一直想当官，孔子看在哥哥的面子上推荐他去，所以以为他一定很满足。

结果恰恰相反。宓子贱尽管不愿意当官，可是一旦当了，就全力以赴并且让自己享受其中的快乐。这样的人，孔子能不喜欢吗？能不由衷地称赞吗？

我们再来解决第二个问题：孔子欣赏宓子贱的什么品质？

宓子贱和孔蔑的区别在哪里？不抱怨和抱怨。

为什么孔蔑抱怨？因为期望值太高，不懂得反思和感恩。为什么宓子贱不抱怨而且很满足？首先期望值定位合理，其次善于反思，再者懂得感恩，他知道老师推荐了自己，自己不能让老师失望。所以，宓子贱一到任所就任用贤人，听从好的建议，遇到挫折就想办法。这不是君子是什么？

当一个人没有过高的期望，他往往就能够做到不抱怨，这就是我们常说的知足者常乐。当一个人懂得感恩，他也能做到不抱怨。

第七章

工作中不要抱怨

这里要讲《论语》中的两章,都是关于冉雍的。这两章要理解到位,恐怕还是要首先了解对话的背景。这两章要解决的是两个问题:第一,对话的背景是什么?第二,"在邦无怨,在家无怨"以及冉雍的经历给我们怎样的启示?

1·7(6·6)**子谓仲弓,曰:"犁牛之子骍且角,虽欲勿用,山川其舍诸?"**

【译文】

孔子对仲弓说:"耕牛产下的牛犊长着红色的毛,角也长得整齐端正,人们虽想不用它做祭品,但山川之神难道会舍弃它吗?"

来看大师们怎样翻译。钱穆:先生评论仲弓说……(后同上)。南怀瑾和其他几位大师的翻译都同上。

对这段话的解读,钱穆和李泽厚认为是孔子不问出身只看德行,南怀瑾和鲍鹏山的解读是"天生我材必有用"。

这些都对,但都不是要点。

仲弓就是冉雍,善良诚实,孔子很喜欢他,赞赏他的德行。在孔子的学生中,冉雍和颜回都属于德行比较高的。

冉姓出于周朝王族,因此冉雍的出身应该是士,可是家里比较穷。有说他是孔子第一批学生冉耕的儿子,但是没有证据,他们恐怕不是父子,而是同族。

古人祭祀天地,多要选用专门饲养培育、品相优质的牛。犁牛就是耕地的牛,也就是普通牛,是不能用于祭祀的。可是,犁牛生下来的小牛如果是红毛靓角,这样漂亮,就可以用来祭祀了。这是孔子在勉励冉雍,说你虽然出身一般,可是自身素质好,不要担心自己的前途。总之吧,就是类似"天生我材必有用"之类的话,增强冉雍的自信,要他耐心等待不要抱怨。

为什么说不要抱怨?因为孔子的话是反问句,反映出冉雍在这个时候有些沉不住气了。

在孔子的学生中,冉雍出仕是比较晚的,孔子担心他会抱怨,因此这样安慰他鼓励他。

1·8（12·2）仲弓问仁。子曰："出门如见大宾，使民如承大祭。己所不欲，勿施于人。在邦无怨，在家无怨。"仲弓曰："雍虽不敏，请事斯语矣。"

【译文】

仲弓问怎样做才是仁。孔子说："出门办事如同去接待贵宾，使用百姓如同去进行重大的祭祀，要认真严肃。自己不愿意要的，不要强加于别人。做到在朝廷上不要抱怨，在卿大夫的封地里也不要抱怨。"仲弓说："我虽然笨，也要照您的话去做。"

大师们的翻译基本与上述相同，来看解读（鲍鹏山没有解读）。

钱穆：此章重要在指示学者以求仁之工夫，克己复礼敬恕与无怨皆是。
南怀瑾：做到了于己于人都无怨尤，就是真正的"仁行"。
李零：孔子说的这些话都是讲恕道，恕道的关键是尊重别人。
李泽厚："在邦无怨，在家无怨"译为，在国家工作中没有怨恨，在家族生活中没有怨恨。（解读与本章内容关系不大。）

我们一边介绍背景，一边解读这段话。

冉雍问"仁"，孔子回答的都是怎样做官。因此，这是冉雍担任季孙家的家宰前向老师请教。因为是做家臣，孔子所说的"在家无怨"自然就不是在自己的家族中，而是在季孙家。

作为季孙家的家宰，冉雍需要经常去见鲁国国君，那算是季孙家的上级。

孔子的回答，基本上可以这样总结：少说话，做事小心，不要抱怨。为什么孔子强调不要抱怨呢？

我们知道，每个学生问到"仁"的时候，孔子都是针对学生的不足进行回答。因此我们可以认为，冉雍有抱怨的倾向。

在孔子的学生中，冉雍和颜回一样，都因为品行好受到孔子的赏识。既然品行这么好，为什么还会抱怨呢？史书没有记载，不过我们可以做一个合理的推断。

冉雍品行好，但是能力一般，人比较古板教条，他和颜回、原宪等人一样有一定程度的道德洁癖。所以，他的抱怨不是为了自己，而是看不惯鲁国朝廷和季孙家不合周礼的行为，孔子很担心冉雍对此发出抱怨，因此要提前警告他。

在冉雍去季孙家做家宰之前，季孙家的家宰是冉有，为什么冉有不做了呢？以冉有的能力和性格来看，不大可能是犯错误被罢免，最大的可能是身体出了状况。冉雍担任了一段时间季孙家的家宰之后离职，冉有重新就任。

冉雍在季孙家的家宰位置上做得怎样呢？没有记载。很大的可能是冉雍本性难移，对看不惯的事情有一些抱怨，再加上能力不如冉有，因此没干多久就不得不辞职了。

解决了背景的问题，下面我们来解决第二个问题："在邦无怨，在家无怨"以及冉雍的经历给我们怎样的启示？

第一，无论是在自己工作的地方，还是出门办事，都不要抱怨。简单而言，工作中不要抱怨，即便不是因为自己的事情。

第二，即便是站在道德的高地上，也不要抱怨。自己看不惯的事情，并不等于就是不对的，可以礼貌地询问，提出自己的看法。并且，意见提一遍就行了，不要再提第二遍。

有些人有能力又肯干，却总得不到重用，为什么？回去想想，是不是常常抱怨？

所以，要想得到重用，就记住孔子的话：在单位别抱怨，出门办事别抱怨，不要认为自己是对的就抱怨。

第八章

若想上进别抱怨

1·9（14·10）子曰："**贫而无怨难，富而无骄易**。"

【译文】

孔子说："贫穷而能够不抱怨是很难做到的，富裕而不骄傲是容易做到的。"

孔子说的都是对的吗？很多大师就犯这样的错误，似乎孔子说的都是对的，整部《论语》都是真理。结果呢，很多地方解释不过去，就只好敷衍了事，或者强词夺理。这一章就是这样。我们要解决的问题有两个：第一，孔子说这话的背景是什么？第二，孔子的话对吗？

因为所有大师的翻译都与以上译文相同，我们来看看大师们的解读。

> 钱穆：颜渊处贫，子贡居富。使颜渊处子贡之富则易，使子贡居颜渊之贫则难。此处见学养高下，非孔门之奖贫贱富。
>
> 南怀瑾：富而无骄和贫而无怨，两者之间，还是无骄容易一点。
>
> 李零：穷人，穷则思变，急于致富，当然有强烈冲动。但富家子看破钱，还容易一点；苦孩子看破钱，就难了，因为他没见过钱。
>
> 李泽厚：今日各种"暴发户"宜三诵之，因为也并不容易做到。
>
> 鲍鹏山：贫穷之时，心理极不易平衡，所以，无怨难。富贵了，心平气和，容易宽容世事。

基本上，除了李泽厚稍稍表示了异议，其余都是无条件赞成孔子的说法的。但是，孔子说的就是对的吗？

我们首先来解决第一个问题：孔子说这话的背景是什么？

其实钱穆对这话的背景是很清楚的，这话就是在对照颜回和子贡，当然是在表扬颜回。在孔子的眼中，子贡就是富而骄的典型，家里有钱就不好好学习，整天吊儿郎当谁都看不起。后来，在孔子的教导下，子贡改正了自己的缺点，不再像从前那么骄傲了。于是，子贡很得意地来问孔子自己做到了富而无骄，是不是很了不起？孔子说你啊，要做到富而知礼才行。如果不知礼，你实际上还是富而骄，譬如你现在说你不骄傲了，本身就是骄傲的体现啊。这段对话，《论语》也有。

相反，颜回从来没有抱怨过。有感于此，孔子说了这段话。

现在解决第二个问题：孔子说的对吗？

孔子的前半句是对的，一个人能做到不抱怨确实是不容易的，尤其是生活艰难的人。可是孔子的后半句并不对，他没有做过富二代和官二代，所以对于富而无骄的难度并没有太多的体会。孔子之所以有这样的结论，除了太喜欢颜回之外，还有一个重要的原因就是他的弟子中真正有钱的人不多，只有南宫敬叔、子贡，后来还有一个公西华。这三个人，最后都做到了富而不骄。所以，孔子觉得这挺容易。

还有就是，孔子在卫国的时候所交往的都是贵族精神很纯粹的人，他们的家庭教育做得很好，谦恭得体，这也给了孔子一个错觉。

其实，富而无骄一点也不比贫而无怨简单。

当初楚霸王项羽就曾经说："富贵不归故乡，如衣锦夜行，谁知之者。"项羽就是富而骄的典型，所谓衣锦还乡，无非就是炫耀。

孔子的这段话并不全对，但是这不影响它的价值。它告诉我们，贫而怨和富而骄是人类常见的恶习，都是有害的。

那么，贫而无怨和富而无骄的好处是什么？就是无怨的人更有机会脱离贫穷，无骄的人更有可能保持富贵。贫穷却喜欢抱怨的人，往往会永远贫穷；富贵却骄横的人，他的富贵保持不了多久。

第九章

不怨天，不尤人

1·10（14·35）子曰："莫我知也夫！"子贡曰："何为其莫知子也？"子曰："不怨天，不尤人，下学而上达。知我者其天乎！"

【译文】

孔子说："没有人了解我啊！"子贡说："怎么能说没有人了解您呢？"孔子说："我不埋怨天，也不责备人，下学礼乐而上达天命，了解我的只有天吧！"

这是有趣的一章，字面意思简单易懂，但是有些自相矛盾之处。这一章有两个问题要解决：第一，对话的背景；第二，孔子在抱怨吗？

大师们的译文几乎都与上述相同，来看看解读。

钱穆：孔子之学先由于知人，此即下学。渐达而至于知天，此谓上达。学至于知天，乃叹惟天为知我。

南怀瑾：孔子从基层的学识，艰苦的人生经验起步，但不为现实所困，能够升华，走入形而上的境界。这是孔子的自我描述，因为孔子出身穷苦，在艰难困苦环境下，体会到人生哲理，成就智慧的德业，升华上达，超越世俗，因此对人世间也不要求别人的了解，存心自有天知。

李零：孔子经常说，别在乎别人知不知道自己，但这段话却透露出，他对自己不为人知还是很在乎的，而且有点酸酸的无奈。他虽说"不怨天，不尤人"，可还是感慨，知他者只有老天。

李泽厚：孔子也有不被人知的埋怨，与前面所讲岂不矛盾？这正好描述出一个真实的孔子面目。怀才不遇而抑郁感叹，是人之常情，虽孔子亦何能免。孔子虽然没有怨天尤人，确实也是满腹牢骚。

鲍鹏山：孔子一再告诉人们"不患人之不己知"，但他自己在不被人了解时，也难免有不平之叹。可见，知易，行难。圣人也难免。但这并不减少圣人的尊严，倒更增加圣人的亲切：他也与我们常人一样，有一般人的喜怒哀乐。而"不怨天，不尤人"，又是多高的境界啊。

基本上，钱穆和南怀瑾肯定孔子唯有天知，而其余三位大师都指出孔子在这里有抱怨的意思。

下面，我们来解决第一个问题：对话的背景是什么？

孔子老年，前两批能够谈得来的学生都走了，只有子贡在齐鲁之间做生意，常常来看望他。因此，孔子老年之后对话最多的就是子贡。从对话的内容来看，基本可以断定是孔子老年时期。

人老了，都喜欢回忆过去，喜欢发牢骚抱怨，说话不连贯，有时自相矛盾，这是人性的规律，孔子也不例外。在《论语》中有很多这样的例子。所以，孔子的几句话之间的逻辑性很差。

下面来解决第二个问题：孔子在抱怨吗？

要是说孔子没有抱怨吧，可是他说没人了解他，这不是抱怨是什么？要说孔子在抱怨呢，可是他又说了"不怨天，不尤人"。孔子是反对抱怨的，可是岁数大了，自然规律无法违背，话不说憋得慌，怎么办呢？只好一边抱怨，一边说不怨天，不尤人。

估计，子贡一边听一边忍不住笑。不过，这绝对不影响老夫子在他心目中的伟大形象。

我们能从这一章领会到什么？首先自然是不怨天不尤人的态度。其次是可以自我安慰说"我实在太高明了，他们不能理解是因为他们太蠢了"。

但是，最有价值的其实还是对话背景给我们的启示。那就是人老了，像孔子这样的人都忍不住要发发牢骚。所以啊，长辈们发牢骚时就理解万岁吧，谁老了都这样。

第十章

无怨才能坦荡

1·11（7·37）子曰："君子坦荡荡，小人长戚戚。"

【译文】
孔子说："君子心胸宽广坦荡，小人总是忧愁伤心。"

这是本篇的最后一章，所以选用了一句名言。这一章的背景不重要，或者说不需要背景。因为，越是名言就越是空洞，也就越是需要接地气的解读。这一章只需要解决一个问题：如何做到孔子所说的话？

这一章的译文没有任何异议。大师们的解读几乎都一样，用词的区别可以忽略。

钱穆：君子乐天知命，俯仰无愧，其心坦然，荡荡宽大。小人心有私，又多欲，驰竞于荣利，耿耿于得丧，故常若有压迫，多忧惧。

南怀瑾：君子无论得意的时候或艰困的时候，都是很乐观的。但不是盲目的乐观，而是自然的胸襟开朗，对人也没有仇怨。

李零：君子于人无所不容，故襟怀坦荡；小人成天算计别人，故老是一肚子牢骚。

李泽厚：这是讲心理与为人的关系，并把心理、为人落在精神状态下，这是一种生活境界。

鲍鹏山：君子心底无私天地宽，小人心机太多世界窄。

大师们说得对吗？当然对。可是，大师们这样的解读，放在什么地方都行。什么都可以是境界，什么都可以是乐天知命，什么都可以是心底无私。

问题是这样的解说有什么价值吗？我们真正需要解决的问题，是如何才能做到坦荡荡，如何避免长戚戚。我们真正需要的，是具有可操作性的建议。南怀瑾的解说在这里是接地气的：

《学而》篇中说:"人不知而不愠,不亦君子乎?"一个人一生没有人了解,虽有学问而没有发展的机会,还是不怨天、不尤人,这种修养很难。所以君子要做到"坦荡荡",胸襟永远是光风霁月;像春风吹拂,清爽舒适;像秋月挥洒,皎洁光华。内心要保持这样的境界,无论得意的时候或艰困的时候,都是很乐观的。但不是盲目的乐观,而是自然的胸襟开朗,对人也没有仇怨。

南怀瑾的说法虽然有些啰唆,不过还是比较清晰地表达了"要做到坦荡荡,首先要做到不抱怨"。

一个心胸坦荡的人,他一定是个不抱怨的人。当然,一个不抱怨的人,未必就心胸坦荡。

小人为什么常戚戚?就是因为他们喜欢抱怨,可是又无力改变现状,把希望寄托在别人的身上,所以表现出来一定是忧心忡忡的。

孔子为什么能够坦荡荡?因为他努力让自己做到"人不知而不愠",他努力让自己不发怒、不忧愁和不抱怨。他总是充满自信,乐观处世,总是能够用自己认定的价值观来看待人和事。

我们这里不妨举个例子。孔子在齐国期间原本可以受到齐国国君的重用,却因为晏婴的反对而泡汤。可是,孔子依然对晏婴很敬佩,对晏婴的人品很尊重,并不会将个人恩怨掺进去。再譬如,孔子对季孙家的作为不满意,他并不会因为受到了季孙家的恩惠而曲意奉承,而是有什么想法直截了当地提出来,这反而得到季孙家的尊重。

那么,这一章告诉我们的就是:君子要坦荡,从不抱怨做起。一旦你不再抱怨,你的内心一定比从前要坦荡许多。

小　结

抱怨，你就输了

最后，我们来总结一下"不抱怨"。

当你遭受挫折、面对困难、彷徨无助的时候，不要抱怨。抱怨，你就输了。

因为，抱怨是缺乏自信的象征，是寻找退路的借口，让你失去反省的机会，耗费你寻找办法的时间，使你失去朋友的支持，除了让你懊恼、愤怒、伤心、颓废，没有任何好处。

知易行难。要做到不抱怨并不容易，可是，我们有《论语》，孔子给出了一些方法。第一，求仁得仁，自己做出的决定，无论是怎样的结局，都没有抱怨的理由。第二，要建立自信，要有"山川其舍诸"和"知我者其天乎"的信心。第三，要学会从积极的角度去看待事物、考虑问题。第四，要懂得正视自己，要有合理的目标。因为理想与现实的差距越大，抱怨的冲动也就越强。最后，要学会反思反省，从自己的身上去探究失败的原因，寻找解决问题的办法。这，就是下一篇要讲的内容。

现在我们来结合现实。

当今的时代空气中弥漫着抱怨，之所以网络世界充斥着吐槽，是因为这不是一个独立的时代。老一辈的人依赖组织，或者叫单位。当组织或者单位不再可以依赖的时候，他们开始抱怨。下一辈的人被长辈宠坏，所以当长辈们无法满足他们日益增长的需求的时候，他们也要抱怨。各种抱怨成为人们日常生活中不可或缺的部分。

抱怨娱乐化是这个时代的一大特点，体现为段子文化。人们在无法改变现状的情况下，选择了段子这个方式来承载抱怨。

也许，这样一个小故事会有所帮助。贾题韬是当代中国象棋名家，家在成都，跟南怀瑾一样喜欢佛学。"文革"的时候他被批斗、关牛棚，可是他没有怨言，始终保持乐观心态。他的一个女同事平时也喜欢佛学，此时也正面临跟他一样的遭遇，内心痛苦悲伤，怎么也想不通。贾题韬于是悄悄地塞给她一张纸条，写着七个字：此时正是修行时。

女同事豁然开朗。把苦难当作修行，把挫败当作磨炼，把劳动当作健身，把失恋当作积累经验。有了这样的心态，你还会抱怨吗？

所以，南怀瑾的禅学虽然不是解读《论语》的正确方法，但是在解决"不抱怨"这个问题上，确实有良好的效果。

抱怨其实还有两种变形，一种是策略性抱怨；一种是闷在心里的抱怨，俗称幽怨。前者通过抱怨给对方施加压力，譬如足球比赛中，有的球队就很擅长利用公开的抱怨给裁判施加压力。现实生活中，策略性抱怨常常可以见到。从本质上说，策略性抱怨并不是真的抱怨，而是一种表演。不说出来，但是通过其他方式发泄出来，这就是幽怨。譬如通过音乐的方式、通过喝酒麻醉自己等。

第二篇

贵族精神标准之二

自省

不抱怨是难能可贵的，但是不够。对现状不满，就要去改变。如何改变现状？就要知道自己身上的问题出在哪里。

所以，要自省。

自省是反思的一种，是专门针对自己的不足去反思。

自省并不是一件容易的事，首先要承认自己并不完美。其次要有自信，要相信自己能够改正缺点。

春秋时期，楚庄王是春秋五霸之一。当楚国称霸之后，楚庄王说出了"止戈为武"这样的名句，从此再也没有发动战争。楚国连续几年风调雨顺，百姓都很高兴，可是楚庄王却有些担忧，身边的人问他为什么，他说："天灾是上天对人们的警示，让人们去反省自己的过错。可是，老天这么多年没有给我警示了，难道是上天抛弃了我？"

在春秋时期，每一次的天灾人祸都是一个君主自省的机会。所以，中国古话里说"多难兴邦"，就是因为灾难能让一个国家经常反省，随时改正自己的错误。

对一个人来说也是如此，反省自己就像照镜子一样。经常地反省自己，能够让自己随时改正错误，避免新的错误。

自省是不抱怨的后续，但同时也是做到不抱怨的一个方法。

第一章

管仲知礼吗？

2·1（3·22）子曰："管仲之器小哉！"或曰："管仲俭乎？"曰："管氏有三归，官事不摄，焉得俭？""然则管仲知礼乎？"曰："邦君树塞门，管氏亦树塞门。邦君为两君之好，有反坫，管氏亦有反坫。管氏而知礼，孰不知礼？"

【译文】

孔子说："管仲这个人的境界真是很差啊！"有人说："管仲节俭吗？"孔子说："他有三处官邸和封邑，并且不用缴税赋和服杂役，他怎么可能节俭呢？"那人又问："那么管仲知礼吗？"孔子回答："国君大门口设立照壁，管仲在大门口也设立照壁。国君同别国国君举行会见时在堂上有放空酒杯的位置，管仲也有这样的位置。如果说管仲知礼，那么还有谁不知礼呢？"

这一章，我们要解决两个问题：第一，管子到底节俭不节俭？第二，管子到底知礼不知礼？

"管氏有三归，官事不摄"的传统译法是"他有三处官邸，每处都有一套管理人马"。大师们的翻译与传统的区别不大，来看看他们怎样解说这句话。

> 钱穆、李零：管仲有三处家，各处各项职事，都设有专人，不兼摄。
>
> 南怀瑾：孔子在这里说管仲的器局太小，这话也是对的。因为管仲不过帮助齐桓公完成霸业而已，但未能走入王道，这样的器局就嫌小了。三归堂是建筑物的名称，就是管仲的宰相府，还是相当讲究漂亮的，可见他还不够俭朴。
>
> 李泽厚：管仲收取大量的租税，专职人员很多。
>
> 鲍鹏山：（前部分同钱穆）"管氏而知礼，孰不知礼？"译为：如果说管仲懂得礼节，那谁不懂得礼节呢？

先来分析大师们的解说。

什么是霸，什么是王？在周朝来说，所谓王道，就是周王与诸侯之间订立契约，由周王来协调诸侯之间的关系，统筹天下的治理。所谓霸道，就是由有实力的诸侯来帮助周王恢复与诸侯的契约，帮助周王管理天下。齐国不过是个诸侯，他们能做到的最好就是霸道，王道不是他们所能做的，并且也是违背周礼的。

南怀瑾所说的三归堂，是一种几乎没有人采纳的臆测，这一点钱穆和李零都指出了。李泽厚所说的"管仲收取大量的租税"以及鲍鹏山所说的"管仲不懂得礼节"也同样不够准确。李泽厚所说的"租税"，当然是指管仲在自己封邑所收的。我现在用两点来证明这个说法的错误。

首先，管仲在齐国实行的是低税收制度，农业税非常低，灾年还免除。所以，他不可能收取大量的租税。

其次，什么是租税？租税专指土地税，国君把土地封给自己的子弟以及卿大夫，他们再把土地租给农民耕种，收获之后农民上缴一定比例的粮食，这部分粮食就是租税。租税又分成三个部分：一部分上缴国君；一部分分给封邑里的士，作为他们的俸禄；一部分卿大夫自己留下。

再来说说鲍鹏山的解读。孔子所说的礼是指周礼，基本上可以分为礼制、礼仪和礼节三个部分，所以，把"礼"译成礼节是错误的。事实上，孔子在这里所举的例子，基本是礼制部分的，和礼仪有些关系，跟礼节恰恰没什么关系。

那么，为什么说"管氏有三归，官事不摄"的传统译法是错误的呢？很简单。孔子显然没有直接的证据来说管子不节俭，所以只能说管子超有钱，肯定不节俭。

那么，"三归"是什么？大师们避而不谈，其实很简单。

管子在齐国首都临淄有自己的上卿官邸，这是一处；在齐国有自己的封邑，这是一处；另外，鲁国在齐鲁边境为他修建了小谷城，这是一处。这三处相隔都不近，三套管理人马是很正常的。这些能说明管子很有钱吗？不能啊。

所以，"官事不摄"当然不是各有各的管理团队的意思，"摄"只有"代理"的意思，没有"兼任"的意思。"摄"最常用的意思是"取"。"官事不摄"的正确解释是国家不收取管仲封邑的税赋，免除杂役。孔子的意思，就是管仲有三处家，其中的两处封邑被免掉了税赋，因此非常有钱。什么是赋？赋就是政府所征用的器具和武器，譬如牛马、战车、盔甲。杂役是什么？就是被征参加政府工程，譬如修建宫室、城墙、水利工程。

现在我们来解决第一个问题：管子到底节俭不节俭？

按照孔子所说，管子超级有钱，但是怎么个不节俭法，其实孔子也不知道，所以他只能推断说："他怎么可能节俭？"

不过，根据各种记载可以看到，管子是个追求生活品质的人，也追求财富，同时也认为应该享受生活。再加上他的富民政策以及齐国人享受生活的民风，所以我认同孔子的推断，管仲确实不节俭。

紧接着，我们来解决第二个问题：管子到底知不知礼？

大师们都没有提到这个问题，他们似乎默认孔子说的是对的。但是，孔子错了，管子不仅知礼，而且比他还要知礼。

我们先来说说为什么孔子说的是错的。

首先，孔子捏造事实了吗？没有。他所讲的关于管子的事情都是事实，管子也确实很奢侈。但是他越礼了吗？

要解决这个问题，首先要搞懂管子的级别。

管子在成为齐国的上卿之前，曾经和齐桓公进行过一次谈判。管子提出来：我很穷，地位也不高，所以呢，我很担心自己当了总理之后会贪污受贿，也怕别人说我坏话，而您呢就听信了。齐桓公当即表态：第一，封邑会很大；第二，拿一年的国税给你；第三，让你的地位高于世袭的上卿国家和高家；第四，从今天开始，您就是我的仲父。

前两条好说，说说三、四两条。

齐国有两家是世袭上卿的，也就是国家和高家。这两家为什么可以世袭上卿呢？因为他们的祖上当初担任齐国的上卿是由周王直接任命的，所以他们的地位远远高于其他大夫，国君也不能动他们，他们比齐国国君仅仅低半级。现在，管子比他们地位高，比齐桓公大概也就低一些吧。

管仲第一次见齐桓公，是齐桓公亲自给他驾车。管仲临终，是齐桓公守在他的病榻旁。他们之间，绝不仅仅是君臣关系，还是师生关系、父子关系。

这样的级别，这样的关系，管仲使用几样国君才能使用的东西，过分吗？越礼吗？齐桓公和齐国人民都没说什么，孔老夫子急什么？

事实上，管仲不仅知礼，而且在大是大非面前坚决不越礼。举两个简单例子。

管仲前往周王室出使，周王为了表达感激，下令以上卿的规格接待。按照周礼，诸侯的级别等于王室的卿。也就是说，周王要以接待诸侯的规格接待管仲。管仲坚决拒绝，坚持以上大夫的规格接受接待。

齐桓公称霸之后，一度很膨胀，有取代周王的想法，也就是南怀瑾所说的要行王道。齐桓公因此想要封禅泰山。历史上，只有帝王才能封禅泰山，这是惯例。管仲劝齐桓公放弃，齐桓公不肯。最终，管仲想了一套说辞，举了一堆例子，说什么历来都要天降吉祥才能上泰山，而现在啥也没有，就别去了。结果，齐桓公取消了封禅泰山的行动。

说出来可能很多人不信，管仲治理国家的理念就是以礼治国。在治理国家方面，他比孔子、比中国历史上大部分政治家都强许多。

我们都听过"礼义廉耻"这样一句话吧？很多人以为这是孔子说的，其实这句话出自《管子》。

一个把礼放在治理国家第一位的人，你说他能不知礼吗？

第二章

孔子的自省

2·2（14·16）子路曰："桓公杀公子纠，召忽死之，管仲不死。"曰："未仁乎？"子曰："桓公九合诸侯，不以兵车，管仲之力也。如其仁，如其仁。"

【译文】

子路说："齐桓公杀了公子纠，召忽自杀以殉，但管仲却没有自杀。管仲不能算是仁人吧？"孔子说："齐桓公数次召集各诸侯国的盟会，而不动用武力，都是管仲的力量啊。这就是他的仁，这就是他的仁。"

这一章，我们要解决两个问题：第一，管子到底仁还是不仁？第二，前面孔子说管子不知礼，这里又说管子仁，那么，孔子到底怎样评价管子？

大致解说一下，所谓"九合诸侯"，其实并不是九次，大致是十三次，"九"在这里代表多的意思。孔子的意思就是齐国称霸是一个比较和平的过程，并不是依靠武力完成的，因此天下没有遭受战乱，反而享受了更好的和平。确实如此，齐国称霸的过程中，仅与鲁国发生了一次战争，除此，与中原国家都没有交战过。

2·3（14·17）子贡曰："管仲非仁者与？桓公杀公子纠，不能死，又相之。"子曰："管仲相桓公，霸诸侯，一匡天下，民到于今受其赐。微管仲，吾其被发左衽矣。岂若匹夫匹妇之为谅也，自经于沟渎而莫之知也？"

【译文】

子贡问："管仲不能算是仁人了吧？桓公杀了公子纠，他不能为公子纠殉死，反而做了齐桓公的宰相。"孔子说："管仲辅佐桓公，称霸诸侯，匡正了天下，老百姓到了今天还享受到他的恩赐。如果没有管仲，恐怕我们已经被野蛮民族征服，要披散着头发，衣襟向左开了。管仲岂能像普通人那样恪守小节，自杀在小山沟里，无声无息地离开这个世界？"

所谓"被发左衽",是古时候北方野蛮民族的习俗,他们通常披散着头发或者仅仅用绳子系住头发,称为披发,而中原民族要梳头戴冠。北方野蛮民族衣服左边衣襟在内,右边衣襟在外,称为左衽,而中原民族是右衽。

孔子在这里说到"被发左衽",意思就是中原被北方野蛮民族征服。

顺便一提的是南怀瑾在"左衽"的解读上出了错,他说"左衽"就是"左肩披着衣服,右肩臂露在外面,这是文化野蛮落后的象征。现在我们的装束,也都是被发左衽,向原始文化投降了,好在不止我们,整个世界都在被发左衽"。整段话都是错的。

这两章的翻译基本没有异议,因此不再录入各位大师的译文,直接解决前文所述的两个问题。

先来说第一个问题:管子到底仁还是不仁?

> 钱穆:舍小节,论大功,孔子之意至显。
> 南怀瑾:公子纠对管仲并不好,不听管仲的意见,如听管仲的意见,就不会有齐桓公,而是公子纠起来了。公子纠不以管仲为国士,管仲也不必要为公子纠殉死。
> 李零:孔子把恩人当仁人。
> 鲍鹏山:仁难道是空洞的道德信条吗?那些做出大事业,为国为民带来福祉,消除灾难的人,才是真正的仁。

基本上,除了李零,其余人都认同孔子的观点,认为管仲"仁"。不过,南怀瑾关于公子纠对管仲不好的说法不知道从哪里来的。从他的全文看,他实际上是想表达说公子纠对管仲不好,所以管仲不为他去死是对的。这样的见解确实低了一些,绝不是孔子的意思。

对于我来说,我认同鲍鹏山的说法。

李零认为孔子把恩人当仁人,言下之意就是管子未必是"仁"。那么问题是,如果一个人只是某个人的恩人,这个人是不是仁人还真不好说。可是如果一个人是所有人的恩人,请问,这个人是不是仁人呢?

什么是仁?历史上大师们的解说全都是蒙混过关的。所谓仁,其实就是好的人际关系。大家若是不信,可以去看看孔子怎样回答弟子们关于仁的问题。不过,孔子晚年的时候,"仁"的内涵扩大,逐渐成为一种代表孔子思想的标志性概念。

管子让齐国人民集体富裕,给中原带来了几十年的和平稳定,齐国人民世世代代崇拜他,整个国家都敬重他,他的人际关系怎样?他是绝顶的仁,不是吗?

我这里简单介绍一下管子的功绩:管子帮助齐桓公称霸,整个过程与中原国家只进行了一场战争，就是齐桓公继位初期与鲁国的战争，随后双方和谈，齐国归还侵占鲁国的土地。齐国帮助卫国复国，消灭了三个北狄国家，解除了他们对中原的威胁，并且把这三个国家的人民和地盘送给了燕国。随后，齐国逼迫楚国签订和约，此后直到管仲去世，楚国再也没有侵略中原国家。

管仲给整个中原带来了几十年的和平发展，这个时期各国原本激烈的内斗也都没有了。可以说，齐桓公称霸时期，是整个春秋最好的时期。这个时期，齐国没有侵占中原国家一寸土地，为什么？因为齐国是个商业国家，他们需要的是天下稳定的秩序，而不是百姓和土地。管仲减免关税、减免农业税，鼓励商业，因此齐国人直到被秦国灭亡，一直是最发达最富裕最自由的国家，无数的人移民齐国。我们所知道的百家争鸣，主要就是发生在齐国。

不仅如此，老子、孔子、孙子、荀子等人的思想都受到管仲的巨大影响。可以说，在中国历史上，管仲的成就是浓墨重彩的一笔。这样的人当然是仁人。

再来说第二个问题：孔子到底怎样评价管子？

> 李零：孔子对管仲的评价很复杂，一方面很好，一方面很坏；一方面不知礼，一方面肯定他是个仁人。
> 李泽厚：孔子对管子的看法是肯定大于否定，因为仁高于礼。
> 鲍鹏山：一会说他好，一会说他不好；一会赞扬他，一会又批评他。唉，孔子好为难。

孔子评价管子的这三段话，是在不同时期说的。简单推理一下，孔子在早期重点讲礼，后期主要说仁。所以毫无疑问，孔子说管子不懂礼是在早期，早到什么时候呢？早到孔子这时候还没有去过齐国。所以，这个时候问他问题的不是子路也不是子贡，而是"或"。这个时候子路还没有入学，甚至可能孔子还没有开办学校。

这个时期，孔子对管子的了解也就是道听途说，知其然不知其所以然，认为管子不节俭不知礼，瞧不起管子。

后来，孔子来到了齐国，并且在齐国待了一年，彻底改变了对管子的认知。在齐国，每个人都从内心敬重管子。齐国人富有、知礼、包容，国家远比鲁国强大。这个时候，孔子一定在反思，除了看到的听到的，他一定在想：为什么这么多鲁国人移民到齐国，却没有齐国人移民到鲁国呢？

孔子为什么强调老百姓到了今天还享受到管子的恩赐呢？因为那是他亲眼所见，是他切身的感受。

所以，孔子对管子的评价来了一个大反转。后来当子路和子贡问管子是不是不仁的时候，孔子用了两个"如其仁"以及"岂若匹夫匹妇之为谅也，自经于沟渎而莫之知也？"这样的反问句，非常激烈地为管子辩解。在他心中，已经容不得对管子的指责了。

有人说，既然孔子这样崇拜管子，为什么对管子的论述不多呢？其实大家可以去翻翻论语，管子已经是孔子提到次数最多的人了，除了这两章，还有一章也是在赞扬管子的。

这里顺便要提出一个延续了很长时间的问题，那就是对于经典解读的错误方法。对于经典，正确的方法是立体地去解读，要了解时间、地点、人物关系等背景知识，并且运用逻辑分析。遗憾的是，历代的研究者多习惯于平面、静止地看。所以他们看不到深度，只能看到重叠的表象。更有甚者，很多大师完全不了解那段历史，也不了解人物背景和关系，他们甚至无法平面地看问题，他们的解读只是一条线，甚至是一个点。

譬如说如何看待孔子，某些大师的做法就是去简单解释、吹捧。但是他们忘了，孔子也是在成长的，他的思想本身是个变化的过程，自己改变自己，自己否定自己都是很正常的。

从上一章到这一章，我们看到的是孔子对管仲评价的变化。透过这个变化，我们可以看出什么？孔子对管子的认识是一个反省的过程。当他意识到自己错误的时候，他不是为了面子而狡辩，为了遮掩上一个错误而犯下另一个错误，而是毫不犹豫地承认了自己的错误。

及时反省，果断改过。这，就是贵族精神的体现。

第三章

好学生为什么没有好结果?

2·4(11·19)子曰:"回也其庶乎,屡空。赐不受命,而货殖焉,亿则屡中。"

【译文】

孔子说:"颜回难道注定只能是个平民了吗?他(出仕)总是落空;子贡没有按照老师的意愿出仕,选择了经商,总是赚大钱。"

如果孔子喜欢谁,就每句话都是在表扬他吗?孔子喜欢谁,就是从头喜欢到尾吗?孔子讨厌谁,就每句话都是在讽刺他吗?这一章就反映了这样的问题。

这一章,我们要解决两个问题:第一,这一章是在表扬颜回吗?第二,孔子为什么要说这段话?

以上是我的翻译,学术界此前通常采用的是钱穆的译法。

下面,来看看大师们的译法。

钱穆、李泽厚、鲍鹏山:孔子说,回啊,差不多了,可惜他屡在空乏中。赐没有受公家之命而经营货殖,他猜度物价总是猜中。

南怀瑾:"屡空"这两个字按照禅的意思,就是只有颜回才能常常做到空的境界,对于任何事情,无论得意或不得意,都可以把它丢掉,摆得下。

李零:"庶"可能是"度","度"与"臆"同义,"屡空"与"屡中"相反,前后正好对称,意思是说,颜回命舛,度事屡空,子贡相反,臆则屡中。

什么是空乏?说白了就是穷。钱穆的意思,孔子是在表扬颜回的学问已经接近完美,就是运气不好。子贡经商,运气好,因为他做生意都是靠猜的嘛。

除了李零,大师们都认为这是孔子在夸奖颜回。不过,李零的说法似乎也站不住脚,如果"庶"是"度"的话,原文不应该是"回也其庶乎",而是"回也其度也"。所以从文法上说,李零的说法是不成立的。

首先，我们来解决第一个问题：这一章是在表扬颜回吗？

这段话其实毫无难度。可是，大师们大概认为孔子不可能说颜回不好，所以一定是好的。于是乎，花样就来了。

现在我来把这段话翻译一下。

先解决几个字的问题。庶，就是平民的意思。钱穆所说的"差不多了"，那不是"庶"，那是"庶几"。空，就是落空的意思。屡空，就是屡次落空。干什么屡次落空？出仕，也就是做官。所以，"屡空"的完整说法是"屡仕屡空"，屡次想当官都没有实现。

在所有的学生中，孔子寄予最大期望的就是颜回，认为他能够最忠实地执行自己的治国理念，自己的理想最有可能由他来实现。因此，孔子一定多次推荐他出仕。可是，颜回到死也没有当上官。此外，这段话对比的意味很浓，后面说子贡不愿意当官而去经商，结果很成功。前面自然应该是说颜回想当官却当不成。

"亿"是什么意思呢？很多。"亿则屡中"的意思自然就是说子贡经常赚很多钱。当然，大师们一定要把它说成是臆的通假字，也就是瞎猜乱蒙的意思，我也没办法。不过退一步讲，就算是臆想的臆，翻译过来也应该是推测，而不是猜、蒙。做生意要是靠猜，不破产才怪。孔子非要说自己的得意弟子做生意靠蒙，非要贬低子贡来抬高颜回吗？所以，这一章并不是在表扬颜回，而是进行一个无奈的对比。

之后我们来解决第二个问题：孔子为什么要说这段话？

要解决这个问题，首先要了解这段话的背景。

孔子周游列国回到卫国之后，改变了从前反对学生做家臣的态度，积极推荐自己的弟子们出仕，有的推荐去做国君的大夫，有的推荐给卿大夫们做家臣。子贡对当官一向没兴趣，不过在孔子的多次劝导下，还是很勉强地做了一段时间的家臣，之后辞职经商去了，结果发了大财。

颜回是孔子最喜欢的学生，按照孔子的推荐顺序，颜回应该和子路并列第一的。子路早早就去卫国上卿孔圉家做了蒲地宰，相当于蒲地的县长。那么颜回呢？虽然没有记载，但是可以推断孔子一定是屡次推荐他，不仅在卫国，回到鲁国之后也继续推荐。可是，孔子的学生们陆陆续续都出去做官了，颜回依然没有成功。为什么呢？史书没有记载，不过我们可以想一想。

不管是国君还是卿大夫，他们需要的人是来干活的，而颜回就是个死读书的，缺乏应变能力和实践能力。他没有冉有的干练，没有子贡的口才，也没有子路的果敢。试想一下他去某个大夫家面试，人家问他怎样管理，他的回答永远是"非礼勿听非礼勿视，用夏朝的历法，坐商朝的车子，穿周朝的衣服，坚决不听流行歌曲"。

孔子七十岁的时候，颜回死于贫病交加。这对于孔子是一个沉重的打击，自己最欣赏的学生这样凄惨死去，孔子的心情可想而知。

　　这个时候，孔子开始了反思和比较。所以，就有了这一段话。他在反思为什么一切听从自己的颜回最没有出息，而没有听从自己安排的子贡却很成功。是自己错了吗？孔子并没有认错，所以他说，"难道颜回注定就是个平民吗？"他没有说，"难道是我教错了吗？"

　　必须承认，孔子是一个伟大的教育家，他懂得因材施教。但是，他有一个致命的错误，就是要求所有学生都去当官，而忽略了每个人的天分。颜回根本就不是做官的料，他会是一个好老师。

　　俗话说：女怕嫁错郎，男怕入错行。颜回就是入错了行，孔子对此负有不可推卸的责任。

　　从这一次的反思看，孔子的反省并不彻底。但是，如果我们看一看孔子对第三代弟子的教导，就会发现，孔子其实一直在反省颜回身上发生的事，他一直在改变自己、改造自己，最明显的就体现在他对子夏的喜爱上。子夏学业的优秀甚至超越颜回，可是他不盲从孔子，遇事有主见。关于子夏，会在后面详述，这里不多说了。

第四章

一日三省

2·5（1·4）曾子曰："吾日三省吾身——为人谋而不忠乎？与朋友交而不信乎？传不习乎？"

【译文】
曾子说："我每天在三个方面反省自己，为人办事是不是尽心竭力了呢？同朋友交往是不是做到诚实可信了呢？老师传授给我的学业是不是温习了呢？"

自省是孔子对自己的要求，也是对学生们的要求。关于自省，曾参就有这一段著名的话，对于这段话，我们要解决两个问题：第一，"三省"该怎么理解？第二，"忠"到底该怎样理解？

曾子，名参，字子舆，是孔子的第三批学生。他的父亲曾晳则是孔子的第一批学生。因为《论语》是他率领弟子们编纂的，因此在《论语》中他被称为曾子。

这里要先说说曾参的"参"该怎么念，此前有两种说法，一种是"cān"，另一种是"shēn"。两种各有理由，不妨来看看。

读"cān"的理由，认为"参"是"骖"去马旁。曾子的字是子舆，"舆"就是车、车厢的意思，而"骖"为拉车之马，这符合古人名字呼应的惯例。春秋时期人们取名，名与字之间必须有关联，要么相近，要么互补，要么相反。譬如，端木赐字子贡，这是相反；卜商字子夏，这是相近；宰予字子我，这是相同。

读"shēn"的理由，认为"参"的发音应该遵循古文献记载，而文献记载"参"的古音是所今切，即"深"。

目前，我们主要采用后一种。但是，正确的读音应该是"cān"。

另外，曾参二儿子名叫曾申。父子的名字同音，这样取名在中国古代会被认为不妥。

这一章看上去很简单，但是仔细看看大师们的翻译，就会发现还是有很多需要探讨的地方：

钱穆：曾子说，我每天常三次反省我自己。我替人谋事，没有尽我的心吗？我和朋友相交，有不信实的吗？我所传授于人的，有不是我自己所日常讲习的吗？

　　南怀瑾：曾子说，我每天用三件事情考察自己。替人家做事，是不是忠实？与朋友交是不是言而有信？老师教我如何去做人做事，我真正去实践了没有？

　　李泽厚：曾子说，我每天多次反省我自己。我替人谋事，没有尽我的心吗？我和朋友相交，有不信实的吗？我所传授于人的，自己实践过吗？

　　鲍鹏山：曾子说，我每天多次反省自己，为人办事是不是尽心竭力了呢？同朋友交往有不诚实的吗？老师传授的知识温习了吗？

　　李零的意思同南怀瑾。大师们的译文在两个地方有不同，一个是"三省"，一个是"传不习乎"。

　　那么，现在我来解决第一个问题："三省"该怎么理解？"三"究竟是次数还是方面？除了南怀瑾是说"三个方面"，钱穆、李泽厚和鲍鹏山都释为"多次"或者"三次"。更大的可能是方面，为什么呢？

　　在"三省"后，就罗列了三个方面，这应该就是解释"三省"。曾子想要强调的是这三个方面，而不是次数。

　　对于"传不习乎"的解释，钱穆和李泽厚都认为是"自己传授给学生的知识"，其余人则认为是"孔子传授给曾参的知识"。

　　按照钱穆的译法，这句话是："我所传授于人的，有不是我自己所日常讲习的吗？"但是，"我所传授于人的"不就是"我自己所日常讲习的"吗？二者有什么区别呢？

　　按照李泽厚的译法，这句话是："我所传授于人的，自己实践过吗？"但是，所有的知识都是可以实践的吗？《诗经》《论语》怎么实践？何况，一个老师讲授的知识会有很多重复，有必要每天都反思自己实践与否吗？

　　相反，曾参从孔子那里学到的知识，倒是真的可以每天温习。

　　所以，钱穆的译法是不正确的。李泽厚的译法明显是来自钱穆，虽然略有改动，也是不对的。

　　之后我们来解决第二个问题："忠"到底该怎样理解？

　　钱穆：尽己之谓忠。

　　南怀瑾：什么是"忠"，古代与后世解释的"忠"稍有不同，古代所谓"忠"是指对事对人无不尽心的态度——对任何一件事要尽心地做，这叫作"忠"。

李零：什么叫"忠"？古人拆字为解，有"中心为忠"之训。简单说，就是替人谋事，要真心真意、全心全意，绝不糊弄人。

李泽厚和鲍鹏山无解读。"忠"是忠于什么？曾子说：是忠于事，而不是忠于人。这点很重要，因为孔子就是这样的看法。所以，后代所说的"忠君"跟孔子是没有任何关系的。

这一章是曾子向学生们讲自己做人的原则。孔子去世之后，基本上，曾子算是或者自认为算是孔学正统。在这一代中，曾子应该是与师兄弟们关系处得最好的一个，确实是一个君子，应该说这得益于他的每日三省。

从曾参三省的顺序看，做人的要点首先是处理好人际关系，与周围的人以及君主建立良好关系。其次，要有朋友，并且相互信任依赖。这两项都办到了，再去钻研老师教授的学业。

这个顺序，与颜回恰好相反。所以，尽管两人看上去性格相似，但曾参比颜回要现实很多，最终的结果也要好很多。

当然，根据每个人的特点，反省的重点是不同的，譬如说你不足的方面应该重点反省，环境对哪方面的要求高，要重点反省。但是最重要的是，要有反省的意识。

曾子在这里教给我们一个处世的方法，那就是定期反省自己，并且依据自己的情况确定反省的内容。做到这一点，就能及时改正很多不足，及时规避可能要犯的错误。

第五章

了解别人更重要

2·6（1·16）子曰:"不患人之不己知，患不知人也。"

【译文】
孔子说:"不怕别人不了解自己，只怕自己不了解别人。"

与人打交道，是让对方了解自己重要，还是自己了解对方重要？这一章就是在说这个问题。这一章里，我们要解决一个问题：孔子要表达的重点是什么？

这一章的翻译非常简单，即便大师们用词稍有不同，其实与上面的译文都是一个意思。看看大师们的解读。

> 钱穆：君子求其在我，故不患人之不己知。
> 南怀瑾：这就归结了那句"人不知而不愠，不亦君子乎"。
> 李零：我们千万不要以为，他老人家真不在乎别人怎么看。他的话，有掩饰心理，越说不在乎，其实就是越在乎。
> 鲍鹏山：孔子是在开导我们，让我们将心比心，多关心别人。
> 李泽厚："不患人之不己知"仍在于把握个体的价值与尊严，走自己的路，为自己所当为，自身实在存于自我认识中而不在"人知"也。

从大师们的总结我们基本上可以看出，大师们不约而同地把重点放在了"不患人之不己知"上。唯有鲍鹏山是个例外，不过他说"将心比心，多关心别人"又跑偏了，人家孔子说的是了解别人。了解和关心是一回事吗？孔子讲的是处世的思维方式，鲍鹏山讲的是感情。

李零讽刺孔子，说他其实很在乎自己的名声，很在乎别人怎么看。没错，每个人都在乎自己的名声，都在乎别人怎么看。但是，孔子这段话的意思是说不在乎别人怎么看吗？是说不在乎名声吗？当然不是。李零之所以得出这样的结论，就在于他忽略了后半句。

现在我们来解决这一章的问题：孔子要表达的重点是什么？

通常这样的句式，前半句都是铺垫，后半句才是重点。"不患人之不己知"并不是重点，重点是"患不知人也"。

为什么这样说呢？我们简单来做一个背景介绍。譬如子贡去求职，结果失败了。这个时候，孔子来帮他做总结。

孔子问他："人家为什么不要你？"

子贡说："他不了解我啊，我告诉他说我口才很好，长得又帅，还会唱歌跳舞。可是，他还是不要我。"

孔子问："那你知道他想要什么样的人吗？"

子贡说："我不知道。"

孔子告诉他："人家要一个养猪的。"

所以，子贡求职失败是什么原因？不是人家不了解你，而是你不了解人家的需求。当你了解别人的需求的时候，你就会有相应的对策了，你就会知道需要让对方了解你的什么了。所以，与人打交道，首先要了解别人，你才能占据主动。

这才是孔子的本意。所以，孔子的话，是人际交往的技巧，是微观的。而大师们的解读偏重人生哲理，直接往人生境界上靠。

《荀子》记载了一段故事，很好地说明了为什么子贡的人生那么成功，子路的人生只成功了一半，颜回的人生则彻底失败。

这天孔子和子路、子贡及颜回座谈，孔子问子路："知者若何？仁者若何？"知者是怎样的？仁者又是怎样的？

子路说："知者使人知己，仁者使人爱己。"孔子说："你算是个士了。"又问子贡同样的问题，子贡说："知者知人，仁者爱人。"孔子说："你算是个士君子了。"孔子又问颜回这个问题，颜回说："知者自知，仁者自爱。"孔子说："你是个明君子了。"

下面来分析几个人的答案。

三个人都是孔子的得意门生，他们的答案其实都来自孔子的思想。

孔子总是教育子路要好好学习，之后当上大夫。怎么样才能实现这个目标？就是被人了解、赏识，最后被录用。所以，子路的答案是知者使人知己。对这个答案，孔子认为也就是达到了士的标准。

孔子怎样教子贡呢？其实孔子还是给他灌输与子路同样的概念，但是，子贡是生意人世家，不喜欢听课，善于观察。别的人听老师讲课，子贡则是看老师怎么做生意。有人说孔子什么时候做生意了？那我问你，办学校不是生意吗？办学校什么最重要？了解市场，了解学生的需求，了解家长的想法。所以，子贡这个生意人更关心的是别人怎么想，他的答案就是知者知人。

颜回呢？总是被孔老师灌输克己复礼的概念，不管别人怎么做，自己先做到非礼勿视非礼勿听。自己做到了，这个世界自然就跟着你做到了。全心全意整好自己，不用去管外界怎样。所以，颜回的答案就是知者自知。孔子最喜欢这个答案，认为是超过了士的层次。

三人不同的思维引出了不同的行为。子路要让别人了解自己，于是总是展示自己的才能，最终被卿大夫赏识，走上了仕途。子贡去了解用户的需求，判断市场的走向，最终成为一个成功的商人。而颜回既不想了解别人，也不想别人了解自己，他只需要自己了解自己，于是封闭了自己，最终死于贫寒交加。

所以，生活在这个世界上，最好的就是"知人"。

那么，孔子本人的答案是什么？与子贡相同。

不过，与"知者知人"相比，孔子的话更侧重于反省：当你认为别人不了解你的时候，你应该首先反省自己是不是了解别人。

事实上，孔子一生周游列国，最终以失败告终，原因是什么？就是不知人。他只管推销自己的主张，却不了解别人想要什么。

所以很显然，这一章是孔子在晚年自省的成果。

第六章

躬自厚而薄责于人

2·7（15·15）子曰："**躬自厚而薄责于人，则远怨矣。**"

【译文】
孔子说："一个人要踏踏实实不断地提升自己加强自己，不要对别人要求太多。这样，就能远离怨恨了。"

对经典的解读，往往看上去越简单的，就越容易出错。这一章字数很少，所以我们重点来解决字的问题。第一个问题："躬"是什么意思？第二个问题："厚"是什么意思？第三个问题："责"是什么意思？

这一段的翻译历来是这样的："多责备自己而少责备别人，那就可以避免别人的怨恨了。"大师们全部采用传统译文。来看看大师们的解读。

钱穆：责己厚，责人薄，可以无怨尤。
南怀瑾：躬就是反躬自问，自厚并不是对自己厚道，而是对自己要求严格。
李零："躬自厚"是"躬自厚责"的省言，和"薄责"相对。
李泽厚：对自己要求严格，而很少责怪别人，怨恨自然就少了。
鲍鹏山：多责备自己少责备别人，就能避开怨恨了。

按理说，说文解字是大师们的长项，可是他们对这段话的说文解字并不成功。下面，我们就以同样的方式来解读。

首先解决第一个问题："躬"是什么意思？

从字形看，"躬"就是身如弓，也就是弯腰、俯身的意思，就是躬身。当然，有的时候也意为自己。大师们都把"躬"当成自己来解释，那"躬自厚"就应该是"躬厚"。

所以，这里的"躬"，应是躬身的意思，表明的是一种谦恭、踏实、低调的态度，就是放低身段。放低身段干什么呢？自厚。

现在再来解决第二个问题："厚"是什么意思？

每个大师都把"厚"解释成厚责，就是严厉责备的意思。

在中文里，有一类字词是专门搭褒义词，另一类是专门搭贬义词的。大家可能觉得这不好理解，譬如说大力，可以说大力表扬、大力支持，但不能说大力批评、大力反对，只能说严厉批评、极力反对。

从语感上来说，"厚"是褒义的，搭出来的词应该是好词，譬如厚待、厚礼、厚遇，根本不可能搭"责"。那么"厚"是什么意思？就是厚实、充实的意思。

最后再来解决第三个问题："责"是什么意思？

大师们的统一说法是责备。

这个"责"在春秋时期更多的意思是要求，也就是"责成"里这个责的意思。那么，为什么说这里是要求而不是责备呢？这要从整句的意思来推导。

躬自厚，就是放低身段，踏踏实实地充实自己、提高自己、增强自己，对自己的要求更高。对应的，当然不是少责备别人，而是对别人的要求不要太高。

解决了这三个关键字之后，整句话的逻辑就成立了。

孔子说做到了躬自厚而薄责于人，"则远怨矣"，这个"怨"，是谁怨谁？还是互相怨？大师们谁也没说。孔子的意思，是双方的怨气都会减少。为什么呢？

因为怨恨多半出于两个方面，第一是对别人的期望和要求太高，因此当无法得到满足的时候，就会抱怨、怨恨。另一个是别人对自己的要求过高，自己感到无力完成，就会有怨恨。因此，按照孔子的说法去做，自强不息，不要把希望寄托在别人身上，对别人不要苛求，这样，双方的抱怨、怨恨都会少。

一个人要踏踏实实，不断地提升自己、加强自己，同时不要对别人要求太多。这样，就能远离怨恨了。

那么，怎样才能做到这一点呢？自省是基础。

第七章

君子求诸己

2·8（15·21）子曰："君子求诸己，小人求诸人。"

【译文】
孔子说："君子追究自己的原因，小人追究别人的原因。"

这一章只有一个问题："求诸"是什么意思？
历来的译文和以上的译文都不一样，且看大师们怎样翻译（南怀瑾没有翻译）。

  钱穆：君子一切求之于己，小人一切求之于人。
  李零：君子求己，小人求人。还得靠自己。
  李泽厚：君子要求自己，小人要求别人。君子依靠自己努力，小人依靠他人帮助。
  鲍鹏山：君子总是磨砺自己，小人总是算计别人。

除了鲍鹏山，其余大师们对"求诸"的解释都是"求帮忙""依赖"的意思。而在鲍鹏山这里，君子的"求诸"是磨砺，小人的"求诸"是算计，感觉上有点天外飞仙的意思。

现在我们就来解决这个问题："求诸"是什么意思？
按照大师们的翻译，就是：君子万事靠自己，万事不求人；小人什么也不干，都要靠别人。如果孔子真是这个意思，那这句话就是绝对错误的。
谁能不求人呢？谁又能事事求人呢？孔子不求人吗？大师们不求人吗？
所以，孔子绝不可能以这个标准来作为君子和小人的分野。
事实上，"求"这个字在春秋时期主要的意思并不是请求，而是追求、追究，譬如我们现在还用的"求是"，就是追求的意思，"求责"就是追究责任的意思。
而这里的"求诸"，就是追究原因，追究责任。
孔子的这段话，是说遇到问题、挫折，君子是从自己身上求原因，让自己来承担责任。小人是在别人身上找理由，把责任推卸出去。

换句话说：君子不抱怨，自省；小人抱怨，不自省。这才是君子与小人的分野。

《论语》提示我们的十八条贵族精神中，第一条是不抱怨，第二条是自省。孔子这段话，就是在总结这两点。

所以，一个判断是君子还是小人的方法就是看出了问题之后他们的态度。敢于反省自己，这人就是君子。相反，把责任推给别人，认为自己永远正确，这种人就是小人。

顺便要说的是，把"求"理解为要求的话，也未尝不可。但是，要求和追究是不同的，要求是事前，追究是事后。二者的境界是有区别的，后者更高，因为后者可能连带着承担责任的勇气。

当然，如果事先有要求，事后有追究，那就更好。

第八章

见贤思齐

2·9（4·17）子曰："见贤思齐焉，见不贤而内自省也。"

【译文】

孔子说："见到贤人，就应该向他学习、看齐；见到不贤的人，就应该对照他自我反省。"

善于自省的人不仅反省自己的缺点，甚至见到别人的缺点也会反省自己。这一章就是这个意思。这一章历来没有争议，大师们的看法一致并且都很正确，因此，没有什么问题要解决的。

大师们的译文基本上与上述译文是一个意思，讲解也都差不多而且都很简短，似乎没有太多可以说的。

见贤思齐出于这里。过去，人们把重点放在"见贤思齐"上。现在，我们应该把重点放在"见不贤而内自省"上。首先，不要去做那些让人讨厌的事情，不要被人瞧不起。之后，再努力去做让人尊重的事情。

2·10（4·14）子曰："不患无位，患所以立。不患莫己知，求为可知也。"

【译文】

孔子说："不要担心没有职位，而要反省自己凭什么胜任这个职位。不要担心别人不了解自己，而应该让自己值得别人去了解。"

2·11（14·30）子曰："不患人之不己知，患其不能也。"

【译文】

孔子说："不忧虑别人不知道自己，只担心自己没有本事。"

2·12（15·19）子曰："君子病无能焉，不病人之不己知也。"

【译文】

孔子说:"君子只怕自己没有才能,不怕别人不知道自己。"

2·13(5·27)子曰:"已矣乎,吾未见能见其过而内自讼者也。"

【译文】

孔子说:"真是扯淡,我还没有看见过能够看到自己的错误而又能从内心责备自己的人。"

最后一章的译文历来没有争议,但解读上有不同观点。

钱穆联想到了颜回的好学,南怀瑾联想到了天理与人欲,李泽厚联想到了基督教的忏悔,鲍鹏山啥也没联想。李零写了这样一句话:这话不知是说给谁听。就凭这一句话,李零就更接近于正确理解了。

孔子的这句话带着浓浓的抱怨和失望,很明显是在对某个人或者某件事发出感慨。不出意外的话,这段话又是孔子晚年说的,恰好某个弟子或者某个人做了错事却没有自责的意思,于是让老爷子发出这样的慨叹。

这样的抱怨,都是一竹竿打翻一船人,听听也就罢了,说者固然是一时的感慨,听者也就不必当真,更不必当真理。

李零显然考虑到了这个层面,所以想要知道是谁做了什么样的事情,惹得老夫子如此慨叹。

小 结

自省改变命运

最后，我们来总结一下"自省"。

自己错了要自省，这样才知道自己错在哪里，下一次怎样避免同样的错误。遭受挫折失败要自省，这样才知道自己为什么失败，下一次避免同样的失败。看见别人的优点要自省，这样才能知道自己的不足。看见别人的缺点要自省，这样才能不让自己有同样的缺点。遭受不理解要自省，因为这样才有可能正确决定自己是应当放弃、改变策略还是坚持。遭受天灾更要自省，因为这是上天给了一次额外自省的机会。要做到"不抱怨"，就必须学会"自省"。

那么，如何才能做到自省呢？

《论语》教给了我们以下方法。

第一，要有自省的意识。要培养这种意识，最好的办法就是为自己设定一个自省的方向和周期，学习曾参的"日三省吾身"，针对自己认为最重要的方面进行定期反省，逐渐养成习惯。

第二，要学会对比。比照别人，反省自己。与比自己强的人对比，学人家的长处；与比自己差的人对比，看自己是不是有和他一样的缺点。有的时候，你看不出来比你强的人强在哪里，因为你的高度不够。但是，至少你能看出来比你差的人差在哪里，那么你首先应当避免他的缺点。

第三，要不断地强化自己，提高对自己的要求，更多地依靠自己而不是别人。在这种情况下，一旦遇到挫折，你会自然地去寻找自己的原因。相反，当你把希望寄托在别人身上的时候，一旦遇到问题，你就会在别人的身上找原因。

第四，要有自信，相信自己能够改正自己反省到的不足。

第五，要有承担责任的勇气。

在自省方面，《论语》教给我们的就是这些，你也许还能从其他地方学会更多。

要有反省的意识是多么不容易，要懂得怎样去反省是多么困难。不过，尽管困难，还是可以一步步地去做。你可以为自己设定一个自省的项目，尝试像曾子一样定期自省。

第三篇

贵族精神标准之三

知耻

其实，知耻应该排在贵族精神的第一位。只是因为要把《论语》开篇第一章放在第一篇，所以才将知耻放在了第三位。

为什么知耻应该放在第一位呢？因为贵族精神的基础就是知耻。

为什么知耻如此的重要呢？我们来看看管子的论述。

管子曾经说过"国之四维，礼义廉耻"。对于"礼义廉耻"的解读，此前都是含糊的，甚至错误的。"礼义廉耻"实际上是一个递进的关系，耻是基础，礼是目标。

具体的逻辑关系是这样的：人们首先要知耻，知耻之后就不会觊觎不应属于自己的东西，就会廉洁自爱，这就是廉。当人们廉洁自爱之后，就会互相尊重、谦让、爱护，这就是义。可是，义会造成混乱，譬如两辆车在路口相遇，互相谦让，于是谁也走不了，造成交通混乱。所以，这个时候就需要制定行为规则，这个规则就是礼。有了礼之后，人们就都知道自己应该怎样做，社会就有序而和谐了。由于礼的执行是基于义，人们是自觉自愿地去执行的。在礼没有规定到的地方，人们依然会按照礼义的原则去处理。

所以，即便是礼崩乐坏，只要知耻这个基础还在，一切就还大有希望。

管子说过"仓廪实而知礼节，衣食足而知荣辱"，礼节是礼的一个部分，荣辱就是知耻。按照管子的主张，要让人们知耻懂礼，首先要解决温饱问题。所以，管子在齐国大力发展商业和农业，减免各种税收，使得齐国直到被秦国灭亡之前都是最富足最文明的国家。

孟子也对知耻非常看重，他写道："人不可以无耻。无耻之耻，无耻矣。"

第 一 章

有耻和无耻

3·1（2·3）子曰："道之以政，齐之以刑，民免而无耻；道之以德，齐之以礼，有耻且格。"

【译文】
孔子说："用政令去约束百姓，用刑法来惩戒百姓，老百姓只是求得免于犯罪受惩，却没有廉耻之心；统治者以身作则来引导百姓，使用礼制去规范百姓，百姓不仅会有羞耻之心，而且也会守规矩了。"

知耻和不知耻的区别是巨大的，在这一章中，孔子就谈到了这一点。这一章我们要解决两个问题：第一，什么是"德"？第二，孔子的说法在现代来说正确吗？

这一章的翻译，大师们是一致的，除了关于"德"这个字。因此，我们略过翻译，首先来解决第一个问题：什么是"德"？钱穆：德者，在上者自己之人格与心地。南怀瑾和鲍鹏山：道德。李零：德，就是自律。李泽厚：德行。

我们知道，《论语》中有两个最基本的概念，一个是"仁"，一个是"德"。要解读《论语》，首先要正确理解这两个概念。

按照钱穆的定义，"德"是统治者的修养。什么修养？不知道。按照李零的定义，"德"是自律。谁的自律？不知道。两人的定义合起来就是"统治者的自律"，那么，统治者的自律是干什么的？是给大家看的。

大家想想，孔子都对什么人说德？不是国君就是季孙，他们都是统治者。对他们说德的时候想要表达什么？就是告诉他们，你们想让百姓怎样做，你们首先要自己做到。所以，"德"的标准答案是：统治者以身作则。

之后我们来解决第二个问题：孔子的说法在现代来说正确吗？

在解决这个问题之前，我们要把这一章的内容做一个讲解，之后才能做出正确的判断。

孔子在这一章里比较了两种统治方法，区别是这样的：前者是暴力的统治，告诉老百姓什么不许做，否则就要受到惩罚，这样老百姓只有恐惧，没有尊严，因此谈不上什么荣辱感，没有廉耻也不需要廉耻；后者在于统治者以身作则，老百姓跟着做的都是有面子的事情。再者礼和刑是不同的，礼是告诉你应该怎样做，而不是不能怎么做，因此谈不上威胁，然后人们觉得按照礼的要求去做就很自然。所以，这种统治方法让人有自尊，人就有廉耻感，就会主动地遵守规矩。

这是孔子对鲁定公谈治国，这段话非常精辟，直抵要害。

"道之以德，齐之以礼，有耻且格。"是孔子心目中理想社会的样子，但是怎样实现呢？孔子缺乏好的办法。

在孔子的时代，由于战争等因素导致社会混乱、百姓贫困，因而礼崩乐坏，礼这个层面已经受到了极大的破坏，但是知耻这个层面还有人在坚守。这个时候，最根本的办法是富民，让百姓的生活得到保障，之后逐渐恢复礼。

事实上，齐国一向就做得不错，百姓富足，社会稳定和谐。所以到了战国，其余国家纷纷变法的时候，齐国并没有效仿。

好了，现在我们可以来解决第二个问题了。孔子想要说的其实就是一句话：用德用礼来治理国家比用法用刑要好。

来看看大师们怎么说（李泽厚没有评论）。

> 钱穆：此亦孔门通义，虽古今异时，此道无可违。
> 南怀瑾：不过，中国的政治，向来是道家、儒家、法家合用的。
> 李零：光讲以德治国，德必伪，国必亡。当然，古人说的以德治国，并不是真的以德治国。
> 鲍鹏山：一味地反对法治而过度地推崇德治，是他老人家政治思想中的一大缺陷。

其实，历史早已经证明了，哪怕是在孔子的时代之前，仅仅使用德和礼来治理国家是绝对行不通的。这是人性的弱点所决定的。否定政和刑是不对的，否定德和礼同样是不对的。为什么不能二者结合呢？法治与德治的结合才是最好的方法。

在中国的历史上，曾经有两个纯粹的法治和德治的王朝，都在短时间内坍塌。纯粹的法治王朝是秦朝，而王莽所建立的新朝就试图实现孔子所倡导的德治。其他的朝代所实行的都是法治与德治的结合，因此统治的时间都要长一点。但皇帝凌驾于法律之上，又怎么可能是真法治？皇帝从来不以身作则，怎么可能是真德治？

那么，怎样做到法治与德治的有效结合呢？这不是《论语》所要讨论的，有兴趣的话可以去看看《荀子》，或者世界近代史。

在这里要讲的，是"无耻"和"有耻"的不同。"有耻"是礼的基础，也是礼治的体现。如果一个民族是知耻的，那么虽然需要法治，可是礼治的比重会更大，人们的自由度会更高，也会获得更多的自尊。

第二章

贫富与羞耻

3·2（8·13）子曰："笃信好学，守死善道。危邦不入，乱邦不居。天下有道则见，无道则隐。邦有道，贫且贱焉，耻也；邦无道，富且贵焉，耻也。"

【译文】

孔子说："坚定信念努力学习，坚守仁善之道。不进入政局不稳的国家，不居住在动乱的国家。天下有道就出来做官，天下无道就隐居不出。国家有道而自己贫贱，是耻辱；国家无道而自己富贵，也是耻辱。"

在孔子的时代，每个人都是知耻的。但是，君子的羞耻和小人的羞耻是有区别的。因此，孔子提到了一些君子应当引为羞耻的例子，本章就是其中之一。在这一章里，我们将解决两个问题：第一，李泽厚的断句是正确的吗？第二，孔子自己做到了吗？

对于这一章的翻译，大师们基本上与上述相同，唯一有区别的是李泽厚，他对"笃信好学，守死善道"重新进行了断句：笃信，好学，守死，善道。翻译过来就是：信仰坚定，喜爱学习，重视死亡，履行正道。是正确的吗？

从文字上看，李泽厚的断句更符合《论语》的风格。如果再联系到后面的"危邦不入，乱邦不居"，就更加有道理了。所以我认为是正确的。

笃信、好学、守死、善道。这是贵族精神的一部分，是品德的一部分。

看见世道有危险，躲得远远的，先保护自己。世道好了，出来争取做官，提高生活水平。这也是贵族精神的一部分，是能力的部分，是知进退的部分。

如果世道好了还是穷，那说明自己学习不努力，有机会也抓不住，这就是耻辱；如果世道不好，贪官当道，自己还很富贵，说明自己跟坏人沆瀣一气了，这也是耻辱。这也是贵族精神的一部分，是知耻的部分。

现在来解决第二个问题：孔子自己做到了吗？很显然，并没有。

世上的很多道理，明白了不等于能做到。

譬如像陈国、蔡国这样的危邦乱邦，孔子都去了。如果说卫国是危邦乱邦吧，孔子可是住了不短时间；如果说卫国是有道之邦吧，孔子也没有混出个样儿来，不是就很耻辱？

但是老夫子的道理是没有问题的，譬如国家发展了，经济提升了，而你没有抓住机会让自己富足，那确是一种耻辱。如果国家动乱民不聊生，而你却很富足，那你一定是发国难财，发死人财，你当然应该感到羞耻。

所以，贫贱是可耻的，以卑劣的手段获得富贵也是可耻的。以正当的方式去追求富贵、获取富贵，这才是君子应当做的。

第三章

没有朋友是可耻的

3·3（14·1）宪问耻。子曰："邦有道，谷；邦无道，谷，耻也。""克、伐、怨、欲不行焉，可以为仁矣？"子曰："可以为难矣，仁则吾不知也。"

【译文】

原宪问孔子什么是耻。孔子说："国家有道，做官拿俸禄；国家无道，还做官拿俸禄，这就是可耻。"原宪又问："好胜、自夸、怨恨、贪欲都没有的人，可以算做到了仁了吧？"孔子说："这可以说是很难得的，但至于是不是做到了仁，那我就不知道了。"

这一章算是对前一章的解说，助纣为虐获取富贵是可耻的，可是死守道德甘于贫困就是对的吗？这一章我们要解决的问题有三个：第一，什么是"仁"？第二，为什么孔子不认为原宪做到了"仁"？第三，孔子在这段话里犯了什么错误？

这一章的译文历来没有争议，不赘录。这一章的前半段与上一章的意思相同，也没有必要再去讲解。我们重点来说说下半段。还是先看看大师们的解读。

钱穆：四者贼心，遏抑不发，非能根绝，是犹贼藏在家，虽不发作，家终不安，故孔子谓之难。其心仁则温、和、慈、良。其心不仁，乃有克、伐、怨、欲。学者若能以仁存心，如火始燃，如泉始达，仁德日显，自可不待遏制而四者绝。颜渊从事于非礼勿视、听、言、动，乃以礼为存主，非求克、伐、怨、欲不行之比，故孔子不许其仁。

南怀瑾：由此可知孔子所称的仁，中国文化所标榜的仁的道体，就像道家、佛家所谓"得道"那样，不可知、不可测，是非常高、不可思议的一个境界。

李零：克服这四大毛病，难，但都属于不为不善，而不是善。所以孔子说他够不上仁。

李泽厚：孔子将"仁"与其他的美德善行区分开来，显示了"仁"的积极性主动性的情感方面，不只是克制、化解消极面而已。

基本上，钱穆、李零、李泽厚的意思相同，是说原宪所能做到的那四点境界还不够高。要多高才行呢？南怀瑾说要达到"不可思议的一个境界"。如果真的如此，孔子也就不用整天去讲"仁"了，因为根本没有人能做到，讲它干什么？

顺便说一下南怀瑾解读的两个不恰当的地方。

第一，南怀瑾这样解说："原宪问什么是可耻的事情，孔子说，国家社会上了轨道，像我们这一类的人，就用不着了，我们不必去占住那个职位，可以让别人去做了……其次，社会国家没有上轨道，而站在位置上，对于社会国家没有贡献，也是可耻的。"按照这个解说，就是甭管邦有道邦无道，都不应该出来做官。如果孔子真是这个意思，那可就是搬起石头砸自己的脚了，因为不仅他做过官，他还鼓励弟子们去做官。

第二，南怀瑾说在孔子当司寇的时候，原宪担任过总务长一类的职务。实际上，原宪小孔子三十七岁，是孔子第三代学生。孔子做大司寇的时候，原宪只有十七岁。

现在我们来解决第一个问题：什么是"仁"？"仁"就是好的人际关系，或者叫高情商。大家可以去看看《论语》，把所有的"仁"找出来，这样的定义足以解释百分之八十以上的"仁"，至于剩下的百分之二十，那是孔子晚年把"仁"进一步虚化之后的结果。

下面来解决第二个问题：为什么孔子不认为原宪做到了仁？

原宪是宋国人，熟悉春秋历史的人都知道宋国人是出了名的又倔又迂，认死理。原宪就是这么个人，品德高尚，仅次于颜回，可是能力一般，情商更加一般。办事缺乏变通，跟师兄弟们的关系处得都不好，可以说没朋友。

这次对话发生在孔子回到鲁国之后，这个时候冉有在季孙家做管家，而孔子家里的管家就是原宪。原宪的各方面都很像颜回，孔子曾经很喜欢他。但是一做了管家之后，孔子发现他的能力不足，因此对他并不满意。

原宪问什么是耻，孔子指桑骂槐，骂的就是冉有，说这小子在季孙家助纣为虐，太无耻了。然后原宪说的克伐怨欲，是在拐着弯表扬自己，因为他已经觉察到孔子对自己不满意了。

孔子对原宪的人品满意，可是能力不满意，所以，孔子不肯顺着原宪的话去肯定他，而是给了一个"马马虎虎"的评语，算是告诉原宪"你能做到这个也算不容易了，可是为人处世不够圆滑，缺乏变通，人际关系处理不好，因此谈不上仁"。贵族精神不仅包括品德，也包括情商。原宪所具备的只是品德的部分，在情商的部分则有很大欠缺。品德和情商是两回事，每当遇到一个情商不高的道德先生问仁的时候，孔老师的回答一般是"那我就不知道了"。不是不知道，是假装不知道。

后来的事情发展证明了这一点。

孔子去世之后，子贡、冉有等人主持料理孔子学校，有若出任校长，曾参主管教学，原宪等于是被炒了鱿鱼，因此被迫辞职去了卫国，因为情商不高，混得穷困潦倒。后来子贡经商回卫国，特地去看望原宪。虽然两人关系一般，但想来子贡看在老师以及同学多年的分上，想要拉原宪一把，谁知道反而被原宪羞辱一番。原宪最终死于贫病交加。

最后来解决第三个问题：孔子在这段话里犯了什么错误？

孔子其实都是针对学生的缺点和不足来回答问题、因人施教的。按照孔子的风格，原宪来问耻的时候，孔子应该说"没有朋友可耻，养不活自己可耻，不懂得变通可耻"，让原宪去提升自己的情商，改善和同学们的关系。

可是，孔子这个时候一门心思就想着冉有怎么助纣为虐了，因此啥也没想，开口就是"邦有道，谷；邦无道，谷，耻也"。

这下好了，原宪牢牢记住了老师的教导。老师去世之后，子贡、冉有主持孔子学校的日常事务，原宪一看，这不就是"邦无道"吗？我走。走到哪里，都发现邦无道，结果就只能穷困潦倒了。

虽然孔子在这次对话中一不小心犯了错，不过为了帮助原宪避免颜回同样的结局，可以说也是煞费苦心的。《论语》中还记载了另一件事。

原宪做了孔子的管家之后，孔子给他非常多的粮食（粟九百）作为年薪。原宪对老师说太多了，不要。孔子就对他说："不，多的你拿去给你的街坊四邻亲朋好友吧。"为什么？就是希望原宪能够因此搞好与周边人的关系。

一个多么好的老师啊！

而原宪呢？作为孔子的前任管家，最终却死于穷困潦倒，还有比这更羞耻的吗？

所以，不仁是可耻的。通俗一点说，没有朋友也是可耻的。

第四章

修行不以穷苦为耻

3·4（4·9）子曰："士志于道，而耻恶衣恶食者，未足与议也。"

【译文】
孔子说："士有志于道，但又以自己吃穿得不好为耻辱，对这种人，是不值得与他谈论道的。"

人类对于羞耻的理解有些是天生的，有些是后天形成的。同样的事情，有的人感到羞耻，有的人以为自然。所以，孔子对于不同的学生，对他们所强调的羞耻是不同的，譬如这一章。我们要解决的问题有两个：第一，什么是道？第二，孔子在说谁？

译文都差不多，来看看大师们怎样解读。

> 钱穆：盖道关系天下后世之公，衣食则属一人之私，其人不能忘情于一己衣食之美恶，岂能为天下后世作大公之计而全力以赴之？
> 南怀瑾：一个人如果真正立志于修道，这个"修道"不是出家当和尚、当神仙的道，而是儒家那个"道"，也就是说以出世离尘的精神做入世救人的事业。
> 李零：孔子提倡安贫乐道，和很多古代宗教一样，他也强调苦修苦行。人最怕的，其实还不是穷，而是人比人。人比人，气死人。谁能经受这种考验，才是真君子。
> 李泽厚：知识分子有志于追求真理，但又以粗衣淡饭为羞耻，这种人不值得与他去讨论。
> 鲍鹏山：探求真理的过程中，生活的艰苦必不可免。

总的来说，大师们普遍接受孔子的说法，认为要追求道就必须忍受苦难。
说说李零的解读。
首先，孔子并不强调苦修苦行，孔子只说不以穷苦为耻，并没有说以穷苦为乐或者以穷苦为追求，还是要以富贵为追求。

其次，李零所说的"人比人"这一段，非常接地气，可谓一针见血，比那些空泛的大道理更有教益。

现在来解决第一个问题：什么是道？

按照《道德经》的定义，道就是天地运行的规律。扩大一点说，就是天命，是冥冥之中注定的，看不见摸不着，可以探索但无法验证的玄之又玄的东西。

总之，道是身外物外的东西。

所以孔子的意思是，既然你要研究这些身外的东西，就不应该被物质生活所牵绊。否则，你就跳不出去。

其实，绝大多数宗教都是这么说的：受尽苦难，死后升入天堂。

那么，孔子为什么突然来这么一句呢？

我们来回顾孔子的一生，他的思想是一个变化的过程。最早他主要讲周礼，之后呢，重点讲德和仁，到了老年呢，开始讲道。

其实，有些人的一生就是会这样变化的，到了老年，追求心灵的平静，开始信宗教，开始讲道，大科学家牛顿的老年就去研究《圣经》了。所以，孔子这段话是在老年讲道的时候讲的，根本不是他的主流思想。这个时候的孔子思想，实际上更接近于道家。

随后我们来解决第二个问题：孔子在说谁？

首先，这个人应该是士；其次，还要志于道；再次，还要有机会抱怨生活困苦。

所以，只有一种人符合这些条件：跟随孔子研究《周易》的学生。

孔子在晚年开始研究《周易》，这个时候有资格有能力跟随孔子研究的应该是子夏这一辈以上的学生。这些学生都已经成年成家，如果做别的事或者在学校当老师，都有不错的收入。可是，跟随孔子研究《周易》，恐怕没有收入或者收入很低，生活很苦。于是就有学生诉苦了。孔子就说："吃不了这个苦，就别研究这个了。"

随孔子研究《周易》的学生应该本就不多，而且越来越少。最终继承了《周易》的商瞿应该是坚持到最后的，究竟他是忍受了困苦，还是家境本身很好？这就不得而知了。

孔子从来就不是提倡安贫乐道的，孔子自己就很富足，吃穿都很考究。

他曾经和子路有过一段对话，说子路穿着烂衣服与人谈论，却不感到羞耻，这很难得。但是，如果满足于此，那就没什么意思了。意思是说，现在穷没关系，总是穷那就不对了，你要争取富贵。事实上，孔子自己以及他对学生的要求都是这样的，穷不可怕，但是要去争取富贵。

3·5（4·22）子曰："**古者言之不出，耻躬之不逮也。**"

【译文】

孔子说："古代人不轻易把话说出口，因为他们以自己做不到为可耻啊！"

这一章比较简单，不做过多解读。这句话比较正式，应该是与子贡关系缓和之后说的。对子贡，孔子还说过类似的话。做不到就别说，说了就一定要做到。

小 结

知耻，要从小抓起

最后，我们来总结一下"知耻"。

对于知耻，孔子所说的并不多。并不是因为这一点不重要，而是因为在他的那个时代，尽管礼崩乐坏，但知耻还是一种自觉，并不需要特别强调。因此，孔子只是在说其他主题的时候顺带说一下。在孔子生活过的地方，鲁国民风淳朴，齐国和卫国文明富足，人民都是知耻的。

有这样一个故事，能够让我们体会到春秋时期人们的知耻程度。

齐国有三个勇士，分别叫田开疆、公孙接和古冶子。相国晏婴认为应该除掉他们，于是就想了一个办法。

晏婴找来了两个非常好看的大桃子，然后把这三个人叫来，对他们说："念你们劳苦功高，这两个大桃就给你们，你们自己来说说自己的功劳，谁要觉得自己的功劳最大，就自己拿一个吃。"

公孙接第一个说，他保卫齐国国君，打死了一只老虎。"嗯，你的功劳最大，该吃一个。"晏婴给他发了一个桃子。

然后田开疆说他当年也帮助齐国国君突围，保护了国君。"这么大功劳，该吃一个。"晏婴给他发了一个桃子。

古冶子是个结巴，嘴不利索，轮到最后一个说。他说那年齐国国君过河，结果整辆车被神龟拖到水里去了，他在水下杀了神龟，救了国君。"哎哟，原来你的功劳最大啊。"晏婴说，其他两个人也都这么认为。问题是，桃子已经分完了。古冶子很愤怒，感觉非常羞耻。

"我们功劳没有你大，本事没有你高，可是竟然吃了桃子，真是不要脸啊。"田开疆和公孙接感到羞耻，拔剑自杀了。古冶子大惊之余，也自刎而死。这就是历史上著名的二桃杀三士的故事，他们因为感到羞耻而付出生命的代价。类似的例子在春秋战国时期的史料中还有很多。

比之于不抱怨和反省，从不知耻到知耻是一个更加艰难的过程。当一个人、一个民族、一个国家丧失了知耻的能力，要重拾知耻，需要领导阶层的清醒认识和全力推进，需要整个教育系统的重新设计，需要从一个孩子出生就开始培养。因此，这需要的是不止一代人的持续努力。

而一切的一切，要从知耻开始。

第四篇

贵族精神标准之四

守规则

礼义廉耻，耻是基础，礼是目标。礼是什么？礼就是规则。什么样的规则？人们自觉自愿去遵守的规则。具有贵族精神的人，把遵守规则当作义务，把不遵守规则当作耻辱。相对应的，法也是规则，是强制执行的规则。

一个有秩序的社会，一定是大家都自觉遵守规则的。相反，一个混乱的社会，一定是全民的规则意识薄弱的社会。

可是，贵族的守规则和奴才的守规则是两回事。

具有贵族精神的人认为规则是有利于大家的，应该无条件去遵守。不守规则、被人监督才去遵守规则都是一种耻辱。不具有贵族精神的人认为规则是用来限制大家的，能破坏就破坏，能钻空子就钻空子，因此他们必须在监督强制之下才会遵守规则，他们只是因为害怕受到惩罚才会去遵守规则。

具有贵族精神的人把自己当作规则的主人，不具有贵族精神的人把自己当成规则的奴隶。

不要奢谈法治，因为法治不是万能的，法治也是人去执行的。在人们不愿意遵守规则的基础上，法治不好使。

所以，法治也需要礼作为基础。

第一章

所有人都要守规则

4·1（12·11）齐景公问政于孔子。孔子对曰："君君，臣臣，父父，子子。"公曰："善哉！信如君不君，臣不臣，父不父，子不子，虽有粟，吾得而食诸？"

【译文】

齐景公问孔子如何治理国家。孔子说："君要遵守君礼，臣要遵守臣礼，父亲要遵守父亲的礼，儿子要遵守儿子的礼。"齐景公说："讲得好呀！如果君不守君礼，臣不守臣礼，父不守父礼，子不守子礼，虽然有粮食，我能吃得上吗？"

这一章非常有名，历来的翻译似乎也没有什么争议。但是，没有争议的不等于就是对的。这一章要解决的是两个问题：第一，"君君"是什么意思？第二，周礼的本质是什么？

上述是我的译文，而传统的译文是这样的：

齐景公问孔子如何治理国家。孔子说："做君主的要像君的样子，做臣子的要像臣的样子，做父亲的要像父亲的样子，做儿子的要像儿子的样子。"齐景公说："讲得好呀！如果君不像君，臣不像臣，父不像父，子不像子，虽然有粮食，我能吃得上吗？"

其实整段话的关键就在于"君君"二字，这个问题解决了，其他的都迎刃而解。

所以，我们先来看看大师们如何解读"君君"。

钱穆：君要尽君道。

南怀谨："君君"就是说领导人做到自己真正是一个领导人，领导人有领导人的道德。

李泽厚：国君是国君。（君不君）如果国君不守国君的规矩。

鲍鹏山：君要像君的样子。

李零只是提出"君君臣臣"不是孔子的发明,却没有进行翻译和解读。南怀瑾则进行了大篇幅的发挥:

> 我们过去的政治思想,尽管是君主制度,据我的研究,中国历史政治的精神,是以民主为基础,君主是一个执行的形态。现在"美国式"的民主,老实说是以君主独裁为基础,而以民主为形态。美国是什么民主?所有的领导人,乃至于总统,后面都有老板的。他们被操纵于资本家手中,说穿了,美国的民主就是这样。我们过去的君主,是真正的民主精神……

现在,我们来解决第一个问题:"君君"是什么意思?

孔子早期强调礼,后期才强调仁和德。这个时期正是孔子开口闭口都在说周礼的时期。孔子此时与齐景公讲的都是周礼,所以"君君"的意思是国君要按照周礼的要求做国君,"臣臣"的意思是臣子要按照周礼的要求做臣子。

什么是君道?就是周礼所规定的国君的行为准则。怎么才像君?就是按照周礼的要求去做君。

只有李泽厚在翻译"君不君"的时候说到了"如果国君不守国君的规矩",总算和"礼"沾了一点边儿。

之后我们来解决第二个问题:周礼的本质是什么?

王蒙写过一本《天下归仁:王蒙说论语》,是这样解说的:第一,孔子主张秩序,主张尊卑长幼的划分,不主张平等也不认为君臣父子能够平等。第二,孔子主张全面的、双向的或多向的道德规范、行为规范与文化监督。第三,孔子的观点是秩序、文化、道德、和谐,总之,秩序排在第一位。第四,孔子的正名思想十分重要。

王蒙虽然没有提到周礼,但是他所说的四点恰恰是周礼的精神。我们不妨按照王蒙所提的前两点来解说什么是"君君臣臣"。

第一,秩序的重要性恐怕不差于平等。秩序对于个体来说肯定会有不公平,但对于整体来说则能保证不会陷入混乱。周朝人非常喜爱天上飞的大雁,就是因为大雁的飞行是讲秩序的。

第二,周礼之下,每个人都是受到约束的,人与人之间是相互尊重的。譬如周王作为天下权力最大的人,他不仅受到周礼的约束,还要受到大夫和史官的监督。有两件事情很说明问题。第一件是桐叶封唐,周成王和他最喜爱的弟弟唐叔虞在院子里玩,捡了一片桐树叶,开玩笑说要封给弟弟,结果旁边的史官说了:"天子无戏言,封给他吧。"周成王没办法,老老实实把唐叔虞封到了晋国。第二件是周厉王暴虐,百姓反抗,把他赶到边远山区去了,他到死也不敢回来,他儿子继位,也不敢说什么秋后算账。

周王不仅权力受到严格制约，他与诸侯以及臣民的关系都是相互尊重的。譬如诸侯来朝见，大家是平起平坐的，磕头施礼是相互的。诸侯称周王为王，王怎么称呼诸侯呢？同姓的叫伯父，异姓的叫伯舅，见面低一辈。地位上我比你高，辈分上你比我高，所以咱们是平等的。周王以及诸侯的自称就更说明问题，他们自称寡人、孤或者不谷，意思就是我这个没什么本事的人请求大家帮忙。

最后要总结一下，周礼的本质是什么？是一系列的契约，每个人都需要在这些契约的约束下去规范自己的行为。所谓君君臣臣，就是这个意思。就是国君按照周礼的规定去做国君，臣民按照周礼的规定去做臣民。所有这些，都有明确的规则，与道德无关。

孔子的治国理念就是恢复周礼，他认为每个人都按照周礼的要求去做自己，这样国家就治理好了。孔子的说法一点没错，从理论上说这是最好的社会。历史已经证明，仅仅靠周礼是不行的，但不等于周礼就是无用的。

历史上，很多人以为这是孔子的"忠君"语录，大错。其实，君君臣臣跟忠君没有任何关系。君臣都受到周礼的约束，本质上说他们之间是基于周礼的契约关系，或者雇佣关系。

所谓君君臣臣，与忠君无关，与道德无关，只与规则有关。

大家都守规则，世界就和谐了。

第二章

守规则从上层开始

4·2（3·19）定公问："君使臣，臣事君，如之何？"孔子对曰："君使臣以礼，臣事君以忠。"

【译文】

鲁定公问孔子："君主怎样使用臣子，臣子怎样侍奉君主呢？"孔子回答说："君主应该按照礼的要求去使用臣子，臣子应该以忠来侍奉君主。"

这一章的内容与上一章是承接的，只是对话的主角有变化。翻译历来无争议，我们还是来看看大师们的解读。

钱穆：礼虽有上下之分，然双方各有节限，同须遵守，君能以礼待臣，臣亦自能尽忠于君。

南怀瑾：鲁定公所问的，是领导术或领导的方法，而孔子答复他的，是领导的道德，撇开了鲁定公所问的方法。换言之，乃是在驳鲁定公。认为用方法和手段来领导都是错误的，所谓领导应该是以"德"领导人。孔子答复鲁定公的话中，意思是说，你不要谈领导术，一个领导人要求部下能尽忠，首先从自己衷心体谅部下的礼敬做起。礼包括很多，如仁慈、爱护等等，这也就是说上面对下面如果尽心，那么下面对上面也自然忠心。

李零："礼"是外部约束，代表君的权力；"忠"是内心约束，代表臣的义务。对照上文，"事君以忠"也是礼。

鲍鹏山：礼在这里是两个层面的意思，一是态度，礼贤下士，二是制度，以礼对待。忠是忠于职守，不是忠于君主。

大师们的解说中，钱穆虽然说得不全面，但是是对的。鲍鹏山说礼是一种制度，又说"忠是忠于职守，不是忠于君主"，这些都正确。

礼是规则，而不是道德。孔子回答的就是方法，而不是什么所谓道德。孔子是在回答鲁定公的问题，而不是在驳斥鲁定公。因此，南怀瑾的解读是不对的。

孔子与鲁定公的对话要晚于与齐景公的对话，但是依然属于孔子早期的思想，依然是强调周礼。

这段话的意思看上去与"君君臣臣"相同，实际上有些微妙的区别，因为这里有一个模糊的因果关系或者条件关系，也就是"如果国君对大臣以礼相待，大臣就应该忠于国君所给的职务"。孔子在齐国期间，受到管仲、晏婴思想的影响，赞同晏婴的"爱国不等于爱国君"的观点。

这里的"忠"是对事不对人的，忠的是自己从国君那里得到的工作，而不是国君。对自己的工作尽心尽力，就是"忠"。一旦自己不再担任该职务，"忠"也就随之解除。后世儒家以"无条件忠君"为核心价值理念，可是孔子不是这样，忠君是有条件的。只有统治阶级尊重老百姓，才能要求老百姓为他们卖命。"君使臣以礼，臣事君以忠"反映出的是一种契约关系，而不是从属关系。

有人会说：你认为孔子的思想是"爱国不等于爱国君"，还有什么根据？

孔子特别敬重春秋时期的几个人物：齐国的管仲、郑国的子产、齐国的晏婴和鲁国的柳下惠。这几个人有一个共同的特点：爱国不等于爱国君。柳下惠的故事我们后面会讲，这里先说说另外三个人。

管仲原本是辅佐公子纠的，齐桓公杀了公子纠，管仲并没有为公子纠去死，反而做了齐桓公的相国，孔子认为他是对的，这一点我们前面讲过了。

子产做大夫的时候，三任郑国国君被杀，子产没有去为国君而死。

最值得一说的是晏婴，晏婴担任大夫的时候，也有三任国君被杀，晏婴也没有为他们去死。到了齐景公登基之后，任命晏婴为相国。齐景公问晏婴会怎样帮助他治理国家，晏婴的回答是："国君死，我不死。"就是您被杀了，我也不会为您去送命。

齐景公很生气，说我对你这么器重这么好，你为什么这样说呢？晏婴说："如果你听我的，那你根本不会被杀死。如果你不听我的，你被杀死了，那不是活该吗？

第三章

规则比领导人重要

4·3（3·5）子曰："夷狄之有君，不如诸夏之亡也。"

【译文】
孔子说："夷狄即便有君主，还不如中原诸国没有君主呢。"

是周礼重要，还是国君重要？孔子早就告诉了我们答案。这一章，我们要解决两个问题：第一，孔子为什么要这样说？第二，孔子是不是一个种族主义者？

这段话的译文没有异议，来看看大师们怎样解读。

  钱穆：夷狄纵有君，不如诸夏之无君。盖孔子所重在礼，礼者，人群社会相交相处所共遵。
  南怀瑾：有政权的存在而没有文化的精神，那有什么用呢？因此文化精神一定要建立。
  李零：就算夷狄有君，也比不上诸夏无君，因为他们太野蛮，不懂什么叫礼仪，有君无礼，还不如有礼无君。
  李泽厚：通篇去说中国历史上没有种族歧视。
  鲍鹏山：诸夏即便没有君主，也会用文明的方式来生活。

上述解读中，提到了礼的，就接近于正确；没有提到礼的，就没有摸到门。钱穆的解读是正确的，孔子之所以这样说，是因为我们有礼。而李零的解读有缺憾，因为他说的是礼仪，并不是礼。

我们来解决第一个问题：孔子为什么要这样说？

礼是什么？是规则。对于中原诸国来说，即便没有国君，但是有礼有规则，大家按照规则行事，国家同样可以运作。夷狄没有礼，没有规则，就算有国君，还是乱七八糟。所以，礼比统治者重要。

这段话中，孔子在强调规则的重要性。

第四章

我为孔子卸黑锅

4·4（8·9）子曰："民可使，由之；不可使，知之。"

【译文】
孔子说："当百姓可以使用的时候，不干预他们；当百姓无法使用的时候，教他们懂得规则。"

这一章，有三个问题要解决：第一，为什么说历来的断句是错误的？第二，孔子是愚民思想吗？第三，"知之"是知什么？

上述断句和译文都是我的想法，传统断句为"民可使由之，不可使知之"，传统译文为"老百姓可以用来支使，但是不可以让他们明白为什么被支使"。

那么，大师们是怎样翻译的呢？

> 钱穆："在上者指导民众，有时只可使民众由我所指导而行，不可使民众尽知我所指导之用意所在。"
> 南怀瑾："对于老百姓，叫他做就是了，不可以叫他知道理由。"
> 李泽厚："可以要老百姓跟着走，不一定要老百姓知道这是为什么。"
> 鲍鹏山："可以让老百姓听从指挥，不要让他们知晓国事。"

可以看出，无论遣词造句有什么区别，大师们的意思其实是一致的。再来看看解读。

> 钱穆：具体文字不录，总之引经据典，力证这不是愚民思想。
> 南怀瑾：孔子的话绝对地对，那并不是一般人所说的愚民政策。事实上对于一般人，有时候只可以要他去做，无法教他知道之所以这么做的原因。有些人的头脑、程度、才具只能够听命于人，当然有些人是天生的领导人才。
> 李零："批林批孔"时期，这话是批判对象，他们批别的冤枉，批这话没错。

李泽厚：这在古代并不奇怪，不足为怪，不足为病。

鲍鹏山：这两句是对愚民政策的最好说明，这一类话，就是孔子思想的阴暗面和历史局限性。

基本上，钱穆竭力为孔子洗白，南怀瑾力证孔子说法正确，李泽厚表示不足为病，李零和鲍鹏山一口咬定就是愚民思想，就是孔子的污点。

现在我们来解决第一个问题：为什么说历来的断句是错误的？大师们的译文翻译回去是这样的："民可使之，不可知之。"就传统断句而言，"使由之"和"使知之"也根本不是春秋的语言。

接着，我们来解决第二个问题：孔子是愚民思想吗？

首先，如果按照正确的断句，大师们关于孔子愚民思想的根据就不存在了。

其次，在孔子的言论中，谁能找到其他例证来佐证他的愚民思想？没有。相反的例证却很多。

再次，孔子是干什么的？民办教师，他做的事情就是"知之"，就是把知识、周礼教授给普通百姓。如果他是愚民思想，那就等于否定自己，这是不应该的。

我们再来解决第三个问题："知之"是知什么？

这段话是讲治理国家，从《论语》中我们可以发现，孔子跟学生主要讲做人，跟统治者主要讲治理国家，所以这段话大概率是在和鲁国国君或者季孙讲。

那么，孔子治理国家的理论是什么？以礼治国。什么时候民可使？百姓知礼。什么时候民不可使？民不知礼。

所以，知之是知什么？知礼。礼是什么？就是贵族社会的规则。孔子这里强调的是规则，是让百姓懂规则、守规则。人人守规则，这是贵族社会的一大特征。人人守规则，社会就发展就安定。

第五章

规则和美德

4·5（8·2）子曰："恭而无礼则劳，慎而无礼则葸，勇而无礼则乱，直而无礼则绞。君子笃于亲，则民兴于仁；故旧不遗，则民不偷。"

【译文】
孔子说："只是恭敬而不懂得礼，就会觉得很累；只是谨慎而不懂得礼，就会畏缩拘谨；只是勇猛而不懂得礼，就会制造祸乱；只是直率而不懂得礼，就会说话尖刻。在上位的人如果厚待自己的亲属，老百姓当中就会兴起仁的风气；君子如果不遗弃老朋友，老百姓就不会对人冷漠无情了。"

规则是美德的载体，只有美德而不懂得规则，美德将无处安放，无法体现。所以，不要满足于做一个好人，而要做一个懂规则守规则的人。这一章，有两个问题要解决：第一，为什么说"恭而无礼则劳"？第二，这是孔子任人唯亲的思想吗？

看看大师们怎么说（钱穆没有解读）。

南怀瑾：孔子所说的恭而无礼，这个礼不是指礼貌，是指礼的精神、思想文化的内涵。所以不要认为态度上恭敬就是道德，如果有恭敬态度而没有礼的内涵则"劳"。换句话说，外在礼貌固然重要，如果内在没有礼的精神，碰到人一味地礼貌，则很辛苦、很不安详。

李零：这段话是讲礼的重要性，礼是行为规范，有中和、节制的作用。孔子认为，如果没有礼的节制，再好的美德也会变味。

李厚泽：礼是各种执政行事的规矩准则，也是个体为人做事的尺度。

鲍鹏山：这章说"礼"的不可或缺，"礼"是强化外部约束力。

南怀瑾把这段话里的"礼"说成是礼的精神、礼的内涵，其实恰好反了。躬、慎、勇、直这些才是礼的精神，礼是指礼的具体规定。李零、李泽厚和鲍鹏山都说得对，李零的说法最确切，说到了要点。

首先来解决第一个问题：为什么说"恭而无礼则劳"？

任何事情、任何美德，都需要规则，也就是礼。只有掌握了礼，才能让美德真正体现为美德。

所有大师中，只有李零解释了为什么只有恭敬而不懂得礼就会感觉到累。因为掌握不好尺度。

为什么说只是谨慎而不懂得礼，就会畏缩拘谨？因为掌握不好分寸，不明白你的权利，可以去做的你就不敢做，显得畏缩拘谨。为什么说只是勇猛而不懂得礼，就会制造祸乱呢？因为你不知道什么是正当防卫，什么是见义勇为，你就会滥用武力。为什么说只是直率而不懂得礼，就会说话尖刻呢？因为掌握不好用词。

还记得之前说到的礼义廉耻吗？孔子在这里所说的实际上就是义和礼的关系。义是礼的基础，礼是义的体现。这里所说的躬、慎、勇、直等，都是义，他们都需要礼来体现。

所以，如果你理解了礼义廉耻的真实含义和递进关系，要理解这段话还有什么难度呢？

之后我们来解决第二个问题：这是孔子任人唯亲的思想吗？不是的。

"君子笃于亲"的原意是在经济上厚待自己的亲属，而不是任人唯亲。

子产和晏婴都是孔子敬佩的人，他们就都是"君子笃于亲"的典范。

他们分别身为郑国和齐国的相国，薪俸可以说都很丰厚了，可是他们却很穷，为什么？因为他们的薪俸都用来帮助家族里的穷人了。子产穷到什么地步？死后没钱下葬。晏婴穷到什么地步？衣服上都是补丁，家就住在菜市场旁边的小院子里。

不论是"君子笃于亲"还是"故旧不遗"，其本质都是人性的体现。孔子的意思是，只有当你尊重人性的时候，人们的美德才会发挥出来。

本章分为两个部分。第一部分讲礼和义的关系，也就是规则对于美德的重要性；第二部分则讲人性与美德。首先遵守规则，在规则的基础上讲人性，人们的美德就能够充分发挥了，这就是贵族社会。

第六章

规则和行为

4·6（13·21）子曰："不得中行而与之，必也狂狷乎！狂者进取，狷者有所不为也。"

【译文】

孔子说："一个人如果不能按照周礼行事，那就必然以狂狷的方式行事了。狂者莽撞，狷者畏缩。"

如果我们撇开美德不说，一个普普通通的人不懂得规矩会怎样呢？这一章就在说这个问题。这一章有两个问题要解决：第一，狂狷是指行为还是指人？第二，这一章究竟在讲什么？

这一章的传统译文与上述译文是不同的，我们先来看看大师们是怎样翻译和解读的。

> 钱穆：我不得中道之士和他在一起，那只有狂狷了。狂者能进取，狷者能有所不为。
>
> 南怀瑾：中行的人，就是行中庸之道的人。孔子认为这种人才还是太少，不易得到。其次孔子欣赏两种人，就是狂、狷之士，这种人往往是中流砥柱的人。就对交朋友而言，平常无所谓，到了真有困难时，能来帮忙的朋友，不是狂之士，就是狷之士。
>
> 李零：如果不能和中庸之人结交，难道只能和偏激过分或者缩手缩脚的人为伍吗？
>
> 李泽厚：得不到和中庸之士在一起，那只有狂者和洁者了。狂者积极进取，洁者有所不为。
>
> 鲍鹏山：得不到和中庸之士在一起，那只有狂者和狷者了。狂者有进取心，狷者不肯做坏事。

李泽厚把狷者译成了"洁者"，鲍鹏山则把"有所不为"译成"不肯做坏事"，不知道依据是什么？除了李零，其余人都认为"狂狷"是好词。大师们都把这段话当成了孔子在讲交友，并且将交友分成了三类。

那么，语境是什么？也就是说，孔子为什么要用这样的方式讲交友呢？讲给谁听呢？在《论语》中孔子多处讲到交友，似乎从来没有这样的讲法。如果不是在讲交友，那孔子究竟在讲什么？

首先，我们要解决第一个问题：狂狷是指行为还是指人？或者说：孔子在讲的，究竟是跟什么人交朋友，还是自己应该怎样做人？

按照大师们的译法，我们反译回去，那么孔子的原句应该是：不得中行者而与之，必也狂狷者乎。

所以，"中行"和"狂狷"都不是在说人，而是在说行为方式。

所谓"中行"，被大师们说成是中庸，在我看来，应是按照周礼的"原则"去行事，中规中矩。"与"不是交往的意思，而是遵从的意思。

那么"狂狷"是什么呢？这么解释吧，当一件事情摆在你面前的时候，你不知道这是不是符合周礼，你去做了，就是狂；你不敢做，就是狷。体现出来，就是狂者进取，狷者畏缩。而进取这个词，在当时只是个中性词。

第二个问题现在就变得很简单了：这一章究竟是在讲什么？

孔子在讲的依然是周礼的作用，也就是规则的作用。

懂得了礼，就能知道进退取舍，就知道什么事情可以做，什么事情不可以做，就能做到中行。否则，就只能是狂狷，不该做的事做了，该做的事却不敢做。

懂规则，进退有据；不懂规则，手足无措。

第七章

中庸也是规则

4·7（6·29）子曰："中庸之为德也，其至矣乎！民鲜久矣。"

【译文】
孔子说："中庸作为统治者的行为规范，是最完美的。老百姓已经很久没有见到这样的规范了。"

这一章有一个重要的概念"中庸"出现。对这一章的理解，两千年来已经固化了。不过，我有自己的理解。这一章要解决三个问题：第一，"中庸"怎么解释？第二，"德"怎么解释？第三，这一章究竟在批评什么人？

以上是我的译文，先来看看大师们的译文和解读。

> 钱穆：中庸之德，可算是至极的了！但一般民众，少有此德也久了。
>
> 南怀瑾：任何一件事都是相对立的，有正面必有反面，有好必有坏，你说对的，同时也就产生了不对的。一切都是相对的，在这个相对的中间，有一个中和的道理。所以"中庸"便提到中和的作用，孔子是说两方面有不同的意见，如果有最高的领导德业的人，使它能够中和，各保留其对的一面，各舍弃其不对的一面，那就对了。那才是"中庸之为德也，其至矣乎！"孔子同时感叹说："民鲜久矣。"一般的人，很少能够善于运用中和之道，大家走的多半都是偏锋。
>
> 李泽厚：中庸作为仁德，是最高的了，人们很久没拥有了。
>
> 鲍鹏山：中庸作为一种道德，该是最高的了吧！人们缺少它已经很久了。

按照大师们的说法，中庸是一种道德或者仁德，老百姓早就失去了。问题是，什么是道德，什么是仁德？这本身就是稀里糊涂的概念。

所以，现在我们首先来解决第一个问题："中庸"怎么解释？

钱穆：中庸，平常也。

南怀瑾：中庸是什么呢？讲孔子的中庸也是很难解说的，如仁字一样，有体有用，我现在不讲中庸的体，将来有机会研究《中庸》时再讲。

李零："中"是恰如其分，"庸"是常。"中庸"中的"中"是标准和原则，不讲标准，不讲原则，根本不是中庸之道。

李泽厚：平常的行为，就是我的"实用理性"。

鲍鹏山：折中调和，不偏激。

大师们的解读看上去都不错，但是有一个问题他们没有说：标准。

什么是平常的行为？什么是折中调和不偏激？标准是什么？没有。没有标准，没有规则，大师们的解读就都毫无意义。

但是，李零说道："中庸"的"中"是标准和原则，不讲标准，不讲原则，根本不是中庸之道。他抓住了要害。所以，中庸就是符合规则的行为。对于孔子而言，就是遵循周礼的行为。即便有所变通，也是不脱离周礼的规范的。

之后，我们来解决第二个问题："德"怎么解释？

其实我们之前说过，"德"的定义是以身作则。所以，"德"通常是专指统治者的。按照这样的解释，"中庸之为德也"就必须翻译成"中庸作为统治者的行为规范"。

于是，我们就可以解决第三个问题：这一章究竟是在批评什么人？

毫无疑问，整段话并不是在批评百姓，而是在批评统治者。"鲜"不是少有，而是少见。

这样的解读，与传统的解读恰好相反。但是，这样的解读与《论语》中孔子的主要言论是一致的，显然更加合理。

不过，并不能排除传统译法正确的可能性，这要取决于孔子这段话是在什么时期说的。如果这段话是在孔子中早期所说的，那么我的翻译应该是较为准确的。如果这段话是在孔子晚年所说的，此时孔子对"德"的定义扩大了，并且喜欢抱怨，那传统的译法就很可能是对的。

第八章

守规则少犯错

4·8（4·23）子曰："以约，失之者鲜矣。"

【译文】
孔子说："遵守约定，犯错的概率就很低了。"

中国古时候是没有标点符号的，《论语》的断句都是后来做的，必然有大量错误，对意思的理解自然就有偏差。这一章就是这样的问题。

传统的断句是："以约失之者，鲜矣。"因为断句不同，翻译和解读也就不同。我们还是先来看看大师们是怎么翻译的。

> 钱穆：由俭约而差失的很少。
> 南怀瑾：谨慎的人，过失比较少。
> 李零：古君子慎言，一旦承诺，就要做到，失约的事极少。
> 李泽厚：因约束自己而犯过失，这是少有的。
> 鲍鹏山：因约束自己而失误的，是很少的。

除了李零的，其余翻译都有些别扭。李零对传统的翻译提出了疑问，认为这里的约，根本就不是约束的意思，而是约定的意思。

我赞成李零，这里的约就是约定、契约的意思，而周礼就是契约。因此，孔子依然在强调礼，可能是由周礼推及其他，也可能是由其他推及周礼。总之，孔子想要强调的是，遵守约定，犯错的概率就很低了。进一步来说，就是大家都按照规则去做事，犯错误的机会自然就少得多。即便是犯错，也不会是原则性的大错。

第九章

规则改变习惯

4·9（17·2）子曰："**性相近也，习相远也。**"

【译文】
孔子说："人的天性是相近的,（但是在后天的环境影响下）习惯可以相差很远。"

这一章经常被引用。上述是我的译文。这一章我们要解决两个问题：第一，这段话的主语是什么？第二，这一章想要说明的是什么？

先来看看大师们的翻译吧。

> 钱穆：人的天性是相近的，由于习惯而相远。
> 南怀瑾：人的性质相近，但是各人兴趣不同，习惯也不同。往往本性是相近于道，习惯越来越坏，把自己变得远于道了。
> 李零：人和人的本性是相近的，他们的主要不同是后天培养的习惯不同。
> 李泽厚：人性本相接近，习俗使之遥远。
> 鲍鹏山：人性是相近的，不同的环境和后天习得又使人和人相距很远了。

钱穆、南怀瑾、李泽厚和鲍鹏山的译文看上去是不是很别扭？他们想表达什么样的意思呢？李零的表达是清楚的。

首先，我们来解决第一个问题：这段话的主语是什么？

李泽厚和钱穆一样，把人性当成主语，问题是，人性怎么会"遥远"呢？

鲍鹏山的译文前半句的主语是人性，后半句的主语大概是人。他要表达的意思是人性是相近的，人是相远的。

那么，这段话的主语究竟是什么？是人。人的天性相近，人的习俗相远。所以，只有李零是对的。

之后，我们来解决第二个问题：这一章想要说明的是什么？

李零又是对的。不过，后天培养是怎样培养呢？

我想，孔子是在强调礼的教化作用，礼能塑造人们的习惯，改变人们的习惯。人类的本性是相似的，但是在有礼和无礼的情况下，在不同的礼的教化之下，人的习性会差很远。所以，这句话的主语不是指个体的人，而是指整体的人，或者族群。

第十章

规则不到义来补

4·10（4·10）子曰："君子之于天下也，无适也，无莫也，义之与比。"

【译文】
孔子说："君子对于天下的事，当没有适用的礼来规定，也没有法令禁止的时候，就按照义的原则去做。"

以上是我的译文，传统译文是：君子对于天下的人和事，没有固定的厚薄亲疏，只是按照义去做。

还是先来看看大师们怎么说。

> 钱穆：君子对于天下事，没有一定专主的，也没有一定反对的，只求合于义便从。
>
> 李零：君子对于天下事，没有可以的，也没有不可以的，一切要看是不是合于义。
>
> 南怀瑾："无适也"是说并不希望自己一定要发多大的财，做多大的官。"无莫也"就是有所为，有所不为。那么应该走哪一条路呢？"义之与比"，义就是仁的用，只问应不应该做，为道德应该做的就做了，不应该做就不做，以义作对比。
>
> 李泽厚：君子对于天下各种事，既不存心敌视，也不倾心羡慕，只以正当合理作为衡量标准。
>
> 鲍鹏山：君子对于天下万事万物，没有一定要这样做的，也没有一定不要这样做的，他只是努力追求合理恰当就行了。

南怀瑾讲到了仁义道德。按照大师们的说法，世界上的事情就没有一定的，该做什么不该做什么，都凭自己心中的"义"。所以，大师们的说法不太正确。

那么，正确的解答是什么呢？

我在第三篇"知耻"中曾经讲解过"礼义廉耻"的关系，在义的基础上制定了礼，人们按照礼来行事。

　　按照孔子的理论，凡是周礼支持的，都是一定要做的。凡是周礼反对的，一定是不能做的。但是，周礼并不能覆盖生活的全部，世界在变化，新的问题随时出现。于是问题来了，周礼没有覆盖到的地方，怎么办？因为礼是基于义的基础制定的，所以义的范畴远远大于礼。那么，当礼不能覆盖时，就要按照义的原则去做了。

　　为什么孔子不说"礼之与比"呢？因为礼的规定毕竟是有限的，是无法涵盖生活的每个层面的，很多时候，人们还是要靠"义"的原则去决定自己应该怎样做。

　　这段话实际上就是在表达这个意思。

　　"无适也"意思就是没有适用的周礼，"无莫也"就是没有明令禁止的，"义之与比"就是比照义的原则。那么，"义"的原则又是什么呢？孔子从来没有说过，我们大致可以认为孔子对于"仁"的定义中有很多适用于"义"，譬如仁者爱人、己所不欲勿施于人、君子成人之美等，总之，与人为善。

第十一章

礼让也要守规则

4·11（4·13）子曰:"能以礼让为国乎？何有？不能以礼让为国，如礼何？"

【译文】

孔子说:"能用礼让来治理国家吗？有什么问题吗？不能用礼让来治理国家的话，难道是礼的问题吗？"

《论语》中的一些章节比较难以理解，历来的译文和解读大多也是稀里糊涂，看起来似乎有道理，可又觉得莫名其妙。这一章就是如此。这一章我们要解决两个问题：第一，为什么说大师们的解读都错了？第二，礼让是什么意思？

传统译文是:"能够用礼让原则来治理国家，那还有什么困难呢？不能用礼让原则来治理国家，还说什么礼呢？"

大师们的译文和传统译文基本一致，我们来看看解读。

钱穆：若能以礼让来治国，那还有什么困难呢？若不能以礼让来治国，那又把礼怎么办呢？为国必有上下之分，但能以礼治，则上下各有敬，各能和，因亦能相让。自秦以下，多以尊君卑臣为礼，此章如礼何之叹，弥见深切。尊君卑臣，又岂礼让为国之义。

南怀瑾：古代的诸侯立国的大原则，是要谦让就位，最后又功成不居。孔子在这里感叹，能以礼让为国的人哪里有呢？不以礼让为国，用争夺来的，或用手段骗来的，那么文化的精神就不要谈了。

李零：孔子认为，如果能以礼让治国，有什么难？如果不能以礼让来治国，还要礼干什么？礼包含了礼让，礼让不仅是道德，也是规则。

李泽厚：孔子说，如果能以礼制和谦让来治理国家，那会有什么问题？如果不能以礼制和谦让来治理国家，又要礼制干什么？

鲍鹏山：能够以礼让来治理国家，那还会有什么困难呢？若不能以礼让来治国，那一堆空头礼仪有什么用？

钱穆说到了秦以后没有礼让，李零说到了礼让也是规则，南怀瑾谈争夺权位，李泽厚和鲍鹏山将礼理解为礼制和礼仪。

问题出在哪里？第一句"能以礼让为国乎？"是一个疑问句，而所有大师们都当成了假设句。所以从一开始，大师们就错了。

"能以礼让为国乎？"的回答，应该是"能"或者"不能"。原句的回答是"何有？"，意思是"有什么问题吗？"或者"有什么困难吗？"，是以反问的形式表达强烈的肯定，意思就是"当然能"。"不能以礼让为国，如礼何？"可解释为："不能用礼让来治理国家的话，难道是礼的问题吗？"

孔子在最后一句要表达的是：如果你说礼让不能治理好国家，那不是礼的问题，而是你的问题。整句要表达的意思就是：以礼治国是绝对没问题的，如果你说有问题，那是你根本不想以礼治国。

解决了大问题，现在来解决小问题：什么是让？让就是不争。什么是礼让？就是在礼的基础上不争。

前面说过"礼义廉耻"，"让"不是礼的范畴，而是义的范畴，是义的一种。孔子所宣扬的是"以礼治国"，那么为什么这里要说"以礼让治国"呢？这很可能是在卫出公父子争位的时候说的，因此特地强调了"让"。

任何的让，都要以不破坏规则为前提。

第十二章

规则与形式的关系

4·12（17·11）子曰："礼云礼云，玉帛云乎哉？乐云乐云，钟鼓云乎哉？"

【译文】
孔子说："礼呀礼呀，只是说的玉帛之类的礼器吗？乐呀乐呀，只是说的钟鼓之类的乐器吗？"

孔子早年爱讲周礼，因此关于礼的论述是比较多的。这就是其中一章，内容比较简单。

先来看看大师们怎么说。

> 钱穆：礼乐之可贵，在其安上治民，移风而易俗。若不能于此，而惟玉帛钟鼓之是尚，则不得谓之礼乐。
> 南怀瑾：孔子动辄教人学礼乐，这个礼并不是普通的礼貌，所以我们强调说它就是文化的精神、文化的哲学。
> 李零：礼不是礼物，乐不是乐器。
> 李泽厚：礼乐不在于外表，而在于整套制度，在于内心感情。这是归礼于仁。
> 鲍鹏山：这是孔子在反对形式主义。

所有大师都知道这是孔子在反对形式主义，但是对于礼的解释并不相同，其中南怀瑾和李泽厚的说法值得拿出来说一说。

南怀瑾很少谈礼，多在说精神和哲学等虚无缥缈的东西，却不知道礼最大的属性是规则。

李泽厚"归礼于仁"的说法很有趣，因为礼是针对整体的，仁是针对个体的。那么要做到好的人际关系，就要遵从礼和义；一个人掌握好了礼和义，就能达成仁。所以，李厚泽的说法很有趣，有道理。

什么是礼？首先，是礼的规则；其次，是礼的精神，也就是义。

礼制、礼节、礼仪等，都是礼的规则，玉帛钟鼓仅仅是礼仪中的用具而已。

就如法治不仅是制服和法槌一样，礼当然也不仅仅是玉帛钟鼓。孔子强调对于周礼要从精神上执行，而不仅仅是表面上的东西。也就是说，要明白周礼的目的是规则，而所有的仪式也好，用品也好，都是为了体现规则的形式。

这一段，毫无疑问的是孔子在强调礼的规则，在强调礼的本质。

但是，这并不等于否定礼的形式和用具。尽管繁文缛节应该减省，并不等于形式和用具就不重要。因为形式和用具也是礼的组成部分，它能让人从内心对礼保持敬畏和警醒。

事实上，孔子对于礼的形式和用具还是非常重视的，只要能做到，都会做到。尤其在早期，孔子对于形式和用具很痴迷，这也是后来人们批评他喜欢繁文缛节的原因。不过到后期，孔子对于形式和用具的要求已经不是那么严格了，更注重内心对周礼的尊重了。

第十三章

宁要规矩不要排场

4·13（3·4）林放问礼之本。子曰:"大哉问！礼，与其奢也，宁俭；丧，与其易也，宁戚。"

【译文】

林放问什么是礼的根本。孔子回答说:"你问的问题意义重大。就礼节仪式的一般情况而言，与其奢侈，不如节俭；就丧事而言，与其压抑自己的悲伤，不如让悲伤自然流露。"

这一章还是关于周礼。我们要解决两个问题：第一，"易"究竟是什么意思？第二，孔子想要表达什么？

这一章看似简单，实际上有些难度，来看看大师们的翻译。

　　钱穆：丧礼与其过于治办，宁过在哀戚上。
　　南怀瑾：办丧事太轻率了也不好，宁可取悲戚的态度。
　　李零：与其平淡处之，不如悲悲切切。
　　李泽厚：与其形式隆重，不如真正悲伤。
　　鲍鹏山：与其形式周到，不如悲伤哀恸。

在"与其……宁可……"这样的句式中，应当使用一对意义相反的词，二者不能共存，譬如奢和俭。可是我们注意到，按照大师们的译文，"易"和"戚"并不是一对相反的词。

所以，大师们的翻译在逻辑上都有问题。

现在，我们来解决第一个问题："易"究竟是什么意思？

其实这不是一个很难的问题，因为我们知道"戚"是悲伤的样子。那么结合到"易"的本意是平，我们很容易得出"易"在这里的意思：压抑自己的悲伤，使自己平静。或者，我们可以简单地认为"易"在这里就是"抑"的意思。

之后，我们来解决第二个问题：孔子想要表达什么？

林放问礼的根本究竟是什么，孔子的回答是：礼节仪式只是表达礼的一种形式，但根本不在形式而在内心，不应当因为形式而压抑自己的真实情感。

孔子最早是注重礼的仪式，后来是仪式和内容并重，之后更重视精神层面。

制定规则的目的不是为了规则本身，理解了规则就能掌握好守规则的度。

那么，为什么宁可节俭而不是奢侈呢？很多人会以为这是孔子想要节约。其实重点并非如此，而是孔子认为奢侈了会越礼。下一章，就是表达这个意思了。

4·14（7·36）子曰："**奢则不孙，俭则固。与其不孙也，宁固。**"

【译文】

孔子说："奢侈了就会越礼，节俭了就会寒酸。与其越礼，宁可寒酸。"

大师们的翻译解读大致相同，但都没有提到"礼"。我们以钱穆的为例：

奢了便不逊让，俭了便固陋，但与其不逊让，还是宁固陋。

其实，奢也好，俭也罢，参照是什么？都是礼。

相对于排场，孔子更在乎礼，所以宁可寒酸也不能越礼。钱少还可以挣，等有钱了就不会寒酸；可是，不守规则成为习惯，就会给自己或者后人带来麻烦。

第十四章

求婚的规矩

4·15（11·6）**南容三复白圭，孔子以其兄之子妻之。**

【译文】
南容三次执白圭求亲，孔子把侄女嫁给了他。

周礼涵盖了从周王到士所有阶层婚丧嫁娶的规则，都有很具体的规定。这一章，我们就来看看求婚需要遵守什么样的规则。这一章我们要解决两个问题：第一，"三复白圭"究竟是怎么回事？第二，真的从来没有人知道这一章的正确解读吗？

以上是我的译文，传统译文是：南容一天念了三次"白圭之诗"，孔子把侄女嫁给了他。

圭是什么？是古玉器名。长条形，上端作三角形，下端正方。

什么是白圭之诗？是指《诗经·大雅·抑》的诗句"白圭之玷，尚可磨也，斯言之玷，不可为也"，意思是白玉上的污点还可以磨掉，我们言论中有毛病，就无法挽回了。这句诗是告诫人们要谨慎自己的言语，不要信口雌黄。

大师们全部采用了传统译文，我们来看看他们的解读。为什么孔子会把侄女嫁给南容？大师们的共同说法是：南容念了三遍这个诗，孔子认为他很谨慎，所以，把侄女嫁给了他。

这一章的重点，在于"三复白圭"。

现在，我们先来解决第一个问题：什么是"三复白圭"？

周公在制定《周礼》的时候，制定了婚礼的程序，这在《仪礼》中的"士婚礼"一章中有详细介绍。实际上，诸侯的婚礼也是类似的程序。

从求婚到成婚，这个过程一共是六种礼节，或者说六道程序，分别是：纳采、问名、纳吉、纳征、请期、亲迎。其中，纳采就是送礼求婚，亲迎就是新郎亲自迎娶新娘回家。

六个程序中，除了问名，其余五个都需要送礼。

士一级的，也就是普通老百姓怎样送礼呢？

纳采、纳吉、请期都是送大雁；纳征则是送黑、红两色的五匹帛和鹿皮两张作为礼物，这还真是价值不菲。到了亲迎的时候，反而不需要送昂贵的礼物。

请注意，三次送大雁。但是，如果是诸侯求婚，大雁就要改成圭玉，也就是白圭。所以，这里不是念了三遍白圭之诗，而是三次送上白圭作为礼物。之后，把孔子的侄女亲迎回去，结婚了。

有人说了，南容不是诸侯，怎么用诸侯的礼呢？

按照周朝的规定，鲁国是周公的封国，因此，鲁国国君可以用天子之礼。到了孔子的时期，诸侯和卿大夫越级用礼实在是见多不怪了。在鲁国，国君被架空，三桓分割了鲁国，三桓之一的季孙家祭祖就用天子之礼，我们随后就会讲到。那么，南容是三桓之一孟孙家的次子，求婚的时候用诸侯之礼就再正常不过了。

所以这段话想要说明的是什么？是孔子按照周礼规定的程序嫁了自己的侄女。

现在来解决第二个问题：真的从来没有人知道这一章的正确解读吗？

其实我相信，一定有人知道的。为什么明白了却不说呢？因为用白圭是不符合周礼要求的，孔子明知道礼物用错了，还把侄女嫁了，这岂不是影响孔夫子的形象？所以，为圣人讳，历代研究者便篡改了这句话的原意。

这一章，还是在讲周礼，讲规则。

第十五章

是可忍孰不可忍

4·16（3·1）孔子谓季氏，"八佾舞于庭，是可忍也，孰不可忍也？"

【译文】
孔子谈到季孙家，说："他用六十四人在自家庭院中跳《万舞》，如果这样的事都能忍心做的话，那还有什么事情不能忍心去做呢？"

礼崩乐坏，这是孔子常说的话，也是令他感到悲哀的现实。这一章就是一个重要的礼崩乐坏的例子。这一章我们要解决两个问题：第一，忍是什么意思？第二，孔子是在批评谁？

这一章的译文，除了在"忍"的理解上有不同的看法，其余差不多。我们先来看看大师们的解读，再讨论"忍"的问题。

> 钱穆：礼本于人心之仁，非礼违礼之事，皆从人心之不仁来。忍心亦其一端。此心之忍而不顾，可以破坏人群一切相处之常道。故孔子之维护于礼，其心乃为人道计，固不为在上者之权位计。
>
> 南怀瑾：季氏即季家，当孔子时代，鲁国有三家权臣。这三大家是孟孙、仲孙、季孙……季氏这位权臣，有一天高兴起来，在家里开家庭舞会……
>
> 李零：鲁侯用八佾，已经是僭越；季孙用，更是僭越。

南怀瑾说三大家是孟孙、仲孙、季孙，其中仲孙应为叔孙，想来，是南怀瑾疏忽了。不过南怀瑾说季孙家开家庭舞会，这个错误难以解释，他大概想起了中世纪的欧洲贵族。

下面一边讲解背景，一边解决问题。

鲁桓公有四个儿子，分别是鲁庄公、庆父、叔牙和季友。鲁庄公死之后，庆父和叔牙想要篡位，结果季友先后杀死了两个哥哥，"庆父不死，鲁难未已"的故事就出于这里。但是季友出于对两个哥哥的歉意，因此决定让三兄弟的后人世代继承职位，世袭司徒（季孙，季友的后代）、司马（孟孙，庆父的后代）、司空（叔孙，叔牙的后代），共同执掌鲁国国政。因为三家都是鲁桓公的后人，所以被称为"三桓"。三家团结一致，因此实力越来越强，国君反而成了摆设。原本鲁国是六卿制，三桓之后，逐渐取消了另外三个卿，只有三桓具有卿的级别。此外，三桓基本瓜分了鲁国的土地和军队，军事和经济实力远超国君以及其他家族，地位更加不可动摇。三桓中，季孙家为司徒正卿，实力最强。

正因为有了这样的实力和地位，他们不把国君放在眼里，公然违背周礼。

古时一佾（音义）为八人，八佾就是六十四人，据《周礼》规定，只有周天子才可以使用八佾，诸侯为六佾，卿大夫为四佾，士用二佾。季孙是正卿，只能用四佾。

当时的情况是鲁昭公祭祀鲁襄公，同时季平子祭祀季友。鲁襄公的庙里上演祭祀舞蹈，舞蹈名称为《万舞》，使用八佾。与此同时，季孙家的祭祀竟然也采用天子规格，也上演《万舞》。

按照规定，鲁国可以使用天子之礼祭祀周公。不过这里是祭祀鲁襄公，竟然也使用祭祀天子的标准。正如李零所说，鲁昭公和季孙都僭越了。这一点此前我疏忽了，在此感谢李零先生。

当时三桓基本上瓜分了鲁国的地盘，鲁国国君的地盘已经非常小，国库收入越来越少，已经无力支撑国家歌舞团等机构，原本属于国家公务员的艺人们只能自谋出路。国家有祭祀的时候，就花钱请他们来表演。这次祭祀，因为两家在时间上有冲突，艺人们就必须做出选择了。一来畏于季孙家的权势，二来见钱眼开，谁出价高，就去谁家表演。结果，大家纷纷去了季孙家，于是季孙家上演正宗《万舞》，而鲁襄公的庙里只有上了年纪的艺人在跳《万舞》。

客观上，季孙家也破坏了鲁昭公祭祀鲁襄公的规则。为此，很多鲁国大夫都暗中表示不满。

孔子认为季孙家做得太过分，规则破坏得太离谱了。是可忍，孰不可忍。这个成语，出于这里。

有了以上的背景介绍，现在来解决第一个问题："忍"是什么意思？

钱穆和南怀瑾认为是"忍心"的意思，李零、李泽厚和鲍鹏山则认为是"容忍"的意思。

两种说法在文字上都是成立的，但是，我们进行一个简单的逻辑分析来确定究竟哪一个解释是对的。

如果是"容忍"，那么主语是谁？当然不是孔子，而应当是鲁昭公。那么孔子的意思就是鲁昭公不应该容忍，应该采取行动。而事实上，鲁昭公就是没有忍住，采取了行动，结果被三家赶出去了。

如果是"忍心"，那么主语是谁？当然也不是孔子，而应当是季孙。那孔子的意思就是季孙这都忍心去做，还有什么不忍心做的呢？而事实上，这段话是"孔子谓季氏"，其主语正是季孙。

以上的分析，再加上孔子所说的"小不忍，则乱大谋"，我们可以肯定地说，这里的"忍"是"忍心"的意思。

后来季孙家把鲁昭公赶走了，印证了孔子的高瞻远瞩。

第二个问题：孔子是在批评谁？肯定是在批评季平子。

但是，正如李零所说，季平子固然僭越，鲁昭公难道没有僭越吗？事实上，鲁昭公僭越在前。

所以，孔子的话中恐怕也暗含着对鲁昭公的批评。

上梁不正下梁歪，规则的破坏往往由上而下，鲁国国君的悲哀，未尝不是历代国君自己不守规则而积淀下来的结果。

本章的重点就在于"是可忍，孰不可忍"这句话，意思是规则的破坏由小而大，由局部到全部。所以要防微杜渐，口子一旦开了，只会越来越大，最终就是礼崩乐坏。

当然，"是可忍，孰不可忍"这个成语现在已经完全不是当初的本义。

第十六章

不守规则是可以互相影响的

4·17（3·2）三家者以雍彻。子曰："'相维辟公，天子穆穆'，奚取于三家之堂？"

【译文】
孟孙氏、叔孙氏、季孙氏三家在祭祖完毕撤去祭品时，也命乐工唱《雍》这篇诗。孔子说："'助祭的是诸侯，天子严肃静穆地在那里主祭。'这样的诗句，怎么能用在你三家的庙堂里呢？"

这一章又是一个关于礼崩乐坏的例子。我们看看大师们的解读。

  钱穆：三家出鲁桓公后，于季氏家立桓公庙，遇祭，三家同此一庙。前章言季氏之庭，此章占三家之堂，皆指此一庙也。
  南怀瑾：季氏三家权臣不但在家里开舞会，摆出八佾之舞，还在家里宴客完了撤席时，奏起天子所用的国乐来。所以孔子引用古代的诗说："相维辟公，天子穆穆。"
  李零：对雍、彻进行了简单明了的解释。
  鲍鹏山：孔子对此又好气又好笑，唉，没文化的暴发户自古以来都是一样的。

先来看看大师们的低级错误。
鲍鹏山写道"孟孙氏是鲁桓公之子仲庆的后人"，"仲庆"是错的，应当是"庆父（又名仲共）"。又说三桓是"没文化的暴发户"，这是太不了解三桓了，他们不仅有文化，也不是暴发户。南怀瑾不仅把"彻"错解为宴会撤席，而且并不知道"相维辟公，天子穆穆"这句诗原本就是《诗经·周颂·雍》里的一句。
钱穆罕见地出现了低级错误，不错，三桓都出于鲁桓公，但是这不等于他们有资格祭祀鲁桓公，更不可能建鲁桓公的庙。按照周礼，五世亲尽，别为公族，三桓和鲁国国君都已经不算一家人了，鲁桓公的正宗后裔是鲁昭公。三桓有资格并且应该祭祀的是他们季孙、孟孙和叔孙这三个氏的祖先。季孙家祭祀的一定是季友；孟孙家和叔孙家比较麻烦，因为他们的祖先庆父和叔牙都是因罪而死，不能接受祭祀，因此孟孙家很可能祭祀公孙敖（孟穆子），叔孙家可能祭祀叔孙得臣。有人可能会说，既然三家僭越惯了，会不会把鲁桓公抢过来祭祀呢？不会。因为春秋时期的人很讲究家族的独立性，譬如三桓不同氏，三家一定不会混在一起，而要强调各自的祖先。我们可以看看，历代周王一定都是后代的周王来祭祀，而不是诸侯，鲁国最多祭祀到周公，而不可能去祭祀周文王。

现在再来解读这一章。

我们知道，《诗经》分为风雅颂三个部分，风多半是有歌无曲，或唱或颂，但是没有配乐。雅、颂则有配乐，或唱或颂。

《诗经·周颂·雍》这首诗是天子祭祀结束，撤除祭品的时候唱的。其内容应当是周武王祭祀周文王，此后沿袭使用。

因为鲁国被特别授权以天子之礼祭祀周公，因此有这套礼乐。

这个时候，三桓在祭祀家族祖先的时候，竟然都拿来用，估计是互相攀比的意思。

上一章是季孙一家僭越，这一章蔓延到三家。可见不守规矩是可以互相影响的。

第十七章

规则的破坏

4·18（16·2）**孔子曰**："天下有道，则礼乐征伐自天子出；天下无道，则礼乐征伐自诸侯出。自诸侯出，盖十世希不失矣；自大夫出，五世希不失矣；陪臣执国命，三世希不失矣。天下有道，则政不在大夫。天下有道，则庶人不议。"

【译文】

孔子说："天下运作正常的时候，颁布礼乐和出兵打仗都由天子做主；天下运作混乱的时候，颁布礼乐和出兵打仗，由诸侯做主。由诸侯决定，大概经过十代很少有不失去权力的；由大夫决定，经过五代很少有不失去权力的。如果是大夫的家臣执掌国家，超不过三代就要失去权力。天下运作正常，国家政权就不会落在大夫手中。天下运作正常，老百姓也就不会批评抱怨国家政治了。"

4·19（16·3）**孔子曰**："禄之去公室五世矣，政逮于大夫四世矣，故夫三桓之子孙微矣。"

【译文】

孔子说："鲁国国君失去官员的任命权已经有五代了，政权落在大夫（指三桓）之手已经四代了。所以三桓的子孙也衰微了，也不得不听命于家臣了。"

《论语》中的很多章节看上去是在叙述简单的事实，如果仅仅是翻译过来，再讲讲背景故事，那么，其价值在哪里呢？这两章就是这一类，我们必须从简单事实中看到孔子想要表达的意思。

以上的两章无论在《论语》的排序上还是在内容上都是相承接的，实际上可以说是一章。因为篇幅太长，大师们的译文通通省略了。需要一提的是，钱穆的译文虽然内容总体不错，可是文法相当混乱，语焉不详。南怀瑾则有两处明显错误，他把"十世"解读为"三十年为一世——也就是两三百年以内"，把"禄之去公室五世矣"解读为"古代分封的禄位，离开公室已五世了"。"禄之去公室"

的本义是人们无法从国君那里得到俸禄，引申为国君失去了官员的任命权，也就是失去了政权。李零认为"礼乐征伐，是对内对外的各种政令。礼乐是对内的权力，征伐是对外的权力"，这恐怕也值得商榷。

对于这两章，需要介绍一下背景。

周朝是分封制，周天子是天下共主，诸侯自己治理自己的国家。周天子与诸侯之间的关系就靠周礼来维持。为了让大家保持同样的文化，周王室制作礼乐颁布给诸侯使用。诸侯之间不得私下交易土地，不得诉诸武力，有什么矛盾要到周王那里去解决，如果出兵征伐，那一定是天子来决定。

到了东周，周王室衰微，所以诸侯就开始乱用礼乐，互相征伐。

到了春秋末期，也就是孔子的时代，诸侯也不灵了，各诸侯国内的大家族开始执掌国政，诸侯被架空，走上了周王的老路。在鲁国三桓家族中则更加极端，三桓家族中的家臣实力比三桓还要强，所以三桓又走上了鲁国国君的老路。

在孔子时期，叔孙家的管家牛、孟孙家的管家公敛处父、季孙家的管家阳虎架空三桓，呼风唤雨。尤其是阳虎，简直就是鲁国的老大。孔子认为这严重违背周礼，瞧不起阳虎等人，并蔑称他们为"陪臣"，意思相当于马仔或者跟班。

孔子的意思：你用违背规则的方式获得的，别人也会用同样的方式夺走。所谓"天下有道"，意思就是大家都遵守规则。

那么，"十世""五世""四世"怎么解释呢？

在孔子生活的时代，从齐桓公称霸到齐简公被田常所杀，田家把持齐国，正好历经十个国君。晋文公称霸到晋顷公执政，晋国朝政被六卿把持，晋国国君成为摆设，则恰好是九个国君。从鲁宣公开始，到当时的鲁定公，鲁国国君已经有五代不能执掌国政。而季孙家从季文子开始，到现在的季桓子（季孙斯），已经四代执掌鲁国国政了。季桓子此时被家臣阳虎胁迫，反而成了阳虎的傀儡。

最后，来说说孔子这段话想要表达的意思，非常有价值。

规则的破坏是上行下效的。所以，孔子先讲天子，再讲诸侯、卿大夫，后讲陪臣。

第十八章

见色忘义

4·20（18·4）**齐人归女乐，季桓子受之，三日不朝，孔子行。**

【译文】
齐国人赠送了一些歌女舞女给鲁国，季桓子接受了，三天不上朝。孔子于是离开了鲁国。

《论语》中一些章节在《史记》中也有记载。看看下面这一段，蛮有意思。

《史记》上说：齐国人认为孔子很厉害，会率领鲁国强大称霸，那齐国就麻烦了。所以呢，齐国人整了一个八十人的少女组合，送给鲁定公。给之前先在曲阜城外公演三天，季桓子每天都混过去看，看得入迷。于是，季桓子邀请鲁定公也混在群众中看，鲁定公也迷上了，终日不归。孔子一看，这俩货哪里是治理国家的料呢？第二天，恰好鲁定公又忘了把祭祀的肉分给大家，所以，孔子就离开了鲁国。

齐国的治理水准远在鲁国之上，他们会怕一个孔子？说实话，齐国人根本看不上孔子治理国家的手法。就为了赶走孔子，整了个八十名美少女的组合来送给鲁定公？

所以，司马迁这样的记载纯粹是抬高孔子，贬低季桓子和鲁定公。

基本上，钱穆和南怀瑾都照搬了司马迁的说法。李泽厚则说季桓子接受了少女组合，三天不上朝理事，孔子知道鲁国没戏，所以干脆走了。鲍鹏山则说少女组合是送给季桓子的，季桓子三日不朝，日日宣淫，孔子认为不能和这种人做大事，所以走了。

接着，我们来讲讲这一章的背景。

在这件事情之前，鲁国发生了一件非常大的事：隳三都。因为三桓的城墙都属于违法建筑，违反周礼的要求，于是担任大司寇的孔子建议鲁定公把三桓家的都城都给拆了，鲁定公跟三家一商量，三家为了对付各自的管家，都同意了，于是开拆，这就叫隳三都。刚拆了叔孙家的城墙，孟孙家的管家公敛处父和季孙家的管家公山不狃就造反了，结果公山不狃被赶跑了，公敛处父则占领了孟孙家的都城。隳三都就这么夭折了，叔孙家拆了自己的城墙，孟孙家丢了自己的都城，季孙家则成功赶走了心腹之患。

到这个时候，三桓对孔子的意见非常大，因为他们看出来孔子是真心帮助鲁定公对付自己。叔孙和孟孙家都对他不满，季孙家则觉得他已经没有利用价值。鲁定公不敢得罪三桓，对孔子只能敬而远之。

可以说，孔子在鲁国政坛实际上已经穷途末路。他知道自己干不下去了，被人炒不如辞职，而辞职总要找个借口。这个时候，借口送上门来了。

"齐人归女乐"，归给谁？毫无疑问，当然是鲁国国君。

但是，此时鲁国是季桓子执政，所以齐国人首先要把美少女组合给季桓子，再由季桓子呈送鲁定公，这是规矩。"季桓子受之"，这没有问题。问题是"三日不朝"并不是说他日日宣淫。原本，季桓子应该尽快把美少女组合呈送给鲁定公，可是，他连续三天不提这个事情。所以，三日不朝的真正意思，是季桓子公然违背周礼。

所以，孔子为什么走？是因为季桓子见色忘义，破坏了周礼。治理国家靠什么？孔子认为是靠周礼。

连续数件事情，三桓都在破坏周礼，这个国家还有希望吗？没希望了。

这段话告诉我们什么？当一个国家的统治阶层都不守规则，这个国家一定没有前途。于是乎，孔子便移民卫国。

第十九章

官场和职场的礼

4·21（3·18）子曰："事君尽礼，人以为谄也。"

【译文】

孔子说："我完完全全按照周礼的规定去侍奉君主，别人却以为这是谄媚呢。"

本章译文没有任何歧义。钱穆和李零基本没有解读，来看看另外几位大师的说法。

南怀瑾：一个人想做个忠臣，有时候也很难。对主管、对领导人尽礼，处处尽忠合礼，而旁边的人会认为是拍马屁。所以孔子非常通人情世故。凡是当过长官也当过人部下的，都有这种经验。如果自己毅力不坚定，见解不周到，受环境影响，只好变了。那么该怎么办呢？还是以礼为准。人格还是建立在自己身上。别人尽管不了解，只看自己内心真正的诚与不诚。诚正的建立，久后自知。自己的见解与人格的精神，等待时间来考验，等待时间来证明并不是他人说的那么一回事，也就心安理得了。

李泽厚：时移世变，春秋时人们已经不像从前那么尊敬国君了。于是按礼制行事，人们当然看不惯，便认为是谄媚了。孔子在这里是为自己辩解，其实人们看不惯也有道理。孔子固守旧礼，不知时变的方面，是并不足效法的。

古代之所以有这种恐怖谨慎的礼制，是因为当时国君是"圣王"，即能与神明沟通的大巫师兼政治首领。到春秋时期，王早已不圣了，失去其神的光环，也和普通人一样，不须如此敬畏了。到了秦汉以后的专制皇帝，以其绝对权力，又使臣下的百姓敬畏不已。专制皇帝号称天子，其中仍有宗教性服从因素，但毕竟大不同于上古那种充满神秘性的敬畏。

鲍鹏山：孔子一切都好，只是他老爱说君呀臣呀的，老是说臣应当如何侍候君，君应当如何役使臣等等，令人不爽。作为一个大思想家，在这种地方他确实太形而下了。

李泽厚大概是把中国历史和埃及历史搞混了,把中国的国君当成了埃及的法老。在中国的历史上,国君从来都不是圣王,从周王到诸侯都是人,只不过是等级比较高的人而已。反而是秦汉以后,皇帝老儿就成了神。很奇怪李泽厚会认为周代的礼制"恐怖谨慎",如果真是这样,孔子就是在鼓吹恐怖统治了,还有什么必要来解读《论语》呢?相比较,南怀瑾的解读就很见功力,尽管没有说透,但是很正确。

这是孔子担任鲁国司寇那段时间的事情。

孔子一生要求自己严格按照周礼侍奉君主,这是他的政治伦理信念。但却受到别人的讥讽,认为他是在向君主献媚。钱穆和李零都说得很清楚,这时三桓专政,鲁国国君失去权力,因此也就失去了臣民的尊重。所以,这事与权力有关,与"神的光环"无关。

这个时候,孔子有两个选择:第一,按照周礼的规定来事奉国君;第二,像其他人一样轻慢国君,不用去遵守周礼的规定。孔子选择了第一种,理由有两个。

第一,孔子是鲁国的大司寇,任命他的是鲁国国君,鲁国国君是他的直接上司。第二,无论在官场还是在职场,与上级的关系历来都是比较敏感比较难处的。对上级尊敬,容易被人说谄媚;对上级轻慢,容易惹恼上级。那么,怎么办才是合适的?南怀瑾就说了:以礼为准。人格还是建立在自己身上。南怀瑾说得太对了!我按照规则来,既不过分,也不缺失。我按照规则来尊重你,你也就必然按照规则来尊重我。所以,我的尊严和人格是有保证的。

小 结

为什么要学习贵族精神

到现在，我们已经讲了贵族精神十八条标准中的前四条，也是最重要的四条：不抱怨、自省、知耻和守规则。而贵族精神的基础就是知耻，贵族精神的最重要的要求就是守规则。

很多人可能会说，孔子所宣扬的那些贵族精神，都是腐朽、保守和不切实际的东西，与现代文明格格不入。那么，我现在要说的就是：现代文明的基础正是贵族文化，贵族文化是现代文明的基石。

什么是贵族文化？就是周礼下的文化。周礼就是贵族的行为规则，是贵族文化的载体。

治理国家要靠法治，同时也不能缺少了礼的基础。

荀子认为一个国家的基础是礼，在礼无法完成治理的情况下就需要法。正是因为这个理论，荀子有时候被称为儒家，有时候被称为法家。但是，荀子始终坚持礼才是基础。那么，当礼义廉耻遭到破坏之后怎么重建？荀子告诉我们，通过教育和一定程度的强制。

所以，我们应该做的是通过教育、宣传、领导阶层以身作则、法律强制等各种手段，去重建我们的礼义廉耻，去重建我们的贵族文化。

但是，有人会问，什么才是贵族文化？什么才是贵族精神？

这个时候，就需要《论语》来给出答案了。

可以说，《论语》绝对是孔子留给后代的一份绝世珍宝，是上天对我们这个民族的眷顾。

第五篇

贵族精神标准之五

自尊自爱

孔子说过：仁者爱人。可是颜回说：仁者自爱。

谁是对的？颜回更上了一个台阶。

因为，自爱包含了爱人。

每个人的天性都是自私的，爱自己是每个人的第一选择。但是，怎样爱自己呢？爱自己的什么呢？爱自己的身体，爱自己的名声，爱自己的良心，爱自己爱的人。基于自爱而去爱人的人，他的爱是真诚的和持久的。不爱自己却去爱别人的人，要么虚伪而别有用心，要么属于一时冲动而无法持久。

所以，爱应该是推己及人的，而不是舍己为人的。

自尊属于自爱，尊重别人也属于自爱。因为，要想获得别人的尊重，首先要尊重别人。

要记住，虚荣不是自尊，而是自信心不足的体现。只有坦荡真诚，才能赢得自尊。

所以，没有自信，也就谈不上自尊。

第一章

给别人留下自尊

5·1（6·15）子曰："孟之反不伐，奔而殿，将入门，策其马，曰：'非敢后也，马不进也。'"

【译文】
孔子说："孟之反不夸耀自己。败退的时候，他留在最后掩护全军。快进城门的时候，他鞭打着自己的马，进城之后对大家说：'不是我敢于殿后，是马跑得不快。'"

《论语》记载了很多故事，都是孔子曾讲给学生听的。有的时候，孔子会给一个简单的评论，有的时候则完全没有评论。那么，孔子要说明的是什么呢？如果不了解背景，也就只能说文解字了。这一章，我们要解决两个问题：第一，孟之反为什么要"策其马"？第二，孔子赞赏孟之反什么？

关于这段故事的背景，只有南怀瑾有零散的介绍，不过他显然不够准确，譬如他把孟之反说成了鲁军的统帅之一，说鲁军战败等。

故事是这样的。

齐国入侵鲁国，孔子的学生冉有这时是季孙家的管家，他率领鲁国军队在曲阜迎敌。按照分工，冉有率领季孙家的部队为左军，孟孺子率领孟孙家的部队为右军，叔孙家的部队守城。冉有的车右是樊迟，樊迟后来也成了孔子的学生。当时冉有下令冲锋，却没有人听命令，于是樊迟建议冉有再三申明军令，然后率先冲锋。冉有按照樊迟的建议做了，结果大家都跟着他冲锋，击败了齐军的右军。这一仗，冉有和樊迟都立了战功。可是，鲁国的右军还没有跟齐军交锋就溃逃了，主帅孟孺子第一个逃跑。

鲁国人的性格是死要面子，林不狃是孟孙家的家臣，带着手下不急不慢地逃跑。手下劝他快点，他说："我们不比别人差，为什么要逃跑？"既然这样，手下又建议留下来跟齐国人拼了，林不狃又说："你以为跟齐国人拼命就显得你好吗？"总之，命也要，面子也要。可是齐国人不客气，赶上来之后，把林不狃一帮人都给杀了。

但是，鲁国人的可爱之处在于，不仅自己要面子，还总能给别人留面子。孟之反是孟孙家的勇士，逃命的时候留在最后掩护大家。还好，孟之反也活着回来了，是最后一个进入曲阜城门的。进城门之前，孟之反觉得自己就这样大大方方进去的话，好像在炫耀，讽刺兄弟们是逃兵，这样不好。于是，孟之反给了马几鞭子，马拼命跑进城门，做出也是在逃命的架势，之后对大家说："哎，不是我敢殿后啊，是这匹马太不给力了。"这下，大家都高兴了，原来他也是个逃兵，不比我们高尚到哪里去。

这一战对孔子意义重大，因为这一战之后，齐国人就撤退了，而保家卫国的首功是冉有。季康子问冉有的兵法是从哪里学的，冉有就说是老师教的，之后趁机请求季康子把孔子请回来，于是季康子派人请孔子回国，孔子因此才回到了祖国。

知道了背景，我们来解决第一个问题：孟之反为什么要"策其马"？钱穆说："将入城门，不复畏敌，之反遂鞭马而前。"南怀瑾说："快要进到自己的城门时，他才赶紧用鞭子，抽在马屁股上，超到队伍的前面去。"

按常理说，都回到家门口了，没有理由再加速。这个时候再鞭打马的话，会是个什么效果呢？孟之反要的就是一副狼狈不堪、落荒而逃的形象

现在来解决第二个问题：孔子赞赏孟之反什么？

> 钱穆：孟之反不自夸。
> 南怀瑾：借孟之反的不居功，反映出春秋时代人事纷争之乱的可怕。
> 李零：这里是夸孟之反有断后之勇，但谦虚幽默，不自夸其功。
> 李泽厚：强调谦逊，也许过分了点？
> 鲍鹏山：有功不难，有功而不自夸为难。

大师们的看法是，孟之反很谦虚，不居功。南怀瑾的说法则毫无根据。

但是，我在这里要提出一个问题：如果孟之反不是败退殿后，而是获胜的时候第一个冲锋却不居功，孔子会赞扬他吗？不会的。因为这是两回事。

在孔子看来，在周礼之下，每个人都是有自尊的。真正的君子，要把尊严留给别人。在这次战斗中，大家都当了逃兵，因此大家都感觉很没有尊严。如果这个时候孟之反告诉大家"我不是逃兵"，那大家就真的没有尊严可言了。孟之反宁愿牺牲掉自己的荣耀，给大家留下尊严，这是对周礼最好的理解和应用，这是真正的贵族风范。

遗憾的是，没有一个大师提到尊严二字。我想，这就是文化差异造成的理解困难。

第二章

自尊和虚荣

5·2（5·24）子曰："孰谓微生高直？或乞醯焉，乞诸其邻而与之。"

【译文】

孔子说："谁说微生高这个人直爽？有人向他讨点醋，他（不直说没有，却暗地）到他邻居家里讨了点给人家。"

当你对《论语》的某一章弄不清楚的时候，你就需要从其他地方寻找答案。这一章就是这样，单独看这一章，几乎毫无意义。可是对照上一章之后，你才会发现孔子的深意。

译文很简单，自古无争议。我们要解决的问题是，孔子讨厌微生高什么？

来看看大师们怎么说。

钱穆：微生高委曲世故，博取称誉，孔子最不喜欢这类人。
南怀瑾：孔子认为这样的行为固然很好，很讲义气，但不算是直道。
李零：孔子对他的人品很怀疑。
李泽厚：这样细微的细节也被记录下来，似乎孔老夫子的每一言论都很有道理。
鲍鹏山：微生高是有意识地做好人，让人感谢他吧？

大师们并没有走出字面的理解，没有搞对重点。在解决这个问题之前，还是先来介绍一下微生高这个人。

微生高，据说就是著名的尾生高，鲁国人，以守信用著称。尾生高和一个女子约好了在桥下相会，久候女子未至，大水来了，尾生高坚持不走，结果被水淹死。

再来说说这段话。

话说，自尊这件事，尺度掌握得好就是贵族精神，尺度掌握不好就是虚荣好面子。微生高这个人就好面子，别人来借醋，他家里没有，又怕被人家笑话家里连醋都没有，于是偷偷去邻居家借醋，回来再借给别人。谁知道这事情被发觉了，反而更没有面子。

孔子知道之后，说这小子太不直爽，太能装。有就是有，没有就是没有，没有偏要装有，以后你有，别人也会认为你没有。

就这么个事，孔子也拿来说？当然不是。

这段话对照孟之反那段话，我们就能明白孔子的深意了。孔子的意思是：孟之反虽装，可人家装是为了给别人尊严。给别人留面子，才是贵族精神。

在贵族文化中有一个词非常重要：尊严。对于贵族来说，尊严比生命更重要。所以孟子才会说"士可杀不可辱"。尊严从哪里来？一是自尊，二是互相尊重。譬如春秋时期的战争，即便是战败的一方，也能获得起码的尊重。譬如春秋时期贵族犯了死罪，都会让其有尊严地死去。

这一章其实带出一个重要的概念：虚荣。什么是虚荣？以不诚实的方式去获得别人的尊重或者称赞。什么是自尊？以诚实的方式获得别人的尊重。

有人会说，那孟之反是不是虚荣？当然不是，他的不诚实不是为了自己的尊严，而是为了给别人尊严。

第三章

尊严和以直报怨

5·3（14·34）或曰："以德报怨，何如？"子曰："何以报德？以直报怨，以德报德。"

【译文】
有人说："用恩德来回报怨怎么样？"孔子说："那么用什么来回报恩德呢？应该是以对等的态度来回报怨，用恩德来报答恩德。"

关于自尊的标准其实很难界定，尤其是当你和其他人之间发生了不愉快的时候，是忍让还是对抗？是包容还是报复？怎样做才是你的自尊呢？这一章非常著名，也常常被引用。不过，历来的解读都是稀里糊涂。在这一章里，我们将集中力量解决两个问题：第一，什么叫"以直报怨"？第二，"以直报怨"对不对？

我们略去大师们对于这段话的翻译，看看他们怎样解读"以直报怨"。

钱穆：直者直道，公平无私。我虽于彼有私怨，我以公平之直道报之，不因怨而加刻，亦不因怨而反有所加厚，是即直。

南怀瑾：是是非非，善善恶恶，对我好的当然对他好，对我不好的当然不理他，这是孔子的思想。他是主张明辨是非的。

李零：它不是说以正直之直报答怨，而是说以对等的东西报答怨……是以怨报怨……孔子认为，以德报德是劝民向善，以怨报怨是惩民为恶。这是他的基本态度。以德报怨和以怨报德都不是"礼之常"，前者是上对下过于宽厚，后者是下对上过于凶恶。孔子为什么不直接说"以怨报怨"，而说"以直报怨"，这个问题也值得讨论。我怀疑，这是个文字游戏。

李泽厚：这是重要的孔门思想，是儒学不同于那种"报怨以德"（老子），"舍身饲虎"（佛经），"爱敌如友"、"右脸挨打，送上左脸"（《圣经》）等教义所在。也正是实用理性的充分表现。既不滥施感情，泛说博爱（这很难做到），也不否认人情，一切以利害为准则（如法家）……

鲍鹏山：以公平正直来对待仇怨。

怨与公平无私无关，和是非无关，和利害无关，和公平正直无关。直，应该是对等的意思。

大师们的解读中，李零的看法是最接近正确答案的。

怨，是个人之怨，还是嫉恶如仇的那种怨？怨，在这里是不满、怨恨的意思，而不是怨仇、仇恨的意思。所以从程度来说，并非那种你死我活、不共戴天的程度。否则，孔子应该把怨字改成仇字了。

那么恨和仇的区别是什么？有人说没区别。其实，区别还是挺明显的。恨是出于内心的，情感的，二者之间未必有什么过节或者伤害，譬如我们常说的羡慕嫉妒恨。仇呢？仇是一种客观的存在和伤害，一定是有过节的，与主观没什么关系，所以杀父之仇就不会说成杀父之恨。

这种怨，更多的是感情上、自尊上的伤害，而不是身体或者物质上的。并且，这种怨很多时候是无意中造成的。一旦造成了身体或者物质上的伤害，就可以寻求法律的途径，就可以寻求刑法来惩罚了，那就不是报怨，而是报仇了。

有人可能会问，你凭什么这么说？因为，在《论语》中，孔子实践过"以直报怨"，下一章我们要讲的就是。这里顺便说一说，孔子的很多言论都有实践，如果不能把二者结合起来，对于孔子言论的理解怎么可能正确呢？

李零说"以直报怨"是说"以对等的东西报答怨，是以怨报怨"。其实不是"对等的东西"，而是"对等的态度"。你藐视我，我也藐视你；你羞辱我，我也羞辱你。

但是，手段和方式是可以不同的。譬如你以谩骂我来羞辱我，我以无视你来羞辱你。正因为如此，孔子说"以直报怨"而不是"以怨报怨"。

我们来解决第二个问题：以直报怨对不对？

大师们基本上是赞同的，至少是不反对的。

那么我要问一个问题：孔子不是赞同"恕"吗？也就是宽恕。以直报怨与宽恕是不是矛盾呢？当然是矛盾的。

至少从我的角度来看，以直报怨和以德报怨都只能说是有条件的正确，以什么样的方式去"报怨"，需要具体事情具体分析。

第四章

以直报怨

5·4（17·20）**孺悲欲见孔子，孔子辞以疾。**将命者出户，取瑟而歌，使之闻之。

【译文】

孺悲想见孔子，孔子以有病为由推辞不见。传话的人刚出门，孔子便取来瑟边弹边唱，有意让孺悲听到。

上一章讲到以直报怨，这一章就是孔子给我们的一个范例。在这一章里，我们要解决两个问题：第一，这段话的背景是什么？第二，孔子这样做对不对？

这段话的译文历来没有争议，意思也很清楚。孺悲想见孔子，孔子一边派人出去说自己生病了不能见，一边故意鼓瑟唱歌让他听到。意思就是说，老爷子我没病，就是不想见你。

> 钱穆：这就是孟子说的不屑之教诲，我不屑于教你，就是在教你了。这肯定是孺悲有什么地方得罪了老爷子，孔子要给他教训，又给他留面子。虽抑之，不彰著；虽拒之，不决绝。
>
> 南怀瑾：就等于是一种不言之教。这是这段书真正的意思所在。
>
> 李零：不知道，可能是无人介绍，或孔子对他不待见。
>
> 李泽厚：可能是另有原因，不可知也矣。
>
> 鲍鹏山：这就是孟子说的不屑之教诲，我不屑于教你，就是在教你了。

要说清楚这段话，恐怕还是要先搞清楚背景。

第一步，我们要弄清楚孺悲是什么人。历史上并没有记载，凑巧的是我们可以在《礼记·杂记下》中找到一段有关孺悲的记载："恤由之丧，哀公使孺悲之孔子学士丧礼，《士丧礼》于是乎书。"

钱穆、李零和李泽厚都提到以上这层关系。由此大致可以推断，孺悲应该是鲁哀公身边的人，而孔子尽管这一次没有见他，终究还是见了他或者见过他。

那么，孔子为什么不见他，而且故意让他知道呢？从这段话在《论语》中的位置看，前后都是在讲孔子讨厌的人或者讨厌的事情，因此可以简单推断孺悲是孔子很瞧不起的人。孔子为什么以这样的方式来羞辱孺悲呢？

孔子说过："以德报德，以直报怨。"这一段应该是孔子的"以直报怨"。

一个合理的背景生成了，我们不妨一起来推断。

不久前，孔子去拜会鲁哀公，鲁哀公派孺悲出来告诉孔子，说是主公有病，请您改日再来。还没等孔子转身，宫里传出了歌舞的声音。孔子大为恼火，可是不能把账记在鲁哀公的身上，于是记在了孺悲的身上。

孔子要报的怨并不是财物或者身体上的，而是自尊上的。上一次你们伤了我的自尊，这一次我伤你们的自尊。

前面我们说过，以直报怨或者以德报怨都不是一成不变的，都要看具体的情况。那么，在这样的情况下，孔子这么做是对的吗？每个人会有自己不同的看法。

首先，这件事情反映了孔子的骨气和傲气。你是国君怎么样？你不尊重我，我就不尊重你。这个呢，与孔子前面所说的君君臣臣相呼应了，至少说明孔子言行一致。

其次，这也是春秋战国时期知识分子的普遍脾气。孟子与齐宣王也有这么一出。但是那时候的国君有肚量，懂得包容和珍惜名誉。

第五章

患得患失往往牺牲尊严

5·5（17·15）子曰："鄙夫可与事君也与哉？其未得之也，患得之。既得之，患失之。苟患失之，无所不至矣。"

【译文】
孔子说："可以和一个鄙夫一起侍奉君主吗？他在没有得到官位时，总担心得不到。已经得到了，又怕失去它。如果他担心失掉官职，那他就什么事都干得出来了。"

什么情况下容易丧失尊严？什么人最有可能牺牲尊严？在这一章里，我们要解决两个问题：第一，鄙夫是什么？第二，这一章与尊严有什么关系？

这段话很容易让人想起孔子的那段"唯小人与女子为难养也"，大家都知道道理是对的，但又都觉得一竹竿打翻一船人是不对的。怎么办？就只好在概念上做文章了，这一段也是这样。现在来解决第一个问题：什么是鄙夫？

看看大师们怎么说。

　　钱穆：人品大略可分为三类。有志于道德者，此为己之学；有志于功名者，此为人之学；有志于富贵者，即本章之所谓鄙夫，乃不可与共学之人。
　　南怀瑾："鄙夫"就是没有学识的、很糟糕的这种人。
　　李零：鄙夫就是乡巴佬。乡巴佬是苦孩子，本来的优点是淳朴可爱，埋头苦干，干劲特别大，但嗷嗷者易污，他们受利益驱动，见利忘命，干起坏事来，劲头也特别大。村气，不开眼，最应见世面，但钱关、权关、美人关难过，阶级仇、民族恨一时难报，憋得慌。没见过钱，当然看不开钱。没有，唯恐得不到；有了，难免舍不得；舍不得，就会不择手段，什么烂事都干。这是苦孩子的悲剧。
　　李泽厚、鲍鹏山：鄙夫，就是粗鄙之人。

所有大师中，又只有李零是对的。并且，他的一通议论也很给力。

鄙，周代地方组织单位，五百家为一鄙，五鄙为一县。在这里，鄙就是郊野的意思，鄙夫就是没见过世面的乡巴佬。

当初孔子说"女子难养"，并非真的针对女子这个群体。这次应该也是一样的，他所认识的一个人出身低微，如今做了官，于是为了保住自己的官位而不择手段。出于对他的鄙视，孔子来了这么一段。

其实，孔子本人的出身还不如鄙夫，孔子的很多学生都是鄙夫出身。所以，孔子不可能鄙视整个鄙夫群体，他只是就人说事。

但是，孔子的话是有道理的，一个穷怕了的人即便当了官发了财，往往也缺乏安全感，总是怕失去这好不容易得来的一切。于是，为了加强自己的安全感，就拼命往上爬，贪污受贿，没有止点。

现在，我们来解决第二个问题：这一章与尊严有什么关系？

患得患失，缺乏安全感带来的另一个结果就是牺牲尊严去换取安全感。于是就会在权力面前委曲求全，丧失原则和尊严。按照孔子的说法，当一个人不患得患失的时候，他就会坚守自己的尊严。当一个人不贪恋权位时，他才有可能坚持正义，维护自己的尊严。那么，怎样才能让人们有安全感呢？

答案是：人人守规则。所以，即便不能完全做到，尽量去做吧，尽量为自己争取一些尊严吧。

第六章

做好本职获取尊重

5·6（15·38）子曰："事君，敬其事而后其食。"

【译文】
孔子说："侍奉君主，要认真办事而把领取俸禄的事放在后面。"

在职场如何保有尊严？在上级面前如何保有尊严？这一章，孔子给出了答案。还是先看看大师们怎么说。

  钱穆：尽职在先，食禄在后，此乃事君之道。
  南怀瑾：为人干部，为人臣下的时候要敬，就是现在讲的"负责任"，先真正能负了责任，然后再考虑到自己待遇、生活的问题。
  李零：这里是说，君子无功不受禄，事君，要先把事情办好，然后再谈俸禄问题。
  李泽厚：可能针对当时只领薪水不做事的人有感而发。
  鲍鹏山：先尽责任，再享权利，俸禄是做事的报酬。

大师们说的其实都是一回事，但是，如果仅仅看到这一点，是不足的。
我在这里要讲讲尊严。
每个人都有自己的尊严，下级同样能赢得上级的尊重。怎样做到这一点呢？就是做好自己的工作。当你做好了自己的工作，你拿报酬就是理所当然、理直气壮的。为什么有的人在上级面前卑躬屈膝？因为他没有做好自己的工作，他要靠别人的怜悯来生活。

事实上，即使是最蛮横最无理的君主或者官员，对于他手下那些兢兢业业做事的人，他也会尊重一些的。如果你能做到不可或缺，那你一定能得到不一般的尊重。

所以，无论你在哪里，要赢得别人的尊重，首先要做好自己的本职工作。这，才是本章的要义。

第七章

远离羞辱

5·7（15·1）卫灵公问陈于孔子。孔子对曰："俎豆之事，则尝闻之矣；军旅之事，未之学也。"明日遂行。

【译文】
卫灵公向孔子问行军打仗的问题，孔子回答说："祭祀礼仪方面的事情，我还听说过；用兵打仗的事，从来没有学过。"第二天，孔子便离开了卫国。

一个人能不能拥有尊严，有的时候并不取决于这个人，外部的力量也足以剥夺一个人的尊严。那么，要想保持尊严，就要设法远离这样的力量。这一章的意思很明白，我们需要弄清的问题只有一个：孔子为什么会走？

> 钱穆：卫灵公无道，而复有志于战伐之事，故孔子去之。
> 南怀瑾：孔子希望他不要发动战争。对侵略的战争，孔子是反对的。
> 李零：卫灵公知道孔子擅长的是礼，不是军事，问陈是故意刁难孔子。孔子明白他的用意，所以第二天离开了卫国。
> 李泽厚：孔子反对侵略。
> 鲍鹏山：卫灵公如果不是不了解孔子，就是故意拿这话来气孔子，要撵孔子走。

说孔子反对侵略是不对的，卫国当时夹在晋国、齐国和宋国中间，它侵略谁？

这是孔子第二次去卫国，被驱逐到鲁国的卫国大夫公叔戌恰好此时占领了卫国的蒲。关于蒲地的问题卫灵公曾经征求孔子的意见，孔子建议出兵，而卫灵公并不愿意。通过那一次对话，卫灵公看出来，孔子基本上不懂军事。

卫灵公并不欣赏孔子，此次又问军事问题，是明知孔子不懂而故意问，明显带着讽刺，孔子反唇相讥。卫灵公很不高兴。孔子知道自己在这里已经不受欢迎了，第二天就离开了卫国。

第八章

自信

5·8（13·10）子曰："苟有用我者，期月而已可也，三年有成。"

【译文】

孔子说："如果有人用我治理国家，一年便可以搞出个样子，三年就一定会大获成功。"

自信也是自尊的一个方面。孔子是一个自信的人吗？接下来的三章，都是在说这个问题。

期月，就是从今年某月到明年某月，也就是一整年的意思。

这一章的翻译历来无争议，我们还是来看看大师们的解读。

> 南怀瑾：这是孔子平常的感叹。他感叹自己的政治理想，不能实行。
> 李零：这是孔子的政治广告。
> 李泽厚：这说明孔子不是谦谦君子，也有可能这根本不是孔子说的。
> 鲍鹏山：很遗憾，孔子没有得到这样的机会，无从证明他的话。

从时间点上看，这应该是孔子开立私校不久说的话，年轻气盛。孔子类似的话还不少，所以李泽厚大可不必担心这不是孔子说的话。

那么，孔子究竟有没有过这样的机会呢？其实是有的。

孔子做了半年的中都宰，做得还是不错的，因此才被升为小司寇。

但是，因此就判断孔子治理国家很厉害，那也是没有根据的。因为，治理一个小地方和治理国家是两回事，孔子可以靠自己的身体力行治理好一个中等都城，但是治理国家仅靠身体力行是不行的。

不管怎样，从这段话里，我们应该看到孔子的自信。

5·9（9·5）子畏于匡，曰："文王既没，文不在兹乎？天之将丧斯文也，后死者不得与于斯文也；天之未丧斯文也，匡人其如予何？"

【译文】

孔子被匡地的人们所围困时，他说："周文王死了以后，周代的礼乐文化不都在我这里了吗？上天如果想要消灭这种文化，那后人就再也见不到这样的文化了；上天如果不消灭这种文化，那么匡人又能把我怎么样呢？"

这一章的难点在"文不在兹乎"，看大师们怎样说。

> 钱穆：礼乐之道不就在此吗？
> 南怀瑾：中国文化的责任落在我们的肩膀上。
> 李零：传续"文"的责任都在我们的肩膀上了。
> 李泽厚：文化不就在我这里吗？
> 鲍鹏山：周代的文化遗产不都在我这里吗？

孔子的意思显然是"文王所创建的文化"，李零给了"文"字的六种解释，但似乎还是钱穆的"礼乐之道"更简洁明了一些。

再来看看大师们怎样解读这一章。

> 钱穆：孔子临危，每发信天知命之言。盖孔子自信极深，认为己之道，即天所欲行于世之道。
> 南怀瑾：当时有一个坏人叫阳虎，据说阳虎貌如孔子，他的相貌长得和孔子一样，宋人都要杀掉他。孔子带了一大堆学生，经过那里，大家以为他就是阳虎，把他包围起来，要杀他。这是孔子处患难中的精神。
> 李泽厚：孔子以传道自诩，即今之所谓文化责任感、历史责任感是也。
> 鲍鹏山：孔子认为自己是负有天命的人，凡夫俗子如何能加害？

要解读这段话，首先还是要搞清楚背景。

孔子从鲁国去了卫国，在卫国看不到前途，于是决定前往陈国。他途中路过宋国匡地（今河南省长垣县）。八年前鲁国的阳虎曾经在晋国的命令之下攻打郑国，拿下了这里。可是鲁国和郑国之间隔着宋国，于是鲁国把匡地送给了宋国。所以，匡城时属宋国。当初，阳虎率领鲁军占领这里的时候，对当地百姓十分残暴，因此匡人都对阳虎恨之入骨。巧的是，孔子的弟子颜高当年曾经随阳虎占领这里，现在被别人认出来了。孔子长得很像阳虎，因此被匡人认为就是阳虎，包围了五天。好在最后匡人知道这时候阳虎还在晋国，围错了人，这才放了孔子师徒。不过，经此一难，孔子不敢再往前走，匆匆忙忙回到了卫国。

不过对孔子来说，这一次劫难并不全是坏事，孔子的临危不惧给弟子留下很深的印象，让弟子对老师更加敬佩。

孔子这段话的潜台词是：如果上天要消灭这种文化，那不是我的悲哀，而是后人的悲哀。如果上天要留存这种文化，那就一定会保护我，匡地人岂能与天对抗？

孔子临危不惧，尽管身处危境，依然泰然自若。孔子本是不讲天命的人，此时讲天命，也是给自己壮胆，给弟子们打气。

孔子一辈子遭遇无数挫折，颠沛流离，却还能坚持到最后，靠的是什么？靠的就是这份自信。

5·10（7·23）子曰："天生德于予，桓魋其如予何？"

【译文】

孔子说："上天的德加于我，桓魋能把我怎么样？"

这一章的难点是"天生德于予"：钱穆说"天生下此德在我"；南怀瑾释为"上天把历史文化的责任放在我身上"；李零说"我有天命在身"；李泽厚认为是"上天给了我品德"；鲍鹏山说"天在我身上生了仁德"。

在这里，把"德"解读为"品德""仁德""道德"都是讲不过去的，这并不能让桓魋对孔子无可奈何。这里的"德"并不是孔子的，而是天的，天的德在保佑孔子，这才是桓魋无可奈何的原因。所以，只有李零的解读接近于正确答案。

那么，桓魋为什么这样仇恨孔子呢？整段话怎样解读呢？来看大师们怎么说。

  钱穆：桓魋之所恶于孔子，恶孔子之德耳。此乃孔子知命之学之实见于行事处，学者其深玩之。按此章乃见圣人之处变，其不忧之仁，不惑之智，与不惧之勇。
  南怀瑾：桓魋是宋国的大夫，曾经想要谋杀孔子。学生们得到消息，告诉孔子怎样逃避，可是孔子满不在乎。
  李零：孔子在大树下讲学，桓魋叫人把大树拉倒，搅场子。
  李泽厚：这不过是一句普通壮胆的话罢了。
  鲍鹏山：仁者不忧，智者不惑，勇者不惧。孔子大圣大智大勇，区区桓魋，何足惧哉！

对于桓魋为什么仇恨孔子，只有钱穆说了，但语焉不详。这段话体现了什么呢？我赞成李泽厚那句话：这不过是一句普通壮胆的话罢了。

要解读这一段，首先还是来说说背景吧。

这是孔子第三次离开卫国，去周游列国。孔子带着弟子们前往陈国，路过宋国。在宋国，孔子与弟子们在一棵大树下演习周礼。结果被宋国人围观，宋国司马桓魋派人把大树砍了，并且准备派人来杀孔子师徒。还亏孔子师徒走得快，躲过一劫。为什么桓魋如此不欢迎孔子？首先，整个周朝，即便是楚国和吴越这样的国家，对周礼在表面上都是或多或少要遵从的，只有宋国是个例外。宋国人在骨子里认为他们还是商朝，他们的礼法是商礼而不是周礼，因此，他们对孔子的学说毫无兴趣甚至十分反感。其次，桓魋的仇人、从宋国叛逃到陈国的公子辰和公子地在陈国的支持下联手进入宋国的萧地，以此为据点背叛了宋国。所以，这时候宋陈之间是敌国，桓魋自然把要去陈国的孔子师徒视为仇敌。

虽然孔子是宋国公族的后代，他却非常藐视宋国，即便在鲁国和卫国混得再不如意，几次路过宋国，他都从来没有想过留在宋国发展。为什么会这样？大致的原因有四点：第一是孔子的祖上在宋国被灭门，仇家华家在宋国是大族；第二是被孔子休掉的前妻丌元氏是宋国人，孔子对宋国人没什么好印象；第三是宋国在国际上实行的所谓鸵鸟政策让孔子瞧不起。当然，最重要的是第四点：宋国人不可能用周礼治理。

这一章与上一章相同，都说明孔子面对危难，表现得非常自信。

第九章

坦诚是最大的自尊

5·11（9·6）太宰问于子贡曰："夫子圣者与？何其多能也？"子贡曰："固天纵之将圣，又多能也。"子闻之，曰："太宰知我乎！吾少也贱，故多能鄙事。君子多乎哉？不多也。"

【译文】

（吴国）太宰伯嚭问子贡说："孔夫子是位圣人吧？为什么这样多才多艺呢？"子贡说："这本是上天让他成为圣人，而且使他多才多艺。"孔子听到后说："太宰怎么会了解我呢？我因为年少时地位低贱，所以会许多卑贱的技艺。君子会嫌技艺多吗？不会嫌多的。"

5·12（9·7）牢曰："子云，'吾不试，故艺。'"

【译文】

子牢说："孔子说过，'我（年轻时）没有出仕，所以会许多技艺'。"

前面说过，有的人用谎言来获取尊严，有的人用谎言来为别人保持尊严。那么，事关尊严的时候，坦诚会是一个好的选择吗？这两章中，我们要解决两个问题：第一，孔子出身到底贱不贱？第二，孔子为什么要承认自己出身卑贱？

这两章的含义很清晰，译文历来也没有什么争议。

这里要和大师们较真的只有一个字：贱。"贱"的背后是什么？钱穆认为是"年轻时贫贱"；南怀瑾认为"从小贫贱"；李零说是"年轻时出身卑贱"；李泽厚说的"年少时贫苦"；鲍鹏山说是"少年时贫贱"。

"贱"对应的是"贵"，与"贫"并没有必然的联系。"贱"指的是社会地位，与穷不穷没关系。

所以，用词最准确的是李零，不过他画蛇添足的是加了"年轻时"。孔子出身确实卑贱，但是年轻时已经不卑贱了。

孔子为什么说自己"少也贱"？

现在，我们就来解决第一个问题：孔子出身到底贱不贱？

先说说孔子父亲这一边。我们知道商朝最后一个王叫商纣王，商纣王有个庶兄叫微子启。周武王灭商，微子启被周武王封在宋国，统治商朝的遗民。到春秋初期，宋国内讧，太宰华督看上了司马孔父嘉的夫人，于是发动兵变，杀了孔父嘉和国君宋殇公。其实呢，华督和孔父嘉都是宋国公族，都是微子的后代。孔父嘉被杀，其子木金父逃到了鲁国。木金父生孔防叔，单看这个名字，可以推定孔防叔应该是鲁国防邑大夫，孔家的祖墓就在那里。

叔梁纥是孔防叔的孙子，他姓孔，名纥，字叔梁（更详细的说法是姓子，氏孔，名纥，字叔梁）。叔梁纥身材高大，力大无穷，在一次各国联军讨伐富阳的战斗中，因力举城门解救鲁军而立下大功，扬名立万的同时，回国后被晋升为陬邑大夫。叔梁纥，就是孔子的父亲。

所以，无论从什么角度说，叔梁纥都是个贵族。从孔子父亲的线索说，孔子虽然说不上出身高贵，至少是根正苗红的。

再说说孔子母亲这一边。孔子的母亲姓颜，不知道叫什么名字。《孔子家语》说叫颜徵在。颜姓在鲁国有两支。一支是鲁国公族，孔子的学生中有一个叫颜高的，就属于这一支，曾经代表鲁国军队出征。另一支是被鲁国所灭的邾国人的后代，地位低于鲁国的士农工商，属于社会底层，相当于贱民，颜回就属于这一支。不幸的是，孔子的母亲属于后一支。

那么，孔子的父母是怎么把他生下来的呢？按照《孔子家语》的说法，孔子的父亲叔梁纥有妻有妾，膝下九个女儿和一个儿子，儿子叫孟皮，还有个名字叫伯尼，腿脚有些毛病。为了再生一个儿子，叔梁纥向颜家求婚，颜老太爷征求三个女儿的意见，说："叔梁纥大夫虽然父亲和祖父都是士，可是他是商汤的后代，身高两米武功绝伦，我觉得很不错。虽然岁数大点，性格严肃一点，但这都不算缺点。你们谁愿意嫁给他？"结果两个大女儿不愿意，最小的颜徵在自愿出嫁。以《孔子家语》的语气来看，大夫前来求婚，自然是颜家的家底不错，基本上也该是门当户对。重要的是，孔子是婚生，不是野合。

总之，按照《孔子家语》的说法，孔子出身高贵。如果真是这样，那就是孔子本身出身高贵，却非要说自己出身卑贱。但事实并非如此，这只是孔子后人想要把他的出身说得高贵一些而已。

正确答案在哪里呢？在《史记》。

首先我们要明确的一点是，《史记》的作者司马迁是一个治史严谨的人，也是一个崇拜孔子的人，再加上汉武帝时期开始独尊儒术，因此司马迁在孔子的出身问题上绝对不会瞎写。

《史记·孔子世家》记载：纥与颜氏女野合而生孔子，祷于尼丘得孔子。

什么是野合？有一点是肯定的，那就是野合一定是非婚的。

事实上，我们还有两条理由来力证孔子的父母是非婚的。第一，贵族不可能娶一个贱民；第二，孔家是宋国移民，保留了宋国人族内婚的传统，历代都从宋国娶妻。

贵族与贱民野合所生的孩子能否得到贵族家庭的承认，完全取决于贵族这一方。这方面的例子很多，譬如叔孙豹就与人野合而生了一个儿子，后来他承认了这个儿子。

那么，孔子是否得到了父亲的承认呢？

从后面的发展来看，孔子的父亲应该承认了孔子是自己的孩子，但是拒绝接纳。因此，孔子只能随母亲在贫民区过贱民的生活。

这就是为什么孔子要说自己"少也贱"。

随母亲生活的孔子生活十分艰辛，从小就跟随邻里挣钱糊口。由于社会地位低下，孔子的邻里只能从事最低贱的社会分工，譬如助祭助丧等，与死人打交道的时候多。不过孔子正是在这样一些活动中体会周礼，并且成为丧葬祭祀礼仪的专家，这为他长大以后精通并且宣扬周礼打下了基础。正是因为地位低贱，为了生活，从小什么样的事情都要做，所以孔子才"多能"。

我们最后来解决第二个问题：孔子为什么要承认自己出身卑贱？

因为按照周礼的精神，出身贵贱并不影响一个人的尊严，撒谎才会令人丧失自尊。所以，孔子坦然承认自己的出身卑贱体现的是他的自尊自信，也是对自己母亲的尊重。他很自信，他并不认为出身低贱就低人一头。

相反，倒是后世的统治者们处处"为圣人讳"，竭力淡化孔子是非婚生以及出身低微的事实。

> 小 结

自尊，然后有尊严

自爱、自尊、自信。

不自卑、不虚荣、不要羞辱别人。

《礼记·儒行》："儒者可亲而不可劫也，可近而不可迫也。可杀而不可辱也。"宁可牺牲生命，也不能接受侮辱。

尊严重于生命。而要拥有尊严，首先要做到自尊。

一个人如何做到自尊？自尊的基础是知耻，一个人不知耻，则没有自尊只有虚荣，只有面子。没有自尊的自信不是自信，是狂妄，是仗势欺人。一个没有自尊的人也就没有荣誉感，他也就不会在乎自己的名誉，自然也就谈不上自爱。

自尊和虚荣往往容易混淆。如何区分呢？

自尊是坦诚的、自信的，而虚荣是虚假的、自卑的。

虚荣的手段往往是通过谎言或者假象，虚荣的目的往往是为了攀比，是害怕被人瞧不起。

而自尊不同，自尊者必有自信，自信者必然坦诚。

忍气吞声、逆来顺受和患得患失、锱铢必较是相反的两种做法，而这两种做法都无法获得自尊。前者常常被误解为谦虚，其实是懦弱和没有尊严。要维护自己的尊严，就要懂得据理力争和讨回公道，这样才能赢得尊重。

但是在这个过程中又容易走向另一个极端，就是患得患失，在利益得失之间付出自尊的代价。

所以，又要懂得包容和取舍，这将在后面讲到。

总的来说，事关尊严和公平，要争取。事关利益，要懂得取舍，不要用尊严去换取利益。

在生活中，要懂得规避羞辱。明知自己会受到羞辱还要去做，那就不是别人不给你尊重，而是你自己不懂得自尊。

第六篇

贵族精神标准之六

自知

孔子说：智者知人。颜回说：智者自知。

这一次，又是颜回更高明些。

对于人来说，知道别人是比较容易的，可是知道自己是比较困难的。因为，绝大多数人在看待自己的时候都会失去客观的态度。

人们往往高估自己的能力、道德水准、智力，甚至高估自己的运气。因此，很多人会犯下一些愚蠢的错误。而有些人会对自己的实力看得过低，完全不能发现自己的优点和优势，这种人就是所谓自卑者。

所以中国有句俗话：人贵有自知之明。知道了自己，就能够知道自己能做什么不能做什么，该做什么不该做什么，就能够知进退知取舍。

在中国的历史上，由于不自知而造成的悲剧数不胜数。

或者说，绝大多数的悲剧，都是不自知造成的。

第一章

巧言乱德

6·1（15·27）子曰："巧言乱德。小不忍，则乱大谋。"

【译文】
孔子说："花言巧语扰乱了理智。小事不忍耐，就会败坏大的谋划。"

《论语》中有一些话很简单，如果你了解背景，那么你对这些话的理解就会更加真实和深刻。这一章中，我们要解决两个问题：第一，巧言乱德的"德"是什么意思？第二，"小不忍，则乱大谋"是指什么？

我们直接来解决第一个问题：巧言乱德的"德"是什么意思？

先来看看大师们的解说。

> 钱穆：巧言可以乱人之品德。
> 南怀瑾：巧言是最会搅乱正规的道德。
> 李零：花言巧语会败坏道德。
> 李泽厚：花言巧语，扰乱道德。
> 鲍鹏山：花言巧语会败坏道德。

按照大师们的解说，"巧言乱德"的"德"就是"品德"或者"道德"。

还有，大师们的解说依然是没有主语、宾语，是张三巧言乱了李四的德，还是张三巧言乱了张三自己的德？不知道，完全看不出来。

那么，究竟该怎样定义这个"德"呢？其实很简单，把整段话连起来分析就行了。

巧言乱德的后果是什么？就是小不忍而乱大谋。

所以这个"德"就很清楚了，无非是"理智""判断力""忍耐力"这一类意思。这些被扰乱、破坏之后，才会做出小不忍而乱大谋的事情来。"德"跟品德、道德没有任何的关系。

以上的几个词，"理智"是一个内涵比较宽泛的词，因此我在译文使用了它。

有了这样的正确理解，那么也就可以肯定地说是"张三巧言乱了李四的理智"。关于"巧言乱德"，鲍鹏山还有一段议论：

> 孔子那么反感巧言令色，是因为他总认为不好的言论会让国家倾覆。他的这种错误观点，导致中国几千年封建专制统治，总以钳制人口、不让人说话为特点。这是孔子反对言论自由，不让人说话。这是孔子的大偏见，大错误。

毫无疑问，这是对孔子的大偏见、大错误。首先，孔子所说的"巧言令色"是指人际交往，"巧言乱德"是指具体事件；其次，没有任何证据显示孔子反对言论自由。相反，孔子主张"君子和而不同"，恰恰是提倡言论自由的。

随后，我们来解决第二个问题："小不忍，则乱大谋"是指什么？

孔子之所以说这样的话，是要针对某一件事做出总结。

那么，是一件什么事呢？

大师中没有人指出或者尝试指出这是一件什么事，他们只是发了一些感慨。

> 钱穆：小处不能忍，可以乱了大计谋。小事不能忍，如妇人之仁不能忍其爱，匹夫之勇不能忍其忿，足以乱大谋。
>
> 南怀瑾：（举了孔子杀少正卯的事情，说少正卯是巧言乱德。）我们对"小不忍，则乱大谋"作了这两种解释，姑且可以这样分开来运用：处事的时候，"忍"字可作"决断"用；对人的时候，"忍"应该作"忍耐""包容"的意思来用。
>
> 李零：小委屈都受不了，会破坏大的部署，坏大事。
>
> 李泽厚：小事情不忍，会破坏大计划。
>
> 鲍鹏山：小事上不能忍就会坏大事。

如果不联系到"巧言乱德"，那么钱穆的感慨是有道理的。不过，妇人之仁和匹夫之勇跟"巧言乱德"确实没有关系，放在这里并不恰当。

南怀瑾说到了孔子杀少正卯，把一句话里的一个"忍"字分成了两种情况来解读，意思则恰好相反。

孔子这段话所指的事情到底是什么呢？

我们不妨做一个简单的判断。

这件事情必须满足以下条件：第一，有巧言乱德的情形；第二，有丧失忍耐的情形；第三，乱了大谋，注意，是大谋而不是小谋；第四，这件事情大家都知道。

如果我们熟悉春秋历史、鲁国历史的话，会发现满足以上条件的事情只有一件。

故事发生在孔子开办私立学校之后。

这时候的鲁国国君是鲁昭公，由于三桓，尤其是季孙家越来越专横跋扈，鲁昭公非常不满，却因为实力不济而不得不忍耐。这个时候，发生了三件很有趣的事。

第一件事：季公鸟和季公若是两兄弟，他们是季孙家的疏族。两年前，季公鸟生病死了，留下了妻子季姒和孩子季甲，而家里的事情由季公若、族人公思展以及家臣申夜姑来照管。季姒年纪轻轻，自然耐不住寂寞，没有多久就跟厨师檀勾搭上了。

渐渐地，季姒和厨师偷情的事情就被人察觉了，两人感觉到了危险。怎么办？商量之后，决定先下手为强，恶人先告状。

季姒先让自己的丫环把自己打了一顿，专拣要害打。之后，季姒把自己的小姑子秦姬给请来了，哭哭啼啼给她看。

"大妹子，自从你大哥不在了，我就成了孤儿寡母，原指望你二哥能帮着我拉扯孩子，管好这个家，谁知道你二哥竟然人面兽心，对我起了歹意。昨天晚上你二哥窜进我的房间，霸王硬上弓。我反抗，他就打我，你看看这儿，这儿，还有这儿。要不是看在还要拉扯孩子的分上，我死的心都有了。妹子，我的命怎么就这么苦呢？"季姒表演得不错，秦姬万分惊讶，她万万没有想到季公若竟然是这么个人面兽心的人。

秦姬答应嫂子要帮她，却万万没有想到嫂子才是人面兽心。

季姒又派人去季孙意如的叔叔公甫那里哭诉，说是季公若强奸自己，公思展和申夜姑两个狗腿子也来威胁利诱自己，逼迫自己跟季公若好。

公甫很愤怒，恰好这时候弟弟公之来找他，说是秦姬向他反映情况，季公若对季姒图谋不轨。

于是，公甫和公之两人就来找季孙意如，向掌家的侄子汇报季公鸟家的情况。

"什么，这不是败坏我们季家的名声吗？"季孙意如是出了名的不动脑子的人，听风就是雨，当时大怒。

按着季孙意如的想法，把季公若三人都抓来砍了，不过公甫和公之劝他，说季公若怎么说也是你叔叔辈的，这点事也不能就杀了他。再说了，家丑还是不要外传，不如把公思展撤职，把申夜姑给杀了算了。

季孙意如办事的效率挺高，立即派人捉了公思展，杀了申夜姑。

从那之后，季公若对季孙意如恨之入骨。

季孙意如的原配早死，因此又求娶了宋国国君宋元公的女儿，派了季公若去迎亲，为什么派季公若呢？说起来也有道理。

原来，季公若的亲姐姐是小邾夫人，宋元公的夫人是小邾夫人的女儿，也就是说，季公若是宋元公夫人的舅舅。可是，宋元公夫人的女儿这下就成了季孙意如的远房外甥女。还好那时候论辈分只论男方，这样就没有人说季孙意如娶了外甥女。

问题是，季公若对季孙意如恨之入骨，打定主意要破坏这门亲事。

到了宋国，季公若对宋元公夫人说季孙意如的坏话，少不得添油加醋："外甥女啊，我看你别把自己女儿往火坑里推了，这季孙意如可不是个东西了，人品很差，而且我听说国君要驱逐他。"

宋元公夫人一听，原来宝贝女儿要嫁的竟然是这么个东西，当时就不愿意了。于是，宋元公夫人要求悔婚。

宋元公没听，依然把女儿嫁给了季孙意如。

回到鲁国，季公若心里面在打鼓，如今宋元公的女儿成了季孙意如的夫人，人家就是一家人了，当初自己在宋元公夫人面前说的坏话迟早会被季孙意如知道，那时候，自己恐怕就要吃不了兜着走。

季公若很害怕，一边后悔，一边想着怎么样才能摆脱危险。想着想着，想起嫂子当年恶人先告状，先下手为强，自己取而代之成为季家主人。

再来说第二件事。

郈家也是鲁国的公族，在鲁国也混得不错。

那时候鲁国很流行斗鸡，这是一项全民参与的运动，平头老百姓斗鸡，卿大夫也斗鸡。

季孙家和郈家住在隔壁，两家经常斗鸡，并且下赌注。

那一年两家斗鸡，季孙家出了个花招，给自己家的鸡做了个皮甲戴在头上，结果可想而知，郈家的光头鸡自然不是季孙家盔甲鸡的对手。

郈家很气愤，又过几天，两家约好了再战一场。

这一次，郈家的鸡也戴了盔甲，鸡爪子还装了金属，锋利而且坚硬。这一回，季孙家的鸡被郈家的鸡一顿践踏，奄奄一息。

季孙家输不起了，季孙意如之后强占了郈家的宅基地，还派人活捉了郈家的金爪鸡，以违背斗鸡规则的罪名杀掉，为自己的鸡陪葬。

郈家惹不起季家，只能忍了这口气。不过，郈家全家恨死了季孙意如。

还有第三件事。

臧家也是鲁国的公族，而且是世袭的司寇，臧家的实力在鲁国仅次于三桓。

臧家和季孙家很早以前就结下了梁子。

当年孟孝伯诬告臧纥想要造反，季孙家出兵进攻臧家，臧纥于是逃到了齐国，他的弟弟臧为接掌臧家。从那之后，臧家和季孙家就算记下了一笔账。

后来臧为死了，儿子臧昭伯接着掌家。

那一年臧昭伯去晋国出差，他的堂弟臧会想要篡夺臧家，因此不仅偷了臧昭伯的家传龟壳，还特地去晋国探望臧昭伯，趁机诬陷说臧昭伯的夫人跟臧昭伯弟弟勾搭在一起。

臧昭伯回到鲁国，原本就想直接把弟弟和夫人给抓起来，临时谨慎了一下，暗中调查了一番，结果发现这是臧会在搞鬼。臧会知道自己的阴谋败露，赶紧逃走了。

有一天，臧会偷偷去季孙家办事，被臧昭伯知道了，于是派人在季孙家的家门口把他捉住了。

本来，臧会这下就算交待了。可是这小子运气真好，正好碰上季孙意如出门，亲眼看见臧会被捉。

按理说，季孙意如跟臧会也没有什么交情，要是在大街上遇上这事情，根本就不会管。可是今天这事情就发生在季孙家的家门口，而且，臧会是来给季孙家送账簿的，要是这样被捉了，季孙家不是很没有面子？季孙意如便下令将捉拿臧会的人全部拿下。

这下热闹了，捉人的反而被捉了，臧会受到了季孙家的保护。后来，两家协商，臧家向季孙家道歉，季孙家放人，同时要求臧家承诺不再追究臧会。

从那以后，臧家和季孙家的仇恨更深了。

这三件事，就是要说清楚季公若、邱家、臧家分别跟季孙家结仇的原因。

季公若从宋国带回来一把弓，找了个机会把弓献给了鲁昭公的太子公为，而公为早就想赶走季孙家，两人一拍即合。他们又找到鲁昭公的另外两个儿子，大家都觉得应该对付季孙家。

可是，这事情必须鲁昭公牵头。问题是鲁昭公一直不同意，所以大家都不敢去找鲁昭公说这事。最后想了个办法，让鲁昭公的侍卫僚苴去说。

僚苴是个二愣子，第一次去说，鲁昭公差点把他给杀了。过了一阵，再去说，又被鲁昭公骂了一顿。第三次说，鲁昭公才说自己也想赶走季孙家，可是实力不行，不能动。

此后，这几个人轮番上阵，忽悠鲁昭公。

鲁昭公很谨慎，又征询臧家和邱家的意见，臧家认为季孙家实力太强，不能轻举妄动，邱家则认为可以动手。

鲁昭公迟迟下不了决心，直到秋季的时候，一件事情让他不再犹豫，决定动手了。

什么事情？就是孔子前面说过的：鲁昭公祭祀鲁襄公的同时，季孙家也举行家祭，竟然上演《万舞》，使用八佾来祭祀季孙家的祖上季友。

鲁昭公非常恼火，召集了臧家和郈家，以季公若作为内应，出兵攻打季孙。

结果，季孙家虽然在一开始被包围，但是在孟孙和叔孙两家的帮助之下，战胜了鲁昭公的队伍。最终，鲁昭公带着三个儿子、臧家和郈家逃到了齐国。

鲁昭公原本非常谨慎，并没有要用武力驱逐季孙家的意思。可是在季公若等几个人的轮番忽悠之下，最终没能够忍住，结果不仅没有赶走季孙家，自己反而被赶到了齐国，一辈子再也没有回到鲁国。

那么，这段话，孔子想要表达的是什么？就是人要正确判断形势。怎样才能正确判断形势呢？最关键的就是两个字：自知。

鲁昭公原本是很清楚自己的实力的，可是在各种外部因素的作用下，最终失去了自知，也就酿成了大错。

第 二 章

知难而退

6·2（18·3）齐景公待孔子曰："若季氏，则吾不能；以季孟之间待之。"曰："吾老矣，不能用也。"孔子行。

【译文】

齐景公招待孔子，对孔子说："要像鲁国把国政完全交给季孙家那样，把齐国的国政交给你呢，那是不可能的；不过呢，你可以得到介乎季孙和孟孙家之间的那种重用。"又说："我老了，不能用你了。"孔子离开了齐国。

先来看看大师们的译文和解读。

> 钱穆：齐景公待遇孔子，说，像鲁君待遇季氏般，我就不能了。以在季孙氏、孟孙氏之间的礼貌待孔子。但他私下又说：我已老了，不能用他了。于是孔子也离开齐国了。
> 李泽厚：（译文同钱穆。）孔子也要讲价钱和身份的，"美玉"宜有善价。（一方面，这是不懂这一段；另一方面，后面的有美玉而沽之的理解也是错误的）。
> 鲍鹏山：（译文同钱穆。）结果是孔子再一次失望地离开了齐国。

几个人的译文都是错的，因为齐景公和孔子在谈的是"用"或者"不用"，而不是待遇或者礼貌的问题。另外，齐景公说"吾老矣，不能用也"明显是一个不用孔子的托词，是要告诉孔子的，因此不应该是私下说的。

李泽厚的解读，似乎孔子是不满意待遇，这明显是对"待价而沽"的理解错误。

鲍鹏山说"孔子再一次失望地离开齐国"则是一个低级错误，钱穆明确指出了孔子只去过一次齐国。

之所以没有李零的译文和解读，是因为他的译文和解读与我的基本相同，而南怀瑾的解读谬误略多，在此处都省去笔墨了。

钱穆对这一章的时间背景做了考证，是这样的：鲁昭公二十五年，鲁三家共攻昭公，昭公奔于齐，孔子亦以是年适齐，在齐闻韶乐。齐景公问政于孔子。鲁昭公二十六年孔子年三十六岁。当以是年反鲁。又按：孔子在齐止一次，以昭二十五年鲁乱去，两年而返，时景公盖年近六十。

有了以上的时间背景，现在来说一说这一章的背景。

因为"小不忍，则乱大谋"，鲁昭公出逃到了齐国。孔子认为这是一个机会，因此带着学生们去齐国投奔鲁昭公，期望某一天鲁昭公回到鲁国，自己可以得到重用。遗憾的是，鲁昭公手下的人阻止一切从鲁国去的人见到鲁昭公。

孔子的计划失败，索性就留在了齐国，投奔齐国的世袭上卿高家。再通过高家的引荐，见到了齐景公。孔子君君臣臣的说法一开始是打动了齐景公的，因此准备重用他，这才有了第一段话。

可是，齐国国相晏婴一向就不认同孔子的学说，认为孔子的学说腐朽不堪并且只讲究繁文缛节，讲究排场，完全华而不实，大而不当。晏婴极力反对齐景公起用孔子。齐景公对晏婴言听计从，于是决定放弃，这才有了后面一段话。

确定在齐国没有政治前途之后，此时已经在齐国待了一年的孔子失望地回到鲁国，继续开他的私立学校。

尽管晏婴反对齐景公任用孔子，但是并没有采用任何不光彩的手段。对此，孔子也没有任何怨恨，反而赞扬晏婴，并且说自己把晏婴当成兄长。

这一章，实际上反映的是孔子的自知之明。一方面，晏婴不欣赏自己；另一方面，齐景公已经把话说得这么明白，这要是还不走，就真的太没有自知之明了。

在这里，孔子是知难而退，属于"知进退"。

第三章

悬崖勒马

6·3（17·1）阳货欲见孔子，孔子不见，归孔子豚。孔子时其亡也，而往拜之。遇诸途。谓孔子曰："来！予与尔言。"曰："怀其宝而迷其邦，可谓仁乎？"曰："不可。——好从事而亟失时，可谓知乎？"曰："不可。——日月逝矣，岁不我与。"孔子曰："诺；吾将仕矣。"

【译文】

阳货想见孔子，孔子不见，他便赠送孔子一只做好的小猪，想要孔子去拜见他。孔子打听到阳货不在家时，往阳货家拜谢，却在半路上遇见了。阳货对孔子说："来，我有话要跟你说。把自己的本领藏起来而听任国家迷乱，这可以叫作仁吗？"孔子回答："不可以。"阳货说："喜欢参与政事而又屡次错过机会，这可以说是智吗？"孔子回答："不可以。"阳货说："时间一天天过去了，年岁是不等人的。"孔子说："好吧，我将要去做官了。"

先把背景介绍一下。

阳货就是阳虎，本是孟孙家的疏族，在季孙家打工，结果混到了总管家的位置，等到季平子死后，阳虎绑架了季康子，胁迫季康子听从自己指挥。从此，鲁国政权其实就在阳虎手中，孔子所说的"陪臣执国政"就是指阳虎。阳虎想对付三桓，知道孔子很有学问并且对三桓不满，因此想拉拢他来帮助自己。

孔子其实很想做官，可是他认为阳虎执掌国政的时间长不了，如果自己匆匆忙忙站到了阳虎的队伍里，一旦阳虎失势，自己一定会跟着完蛋，毕竟自己的家族背景很差。所以，一开始阳虎派人请他，他找借口不去。

这个时候，孔子是非常自知的。

阳虎见孔子不去，于是派人送了乳猪过来。

这下，孔子有点伤脑筋了。按照礼节，人家给你送乳猪，你就该有回礼。何况阳虎是鲁国的权臣，并且曾经是孔子的上司。所以，于情于理，孔子再不愿意，也要去回访阳虎了。

孔子耍了个小心眼，探听到这一天阳虎不在家，于是前往阳虎家回礼。谁知道人算不如天算，回家的路上遇上阳虎了。两人就在路边聊了几句，别说，阳虎挺真诚，搞得孔子还有点小感动，冲动之下，决定出来做官。

所以说，一个人有自知之明不容易，在诱惑和忽悠下还能保持自知之明，就更加不容易了。在这里，孔子就险些丧失了自知。好在孔子还有些犹豫，在他犹豫之间，阳虎被三桓赶跑了。

时不我待，便出自《论语·阳货》。

6·4（17·5）公山弗扰以费畔，召，子欲往。子路不说，曰："末之也，已，何必公山氏之之也？"子曰："夫召我者，而岂徒哉？如有用我者，吾其为东周乎？"

【译文】

公山弗扰据费邑反叛，来召孔子，孔子准备前去。子路不高兴地说："没有地方去就算了，为什么一定要去公山弗扰那里呢？"孔子说："他来召我，难道只是一句空话吗？如果有人用我，我就要在东方复兴周礼，建设一个东方的周礼国家。"

此章与上一章，无论是背景还是意思上都很接近，因此放在一起翻译和解读。

还是先把背景交代清楚。

阳虎战败，逃亡齐国，之后又投奔了晋国的赵家。阳虎的同盟好友公山弗扰是季孙家的费邑宰，占据了季孙家的根据地费邑，对抗三桓，派人来招请孔子前去。

孔子动摇了，他太想做官了。虽然事实证明自己没有跟随阳虎是正确的，可是孔子实在有点抵御不住当官的诱惑，他竟然动摇了。还好子路阻止了他。

这两件事情本身是很清晰的，没什么好多说的，来看看大师们的解读吧。

钱穆的解读：

关于阳虎：孔子非不欲仕，特不欲仕于货。其语直而婉，雍容不迫，而拒之已深，此见孔子一言一行无往而不具甚深之妙义。

（钱穆的意思，就是孔子说我将要出仕，但不是去你那里出仕。孔子在跟阳虎玩文字游戏。）

关于公山：时孔子尚未仕，不狃为人与阳货有不同，即见于《左传》者可证，其召孔子，当有一番说辞。

（钱穆的意思是公山弗扰跟阳虎不一样，这人其实不错。这一点倒是说得不错，可见钱穆确实熟悉历史。公山弗扰后来逃到了吴国，吴国攻打鲁国的时候，公山弗扰拒绝给吴国人提供建议。所以，钱穆虽然竭力为孔子辩解，至少还是于史有据，不会胡编乱造。）

南怀瑾的解读：

关于阳虎：可以说孔子被阳货逼得没办法，好像被逼到死角去了。可是孔子绝不会出来，这就是古人所谓立身出处，自己应该站什么样的立场要搞清楚。

（这样的话钱穆绝对不会说，因为他懂得这段历史。）

关于公山：子路发了一顿脾气，并不是子路把他挡住，他本来是逗逗学生说想去，事实上，他绝不会去的。

（南怀瑾也是为孔子辩解，只不过不懂背景。）

李零的解读：

关于阳虎：孔子只说出来做官，并没有马上出来做官。

关于公山：在一个没有好人的世界里，我们总想挑一个坏蛋当好人。孔子的苦恼在这里。

李泽厚的解读：

关于阳虎：孔子唯唯诺诺，忍受奚落，相当狼狈。

关于公山：想做官干事，经不住问，只好勉强说些道理。

（李泽厚说的都是实话，非常客观。）

鲍鹏山的解读：

关于阳虎：孔子以柔克刚，实际上拒绝了阳虎。

关于公山：孔子若不是太渴望有一块政治试验田，就是老糊涂了。

大师们的解读大致如此，各自的看法不尽相同，而我的评语也不过是我的看法，绝非定论。

在我看来，孔子其实两次都想去，可是都有些犹豫，怕行差踏错。犹豫之间，阳虎垮了，算是躲过一劫。第二次犹豫之后下了决心，子路一说，又赶紧缩回来了。

不管怎样，孔子最终并没有贸然前进，这也属于知进退。

不过，在巨大的诱惑面前，要保持自知绝对不是一件容易的事情。

第四章

知进退保平安

6·5（5·2）子谓南容，"邦有道，不废；邦无道，免于刑戮。"以其兄之子妻之。

【译文】
孔子评断南容说："国家有道时，他能不被废弃；国家无道时，他能避免获罪。"孔子把自己的侄女嫁给了他。

这一章主要是介绍背景，我们先来看看大师们怎么说。

  钱穆：南容亦孔子弟子，名縚。
  南怀瑾：假如孔子把侄女嫁给公冶长，很可能遭到社会的批评，说他没存好心，把侄女嫁给坐过牢的公冶长，而把自己女儿嫁给世家公子的南容。
  李零：南容这个人，好像比较滑。国家有道，他保官；国家无道，他保命。但孔子喜欢，不然不会把侄女嫁给他。
  李泽厚：孔子把侄女而不是把女儿嫁给他，先人后己，是宗教性私德，亦"礼让"之意。
  鲍鹏山：除了爱情，其他条件也够了。

首先还是来解决错误。
南怀瑾和李泽厚都说到孔子没有把女儿嫁给南容会如何，但孔子把侄女嫁给南容的时候，她女儿最多十三岁。令我惊讶的是，从大师们的解读中，包括钱穆在内，很显然没有一个人了解南容的背景，尽管他们都知道南容的身家不错。了解南容的背景，这对我们正确理解上面这段话非常重要。

南容，就是南宫适，南宫适字子容，因此又叫南容或南宫敬叔。南容的父亲是孟僖子，也就是三桓中孟孙家的家长，鲁国权力榜上排名第二。可以说，南容是典型的高富帅官二代。

孟僖子当初娶了老婆，结果生一堆女儿，就是没儿子。后来他娶了一对姐妹，十个月后，生下来一对双胞胎儿子，大的就成了孟孙家世子，小的就是南容。

孟僖子随鲁昭公去楚国访问，楚国对周礼的运用非常好，反而孟僖子是一问三不知，弄得灰头土脸。孟僖子受了刺激，既后悔，又惭愧，还没面子。后来，他听说孔子的学校开讲周礼，据说还讲得不错，于是派南容来看看。南容来了一看，发现孔子是真才实学，于是做了孔子的学生。

南容来跟孔子学周礼，这件事情在当时一定非常轰动。所以，南容在客观上帮助孔子提升了名声和地位。

南容还帮助孔子做了一件大事。那时候孔子做梦都想去周朝首都洛邑学习周礼，想去拜会天下学问第一的老子，可是没钱。南容于是帮助孔子在鲁召公那里申请了一笔经费，然后亲自陪同孔子去了洛邑。那一趟，孔子的收获非常大，并且见到了老子。在洛邑，孔子和南容一同参观了明堂和太祖庙，太祖庙里有一个铜人，铜人的嘴上被封了三道，意思是说话要谨慎，以免祸从口出。"三缄其口"这个成语就是从这里来的。

在祖庙里，他们还参观了一种叫作右坐之器的器皿，这种器皿原本装着水，立得很正。守庙的人向水罐倒水，水越来越多，直到装满。这个时候，右坐之器猛地倒了下来，里面的水都流了出来。守庙的人告诉他们，这种器皿装满了水要倒，水太少也要倒，只有装了一大半水的时候能立住。

孔子从中得到启发，他说：地位高的，要谦恭；事事圆满的，要谦虚；富有的，要节俭；出身尊贵的，要平等待人；聪明的，要能吃亏；勇敢的，要保持畏惧；口才好的，要敢于认错；博学的，不要卖弄高深；能看透世相的，要让自己糊涂一些。这样的做法，就是减损自己，避免太满。能做到这一点的，都是最有德的人啊。所以，《周易》里说：将要满的时候不自己减损，反而增加的，最终一定会受损；将要满的时候懂得自损的，结果一定会很好。

南容在孔子这里学习，大致也就是一年时间。那么，孔子把侄女嫁给南容，也就是这一段时间，估计就是在去洛邑的路上把事情敲定了。

这个时候南容估计也就是二十岁出头，孔子为什么要把侄女嫁给他呢？南容的人品确实不错，可是家庭背景的因素难道是可以忽略的吗？

那么，孔子为什么要说这段话？我们简单给个现场还原。

有人问起孔子为什么把侄女嫁给南容，孔子总要找个理由吧？但是孔子能说"南容家有钱""南容他爹是孟僖子"吗？不能，所以，他要找个冠冕堂皇的理由。孔子想起来和南容在洛邑的经历，于是说："南容这小子啊，谨慎，有自知。所以我认为他一定能做到邦有道，不废；邦无道，免于刑戮。"

那么，怎样才能做到"邦有道，不废；邦无道，免于刑戮"呢？知进退。邦有道的时候，努力进取；邦无道的时候，低调自保。

知进退，这是孔子对南容的评价。

第五章

正直更要知进退

6·6（15·7）子曰："直哉史鱼！邦有道，如矢；邦无道，如矢。君子哉蘧伯玉！邦有道，则仕；邦无道，则可卷而怀之。"

【译文】

孔子说："史鱼真是正直啊！国家有道，他的言行像箭一样直；国家无道，他的言行也像箭一样直。蘧伯玉真是一位君子啊！国家有道就出来做官，国家无道就（辞退官职）把自己的主张收藏在心里。"

解读《论语》如果不了解背景，那就是瞎子摸象。这一章，我们要解决两个问题：第一，史鱼正直的资本是什么？第二，蘧伯玉是投机分子吗？

历来的译文基本如此，小的不同可以忽略。来看看大师们的解读（钱穆没有解读）。

> 南怀瑾：史鱼这种人，是干部中很好的；蘧伯玉这样的人，比较才具大，本身的名利心很淡泊。
> 李零：孔子的哲学，什么时候都应当以直道事人。邦有道，应该出来做官；邦无道，应当归隐。原则要坚持，命也不能丢。
> 李泽厚：孔子两种态度都赞赏，还可能更喜欢后者。
> 鲍鹏山：只有史鱼那样的抗争精神，才能改变黑暗政治；而蘧伯玉这种做法，是典型的投机分子的行为。孔子显然更赞同蘧伯玉。中国古代的这种价值取向，儒道两家是相同的，在中国古代产生了不少消极影响，至今还在。它使我们的民族较为缺少一种正道直行，义无反顾的大精神、大人格。

孔子更欣赏的是蘧伯玉，这一点很明显。在没有背景介绍的情况下，大师们的解读似乎都成立。

对于史鱼和蘧伯玉的人物背景，大师们都没有介绍，我的理解是他们都不清楚，或者不完全清楚。

那么，在我介绍完这两个人的背景之后，再去看看大师们的解读。

首先解决第一个问题：史鱼正直的资本是什么？

卫灵公的父亲是卫襄公，卫襄公的夫人姜氏不能生育，小妾周合生了个儿子名叫孟絷，孟絷生下来腿就有残疾。周合聪明伶俐还很漂亮，卫襄公很喜欢她。两个主持朝政的官员是孔成子和史朝，两人同一个晚上做了同样的一个梦，梦见卫国开国君主康叔下令让公子元接掌卫国。后来周合又生了孩子，是个男孩，取名叫元，就是公子元。同年，卫襄公突然病故，因为老大有残疾，因此卫襄公一直没有立太子。那么，现在谁来继任国君呢？孔成子和史朝一碰，发现两人都做过同样的梦。可是，光靠一个梦决定谁当国君似乎也不太好。于是，两人卜筮了一回，结果也是立公子元比较好。最后，确定立公子元为国君，就是卫灵公。

史鰌是卫国的大夫，字子鱼，因此又叫史鱼。史鱼是史朝的儿子，很受卫灵公信任。史鱼非常正直，他一直向卫灵公推荐蘧伯玉，希望能够重用他。可是卫灵公始终没有听从。史鱼临死之前让儿子把自己的灵柩放在窗户外，而按照常规，是应该停放在厅堂的。卫灵公前来吊唁，结果发现灵柩放在窗户外面，很是惊奇，于是找来史鱼的儿子责问。史鱼的儿子就说这是父亲的遗嘱，父亲认为自己没能够让国君重用蘧伯玉，是没有尽到职责，因此死了也就不能享受礼遇。卫灵公大受震动，立即重用了蘧伯玉。

这个故事，在历史上被称为"尸谏"。

史鱼正直，这一点毫无疑问。但是，正直历来都是需要资本的。若不是史鱼家和卫灵公的特殊关系，史鱼的正直未必会有好结果。换了别人，别说把灵柩放在窗户外，就是放到茅坑里，卫灵公也不会管的。

所以，孔子仅仅称赞史鱼"正直"，是因为史鱼固然正直，可是那不是一般人可以学的，因为那是有条件的。

其实人际间的交往也是这样，关系的亲疏程度往往决定交流的直率程度。

现在解决第二个问题：蘧伯玉是投机分子吗？

蘧伯玉和孔子有很多相似之处，其中之一就是很讲究礼法。有一天晚上，卫灵公和夫人在后宫闲聊，忽然听得远处传来车驾的声音，越来越近，听着这车就要从宫门前飞驰而过。可就在这时，马车的声音消失了，车子似乎停了下来。又过了一小会儿，马车的声音再次响起，可是很显然已经过了宫门。卫灵公觉得很奇怪，夫人断定这一定是蘧伯玉的车。夫人说："为了表达对国君的敬意，路过宫门要停车下马，步行而过。真正的贤臣，不是因为光天化日才持节守信，也不会因为独处暗室就放纵堕落。蘧伯玉是我们卫国的贤人，对国君尊敬有加，为人仁爱而智慧。他一定不会因为是在夜里就不遵礼节，驾车奔驰而过。因此这一定是他了。"卫灵公不大相信，第二天派人暗地查访，才发现昨夜驾车之人正是蘧伯玉。

孔子称赞史鱼仅仅是"正直",而评价蘧伯玉则是"君子"。也就是说,孔子认为蘧伯玉的贵族精神更加充分。

鲍鹏山说蘧伯玉是投机分子,那么什么是投机分子?按照词典上的定义,投机分子是"善于迎合时机,为自己谋利的人"。

事实上,蘧伯玉恰恰是一个坚守自己价值观的人。你认同我的价值观,我为你效力。你不认同我的价值观,我拍屁股走人,但绝不改变我的价值观。

鲍鹏山所抨击的那种投机分子则不同,他们没有道德底线,没有自己的价值观,他们为了自己的利益会创造性地撒谎。

所以李零说得对:原则要坚持,命也不能丢。正直固然可贵,知进退才是贵族精神的体现。有句话说:卑鄙是卑鄙者的通行证,高尚是高尚者的墓志铭。正直的人,往往处境更危险。所以,对于正直者来说,更要知进退。

第六章

装傻是一种境界

6·7（5·21）子曰："宁武子，邦有道，则知；邦无道，则愚。其知可及也，其愚不可及也。"

【译文】
孔子说："宁武子这个人，当国家有道时，他就显得聪明，当国家无道时，他就装糊涂。他的那种聪明别人可以学得到，他的那种装糊涂别人就学不到了。"

这一章我们要解决两问题：第一，孔子最欣赏谁的选择？第二，为什么要说愚不可及？

译文历来大同小异，先来看看大师们的解读。

> 钱穆：此乃宁武子之忠，谓之愚者，乃其韬晦沉冥，不自曝其贤知，存身以求济大事。此必别有事迹，惟《左传》不多载。以忠为愚，乃愤时之言。沉晦仅求免身，乃老庄之道。
>
> 南怀瑾：绝顶聪明的人，不是故意装糊涂，而是把自己聪明的锋芒收敛起来，而转进糊涂，这就更难了。
>
> 李零：邦有道就聪明，邦无道就糊涂，这是韬晦之计。
>
> 李泽厚：孔子固然有"知其不可而为之"的积极进取、坚持不懈的一面；同时又屡有洁身自好、保全性命的一面。
>
> 鲍鹏山：当黑暗来临时，如果我们一齐都装傻，时间一长，就有可能由假傻变为真傻，变成愚民。

几位大师的风格确实很鲜明，这里能够非常清晰地体现。

钱穆永远以天下为己任，同时又要维护孔夫子的高大形象。所以，他说宁俞装傻不是为了保全自己，而是为了"济大事"，是一种"忠"的体现。

鲍鹏山也是以天下为己任，不过他不需要维护孔夫子的形象，所以直接批判这种装傻行为，说要为了国家和人民勇往直前，万死不辞。

　　李泽厚则喜欢趁机讲一讲古今中外各种流派，推销一下自己的"实用理性"。所以经常跑偏，说到另外一个主题去了。这一章的解读他就去说自己"儒法互用""儒道互补"的理论了。

　　南怀瑾什么都能发挥，主要是往禅的方向走，对于人性的解读往往很精彩，这也是很多人喜欢他的原因吧。

　　李零追求的是"真实的孔子"，一般不往天下国家这个层次上靠，不会讲禅，也不推销自己的理论，喜欢跟老夫子一样偶尔发发牢骚。从情调上说，李零更接近孔子一些。所以，李零比较直截了当，这一章实际上就四个字：韬晦之计。

　　还是先来介绍背景，看看宁武子的故事。

　　宁武子就是宁俞，宁俞是宁姓和俞姓的祖先，卫国公族。宁俞早于孔子，是鲁僖公时代的人。那时候卫国国君卫成公投靠楚国，对抗晋国。城濮之战晋国大胜，晋文公称霸，卫成公逃奔楚国和陈国之后，通过关系求得晋文公原谅，回到卫国，却杀死了代理国君的叔武，被晋文公审判。宁俞等三人为卫成公辩护，结果卫成公败诉。三个辩护人一个被砍头一个被砍脚，只有宁俞名声好而得到赦免。卫成公被囚禁在晋国，晋文公命令大夫下药毒死他。宁俞知道后贿赂了大夫，于是大夫只下了一点药，卫成公因此没有被毒死。此后鲁僖公为卫成公求情，于是晋文公释放了他。

　　后来卫成公梦到祖先卫康叔说夏朝的君主相夺走了自己的祭品，于是他下令祭祀相。宁俞坚决反对，认为鬼神不会接受外族的祭品。再后来宁俞出使鲁国，鲁文公的国宴上使用的乐曲超出规格，宁俞提出了批评。

　　关于宁俞的聪明，《春秋》上多有记载，可是关于宁俞的装糊涂，就没有记载了。不过，宁俞能够在纷乱的世道中多次为国家立功，并且保全了家族，确实非常聪明能干。

　　装糊涂是知进退的高级境界，是"退"的艺术。古往今来，很多人就是凭借着装疯卖傻保全了自己。有的时候，装傻才是真聪明。

　　愚不可及，这个成语便来自这里。

　　下面，我们来解决第一个问题：孔子最欣赏谁的选择？

　　在邦无道的情况下，史鱼保持正直，蘧伯玉辞职回家，宁俞装糊涂，哪个做法更好？其实，这取决于自身的条件和外部的环境。没有标准答案，全看最后的结果。不过，如果让孔子选择，他的答案一定是蘧伯玉。

　　下面我们来解决第二个问题：为什么说愚不可及？

　　因为人都喜欢抖机灵，往往忍不住卖弄聪明，一涉及利益就两眼放光。要装糊涂，不是几句话就能装出来的，你要能够忍受别人的白眼和议论，你要吃得了亏。

第七章

乱世更需谨慎

6·8（14·3）子曰："邦有道，危言危行；邦无道，危行言孙。"

【译文】
孔子说："国家有道，要正言正行；国家无道，还要正直，但说话要随和谨慎。"

孔子用了很多章来强调知进退，并且举了一些例子。因此，这些章节很可能是在孔子修《春秋》的时期所记录的。这两章依然在说这个问题，不过就没有具体的人物了，显然是在进行总结。

大师们的译文也都大致如此，不录。

大师们的解读中，南怀瑾的非常精彩，对于这个部分他的理解确实非常棒，例子也举得好，他举了岳飞和冯道的例子。如果有兴趣的话，可以看看。

其余大师的解读比较简单，不录。

邦有道，怎么都好，问题还是在邦无道的时候该怎么办。前面两章，说到了三种邦无道时的对策，一种是保持正直，一种是装疯卖傻，一种是干脆辞职或者移民。现在这一条，算不算是第四种呢？

孔子自己的做法是什么？孔子的做法是不辞而别，在鲁国和卫国都是这样。但是，孔子后来显然觉得这样的做法是不对的，因此从来不好意思提起。那么，孔子认为怎样是对的呢？

危行言孙，这就是孔子的答案。具体的解释就是不辞职，不做坏事，但是不要得罪人。基本上，这种做法介于保持正直和装疯卖傻之间。简单地说，就是官也要做，坏事不做。

问题是，孔子的这个原则说起来容易，做起来的难度无限大。邦无道，往往就是集体腐败，要想出淤泥而不染，那是不大可能的。所以，多数只能沉瀣一气、同流合污。

所以，南怀瑾的解读提出来，除了正直，更要规规矩矩，生活谨慎。

不管怎样，"危行言孙"也是知进退的一种做法。

6·9（14·37）子曰："贤者辟世，其次辟地，其次辟色，其次辟言。"子曰："作者七人矣。"

【传统译文】

孔子说："贤人逃避动荡的社会而隐居，次一等的逃避到另外一个地方去，再次一点的逃避别人难看的脸色，再次一点的回避别人难听的话。"孔子又说："这样做的已经有七个人了。"

这一章有三个问题：第一，"其次"是什么意思？第二，"辟色""辟言"怎么理解？第三，"作者"怎么理解？

现在，我们来解决第一个问题：其次是什么意思？

先来看看大师们的解读。

钱穆：所谓次者，就避之深浅言。避地以下，三言其次，固不以优劣论。

南怀瑾：孔子讲的这些都是方法。

李零：天下无道，要知"四辟"。

李泽厚：因乱世而做的各种躲避。

鲍鹏山：孔子使用一连串的"其次"，显然是有层次和优劣的区别的。

大师们的解读中，钱穆和南怀瑾明确指出"其次"是指方法，其余的几位大师并没有明确意义，不过感觉上也是指方法策略。

那么，这些方法策略是平行的，还是分优劣的呢？基本上，钱穆和李泽厚认为是平行的，没有优劣之分。南怀瑾和李零则根本没有说明这一点，鲍鹏山则坚定认为是有优劣之分的。

我同意鲍鹏山的看法，这"四辟"当然是有优劣层次的，这种层次不仅是区分方法策略的，也是区分贤人的。头一等的贤人用头一等的策略，次一等的贤人用次一等的策略。

当然，什么情况下用什么样的策略也是具体情况具体分析的，也不是说动不动就隐居，或者一言不合就移民海外。

那么，为什么钱穆和李泽厚认为"四辟"没有优劣之分呢？这大概和他们一贯维护孔子形象的思维方式有关，因为孔子并没有做到"辟世"。如果说"四辟"有优劣之分，孔子岂不是只能排在第二等了？

现在我们来解决第二个问题：辟色、辟言该怎样理解？

基本上，大师们的译法都和传统译法一样，除了南怀瑾。

南怀瑾认为，辟色和辟言不是躲避别人的脸色和语气，而是要避免自己用难看的脸色对人，用难听的语言对人。

这一次，我赞成南怀瑾的说法。

最后我们来解决第三个问题："作者"该怎样理解？

传统译法中，"作者七人"的解释太过牵强，有大师认为这七个人是《论语》中提到的七个隐士，也有人说是《论语》中提到的古代的七个人。这七个人显然是拼凑的，而且，孔子说了四种做法，这七个人都是选择了哪一种？怎么可能只有七个人这样做？而且，《论语》是在孔子去世之后编修的，孔子生前提到的隐士恐怕不止七个人。

何况，按照传统的译法，"作者七人"应该是"做者七人"，从译文到解读都是说不过去的。

那么，"作者七人"究竟是什么意思呢？"作"的原意是快速起身，在春秋时期也是这么用的。

我们可以大致地还原一下现场，现场是孔子在给弟子们讲课，弟子们都是跪坐在席上。听到孔子讲"贤者辟世，其次辟地，其次辟色，其次辟言"的时候，有七个学生受到震动，大致是在辟色和辟言上做得不好，因此不自觉跪直。

这样的解释虽然未必正确，但是比传统的译法显然合理得多。

因此，这一章的正确译文应该是这样的：

> 孔子说："贤人逃避动荡的社会首选隐居，其次移民国外，前两点都做不到的就要避免给别人难看的脸色，避免用恶劣的语气与人说话。"孔子又说："有七个弟子因为受到触动而猛地直起了身子。"

这两章，还是在讲知进退，在乱世中要小心谨慎，不要得罪人。

第八章

知取舍

6·10（14·13）子问公叔文子于公明贾曰："信乎，夫子不言，不笑，不取乎？"公明贾对曰："以告者过也。夫子时然后言，人不厌其言；乐然后笑，人不厌其笑；义然后取，人不厌其取。"子曰："其然？岂其然乎？"

【译文】

孔子向公明贾问公叔文子的事情："我听说公叔文子不说话也不笑，什么财物都不要，是不是这样啊？"公明贾说："说这话的人太夸张了，公叔文子在恰当的时间说话，因此人们喜欢他的话；真正高兴的时候才笑，因此人们感受到他的真诚；不义之财不取，因此他发财人们也不会嫉妒。"孔子说："这样啊？真能做到这样啊？"

孔子在卫国待了很长时间，有很多卫国的朋友。事实上，他从卫国人的身上领悟到了很多道理。说起来，卫国是一个小国弱国，但是人民富足。如何在大国的夹缝中有尊严地生存，卫国人有很多心得。

这一章的译文基本上没有区别，唯一会有不同的是最后一句，我们来看看大师们怎样翻译和解读。

  钱穆：岂其然，疑其不能诚然。
  南怀瑾："是吗？真的吗？"是表示怀疑口气。
  李零：是吗，真是这样吗？
  李泽厚：大概表示孔子怀疑如此吧。这章没有什么特殊意义，《论语》中这种无意义的章节有好些，不必强解。
  鲍鹏山：公叔文子不矫情，不做作，谨慎谦恭，清廉不贪婪。

除了鲍鹏山，其余几位大师都认为孔子对公明贾的话表示怀疑。事实上，大师们解读的重点也是这个，对其他内容几乎没有解读。

李泽厚认为这一章毫无意义。真的吗？

我们还是先来说说背景吧。

公叔文子比孔子岁数大，地位非常高，孔子到卫国的时候，大抵未能见到公叔文子，因此向别人打听。结果发现，道听途说的事情是不对的。

对公明贾的话，孔子不是质疑，而是恍然大悟。

从公明贾的描述来看，公叔文子是个很谨慎、很懂得保护自己的人，尽管很富有，却一点也不贪婪。

实际上，孔子最早的知识来自鲁国，但是随后治理国家的学问多半来自齐国，而做人的学问则是在卫国期间从卫国的许多贤大夫身上学到的。孔子赞扬了很多卫国人，回到鲁国之后也还跟卫国的老朋友们频繁往来。可以说，孔子后期思想深受卫国文化影响。

6·11（13·8）子谓卫公子荆，"善居室。始有，曰：'苟合矣。'少有，曰：'苟完矣。'富有，曰：'苟美矣。'"

【译文】
孔子说："公子荆这个人善于处理家业。刚开始有点财产的时候，就说'够用了'；财产多一些的时候，就说'差不多了'；富足的时候，就说'我很满足了'。"

还是先来看看大师们的译文和解读。

> 钱穆：可证其心平淡，而居室有方，故能不以欲速尽美累其心，亦不以富贵肆志，故孔子称之。
>
> 南怀瑾：譬如在修缮房屋这件事上来说，刚刚开始有一点可住时，他便说，将就可以住了，不必要求过高吧！所谓"从俭入奢易，从奢入俭难"。古代的公子是世袭的，大体上都由长子继承。
>
> 李零：孔子这段话，是赞扬卫公子荆知足常乐。
>
> 李泽厚：此处赞赏居室不求完美，生活应别有追求，不要一味追求物质享受。
>
> 鲍鹏山：不是指他善于积累财务，而是说他"知足常乐"。

南怀瑾和李泽厚把这段话说成了关于住房条件，自然是错了。而南怀瑾再次犯下低级错误，把公子说成了世袭。公子真不是世袭，因为公子的爹叫国君，公子的儿子叫公孙。而且也不是长子继承制，国君的儿子都叫公子。

那么，我们现在来解决这两章唯一的问题：孔子想要说明什么？

先来介绍一下公叔文子和公子荆这两个人吧，这对于正确理解孔子的意思大有帮助。

公叔文子是卫国大夫公孙拔，是卫献公的孙子、卫灵公的堂哥。公子荆也是卫国大夫，卫灵公的弟弟。这两人的地位都非常高，和卫灵公的关系都很亲密。但是，这两个人也非常贤能，吴国的季札称赞卫国有六位君子，两人均在列。

关于这两个人的对话，如果注意力仅仅停留在发财和住房条件上，显然有些不准确。

在孔子的眼中，他们就是自己所强调所彰扬的那一类君子，在他们的身上如果看不到贵族精神，那绝对是对不起孔子的一番苦心的。

这两个人有一个共同的特点：知足不贪婪。

我们前面说过"礼义廉耻"的真实含义，这两个人都做到了知廉耻。

但是请注意，不贪婪不等于"不取"，是自己的就该去取。该取的不取，也不是君子的行为，君子不应该让自己受穷。

什么情况下取？符合礼义的情况。而这，就是公叔文子所做的。所以，他富足了，别人也不嫉妒他。当然，虽然这里没有说，但公子荆一定也是这样做的。

懂得什么时候取，什么时候不取，这就是贵族精神中的自知了。

所以，孔子在这里想要说的是：知取舍。知取舍，就能够既富足有尊严，又不被人嫉恨。而对于地位高身家足的人来说，知取舍尤其重要。该舍的不舍，不该取的妄取，都是招祸上身的理由。

第九章

不在其位，不谋其政

6·12（14·26）子曰："不在其位，不谋其政。"曾子曰："君子思不出其位。"

【译文】
孔子说："不在那个职位，就不要掺和那个职位上的事情。"曾子说："君子考虑问题，不要超出自己的职位范围。"

这一章非常著名，但是大师们解读起来却有不同的着眼点。
先来看看大师们的翻译和解说。

  钱穆：先生说，不在此职位上，即不谋此职位上的事。（然谋政，仅求所以明道之一端。贫贱富贵，隐显出处，际遇有异，其当明道善道则一。不谋其政，岂无意于善道之谓？）曾子说：君子用思，不越出他自己当前的职位。（从政当各专其职，越职出位而思，徒劳无补，并滋纷乱。）
  南怀瑾：中国人说"天下兴亡，匹夫有责"，人人都应该关心。但是，有个原则，"不在其位，不谋其政"，他不在那个位置，不轻易谈那个位置上的事。
  在我来说，认为知识分子少谈政治为妙。因为我们所谈，都是纸上谈兵。
  李零：中国读书人有官瘾、政治癖，从政、干政、议政，热情特别高，一门心思全在政治，读书一定要当官，当不了官，或当官退下来，也不能忘情于政治，身在江湖之上，心存魏阙之下，意淫政治，"偷着不如偷不着"。
  孔子是政治迷，但他懂得，"不在其位，不谋其政"。这是名言。孔子说，"谋政"的前提是要有位子。没有位子，就不要进入操作状态，做各种可行性研究。比如我不是校长，校长的事，我管不了。我要关心，只能从普通教员的角度关心一下。没有"位"，就不从"位"的角度考虑，也不受"位"的约束。
  李泽厚：为什么？徒劳无用，别嫌免祸。

  鲍鹏山：行政是有秩序的，越俎代庖，秩序必乱。

  这一章咱们就不评说大师们了，说说自己的理解吧。这个"位"字很重要，因为这代表了权力。

  这世界上的事情，很多不能分享，尤其是权力更不能分享。

  不过呢，"不在其位，不谋其政"这句话导致另外的一些话有些麻烦，所以这里要说说。

  首先是"天下兴亡，匹夫有责"这句话，南怀瑾一边要知识分子不要议政，一边又说要"天下兴亡，匹夫有责"。"天下兴亡"是匹夫的政吗？既然不是，说什么匹夫有责呢？

  再来说说曾子的话，曾子的意思是你本来有自己的位子，不要去考虑别的位置的事情。

  如何做到不在其位，不谋其政呢？如何做到思不出其位呢？要自知。知什么？知自己的分量，知自己的长短，有的事情，专业人士可以发表意见，你不能瞎说，因为你不懂；知自己的亲疏。此外，还要知时机、知取舍、知进退等。

第十章

理智战胜面子

6·13（5·22）子在陈，曰："归与！归与！吾党之小子狂简，斐然成章，不知所以裁之。"

【译文】
孔子在陈国说："回去吧！回去吧！鲁卫的年轻人有远大志向，但行为粗率简单；有文采但还不知道怎样来节制自己，我还是回去教导他们吧。"

孔子的一生漂泊流浪，处处碰壁，随时面对进退的选择。这一章，就是这样一个时期。

这段译文大致如此，事情本身是很清楚的。还是先看看大师们怎么翻译和解读的吧。

> 钱穆：先生在陈，叹道：归去吧！归去吧！吾故乡这批青年人，抱着进取大志，像布匹般，已织得文采斐然，还不知怎样裁剪呀！
>
> 南怀瑾：我们要特别了解的是，孔子在这段时间周游列国，对于国家天下大事，了然于心。有很多很多拿到政权的机会，但是他不要，他认为国家天下所以安定，必须要以教育文化为基础，于是他决心回到自己的国家讲学去。此时他很感叹地说：回去吧！回去吧！
>
> 李零：孔子说，该回家了，该回家了。家乡的年轻人志气很高，又有文采，真不知道该怎么指导他们。
>
> 鲍鹏山：孔子认为回去教导家乡的年轻人才是自己真正的使命。
>
> 李泽厚：孔子在陈受困，说不如回去，回去有大事可以干，何必在此受罪？

大师们要么都在维护孔子的面子，要么就是不了解当时的背景。

吾党，指我的乡党，也就是我的家乡。在这里指鲁国和卫国。而大师们多数认为就是指鲁国，显然不对，因为孔子回的是卫国，而不是鲁国。

孔子周游列国，一路失败。这是他第二次进入陈国，日子过得非常困难。按照春秋时期的规矩，孔子毕竟是鲁国大司寇下来的，所到国家是要给适当的礼遇和接待的，孔子应该是住在陈国司城的家里。那么，为什么活得很困难呢？因为陈国是个小国，常年被楚国欺压，从国君到百姓，都是过一天算一天的态度，整个国家死气沉沉，国君根本就不见孔子，更不要说给相应的礼遇了。而孔子在陈国的这段时间，恰好是吴国和楚国交战、陈国沦为战场的时期，因此非常不安全。

总之，对于孔子来说，陈国就是一个生活没保障、安全没保障、学说完全没有用途的地方。那么，是继续周游列国，还是待在陈国，还是回到卫国？待在陈国，那人心就散了，队伍就不好带了；继续周游列国，可是该去的都去过了，周游下去也没有意义；回卫国，又很没面子，毕竟当初是轰轰烈烈出来的，如今灰溜溜回去，脸上挂不住。

最终，理智战胜了面子，孔子决定回去。当然，找了个台阶——家乡的孩子们需要我。

这，才是这段话的正解。但是不管怎么样，孔子最终还是做到了"知进退"。

斐然成章，这个成语来自这里。

第十一章

别把自知当谦虚

6·14（9·8）子曰："吾有知乎哉？无知也。有鄙夫问于我，空空如也。我叩其两端而竭焉。"

这一章非常有趣，并不是孔子的话有趣，而是大师们的解读有趣。也可以说，这是典型的中国式大师的解读方式。这一章我们要解决两个问题：第一，孔子到底想说自己有知还是无知？第二，孔子为什么要说自己无知？

来看大师们的译文和解读。

钱穆：先生说，我有知吗？我实是无知呀！有鄙夫来问于我，他心空空，一无所知，只诚恳地来问，我亦只就他所问，从他所疑的两端反过来叩问他，一步步问到穷竭处，就是了。

本章言学问求知，必心虚始能有得，一也。学问有所得，必由其心自有开悟，二也。学日进，心日虚，得一知，必知更多为我所不知者。孔子曰：我有知乎哉？无知也。此非谦辞，正乃圣人心虚德盛之征，三也。学者当取与知之为知之章合参。

南怀瑾：孔子说，你们以为我真正有学问吗？我老实告诉你们，我一点学问都没有，我什么都不懂。有不曾受教育的人来问我，我实在没有东西，就他的程度所问的，我便就我所知的答复。如果他本身很鄙俗，来问我一个问题，我的确答不出。那我怎么办？因为没有主观，没有成见，就"叩其两端而竭焉"，反问他提出问题的动机，就他相对思想观念的正反两面研究透了，给他一个结论。所以我没什么学问，不是我给他答复，是他自己的意见提出来问我时，我替他整理作个结论而已。教育本来就是这样，真正的学问修养也是这样。知识最高处就是"无知"，就是始终宁静，没有主观，先没有一个东西存在，这是最高的学问境界。

不但孔子如此，世界上很多大宗教家、教主、哲学家，都是如此。希腊第一位哲学家——西方文化中的孔子——苏格拉底，也和孔子一样，出身贫苦，什么都懂，行为做人也很相似于孔子，他说："你们把我看成有学问，真笑话！我什么都不懂。"这是真话。

　　释迦牟尼也讲过这样的话。他二十九岁放弃了王位而出家修道，到了三十五岁开始传教，八十岁才死。四十五年之间，他最后自己的结论说："我这四十五年中，没有讲过一个字，没有说过一句话。"真理是言语文字表达不出来的。

　　我们可以退一步说，孔子所讲的"无知"，是俗语说的"半罐水响叮当，满罐水不响"。

　　学问充实了以后，自己硬是觉得不懂，真的自己感觉到没有东西嘛！空空洞洞的没有什么，这是有学问的真正境界。

　　如果有个人表现出自己很有学问，不必考虑，这一定是"半罐水"。

　　李泽厚：孔子说，我有知识吗？没有。有一个乡下人问我问题，我一点也不知道，便就这个问题正反、头尾、本末考查，终于得到结果。

　　苏格拉底以提问而求真理，或与此近？

　　鲍鹏山：孔子说，我有知识吗？没有。有一个乡下人问我问题，我脑子里好像一片空白，我从这个问题正反两方面去思考叩问，把一切都想到了（然后再告诉他）。

孔子的脑子里并没有储存所有问题的答案，只是储存了解决问题的方法。这样，才能面对无穷疑问，其应对方式亦无穷。

　　遇上这样的问题，通常南怀瑾的解读最多，也最精彩，因为他是搞禅学的，所以他的解读最高深莫测，古今中外旁征博引之后，你就认为他是对的了。相比较，其余几位大师就逊色了很多。

　　孔子到底是要说自己有知，还是无知？

　　按照大师们的说法，孔子实际上是想说自己有知。

　　前面曾经有一章，孔子说自己"少也贱"，结果有无数大师纷纷证明孔子出身并不卑贱。

　　遗憾的是，孔子的出身确实很卑贱，但孔子很诚实，反而衬出他的自尊和高贵。

　　这里又遇上同样的问题，孔子在第一句话里明明说自己"无知"，后面举的例子却要说自己有知，不懂的也能鼓捣懂了。这孔子不是个伪君子吗？

　　所有大师中，只有李零的解读是不同的：

　　现在的读本很有意思，大家多承认，"空空如也"是说孔子"空空如也"，但你"空空如也"，为什么还要教别人？而且是教比自己更"空空如也"的傻瓜？难道孔子的意思是，我无知，还有个比我更无知的；我不聪明，教个鄙夫还是绰绰有余。这不成了傻瓜教傻瓜了吗？比如杨伯峻先生，……孔子就成了苏格拉底……未必。

我的理解，孔子的话，全是讲自己无知。……孔子自己"空空如也"。"我叩其两端而竭焉"，不是叩傻瓜，而是叩自己……告诉观众：这里面可是什么也没有呀。

孔子认为，"下愚"是无法改变的。我怀疑，他是说，在傻瓜面前，我一无所知。

李零对传统的解读提出了反对，认为这是孔子在说自己无知，举的例子也是自己无知。

所谓言多必失，如果李零的解读没有最后那一句，我会百分百赞同。可是，最后那一句画蛇添足了。如果孔子这段话的意思是"在傻瓜面前，我一无所知"，那么他就不是在说自己无知，而是在讽刺那个鄙夫了。

那孔子岂不是浅薄得一塌糊涂？

孔子为什么要说自己无知呢？我们从两个层面来说。

首先，越有知识的人往往越是感觉自己无知。

其次，孔子老年不再漂泊，这个时候有了更多时间去思考，于是感觉到自己懂得实在太少了。而这个时候，发生了一件事情，令他更加感慨。什么事呢？

一个郊区的老农民，也就是孔子说的鄙夫来向孔子求教一件事情："孔老师，我想问问，为什么马和驴能生骡子，可是骡子不能生骡子呢？"

孔子傻眼了。于是，他对自己的弟子们说："我有学问吗？我没有学问。"

空空如也，这个成语来自这里。

这一章反映的是什么？是孔子的自知：无知就是无知。

有人会说，这是孔子谦虚。自己不懂的事情就说不懂，这是自知，不是谦虚，也跟谦虚没有关系。自知比谦虚更可贵，因为任何谦虚都带着几分虚伪。

最后，是这一章的译文：

孔子说："我有学问吗？其实没有学问。有一个乡下人向我请教，我对他的问题完全没有概念。我上上下下反复思考，却一点头绪也没有。"

6·15（7·33）子曰："文，莫吾犹人也。躬行君子，则吾未之有得。"

【译文】

孔子说："就书本知识来说，大约我和别人差不多。做一个身体力行的君子，那我还没有做到。"

基本上，大师们也都这么翻译。

孔子说话很客观，还带着一些谦虚。孔子的知识其实比寻常人丰富得多，他自己说跟大家差不多，这是真谦虚。

重要的是后面一句，孔子认为自己的执行力不足，这不是谦虚。事实上孔子确实存在执行力的问题。周游列国期间，孔子真正见到的国君似乎只有卫灵公，推销自己却见不到老板，这就是执行力的不足。孔子的性格比较木讷羞涩，求人的事情张不开口，这是他的最大问题。

第十二章

别把自知当骄傲

6·16（9·16）子曰："出则事公卿，入则事父兄，丧事不敢不勉，不为酒困，何有于我哉？"

【译文】

孔子说："在朝廷礼敬公卿，在乡里敬重父老，有丧事不敢不尽力去办，不被酒所困，这些事对我来说有什么困难呢？"

孔子也是人，孔子有的时候也会自我总结、表扬一下，未必有什么深意。这一章与下一章就是如此，不过大师们大概不这么认为。

译文基本没有什么出入，看大师们怎么解读。

> 钱穆：言此数事，于我无难也……要之是日常庸行，所指愈卑，用意愈切，固人人当以反省也。
>
> 南怀瑾：我的结论是不相信人会喝醉，如果有人喝了酒乱说话，我照样认为是装疯。没有人会喝醉的，试试看他绝不会吃大便，他绝不会骂他的妈妈，不会揍他最爱惜的人。孔子说"不为酒困"不只是喝不醉的意思。实际上人都在醉梦中，如果以哲学看人生，几乎没有一个人清醒过。
>
> "何有于我哉"意思说，……除了这几点以外，一无长处，一点学问都没有。
>
> 李零：如今县县造酒家家喝，喝得江河倒流。
>
> 李泽厚：道德总是理性对感性的制约、束缚和控导，常常是"理欲相斗"而以理胜。
>
> 鲍鹏山：这是一般人都应做到的，于孔子当然不难。

感觉上，钱穆又要往高大上的方向上引，鲍鹏山则认为这没啥。南怀瑾关于"何有于我哉"的翻译是错的。李零好像在借酒斥责酒的盛行；李泽厚好像有点跑偏，感觉总想往"实用理性"上靠。

这里需要指出的是，父兄并不是指父亲和兄长，而是指乡里的长辈和比自己岁数大的人。所以在这里译为父老。事的意思是敬重。

不为酒困是什么意思呢？按照孔子自己的说法，他的酒量连自己也不知道，不过呢，每次喝酒以不醉为原则。

这些，其实就是孔子讲自己为人处世的一些原则，并非全部。所以没有必要过度解说。

在这些方面，孔子不用谦虚，他确实做得非常好。自己做得确实很好的地方，该自我肯定就自我肯定，这是自知，不是骄傲。

6·17（5·28）子曰："十室之邑，**必有忠信如丘者焉，不如丘之好学也**。"

【译文】
孔子说："即使只有十户人家的小村子，也一定有像我这样讲忠信的人，只是不如我那样好学罢了。"

译文无争议，看解读。

> 钱穆：忠信，人之天质，与生俱有。本章言美质易得，须学而成。所谓玉不琢，不成器，人不学，不知道。学可以至圣人，不学不免为乡人。
> 南怀瑾：十室之邑——等于我们说在三家村里（古代的"邑"，等于现代的邻或里。汉唐以后，"邑"的观念又不同了，相当于现代的县。如果把汉唐以后的"邑"的观念，拿来看春秋战国时的"邑"，那就错了，这是研究学识上要小心的地方）。孔子认为许多人有天才，但没有加上学识的培养，因此不能成就。
> 李零：孔子说，像我这样讲忠信的人，十户人家就有一个，但他们都比不上我好学。
> 李泽厚："学"始终是动态的，当然不止于静态的忠、信品德。
> 鲍鹏山：孔子之所以由凡人变成圣人，无他，好学而已。

还是先来说说低级错误，说说"邑"。其实，在春秋时期，邑就是行政单位，大小没限制，类似村、乡甚至县，可以是城市，也可以是郊区，还可以是农村，周朝首都就叫洛邑，孔子父亲的封地叫鄹邑。南怀瑾说"邑"等于现代的邻或里，显然是错的。

李零说十户人家就有一个，其实有两个也是可以的。

按照几位大师的说法，孔子在这里又是在强调学习的重要性。此时，必须说说钱穆的逻辑问题了。

按照钱穆所说,"忠信,人之天质,与生俱有",既然这是个人人天生都有的东西,孔子拿出来说什么呢?

我们运用最基本的逻辑也能知道,孔子说"十室之邑,必有忠信如丘者焉",绝不是强调忠信是个寻常的东西,而是说忠信虽然也很宝贵,但并不是特别难做到的。孔子还曾说过"主忠信",以忠信来要求自己的弟子。

所以,孔子并不是在贬低忠信,也不是在贬低普通人,而是在强调自己的特别之处。

我们不妨再一次现场还原,看看孔子说这话的背景是什么。

邻居来看望孔子,赞扬孔子的忠信品质,孔子说:"其实吧,像我这样忠信的,村里还有;不过呢,像我这么好学的,真没有第二个了。"

孔子要表达的是什么意思呢?是说忠信这个品质固然很好,但那不是我的标签,还有人能做到,我最独特的优点是好学。

所以,孔子只是在说自己的不同之处,自我表扬一下而已。

总体来说,孔子那个时期,鲁国、卫国和齐国的民风都还不错,人们是比较忠信的。

孔子这两段话其实给我们一个提醒,那就是一个人要懂得反省,敢于承认自己的不足。但是也要懂得肯定自己、表扬自己,知道自己的长处,这样更有利于发挥自己的长处。

所以,人要知道自己的长短,两样都做到了,才是真的自知。

第十三章

人无远虑，必有近忧

6·18（15·12）子曰："人无远虑，必有近忧。"

【译文】
孔子说："人没有长远的考虑，一定会有眼前的忧患。"

越简单的越难理解，越简单的话越不容易做到。这一章要解决两个问题：第一，怎样理解"人无远虑，必有近忧"？第二，怎么才能做到"有远虑"？
来看看大师们的解读吧。

> 钱穆：惟所谓远虑者，乃正谋，非私计。如古人戒子孙蓄财多害，蓄财似亦为远虑，而不知其非也。
> 南怀瑾：随时随地要有深虑远见，不要眼光短视，否则很快就会有忧患到来。
> 李零：远和近，可以是时间上的，也可以是空间上的，此话已成成语。
> 李泽厚：乐感文化固包含忧患意识于其中，否则何称其为"乐感"？
> 鲍鹏山：前途是光明的，道路是曲折的。

钱穆的意思，远虑不能是为了个人的，否则就不是远虑。李泽厚又借机推销他的乐感文化理论。南怀瑾和李零的解读虽然简单，但没有跑偏。

这句话看似简单，实际上理解起来相当困难，做起来更加难。大师们对这句话的解读没有超过两百字的，南怀瑾和李零都是两句话打发了。

既然如此，我们自己来吧。

首先解决第一个问题：怎样理解"人无远虑，必有近忧"？

孔子的意思，一个人要有长远的目标，才会没有眼前的烦恼。

譬如下围棋，如果你对眼前的局势有正确的判断，有十几手甚至几十手的规划，那么你就知道弃取得失，就不会因为眼前的得失而忧虑。相反，如果你只能看到两三步，那么你一定是步步惊心，为每一颗子的死活而忧虑。

接着来解决第二个问题：怎么才能做到"有远虑"？

远虑有多远？一年？还是一百年？远虑有多大？孙子有口饭吃？家产能够保存？

我们知道，有些家族经营的品牌历经几百年上千年依然存在，这是有远虑的，靠的什么呢？诚信和品质。但是，仅仅有这些是不够的。最重要的，是自知。你要知道自己的长短，才能发挥长处规避短处。你要知道自己的分量，才能懂得进退取舍。

有了自知，才有了远虑的可能。

6·19（14·20）子曰："其言之不怍，则为之也难。"

【译文】

孔子说："说话如果大言不惭，那么实现这些话就是很困难的了。"

怍，惭愧的意思。

话越大，就越是难以实现。真正有能力的人，决不会轻易答应什么。相反，说起什么来都很轻松随便的人，往往是什么也做不到的人。

小结

自知，知进退知取舍

知道自己有多少钱，这也是自知；知道自己能吃多少饭，这也是自知。不过，孔子所强调的自知不是这样的。

人要知道自己的能力，这样就不会狂妄，也不会自卑。

人要知道自己的处境，这样就能知进退。

人要知道自己所能承担的责任和压力，这样就能知取舍。

《周易》中写道：君子以厚德载物。你有多厚的德，才能承受多大的负重。直白地说，就是要有自知之明，不要不自量力。

那么，如何做到自知呢？

孔子给出的答案就是向先贤学习，随时随地提醒自己要自知。简单说，要明白自知的重要性。

首先，要听得进不同的声音，容得下批评，乐于反省自己，让"闻过则喜"成为自己的座右铭。

其次，要远离那些溜须拍马的人，让他们知道自己不喜欢这些。

再次，可以采用科学的分析方法来提醒自己。对于现代人来说，由于信息的充分和分析手段的进步，可以有更简单易行的方式来定位自己。譬如你可以利用统计学的原理、用加权的方式来对自己的某方面能力进行判断，可以参照大量的案例来对自己的处境进行判断等。总之，如果你想自知，你有比古人更充分的条件。

最后，要让自己不存贪婪之心，不存侥幸心理。

爱因斯坦拒绝担任以色列总统，是因为他知道自己不是搞政治的料，这是懂得舍；马斯克造火箭，在众人一片不看好中获得成功，是因为他知道自己能够成功，这是懂得进。

所以，自知不仅是退舍，还是进取。当舍不舍不对，当取不取同样不对。

人在落难的时候，往往因为沮丧而丧失信心，这个时候，最需要的是知道自己该怎样进取；人在成功的时候，往往因膨胀而高估自己，这个时候，最需要的是知道自己该怎样退舍。

最后要说的是，人要自知，但是不能满足于自知，还必须知人。知己知彼，才能立于不败之地。

第七篇

贵族精神标准之七

勇敢

什么是勇？

贵族精神的勇，是敢于承认自己的过错，正视自己的怯懦，挑战自己的贪婪。所以，贵族精神的勇，是勇于面对现实，勇于承认错误，勇于承担责任。

见利忘命，见色忘命，不知道为了什么就要拼命，这样的人，都不是勇，要么是流氓，要么是莽夫。

贵族精神的勇是见义勇为的勇，冷静沉着有谋略，为了正义而出手，这才是真的勇。

第一章

勇敢不是不怕死

7·1（7·11）子谓颜渊曰："用之则行，舍之则藏，惟我与尔有是夫！"子路曰："子行三军，则谁与？"子曰："暴虎冯河，死而无悔者，吾不与也。必也临事而惧，好谋而成者也。"

【译文】

孔子对颜回说："用我呢，我就去干；不用我，我就隐居起来，只有我和你才能做到这样吧！"子路问孔子说："老师您如果统帅三军，那么您和谁在一起共事呢？"孔子说："赤手空拳和老虎搏斗，徒步涉水过河，死了都不会后悔的人，我是不会和他在一起共事的。我要找的，一定要是遇事小心谨慎，善于谋划而能完成任务的人。"

按照人们的印象，孔子的弟子中，子路就好像张飞或者李逵，是个勇敢不怕死的人。那么，孔子认为子路勇敢吗？

译文并不难，还是先来看看大师们的解读。

钱穆：本章孔子论用行舍藏，有道亦复有命。如怀道不见用是命。行军不能必胜无败，亦有命。文中虽未提及命道二字，然不参入此二字作解，便不能得此章之深旨。读《论语》，贵能逐章分读，又贵能通体合读，反复沉潜、交互相发，而后各章之义旨，始可透悉无遗也。

南怀瑾：文章中的三军，不是现代的海陆空军，当时还是车战，中军、左军、右军称为三军。孔子听了子路的话笑了，他骂子路，像你这种脾气，要打仗绝不带你，像一只发了疯的暴虎一样，站在河边就想跳过去，跳不过也想跳，这样有勇无谋怎么行？而且一鼓作气，看起来蛮英勇，死了都不后悔，这种做法是冤枉去送死。

李泽厚、李零：孔子偏爱颜渊，子路不服，受到孔子的训斥。

鲍鹏山：颜回没什么真本事，所以子路不服，子路有真本事，勇敢可以担任三军统帅。孔子老脸没地方放，所以骂他。

钱穆上来就去讲命了，意思是孔子之所以没有被重用，不是能力或者人品问题，而是命中注定。基本上，钱穆总是随时随地为孔子辩白，到了有些偏执的境地了。南怀瑾所讲的"暴虎冯河"的翻译明显错了，另外，他说那时的三军是左中右，补充一下，楚国的是左中右，上中下的称呼是晋国的。李零和李泽厚都说孔子偏爱颜回，于是鲍鹏山替子路不平，贬低颜回和批判孔子。

所有这些解读，价值在哪里呢？孔子偏爱颜回，也不是在这一章才说的。

实际上，这一章的重点在孔子对子路说的那一番话。孔子赞同颜回的为人，子路有些不服气，说孔子要是打仗的话，颜回就没用了，还要靠自己这样勇敢的人。

孔子很不喜欢武力解决问题，所以对子路总是以为自己很勇敢非常不满，时不时讽刺他、敲打他。按理说，颜回属于下一辈，在颜回面前应该给子路一点面子，不过孔子习惯了揶揄他，依然当面说他。

孔子最后那段话的意思是说，你所以为的勇敢其实不是勇敢，而是鲁莽，是缺心眼。打仗的时候要是跟你在一起，那绝对是死得快。而真正的勇者，恰恰是"临事而惧，好谋而成者"。

按照孔子的说法，勇敢不是不怕死。子路并不是真正的勇者，只是好勇者，喜欢卖弄炫耀勇敢的人。

所以，这一章想要表达的并不是孔子对两个弟子的态度，而是讲孔子对于勇敢的理解。

需要说明的一点是，孔子这里的语气并没有训斥的意思，更没有骂的意思。

第二章

有错就改才是勇敢

7·2（9·25）子曰："主忠信，毋友不如己者，过则勿惮改。"

【译文】
孔子说："要以忠信为原则，不要同不如自己的人交朋友，有了过错，就不要怕改正。"

在所有的大师中，李零是一个异类。在绝大多数大师为孔子的每句话辩白的时候，李零则尽量去"求真"。因此，有的时候，李零和其他大师的观点截然不同，甚至针锋相对。这一章就是一个典型。

这一章，我们要解决的是两个问题：第一，"毋友不如己者"到底什么意思？第二，这段话的背景是什么？

大师们的翻译和以上的译文基本相同，不再赘述。所以，直接来看看大师们的解读。

钱穆：窃谓此章绝非教人计量所友之高下优劣，而定择交之条件。孔子之教，多直指人心。苟我心常能见人之胜己而友之，即易得友，又能获友道之益。人有喜与不如己者为友之心，此则大可戒。

南怀瑾：那么"毋友不如己者"，是讲什么？是说不要看不起任何一个人，不要认为任何一个人不如自己。……"毋友不如己者"，不要认为你的朋友不如你，没有一个朋友是不如你。……据心理学的研究，人对于自己的过错，很容易发现。

李泽厚："毋友不如己者"，作自己应看到朋友的长处解，即别人总有优于自己的地方，并非真正不去结交不如自己的朋友。

鲍鹏山：不和不如自己的人交往，是怕受人不好的影响。

以上几位大师的解读，或多或少都想要说明"毋友不如己者"并不是真的不要跟不如自己的人交朋友，想要说明孔子并不是只想着攀高枝的势利眼。

于是，李零单枪匹马杀了出来：

"毋友不如己者"，是此篇的大问题。因为从字面理解，原文是说，你千万别跟不如你的人交朋友。鲁迅说，这是势利眼。孔子怎么这么牛？不可能吧？很多人都认为，这有损孔子的形象，所以曲说很多。他们说，这话的本意不是这个意思，完全相反，"毋友不如己者"，其实是说，没有哪个朋友不如你，个个都有长处，全值得你学习，不但没有一点骄傲，还透着满肚子的谦虚。比如南怀瑾、李泽厚，他们就这样解释。

后面这种解释，对保护孔子的形象很有利，可惜并不对。刘宝楠、程树德从古书中找到几段话，完全可以证明，孔子的说法，其实很有根据，它原来的意思，就是怕跟不如己者交朋友：

故周公旦曰："不如吾者，吾不与处，累我者也；与我齐者，吾不与处，无益我者也。"惟贤者必与贤于己者处。贤者之可得与处也，礼之也。（《吕氏春秋·观世》）

交朋友，怎么才划算？汉代有一种传说，"丘死之后，商也日益，赐也日损。商也好与贤己者处，赐也好说（悦）不如己者"（《说苑·杂言》）。子夏爱跟比自己强的人交朋友，每天都长进；子贡爱跟不如己者相处，每天都退步。看来子夏才深得老师的真传，最划算；子贡是偏离了老师的教导，最吃亏。

孔子的意思，其实很清楚，用不着拐弯抹角。他老人家说，要向道德高、本事大的人学习，"见贤思齐焉，见不贤而内自省也"（《里仁》4·17），这没什么不对。问题只是在于，"友"是一种对等概念，而人的贤与不肖却千差万别，至少有胜己、如己、不如己三大类，如果不如己者不配交朋友，那胜己者也不应该和你交朋友，顺推行，反推不行。

……

我的经验之谈是，千万别把自己当名人，群众来信，一律不回（回是例外）。

可是这话，我讲可以，孔子讲不行。孔子的错误，是他把这种话都讲出来了。因为你要这么讲，人家就要问了，如果大学校长只跟教育部长交朋友，教育部长也这么想，你不是也交不成朋友吗？比如南怀瑾就是这么打比方。当然，他是绝不相信孔子有这种坏思想，他认为，这是理解歪了。

这句话很简单，但解释起来，却一套一套，真让我们其乐无穷（交友也讲经济学）。

以上就是李零的评说。

现在，我们来解决第一个问题："毋友不如己者"到底什么意思？

我赞同李零的说法，就是不要和不如自己的人交朋友。那么，这是不是如鲁迅所说，孔子是个势利眼呢？真不是。为什么呢？

我们来说说这段话的背景，就知道了。

本章是孔子和子贡的对话。子贡身为富二代，入学的时候有很多坏习惯，喜欢在那些没什么见识的同学面前卖弄自己，显得肤浅，结果就是真正有内涵的同学瞧不起他。

所以，孔子的这番话是针对子贡的问题，告诫他毋友不如己者，要和比自己高明的人交朋友，你就能从他身上学到更多的东西。当然，比他高明也并不是说所有方面都比他高明。在孔子的学生中，冉有的办事能力、颜回的品质等都值得子贡学习。

孔子判断交友不是以品德为唯一标准的，除了性格，还有能力

过则勿惮改，有了过错不要害怕去改正，这样你就能进步。

这番话对子贡的影响很大，于是幡然悔过，与冉有、颜回这样高层次的同学成了朋友。

这段话是针对特定的对象所说的，并非对每一个人的要求。所以，不能根据这句话就说孔子是势利眼。

不过话说回来，且不管是不是势利眼，一个人确实应该努力去与比自己强的人交朋友。当然，这不等于拒绝不如自己的人。实际上，人与人之间如此，国与国之间也是如此。如果自己的朋友都是被主流社会抛弃的，那自己迟早也会被抛弃。要跟比自己先进的国家学习，国家才会进步。

讲了半天"毋友不如己者"，但是本章最终的落脚点还要归于"过则勿惮改"。这一章的主题实际上还是在讲勇敢：敢于承认别人比自己强，敢于对照比自己强的人去改正自己的不足。

第三章

闻过则喜才是勇敢

7·3（7·31）陈司败问昭公知礼乎，孔子曰："知礼。"孔子退，揖巫马期而进之，曰："吾闻君子不党，君子亦党乎？君取于吴，为同姓，谓之吴孟子。君而知礼，孰不知礼？"巫马期以告。子曰："丘也幸，苟有过，人必知之。"

【译文】

陈司败问："鲁昭公懂得礼吗？"孔子说："懂得礼。"孔子出来后，陈司败向巫马期作了个揖，请他走近自己，对他说："我听说，君子是没有偏私的，难道君子还包庇别人吗？鲁君从吴国娶了一个同姓的女子做夫人，称她为吴孟子。如果鲁君算是知礼，还有谁不知礼呢？"巫马期把这句话告诉了孔子。孔子说："我真是幸运。如果有错，人家一定会知道。"

孔子会犯错吗？面对其他人指出自己的过错，孔子是什么态度呢？这一章就是在说这个问题。在这一章里，我们要解决两个问题：第一，陈司败为什么说昭公不知礼？第二，孔子是在刻意为鲁昭公掩饰吗？

译文并不复杂，我们来看看大师们的解读。

钱穆：陈，国名。司败，官名，即司寇。陈司败先不显举其娶于吴之事，而仅问其知礼乎，鲁乃孔子父母之邦，昭公乃鲁之先君，孔子自无特援此事评昭公为不知礼之必要，故直对曰知礼，此本无所谓偏私。及巫马期以陈司败言告孔子，孔子不欲为昭公曲辨，亦不欲自白其为国君讳。且陈司败之问，其存心已无礼，故孔子不论鲁昭公而自承其过，然亦不正言，只说有人说他错，这是他幸运。此种对答，委婉而严正，陈司败闻之，亦当自愧其鲁莽无礼。而孔子之心地光明，涵容广大，亦可见。

南怀瑾：古代是同姓不结婚的。吴国与鲁国是周公之后，依礼是不能通婚。

李零：这里，我们要知道，孔子认为的礼，其中有一条，就是子为父讳，臣为君讳。这里就是臣为君讳。孔子是故意如此。巫马期把陈司败的批评告诉孔子，孔子也承认，陈司败的批评是对的，自己的话有错误。但在公开场合，他必须这么讲。这是揣着明白装糊涂。

李泽厚：孔子很会说话，也很"狡猾"，始终不说君主不知礼，形象生动。

鲍鹏山：孟子可能是昭公夫人的字。

先来说一说大师们的错误。首先，鲁国是周公之后，吴国不是泰伯和虞仲之后，他们的共同祖先是周太王。在这一点上，南怀瑾是错的。其次，之所以称吴国来的夫人为吴孟子，是因为想要造成夫人来自宋国的假象，因为宋国姓子。而春秋时期，女子根本没有字。在这一点上，鲍鹏山的假设是错的。

钱穆依然在偏执地为孔子辩白，甚至不惜将陈司败说成是一个给孔子设陷阱的卑鄙小人，这非常不公允。事实上陈司败的做法非常君子，他并没有当场给孔子下不来台，而是在孔子离开之后对巫马期说出自己的想法。而孔子在得知陈司败的说法之后，并没有任何不悦，反而非常高兴，可见孔子对陈司败的做法也是认可的。

李零是对的，孔子在外从来不说鲁国的坏话。

我们不妨一边介绍事情的经过，一边解决我们的问题。

周游列国期间，孔子经过宋国来到陈国，就住在司城贞子家中。大致是看到陈国的政治非常腐败，孔子就打消在陈国从政的念头，想找时机去吴国或者楚国。司败是陈国的一个官职，相当于鲁国的司寇。陈司败就是陈国的司败，原名叫什么已经没有记载。

现在我们来解决第一个问题：为什么陈司败说鲁昭公不知礼呢？

鲁昭公时期，吴国开始强大并且与鲁国交往频繁。为了得到吴国的支持和保护，鲁昭公向吴国求婚，娶了吴王的女儿。尽管吴国当时是蛮夷之地，可是吴国国君与鲁国国君的祖上都是周朝的王族，两家都姓姬。按照周礼，同姓不婚，所以，鲁昭公是违背了周礼的。按照当时的称谓，鲁昭公的夫人应该叫作吴孟姬，可是为了掩人耳目，改称吴孟子，让人以为是从宋国娶来的。

现在我们来解决第二个问题：孔子是在刻意为鲁昭公掩饰吗？

孔子以及鲁国人的普遍原则是，家丑不可外扬。即便在国内怎样不满现状，到了国外也绝对要维护本国的形象，绝不说本国国君的坏话。所以，孔子可能是故意为鲁昭公掩饰。

但是，也存在另外一种可能，就是孔子根本没有想起这件事来。

不管怎样，受到批评之后，孔子坦然认错，这反映了孔子知错就改的品德，不狡辩不抵赖，是个勇者。

闻过则喜，就是孔子这样的境界。

第四章

过而不改，是谓过矣

7·4（9·24）子曰："法语之言，能无从乎？改之为贵。巽与之言，能无说乎？绎之为贵。说而不绎，从而不改，吾末如之何也已矣。"

【译文】

孔子说："符合礼法的正言规劝，谁能不听从呢？改正自己的错误才是可贵的。恭顺赞许的话，谁能听了不高兴呢？但只有认真推究它的真伪是非，才是可贵的。只是高兴而不去分析，只是表示听从而不改正错误，对这样的人我拿他实在是没有办法了。"

这一章是没有办法去追究背景的，因此只能说文解字，不过这也够了。对于这一章，我们只需要解决文字的问题：第一，什么是"法语之言"？第二，什么是"绎"？

译文将意思表达得非常清楚了，那么，我们直接来解决第一个问题：什么是"法语之言"？

钱穆的说法是"规则正言"；南怀瑾的意思是"就是我们现在所说的格言。古人的名言，古时也称法言"；李零的说法是"估计是正言，也就是带有批评语气的话"；李泽厚的说法是"符合礼制规矩的话"；鲍鹏山认为是"符合道理"的话。

大师们的说法都有道理，总之，法语就是准确指出别人不足的话。

现在来解决第二个问题：什么是"绎"？

钱穆的说法是"寻绎"；南怀瑾的意思是"演绎，要反省、研究、推敲、分析一下"；李零的说法也是"寻绎"；李泽厚认为是"分析"；鲍鹏山说是"分析鉴别"。基本上，大家的意思都差不多。

接下来看看应当怎样理解孔子的话。

钱穆认为"教在人而学在己。人纵善教，己不善学，则教者亦无如之何"。意思是别人教得再好，自己不学也没办法。南怀瑾说"知识分子讲理论，告诉人家如何如何很容易，要做到就很难，如果做不到，也没有办法"。李零认为"听好话,要琢磨;听坏话,要改正"。李泽厚说"爱听好话而难改过错"。鲍鹏山则说"知易行难"。

当然了,大师们说的都对。

我赞成李零的意思,但是他的用词不准确,"好话"应当是恭维的话,"坏话"应当是批评的话。

孔子的意思是,当你听到有道理的批评之后,你仅仅接受批评是不够的,你还要去改正。当你听到恭维的话时,不要只管高兴,你要知道他恭维你的目的是什么:一种是他真的赞成你,一种是他有求于你,一种是他逢人都说的客套话,一种是他在讽刺你,一种是他想捧杀你。弄清了这些,你才能有正确的心态。

面对批评,世上有两种人,一种人是坚决不认错,永远正确;第二种人是认错态度很好,就是坚决不改。前一种人,孔子鄙视他们,根本不搭理他们;后一种人,孔子教导他们,可是发现他们只是叶公好龙,表面一套背后一套,孔子就很失望很无奈。

没有承认、改正错误的勇气,这样的人怎么可以说是勇敢的人呢?

7·5(15·30)子曰:"**过而不改,是谓过矣。**"

【译文】

孔子说:"有了过错而不改正,这才真叫错了。"

这一章承接上一章,说的是已经认识到错误了,但就是不改。

春秋时,晋灵公无道,滥杀无辜,士会进谏。晋灵公当即表示:"我知过了,一定要改。"士会很高兴地对他说:"人谁无过?过而能改,善莫大焉。"

世界上,不犯错的人是没有的,那些声称自己永远正确的人,要么是愚蠢,要么是无耻。

事实上,越是大胆尝试的人就越会犯错。所以,不要怕犯错,给自己犯错误的机会。当然,低级的错误要少犯,受到鼓励的犯错应该是在探索未知领域过程中的犯错。

犯错并不可怕,但是知错不认错,知错不改错,犯错之后却不能从错误中汲取教训,这才是不可原谅的。

此外,我们要搞清楚的一点是,孔子所说的认错以及知错能改,是主动的,而不是被动、强迫的。

这样的区别其实就是贵族精神和奴才精神的区别。

第五章

见义勇为

7·6（2·24）子曰："非其鬼而祭之，谄也。见义不为，无勇也。"

【译文】

孔子说："不是你应该祭的鬼神，你却去祭它，这就是谄媚。见到应该挺身而出的事情，却袖手旁观，就是怯懦。"

这一章，我们要解决两个问题：第一，"鬼"指什么？第二，见义勇为的"义"是什么意思？

这一章表面看起来浅显易懂，其实较有深度。我们先来做一个说文解字的工作，之后讲解。

首先来解决第一个问题："鬼"指什么？

还是来看看大师们怎样解读。

钱穆：祭非其鬼，乃通指淫祀。

南怀瑾：鬼在这里，不是一般人讲的魔鬼，而是祖宗的灵魂。

李零：这两句指什么？前人有不少猜测，他们认为，这是孔子在骂当时的事。

古代祭祀，本来都是祭自己信奉的神祇和祖先，不是，绝对不能祭。他们相信，鬼神对献祭的食物，不是用嘴吃，而是用鼻子闻。如果不是自己的祖先，祖先不接受，连闻都不会闻，这叫"神不歆非类，民不祀非族"（《左传》僖公十年），"鬼神非其族类，不歆其祀"（《左传》僖公三十一年）。但《左传》之所以强调这类原则，正是因为，春秋战国以来，例外的事越来越多。前人举过很多例子，如郑、鲁易田，鲁国替郑国祭泰山，郑国替鲁国祭周公（《左传》隐公八年），等等。

李泽厚：其鬼指自己家族的鬼。

鲍鹏山：鬼，这里指死去的祖先。

李零和钱穆的说法是对的，这里的鬼实际上是指所有祭祀的对象，祖先是次要的。

李零的解读也是最详尽的，一切都好，唯一的不足是例子举错了。

郑国和鲁国交换土地是有背景的，根本不是为了祭祀。周朝初期，因为周公功劳太大，周成王特地给鲁国封了一块飞地，就是许田。这块地方远离鲁国，在鲁国和周朝首都镐京之间，算是鲁国国君朝见周王半路歇脚的地方，这里有周公庙，可以祭祀周公。而在泰山的南侧有一块周王的飞地，当初是为了周王来泰山祭天时有落脚处。到了东周，周平王把这块地送给了郑国，就成了郑国的飞地。恰好许田挨着郑国，泰山这块地挨着鲁国，于是两国商量着把地给换了，名义上就说我帮着你祭祀周公，你代替我帮着周王打扫泰山这块地。但这并不违背礼法，因为算起来郑国是周武王的后代，周公是周武王的弟弟，不仅摄政数年，死后还跟周文王、周武王葬在一块墓地里，享受王的待遇，说起来也算是郑国的祖先了。而代表周王打扫泰山这块地方，鲁国是有这个资格的。

鲁国和郑国交换土地这件事情确实是受到孔子的批评，但不是因为祭祀，而是因为他们交换土地这件事情是违法的。按照周朝的规定，所有土地都是周王的，诸侯国对土地只有使用权没有所有权。所以，郑国和鲁国是没有权利私下交易土地的。正确的做法应当是两国把这两块土地都交还给周王，周王再重新封给他们。

其实，有更恰当的例子。

譬如《左传》中记载的臧文仲祭海鸟，就受到了孔子的批判；而郑国首都外有两只龙相斗，有人建议祭祀它们，子产坚决不同意，孔子因此赞扬子产。

现在来解决第二个问题：见义勇为的"义"是什么意思？

钱穆、南怀瑾、李零和鲍鹏山都解释为"应该做的事情"，李泽厚解释为"正义的事情"。

这两种解释都不好。什么是正义呢？这本身就是一个缺乏判断标准的东西。

这一章中，前面一句话说的是做了不该做的事情，为什么不该做？因为违背了礼的原则。后面这句话是说该做的没做，为什么该做？因为你面对着义。

"义"有自己的定义，它不是"正义"，而是来自"礼义廉耻"这个层次，包含了人们的行为准则。

什么是勇敢？是为了义挺身而出。

所以，见义勇为并不仅仅是和犯罪分子作斗争这么简单，还包括督促大家守规则、面对批评时保持包容的态度、面对错误敢于认错、面对失败懂得反思等。这些都是勇敢的行为。

第 六 章

仁者必有勇

7·7（14·4）子曰："**有德者必有言，有言者不必有德。仁者必有勇，勇者不必有仁。**"

【译文】

孔子说："有垂范后世的德行的人一定有至理名言（流传后世），有至理名言流传下来的人不一定有垂范后世的德行。仁者一定勇敢，勇敢的人不一定有仁。"

这一章涉及了四个重要的概念词，理解了这几个概念，这段话并不复杂。这一章我们要解决的问题有两个：第一，什么是"有德者"？第二，什么是"有言"？

还是先来看看大师们的说法。

钱穆：先生说，"一个有德的人，必然能有好言语。但一个能有好言语的人，未必即就是有德。一个仁人必然有勇，但一个有勇的人，未必即就是仁人"。

南怀瑾：这又是孔子对于人的才德分类。他认为真正有道德、有修养的人，一定有文字著作，或者有名言留给后世。如尧、舜、禹、汤、文、武、周公这些人，都有德又有言。但是有些著作的人，文章写得很好，理论上讲修养、讲道德，也说得蛮像样的，却不一定有很好的修养德行。一个仁者一定有大勇，这个勇并不是会打架的好勇斗狠；而一个勇者，不一定有仁。

李零：孔子把"德"放在"言"的前面，"仁"和"勇"的关系，也是"仁"在"勇"前。

李泽厚：孔子说，有道德的人，必然有好言语。有好言语的人，不一定有道德。仁爱的人一定勇敢，勇敢的人不一定仁爱。

鲍鹏山：有德行的人一定有言论，有言论的人却不一定有德行。仁慈的人必定勇敢，勇敢的人不一定仁慈。

我们不要急着去评论大师们的解读，先来介绍背景知识，之后问题就容易解答了。

对于这段背景知识，李零有简单的介绍，其余大师都没有。

话说，鲁国的叔孙豹博学多才，闻名于世。一次，叔孙豹出访晋国，晋国上卿（相当于宰相）士匄迎接，问叔孙豹："古人有句话叫作'死而不朽'，什么意思？"士匄没等叔孙豹回答，自己就说了："我们家，在虞以前就是陶唐氏，在商朝是豕韦氏，周朝是唐、杜两氏，现在晋国最强大，我们又在晋国是士氏，我们这个家族是不是不朽？"

叔孙豹说："以我听说的，好像不是你说的这些。你这叫世禄，世代做官而已，不是不朽。鲁国从前有个大夫叫作臧文仲，他死之后，他的话还能世代流传，这才是不朽。我听说啊，最高的境界是树立德行，周公这样的；其次是建立功业，齐桓公晋文公这样的，其次是留下言论。能做到这些，历经多长时间都不会被废弃，这才是不朽。至于您刚才说的，也就是保留了祖上的姓氏，守住了宗庙，使祖先能够得到祭祀，这样的家族，每个国家都有。并不是官越大，钱越多，就能不朽。"

本章中，"有德者必有言"完整地说应该是"有立德者必有立言"。不朽分三等：立德、立功、立言。第一等的立德同时拥有第三等的立言，所以，上古的圣人都有至理名言流传下来，这就是"有德者必有言"。

同样的逻辑，孔子常说仁知勇，也是三等，于是第一等的仁者拥有第三等的勇也就顺理成章了。

现在来解决第一个问题：什么是"有德者"？有德者就是叔孙豹说的立德者，以自己的德行垂范天下后代的是他的行为和事迹，而不是他的品德。

紧接着第二个问题：什么是"有言"？"有言"当然不是"好言语"或者"言论"那么简单，而是能够流传下去的至理名言。

一个人的德行能够垂范天下，自然就会有至理名言流传下去。

我们可以说，德包含了言。同样，仁其实包含了勇，仁和勇的关系等同于德和言的关系。仁就是仁，既不是仁爱，也不是仁慈。

简单总结一下，就是统治者最重要的是有德，以身作则。作为个体的人，要有仁，懂得如何与人相处，而不是到处逞强逞勇。反过来说，那些逞强逞勇炫耀力量的人，多半是不受欢迎的。

第七章

勇者不惧

7·8（9·29）子曰："知者不惑，仁者不忧，勇者不惧。"

【译文】
孔子说："知者没有困惑，仁者没有忧虑，勇者没有畏惧。"

这一章看似简单，实际很难。译文大家都差不多，看看大师们的解读。

　　钱穆：知者不惑，即知者明道达义，故能不为事物所惑。仁者不忧：仁者悲天悯人，其心浑然与物同体，常能先天下之忧而忧，然其为忧，恻怛广大，无私虑私忧也。勇者不惧：勇者见义勇为，志道直前也。
　　南怀瑾：（先说佛经翻译的事情）真正有智慧的人，什么事情一到手上，就清楚了，不会迷惑。"仁者不忧"，真正有仁心的人，不会受环境动摇，没有忧烦。"勇者不惧"，真正大勇的人，没有什么可怕的。
　　李零：仁者的境界是"不忧"。现在的我们，反而把"忧患意识"挂在嘴边。"不忧"是很平凡的字眼，也是很崇高的境界。
　　李泽厚：仁者不忧即乐感文化。大公无私，夫复何惧。
　　鲍鹏山：无私，足以不忧。明理，足以解惑。正气，足以镇邪。

李零的话很有意思。
对这段话的理解是需要下功夫的，否则只会让自己更加困惑。
仔细看看这段话，你会发现它与《论语》中的其他话自相矛盾。
孔子说："我非生而知之。"后来韩愈在《师说》就写道："人非生而知之者，孰能无惑？"知者不惑，只能说对他已经了解的知识不惑，对于他所不了解的知识，怎么能不惑呢？
孔子又说："父母，唯其疾之忧。"这不是忧吗？后来范仲淹在《岳阳楼记》中还就写道："先天下之忧而忧，后天下之乐而乐。处江湖之远则忧其君，居庙堂之高则忧其民。"仁者怎么能不忧呢？

勇者不惧。什么是勇者？子路是勇者吗？不是，用孔子的话说，子路只是"好勇者"，卖弄勇敢的人。孔子怎样定义勇者呢？临事而惧，好谋而成者也。这，才是勇者。所以，怎么能说勇者不惧呢？

人为什么会惑？因为不自知。不自知就不知进退不知取舍，遇到不如意的事情的时候，就会困惑。

知者为什么不惑？因为知者洞察人性，并且在此基础上洞察利害。知者了解自己，知进退知取舍，目标明确而坚定。所以，知者善于观察、善于学习、善于总结，因此当一件出乎自己意料的事情发生的时候，他能够迅速地理清头绪，不会因为暂时的挫折而产生困惑。

同样，知者不惑不等于从不困惑。

这，才是知者不惑的本意。

人为什么会忧？因为不自爱。不自爱是什么？就是轻视道义和尊严，看重利益和得失，就是贪婪。

仁者为什么不忧？不是因为他关爱万物，而是因为仁者看重道义，看重尊严，看淡利害得失。所以，仁者在得失之间表现得坦然。

看重精神，看轻物质，你就会少很多忧愁。

这，才是仁者不忧的本意。

人为什么会惧？因为对未来的不确定性的担心。

什么是勇者？孔子所说的勇者，不是烈士，不是子路那种敢于付出生命的人，而是君子，是敢于挑战自己的人。这种人，敢于包容批评、敢于认错、敢于反思、敢于承担责任、敢于直面现实。为此，他们可能失去原本拥有的，可能得不到原本可以得到的，但是，他们愿意承受这一切。这，才是勇者不惧的本意。

这个时候我们会发现"知者自知，仁者自爱"与"知者不惑，仁者不忧"是承接的，也就是"因为自知，所以知者不惑；因为自爱，所以仁者不忧"。最后再加一句：因为自强，所以勇者不惧。

"知者不惑，仁者不忧，勇者不惧"可谓是《论语》中贵族精神十八条标准的压缩版、精华版。

> 小 结

勇，不要好勇

　　孔子看不起依仗蛮力的人，一个人勇敢与否，与他的武力没有关系。实际上，很多独裁统治者看似耀武扬威，内心却充满恐惧。

　　真正的勇敢者，心中要有正义，这能够让他勇往直前，甚至付出生命。

　　真正的勇敢者，敢于直面自己，敢于认错、承担责任。

　　在春秋战国时期，真正的勇敢者俯拾皆是。国君错了，勇敢地承认、自责、改正。春秋五霸都有这样的例子，更别说奖赏那些当面指责自己的人的齐威王。廉颇负荆请罪，法官因为杀错了人、将军因为战败而谢罪自杀……这样的例子，我们在《左传》和《史记》中可以找到很多。

　　那么，怎样才能做到真正的勇呢？

　　首先，不要"好勇"，不要以为不顾后果、不要命就是勇。很多人以勇敢自诩，却不知道他只是蛮、恶，与勇敢背道而驰。

　　其次，要明辨是非，知道对错。要知道认错才是勇敢，抵赖只是懦弱。很多人知错不认、不改，还振振有词、咄咄逼人，自以为这就是勇敢，其实这是不要脸。

　　再次，要懂得羞耻。《礼记·中庸》中就写道"知耻近乎勇"。

第八篇

贵族精神标准之八

包容

海纳百川，有容乃大。包容，是文明社会的一大特征。

说到包容，先来说一个小故事。这件事情见于《说苑》。

子夏和子游很早就有矛盾，当初在卫国的时候，两人的岁数还小，都在孔子身边侍候。有一次，孔子要出行，看天色似乎要下雨，正在犹豫要不要拿雨伞的时候，子游说话了："老师，子夏有把好伞，叫他拿来用吧。"子夏确实有把伞，是子贡送给他的。子游之所以建议用子夏的伞，是想让子夏难受，因为子夏比较吝啬，平时绝对不借东西给别人。

"别出这馊主意了，"孔子当然知道子游的算盘，也当然不会上当，"子夏不是那种很大方的人，不过这没有什么。告诉你，跟一个人交往，尽量看到他的长处，包容他的短处，这样就能长久。"

孔子说得很明白，人与人之间的交往，包容很重要。为什么有的人朋友多？因为他能包容。

春秋五霸为什么称霸？他们有一个共同点：包容。齐桓公不计较差点射死自己的管仲，晋文公让几次追杀自己的刺客为自己驾车等，都是这样的例子。

而有的人喜欢盯着别人的缺点，不能容忍别人的不足，这些人都难成大业。

在秦朝以前，中国社会是一个包容的社会，周朝接纳了夏朝和商朝的文化，才有了周朝文化的繁荣。作为一个封建贵族社会，周朝的包容精神也是令人赞叹的。不仅各种文化同时存在，而且人们享有充分的表达意见的权利，于是才有了战国时期的百家争鸣。包容的结果就是人们可以自由地表达，文化随之蓬勃发展。

可以说，没有包容，就没有今天的中华文明和人类文明。

第一章

君子和而不同

8·1（13·23） 子曰："君子和而不同，小人同而不和。"

【译文】

孔子说："君子具有独立见解，互补互益，不苟同于别人；小人缺乏独立的思想，随大流跟权威。"

这一章实在是太出名了。经常有人会说，但是没什么人会做。这一章有两个问题要解决：第一，这个说法的源头是哪里？第二，"和"与"同"的不同究竟是什么？

先来看看大师们怎么翻译的。

  钱穆：先生说，君子能相和，但不相同。小人只相同，但不相和。
  李零：君子只讲和（和谐），不讲同（平等），小人相反。
  李泽厚：君子和谐却不同一，小人同一却不和谐。
  鲍鹏山：君子，讲求不同观点的协调和谐，而不要求观点一致；小人，强迫大家观点一致而不能真正协调和谐。

再来看看大师们的解读。

  钱穆：和者无乖戾之心。同者有阿比之意。君子尚义，故有不同。小人尚利，故不能和。
  南怀瑾：和而不同，就是自己要有中心的思想，能够调和左右矛盾的意见，而自己的中心思想还是独立而不移。小人就不一样了，容易受别人的影响，别人纵然影响了他，然而人各有志，到了利害关头，意见冲突，相处就不会融洽，自然而然变成同而不和了。
  李零：君子是上层，重视和谐胜于平等；小人是下层，重视平等胜于和谐。

李泽厚：保持个体的特殊性和独立性才有社会和人际的和谐，虽政治，亦然。"同""比""党"就容易失去或要求消灭这种独立性和差异性。这话今天还很有意思，强求"一致""一律""一心"总没有好结果。"多极""多元""多样化"才能发展。

鲍鹏山：简单地说，只有不同才能和。绝对的同，也就没有了和。认识到这点并身体力行的，是君子；认识不到这一点的，是小人。

首先我们来解决第一个问题：这个说法的源头是哪里？

《左传》记载，梁丘据是齐景公的宠臣，专门负责陪齐景公吃喝玩乐。一次，齐景公问晏婴："唯据与我和夫？"（只有梁丘据跟我是和吧？）

晏婴回答："据亦同也，焉得为和？"（什么和啊？那就是他一味迎合你，顶多是同而已。）

齐景公问道："和与同异乎？"（那和与同有什么区别？）

"差别当然大了。"晏婴说道，"和就像做肉羹，用水、火、醋、酱、盐、梅来烹调鱼和肉，用柴火烧煮。厨工调配味道，使各种味道恰到好处；味道不够就增加调料，味道太重就减少调料，最后做出可口的肉羹来。国君和臣下的关系也是这样，国君是肉，臣下们就是水、火、醋、酱、盐、梅。国君拿主意，但是臣下们要提供自己的看法，综合在一起，就是最好的主意。音乐的道理也像味道一样，由一气、二体、三类、四物、五声、六律、七音、八风、九歌各方面相配合而成，由清浊、小大、短长、疾徐、哀乐、刚柔、迅缓、高下、出入、周疏各方面相调节而成。如果用水来调和水，谁能吃下去？如果用琴瑟老弹一个音调，谁听得下去？梁丘据什么都跟您相同，要他还有什么用？"

钱穆和鲍鹏山都举了晏婴所说的例子。李泽厚不仅举了例子，还指出是晏婴所说。不过，没有人指出整体背景。

事实证明，对于背景的了解程度，直接影响对这段话的理解程度。所以我完全赞同李泽厚的解读。

现在说第二个问题："和"与"同"的不同究竟是什么？

什么是"和"？就是各人畅所欲言，表达自己的见解，集中不同的意见，达成最好的结果，而不是所有人的意见都一样。

所以一个具备贵族精神的人，首先要有独立的思想、独立的人格，同时还必须尊重别人的思想、人格。你可以不同意别人的意见，但是要尊重别人表达意见的权利。

西方就有句话：我不同意你的观点，但是我坚决捍卫你表达观点的权力。

所以，一个君子的社会，一定是一个包容的社会，一个各种不同的声音可以同时存在的社会。

春秋战国时期，由于贵族精神的存在，人们的言论自由是得到保障的，批评君主、讽刺君主，甚至骂君主都是被允许的，孔子就经常当面批评鲁国国君，而晏子对齐国国君说话更是不客气。

到了战国时期，齐威王甚至要给敢当面骂自己的人颁奖。

那么，小人为什么要追求同呢？原因主要是三点：第一，为了好处而刻意逢迎、讨好，也就是钱穆所说的"小人尚利"，上文中的梁丘据就是这样的人；第二，没有独立思维，盲目追随别人，愚民教育下产生了很多这样的人；第三，有权力却没有自信，强迫别人与自己相同，从秦朝开始的专制统治者们就是如此。

要做到"君子和而不同"，要点在于人与人之间的包容。

为什么春秋战国是中国文化和思想的爆发期？因为那是一个包容的时代。在一个缺乏包容的社会里，"君子和而不同"是不可能存在的，敢于"不同"的人不仅会被统治者不容，也被普罗大众所不容。

第二章

周礼是包容的产物

8·2（3·14）子曰："周监于二代，郁郁乎文哉！吾从周。"

【译文】
孔子说："周朝的礼仪制度借鉴于夏、商二代，是多么丰富多彩啊。我遵从周礼。"

对于《论语》的解读，仅仅翻译是远远不够的，你还必须了解背景，甚至事情的深度背景或源头。唯有这样，才能够从中得到启发。
先来看看大师们的解读。

  钱穆：监，犹视也。先生说，周代看了夏、殷二代（之演进），它的一切制度礼乐文章，何等美盛呀！我是主张遵从周代的。
  三代之礼，乃孔子博学好古之所得，乃孔子之温故。其曰"吾从周"，则乃孔子之新知。
  南怀瑾："周监于二代"，是说周朝所建立的文化是集上古之大成。
  李零：孔子认为周礼是沿袭夏商而有所损益，特点是"文"。
  李泽厚：周代积累和总结了夏商两代的经验成果，礼乐制度多么完美文雅啊。我遵循周代。
  鲍鹏山：周朝的礼仪制度借鉴于夏、商二代，是多么丰富多彩啊。我是赞成周朝的。

"监"通"鉴"，是借鉴的意思。钱穆的译文是错误的，解读同样太过牵强。
除了钱穆，大师们都在讲述一个事实：周礼的文化是借鉴了商礼和夏礼的。但是，如果要从这段话中得到启发，必须了解这段历史。
众所周知，孔子最崇拜的人是周公，就是因为周公制定了周礼。孔子的一生，其实就是在为恢复周礼而奋斗。如果我们不了解周公和周礼的来源，又怎么能理解孔子呢？

周公为什么能够制定周礼？周公怎样制定周礼的？关键就是包容。

商朝是个怎样的朝代？

事实上，我们对于商朝缺乏了解和尊重。商朝在中国文化历史上的作用远远超出我们的想象。

比如中国的文字是在商朝时期发明的，这一点毫无疑问。《诗经》中有商颂，显示商朝的文化。铜器和数学也是从商朝开始的。

最重要的一点，商朝是商业社会，商文化是契约文化，特别重视契约。而周朝重农，礼节比较繁复，更多借鉴了商朝的礼仪制度。

周公之所以能够缔造周礼，最重要的一点就是他的包容精神。在中国乃至世界的历史上，征服者对被征服者的文化和人民往往是歧视和压制甚至毁灭。可是周朝战胜商朝之后，周公的态度却非常的谦恭和包容。他主张尊重其他文化，并没有强行用周文化去同化其他文化。

对于如何处置商遗民的问题，姜太公主张斩草除根，进行种族灭绝。周公则主张让商人安居乐业，要像对待自己百姓一样对待商人：释放被商纣王囚禁的箕子，修整商朝名臣商容的故居，培高王子比干的坟墓，散发商朝国库的钱财和粮食给商的百姓。最终，周武王接受了周公的意见。

周公特地请来商朝的名臣箕子，向他请教治理国家的经验和教训。周公甚至保留了商朝的人民和地盘，任命商纣王的儿子为新的商王。后来，商王反叛，周公亲自领兵平定了叛乱。此后，周成王将之封于南面，建立宋国，并且封商朝王子微子为宋公，享受最高爵位并且不必进贡。周公将一部分商人拆分到了各个诸侯国，他们专门从事商业活动。对这些被拆分到各个诸侯国中的商人，周公也并没有压迫他们，而是与他们签订了契约，他们为国家提供商品，而国家不得干预他们的商业行为。所以，在周朝时期，各国的商人尽管在政治上地位不高，但是拥有独立的社会地位。同时，这些分散在各国的商人又传播了商朝的先进文化。

周文化原本是落后文化，本身并没有成文的礼制。周公借鉴了夏朝和商朝的礼，以此为基础制定了周礼。周礼保留了商礼的精髓，尤其是契约文化的精神，反映在周礼中，就是忠信。

可以说，没有周公的包容，就没有周礼，没有周朝的贵族文化。反过来说，包容是贵族精神中不可或缺的组成部分。

从文化的层面来讲，包容一方面是对其他文化的包容，一方面是对旧文化的包容。与之相对的则是所谓颠覆、砸烂、消灭、抵制。

一个自信的民族一定是个包容的民族，一个自信的人一定是个包容的人。

第三章

不要求全责备

8·3（18·10）周公谓鲁公曰："君子不施其亲，不使大臣怨乎不以。故旧无大故，则不弃也。无求备于一人！"

【译文】
周公对鲁公说："君子不疏远他的亲属，不使大臣们抱怨不用他们。旧友老臣没有大的过失，就不要抛弃他们。不要对人求全责备！"

这一章要解决两个问题。

第一个问题："施"是什么意思？

除了南怀瑾，其余四位大师都认为"施"应该是"弛"，是疏远的意思。南怀瑾则认为"施"是给予好处的意思，所以他的译文就与大家恰好相反，译成"好处先不要想着给自己的亲信"。另外，把"亲"译成亲信的，也是南怀瑾一个人。

再来解决第二个问题：故旧指谁？

钱穆没有解释，译文里也直接用故旧二字；南怀瑾译为"共同创业有功的人"；李泽厚译为老朋友老关系；鲍鹏山译为旧臣故友；李零则认为是指随同鲁公伯禽前往鲁国的殷民六族，特别是前朝的官员。

我认为南怀瑾的说法最接近正确答案。我来介绍一下背景，大家就明白了。

周朝初期，周公在周朝中央服务，其大儿子伯禽被封在鲁国。赴任之前，周公给儿子讲了很多治国理念和方法，本章是其中一部分。

鲁国治国的基础是周礼，但人事原则是"亲亲上恩"，就是亲近亲人，提拔故旧功臣。所以这段话，就是在讲亲亲上恩。

因此，"施"在这里一定是疏远的意思。

伯禽前往鲁国的时候，不仅带着自己的族人，还带着一群特殊的人：殷民六族。殷民六族是商族的六个姓氏的人，他们是在周公的要求下前往鲁国的。为什么周公要这样做？有四个方面的考虑：首先，商朝被灭，但是商人的人数实际上多于周人，分拆他们可以阻止他们威胁周王的统治；第二，周民族是农业民族，商民族是商业民族，周公很清楚农业和商业缺一不可，因此在分封诸侯的时候，基本上都会配上商人，促进新国家的商业交流；第三，商文化比周文化发达，因此周人与商人交融可以帮助周文化进步；第四，周人同姓不婚，因此需要一个通婚的对象。

　　商人并不受到歧视，但是按照规定只能从事商业。周人通常会与商人签订契约，商人负责完成国家的商业需求，周人不得干涉商人的商业活动。通常，商人也没有从事政治的权利，当然到了春秋时期这些限制就逐渐不复存在。

　　商人与周人只是契约关系，他们不在"亲亲上恩"的范畴内。

　　因此，周公所说的故旧不可能是殷民六族，是新的合作伙伴。

　　周公所说的故旧，就是指随同伯禽前往鲁国的周人。很显然，周公的意思，就是要伯禽厚待族人、依赖族人。

　　那么，这样的做法正确吗？

　　从当时的情况看，鲁地属于东夷的地盘，伯禽率领周族征服这里，人生地不熟，确实需要一个超强的凝聚力。所以，这样的做法确实提升了国家的统治力。

　　当然，这也就必然导致一定程度上的任人唯亲。事实上我们可以很容易观察到，鲁国和齐国之间有一个巨大的区别。齐国拥有非常多的外国移民，很多人可以从草根奋斗到高层，譬如齐桓公称霸时期的管仲、鲍叔牙、王子城父、宁戚等人，他们都不是齐国的公族。可是鲁国不同，鲁国能混到卿的，一定是周公的后人，大概除了孔子和曹刿，其他全都是鲁国公族，都姓姬。

　　所以，鲁国落伍是必然的。

　　这也就必然导致鲁国对于亲戚关系非常看重，各种亲戚关系的远近通过称呼就能区分得特别分显，且制度复杂。

　　有人说这都是周公的过错，其实这很冤枉周公。因为周公给伯禽的指导除了"亲亲上恩"，还有入乡随俗。人家东夷原本是以商业渔猎为主，可是伯禽去了就开荒种地，变成农业为主了。相反，姜太公到了齐国，就是入乡随俗，保留了商业为主的经营方式。

　　正因为伯禽没有全面按照周公的指导去做，所以当他三年后去向周公汇报工作的时候，周公当即就叹了一口气："唉，今后鲁国是要被齐国欺负了。"

　　这段话的重点还有最后一句：无求备于一人。

　　人无完人，如果你对别人都是求全责备的，那么你注定就不会有朋友了。

　　水至清则无鱼，人至清则无朋，说的就是这个意思。所以，不要对别人求全责备，要懂得包容。

第四章

反面典型子张

8·4（11·20）子张问善人之道。子曰："不践迹，亦不入于室。"

【传统译文一】
子张问做善人的方法。孔子说："如果不沿着前人的脚印走，其学问和修养就不到家。"

【传统译文二】
子张问做善人的方法。孔子说："不循旧迹，有所创造，但是还没有入于圣人之室。"

这一章我们要解决三个问题：第一，什么是"善人"？第二，什么是"践迹"？第三，什么是"入于室"？

以上两种译文都是牵强含糊，来看看大师们的译文。

　　钱穆：子张问善人的行为。先生说，善人能不踏着前人脚印走，但亦进不到室内去。

　　南怀瑾：子张问怎样才是善人，孔子答复"不践迹，亦不入于室"。孔子这里的"不践迹"，就是说做一件好事，不必要看出来是善行。为善要不求人知，如果为善而好名，希望成为别人崇敬的榜样，这就有问题。"亦不入于室"，意思是不要为了做好人，做好事，用这种"善"的观念把自己捆起来。

　　李零：子张问做善人的方法。孔子说："不循旧迹，有所创造，但是还没有入于圣人之室。"

　　李泽厚：子张问如何使人变好。先生说：不跟着脚步走，也就不能进入室内。

　　鲍鹏山：子张问做善人的道理。先生说：如果不踩着前人的脚印走，也还不能"入室"。

　　杨伯峻：子张问怎样才是善人。孔子道："善人不踩着别人的脚印走，学问道德也难以到家。"

　　傅佩荣：子张请教善人的作风如何，孔子说：他不会随俗从众，但是修养也没有抵达最高境界。

　　大师们的译文我就不评说了，要正确翻译和解读这段话，还是要了解背景。
　　首先来了解子张这个人。
　　子张很好学，学问不错。但是，性格上有缺陷，没朋友。大家可以在《论语》中发现，与子张同一辈的同学中，子夏、子游都不说他好话，就连老好人曾参也不说他好话。可想而知他的人际关系是多么糟糕。
　　为什么他的人际关系糟糕？因为子张死脑筋，固执，钻牛角尖，爱抓小辫子，总是盯住别人的缺点不放，喜欢追究别人的隐私和动机。总之，在他眼里，除了他自己，别人都不够高尚。
　　孔子对这一点看得非常清楚，所以，他和子张之间的对话基本上都在提醒他要包容，不要太苛刻刻薄，这样才能交到朋友，不让人讨厌。我在后面专门有一篇讲子张，大家看看孔子和他的若干次对话就清楚了。
　　下面，我们来逐字逐句分析这段话。
　　首先解决第一个问题：什么是"善人"？
　　善人，不是名词，而是"与人善"的意思，翻译过来就是与人和善、与人交朋友的意思。古文中常有这样的说法：某人与某人善。这意思是说他们之间处得非常好，他们是好朋友。
　　所以，子张问"善人之道"，就是问怎样才能跟师兄弟们搞好关系，而不是做个善人。
　　孔子回答"不践迹，亦不入于室"。
　　随后解决第二个问题：什么是"践迹"？
　　"迹"就是过去发生的事情，或过去说的话，"践迹"就是追究过去的事情。这里的意思就是抓住人家过去的过失或者言论不放。
　　那么，入于室呢？这是第三个问题。
　　大家知道，古人家里有堂和室，堂就是现在的客厅，接待客人的。室就是卧室。客人来了，只能在客厅交谈，不能进入卧室。因为卧室是隐秘私人的地方，外人不可以进去。
　　"入于室"就是指打探人家的隐私，猜度人家的动机。
　　子张的性格就是这样，所以，孔子一针见血地教导他：不要揪住人家的过去不放，不要窥探人家的隐私猜度人家的动机。
　　到这里，这段话的正确译文就很清楚了：

子张问与人相处的方法，孔子说："不要纠缠往事，也不要刨根问底打听别人的隐私和动机。"

其实，孔子的学生们问问题都是有目的的，只有这样的问题才能被记录下来。孔子的回答都是针对学生的不足，而不是泛泛而谈。因此，当一句话不容易弄懂的时候，就要从对话的背景以及人物的性格方面去分析。

这段话还是在讲包容，并且非常具体。可以说，对于我们平时的交友和与人相处都是非常有价值的指导。

要懂得包容别人过去的错误，包容别人小小的差错，包容别人的隐私。唯有如此，才能在与人交往中不让人讨厌。

第五章

环境的影响

8·5（4·7）子曰："人之过也，各于其党。观过，斯知仁矣。"

其实解读《论语》就如同写小说，一个人的正常言论，总是应当与他的总体性格相吻合。譬如，你把诸葛亮的语言放在张飞的身上，张飞的形象就立不住了。解读《论语》却不能了解人物的性格，注定了是南辕北辙。这一章不解决任何问题，因为必须逐句解读。

我们先来看看大师们的译文。

钱穆：人的过失，各分党类。（如君子过于厚，小人过于薄。君子过于爱，小人过于忍。）只观其人之过失处，便知其人心中仁的分数了。

南怀瑾：一个人会有过错，往往都是社会关系的因果。看看人家的过错，可以引发仁的修养。

李零：错误因人而异，有不同类型。孔子说，你要想知道什么是仁，最好的办法就是看他犯的错误是哪一类。

李泽厚：人犯错误，各有种类。观察他的错误，便知道他是哪种人了。

鲍鹏山：人犯的错误，与他是哪一类人有关。观察一个人犯什么错误，就能知道他是什么样的人了。

为什么要把这一章放在前一章的后面呢？看完大师们的译文，你一定会怀疑这段话不是孔子说的，而是子张说的。把人按照错误来分类，通过观察一个人的错误来了解他，这不是子张的路数吗？

对于"人之过也，各于其党"的翻译，只有南怀瑾与众不同，认为看上去不像是子张在说话，因此也就更接近于正确答案。

事实上，李零和李泽厚都在某种程度上质疑自己的译文。李零就自问道：错误也有高级低级之分吗？是不是大人物犯的都是高级错误？小人物犯的都是低级错误？李泽厚则问道：大概优点普遍相同，而缺点错误却可反映出个体人格特征？

首先我们来说说"党"的正确含义。

按照钱穆等一众大师的说法，党就是类，所以"各于其党"就是归于不同的种类。钱穆还具体分了类，君子是一类，小人是一类。按他的说法，君子过于厚，小人过于薄，君子过于爱，小人过于忍。那什么人才是正合适的？这种正合适的人岂不是比君子还要好？

在《论语》中，"党"的意思是"乡党"，也就是居民聚居区的意思。在这里，就是生活环境或者朋友圈的意思。孔子想要表达的是，一个人的错误是受外部环境影响的，人并不是天生都坏。

我们知道，孔子是强调反省的人，而不是一个抓住别人的错误不放的人。因此"观过"并不是观别人的过，而是观自己的过，也就是反省自己的意思。

到这里，就能够完成我们的译文了：

> 孔子说："人们的错误，总是来源于他的生活环境。能够察觉到自己的错误，就懂得怎样与人相处了。"

孔子会在怎样的情况下说这样的话呢？还原一下现场。

一个学生犯了错误，大家批评他，孔子则为他开解，说他的家乡都是这样做的，他这做法在他家乡不算错。现在他认识到错误了，就已经是知道仁了。

所以孔子在讲的，依然是包容。每个人都有生活的环境，都会受环境的影响，很多错误他其实并没有意识到。因此，要多一些理解和包容。

第六章

肯定式教育

8·6（7·29）互乡难与言，童子见，门人惑。子曰："与其进也，不与其退也，唯何甚？人洁己以进，与其洁也，不保其往也。"

【传统译文】

互乡那个地方的人很难缠，但互乡的一个童子却受到了孔子的接见，学生们都感到迷惑不解。孔子说："我们应该肯定他的进步，而不促使他的倒退，为什么要做得太过分呢？人家改正了错误以求进步，我们肯定他改正错误，不要死抓住他的过去不放。"

这一章太过简洁，因此需要在文字上下功夫。我们要解决三个问题：第一，"互乡"是什么意思？第二，"童子见"该怎样理解？第三，"门人惑"是什么意思？

来看看大师们的说法，会发现一些有趣的句子。

钱穆：互乡的人，多难与言（善）。一童子来求见，先生见了他，门人多诧异。先生说：我只同情他来见，并不是同情他退下的一切呀！这有什么过分呢？人家也是有一番洁身自好之心才来的，我只同情他这一番洁身自好之心，我并不保证他以前呀！

李零："互乡难与言，童子见"应该是"互乡难与言童子见"。

李泽厚：人家把自己弄得干干净净要求进步，应该容许现在的干净，这并不是保护他的过去。

鲍鹏山：人家清洁自己以要求进步，就要赞许他的清洁，而不要老盯着他以往的行为。

钱穆的译文确实有些别扭，不过大致意思还算清楚。李零的意思是，这个童子就是互乡那个不好说话的人。李泽厚用了"干干净净"，鲍鹏山用到"清洁"，都不准确。

所有的译法在逻辑上都是有问题的。按照他们的翻译，这个童子来求教，孔子凭什么说人家过去有错误？就因为互乡的人比较难缠，来了一个童子，孔子的弟子们就如临大敌？

那么，问题出在哪里？

我们来解决第一个问题："互乡"是什么意思？

首先，我们来看看乡的定义。《周礼·大司徒》载：五州为乡。一乡有一万二千五百家。《广雅》：十邑为乡。一乡有三千六百家。所以，乡在春秋时期是一个很大的行政单位。

如果互乡真的是个乡，这可是一块非常大的地盘，有非常多的人口。这么多人都是蛮横不讲理的吗？

所以，互乡不是地名，而是人名。这个人很难缠，大家都认识他，孔子也了解他，所以才会说不要计较他过去的错误。那么，互乡和童子是什么关系？互乡就是童子吗？

现在我们来解决第二个问题："童子见"该怎样理解？

"童子见"并不是童子见孔子，而应该是"因童子见"，也就是通过孔子身边的童子求见了孔子。有人会问：为什么把"因"字省略掉？

因为春秋时期写个字很费劲，先要用毛笔写在竹片上，再用刀刻出来，然后把竹片打孔、穿绳子。所以，能省的字通常都会省掉。

有人又会问：既然这样，为什么不把"童子"两个字去掉？因为如果没有这两个字，就不知道孔子的话是在什么时候说的。

现在我们来解决第三个问题："门人惑"是什么意思？就是弟子们困惑的意思。

但弟子们困惑的是什么？并不是孔子为什么要见互乡，而是孔子应不应该见互乡。简单说，弟子们的困惑是在孔子见互乡之前，而不是之后。

为了说得更清楚，我们来进行一个现场还原。

互乡这个人一向名声不好，喜欢胡搅蛮缠，这就是"互乡难与言"。这一天，他来求见孔子请教问题。恰好孔子在上课，于是他就委托伺候孔子的小童去转告孔子。小童告诉孔子之后，孔子问大家要不要见，弟子们有说见的有说不见的，他们一时拿不定主意。

如果这一章里没有"童子"而只有"见"，那么就还要再解释孔子这段话是在见之前还是在见之后说的。有了"童子见"，就知道这是在见之前说的。

之后，孔子说了这番话。

到这里，我们就可以进行翻译了：

> 互乡这个人很蛮横、难沟通，但是这一天却通过孔子的门童求见，弟

子们对孔子是否应该见他感到困惑。孔子说:"(他主动来见我,就是想要进步,)我们应该肯定他的进步,而不促使他的倒退,为什么要做得太过分呢?人家改正了错误以求进步,我们肯定他改正错误的行为,不要死抓住他的过去不放。"

这一章的重点其实不在前半段,而是在后半段,也就是孔子所说的话。孔子的意思就是对子张说的"不践迹",不要总是抓住别人过去那点事情不放,要看到进步、肯定进步。

当一个人进步的时候,如果你表现出包容,对他进行鼓励,那么就会加强他改正错误的决心,加强他追求进步的信心。反之,如果你仍然揪着过去不放,拒绝他、打击他,他就很可能退回去。

这,大致就是肯定式教育的理论基础吧。

我们常说中国是批评式教育,而西方是肯定式教育。其实,早在孔子时期,实行的就是肯定和批评相结合的教育方式。

所以这段话,依然是在讲包容。

第七章

孔子的包容精神

8·7（14·43）原壤夷俟。子曰："幼而不孙弟，长而无述焉，老而不死，是为贼。"以杖叩其胫。

【译文】

原壤叉开双腿坐着等待孔子。孔子骂他："年幼的时候，你不讲孝悌，长大了又没有什么可说的成就，这么老了还不死，真是害人虫。"说着，用手杖敲他的小腿。

孔子说了那么多的包容，他自己做得怎样呢？这一章有三个问题要解决：第一，什么是夷俟？第二，原壤是谁？第三，孔子是生气还是开玩笑？

这是一段故事，所以更需要知道背景。首先来解决第一个问题：什么是夷俟？来看看大师们怎么说。

> 钱穆：夷谓蹲踞也。古时东方夷俗坐如此，故谓之夷。俟，待义。夷俟，谓踞蹲以待。
> 南怀瑾：不知道有一个什么动作，总之是不大像样的。
> 李零：两腿平放等待。
> 李泽厚：踞着双腿接待。
> 鲍鹏山：左右伸腿叉开两只脚。

钱穆和李泽厚的意思，夷俟就是蹲着等孔子，因为古代东夷有这个习俗，所以叫夷俟。南怀瑾这次并没有信口开河，承认自己不知道。

春秋时期没有椅子凳子，所谓坐都是跪坐，臀部放在自己的脚上。现在泰国人还是跪坐，不过臀部不在脚上，而脚一定放在臀部旁边，否则就是不礼貌。所谓夷俟，就是坐平了，臀部坐在地上，两只腿平放，叉开双腿向前。这样固然舒服，却是很不礼貌的。

李零和鲍鹏山的看法更加靠谱。

古时东夷人是以什么姿势待客呢？没人知道，钱穆也不过是借用朱熹的说法，朱熹也不过是猜。但是我们从最基本的道理来说，蹲姿不雅，并且坐着肯定比蹲着舒服，又为什么要蹲着呢？

再来解决第二个问题：原壤是谁？

除了李零和鲍鹏山介绍得比较清楚，其他大师都只说原壤是孔子故人。但是，如果不把原壤介绍清楚，这段话是不好解读的。

原壤是鲁国人，孔子的老朋友，对于周礼很是蔑视。孔子怎么会有这样的朋友？所以应该是发小。

《礼记·檀弓下》记载，原壤是孔子的老朋友，他母亲去世的时候孔子帮他清洗棺木。原壤跳到棺材边说："我很久没有唱歌了。"于是唱道："狸首之斑然，执女手之卷然（斑白的狸猫之首，牵着你柔软的手）。"孔子装作没听见而走开。随从问："先生不可以使他停止吗？"孔子道："据我所知，亲者毋失其为亲也，故者毋失其为故也（他老娘是他的亲人，我是他的朋友。他怎样对待他的亲人是他的事情，我只需要做到朋友该做的就是了）。"

再来解决第三个问题：孔子是生气还是开玩笑？

看见原壤这个德行，孔子有点生气了，心说："你对你老娘怎样我不管，可是你对老朋友也这么不礼貌，我揍你。"

于是，孔子骂了几句，还用手杖敲打原壤的小腿，意思是说把你这腿收回去。

基本上，这也算是老朋友之间开个玩笑，估计原壤也是哈哈大笑，然后说"我逗你玩"。其实孔子也并不是真的讨厌原壤，否则也不会去看他。相反，孔子的内心应该很喜欢原壤，因为跟他在一起很轻松自在，无拘无束。

除了鲍鹏山认为这是孔子在骂人，其他大师们都认为这是老朋友之间开玩笑的举动。

老不死，这个词语来于这里。

孔子在这个时候已经使用手杖，时间大致在周游列国回到鲁国之后，这时候孔子的地位非常高，而原壤不过是一个隔壁大爷。

事实上，在孔子地位提升之后，他并没有因此瞧不起一块长大的朋友们，即便他们地位很低，身上有很多孔子不喜欢的习惯。

从这里，我们能够看到孔子的包容精神。

第八章

孔子的博大胸襟

8·8（5·17）子曰："晏平仲善与人交，久而敬之。"

【译文】
孔子说："晏平仲善于与人交朋友，就算过去很长时间，别人依然尊敬他。"

孔子与子产政见不同，却依然对其充满敬意，这是君子和而不同。如果说做到这一点还不算太难的话，那么个人恩怨之下，却依然能够保持敬意，就真的不容易了，没有博大的胸襟，没有满满的贵族精神，一定是做不到的。

除了以上的译法，这一章还有两种比较通行的译法。

第一种：孔子说，"晏平仲善于与人交朋友，相识久了，别人就会尊敬他"。（李零、鲍鹏山赞同这一种）

第二种：孔子说，"晏平仲善于与人交朋友，相识久了，仍对那人很尊敬"。（钱穆、李泽厚赞同这一种）

南怀瑾的译法是："'久而敬之'，交情越久，他对人越恭敬有礼，别人对他也越敬重。"

这里重点说一说南怀瑾的翻译和解读。

南怀瑾的译文看上去把第一种和第二种都涵盖了，好像万无一失，其实肯定错了。这就像说一个东西既是黑的也是白的，好像黑白通吃，其实是黑白不分。难道这就是禅吗？

南怀瑾在解读的时候写道：

孔子到齐国之所以不得志，就是小矮子不让他去，齐国本来想请孔子去，小矮子告诉齐王："你能有这度量，可以请他来吗？"这个话皇帝一听，心里有数了，就不敢请孔子去。

这段话有低级错误，低级是称晏平仲为小矮子，错误是称齐景公为齐王和皇帝。

按照南怀瑾的解读，他的意思是说晏平仲这人很差劲，只不过善于交朋友。

晏子，名婴，字平仲，齐国公族。晏婴历任齐灵公、齐庄公、齐景公三朝的卿，辅政长达五十余年。孔子曾称赞："救民百姓而不夸，行补三君而不有，晏子果君子也！"晏婴头脑机灵，能言善辩，使楚时曾舌战楚王；内辅国政，屡谏齐君。对外他既富有灵活性，又坚持原则性，出使不受辱，捍卫了齐国的尊严。司马迁非常推崇晏婴，将其比为管仲。《晏子春秋》是一部记叙春秋时代晏婴思想、言行、事迹的书，也是我国最早的一部短篇言行集。

晏子公开声称"国君死，我不死"，把忠君这回事看得很轻。

《孔子家语·辩政篇》里孔子说道："夫子产于民为惠主，于学为博物，晏子于民为忠臣，于行为恭敏，故吾皆以兄事之。"孔子认为晏子爱民和恭敬，把他看成兄长。

通过孔子对管仲和晏子的推崇，可以看到孔子对于忠君的态度：与国家相比，君主为轻。

晏子和子产有很多相似之处：他们做大夫的时候，都是历三任国君被害；他们都凭借自己的高尚人品受到各诸侯的敬重；他们都用自己的财产去接济家族里的穷人，因此都很穷。

我们现在来说晏婴与孔子的关系。

孔子与晏婴不仅政见不同，还有个人恩怨。当年孔子曾经在齐国批评过晏子，而晏子也极力阻止齐景公留用孔子。可以说，两人之间的过节还挺深。孔子没有跟晏子当面打过交道，可是从侧面也知道晏子的品行为人，对晏子很佩服。孔子对晏婴高度肯定，显示出孔子本人的君子风度，实践了孔子所说的"君子和而不同"。

第九章

多包容就能少抱怨

8·9（5·23）子曰："伯夷、叔齐不念旧恶，怨是用希。"

【译文】
孔子说："伯夷、叔齐两个人不记人家的过错，因此牢骚抱怨也就少了。"

《论语》中并不是每一章都有背景可寻，每当这个时候，人们似乎就有了更多的发挥空间。这一章就是这样的例子。

译文的部分实在没有什么可发挥的，我们来看看大师们的解读。

钱穆：旧恶，一说为人恶能改，即不念其旧。一说此恶字即怨字，旧恶即夙怨。

怨是用希：希，少义。旧说怨，指别人怨二子，则旧恶应如第二解。惟《论语》又云：伯夷、叔齐：求仁而得仁，又何怨？则此处亦当解作二子自不怨。希，如老子听之不闻曰希，谓未见二子有怨之迹也。孟子曰：伯夷圣之清者。又称其不立于恶人之朝，不与恶人言。盖二子恶恶严，武王伐纣，二子犹非之，则二子之于世，殆少可其意者。然二子能不念旧恶，所谓朝有过夕改则与之，夕有过朝改则与之。其心清明无滞碍，故虽少所可，而亦无所怨。如孔子不怨天不尤人，乃二子己心自不怨也。

今按：子贡明曰：伯夷叔齐怨乎？司马迁又曰：由此观之，怨邪非邪？人皆疑二子之怨也。孔子独明其不怨，此亦微显阐幽之意。圣人之知人，即圣人之所由以明道也。

南怀瑾：上了台就把少正卯杀掉了，雷厉风行的做法，不免在政治上有些恩恩怨怨。不过他走的是正路，所以大家也拿他没办法。既然要回国讲学，政治上的恩怨可以抛诸脑后了。过去有人对我不起的，不要放在心上，随他去。我们回去教学吧！

基本上，钱穆费了九牛二虎之力去探究"不念旧恶"是怎么回事，结果最终也没弄明白，不过这不影响他在结尾赞扬孔子知人明道。

南怀瑾又犯了一个错误，因为孔子杀少正卯根本就是子虚乌有的事情。通观南怀瑾的说法，怎么感觉孔子像是个怨妇在开导自己呢？

李零的解读很少，最后还说以钱穆为准，所以略了。李泽厚和鲍鹏山直接写读后感，所以也略了。

伯夷、叔齐的事迹我们在前面介绍过，不重复了。

这段话里有一个盲点，就是"不念旧恶"。千百年来，谁也没有弄明白他们是怎么"不念旧恶"的。也不知道老夫子是怎么知道的，或许他看过这方面的书。但是我更怀疑，老夫子可能也是猜，甚至可能压根就是胡编的。他为什么要胡编呢？因为他要教育一个人，需要一个例子。

教育谁呢？子张。

子张这个人有个大缺点，总是抓住别人的过错不放。

所以，这里孔子就是在教导子张：看到别人的优点，忘记别人的缺点，就能少很多抱怨。记得别人的恩惠，忘记自己的施舍，就能多很多快乐。

这一章，就是在讲包容。

其实，这样顺口瞎编一个例子的事情是很多的，一个常用语"想当然"就语出《后汉书·孔融传》。

故事是这样的，曹操攻占邺城，儿子曹丕见袁熙妻甄氏长得漂亮，于是抢回去当老婆。孔融多事，对曹操说："武王伐纣，把妲己赏赐给了周公。"孔融的意思是，亡国之女不能娶。曹操没反应过来，问孔融这个故事在哪儿看的，孔融出了个大糗，只好说："以今度之，想当然耳。"

孔融瞎编了一个例子，结果被戳穿了。

孔子可能也是瞎编了一个例子，学生不敢追问，而后代的大师们还要去力证这个例子不是瞎编的。

战国时期的诸子百家其实很多都擅长编故事，其中尤其以庄子和韩非子最能编。孔子杀少正卯就是被荀子编出来的，当然是为了证明他自己的学说是正确的。

第十章

让人说话天不会塌

8·10（15·23）子曰："君子不以言举人，不以人废言。"

【译文】
孔子说："君子不因为喜欢一个人的话而推崇他，也不因为不认可一个人而不给他说话的机会。"

这一章要解决两个问题：第一，"举"是什么意思？第二，"废"是什么意思？字面意思看似简单，看看大师们怎样说。

  钱穆：一个君子，不专因一人的说话来举荐那一人，亦不因那一人行事有缺连他说话也全不理。
  有言不必有德，故不以言举人也。然亦不以其人之无德而废其言之善，因无德亦可有言也。
  南怀瑾：对于人的观察，不要听了对方一句话说对了，就认为他统统对了；也不要因为对方某一点不好，而因此不听他的好意见。
  李零：举是不废，废是不举。
  李泽厚：君子不会根据会讲话而推举人，也不因为人不好而否定他讲的话。
  鲍鹏山：君子不根据人的言论提拔人才，又不因某人是坏人而废弃他有价值的言论。

钱穆、李泽厚和鲍鹏山一头扎进了官场，解读为举荐、推举、提拔等，似乎君子都在官场混。而李泽厚用了"人不好"，鲍鹏山用了"坏人"，又进入阶级斗争。

孔子从来不会以好坏来区分人，他喜欢按照君子和小人来区分人。

这里，孔子在讲的是一个君子与人相处的原则，而不是官场生存术，也不是与人斗其乐无穷的技巧。

所以，最靠谱的解读是南怀瑾的。

如何正确理解这一段话呢？

现在来解决第一个问题："举"是什么意思？

"举"可以是举荐、推举、提拔等，但是对于君子来说，就是推崇的意思。一个人说了几句有哲理的话，你赞扬他是个思想家，这就是推崇的举。你在国君面前赞扬他有治国的才能，这就是推荐的举。

之后再来解决第二个问题："废"是什么意思？

钱穆对于"废言"的理解是"连他说话也全不理"，意思是不给他表达的机会，而其他大师的意思是否定他讲的话。

我更赞成钱穆的说法，"废"是根本就不听的意思。

孔子的意思，不要因为一个人的话说得漂亮就推崇他，他可能是个骗子，还可能只会说不会做。所以，你要观察他的人品，观察他的实际能力。不要因为不喜欢一个人就不给人家说话的权利，愚者千虑必有一得。

实际上，不要以言举人，也同样不要以色举人、以财举人。这些都是愚蠢的行为。

"不以人废言"对应了那句著名的"我不同意你的观点，但是我捍卫你表达观点的权利"。这里，体现的就是包容。

小 结

全球化时代更需要包容

对自己是反省，对别人是包容，这就是孔子身上的贵族精神。正如他所说的：躬自厚而薄责于人。

我们知道，巴黎是世界艺术之都、潮流之都，为什么巴黎能做到这一点？有一年我去了巴黎，参观蓬皮杜艺术中心，那里展出的后现代艺术品让我完全无法接受，实际上绝大多数人也觉得很荒唐。巴黎市民曾经投票是否取消这个艺术中心，最终决定留下来。因为巴黎市民认为自己暂时无法理解的，也许正是明日的潮流。

这就叫包容。

大量的科学理论在面世的时候看上去都没有价值，可是时间会证明一切，所以，不要急于否定和禁止。当今的世界因为交通和信息技术的发达而加速融合，全球化早已不可阻遏，各种文化、种族、宗教等互相包容。在这样的趋势下，如果没有包容的精神，就必将被边缘化，就必将被主流世界所抛弃。因此，无论是个人还是国家，包容精神都是极其重要的。

那么，怎样才能让自己做到包容呢？首先，对别人不要求全责备，要看到别人的优点，看到别人的进步。其次，不要患得患失。再次，君子和而不同，要尊重别人表达的权利。最后，自己不懂的不要指手画脚。自己觉得不对的，只要不损害你的利益，只要不损害公共利益，不要动不动就去否定或者禁止。

第九篇

贵族精神标准之九

敬畏

人生于天地之间，并不是天地的主人，而是天地的过客。所谓战天斗地，是不知天高地厚。

贵族以礼来约束自己的行为，但是精神的层面用什么来约束呢？敬畏。按照孔子那个时代的说法，人必须敬畏天地、鬼神和祖先。一个人的内心有所敬畏，他就会约束自己，控制邪恶念头的滋生。而一个无所敬畏的人，他会认为自己的邪恶不必付出代价，所以他必定是一个欠缺良知的人，是一个没有道德底线的人。

我们知道，在西方，人们敬畏上帝；在古老的东方，人们敬畏佛和菩萨。在孔子那个时代，中国还没有宗教，于是人们敬畏鬼神、天地、祖先。

在孔子生活的鲁国，决定国家大事要在祖庙中，这是敬畏祖先；而订立盟约要去乱葬岗，这是敬畏鬼神；人们要祭天祭地，这就是对天地的敬畏。

第一章

君子有三畏

9·1（16·8）孔子曰："君子有三畏：畏天命，畏大人，畏圣人之言。小人不知天命而不畏也，狎大人，侮圣人之言。"

【译文】

孔子说："君子有三件敬畏的事情：敬畏天命，敬畏地位高贵的人，敬畏圣人的话。小人不懂得天命，因而也不敬畏、不尊重地位高贵的人，轻侮圣人之言。"

君子敬畏正义而不惧怕强权，奴才无视正义却惧怕主子。所以，君子敬畏的，往往是小人所不敬畏的。这一章有三个问题：第一，畏和惧的区别是什么？第二，君子为什么要三畏？第三，小人为什么无畏？

李泽厚译："君子有三种惧怕：怕天命，怕王公大人，怕圣人讲的话。"其余大师的译文与以上译文基本相同，不再赘录。

李泽厚把"畏"译成了"惧怕"，于是，引出我们的第一个问题：畏和惧的区别是什么？

把畏和惧混为一谈，就如同把奔和驰混为一谈。

畏是出于理智，出于脑子的；惧是出于本能，出于心的。畏的对象通常是褒义的或者中性的，譬如父亲、老师、警察等；而惧的对象往往是贬义的，譬如野兽、强盗等。

所以，孔子说君子三畏，而不是说君子三惧。是因为对于天命、大人和圣人而言，你只要不主动挑衅他们，你就不会受到惩罚。

南怀瑾认为"畏"就是"敬"，也是错误的。

那么现在来解决第二个问题：君子为什么要三畏？

这是这一章的要点，但只有钱穆和南怀瑾讨论了这个问题。

钱穆：天命在人事之外，非人事所能支配，而又不可知，故当心存敬畏。大人，居高位者，临众人之上，为众人祸福所系，亦非我力所能左右，故不可不心存敬畏。畏圣人之言：古先圣人，积为人尊，其言义旨深远，非我智力所及，故亦当心存敬畏。

  南怀瑾：人生无所畏，实在很危险，只有两种人可以无畏，一种是第一等智慧的人，一种是最笨的人，可以不要畏。一个人有所怕才有所成，一个人无所怕，不会成功的。

  基本上，南怀瑾有些前言不搭后语的意思，一会说畏就是敬，一会说畏，一会说怕。总之吧，南怀瑾的意思是，一个人如果无所畏，一定不会成功。

  对此，我表示非常不赞成。那些有"大无畏革命精神"的人没有成功吗？他们不仅无畏，而且是大无畏。

  钱穆的解读实际上就是说天命决定我们的命运，大人决定我们的祸福，圣人能忽悠，所以我们要畏他们。按照这样的解答，君子和小人有什么区别呢？小人的命运祸福不也是天命和大人决定的吗？

  孔子绝对不是这个意思。

  天命代表着什么？正义。畏天命代表什么？当你触碰天命的底线的时候，你就会受到惩罚。

  所以，畏天命就是做事要有底线，要遵从义的原则。

  大人代表什么？代表秩序。周人崇尚大雁，正是因为大雁遵从长幼秩序，不会混乱。畏大人代表什么？当你破坏秩序的时候，你要受到惩罚。

  所以，畏大人就是守秩序、守规则。

  圣人之言代表什么？代表圣人对人生的理解，它能帮助你实现仁和德。那么，如果你不遵循圣人的教诲，会受到什么惩罚？不能得到人们的尊重。

  所以，畏圣人之言具有更多的敬的成分。

  当一个人从内心做到这三畏的时候，他就有了做人的底线，有了秩序和规则意识，有了实现德和仁的追求，也就具备了君子的底子。

  这，才是孔子的意思，才是君子和三畏的关系。

  最后来解决第三个问题：小人为什么无畏？

  李零说："马克思说，无产者无畏，其实无知者也无畏。"事实上，只要正常人，都会有畏惧。那么，什么情况下，一个人会无畏呢？

  一种是他认为自己不会失去什么，一种是他不知道自己会失去什么。

  但是，所谓无畏，实际上不是在所有方面都无所畏惧，而是有特定领域的。就像这一章里所说的，孔子说小人在这三个方面无畏，是为了对照君子的三畏，并不是小人在所有方面都无畏。

  越是聪明的人，就越是懂得畏。越是有底线的人，就越是懂得畏。

  相反，总是一副无所畏惧的架势的人，往往就是小人。

第二章

态度决定一切

9·2（7·13）子之所慎：齐，战，疾。

【译文】
孔子所谨慎小心对待的是斋戒、战争和疾病这三件事。

春秋时期的敬畏，往往通过祭祀来表达。因此，祭祀必须谨慎投入，靠糊弄忽悠是不行的。

这一章译文上没有任何歧义，但是大师们的解读有些有趣的不同。

  钱穆：齐，读斋。古人祭前之斋，变食迁坐，齐其思虑之不齐，将以交神明。
  南怀瑾：古代齐斋同义，斋戒沐浴就是清心寡欲，并不像现在的人，称吃素为吃斋。
  李泽厚：疾，当指民间的传染疾病。
  鲍鹏山：斋，包括不喝酒不吃荤。

关于"斋"的内容，春秋时期斋戒是要变食的，但是怎么变？是不是就是吃素？南怀瑾特地指出不是吃素，鲍鹏山说是吃素。我也不清楚，网上查答案，发现确实不是吃素。

斋戒的目的，就是为了参加祭祀。鬼神、祖先、生死、疾病，这些都是孔子很敬畏很重视的事情，马虎不得。

9·3（3·12）祭如在，祭神如神在。子曰："吾不与，祭如不祭。"

【译文】
祭祀什么就像什么真在面前，祭神就像神真在面前。孔子说："我如果不身心投入，祭祀和不祭祀又有什么区别呢？"

这一章有三个问题要解决：第一，"祭如在"是不是指祭祖先？第二，"吾不与，祭如不祭"怎么解读？第三，为什么祭祀要虔诚投入呢？

先来看看大师们怎么翻译解说。

> 钱穆：先生在祭祖先时，好像真有祖先们在受祭。他祭神时，也好像真有神在他面前般。先生说："我若不亲身临祭，便只如不祭。"
>
> 南怀瑾：这是孔子所说祭祀祖宗和祈祷时心仪的原则，当我们祭祖宗的时候要以"如在"目前相对的诚心，犹如祖宗尚在面前一样的诚敬。"吾不与祭，如不祭"，假使说我因为没有时间，没有亲自参与这个祭典，只是象征式由别人去代表一番，这样就等于不祭，又何必故作排场呢？
>
> 李泽厚：祭祀祖先的时候，就好像祖先真的在那里。祭祀鬼神的时候，就好像鬼神真的在那里。孔子说："如果我不亲自参加祭祀，就好像没祭一样。"
>
> 鲍鹏山：孔子祭祀祖先时，好像真有祖先们在受祭。祭神时，好像真有神在受祭。孔子说："我若不真心诚意去祭祀，就如同没有祭祀一样。"

基本上，大师们的解读和传统的是一样的，只有鲍鹏山在最后一句的解读与其他几位不同。

那么，我们现在就来解决第一个问题："祭如在"是不是指祭祖先？

李零这样说：

> 前两句，旧注都说，第一句是讲祭鬼，第二句是讲祭神。我看，这种说法不对，祭鬼说，明明是添字解经。"祭如在"是讲祭什么就好像什么在眼前。下文递进，才强调"祭神如神在"。

李零讲得足够清楚了，"祭如在"是一个总的原则；"祭神如神在"是给出一个具体的例子，如此而已。

再来解决第二个问题："吾不与，祭如不祭"怎么解读？

还是参照李零先生的观点：

> 最后一句的旧注也很别扭，我理解，孔子是说，祭祀一定要虔诚，一定要投入，有亲临其境的感觉，如果没有这种感觉，还不如不祭。

鲍鹏山也是这样解读的。

事实上，只有这样的解读，这句话才和前面的"祭如在，祭神如神在"在意思上承接。前面刚说了祭祀要虔诚投入，后面就说如果不虔诚投入，就等于没有祭祀。

而如果按照旧的也就是钱穆等人的解读，就成了孔子说"我不参加的祭祀就不是真的祭祀"，不仅与前半句在意思上不承接，也显得孔子傲慢自负。

正因为如此，这段话的断句应当是"吾不与，祭如不祭"。不与，就是不投入的意思。

最后来解决第三个问题：为什么祭祀要虔诚投入呢？

祭祀是一种仪式，而仪式是为了洁净自己的灵魂，洁净自己的灵魂则是为了约束自己的行为。

举行仪式是一项耗时耗力的事情，如果不当回事，那么何必折腾呢？如果不虔诚投入，怎么能洁净灵魂呢？怎么能约束自己的行为呢？这样的祭祀还有什么意义呢？

所以，如果空有仪式，而内心没有诚意的话，还不如没有仪式。

第三章

每事问

9·4（3·15、10·21）**子入太庙，每事问。或曰："孰谓邹人之子知礼乎？入太庙，每事问。"子闻之，曰："是礼也。"**

【译文】

孔子到了太庙，每件事都要问。有人说："谁说此人懂得礼呀，他到了太庙里，什么事都要问别人。"孔子听到此话后，说："这就是礼呀！"

对于祭祀的知识，孔子精益求精，有疑必问。这一章有三个问题要解决：第一，"邹人之子"指什么？第二，孔子为什么"每事问"？第三，"是礼也"是什么意思？

这一章的译文，每个大师都是一样的。但是，解读有很多不同。所以我们先说说大师们的解读，然后解决问题。

李泽厚把"邹"说成"邹县"。实际上，"邹"是邹邑，县是从战国才有的。南怀瑾认为这一段所讲的应该是孔子做鲁国司寇的时候，参与了代表国家、王室的宗庙大典。钱穆则说当时孔子正处青年，始仕于鲁，得入太庙助祭。

南怀瑾显然是错的，孔子若是身为大司寇，谁敢称他为"邹人之子"？这当然是孔子年轻时候的事情，而且是第一次进太庙，恐怕并不是助祭。在鲁国，大致士以上阶层才有资格进太庙，逢年过节才能去。钱穆说孔子"始仕于鲁"也是错的，这时候孔子是在季孙家做家臣。当孔子"始仕于鲁"，担任小司空的时候，已经是五十岁以外了。

第一个问题："邹人之子"指什么？

每个大师都知道，孔子的父亲叔梁纥是邹邑大夫。

为什么这个人不直呼孔子的名字，而是叫他"邹人之子"？这个问题，只有钱穆讨论了。钱穆认为"邹人之子，不仅指其少年，亦轻视之辞"。钱穆说的是对的，邹邑虽然属于曲阜，但是一个偏远的小邑，因此曲阜城里的人瞧不起它。称孔子为"邹人之子"，一是讽刺孔子是乡巴佬，二是根本不屑于提他的名字。

再来解决第二个问题：孔子为什么"每事问"？

多数人都认为孔子是不懂就问，不过，钱穆赞同另一种说法：孔子不是不知道，而是明知故问，因为太庙中的种种礼器与仪文多属僭礼。孔子问礼带有一种委婉而又极深刻的讽刺与抗议。按照钱穆的看法，孔子不可能不知道，所以只能这样解释了。

对钱穆的说法，李零直接表示反对。

我赞同李泽厚的说法："孔子谦虚而谨慎，既非假装不懂而故问，也非完全不懂得，而是问一遍以求确认，实地印证自己所已知和未知。"

不过孔子也并不是完全谦虚，早期他对于周礼的实践，基本上也就是婚丧这一块，太庙这样的地方，不是他寻常可以去的，对这一块的知识，都是道听途说来的。因此，进了太庙，很多不明白的地方要问，这不奇怪。另外，很多知道的也需要进一步印证，这也不足为奇。

从另一个角度说，不明白的事情要问清楚，也是对鬼神、对祖先的敬畏。不懂装懂，本身就是对鬼神的愚弄。

第三个问题："是礼也"是什么意思？

孔子认为，知之为知之，不知为不知，不懂的就要问，这就是周礼的体现。

第四章

慎终追远

9·5（1·9）曾子曰："**慎终，追远，民德归厚矣。**"

【译文】

曾子说："谨慎地对待父母的去世，追念久远的祖先，自然会使得老百姓日趋忠厚老实了。"

对于祖先的敬畏，也是周礼中敬畏系统的一部分。这一章就是在讲这个问题。

来看看大师们的解读。

> 钱穆：终，指丧礼。远，指祭礼。葬祭之礼，乃孝道之最后表现。
>
> 南怀瑾："慎终追远"是什么意义？"终"就是结果，"远"就是很远的远因，用现在观念的一句话来讲就解决了，"一个人要想好的结果，不如有好的开始"。欲慎其终者，先追其远，每件事的结果，都是由那远因来的，这里我们可以引用佛学里的一句话："菩萨畏因，凡夫畏果。"佛家的菩萨，大致相当于中国儒家的圣人，圣人们非常重视一件事情的动机。
>
> 所以"慎终追远"的意思，是说与其要好的结果，不如有好的开始。西方文化中有一句俗话："好的开始是成功的一半。"也是这个道理。大家懂得了这个道理，则"民德归厚矣"。社会道德的风气，自然都归于厚道严谨。这是"学问"的道理。

钱穆的说法当然是对的，"慎终"的最主要体现就是合乎周礼的葬礼，而不仅限于葬礼。"追远"的最主要体现则是祭祀祖先，当然也不仅仅是祭祀。

所有大师都是同样的翻译和差不多的解读，唯有南怀瑾例外。

南怀瑾认为历来的译文和解说都是错的，事实上这段话是在讲因果。于是，这段话从社会问题变成了哲学问题，从儒家变成了佛家。

南怀瑾的解读确实是错的。曾子不是释迦牟尼，他不会讲禅，也不会讲因果轮回，他最擅长的就是讲孝道，讲敬畏祖先。

《论语》是曾子和他的弟子们编纂的，而这一章又放在了第一篇，当然要用来宣扬他的主要思想，也就是孝道。

曾子认为，这个世界只要有了孝，就什么都解决了。曾子在这里的意思是，孝敬父母、敬畏祖先就能让人忠厚老实。为什么这么说呢？因为祖先们就是这么做的，就是这么要求的。

所以古人祭祀祖先，并不是仅仅放几个猪头这么简单，而是要汇报自己过去这段时间所做的事情，检讨自己的过错，祈求祖先的原谅和帮助，保证今后按照祖先的要求去做。

人人都按照祖先的要求去做，社会就和谐了。

当然，祖先们的品德就很好吗？也未必，有的人的祖先就是恶人。但是，人们会把祖先设想为一个品德高尚的人。所以，祖先实际上是个什么样的人不重要，重要的是我们认为祖先是品德高尚的人。

第五章

敬鬼神而远之

9·6（6·22）**樊迟问知。子曰："务民之义，敬鬼神而远之，可谓知矣。"问仁。曰："仁者先难而后获，可谓仁矣。"**

【传统译文】
樊迟问孔子怎样才算是智，孔子说："专心致力于提倡老百姓应该遵从的道德，敬畏鬼神但要远离它，就可以说是智了。"

有的章节牵涉到两个话题，我会分拆成两个部分，放在不同的篇里。这一章就是这样。这一章的后半段我们放在第十八篇"仁"里，这里只讲前半段，也就是关于"知"的问答。这一章历来的译法都是蒙混过关，完全经不起推敲。让我们再次通过疏理简单逻辑和背景知识来获得正确的解读。

我们首先来看看大师们是如何讲解"务民之义"的。

> 钱穆：专用力于人道所宜。用民字，知为从政者言。
> 南怀瑾：务民是什么？是领导人，做一个从政领导的人便是务民，意思是他所领导的事务是为老百姓服务的。
> 李零：尽力引导人民趋向义。
> 李泽厚：尽力做对人民适宜合理的事。
> 鲍鹏山：专心致力于引导人民走向义。

大师们一致认为这是孔子在讲统治者或者领导者怎样去管理百姓。
下面，让我们从两个方面证明他们的错误。
首先，从古文语法来讲，按照大师们的译法，"务民之义"应该是"务民以义"或者"务民于义"。
其次，孔子给樊迟讲"知"，应该是讲樊迟的"知"，而不是讲统治者的"知"。你去问老师怎样才能提高成绩，老师却说邻居儿子，你不觉得很奇怪吗？
有人可能会说，大概樊迟出身高贵或者将要做官，所以孔子给他讲些预备知识。

那么，我们在这里简单介绍一下樊迟。

樊迟就是一个普通的士，人比较迟钝，但是个勇士，曾经担任冉有的车右。后来冉有介绍他投师孔子，并且担任孔子的御者，很明显是要让他充当当初子路的角色。孔子从来没有推荐过他，他也没有担任过大夫。

孔子一开始很喜欢他，后来越来越不喜欢。至于原因，我们可以从他们的对话中分析出来。因此，孔子绝不可能对他讲统治者的"知"。那么，是讲谁的呢？就是讲樊迟的。

"务民之义"就相当于"做一个好公民"，"务"就是致力于，"民之义"就是百姓应有的行为准则。

那么，"敬鬼神而远之"又是什么意思呢？

我们还是来看看各位大师的说法。

> 钱穆：苟能务民之义，自能敬鬼神，亦自能远鬼神。
> 南怀瑾：孔子认为鬼神是有，但与人是两路。所谓"天道远，人道迩"。鬼神是天道的问题，离我们很远。我们现在活着都是人道，政治、教育、经济、军事、社会都是人道的事，不要以鬼神为主，所以敬鬼神而远之，是敬而远之，不是不信。
> 李零：是孔子对宗教的态度。
> 李泽厚：因为任何询求、怀疑和思考，都需要理性思辨，而理性思辨是很难证实和证伪上帝鬼神的存在。
> 鲍鹏山：尊敬鬼神而又不迷信鬼神。

事实上，因为大师们关于"务民之义"的译文错了，所以关于"敬鬼神而远之"的解读是不可能正确的。除此之外，钱穆把"务民之义"和"敬鬼神而远之"搞成了因果关系，李零说这是宗教问题，李泽厚又扯到了理性思辨，鲍鹏山则把敬说成了尊敬。

其实完全不需要那么多解读。这就是在说樊迟而已，先别急着往大了扯。

那么，孔子为什么要这么说樊迟呢？这和"务民之义"有什么联系呢？

连带着这两个问题，再加上孔子为什么后来不喜欢樊迟，一共是三个问题，我们一并来做一个推理。

樊迟做了孔子的弟子之后，并没有按照孔子所期望的那样认真学习君子之道，而是沉迷于鬼神，孔子因此不喜欢他。

当樊迟问"知"的时候，孔子说："你要致力于学习做一个君子的道理，敬畏鬼神，但是要远离鬼神，别整天神神道道、五迷三道的。"孔子回答樊迟的问题与回答其他弟子的问题一样，都是针对对方的问题去说的。

所以，这一章的正确译文如下：

> 樊迟问孔子怎样才算是智，孔子说："致力于学习做一个君子的道理，敬畏鬼神，但是要远离鬼神，就可以说是智了。"

"敬鬼神而远之"虽然是孔子教导樊迟的话，却对所有人都是适用的。

为什么呢？

第一，离鬼神太近没什么好处，要么如李泽厚所说的产生困惑，要么如南怀瑾所说的会远离人道。何况鬼神在暗处而人在明处，言多必失，你总在鬼神面前晃悠，不知道哪句话就得罪了他。所以，保持距离才是聪明的。

第二，敬鬼神可以让人们的思想行为有所约束，远之则可以让人们不会因为讨好鬼神而做出违背人性、损害人的利益的事情，譬如用活人祭祀等。春秋时期在这一点上其实做得很不错，很少有荒唐迷信的事情发生，人们的道德水准是比较高的。

第三，距离产生美。

第六章

天道不可欺

9·7（3·13）王孙贾问曰："与其媚于奥，宁媚于灶，何谓也？"子曰："不然；获罪于天，无所祷也。"

【译文】

王孙贾问道："（人家都说）与其讨好奥神，不如讨好灶神，这话是什么意思？"孔子说："不是这样的。如果得罪了天，那就没有地方可以祷告了。"

这一章最大的问题是解读，事实证明，没有方向，就只能在黑暗中摸索。这一章要解决两个问题：第一，"奥"和"灶"是什么关系？第二，获罪于天是什么意思？

奥，指屋内西南角，祭祀时设神主或尊者居坐之处；灶，指灶旁管烹饪做饭的神。"奥"和"灶"是什么关系？

这个问题似乎没有人能确切地解释清楚，李泽厚说"奥"就是天王爷，鲍鹏山则说这就是两个神。

钱穆、南怀瑾和李零则代表了三种不同的说法：

钱穆认为，"古代祭五祀，都是迎尸于奥。具体解释一下，就是祭灶神的时候先在灶祭，然后到奥祭，到奥祭的时候，需要有尸，也就是有人躺在床上等神附体，听取祷告"。钱穆认为，"在灶和在奥祭的是同一个神"。

李零的说法在前半部分跟钱穆一样，不过他认为"祭的不是同一个神，奥神尊于灶神，但不如灶神和人的关系更直接"。

南怀瑾则说，"奥是家里的主神，灶是灶神，而这没有关系"。

因为对于"奥"和"灶"的关系有不同的看法，所以对于"与其媚于奥，宁媚于灶"的解说也不同。

钱穆认为，"奥祭比灶祭要正式，要求神保佑，正式的场合可能还不如比较随意的场合。这里是王孙家暗示孔子想要获得卫灵公的任用，不应该在朝廷这样的场合谈，而应该找私密的场合谈"。

不过，卫灵公是一国的老大，他需要这么鬼鬼祟祟遮人耳目吗？再说了，孔子有什么办法请卫灵公去私密场所吗？

李零则认为，"这是王孙贾暗示孔子与其去找卫灵公，不如打通南子夫人的关系，就像后来想见皇上，先要求娘娘、公公一样"。

南怀瑾则这样解说："王孙贾问孔子这个奥与灶的问题，是非常幽默的，他的意思是告诉孔子说，你老是跟诸侯往来，我们这些士大夫如不在君王面前替你讲几句好话，是没有用的呀！你拜访了诸侯，还是该来向我们烧烧香。"

南怀瑾的用词不太考究，不过意思很清楚。

三种解说，钱穆的解说最为牵强。那么，哪种最合理呢？这要解决第二个问题之后才能确定："获罪于天"是什么意思？

还是先看看大师们怎样解读孔子的对话。

> 钱穆：孔子意，谓但知依理行事，无意违理求媚。
> 南怀瑾：一个人真的做坏人、做坏事，怎样祷告都没有用。这些手法我全知道，只是不屑于如此而已。
> 李零：如果真得罪了天，祷告什么都没用。
> 李泽厚：如果得罪了天王爷，再怎么祈祷也是没有用的。
> 鲍鹏山：如果得罪了天，祈祷也没有用。"媚"是奴性，所以孔子拒绝。

孔子说"不然"，就是否定王孙贾的话，也就是否定"与其媚于奥，宁媚于灶"。那么，王孙贾所说的是"媚灶不媚奥"，孔子否定他，只有三种可能：媚奥不媚灶、都媚、都不媚。

按照大师们的解读，孔子的意思是都不媚，问题是，这样的回答就是在说风凉话，显然不成立。那么，是都媚？显然也不是。所以，只有一个答案：媚奥不媚灶。

"获罪于天"是什么意思呢？就是得罪了奥神。

不管"奥"是钱穆所说的祭祀的位置，还是李零所说的奥神，有一点可以肯定，这是家里的主神或者主神位。既然如此，"奥"所管理的就不是灶神这一类具体的吃喝拉撒，而是综合考察，这一家人的行为是不是符合上天的规范。所以，"奥"才是人与天之间的桥梁。对于人来说，"奥"就代表了天。

"与其媚于奥，宁媚于灶"的引申含义非常清晰，就是轻视天道，重视眼前的具体利益。跟我们吃喝拉撒有关的，我们敬畏；跟精神品德和做人有关的，我们忽略。

而孔子的回答就是：如果你轻视"奥"，就是对天道天命的不敬畏，你去讨好灶神也是没有用的。

这里，孔子是在讲对天地的敬畏。

孔子曾经说卫国多贤人，王孙贾是其中一个，所谓物以类聚。因此，王孙贾的品质不应该受到质疑，他既不会让孔子来讨好自己，也不会让孔子去讨好南子夫人。

所以，大师们关于这段对话的理解从头错到尾。

我更相信，这就是王孙贾和孔子在谈论当时社会中的一些现象和人们的想法而已，绝不是关于功利的交谈。

这一章，孔子要告诉大家不要只看见切身的利益，不要因为上天或者祖先不管具体事宜，就轻视他们，就胡作非为。一旦你做了违背天意、丧失良知的事情，你再祈祷求饶也不会有用了，一定会受到应有的惩罚。

第七章

敬畏后人的评价

9·8（5·15）子贡问曰："孔文子何以谓之'文'也？"子曰："敏而好学，不耻下问，是以谓之'文'也。"

【译文】
子贡问道："为什么给孔文子一个'文'的谥号呢？"孔子说："他聪敏勤勉而好学，不以向比他地位卑下的人请教为耻，所以给他谥号叫'文'。"

活着的时候要敬畏天地、鬼神、祖先，死后还要敬畏后人的评价，即使不能流芳百世，也绝不能遗臭万年。

这一章讲的是"谥号"或者"谥法"，钱穆是懂的，不过他基本上没有解读。李零也是知道的，并且指出《逸周书·谥法》中写道"学勤好问"曰"文"。南怀瑾不仅知道，还做了解读。鲍鹏山在译文中提到了"文"是谥号，之后再也没提。李泽厚则称孔文子的"文子"为封号，但通篇没有说到谥号。

所有大师中，南怀瑾讲解这一段是讲得最好的。

其实这是一个简单问答，子贡向老师请教谥法，并没有特殊的意义。

敏而好学，不耻下问，便出自这里。

孔圉是卫国的卿，也就是卫国的头号权臣，孔子在卫国的时候，孔圉对孔子很关照，孔子还推荐子路做了他家的家宰。后来孔圉去世，家族为他谥号文，因此孔圉又被称为孔文子。

从周朝开始，国君、贵族死后都会获得谥号，而获得什么样的谥号取决于后人对他的评价。"文"是个很好的谥号，孔子就解释为什么孔文子能够获得这样的谥号。

谥号是周朝一个非常好的传统，是一个人死后得到的评价，而且这种评价往往是很公正的，即便是国君也是如此。譬如周朝，既有周武王、周成王这样的好谥号，也有周厉王、周幽王这样的差评。

好的谥号譬如桓、宣、文、穆等，差的谥号譬如哀、殇、幽、灵等。不过随着中国从秦朝进入专制社会，皇帝的权力越来越大，大臣中不缺马屁精，越往后走，谥号越不真实。

在周朝时期，国君很在乎自己死后获得什么样的谥号，因此行事有所顾忌。从本质上说，这是对后人的敬畏。

9·9（15·20）子曰："**君子疾没世而名不称焉。**"

【译文】
孔子说："君子担心死后得不到好的名声啊！"

来看看大师们怎么说。

> 钱穆：一个君子，恨他身后声名之不传。
> 南怀瑾：一个君子人，最大的毛病，是怕死了以后，历史上无名，没没无闻，与草木同朽。
> 李零：孔子对名看得很重，特别是身后之名。孔子对利也不是不要，他对禄就看得很重。现在的学术界，名，又臭又滥，所谓"名师"几乎和骂人差不多，虚名和实利，我宁肯选择利。
> 李泽厚：君子憎恶这个黑暗世界，名称不符合实际。
> 鲍鹏山：君子很怕死后名声不被人称颂啊。

李泽厚的译法完全错误，如果按照他的译法翻译回去，应该是"君子憎世，名不副实也"。南怀瑾则把"疾"译为毛病，显然不对。钱穆译成"名之不传"同样不准确，"称"是称许的意思，不是传扬的意思。李零和鲍鹏山的意思更准确。

事实上，孔子在乎的是名声的好坏，而不是名声的大小。在这个问题上，南怀瑾的解读同样是错误的。

孔子为什么担心死后没有好名声呢？还是因为敬畏后人的评价。

小 结

没有敬畏，所以没有底线

神真的存在吗？其实，神是不是存在不重要，重要的是我们应该有所敬畏，以合乎良善的要求作为自己的行为准则。所谓"敬鬼神而远之"，就是这个意思。

所以，人是应该有信仰的。

有人会说，我们不是很多人烧香拜佛吗？难道这不是有所敬畏？

不是的。

有所敬畏，是要按照你所信仰的要求去要求自己，而不是去乞求、去索求。

那些所谓善男信女没有做到他们信仰的神所要求的那样善良和诚实，却祈求神明给他们赐福，这不是很奇怪吗？他们以为自己供奉了几个猪头，或者捐助了几个香钱，神明就会保佑他们，这不是把神明当成蠢货了吗？

他们对神明是贿赂和欺骗，内心毫无诚意。

所以，他们根本没有信仰，也没有敬畏。

第十篇

贵族精神标准之十

诚信

什么是诚信？

诚就是诚实，不撒谎。信就是信用，说到做到。

诚是农业文化，信是商业文化。所以，诚信这个概念是周朝取代商朝之后，将两种文化融合的结果。

商朝是商业国家，是契约文化，所以商礼的核心就是契约精神，或者说商朝的义就是契约文化。周礼以商礼为基础，因此契约文化在周礼中的比重也很大。而信在周礼中就代表了契约精神，所以说信就接近于义。

诚信是人与人之间交往的基础，同时也是政府与百姓之间关系的基础。

人与人之间如果不能以诚相待，社会一定会变得尔虞我诈、互相欺瞒。政府如果没有信用，百姓就不会听从政府的号召。

所以诚信是社会正常运作的条件，也是构成贵族精神的基本要素。

第一章

人而无信步履维艰

10·1（2·22）子曰："人而无信，不知其可也。大车无輗，小车无軏，其何以行之哉？"

【译文】

孔子说："人不讲诚信，不知能做些什么。就好像大车没有輗、小车没有軏一样，它怎么样行走呢？"

《论语》中会提到一些古代的器具，每当这个时候，我就会注意去看钱穆和李零的注释，我不相信自己也要相信他们。

"輗"和"軏"是什么东西？

所有的大师中，钱穆对这两个字的解说是最清楚的。輗：音尼，古代大车车辕前面横木上的木销子。軏：音月，古代小车车辕前面横木上的木销子。

其他所有大师的解说都认为没有这两个东西，车就走不动。不过钱穆的解释不一样，按照他的解释，这两个销子都是圆形的，其作用是使辕和衡可以灵活转动，不滞固，在车转弯时保持车的平衡和稳定。

"车本身既有轮，又驾牛马，有辕与衡轭束缚之，但无輗与軏，仍不能灵活行动。"钱穆的意思很清楚，缺了这两个东西，车还是可以走的，不过会走得很沉重很不灵活。

基于这样的认识，钱穆写道：

> 正如人类社会，有法律契约，有道德礼俗，所以为指导与约束者纵甚备，然使相互间无信心，且人事仍将无法推进。信者，贯通于心与心之间，既将双方之心紧密联系，而又使有活动之余地，正如车之有輗軏。

钱穆的解说显然高出其他人一筹，是正确的。

所以，诚信是人与人之间沟通交流合作的基础，缺少了这个基础，事情就很难办。

第二章

信是义的体现

10·2（15·18）子曰："君子义以为质，礼以行之，孙以出之，信以成之。君子哉！"

【译文】
孔子说："君子以义作为根本，用礼来实行义，用谦逊的语言来表达义，用诚信的态度来完善义。这就是君子了。"

信在孔子的学说体系中是一个怎样的地位呢？这一章里孔子就告诉了我们。先来看看大师们的译文或者解读。

  钱穆：君子把义来做他一切行事的本质，又把礼的节文来推行，把谦逊来表达，把诚信来完成，这样才真是一个君子呀！
  南怀瑾：具备了这四个条件，就是君子之行，也就是一个知识分子、合于一个模范人格的标准。
  李零：质是内在的东西，他要把这样的东西展示给别人，一定要谦逊，这叫"孙以出之"；"礼以行之"，就是把礼当作执行义和维护义的标准，怎么执行，怎么维护？靠的是信。孔子认为，能做到这四点，才算君子。
  李泽厚：君子以正义为本质，通过礼制实行他，用谦逊的语言表达他，守住信任完成它。
  鲍鹏山：君子做事以适宜为原则，依礼节来实行，以谦逊来表达，以忠诚来完成。

要解读这一段话，首先要搞清楚礼和义的关系。前面我们解说礼义廉耻的时候实际上就说过，首先有耻，在此基础上就有廉，在廉耻的基础上就有义，为了实现义的精神，于是制定了礼，将义规则化。

这里孔子说到"义以为质"，就是义是一个君子做人的根本，有了这个根本，再通过符合礼的行为来体现义，通过谦虚的语言来表达义，通过诚信的态度来完善义。

所以，礼、孙和信都是为义服务的，也可以说都是义的体现，义和其他三项不是并列的关系。其中，礼就是礼，包含礼制、礼节和礼仪等。

现在我们可以来对照大师们的解读了。

钱穆的译文可以说是稀里糊涂不知所云，不过，不要以为钱穆不懂，实际上钱穆懂，他的解读是正确的。南怀瑾的解读就不是太好，之后又把义和其他三项并列，这就错了。李零前半部分的解读是对的，可是最后犯了南怀瑾同样的错误，将义和其他三项并列了。

李泽厚的表达是正确的，可惜他把义说成正义，礼说成礼制，显示他还是没有理解义和礼的含义。鲍鹏山除了有与李泽厚相同的错误之外，后面三句的翻译既没有主语也没有宾语。

什么是君子？除了懂得义的原则之外，还要有符合礼的行为举止，有谦虚的语言和诚信的态度。所以，这一段话，是孔子对君子的定义。当然，也是在给贵族精神下定义了。

孔子曾经多次给君子下定义，不过都是从不同角度来说的。

孔子把信与礼放在同一个层面上，说明了他对于信的重视程度是极高的。不过从这一章来看，实际上信的重要性还是略逊于礼的。

我们现在说到信的时候，总是翻译成"诚信"，我这里也是这么翻译的。其实，这样的译法并不准确，因为诚和信并不是一回事。诚是诚实不说假话，信则是守信用，说话算数。孔子所强调的始终是信，由此可见，孔子对于信更重视。

春秋时期，人们更重视的是信，很多那时候的传奇故事都是守信的故事。相反，体现诚实的故事就少得多。

可是，在秦朝之后直到现在，我们总是去强调诚实，对于守信用则强调不够。为什么呢？因为专制统治者与老百姓之间是强权与服从的关系，而不是契约关系，统治者不在乎公信力，他们拒绝受到任何约束，他们讨厌这个"信"字。所以，他们一门心思忽悠老百姓要诚实，刻意避免提到守信用。

那么有人会问，如果我们把诚和信分开的话，今天我们更应该强调哪一个？我的回答是：缺什么补什么。

第三章

公信力

10·3（12·7）子贡问政。子曰："足食，足兵，民信之矣。"子贡曰："必不得已而去，于斯三者何先？"曰："去兵。"子贡曰："必不得已而去，于斯二者何先？"曰："去食。自古皆有死，民无信不立。"

【译文】

子贡问执政的方法，孔子说："粮食储备要足，军备充实，在老百姓中有公信力。"子贡接着问："如果迫不得已要去掉一项，这三者中最先去掉哪个？"孔子说："去掉兵。"子贡接着问："如果迫不得已要去掉一项，剩下的二者中先去掉哪个？"孔子说："那就把粮食去掉吧。人生自古谁无死？可是，没有公信力，国家就维持不下去了。"

信对于个人来说非常重要，那么对于国家呢？这一章，孔子给出了答案。

这一章的译文历来没有任何争议之处，来看看大师们的解读。

  钱穆：本章足食在前，而兵与信次之同意，可见为政者首以使民得食能保其生为先。惟遇不得已，则教民轻食重信，一处常，一临变，读者须于此善体，不可徒认自古皆有死之单辞，遂谓为政者可以不顾民命，而高悬一目标以强民之必从。

  南怀瑾：这是孔子的政治哲学，能不能绝对奉行得通，就要斟酌时代与环境的情势。儒家政治道德的理想非常高，是对的，但是懂了以后用起来，还是要知道权宜、变通，不能太迂腐。

  李零：这个说法，有点残酷，历代统治者都认为，如果能取得人民的信任，这个信任不动摇，即使死上点人，甚至死很多人，天也塌不下来。

  李泽厚：好些注解都作个体修养讲，但原文分明是回答如何搞政治。但这并非说是对政府来说，老百姓吃饭问题不重要。而是强调政治如不守信用，就不能维持，就失去存在的根据。

这其实是比较有趣的一章，对于"去兵"，大师们没有异议。对于"去食"，大师们就有点不愿意了，因为大师们站在现代人性的角度，突然发现老夫子的话好像违背人性。怎么办？直接说老夫子不对吧，大师们还觉得不妥。同意老夫子的话吧，又不甘心。于是，大师们以不同的方式畏畏缩缩地表达了自己的怀疑。

钱穆说"去食"是权宜之计，南怀瑾说要知道权宜变通，不要太迂腐，李零则拿历代统治者来说事。总之，都是委婉地表达对老夫子的话不同意。

鲍鹏山索性避重就轻，根本不提"去食"这件事，却大谈孔子师徒的谈话技巧去了。

只有李泽厚支持孔子的说法，似乎李泽厚对西方文明的研究比较多，在契约精神和公信力的问题上与其他大师有不同的理解也就顺理成章了。

那么，老夫子的说法是不是正确的呢？

这是子贡出仕赴任前的问题，孔子给了答案之后，子贡紧接着给老师出了一个选择题，这让老师很是踌躇。对于孔子的答案，很多人有不同意见。不过，对于治理国家来说，从长远来看，公信力也许真是最重要的。

需要探讨的一点是，孔子所说的"去食"恐怕不应该理解为"饿死人"，那就成草菅人命了。"去食"是因为"民无信不立"，所以"去食"依然是为了"立民"，如果大家都饿死了，还立什么呢！所以，"去食"的正确理解应该是"勒紧裤腰带"的意思，就像上面那个例子，虽然忍饥挨饿，还不至于到饿死的地步。

孔子认为，对于个人来说，信是君子的标准之一。对于国家来说，信则是最重要的基石。

第四章

如何建立公信力

10·4（1·5）子曰："道千乘之国，敬事而信，节用而爱人，使民以时。"

【译文】

孔子（对齐景公）说："治理一个拥有一千乘兵车的国家，要谨慎认真地处理政事以建立公信，节约财政开支以爱护臣民，役使人民要遵照农时。"

这一章我们要解决三个问题：第一，这是孔子和谁的对话？第二，为什么孔子要这样说？第三，孔子认为如何建立公信力？

这一章的译文并不难，来看看大师们的解读。

钱穆：本章孔子论政，就在上者之心地言。

南怀瑾：这些话不但是孔子教育门人做学问的道理，同时也是孔子当时针对社会人情的弊病而指点的。

李零："爱人"的人指士大夫以上阶层，"使民"的民指底层群众。看来，孔子讲节约，是心疼有钱有势有身份的人。没有身份的人，只是使唤的时候要掌握好季节和节令。

这是孔子在讲治理国家的最高原则，他的对象不会是自己的学生，而应该是某国的国君，至少是执政大臣。那么，是谁呢？

既然孔子说的是"道千乘之国"，那我们先来看看什么是"千乘之国"。

先说说什么叫乘，春秋时期以车战为主，通常出兵，只说车多少乘，不说人数。按《司马法》所说：车一乘有甲士三人，步卒七十二人，叫徒兵。这样的配置类似于后来的坦克和步兵的配置。所谓甲士三人就是：战车上左面的"射"，用弓箭，作远程攻击；中间的"御"是驾驶员；右面的"车右"，执戈盾，作近战防御。战车是一车四马，可以理解为四驱车。中间两匹为"服"，左右两边的称"骖"，或"騑"；甲士三人中，"射""御"都是经过贵族教育的，周朝时的六艺"礼、乐、射、御、书、数"，都是贵族的课程；而"车右"更是选孔武有力、忠诚果敢的勇士担任。"甲士三人"都是贵族精英和无敌勇士,可见车有多重要,不是人人都可以上去舞两下的。简单地说,车就像后来的高尔夫运动,那是贵族运动。而战车后面的徒兵,就是一般战士了,也就是工农子弟甚至奴隶。

甲士三人的位置一般是固定的,但有特殊情况,那就是君主、主将坐在车上的时候。当此时,主将居中,御者居左,车右位置不变。由于主将在车上,所以车右更是勇士中的勇士,类似警卫团团长;而御者是偏在一侧驭马驾车的,更得技术超群。

所以《左传》中介绍战争时,基本都要说明主将的御者和车右。

那么"千乘之国"是什么意思?根据《周礼·夏官·司马》:"凡制军,万有二千五百人为军,王六军,大国三军,次国二军,小国一军,军将皆命卿。二千有五百人为师,师帅皆中大夫;五百人为旅,旅帅皆下大夫;百人为卒,卒长皆上士;二十五人为两,两司马皆中士;五人为伍,伍皆有长。"

翻译一下:军队建制,每一万二千五百人为一军,军的统帅为卿;一军有五师(二千五百人),师的统帅为中大夫;每师有五旅(五百人),旅的统帅为下大夫;每旅有五卒(一百人),卒长为上士;一卒有四两(二十五人),两的头目叫司马,军衔为中士;每两有五伍(五人),头目为伍长。

不过,司马后来成为军中执法官的名称。

王室共有六军,也就是中央军,六军中有一支特殊的部队,属于王室直属护卫部队。这个军由周王亲自指挥,比其他的军多一个师,所以这个军又称为六师,共一万五千人。不过,到了东周时期,王室的人力财力都不足,早已经无法支撑六军,从三军、二军到最后连一军也凑不齐了。

诸侯军队的编制最多三军,依照爵位高低和国家大小确定,譬如齐国和鲁国都是三军编制,也就是说最多三万七千五百人的军队。而这些军队在战争时期必须听从王室的调动,也就是地方武警部队的意思。通常的小国,就只给一军的编制。

简单计算一下就能发现,三军的建制是五百乘战车。也就是说,齐国和鲁国的军队编制也就是五百乘。到了孔子这个时期,一些大国经过扩军,战车已经在千乘以上了。

当时可以称得上千乘之国的,有五个国家,分别是齐国、晋国、楚国、秦国和吴国。所以,初步判断,这是孔子和齐景公的对话。要确定这一点,就要解决第二个问题:为什么孔子要这样说?

齐景公在位时十分奢侈,大兴土木,并且不顾农时征用百姓,导致怨声载道,这在史籍中有明确记载,譬如《史记》中就记载:"是时景公好治宫室,聚狗马,奢侈,厚赋重刑。"

"节用而爱人,使民以时。"很明确地就是在针对齐景公的这一点,劝齐景公要节俭，不要太奢侈，同时要按照周礼的规定，在农闲的时候搞工程，农忙的时候让老百姓安心种地。

到这里，我们反过来可以证明这段话就是孔子对齐景公说的。

现在我们来解决第三个问题：孔子认为如何建立公信力？

对于"敬事而信"这句话，大师们的译法与我的不同，我们来看看。

钱穆：临事该谨慎专一，又要能守信。

南怀瑾：对一件事认真做为"敬事"，"而信"是使下面的人绝对信服。如何得到"信"，就要敬其事，说了的话一定要兑现。

李泽厚：谨慎认真地处理政事，恪守信任。

鲍鹏山：慎重地处理政事，诚信无欺。

除了李零把"信"漏掉了之外，钱穆、李泽厚、鲍鹏山都把"敬事"和"信"当成了并列关系，换言之，把"而"当成了表达并列关系的介词。

当然，大师们这样的译法也讲得通。

但是，春秋时期这一类的句子中，"而"多半是表达因果的介词，譬如"郁郁而终""无功而返""冻饿而死"等。

而在本章中，我认为还是译为"谨慎认真地处理政事以建立公信"更为合理。有意思的是，南怀瑾把"信"译为信服，这显然是错的。但是，他随后的逻辑关系与其他大师不同，他与我一样，认为"敬事"和"信"是因果关系。

类似的，对于"节用而爱人"的译法，我和大师们有同样的分歧。事实上，"敬事"是"信"的条件，"节用"也是"爱人"的条件。

所以，这里孔子给我们指出了一条建立公信力的途径：敬事。

认认真真地处理政务，公开公平公正地执政，就有了建立公信力的基础。反之，尸位素餐、敷衍了事甚至黑白颠倒，这样的君主和政府怎么能有公信力呢？

我想，解读至此，才算不辜负老夫子的苦口婆心吧？

最后顺便要说的是，李零所发出的两个感慨是站不住脚的，因为"节用而爱人"和"使民以时"并不是不相及的两件事，"人"是指所有齐国人，也就是齐景公的所有子民。理由很简单，齐景公如果能够不再折腾，税赋工役都会减少，所有人都得利。而"民"专指农民，农民才会有"时"的问题。

那么，为什么孔子先说要爱所有人，然后特别提出来不要折腾农民呢？因为这是当时最主要的矛盾。

第五章

职场成功需要信

10·5（19·10）子夏曰："君子信而后劳其民；未信，则以为厉己也。信而后谏；未信，则以为谤己也。"

【译文】

子夏说："君子必须取得公信之后才去役使百姓，否则百姓就会以为是在虐待他们。臣子要先取得信任之后才去进谏，否则君主就会以为你在诽谤他。"

孔子的弟子中，对后代影响最大的就是子夏。战国期间的著名变法家都出于子夏一门，因此在某些方面，子夏的理解甚至比孔子更好。这一章就是这样的例子，不要因为不是孔子说的就轻视其价值。

这一章的译文大同小异，看看大师们的解读。

  钱穆：言事上使下，皆必诚意交孚而后可以有成。然亦有虽不信，不容不谏，如箕子比干是也。亦有虽未信，不容不劳之，如子产为政，民欲杀之是也。子夏此章，举其常而言之。

  南怀瑾：这个地方子夏教学生们将来做人处世的道理，上面两句话是讲如何做领导人，下面两句话，是讲做别人干部，"臣道"应有的态度。他说一个君子，要指挥下面的人，需要他们做事的时候，必须先要建立起来他们对自己的信念，当他们对自己有了信念，然后要他们做事，虽然没有告诉他们所以然，他们仍会做到。当部下对自己还没有信仰的时候，要求他们过多，他会以为是找他麻烦。一个领导人，在与干部之间没有建立信心以前，虽然是为了干部的利益而想的办法，但干部们反而误会你在利用他们，损害他们的权益。一般人的心理如此，人是最难对付的，所以待人处世必须以信，信之重要在此。

  第二点，说明作为一个高级干部的人，要对主管长官提出建议之前，先要自己估计，有没有在领导人心中建立信任，真正对自己有了信任，再依信任的程度，作适当的建议才对。如果长官对自己的信任还不够，则自己提出来好的意见，往往会得到相反的结果，上级反而误会，怀疑你在诽谤他、反对他，这问题就大了。我们读历史，会看到长官与部下之间，要相互有信，下对上敬信，上对下信任，才有伟大的成就。如互信不够，没有真诚的沟通情感和思想，问题就大了。

李零：这是讲"信"的重要性。

李泽厚：上句对民，下句对君，强调信任的重要性。

鲍鹏山：做事要有次序，先取得信任，才不会被误会。

这当然是在讲"信"的重要性，但是讲解不应当局限于此。

请注意，这一章是子夏的话，并不是孔子的，因此一些大师就会有质疑了，譬如钱穆。钱穆的意思，有困难要上，没有困难创造困难也要上。他说比干没有取得纣王的信任也要去劝谏，子产没有取得百姓的信任也要去变法，这些都是为了国家利益不得不去做的。这样的解读基本上属于抬杠，子夏给的是基本的原则，他却拿特例去说事。

对这一类的内容，南怀瑾往往讲得比较好，似乎对人情世故比较内行。

这一章实际就是在讲当官的学问，管理百姓和侍奉国君，关键在于取信于他们。这一点，子夏与孔子的理念一脉相承。子夏有很多出色的学生，其中有不少著名变法家，与子夏强调"信"密不可分。大家应该记得商鞅变法之前城门立木的故事，那就是典型的"君子信而后劳其民"，在变法之前先建立公信。有的时候，政府的举措是好的是善意的，可是老百姓不买账，怀疑政府的动机，为什么？因为政府已经失去公信力。所以，这种时候，政府就应该反省自己。换言之，一个政府要管理自己的国家，最重要的事情就是建立和保有公信力。同理，下级如果不被上级所信任，就不要去提意见和建议，否则好心也成驴肝肺。在人际交往中往往也是如此，有两个成语可以说一说。

第一个是"交浅言深"，交情很浅，完全没有互信的情况下，却谈论很机密很重大的事情，这是非常危险的。譬如你跟隔壁老王不熟，他却告诉你自己有王羲之的真迹，那基本上就是在给你挖坑，让你当接盘侠了。

第二个是"疏不间亲"，别人关系近，你的关系远，你却去挑拨人家的关系，这也很危险。譬如王老板和小张的关系很好，和你的关系一般，你却去王老板那里打小张的小报告，那你离被炒鱿鱼真不太远了。

第六章

缺乏诚信活得累

10·6（14·31）子曰："不逆诈，不亿不信，抑亦先觉者，是贤乎！"

【译文】
孔子说："不预先怀疑别人欺诈，也不臆测别人不诚实，然而能事先觉察别人的欺诈和不诚实，这就是贤人了。"

这一章我们要解决两个问题：第一，孔子为什么要说这样的话？第二，孔子的话在这个时代适用吗？

对于这一章的译文，钱穆、李零、李泽厚、鲍鹏山都与上面的一致，其中，鲍鹏山的解说结合现实，较为详尽。南怀瑾的译文与众不同，来看看他的解读：

> 明明别人来骗自己，可是不给人当面难堪，这是"不逆诈"。平生经验，的确碰到过许多这样的事，明知道对方满口都是谎言，但是姑且就让他骗。他讲完了以后，他所期望的、所要求的目的，也让他达到。但是我们自己心里有数，知道他在骗。同时还发现有些人，他完全在骗人，但是他自己已经不觉得在骗人，他骗成了习惯以后，连自己都不觉得在说假话骗人，而变成了他正常的生活方式，甚至对他自己说的假话，也觉得是真的。"不逆诈"就是不揭穿有些人的欺诈。当然，这也要用得好，如果用得不好，我们就犯了很大的罪过，很容易成为"姑息养奸"了，这也不可以的。有的人是真的有困难，不得不骗一点钱，不抢不偷，已经算是好的，明知道骗，不妨给他骗一次，不过要设法感化他，这是"不逆诈"。也可以把这个道理扩充到大的方面，但要恰到好处，该揭穿的时候，就要加以教育了。"不亿"就是不随便估计、推测。凭了想象，随便估计推测，认为大概是这样，就犯了主观的毛病，不大好。"不信"就是怀疑。"不亿""不信"，等于说不要主观的相信，也不要太客观地不相信。人如果有这样的胸襟、修养，就够得上是有智慧的先觉者，也可以说是一个贤达的人了。

不得不说，南怀瑾的解读实在是太不靠谱了！

在这一章里，"逆"就是"逆测"，就是反向去追究别人的动机；"亿"就是臆，意思就是臆测。其实简单地说，就是与人打交道，要以诚相待，最起码的就是相互间的信任。君子之间打交道，诚信先行，信任先行。

在这样的情况下，骗子就会利用对方的信任。君子一方面信任对方，另一方面很睿智、明察，能够迅速地判断对方是不是一个骗子。所以，贤人不仅品德高尚，也拥有智慧。

这话呢，看上去好像有些难以理解了，需要更清晰的解读。

在事件的一开始，不要抱有成见抱有怀疑，选择相信对方。但是，在了解情况的过程中，要能敏锐地发现疑点，识破骗局。否则就算事情本来是真的，对方本来是诚实的人，你也可以找到无数的理由认为他在撒谎或者他动机不纯。但如果之后也不能敏锐地发现破绽，那么如果对方是个骗子，你就会上当。

理论上说，孔子的说法是正确的，这样呢，既不冤枉好人，也不上坏人的当。既不得罪朋友，也远离骗子。但是，做到这一点真的很难。

有一个故事说明了这个问题。子产很喜欢一条鱼，让手下一个小吏去养，结果这哥们把鱼给吃了。有一天子产问起，小吏撒谎说小鱼活得可好了，还绘声绘色描述小鱼怎样活蹦乱跳，子产非常高兴，丝毫没有怀疑。

那么，孔子为什么要说这样一段话呢？

孔子与宰我曾经有一段对话，是这样的：宰我问曰："仁者，虽告之曰：'井有仁焉。'其从之也？"子曰："何为其然也？君子可逝也，不可陷也，可欺也，不可罔也。"宰我提出来的其实就是这个问题，很有可能，这一章是孔子针对宰我的问题所说的。

回到现实社会中，我们来看看怎样理解孔子的这段话。

其实，对于绝大多数人来说，行为方式都是取决于经验的。如果你遇到的都是诚实的人，那么你基本上就会"不逆诈"；相反，如果你总是被骗，你恐怕就会怀疑一切了。

第七章

义，从守信开始

10·7（1·13）有子曰："信近于义，言可复也。恭近于礼，远耻辱也。因不失其亲，亦可宗也。"

【传统译文】

有子说："讲信用要符合于义，话才能实行；恭敬要符合于礼，这样才能远离耻辱；所依靠的都是亲近的人，也就值得效法了。"

解读《论语》，不仅要搞懂概念，也要搞懂概念之间的关系。否则，连望文生义都做不到，连说文解字都困难。

先来看看大师们的译文和解读。

钱穆：(译文) 有子说：与人约而来信，必先求近义，始可践守。向人恭敬，先求合礼，始可远于耻辱。遇有所因依时，必先择其可亲者，亦可依若宗主了。(解读) 本章言与人交际，当慎始，而后可以善终。亦见道有先后高下之别。信与恭皆美德，然当近义合礼。有所因依亦不可非，然必择其可亲。

南怀瑾：这里"信近于义"的"义"，与墨子的"义"字，有相同之处。人为什么守信？答应的话，一定做到。"言可复也"，守信的人，不可讲空话，因为"言可复也"，讲了话必须恢复。什么是"恢复"？就是讲了的话要"兑现"。"恭近于礼，远耻辱也"，礼貌的当中要恭敬，免得招来无谓的耻辱。"因不失其亲"，意思是人绝对无私是做不到的。"亦可宗"，像这个样子，也可以宗仰。

李零：孔子认为，只有近于义的信才是大信，必须践行。恭敬只有节之以礼，才能远离耻辱。"因不失其亲，亦可宗也"，孔子的意思是，姥姥、舅舅家虽然比不上爷爷家，但如果不失亲近，也等于宗。

李泽厚：有子说：讲信符合理则，才能履行承诺；讲恭敬符合礼制，才能避免羞辱。所依靠的不脱离自己的亲族，这就可以效法。

大师们的译文都是错的。

要弄懂这一章的意思，首先要弄懂"近"该怎样解。大师们的译文中将"近"解释为符合、接近。正确的解释则应该是近似、类似。

还记得此前所录的原文吗？子曰："君子义以为质，礼以行之，孙以出之，信以成之。君子哉！"

义是基础，礼是义的体现，恭敬和信都是表达和完善义的方法。譬如说一艘船，如果义代表的就是船本身，礼就代表了动力系统，信和恭敬就代表了船的外壳。

同样，义是一个大的概念或者是总的概念，信则是小的概念，懂得了小的概念，就接近于懂得大的概念了。

现在，我们来做一个现场还原，大家就容易理解了。

孔子去世之后，有若接任了孔子学校的校长，同时也授课。

这一天，有若给弟子们上课，就讲到了义和礼。

有弟子就问："有老师，您说的义啊礼的太深奥太宽泛，我觉得自己怎么也做不到，完全摸不到门，不知道从何处开始做起。"

有若就说了："如果你不能理解什么是义，那么你就开始做个讲信用的人，这样就接近于义了；如果你理解不了礼，那么你就做个谦恭的人，也就接近于礼了。信和义、恭和礼的关系就像亲人一样，所以，如果理解不了义和礼，遵循信和恭的原则也是可以的。"

可以说，有若对于孔子的学说在某些方面的理解确实很透彻。如果大家不知道怎样才能拥有贵族精神，那么不妨先从守信和恭敬开始。

那么，最后的译文就应该是这样的：

有子说：讲信用，就接近于义了，就是说话算数；对人恭敬，那么就接近于知礼了，就能避免羞辱。（当你不懂得怎样做一件事情的时候）你可以凭借另一件与这个事情接近的事情去做，就能够找到做这件事情的方法了。

"因"是依靠、凭借的意思，"亲"就是有关联的意思，"亦"是就的意思，"可宗"就是可以探寻可以发现的意思。

这段话，有子告诉我们，对于那些大的有些虚无的概念弄不懂的话，就先从小的可以实施的方面去做。

小 结

重建诚信，从公信开始

在春秋时期，"信"是一种伟大的信仰。一个著名的例子是在城濮之战中，狐偃坚持晋军要信守承诺，退避三舍。战后论功行赏，晋文公没有把头功颁给中军元帅、春秋战神先轸，而是颁给了狐偃，因为晋文公认为做到守信，这才是"万世之功"，是一个国家强大下去的保障。

可惜的是，几十年前，随着全球贸易的推进，各国商业往来频繁，而人们并没有在信用方面做好准备，于是我们来到了一个缺乏信用的商业时代，进而反过来影响到人们的品行，最终，诚信整体缺失。

我们就处在一个缺乏诚信、缺乏相互信任的时代，有史以来从来没有这样严重过。社会中的种种弊端、种种不公正不公平，其实与社会诚信的缺乏都有莫大的关系。

官民之间没有信任，商民之间没有信任，百姓之间也没有信任。现在走出门，你敢相信谁？对于大多数人的话，你都要掂量再三，看谁都像骗子。

累，每个人都活得很累，包括骗子在内。

那么，如何改变这一切呢？

办法很多，困难也很多。

诚信教育、信用体系的建立、相关法律的执行等，当然都是办法。

但是，孔子说得对：公信是一切诚信的基础。

那么，如何去建立公信、恢复公信、保持公信、提升公信呢？

这就不是在这里可以讨论的了。

第十一篇

贵族精神标准之十一

坚持与变通

一个没有意志力的人是不会有所成就的，所以，贵族精神里理所当然包括了"坚持"。坚持就是有恒心有毅力。有好的计划，有远大的理想，但是没有毅力去坚持，也是无法实现的。

一个最著名的关于坚持的故事是愚公移山，一句最著名的关于坚持的俗语是"只要功夫深，铁杵磨成针"。

有的事情，只要坚持就能实现。如果不能坚持，就是意志力的问题。

但是，并不是所有的事情都是坚持就能成功。

记得有一年的高考语文试题是一幅画，画上是一个人在挖井，挖了几口井，都是在接近挖到水的时候停止了。画的意思无疑是说这个人缺乏恒心，浅尝辄止，功亏一篑。

但是换一个角度说，这个人之所以几次换位置挖井，是因为他不知道马上就会有水。如果他知道的话，他自然会接着挖下去。所以，这其实与意志力无关，与技术和运气有关。试想，如果下面根本就没有水，就算他把井从中国挖到美国去，也是没有用的。

甚至，可能他挖的第一个地方没有水，多挖几个地方就有了。

所以，有的时候毅力也被说成死心眼甚至缺心眼。

就像上面那道高考题，其实问题的根本不在于坚持，而在于懂得打井的知识，事先判断到什么深度会有水。那么，就不会发生在有水的时候半途而废或者在没水的时候还继续打井的情况了。

所以，坚持固然重要，变通更加重要。该坚持的时候坚持，该变通的时候变通。

那么，为人处世，什么是该坚持的，什么又该变通呢？

对自己既定的目标要坚持，对自己的道德底线要坚持，对自己认为对的事情要坚持。

只懂坚持，就会成为腐儒；只懂变通，就会成为流氓。坚持的是目的，是底线；变通的是方法，是方式。

第一章

坐怀不乱——柳下惠的坚持

11·1（18·2） 柳下惠为士师，三黜。人曰："子未可以去乎？"曰："直道而事人，焉往而不三黜？枉道而事人，何必去父母之邦？"

【译文】

柳下惠当法官，三次被罢免。有人说："你不可以离开鲁国（去其他国家发展）吗？"柳下惠说："按正道处世，到哪里不会被多次罢官呢？如果不按正道处世，为什么一定要离开本国呢？"

柳下惠是孔子崇敬的人，孔子为什么崇敬他？这一章我们要解决两个问题：第一，"士师"是什么？第二，为什么柳下惠说"枉道而事人，何必去父母之邦"？

这一章的字面意思非常简单，译文大同小异，没什么可说。真正值得说一说的，还是柳下惠这个人。关于柳下惠，大师们都没有介绍。

在介绍柳下惠之前，还是来解决两个小问题。

第一个问题，"士师"是什么？

钱穆和李泽厚说是典狱官，南怀瑾说是等于现在管刑法的官，勉强比作现代的司法部部长或最高法院院长。李零说是管贵族狱讼的官员，鲍鹏山说是古代掌管司法刑狱的官员。

所有的说法都是错的。

春秋时期，各国的最高法官是司寇（鲁国）或者大理（晋国），负责贵族阶层的诉讼。而士师是多数国家都有的，属于基层法官，负责士这个级别的诉讼，也就是管百姓的诉讼。

孔子就做过鲁国的大司寇，也就是鲁国最高法院的院长。但是，孔子几乎没有真正审理过案子，因为鲁国被三桓瓜分了，孔子没人可管。荀子说孔子杀了少正卯，纯属捏造，因为无论从级别还是地域上说，孔子都没有权力杀他。

第二个问题，为什么柳下惠说"枉道而事人，何必去父母之邦"？

看看大师们怎么说。

钱穆：苟能枉道，则不必去父母之邦亦可不被谴黜。

南怀瑾：如果以歪曲的心思、用手段来取得地位，以得功名富贵为荣耀，并不想真为国家社会做事的，那又何必离开自己父母之国呢？

李零：如果我不讲原则，左右逢源，在这儿也舒舒服服，何必要离开自己的祖国？

李泽厚：到处都一样，不如就在家乡干。

鲍鹏山：如果为了保住职位而不正直地侍奉国君，又何必离开自己的祖国？

从逻辑的角度看，只有钱穆和南怀瑾解答了这个问题。

柳下惠的话很有逻辑：如果坚持自己的良知，去哪里当官都当不长，又何必离开自己的祖国呢？如果出卖自己的良知，在哪里都能当官，又何必离开自己的祖国呢？

说起来，柳下惠也是一个愤青。

这大概是孔子周游列国之后的感悟了，他用自己的行动证明了柳下惠说法的正确。

柳下惠，姬姓展氏，名获，字子禽，春秋时期鲁国人，是鲁孝公的儿子公子展的后裔。"柳下"是他的食邑，"惠"则是他的谥号，所以后人称他"柳下惠"。因为在兄弟中排行最小，所以有时也称"柳下季"。柳下惠被认为是遵守中国传统道德的典范，他"坐怀不乱"的故事中国历代广为传颂。《孟子》中说"柳下惠，圣之和者也"，所以他也有"和圣"之称。

柳下惠当士师有一个故事，说是一个叫佐丁的人偷了米，于是柳下惠给他罪加两等重判，这人告到了鲁国国君那里，柳下惠就解释说："这个人具有儒生的身份，本身可以担任周礼的司仪，不仅知法，而且本身属于司法人员，因此，罪加两等。"柳下惠的做法，实际上是地位越高，处罚越重，这就必然得罪各级官僚，做官做不长也就毫不意外了。

不过话说回来，柳下惠这样的人还能三次当上士师，说明那个时候鲁国的政治并非那么糟糕。

柳下惠还有两则故事也很具有代表性，都说明了他的坚持。

一次，柳下惠从朋友那里回来晚了，结果城门关了，柳下惠只能在城外过夜。恰好一个姑娘也回来晚了，当晚降温，姑娘被冻得发抖。于是，柳下惠让姑娘上了自己的车，坐在自己的怀里。一个晚上过去，柳下惠并没有逾礼之举。到了天亮，柳下惠将姑娘送回了家。

这段故事，就是坐怀不乱的故事，这个成语也是这样来的。

齐国攻打鲁国，目的是抢夺鲁国的鲁鼎。鲁国打不过齐国，于是山寨了一个鲁鼎给齐国送过去，齐国国君齐桓公怀疑这是赝品，于是对鲁国人说："把这个鼎拿去给柳下惠看，如果他说是真的，就算是假的，我也认。"

为什么这样呢？因为齐桓公知道柳下惠绝对不会撒谎。

于是，鲁国国君派人抬着鼎去见了柳下惠，说些爱国之类的大道理，请求柳下惠出具证明来证明这个鼎是真的，可是柳下惠拒绝了，他说："我知道鼎是鲁国国君的宝贝，可是，诚信是我的宝贝。我不能为了他的宝贝而毁掉我的宝贝。"最终，柳下惠也没有出具证明。

柳下惠就是这样一个人，他不屈服于压力、诱惑和虚假的正义，坚持自己的操守、品质和价值底线。

前面两个故事好说，大家不会有什么争议。

但是第三个故事，很多人会不同意了，尤其是那些整天把爱国放在嘴边的人。他们会说：为了国家利益，应该不择手段。柳下惠为了自己的名声，宁可牺牲国家利益，这是不对的。

但是，我认为柳下惠是对的。

首先，人格重要还是国格重要？我认为是人格。所有人的人格才构成国格，一个人格低下的国家，其国格也一定是龌龊的。

对于柳下惠来说，如果他这一次撒谎，那么一定还会有第二次第三次。第一次可以说是为国家利益，第二次就可以说是为家族利益，第三次就能为个人利益而撒谎了。

其次，什么是国家利益？统治者的利益不能代表国家利益。

为什么齐桓公藐视鲁国国君以及鲁国的军队，却敬重一个柳下惠？柳下惠的人格魅力可以说比鲁国军队更加强大。与柳下惠同期的子产是郑国的相国，他能让楚国晋国都不敢欺负郑国，靠的难道是郑国的实力吗？不是，是他的人格魅力。

所以，柳下惠的诚实比鲁国的鼎更有价值。柳下惠的坚持比鲁国军队更有力量。

秦国统一天下的时候，秦军进入山东，秦军主将王贲下令，不许动柳下惠墓地三十里之内的一草一木。

柳下惠的人格魅力让野蛮的秦军都敬畏，这是什么力量？伟大的人格。

第二章

底线与理想——孔子的坚持

11·2（9·19）子曰："譬如为山，未成一篑，止，吾止也。譬如平地，虽覆一篑，进，吾往也。"

【译文】

孔子说："譬如用土堆山，只差一筐土就完成了，这时应该停下来，那我就停下来；譬如填一个大坑，虽然只倒下一筐土，这时应该继续下去，那我就继续下去。"

这一章我们只解决一个问题：为什么大师们的解读全是错的？
传统的译文与大师的类似，我们来看看大师们的译文和解读。

  钱穆：先生说：譬如堆一山，只一篑未成，停止了，这是我自己停止的呀。譬如在平地，仅堆着一篑土，继续向前堆，这也是我自己在向前堆的呀。

  本章言学者当自强不息，则积久而终成。若半途而废，则前功尽弃。其止其进，皆在我，不在人。

  南怀瑾：譬如我们去挑泥土来堆成一座山，要挑一百担泥土的，已经挑了九十九担，最后"未成一篑"，少了一畚箕泥土。"止"，停止了，因此便不能登峰造极到顶点。是谁使你停止的？我们一件事没有成功，往往推之于客观的环境、社会的因素，但是孔子在这里说那是不可能的，"吾止也"，还是自己心理的疲劳与退缩，不是客观因素。他又说，譬如填平一块土地，倒一畚箕泥土上去，就看到更高一点，这个进步，也不是外来的因素，而是自己的成功，这里他所强调的，是指一切的作为，其成功或失败，都在于一个人自己，不要推之于外来的因素。外来因素之所以形成，也是自己本身的关系。

  李零：孔子说：我打个比方，堆土成山，眼看就要堆成了，哪怕只差一筐土，你把他停下来，这个山也堆不成。平地上，哪怕刚刚倒下一筐土，只要你继续往上倒土，早晚也会堆成山。

孔子是说，有志者事竟成，无论什么事都贵在坚持，干就成，不干就不成，一切全在你自己。

李泽厚：譬如造山，只差一筐土，如果中断，我也就停下来了。譬如在平地上，虽然只倒下一筐土，如果继续，我也就干下去了。

此即所谓"愚公移山"，强调韧性，自有成效。

鲍鹏山：譬如用土来堆一座山，只一筐土就能堆成，可是停止了，这是我自己停止的。譬如在平地上（堆土成山），虽然才倒下一筐土，可是继续堆土，那是我自己坚持往前的。

成败在己不在人。为什么说大师们的译文都是错的呢？我们还是用逻辑来说明一切。

首先解决一个小问题："平地"是什么意思？

大师们都说平地就是在平地上堆山。第一，孔子哪里说了这是在堆山？第二，前面"为山"就是在堆山了，这里接着堆山？真当孔子是愚公了？

根据常识，前面的"为山"的"为"是个动词，是堆的意思。后面"平地"的"平"也应该是动词，应该是平整的意思。所以，"平地"是填坑的意思。

什么是半途而废？什么是自强不息、贵在坚持？差一步到山顶了，这时候他停下来了，你认为这是半途而废吗？这肯定是另有原因。

所以，这一章跟半途而废、自强不息没有关系，跟愚公移山更没有关系。

那么，大师们的问题出在哪里？他们天然地以为"吾止也"一定是错的，"吾往也"一定是对的。

但是请注意，老夫子的话里有这个意思吗？事实上，不论是"止"还是"往"，都是"吾"的决定，都是对的。

孔子想说的是：只要我认为是错的，只要不符合我的价值观，就算是前功尽弃，就算是唾手可得，我也毫不犹豫地放弃。只要我认为是对的，只要那是我的目标，就算遥遥无期，我也要坚持下去。

就像是堆一座山，如果我认为这是错的，即使只需要最后一筐土就能堆成，我也果断放弃；就像平整一个大坑，如果我认为这是我的目标，就算只倒了一筐土，还需要无数筐的土，我也会坚持下去。

这一章孔子用了两段话，说明的是两个问题。

前面一段说"吾止也"，所要表达的是向下的坚持，也就是坚持自己的底线，坚持自己的价值观。后面一段说"吾往也"，说的是向上的坚持，也就是坚持自己的志向，坚持自己的理想。

孔子是这么说的，也是这么做的。

首先说坚持自己的底线和价值观。

无论在鲁国还是在卫国，孔子要想得到和保有高官厚禄并不是难事。在鲁国，孔子与季孙家和孟孙家都是亲戚，又曾经在季孙家工作，孟孙家的南宫敬叔又是自己的学生，再加上自己的才华，他甚至不需要做什么，只要对三桓的种种不符合周礼的行为睁只眼闭只眼，他的大司寇就可以舒舒服服干下去。在卫国，他只需要曲意奉承卫灵公，不要坚持自己的治国理念，卫灵公随随便便就可以赏他一个大夫的职位。

再说说坚持自己的志向，孔子的志向就是用周礼救天下，为此，他用了一生去奋斗。

我们可以把这一章和上一章联系起来看，上一章所讲的实际上就是这一章里的"譬如为山，未成一篑，止，吾止也"，都是在讲坚持底线。

上一章是柳下惠的坚持，这一章是孔子的坚持。

于是我们看到，孔子和柳下惠的区别：柳下惠坚持的是底线，孔子不仅坚持底线，还坚持理想。

第三章

撞上南墙也不回头

11·3（18·7）子路从而后，遇丈人，以杖荷蓧。子路问曰："子见夫子乎？"丈人曰："四体不勤，五谷不分。孰为夫子？"植其杖而芸。子路拱而立。止子路宿，杀鸡为黍而食之，见其二子焉。明日，子路行以告，子曰："隐者也。"使子路反见之。至，则行矣。子路曰："不仕无义。长幼之节，不可废也；君臣之义，如之何其废之？欲洁其身，而乱大伦。君子之仕也，行其义也。道之不行，已知之矣。"

【译文】

子路跟随孔子出行，落在了后面，遇到一个老丈，用拐杖挑着除草的工具。子路问道："你看到夫子了吗？"老丈说："四体不勤，五谷不分，夫子是个什么货？"说完，便扶着拐杖去除草。子路拱着手恭敬地站在一旁。老丈留子路到他家住宿，杀了鸡，做了小米饭给他吃，又叫两个儿子出来与子路见面。第二天，子路赶上孔子，把这件事向他作了报告。孔子说："这是个隐士啊！"叫子路回去再看看他。子路到了那里，老丈已经走了。孔子说："有学问却不做官是不对的。长幼间的关系是不可能废弃的；君臣间的关系怎么能废弃呢？想要自身清白，却破坏了根本的君臣伦理关系。君子做官，只是为了实行道义的。至于道的行不通，我早就知道了。"

这一章要解决两个问题：第一，"四体不勤，五谷不分"是在说谁？第二，最后的那段话究竟是谁说的？

首先要说明的是，传统的《论语》原文中，最后一个"子曰"为"子路曰"。因为"子路曰"显然不对，因此改为"子曰"。

这一章其实就是一段故事，应当是发生在孔子由楚国返回卫国的途中。首先是第一个问题："四体不勤，五谷不分"是在说谁？

钱穆：我四体来不及勤劳，五谷来不及分辨，哪是你的先生呀！

南怀瑾：这种人光在那里吹牛，也不去劳动，连五谷都分不清楚，一天到晚只在那里用头脑，用嘴巴吹牛，我才不认识你的什么老师。

李零：你们这些人，四体不勤五谷不分，谁是你的老师？

李泽厚：四肢不劳动，五谷不认识，谁是你的老师？

鲍鹏山：四肢不勤劳，五谷分不清，谁是老师？

相比较，南怀瑾的说法更合乎逻辑一些。老丈不可能说自己四体不勤五谷不分，而子路高大健壮，老丈凭什么说人家四体不勤呢？那么，老丈是在说孔子吗？问题是，老丈并不认识孔子，凭什么说孔子呢？那他在说谁？答案是：夫子。

夫子是什么意思？并不是只有孔子才叫夫子。在春秋时期，对有学问并且年长的人称夫子，对卿大夫也可以称夫子，这在《论语》中都有出现。当老丈听说子路找夫子，他对夫子是没什么好感的，他的印象就是"四体不勤五谷不分"，因此脱口而出。"孰为夫子"的意思则是"夫子是个什么东西"？

现在来解决第二个问题，最后的那段话究竟是谁说的？

钱穆：此乃子路对其二子言。所言大意，当即孔子所授，欲以告丈人者。

南怀瑾：这是子路对孔子说。

李零：子路做官的冲动比老师还强，这话出自子路之口，不值得奇怪。

李泽厚：子路说。

鲍鹏山：子路对老丈说。

这段话绝对不是子路说的。理由非常简单。

第一，是角色定位。就像张飞不会说出曹操的话一样，子路说不出这样的话。这一段话无论从风格还是从内容，只有孔子能说。

第二，这段话的最后一句是"道之不行，已知之矣"。这样的结论，是子路可以下的吗？

所以，最后这段话，应当是子路从老丈那里回来，孔子对子路所说的。孔子为什么要说这些呢？文中没有说明，不过我们来推测一下：子路和孔子走散，遇上丈人问路，丈人对夫子表示不屑，但是丈人很善良，请子路到自己家中过夜，杀鸡款待，让两个儿子作陪。喝酒的时候，老丈和子路相谈甚欢，了解了子路以及孔夫子的事情，表示不认同，而老丈并不是一个大老粗，还有些知识和见解。

子路追上孔子之后说了自己的经历，孔子觉得这老丈挺有想法，是个隐士，因此派子路再去见他，如果老丈有兴趣的话，孔子也愿意去跟他结识。谁知道老丈不在家，子路没有见到。孔子见子路回来，对子路说了这番话，意思是说这种有才能的人应该出来做事，而不是隐居。最后这句话是孔子的感慨。

第四章

骨感的理想也是理想

11·4（18·6）长沮、桀溺耦而耕，孔子过之，使子路问津焉。长沮曰："夫执舆者为谁？"子路曰："为孔丘。"曰："是鲁孔丘与？"曰："是也。"曰："是知津矣。"问于桀溺。桀溺曰："子为谁？"曰："为仲由。"曰："是鲁孔丘之徒与？"对曰："然。"曰："滔滔者天下皆是也，而谁以易之？且而与其从辟人之士也，岂若从辟世之士哉？"耰而不辍。子路行以告，夫子怃然曰："鸟兽不可与同群，吾非斯人之徒与而谁与？天下有道，丘不与易也。"

【译文】

长沮、桀溺在一起耕种，孔子路过，让子路去询问渡口在哪里。长沮问子路："那个拿着缰绳的是谁？"子路说："是孔丘。"长沮说："是鲁国的孔丘吗？"子路说："是的。"长沮说："那他是早已知道渡口的位置了。"子路再去问桀溺。桀溺说："你是谁？"子路说："我是仲由。"桀溺说："你是鲁国孔丘的门徒吗？"子路说："是的。"桀溺说："像洪水一般的坏东西到处都是，你们同谁去改变它呢？而且你与其跟着躲避人的人，为什么不跟着我们这些躲避社会的人呢？"说完，仍旧不停地做田里的农活。子路回来后把情况报告给孔子。孔子很失望地说："飞禽和走兽是不可能合伙成群的，我不和这样的人共处还和什么人共处呢？如果天下太平，我就不会瞎折腾了。"

这一章又是一个小故事，与上一章类似。这一章只需要解决一个问题："鸟兽不可与同群"是什么意思？

这应该是发生在孔子周游列国之后回归卫国的路上，到了河边要找渡口。当时是子路驾车，孔子派子路去问，就接过了他手中的缰绳。长沮、桀溺就是两个农夫，并不是后来历史上所说的高人。当时孔子周游列国看来影响还比较大，以至于农夫都知道了。

子路先问长沮，长沮远远望去看见孔子，于是问子路驾车的人是谁，子路说是孔子。这里插一句，南怀瑾把"夫执舆者为谁？"译成了"你替他赶车的那个老头子是谁"，错。长沮的回答，意思是说孔子不是自以为聪明吗？他肯定知道渡口在哪里了，何必问我？显然，长沮是在讽刺孔子。

相比较，桀溺更直率一些，他的话的意思是：就像这滔滔江水，天下的执政者都一个样。孔子周游列国，也不过是想要避开坏的君主去寻找好的君主，注定不会有好结果。而我们这样则是要避开这个世界，不对君主们抱希望。你与其跟着孔子到处跑，不如像我们一样与世无争。

子路回去把两人的话告诉了孔子，孔子的话的意思是：就像飞鸟和走兽不可能成为一群一样，人其实也是分为不同类别的，我其实和他们是一类人，不跟他们在一块还跟谁在一块呢？可是话说回来，如果天下有道的话，我还会这么折腾吗？我和他们一样都知道世道无法改变，他们选择了逃避，我也知道他们是对的，但是我还是要努力去改变。

对于"鸟兽不可与同群，吾非斯人之徒与而谁与"这句话，钱穆、李零、李泽厚和鲍鹏山的译文都是：人不可能与鸟兽同群，我不和人在一起，和谁在一起呢？他们的意思，孔子是在说自己不可能隐居山林，与鸟兽同行。南怀瑾则说：

> 鸟是飞的，兽是走的……飞的与走的不能摆在一起，换句话说，人各有志，各走各的路，远走的就去远走，高飞的就去高飞。孔子接着说，其实我很想跟他们一样，走他们的路线，抛开天下国家不管，我还不是跟他们两个人的思想一样的。换句话说，都是在忧世的，担忧这个国家，担忧这个时代，担忧这个社会，这种忧都是一样的，问题只是做法两样。他们可以丢下这个社会、这个时代不管，只管自己种田去，可是我丢不下来。

这一次，我认为他的解说是经得起推敲的。为什么呢？

首先，桀溺批评孔子乱折腾，意思是你可以像我们一样开荒种地，躲避尘世。但是，并没有要求孔子隐居山林，与鸟兽为伍。

其次，"斯人之徒"应该译成"这些人""这类人"，而钱穆译为"那天下人"，李零译为"人这种东西"，李泽厚译为"人"，鲍鹏山译为"世上的人"。自然，孔子就是用鸟类和兽类的区别来比喻人也是分类的，自己与这些人实际上是一类的，只是放不下天下，很无奈。

第五章

知其不可而为之

11·5（14·38）子路宿于石门。晨门曰："奚自？"子路曰："自孔氏。"曰："是知其不可而为之者与？"

【译文】

子路夜里露宿在石门，早上开城门的人问："从哪里来？"子路说："从孔子那里来。"看门的人说："是那个明知做不到却还要去做的人吗？"

这一章字面意思简单，但是背景需要处理。

这一章的大意非常清楚，一些细节无关宏旨。其中，钱穆的解读最好，而南怀瑾的解读有些不够准确：

> 有一天，子路在石门这个地方过夜，早晨起来，有一个晨门问子路，从哪里来的？子路说是从孔先生那儿来的。这个晨门说，就是那个姓孔的孔丘？那个明知道做不到，硬要做的人吗？这个晨门就是隐士，他学问很好，道德很好，可是隐居在一群下级干部当中。

钱穆认为，这是孔子周游列国期间，派子路回鲁国看视自己的家。到曲阜的时候，城门已经关闭，于是就在外城门也就是石门的门外就地露宿了（估计这是夏天）。第二天早上守门人开门，晨门就是这个守门人的岗位名称，不是人名。晨门很惊讶，问他从哪里来。子路说从孔氏来，大概鲁国人都知道孔子，所以不用说他的名字，晨门于是说："是知其不可而为之者。"

钱穆的这个现场还原显然是合理的，不过有两处需要特别说一说。

第一处是为什么子路用"孔氏"来代称孔子？其实这里有讲究。

在鲁国，季孙家称为季氏、孟孙家称为孟氏、臧家称臧氏，也就是说，这些大家族直接用"某氏"来代称，孔子因为曾经担任鲁国大司寇，因此孔家有资格叫孔氏。换言之，不管鲁国有多少家姓季的，说到季氏，就是指季孙家。

所以，"某氏"是一种很牛的称呼。子路在这里说"孔氏"，实际上带着一点自豪的意思，而晨门也立即知道子路所说的就是孔子。

在鲁国之外，别人问起孔子是谁，子路的回答是"孔丘"。回到鲁国，子路的回答就是"孔氏"了。这一点，也从侧面证明这一章的事情发生在鲁国了。

第二处是个挺有趣的事情，那就是钱穆竟然搞丢了一个字。

这一章最后一句话的原文是"是知其不可而为之者与"，可是不知道怎么回事，钱穆在解说的时候把最后的"与"字弄丢了，所以最后翻译的时候疑问句就变成了感叹句，译成了"他是一个明知干不成而还要干的人呀！"

这一章其实告诉我们这样一个事实，作为鲁国的前任大司寇，作为鲁国一颗曾经闪耀的政治新星，尽管鲁国的绝大多数人都认为，孔子所推行的政治主张是不可能实现的，孔子完全是在瞎折腾。但其实孔子的离去和周游列国在鲁国的影响还是很大的。

知其不可为而为之者，要么是愚蠢透顶的人，要么是性格倔强的人，要么是有非凡远见的人，孔子是哪一种？让时间来证明吧。

第六章

别把龙套当主角

11·6（18·5）**楚狂接舆歌而过孔子曰："凤兮凤兮！何德之衰？往者不可谏，来者犹可追。已而，已而！今之从政者殆而！"孔子下，欲与之言。趋而辟之，不得与之言。**

【译文】
一个楚国愤青唱着歌迎着孔子的车走过，他唱道："凤凰啊，凤凰啊，它的德运怎么这么衰呢？过去的已经无可挽回，未来的还来得及改正。算了吧，算了吧！今天的执政者危乎其危！"孔子下车，想同他谈谈，他却赶快避开，孔子没能和他交谈。

质疑孔子的人多了去，你算老几？这一章要解决两个问题：第一，"接舆"是人名吗？第二，凤凰是比喻孔子吗？这两个问题一直是稀里糊涂的。
首先解决第一个问题："接舆"是人名吗？
来看看大师们怎么说。

  钱穆、鲍鹏山：楚之贤人，佯狂避世，失其姓名，以其接孔子之车而歌，故称之曰接舆，犹晨门荷蒉丈人长沮桀溺之例。
  南怀瑾：楚狂接舆是道家人物，是楚国一个著名装疯的狂人。所以楚狂并不是一个疯子，接舆是他的名字。
  李零：接舆是楚国著名的狂人。
  李泽厚：楚狂名叫接舆。

其实钱穆说得很清楚了，"接舆"就是迎着车走的意思，根本不是人名。就像前面的几个孔子遇上的人，他们的名字也都不过是用当时从事的工作来代替的，用现代话说无非就是"看门的""种地的"之类，并非真的是他们的名字。

不过从庄子开始，就把"接舆"当成人名，所以后代的大师纷纷效仿，并且不知道从谁开始，一本正经地说他姓陆名通字接舆。

再来解决第二个问题：凤凰是比喻孔子吗？

  鲍鹏山、钱穆：古俗相传，世有道则凤鸟见，无道则隐。接舆以凤比孔子，世无道而不能隐，为德衰。
  南怀瑾：楚狂是用凤来比孔子，他说凤啊！凤啊！你倒霉了，这个时代出来干什么？
  李零：孔注说：接舆比孔子以凤鸟。

大师们都认为楚狂用凤凰比喻孔子，这显然是无稽之谈。我们从两个方面来解决这个问题。

首先，商周的文化中，一些动植物属于祥瑞之物，它们的出现代表了好的兆头。譬如，凤鸣岐山，周族崛起；晋国出了嘉禾，预示着晋国的兴盛等。所有这些，它们所代表的是好的天命。凤鸣岐山的凤凰不代表周文王，晋国的嘉禾也不代表唐叔虞。所以，这里的"凤兮凤兮，何德之衰"最多就是代表周王朝、周文化的衰败。

其次，孔子在当时并不是什么圣人，只不过是一个落魄的贵族，是一个私立学校的校长而已，而楚狂也并不赞同孔子的做法，既然如此，他为什么要用凤凰来比喻孔子呢？在文字记载中，孔子只被比喻为丧家狗。

解决了以上两个问题，我们才能开始解读这段话。

这是孔子从叶公处离开之后发生的事情，地点还是在楚国。所谓楚国愤青迎着孔子的车走来，边走边唱上面那首歌。

孔子一听，这个挺好听，而且很适合自己的心情，因此就想跟他聊几句，谁知道人家躲开了。

很多大师费了九牛二虎之力去赞扬这些人，称他们为隐士，并且大谈隐士文化，似乎他们高深莫测，是真正的高人。甚至还有大师一本正经地去数数，最后凑成了七个，用来解释《论语》中的"作者七人"，以为是了不起的学术成就。

但是这些大师忘了，《论语》的主角是孔子，之所以记述这些人的故事，不过是要反衬孔子的品德罢了。

事实上，在当时质疑孔子的人多了去了，这几个人不过是其中的一小部分而已。没错，他们的话在今天听上去是名言，但是在当时，不过就是大白话。几个人中唯一一个可以证明有些文化的是那个背草筐的人，因为他能准确地引用《诗》。至于其他几位，没有任何证据证明他们的学识，更不能证明他们就是隐士。隐士，并不是说随便找个凉快地方种地就是的。

第七章

不义的富贵如浮云

11·7（7·16）子曰："饭疏食饮水，曲肱而枕之，乐亦在其中矣。不义而富且贵，于我如浮云。"

【译文】
孔子说："吃粗粮，喝白水，弯着胳膊当枕头，乐趣也就在这中间了。用不正当的手段得来的富贵，对于我来讲就像是天上的浮云一样。"

这一章是孔子的自语，或者说是他对自己的底线的描述。
来看看大师们的解说。

钱穆：本章风情高逸，可当一首散文诗读。学者惟当心领神会，不烦多生理解。然使无下半章之心情，恐难保上半章之乐趣，此仍不可不辨。

南怀瑾：孔子把这种富与贵比作浮云，比得妙极了。天上的浮云是一下子聚在一起，一下子散了，连影子都没有。人生一切都是浮云，聚散不定，看通了这点，自然不受物质环境、虚荣的惑乱，可以建立自己的精神人格了。

李零：热水叫汤，凉水叫水。

这段话的意思其实很清晰，立意也很高，所以特别适合大师们发挥。没有什么可说的，不过有两处顺便提一提。

对于"水"，大师们都译为白水，唯有李零说应该译为凉水。不过从本文的意思来看，似乎还是译为白水比较贴切。

对于"乐亦在其中"，钱穆解说为"乐在富贵贫贱之外，亦即在富贵贫贱之中"。这话听起来不像钱穆说的，倒好像南怀瑾说的。

这一章中的"亦"字和"学而时习之，不亦乐乎"的"亦"字一样，是一种退步的表达方式。就是说吃香喝辣睡大床很快乐，不过粗粮白水枕胳膊也挺快乐。孔子的意思是，他也想吃香喝辣睡大床，可是如果必须要靠不义才能获得，他宁愿粗粮白水枕胳膊。

换言之，孔子也想富且贵，但是他更想坚守"义"这个底线。

现在我们来总结一下孔子的坚持。

孔子的坚持，上坚持理想，下坚持底线。孔子的理想就是恢复周礼，孔子的底线就是义。

前面我们说到"礼义廉耻"，孔子的坚持就在礼义之间，可见对自己的要求确实是非常高的。

我们知道，孔子的一生都在为恢复周礼而奔走。在一开始，他认为周礼是可以恢复的，因此他坚持。可是到了后来，他已经知道周礼是无法恢复的了，可是他依然在坚持。这也就是知其不可为而为之。

即使到了今天，孔子所宣扬的周礼精神和贵族精神，依然是不可为的。有谁能够像孔子那样知不可为而为之，为了一个明知无法实现的目标而坚持呢？

孔子所坚持的理想是我们难以触及的了。

那么，孔子所坚持的底线呢？

孔子以义为底线，可是如今的人们跳起来能够触摸到义的又有几个呢？能够以廉耻为底线就已经算是谢天谢地了，鲜廉寡耻这个成语在今天根本没有人使用了。

不义而富且贵就更别说了，"不义而富且贵"现在被一个看上去很有学问的词所代替：资本的原罪。

做不到不义而富且贵，靠不义的手法实现富且贵，这已经是很普遍的事情了。那么退一步，富且贵然后义怎么样？资本有原罪我们理解，那么，富贵之后能回报社会，也算是向贵族精神迈进了。

所以，义而富且贵固然要提倡，富且贵然后义或许更具现实指导意义。

第八章

君子贞而不谅

11·8（15·37）子曰："君子贞而不谅。"

【译文】
孔子说："君子固守正道，而不拘泥于小信。"

君子只懂得坚持吗？孔子当然不这么认为，否则成为一个君子就太简单、太没有技术含量了。

来看看大师们的解读。

> 钱穆：贞者，存于己而不变。谅者，求信于人。贞自可信，不待于谅。孔子尝曰：言不必信，行不必果，义之与比。义之与比，贞也。言必信，行必果，则匹夫匹妇之为谅。
>
> 南怀瑾：这个"不谅"不是不原谅，是说一个君子，要真正的诚敬而不能马虎，不能随便地违反了正义。
>
> 李零：贞，是遵守原则的信；谅，是拘泥于小信。
>
> 李泽厚：孟子说：大人者，言不必信，行不必果，惟义所在。同此，但这也有问题，即灵活性太大，而失去遵守之客观标准。
>
> 鲍鹏山：君子守信却不固执。

大师们的译文中，钱穆、李零和李泽厚是一致的，钱穆的解读简洁明了，李零则更详尽。南怀瑾的译文明显不对，鲍鹏山将"谅"译为"固执"，也是不对的，因为守信针对的是承诺，固执针对的是想法，二者不在一个频道内。

其实，子夏也说过："大德不逾闲，小德出入，可也。"子夏的话和这段话是一个意思，意思就是目标要坚定，手段是可以变化的。

李泽厚担心灵活性太大可能导致破坏契约精神，这个担心对于孟子来说真不是多余的，孟子太能忽悠，有些随心所欲。但是对于孔子来说，这个担心就是多余的了。

不管怎么说，李泽厚的担心是有道理的。很多事情朝令夕改、特权横行、损害民众利益，这个时候我们就能看到那些堂而皇之的大道理，什么没有大家哪有小家，没有大海哪有河流等。

孔子在这里所想要强调的，就是"变通"二字。

原则要坚持、底线要坚守、理想要坚定。但是，违背原则的承诺不能遵守，冲击底线的承诺不能遵守，破坏理想的承诺可以不去遵守。被迫做出的承诺可以不去坚守。底线是既定的，目标是既定的，但是手段和途径是可以变化的。君子是信守承诺的，但是不等于就不需要变通。

在我们的这个时代，大家对于坚持和变通有着很深的体会。在一九七八年以前，我们国家实行计划经济，虽于恢复国民经济、发展工业化建设起到了一定的积极作用，但也使企业失去了活力。直到一九七八年，中国开始改革开放，这就是变通。

第九章

学会变通

11·9（17·8）子曰："由也！汝闻六言六蔽矣乎？"对曰："未也。""居！吾语汝。好仁不好学，其蔽也愚；好知不好学，其蔽也荡；好信不好学，其蔽也贼；好直不好学，其蔽也绞；好勇不好学，其蔽也乱；好刚不好学，其蔽也狂。"

【译文】

孔子说："由呀，你听说过六种品德和六种弊病了吗？"子路回答说："没有。"孔子说："坐下，我告诉你。信奉仁而不爱好学习，它的弊病是受人愚弄；信奉智慧而不爱好学习，它的弊病是行为放荡；信奉诚信而不爱好学习，它的弊病是被人利用；信奉直率却不爱好学习，它的弊病是说话尖刻；信奉勇敢却不爱好学习，它的弊病是犯上作乱；信奉刚强却不爱好学习，它的弊病是狂妄自大。"

一个人有了好的品德就万事大吉了吗？孔子说：当然不是。这一章要解决两个问题：第一，为什么"六言"可能导致"六蔽"？第二，所谓"好学"，是学什么？

先来看看大师们的译文。

钱穆：好仁不好学，其蔽成为愚蠢。好知不好学，其蔽成为流荡无归宿。好信不好学，其蔽反成伤害。好直不好学，其蔽急切不通情。好勇不好学，其蔽常易犯上作乱。好刚不好学，其蔽易于狂妄抵触人。

南怀瑾：这六点也就是人的个性分类，有这样六种个性的人。这六种个性都不是坏事，但没有真正内涵的修养，就都会变成坏事。

孔子告诉我们，主要的自己要有内涵，有真正的修养，学问的道理就在这个地方。

每个人都有他的长处和短处，一个人的长处也是他的短处，短处也是长处，长处与短处是一个东西，用之不当就是短处，用之中和就是长处，这是要特别注意的。

李零：好仁不好学，其蔽是愚昧无知；好知不好学，其蔽是漫无所守（知识无系统）；好信不好学，其蔽是害人不浅（容易被人利用，反而害了自己）；好直不好学，其蔽是偏激好斗；好勇不好学，其蔽是犯上作乱；好刚不好学，其蔽是狂妄自大。

李泽厚：好仁不好学，那毛病是愚蠢。好知不好学，那毛病是放纵。好信不好学，那毛病是狭隘。好直不好学，那毛病是急躁。好勇不好学，那毛病是闯祸。好刚不好学，那毛病是狂妄。

鲍鹏山：好仁不好学，其蔽是愚蠢。好知不好学，其蔽是放荡。好信不好学，其蔽是固执。好直不好学，其蔽是尖刻。好勇不好学，其蔽是悖乱。好刚不好学，其蔽是狂妄。

所谓"六弊"，也就是那六个字：愚、荡、贼、绞、乱、狂。大师们对这六个字的看法是略有区别的，尤其是荡、贼、绞三个字。不过，这里不去评判谁对谁错了。

我们先来解决第一个问题：为什么"六言"可能导致"六蔽"？在这个过程中去判断"六弊"到底是什么意思。

我们不妨来看看南怀瑾是怎样分析的，事实上也只有南怀瑾做了分析。

以下就是南怀瑾的分析：

第一点：仁虽然好，好到成为一个滥好人，没有真正学问的涵养，是非善恶之间分不清，这种好人的毛病就是变成一个大傻瓜。有许多人非常好，仁慈爱人，但儒家讲仁，佛家讲慈悲，盲目的慈悲也不对的，所谓"慈悲生祸害，方便出下流"。

第二点：孔子说有许多人知识非常渊博，而不好学，就非常放荡、任性，譬如说"名士风流大不拘"，就是荡。知识太渊博，看不起人，样样比人能干，才能很高，没有真正的中心修养，这种就是荡，对自己不够检束，这一类的人也不少。

第三点："好信不好学，其蔽也贼。"这里的"信"，至少在《论语》里有两层意义：自信和信人。过分的自信，有时候发生毛病，因为过分自信，就会喜欢去用手段，觉得自己有办法，这个"办法"的结果，害了自己，这就是"其蔽也贼"。

第四点："好直不好学，其蔽也绞。"像绳子绞起来一样，太紧了会绷断的。一个人太直了，直到没有涵养，一点不能保留，就是不好学，没有修养，它的流弊要绷断，要偾事。

第五点："好勇不好学，其蔽也乱。"脾气大，动辄打人，干了再说，杀了再说，这是好勇，没有真正修养，就容易出乱子。

第六点："好刚不好学，其蔽也狂。"就是直话直说，胸襟开阔，同第四点好像差不多，直爽的人说真话，心肠直，所谓一根肠子。个性很刚的人，若不好学，他的毛病就成狂妄自大，满不在乎。

应该说，除了第三点不靠谱之外，南怀瑾的分析还是很有些说服力的。不过，实际上可以归结为一句话：一个人如果修养和涵养不够，优点就会变成缺点。

但是，南怀瑾显然忽略了一个问题：如果一个人具备了仁知信，他的修养怎么会不够呢？他的涵养怎么会不够呢？其实所有大师都忽略了一个非常关键的字：好。

"好"的意思是崇尚、信奉、依赖的意思，什么是"好仁"？就是随时随地都讲仁爱；什么是"好知"，就是任何时候都在算计；什么是"好信"，就是任何事情都要守信用；什么是"好直"，就是永远直来直去不绕弯子；什么是"好勇"，就是能用拳头解决的就不会用嘴；什么是"好刚"，就是从来不屈服不妥协。

孔子说了，这"六弊"是因为不好学而导致的，换言之，"好学"就能避免"六弊"。

那么，我们的第二个问题来了：所谓"好学"，是学什么？学习变通。

仁知信直勇刚都是优点，但是如果一根筋地偏执于此，就会出问题。

这是子路在卫国出任蒲地宰，出发之前孔子对他的忠告。平时，孔子教育学生们要仁德诚信，子路都深信不疑。可是到了子路要独立为官的时候，孔子知道，如果子路一味地仁德诚实，那就一定没有好下场。

所以，一定程度上来说，学习的目的就是要懂得如何变通。

说到变通，要说一说孔子的一则故事。

那一年孔子带着学生们去卫国首都楚丘，结果刚进入卫国的蒲地就被拦住了，原来，卫国的公叔成在蒲宣布背叛卫国，因此拒绝放孔子去楚丘。

孔子声称自己并不是去楚丘，而是去宋国，经过谈判，在孔子保证自己不会去楚丘的基础上被允许通过。过了蒲地，孔子并没有去宋国，而是去了楚丘。子贡认为这是不讲信用的行为，孔子说："我们是在胁迫下答应他们的，不能算，神灵也不会承认。"

孔子这样做就是懂得变通，人确实应该诚信，但是面对强权，还讲什么诚信呢？

所以，底线要坚守，理想要坚持，在此基础上，还要懂得变通。

第十章

"碰瓷"难题

11·10（6·26）宰我问曰："仁者，虽告之曰，'井有仁焉。'其从之也？"子曰："何为其然也？君子可逝也，不可陷也；可欺也，不可罔也。"

【传统译文】

宰我问道："有人告诉仁者井中有人，仁者会跟着下井吗？"先生说："为何会这样呢？仁者可以去井边，但不会轻易下井。仁者可以被欺骗，但不会被迷惑。"

上一章说到了"好仁不好学，其蔽也愚；好信不好学，其蔽也贼"。这一章就是一个具体的例子了。这一章要解决四个问题：第一，"仁"是"人"吗？第二，"逝"是什么意思？第三，"罔"是什么意思？第四，全句是什么意思？

这是非常有趣的一段对话，不过翻译和解读起来并不容易。

先来解决第一个问题："仁"是"人"吗？看看大师们怎么翻译"井有仁焉"。

钱穆和李零译为"井中有人"；李泽厚译为"井里掉下一个人了"；鲍鹏山说是"有一个人掉到井里啦"。比较有趣的是李泽厚和鲍鹏山，他们的区别就在于句子里词的顺序不同，貌似他们的很多译文都是这样的，难道是心有灵犀？

总之，以上的大师都认为"仁"就是"人"。不过，南怀瑾才是对的：

> 宰我有一天和孔子抬杠，他问孔子说，你天天教我们要学仁，做人做事要讲道德仁义。假使有一个人，去骗一个有仁义修养的人说，水井里有仁义。难道为了修养仁，就听他的话往井里跳？

譬如隔壁老王是个摄影发烧友，说自己一生追求美。于是有人说了：井底有美，你去不去？这个井底有美，并不是说有美女，就是有美，具体是什么美不重要。

再来解决第二个问题："逝"是什么意思？钱穆和李泽厚译为"去"；李零译

为"往";鲍鹏山认为是"走开远避"。

从前后文的关系以及"逝"的本义来说,译为"往"和"去"虽然不是最好的答案,但是都讲得通的,至于"走开远避"则完全讲不通。

那么,南怀瑾怎么说呢?

> 他在这里说一个君子之人"可逝也",可以放弃自己的终身,但"不可陷也",绝不受人家的包围、困扰,落入陷阱之中。比如说抛弃了一切,甚至抛弃了这个社会环境,抛弃了一生的功名富贵,绝不受困扰。如果说没办法,受了环境的困扰,陷进去了,在无可奈何下而拿了功名富贵,然后自说清高,那对不住,这是没有骨气,不是君子。有骨气的做法是自我牺牲,不受困扰。

基本上,南怀瑾把"逝"解读为"去世"的意思。然后在这个明显不靠谱的解读之下,进行了大段的发挥。

在我看来,这个"逝"的最佳解读是"引诱""诱惑"的意思。至于原因,下面再讲。

现在再来解决第三个问题:"罔"是什么意思?钱穆认为是"迷惑";李零认为是"基于假设的欺骗";李泽厚和鲍鹏山认为是"愚弄"。

李零认为"欺"和"罔"都是欺骗的意思,区别在于小人的欺骗属于"欺",宰我这种基于假设的欺骗属于"罔"。南怀瑾又不知所云:

> "可欺也,不可罔也。"当面来欺骗可以,愿意接受这个欺骗,这是仁慈。但如果糊涂、将就,自己根本不知道,这是不可以的。

其实很简单,"罔"就是钱穆所说的"迷惑"的意思。

最后,来解决第四个问题:全句是什么意思?先来看看大师们的翻译。

> 钱穆:宰我问道:有人告诉仁者井中有人,会跟着入井吗?先生说:为何会这样呢?可诱骗仁者去看,但不能陷害他入井。他可被骗,但不会因骗而糊涂。
>
> 李零:宰我问道:有人告诉仁者井中有人,他会跟着入井吗?先生说:君子可以救人,但不一定非跳井。你可以利用他的善良欺骗他,但不能用这种不合情理的事情欺骗他。
>
> 李泽厚:宰我问道:有仁德的人,如果告诉他说,井里掉下一个人了,他会不会下去救呢?孔子说:为什么会这样呢?可以使他走去看,不可能陷害他下井。可以欺骗他,不可能愚弄他。

鲍鹏山：宰我问道：一个有仁德的人，虽然告诉他："有一个人掉到井里啦。"他会跟着跳下去吗？孔子说：为什么会是那样的呢？君子可以走开远避，但不会（愚蠢地）跟着跳下去。（为什么呢？）因为君子可能被欺骗，却不可能被愚弄。

前面我们已经简单介绍过宰我这个人了，逻辑思维非常强，总是提出让孔子很尴尬的问题。现在，宰我又提出这么一个问题来了。

孔子强调仁，认为"仁"是君子追求的目标和对自身的要求，随时随地都要以仁来要求自己。于是宰我就想了：我们都以仁来要求自己，可是这世界上很多人不以仁来要求自己啊，很多人很坏啊。那么他们用不仁来欺骗我们，我们不是要受骗受伤害？于是他就问：老师啊，您总说我们要坚持仁追求仁，可是，如果有人对我说井底下有仁，咱去不去？

面对这个问题，孔子知道又遇上逻辑陷阱了。孔子如果说"不去"，那宰我就会说："那老师您不是说要追求仁吗？仁送上来了怎么要走开远避了呢？"孔子如果说"我去"，那宰我就会说："那万一我下去了，他在上面扔石头怎么办？"

孔子说了：你可以用仁去诱惑君子，但是君子不会掉进你的坑里；你可以欺骗君子，但是君子不会被你迷惑。

这里来解释一下："君子可逝也，不可陷也"中的"陷"就是掉进陷坑的意思，而让一个猎物掉进陷坑的通常办法是什么呢？诱惑。所以，反过来推理，"逝"是诱惑、引诱的意思。"可欺也，不可罔也"，这个"欺"是欺骗的行为，而不是结果。意思是你可以去欺骗君子，而不是君子已经被你骗了。整段话的大意是这样的：宰我认为，在这个人心不古的世界上，我们去追求仁，是很可能被坏人欺骗伤害的。孔子的意思是，我们不仅要追求仁，我们还要擦亮眼睛，提升智慧，不被坏人欺骗。

所以，整段话的正确译文顺理成章地就出来了：

宰我问道："一个仁者，如果别人告诉他说井里有仁，他会跟着下去吗？"孔子说："为什么要这样做呢？（小人）可以用仁去诱惑君子，但是君子不会掉进坑里；（小人）可以去欺骗君子，但是君子不会被迷惑。"

不得不承认，宰我的问题很刁钻，但他并不是在抬杠。比如现在，碰瓷就是这样的问题。老太太倒在街上，有人被车撞了，有人被歹徒抢劫，救，还是不救？这些，都是"井有仁焉"的现实版。好心救人，往往反而被诬陷为肇事者；好心救人被歹徒刺伤，被救者反而不肯来作证。如此的例子，真是一抓一大把。

对此，孔子也只能说：君子可逝也，不可陷也；可欺也，不可罔也。

第十一章

同学关系的最高境界

11·11（9·30）子曰："可与共学，未可与适道；可与适道，未可与立；可与立，未可与权。"

【传统译文】

孔子说："可以一起学习的人，未必都能学到道；能够学到道的人，未必能够坚守道；能够坚守道的人，未必能够随机应变。"

《论语》中有的时候会冒出没头没尾的一段话，主要是"子曰"。大凡这个时候，各种说法都会来了，这一章就是这样。这一章要解决四个问题：第一，这里的"未"是什么意思？第二，这里的"道"是什么意思？第三，这里的"权"是什么意思？第四，这是在讲学习，为人，还是交友？

这段话很容易被翻译得莫名其妙，看看大师们的译文，不评论了。

> 钱穆：先生说：有人可和他共同向学，但未必可和他共同向道。有人可和他共同向道，但未必可和他共同强立不变。有人可和他共同强立不变，但未必可和他共同权衡轻重。
>
> 南怀瑾：有些人可以同学，但没有办法和他同走一条道路，不一定能共事业。有些人可以共赴事业，但是没有办法共同建立一个东西，无法创业。有些人可以共同创业，但不能给他权力，无法和他共同权变。
>
> 李零：这是讲学习的境界，第一是学道，第二是追求道，第三是守道，第四是用道。
>
> 李泽厚：孔子说：可以在一起学习，未必可以走同一条路；可以走同一条路，未必可以坚持同样的原则性；可以坚持同样的原则性，未必能有同样的灵活性。
>
> 鲍鹏山·孔子说：可以一起学习的人，未必能一起达到"道"的境界；能一起达到"道"的境界的人，未必能一起立身于"道"中；能一起立身于"道"的人，未必能与他一起灵活运用道。

对于这一章，其实首先要弄明白主语是"有人""有些人"。

现在我们来解决第一个问题：这里的"未"是什么意思？

所有的大师都当作"未必"，这是典型的想当然。查字典，"未"根本没有未必的意思，而是"没有""不"，用来否定过去，而不是否定未来。

我们来解决第二个问题：这里的"道"是什么意思？

大师们要么把"道"说成道路，要么说成"道"，要么不解释，这些都是错的。这里的"道"，就是"目标""追求""价值观"这一类意思，而不是特指"道"。

再来解决第三个问题：这里的"权"是什么意思？

有的大师认为"权"是权变，有的则认为是灵活运用。虽然意思上差不多，不过"权变"显然更准确。至于南怀瑾把"权"说成权力，就不准确了。"权"是权变、变通的意思。

最后我们来解决第四个问题：这是在讲学习，为人，还是交友？

钱穆认为是讲"进学之阶程"；南怀瑾认为是讲"做人做事最要注意的事"；李零认为是讲"学习的境界"；李泽厚认为是讲"在讲领导的艺术、做人的艺术"；鲍鹏山认为是讲"学识的层次"。

按照上面所解决的三个问题，我们来翻译这一章：

> 孔子说："（有的人）可以一起学习，却不能共同去追求目标；（有的人）可以去一同追求目标，却不能很好地合作；（有的人）可以很好地合作，却不能共同变通。"

这段话的背景是什么？是孔子在谈论自己的学生。

学生都在这里学习，但是大家的目标并不是一样的，子贡想经商、子路想当官、子夏想研究学问。有的人的目标是一致的，譬如子张、子游、子夏都想成为一代宗师，发扬老师的学说，但是性格不同背景不同，结果很难合作，总是互相抨击。有的人目标也相同，还能够合作，但是该变通的时候并不是都能够变通的，这个时候又会产生分歧。

总结起来，这是同学关系的层次。最一般的关系就是仅仅是同学而已，高一层的关系是志趣相投的同学，更高一层的关系是不仅志趣相投，并且可以合作的同学，但是最高层次的关系是不仅仅志趣相投并且合作做事，而且具有高度的默契，遇上问题的时候能够有同样的变通方式。我们常说的"默契"，就是变通的节奏相同。如果双方都不懂得变通，就根本谈不上默契了。

第十二章

孔子的坚持与变通

11·12（18·8）逸民：伯夷、叔齐、虞仲、夷逸、朱张、柳下惠、少连。子曰："不降其志，不辱其身，伯夷、叔齐与！"谓"柳下惠、少连，降志辱身矣，言中伦，行中虑，其斯而已矣。"谓"虞仲、夷逸，隐居放言，身中清，废中权。我则异于是，无可无不可。"

【译文】

隐逸不出仕的人有：伯夷、叔齐、虞仲、夷逸、朱张、柳下惠、少连。孔子说："不降低自己的意志，不屈辱自己的身份，这是伯夷叔齐吧。"说柳下惠、少连是"被迫降低自己的意志，屈辱自己的身份，但说话合乎伦理，行为合乎人心"。说虞仲、夷逸"过着隐居的生活，废弃自己的言论，能洁身自爱，离开官位合乎权宜"。"我却同这些人不同，可以这样做，也可以那样做。"

这一章从来就没有被正确解读过。这一章要解决三个问题：第一，"逸民"就是隐士吗？第二，这几个人都是什么人？第三，"放言"是什么意思？

这一章的重点就在于最后一句"我则异于是，无可无不可"。孔子到底想要说明什么呢？

来看看大师们怎么说。

钱穆：本章列举隐遁者七人，皆清风远韵，如鸾鹄之高翔，玉雪之不污，视世俗犹腐鼠粪壤耳。惟孔子之道，高而出之。故孔子曰：我则异于是。

南怀瑾：孔子并不是自己立定一个呆板的目标，像上面提到这几个著名隐士的作风。因为他们自己划了一道鸿沟，自己规定了人格标准，守住那个格。孔子说无可无不可，就是说不守那个格，可以说是"君子不器"，也就是"用之则行，舍之则藏"的意思。没有规定哪一样可去做，没有绝对否定哪一样事情不可做。

李零：孔子自己的态度和这些隐士不一样，是"无可无不可"，既不合作，也不拒绝出来做事。

李泽厚：孔子将自己与这些高尚人士相比拟，显示自己的灵活性更大，不拘泥于一种形态。

鲍鹏山：这是一种境界，是"从心所欲，不逾矩"的境界。

我们还是先来解决第一个问题："逸民"就是隐士吗？

从这一章孔子所提到的七个人看，"逸民"并不是隐士，只是不出仕的人。隐士属于逸民的一种。

再来解决第二个问题：这几个人都是什么人？

按照李零的说法，虞仲是吴王周章的弟弟，周武王"访求而得"，之后将他封在虞国。如果李零的说法成立，那么虞仲应该是被吴王所废，甘心去做隐士，才能说"废中权"。夷逸和虞仲放在一起，大致事迹差不多。至于朱张，没人知道。

再来解决第三个问题："放言"是什么意思？

钱穆和李零都认为是放弃、废弃自己的言论，南怀瑾认为是"敢于讲话"，李泽厚认为是"放言高论"，鲍鹏山认为是"说话放肆"。

既然都隐居了，还怎么放言高论？毫无疑问，钱穆和李零才是对的。

解决了这几个问题，才能来探讨孔子想要说明什么。

孔子认为，人具备两个要素，一个是"志"，一个是"身"。"志"有"降志"和"不降志"；"身"有"辱身"和"不辱身"。

以上的七个人中，伯夷、叔齐属于"不降志""不辱身"，用生命去捍卫自己的价值观；柳下惠、少连属于"降志""辱身"，不坚持自己的志向，不拒绝出仕；虞仲、夷逸属于"降志""不辱身"，我们隐居去了，放弃了理想，也不出仕。孔子说自己与他们都不同，所以，孔子的选择就是："不降志""辱身"。为了理想，我宁愿受侮辱，宁愿被人嘲笑。

从另一个角度说，孔子在理想上坚持，在实现理想的过程中变通。理想必须坚持，手段可以变通。

所以，"无可无不可"的含义就是我不会拘泥于某种手段，我要变通。

记得前面说到管子的时候，孔子所说的这样一段话吗？

子曰："管仲相桓公，霸诸侯，一匡天下，民到于今受其赐。微管仲，吾其被发左衽矣。岂若匹夫匹妇之为谅也，自经于沟渎而莫之知也？"

管子，就是孔子所想要做的那一种人："不降志""辱身"。

第十三章

匹夫不可夺志

11·13（9·26）子曰："三军可夺帅也，匹夫不可夺志也。"

【译文】
孔子说："三军的主帅可以被免职、俘虏或者斩杀；但一个男人，他的志向是不能夺走的。"

这一章在意思上非常清晰，可以说是纯粹的名人名言或者励志名言。但是，依然有有趣的地方值得去说一说。

大师们的译文就免了，先来解读，之后看看大师们的感慨。

三军之帅就是三军之"心"，看上去壁垒森严，人多势众，杀气腾腾，但是免除他俘虏他或者斩杀他是可能的。一个普通人看上去羸弱，但是要夺取他心中的志向却是不可能的。

"匹夫"当然是指男人，但是孔子的意思应该就是指一个人而已。

这里，孔子要表达的当然是坚持，一个君子要坚持自己的志向、坚持自己的价值观。

坚持到了这样的程度，可以叫坚强了。

李零说这是他在《论语》中最喜欢的一句话，并且说"深刻的批判，永远属于不可行，它有点像精卫填海，我叫徒劳的悲壮"。

李零和李泽厚则都提到了梁漱溟，李泽厚称赞梁在批孔高潮中以此句抵挡权势，不愧为身体力行的孔学门徒。

南怀瑾又跑题了，孔子讲匹夫，他去讲统一：

我们中国自南北朝以迄清代，经过好几次的外族入侵，为什么中华民族始终站得住，外来的民族结果都被我们的文化所同化，就因为文化力量的伟大。有个哈佛大学的教授来问我，全世界的国家亡了就亡了，永远站不起来，唯有中国经过好几次的大亡国，但永远打不垮，永远站得起来，理由在什么地方？我答复他说，关键在一个很简单的名词"统一"，文化的统一，思想、文字的统一。

11·14（9·28）子曰："岁寒，然后知松柏之后彫也。"

【译文】
孔子说："到了寒冷的季节，才知道其他树木凋谢了而松柏却没有。"

有人会说这个译文是错的，但这是最恰当的译文了。

钱穆：然松柏亦非不凋，但其凋在后，旧叶未谢，新叶已萌，虽凋若不凋。
南怀瑾：天气冷了，所有的草木都凋零，只有松树与柏树永远是碧绿的。
李零：孔子只是说，众木凋零后，只有松柏还郁郁葱葱。
李泽厚：到了冬天，才知道松柏不凋谢。
鲍鹏山：天冷了，然后才知道松柏树是最后落叶的。

松柏是四季常青的树，但是这不等于松柏不会落叶，松柏落叶并不集中在冬季，而是四季都在落，只是，在落叶的同时又有新的叶子长出来，因此看上去是常青的。孔子这段话是用松柏来和其他树木进行对比，以体现松柏独有的坚持精神。而李泽厚的译文中，就少了对比的意味。

那么，孔子为什么不说"不凋"，而要说"后凋"呢？使用"后凋"，侧重点在对比；使用"不凋"，侧重点在赞美。孔子的寓意明显在于对比，表达自己的坚持。正因为如此，直接把"后凋"译成"最后落叶"是不对的，译成"不凋谢"则没有表达孔子的意思。以上两章，都是在表达坚持或者说坚强，是孔子对自己的评价，也是对外界质疑的回答。他是在吹捧自己吗？似乎并没有，他只不过把自己比成匹夫和松柏而已。

第十四章

最坚定的坚持是信仰

11·15（8·7）曾子曰："士不可以不弘毅，任重而道远。仁以为己任，不亦重乎？死而后已，不亦远乎？"

【译文】
曾子说："士不可以不弘大刚强而有毅力，因为他责任重大，道路遥远。把实现仁作为自己的责任，难道还不重大吗？奋斗终身，死而后已，难道路程还不遥远吗？"

这一章也是非常著名的，这一章只需要解决一个问题：这里的"仁"是什么意思？

译文没什么好说，既然曾子一生都在"仁以为己任"，那就要弄清"仁"的意思。

钱穆没说，不过他说曾子之学就是"心弥小而德弥恢，行弥谨而守弥固"。难道这就是他所认为的曾子所说的"仁"？好像又不是。李零引用了孔子的话"刚毅木讷，近仁"，难道他认为曾子的"仁"就是刚毅木讷？好像也不是。鲍鹏山则把"仁以为己任"解读为"承担人生的责任"，难道他认为"人生"就是这里的"仁"？好像也不是。

南怀瑾写道：

> 什么是仁？爱人、爱社会、爱国家、爱世界、爱天下。儒家的道统精神所在，亲亲、仁民、爱物，由个人的爱发展到爱别人、爱世界，乃至爱物、爱一切东西。西方文化的爱，往往流于狭义；仁则是广义的爱。

南怀瑾为什么不把"爱宇宙"也写上呢？

我们知道，基督教讲博爱，墨家讲兼爱，儒家讲的是秩序，在"爱"的方面，讲的是"亲亲上恩"，是要分亲疏的。

南怀瑾还顺便解释了一下什么是"士"，这样写道：

我国上古文化，两三千年前的士，有点类似现在的兵役制度，这是上古的政治制度，也是社会制度：每十个青年中，推选一人出来为公家服务的，就是士。所以士是十字下面加一横。被选为士的人，要受政治教育，学习法令规章。士出来做官，执行任务做公务员，就叫出仕。所以古代的士，并不是普普通通一个读书的青年就可以叫士。

关于"士"，在前面解释过，这里再次简单说一下。贵族子弟如果不能继承封邑或者官位，就成为士，因为没有官俸，所以有"禄田"，也就是国家给的粮食供应。士战时充当战士，平时则在官府或者卿大夫家里任职。到春秋后期，因为人数越来越庞大，以及国家被瓜分，士已经基本上没有禄田了，很多人开始从事农业、商业或者成为工匠。士不是选出来的，就如公子不是世袭的官职一样。

对于"仁"，李泽厚并没有做出任何的解释，不过他这么写道：

曾参看似刻板笨拙和迟钝，但同时也有如此感人的充满情感的不朽语言，这正是宗教性特征。宗教性的学派一方面强调严格要求、恪守小节，同时也要求在从小节做起的各种礼仪制度中，树立起刚强不屈的伟大人格。这种人格精神具有宗教性质和宗教情感，值得提倡和发扬。

虽然没有解释"仁"，但是李泽厚的说法给了我启示：从曾子的身上，我们看到了宗教性特征。任何的宗教，都需要一个神圣的概念，这个概念包含世间的一切美好，模糊而没有确切的定义，人们追求却总是追不到，又好像就在眼前就在身边。

"仁"原本并不是一个重要的概念，在孔子的教学中提出"仁"，这个"仁"的概念实际上就是好的人际关系，就是人立足于社会的技巧。但是到了晚年，孔子赋予了更多的内涵，"仁"已经有了宗教概念化的倾向。到了曾子，宗教性特征更加强烈，"仁"包含了一切美好，却没有确切的定义。

正因为如此，曾子这段话虽然也是在说坚持，实际上更接近于修行。以"仁"为信仰，克制自己的欲望，严格按照他所以为的"仁"去行事，其特点就是钱穆所说的"心弥小而德弥恢，行弥谨而守弥固"。

什么样的坚持是最为坚定的？信仰。

所以，信仰的力量是可怕的。

小 结

我们需要一个底线来坚持

作为一个君子，要有所坚持。

坚持什么？孔子告诉我们，要坚持上方的目标和下方的底线。如果二者不能同时坚持而必须二选一的话，那就是坚持底线了。但如果一味坚持不懂变通，好的品质也可能有坏的结果。

什么是变通？目标要坚持，但是实现目标的手段随时都是可能变化的，根据实际情况去调整手段，这就是变通。变通应当不损害目标，尤其是不能打破自己的底线。

要学会坚持往往不是太困难，因为这只需要足够的意志力。要学会变通则需要足够的观察力、分析力、判断力和决断力。

在孔子的学生中，有的人不懂得变通，譬如颜回，虽然他的学习成绩最好，可是在社会上无法立足，在学术上也没有创新。相反，有的学生就懂得坚持与变通的关系，所以既能受人尊重，又事业有成，譬如子贡和子夏，子夏所说的"博学而笃志，切问而近思"就是在讲述坚持与变通之间的关系。怎么才能完美地将坚持和变通结合起来呢？

在当今的社会中，存在的问题是该坚持的没有坚持，不该变通的常常变通。用现在的话说，就是丧失原则、突破底线的事情太多了。所以，我们的问题是变通得过分，因为权力的力量太大，监督的力量太弱，规则意识和道德意识太弱，并且人们失去了应有的敬畏。其结果就是规则常常被破坏，法律常常被藐视，道德底线常常被突破。

因此，我们要强调的不是变通，而是坚持。坚持规则，坚持道德底线。

第十二篇

贵族精神标准之十二

人性与孝道

人性就是人的本性，无所谓高尚，无所谓卑贱，每个人都差不多。

人性包括很多方面，告子曾说"食色性也"。譬如血缘亲情、父母对子女的爱、人穷志短、饱暖思淫欲、兔死狐悲的悲悯之心等。

人性中有善的部分，有恶的部分，都不应当否认。后来孟子说"人之初性本善"，荀子则是"性恶论"的坚持者，他们都失之偏颇。

我们来讲一个著名的关于人性判断的故事。

齐桓公有三个宠臣，一个是公子开方，一个是易牙，一个是竖刁。

管子去世之前，叮嘱齐桓公一定要远离这三个人，齐桓公却说："他们都很爱我啊，公子开方是卫国的太子，放着太子不做来跟随我，父母去世了也不回去而要陪我；易牙是我的厨师，一次我开玩笑说不知道婴儿肉好不好吃，结果他第二天就把自己出生不久的儿子蒸了来给我吃；竖刁原本是贵族子弟，从小在宫里伺候我，长大之后不能继续待在宫里，结果他挥刀自宫，继续留在宫里伺候我。这三个人，不都是很爱我吗？"

管子说："从人性的角度说，一个人最感恩的是父母，最宠爱的是自己的孩子，最爱惜的是自己的身体，可是这三个人抛弃父母、杀死儿子、残害自己的身体，最基本的人性他们都能破坏，还有什么做不出来呢？他们连父母、儿子和自己都不爱，凭什么爱你呢？"

齐桓公没有听从管子的忠告，依然宠信这三个人。最终，这三个人造反，将齐桓公关在宫里活活饿死。

孔子说过：老吾老以及人之老，幼吾幼以及人之幼。这，才是符合人性的。

第一章

以人为本就是人性

12·1（10·17）**厩焚**。子退朝，曰："伤人乎？"不问马。

【译文】
马棚失火烧掉了。孔子退朝回来，说："伤人了吗？"而不是问马的情况。

什么是以人为本？就是把人放在第一位。

《论语》第十篇的篇名是"乡党"，整个在讲孔子的衣食住行，大师们普遍认为没啥意思。鲍鹏山只做了简单的翻译，南怀瑾则根本放弃，后来把原文补上了，还说了一堆这一篇的重要性，仅此而已。

事实上，这一篇确实很重要，因为一个人的品行正是体现在生活的细节中的。说得再好，做起来是另一回事，也是没有用的。

李零用了很大的篇幅去探讨孔子是不是"重人贱马"，到底有没有问马。

不过，这一篇想要说明的是孔子重视人，倒也没有说就不把马当回事。第一时间问人，也不等于之后就没有问马。

把人永远放在第一位，以人为本，这就是最大的人性了。

第二章

执法的人性

12·2（19·19）孟氏使阳肤为士师，问与曾子。曾子曰："上失其道，民散久矣。如得其情，则哀矜而勿喜！"

【译文】

孟氏任命阳肤做士师，阳肤向曾子请教。曾子说："在上位的人离开了正道，百姓早就离心离德了。你如果审讯罪犯得到了真相，应当怜悯他们，而不要自鸣得意。"

法律无关人性吗？执法就该无视人性吗？人性在任何时候都不应该被无视。

这一章的译文非常清楚，并没有什么可以讨论的。大师们的解读也没有什么值得特别来说的地方，唯一可提一下的是钱穆和李零依然把"士师"说成典狱官，南怀瑾则说成是相当于现代的司法行政部长，所以需要重申的是，士师是负责士一级诉讼的法官，职别并不高。

"其情"指的是犯罪背后的真相，而不是"情况"之类的意思。曾子的意思，老百姓犯罪多是被迫的，因此对他们要有怜悯之心。

这是曾子的说法，实际上也是孔子的说法。

高柴是孔子的弟子，在卫国担任士师，后来卫国发生政变，高柴出逃，一个看守城门的看门人帮助他藏匿，事后这人告诉高柴说自己曾经被他判处有罪，并且被砍了两只脚。高柴问他为什么不恨自己反而帮自己，看门人说因为他知道高柴在判处自己的时候很同情自己并且已经尽量地轻判了。

高柴的做法，就是曾子所说的"哀矜而勿喜"。

对普通百姓都要尽量给他们自尊，对贵族怎样呢？更是如此。

春秋的时候，子产是郑国的相国，当时有一个大夫叫子南，平时胡作非为，子产最后对他忍无可忍，于是派人去告诉他："你的罪行已经很大了，如果你选择自己解决，那么我还会给你留下自尊，封邑也可以继承。否则的话，我将首先免去你的爵位和封邑，开除你的贵族身份，然后处死你。"于是，子南自杀了。

第三章

法与亲情的纠结

12·3（13·18）叶公语孔子曰："吾党有直躬者，其父攘羊，而子证之。"孔子曰："吾党之直者异于是：父为子隐，子为父隐。——直在其中矣。"

【译文】

叶公告诉孔子说："我的家乡有个正直的人，他的父亲偷了人家的羊，他做了证人。"孔子说："我家乡的正直的人和你讲的正直人不一样：父亲为儿子隐瞒，儿子为父亲隐瞒。正直就在其中了。"

这一章又是一个关于人性的探讨，非常具有现实意义。这一章我们要解决三个问题：第一，"证之"是什么意思？第二，"隐"是什么意思？第三，孔子的观点是正确的吗？

在解读之前，我们先来解决第一个问题："证之"是什么意思？

钱穆释为"出来证明"；南怀瑾释为"挺身而出做证人"；李零释为"检举"；李泽厚释为"揭发"；鲍鹏山释为"告发"。

首先，这个"证"字，应该是证明、作证的意思，并没有主动检举告发揭发的意思。

其次，我们要来看看"直躬"这两个字。大师们都译成"直率""正直"，如果真是这样，为什么不省掉那个"躬"字呢？"躬"是弯腰的意思，"直躬"的意思自然应当是把弯下的腰直起来。弯腰干什么？隐藏。所以，"直躬"就是说一个人原本准备不说话、准备躲起来，现在站直了直面现实了。所以，"直躬者"肯定不是主动举报揭发告发者。

"证之"是作证的意思，但是作证也分为主动和被动两种，也就是南怀瑾和钱穆的不同。不过在这一章中，这种不同或许并不重要了。

再来解决第二个问题："隐"是什么意思？

大师们都认为"隐"就是隐瞒的意思。但是，隐瞒其实也分为两种。第一种，沉默。要么沉默到底，要么说不知道。第二种，抵赖或者撒谎。

孔子所说的是哪一种呢？我认为是第一种，沉默。

下面，我们还是把背景介绍一下，之后再来分析孔子的观点。

当时孔子周游列国，来到楚国。具体说是来到楚国叶公沈诸梁的封地，也就是现在的河南省叶县。不过，叶公对孔子的治国理论并不感兴趣，他们的政见并不相同，这实际上是双方在争论。不过，两人都是非常君子的人，所以叶公用这样的方式委婉表达自己对孔子理念的不认同。两人对正直的不同理解，反映了两种文化的区别。相比较，鲁国文化更注重亲情。

但是，需要说明的是，楚国一直以来都在努力学习周礼，向中原文化靠拢。举个例子，孟献子有一次随同鲁昭公访问楚国，结果楚国的一切接待礼仪都是按照周礼进行，非常恰当，而孟献子却很迷惑，出了大洋相，一个劲地感慨周礼被鲁国丢了，可是人家楚国拿过去了。回到鲁国之后，这才让自己的两个儿子拜孔子为师学习周礼。

叶公是一个很有学问、对周礼非常了解的人，孔子也很尊重他。所以，他所说的其子证之，是说这个儿子做了证明，而不是主动告发。如果是主动告发，叶公也并不赞同。而孔子所说的隐，是隐瞒、沉默的意思，不告发不作证，但是也不会撒谎抵赖。

所以，他们的区别并不大，并不是对立的关系。

事实上，春秋时期是允许"父为子隐，子为父隐"的。要做到这一点，需要一个客观的条件，那就是不实行连坐。

有人可能以为连坐一直都有，但是连坐制度是从秦朝开始的。

"父为子隐，子为父隐"，在汉朝以后曾经断断续续地被认为是合法的。但是由于连坐制度的存在，实际上根本无法执行。

现在来解决第三个问题：孔子的观点是正确的吗？

不管正确与否，至少是符合人性的。有人会说：孔子这是违背法治精神的。那么，法治的目的是什么？是为人服务的，所以法治也是要考虑人性因素的。

我要讲一个春秋时期的故事，大家看看那时的贵族怎样处理这类事情。

根据《史记》记载，石奢是楚昭王的相国，有一次下去巡视，恰好发生了一起凶杀案，石奢追上了凶手，却发现正是自己的父亲。石奢放走了父亲，让人去报告楚王，说自己放走了犯了罪的父亲，所以自己犯了死罪，请求处死自己。楚昭王还替他开脱，说他是没有追上罪犯，可是石奢坚持自己有罪，最后自杀谢罪。

在人性和职责之间，石奢选择了人性，然后用生命去抵偿职责。就是一个典型的贵族的做法。

最后，来看看大师们怎样评说孔子的观点。

钱穆：隐恶而扬善，亦人道之直。何况父为子隐，子为父隐，此乃人情，而理即寓焉，不求直而直在其中。

南怀瑾：假如讲法治的道理，父亲偷了东西，儿子告密，并没有错，在法律的观点上看，是合理的行为。从人情上看，作心理研究，这一对父子之间，早就有问题存在了。人与人之间，不要说是父子，即使朋友之间，也不免有这一点感情。如果人没有这点感情，而认为一定要这样做才是对的，这个问题很大。

李零：孔子是亲情至上主义者，他提倡的为尊者讳，在中国是个坏传统，至今仍很有市场。领导、父母、老师，干什么坏事都得遮着，居然以为美德。谁不遮，谁倒霉。

李泽厚：这是一个值得研究的大问题。在现代社会，这当然违反法治，构成伪证罪。却又是人情，在现实中仍可看到。凸显了社会性公德与宗教性私德的差异及其冲突。

鲍鹏山：这种伦理思想是有问题的，因为它可能会损害了"诚实"，同时它也会违背法律——任何时代、任何国家，法律上都是禁止并惩罚盗窃的。

很少见到钱穆像这样偷换概念，隐恶而扬善是讲人际关系，意思是少揭别人的短，多说别人的好处。钱穆把这句话用在这里驴唇不对马嘴，感觉为了支持孔老夫子已经是口不择言了。南怀瑾也是想要表达对孔子的支持，可是一堆车轱辘话下来，好像什么也没说清楚。李泽厚搞错了两个基本的法律常识：这不违背法治，沉默也不会构成伪证。鲍鹏山则是自相矛盾，先批判后支持，那到底是批判还是支持？

李零是彻底的批判者，但是孔子所说的"父子互隐"只是至亲之间的事情，与"为尊者讳"没有关系。我想，李零的真实意思是他看不惯现今社会中的拉帮结派、上下勾结等丑恶现象，但是这些基于利益的勾结欺瞒甚至栽赃灭口行为，与基于人性的至亲互隐实在不是一个范畴的东西，完全没有因果关系。

第四章

孝是做人的基础

12·4（1·6）子曰："弟子，入则孝，出则悌，谨而信，泛爱众，而亲仁。行有余力，则以学文。"

【译文】
孔子说："弟子们在家里就孝顺父母，出门在外就敬重师长，言行要谨慎，要诚实可信，要广泛地去爱众人，亲近仁人。这样躬行实践之后，还有余力的话，就再去学习文化知识。"

在孔子的心中，孝是个怎样的地位呢？这一章我们要解决两个问题：第一，"出"和"入"，是出入什么地方？第二，这一章孔子强调的重点是什么？

这一章乍一看很简单，没有歧义。但是，细究起来却发现并不是那么回事。

我们先来解决第一个问题："出"和"入"，是出入什么地方？

这个问题很重要。按照钱穆的看法，出入的是家门，因此孝敬的是父母。李泽厚和鲍鹏山也是这样的看法。南怀瑾和李零认为出入的是师门，因此孝敬的是老师和师娘。

两种说法都能说通，不过似乎前者更贴切些。

另外，爱和亲是有区别的。爱，是一种态度，对每个人都可以。亲，是一种行为，因此是有范围的。所以，我们可以说博爱，但是不能说博亲。

李零认为"仁"应该是"人"，显然错了。李泽厚认为"泛爱众"只是爱本家族的人，这恐怕也不对。

孔子的意思是，对每个人都要和善，但是要去接近仁人，和他们交朋友，向他们请教，从他们身上学习到好的东西。

这段话其实是孔子给学生们定的操行守则，告诉大家要孝敬父母、尊重师长，要团结不要闹矛盾，还要向仁人学习。这些都做好了，才能学习知识。换句话说：先学习做人，后学习知识。

孔子是这样要求学生，也是这样要求自己。他的教育，首先是教育弟子们做人，然后才是教弟子们知识。孔子幼年丧父少年丧母，基本上没有什么孝敬父母的机会。因此，在孝敬父母方面，孔子缺乏实践。他对孝的理解，恐怕多数还是来自周礼的部分。所以，尽管孔子强调孝，在孝的方面的言论并不多。

第二个问题，这一章孔子强调的重点是什么？

看看大师们怎么说。

> 钱穆：本章言弟子为学，当重德行。若一意于书籍文字，则有文灭其质之弊。但专重德行，不学于文求多闻博识，则心胸不开，志趣不高，仅一乡里自好之士，无以达深大之境。
>
> 南怀瑾：尊师重道。
>
> 李零：孔子强调，提高道德修养之后，还要提高文化修养。第一，别做坏蛋；第二，别做笨蛋。先当好人，再当知书达理的人。
>
> 鲍鹏山：值得我们注意的是"泛爱众，而亲仁"这句话。

其中，钱穆和李零都认为孔子在讲做人和学习知识之间的关系，基本上，钱穆认为二者是对等的关系，李零认为二者是阶梯的关系。

这一章的重点在最后一句，就是强调先学做人后学知识。

但是，孔子想要强调的是，做人是学习知识的基础，是条件。二者既不是对等的，也不是阶梯的。而在做人中排第一位的，就是孝。

所以我们可以这样说，孔子认为孝是一个人必须要具备的条件。

顺便提一下的是，李泽厚和鲍鹏山不约而同地把"学文"译为"学习文献"。

第五章

三年不改父道的孝

12·5（1·11、4·20）子曰："父在，观其志；父没，观其行；三年无改于父之道，可谓孝矣。"

【译文】

孔子说："当他父亲在世的时候，要观察他思考问题的方法；在他父亲去世后，要观察他的行为处世的办法。三年之内他不改变父亲生前的做法，这样的人可以说是尽到孝了。"

《论语》里的各章从来都不是孤立地存在的，因此你必须找出相关联的各章来。有的时候，这一章里看上去看不懂的句子，实际上可以从另一章找到答案。

这一章有很大的争议，我们一边解读，一边解说。

从文字上说，"观其志""观其行"是儿子观察父亲？还是旁人观察儿子？两说其实都讲得通，不过除了李泽厚之外，其余大师都采用了后者。

按照传统的解释，"父在，观其志"是因为父亲在世的时候，话事权在父亲，所以只能通过观察儿子的志向来判断他。父亲去世之后，儿子掌事了，就可以看他的行为了。

三年不改父亲的做法，为什么一定是三年？

按照周礼，父亲去世，儿子要守孝三年，这三年，国家的事情也好、家族的事情也好，都是交给管家去管的，这个管家，周礼里面叫作"冢宰"。这个冢宰不是管墓地的，周朝初期，冢宰就是宰相。冢宰作为一个代理，或者说作为一个临时工，当然只能按照从前的规矩去办，不能任意改动了。

在周朝初期，"三年无改于父之道"是一种普遍现象。后来礼崩乐坏，冢宰的地位也越来越低，三年守孝也成了名存实亡，所以"三年无改于父之道"也就成了扯淡。

所以孔子的意思，实际上还是说按照周礼所规定的去做，就是孝。

在这里，孔子实际上是在赞扬一个人，就是孟庄子。

对于这个"三年无改于父之道"，大师们普遍质疑。譬如钱穆就说有人提出如果父亲的道是好道,那就该永远守下去,岂止三年?如果父亲的不是好道,为什么要守三年呢?一天都不应该守。李零也说,爸爸如果是坏蛋,儿子是不是也不改其道。南怀瑾也有同样的质疑。鲍鹏山则引用鲁迅的话,说如果按照这个去做,那么猴子永远变不成人了。

其实大师们都忽略了"三年无改于父之道"后面那句"可谓孝矣",如果后面是"可谓仁矣",那么大师们的质疑是成立的。

孔子在这里讲的是人情,类似于"故旧无大故则不弃"。父亲去世,儿子上位,通常,新人上位都会想有些变动,譬如采用新的规则,任用新人以取代旧人等,所谓一朝天子一朝臣。但是,如果儿子一上位就急于这样做,在感觉上就好像早就盼望父亲去世,感觉对父亲有很多不满。从实际操作来看,儿子此前并没有经验,对于很多事情的理解未必正确,贸然地换人,很可能引发人事矛盾以及政务上的混乱甚至震荡。

因此,耐心地观察一段时间,亲自操作一段时间,这个时候再去考虑改革变动,就会更成熟,也更容易被各方所接受,也更符合"故旧无大故则不弃"的原则。

从这个角度说,"三年无改于父之道"不仅体现出对父亲的尊重,也给了自己充分的时间去准备实施自己的想法,父亲留给自己的政治遗产也不至于成为负资产。

用句现代话说,用三年时间来实现平稳过渡。所以说,"三年无改于父之道"是合乎道理的。三年并不是一个确数。

当然,如果"父之道"是自杀之道,那还是尽快去改了吧。

12·6(19·18)曾子曰:"吾闻诸夫子:孟庄子之孝也,其他可能也;其不改父之臣与父之政,是难能也。"

【译文】

曾子说:"我听老师说过,孟庄子的孝,其他的方面别人也可以做到,但他不更换父亲的旧臣及其政治措施,这是别人难以做到的。"

上面的一章是在讲孟庄子,这就是根据。同时,这也证明了"无改于父之道"的具体含义是"不改父之臣与父之政"。

第六章

孝也要遵从周礼

12·7（2·5）孟懿子问孝。子曰："无违。"樊迟御，子告之曰："孟孙问孝于我，我对曰，无违。"樊迟曰："何谓也？"子曰："生，事之以礼；死，葬之以礼，祭之以礼。"

【译文】

孟懿子问什么是孝，孔子说："孝就是不要违背礼。"樊迟给孔子驾车，孔子告诉他："孟孙问我什么是孝，我回答他说不要违背礼。"樊迟说："不要违背礼是什么意思呢？"孔子说："父母活着的时候，要按礼侍奉他们；父母去世后，要按礼埋葬他们、祭祀他们。"

有的时候，原句中没有主语，或者没有宾语。这个时候，就需要根据上下文去判断主语或者宾语到底是什么。这一章只有一个问题："无违"怎么理解？

钱穆在逐句解读的时候，把第一个"无违"解释为无违父命，第二个"无违"解释为无违周礼，而在最后翻译的时候，把"无违"译为"不要违逆了"。不要违逆了什么？不说。

南怀瑾上来就先犯了三个常识性的错误，一个说孟孙是孟懿子的号，其实孟孙是孟懿子的氏；一个说"因为请不起司机，都是学生来服务"，其实根本不是这么回事，那时候的司机可不是下人，孔子当司寇的时候也是学生驾车，而这个时期孔子是很有钱的；一个说"这一段问答，到底是孔子做鲁国司寇以前，或以后说的，就很难考证了"，其实根本不用考证，轮到樊迟当司机的时候，孔子周游列国都回来了。

对于"无违"，南怀瑾说："孔子讲话非常滑头。不要违背什么呢？没有下文。这是一个很奇怪的答话。"看来，他是真不知道。李零说是"不违父母之言，不逆父母之志"。李泽厚没有去具体解释"无违"，不过隐隐约约似乎有"不要违背礼"的意思。鲍鹏山很明白地说是"不要违背礼"。

这一次，我赞成鲍鹏山。无违，不是不要违背父亲的意志，而是不要违背周礼。

孔子对于孝的定义，其实就是"无违"，就是按照规则来进行。为什么要按照规则呢？因为孔子认为周礼所设定的规则是最合理的。

如果出个选择题给孔子，父亲的意志和周礼之间出现对立，遵从哪一个？孔子大致会说宁可违背父亲的遗愿，也不能违背周礼。

《左传》里记载了这样一个故事。

晋国大夫魏犨去世之前吩咐儿子魏颗把自己的小妾陪葬，魏颗答应了。魏犨死后，魏颗却把父亲的小妾嫁出去了。有人问魏颗为什么不遵守对父亲的承诺，魏颗说那是父亲临死前的胡话所以不用当真。事实上，这是魏颗在父亲遗言和周礼之间做的选择，他选择了遵从周礼。

曾皙和曾参父子都是孔子的学生，一次曾参锄地不小心砍断了一根麦苗，曾皙大怒，顺手用拐杖打过去，曾参不敢躲开，结果被一棍子打到头上，当场昏了过去。后来孔子听说之后批评曾参太憨，当时应该跑开，等父亲火气消了再来接受处罚。孔子说如果你父亲当时一棍子打死了你，岂不是要落下来个打死自己亲儿子的坏名声么？

孔子说的是对的，对父母的孝敬也要有原则，也要符合周礼。

如今没有周礼让我们去"无违"了，怎样算是孝敬父母呢？没有准则，靠良心吧。父母在世的时候，关心父母照顾父母。父母去世了，每年清明祭祀他们，怀念他们。孔子后面所说的，其实就是这个问题。

第七章

孝子担忧父母的健康

12·8（2·6）孟武伯问孝。子曰:"父母唯其疾之忧。"

【译文】
孟武伯向孔子请教孝道。孔子说:"对父母,要特别为他们的疾病担忧。"

很多时候解读《论语》需要常识,话越简单,分歧就越多。这一章就是。只有"父母唯其疾之忧"这一句话,但是有三种解释。

第一种,父母爱孩子,常担忧孩子生病。子女能够体会父母的爱意,日常生活就会更加小心谨慎,这就是孝。

第二种,子女平时小心谨慎,父母很省心,没有别的好担忧的,只是担心孩子的身体,这就是孝。

第三种,子女不干预父母其他事,只是担忧父母的身体。

第一种说法绕了太多圈子,父母怕孩子生病,孩子体会父母的爱心,孩子小心谨慎,然后这是孝。说实话,太牵强。

第一种和第二种都属于缺乏常识,为什么？一般情况下,孩子容易生病主要是在五岁以前,五岁以后免疫系统逐渐成熟,抵抗力增强。所以中国有句俗话:傻小子睡凉炕,全凭火力壮。孩子身体健康,父母怎么还去担忧孩子生病？

回到这一章的背景。

孟孙氏和孔子的关系一向是比较好的,这有两个原因,一个是孟懿子和南宫敬叔的父亲孟献子在生前叮嘱两个儿子向孔子学礼；另一个是南宫敬叔是孔子的学生以及侄女婿。

孟武伯是孟懿子的儿子,孟孙家的接班人。

对于他来说,父母不缺吃不缺穿,有的是钱,他能为父母做什么？也就只能是关心父母的健康了。

这一章是孔子针对孟武伯的情况说的。这个时候,孟武伯的父亲孟懿子应该是身体不太好。

第八章

孝和敬的关系

12·9（2·7）子游问孝。子曰："今之孝者，是谓能养。至于犬马，皆能有养；不敬，何以别乎？"

【译文】

子游问什么是孝，孔子说："如今所谓的孝，只是说能够赡养父母便足够了。然而，就是犬马都能够得到饲养。如果不尊敬父母，那么赡养父母与饲养犬马又有什么区别呢？"

这是没有任何争议的一章，但是具有现实的意义。孔子的意思是：对父母的孝，不仅仅是养，更是敬。如果只有养而没有敬，就算不上孝。

养，是物质上的。敬，才是出于内心的，是精神上的。

子游是孔子的得意门生，大概孔子对子游的要求比较高，讲解也更深入一些。

大致情况是，师徒俩在讨论某个人的时候，子游认为这人已经达到了孝，可是老师认为还要深究这个人的内心。

对父母，不是简单地奉养，还应该从内心去尊敬。人老了容易犯糊涂，容易倔，如果不是原则性的大问题，就不要同他们争执。即便有的时候必须争执，也应该采取柔和的办法。

这个问题其实很有现实意义，在现实社会中，需要子女去养的父母其实比例不大，尤其是在城市。相反，啃老的倒是越来越多，很多人成年之后还需要父母来养。

在这样的情况下，一个人的孝主要就是通过对父母的态度去体现了。

第 九 章

学生对老师的孝

12·10（2·8）子夏问孝。子曰:"色难。有事，弟子服其劳；有酒食，先生馔，曾是以为孝乎？"

【译文】

子夏问什么是（对老师的）孝，孔子说:"脸色态度是难点。有了事情，弟子替老师去做；有了酒饭，弟子让老师先吃，难道能认为这样就可以算是孝了吗？"

很多章节需要理解人物关系，才能正确解读。这一章要解决两个问题：第一，"色难"是什么意思？第二，这一章所说的孝是儿女对父母还是学生对老师？

仅从内容看，这一段和上一段完全一样，就是说无论是孝敬父母还是老师，内心的敬意才是最重要的。

人老了，都容易多疑。孔子晚年，总是怀疑弟子对他不够尊敬，特别是冉有为首的成功人士，因此时时要强调大家对自己的态度。

在孝这个方面，态度比金钱更重要。人老了，对吃喝的要求都不高了，很担心是不是成了子女的累赘，因此特别在意子女的态度。人老了容易犯糊涂，有时候唠唠叨叨，尤其是生病需要照顾的时候，这时候子女应该有耐心，不要给父母脸色看。"久病床前无孝子"，就是这个意思。

来看第一个问题："色难"是什么意思？

钱穆等四人的说法都是"要在脸色态度方面做好是很难的"，只有李泽厚的说法是"不给父母好脸色看"。从文法和内容上看，李泽厚的说法都是错的。

第二个问题：这一章所说的孝是儿女对父母还是学生对老师？

按照大师们的说法，这一章讲的是后辈对长辈的孝。

大师们都把"弟子"解读为后辈或者年幼者，把"先生"解读为长辈或者年长者。

但是，"弟子"应该是"学生"，"先生"应该是"老师"，为什么呢？我们来简单分析一下。

首先,"弟子"在孔子的时期已经有"学生"的意思,在《论语》中就有几处这样的用法,足以证明。那么,"先生"是否有老师的意思呢?当然有,在《礼记》中就有明证。

其次,两人在谈论孝,孝是什么?是子女对父母的,而不是晚辈对长辈的或者年幼者对年长者的。如果按照大师们的说法,那根本不是谈孝,而是谈敬。我们说"敬老",但是不会说"孝老"。譬如说你常常帮隔壁王大爷干活,有好吃的也常常拿去给他吃,这是孝吗?

最后,子夏和孔子是怎样的关系呢?子夏大致从十三四岁跟随孔子,一直随侍在身边,孔子对他也是特别喜爱,此后传给他的学业也是所有弟子中最多的。因此,两人不是简单的师生关系,可以说还近似父子关系。在这样的情况下,子夏和孔子之间具有孝的关系就是顺理成章的。

所以,不管子夏问的孝是对父母的还是对老师的,孔子的回答肯定是学生对老师的。

第十章

不要与父母争执

12·11（4·18）子曰："事父母几谏，见志不从，又敬不违，劳而不怨。"

【译文】

孔子说："侍奉父母，（如果父母有不对的地方）要委婉地劝说他们。（自己的意见表达了）父母不听从，还是要对他们恭恭敬敬，并不违抗，替他们操劳而不怨恨。"

这几章，都是讲怎样去实现对父母的孝敬。

这样的说法当然是有道理的，对父母要讲究态度，特别是父母年老之后。如果不是原则性的问题，就不要与父母争执。即便很重要的事情，如果能放一放的就放一放，今后有机会再说，没必要一定与父母争出个结果来。

老人通常固执，有的人还喜欢生气。所以，做子女的要理解。

如今社会有很多啃老族，通常这样的人对自己的父母态度都很差，越是没本事的越是不孝顺，这是自古以来的真理。

但是，这些人却不去想一想，整天惹父母生气，若是哪天父母被气出个大病来，或者干脆被气死了，今后你啃谁去？

所以奉劝那些啃老一族，无论从什么角度出发，对父母好一些。

这一章也是对前面两章的补充说明，告诉大家怎样去尊敬父母。

12·12（4·19）子曰："父母在，不远游，游必有方。"

【译文】

孔子说："父母在世，不远离家乡；如果不得已要出远门，也必须有一定的地方。"

不知道这是不是孔子在周游列国期间对弟子们说的，如果是的话，说完前半句，那些跟随孔子周游列国的弟子是不是准备打道回府了呢？所以，孔子赶紧接了下半句"游必有方"。

孔子的话是有道理的。儿女出远门，父母牵挂儿女，儿女也牵挂父母。古代又没有手机微信这些东西随时联系，出趟国就是一个多月，够惦记的。所以，即便要出远门，也要跟父母说去哪里，好让父母稍微安心一些。后来有句话叫作"好男儿志在四方"，所以人生有许多不得已。

现实中，很多人都在外地打拼。但是，有条件的可以把父母接到身边，或者回去探望父母。没有条件的也应该通过各种通信方式时常问候、关心父母。

其实很多时候，子女在外，父母所想的并不是子女的奉养，而是为子女担心。

12·13（4·21）子曰："父母之年，不可不知也。一则以喜，一则以惧。"

【译文】
孔子说："父母的年纪，不可不知道并且常常记在心里。一方面为他们的长寿而高兴，一方面又为他们的衰老而恐惧。"

这也是孔子自己的感受吧！

生命有始有终，谁也无法抗拒，恐惧也没有用，父母在世的时候让他们尽量开心地生活就好。

第十一章

老师对学生的爱

12·14（14·7）子曰："爱之，能勿劳乎？忠焉，能勿诲乎？"

【译文】

孔子说："爱学生们，能不为他们操劳吗？忠于自己的职责，能不给学生们教诲吗？"

这一章无关于孝，是老师对学生的爱以及老师的职责。

> 钱穆：爱他，能勿教他勤劳吗？忠于他，能勿把正道来规诲他吗？
> 南怀瑾：真爱一个人，要使他知道人生的困苦艰难。不管部下或朋友，即使对自己很忠实，但不要仅仅喜欢他的忠实，还要教育他、培养他。
> 李零：爱他，能不为他尽力吗？为他尽心，能不为他谋虑吗？
> 李泽厚：爱他们，能够不加以勉励吗？忠于他们，能够不进行教导吗？
> 鲍鹏山：爱他，能不让他劳苦吗？忠于他，能不劝告教诲他吗？

非常简单的两句话，大师们全部都错了。

如果按照他们的译法，原文应当是：爱之，能无劳之乎？忠之，能无诲乎？

劳，可以是劳我，也可以是我劳，如果是劳他，那原文必须是"劳之"。

不过，更重要的是这个"忠"的意思。

前面是"爱之"，后面是"忠焉"，忠是没有带宾语的，因为忠本身就是"忠于职守"的意思。按照大师们的译法，这个"忠焉"就应该是"忠之"了。

从道理上说，一个老师要怎么去忠于学生呢？反了吧？钱穆历来不管这些，写完翻篇了事，李泽厚和鲍鹏山也不管，照搬了事。

南怀瑾和李零显然顾虑到了这一点，所以南怀瑾反过来说是学生忠于老师，李零则译成了尽心。遗憾的是，他们还是没有弄懂。

这段话是孔子的感慨，为学生们操劳，是因为爱他们，这就是人性。给学生们教诲，是因为要尽到自己的职责，对得起学生们的学费，这是职业道德。

爱自己的学生，体现在生活上对他们的关心，前途上帮助他们找工作建人脉提供建议；教诲他们体现在教他们知识，教他们做人。

孔子的话其实就是作为一个老师对自己的自我要求，而不是要学生去劳动，要学生忠于自己。

12·15（19·17）**曾子曰："吾闻诸夫子：人未有自致者也，必也亲丧乎！"**

【译文】

曾子说："我听老师说过，人不可能完全放开自己的感情，（如果有，）一定是在父母去世的时候。"

这是曾子转述孔子说的话，强调人只有在失去亲人的时候才能不顾一切地流露真情。曾子强调孝，所以会说到这些。

小 结

人性必须受到尊重

其实,孔子在《论语》中几乎不去专门讲人性,因为是个人就该具有人性。在孔子的时代,虽然礼崩乐坏,但是廉耻犹在。虽然有些混乱,但是人性犹在。

同样,孔子在《论语》中对孝敬父母说得也不多,主要是答问,而且就算答问,回答也很简单。

什么是孝?就是按照周礼的规定去对待父母。孝的核心是什么?是尊敬父母。就这么简单。

为什么这样呢?不是说人性和孝敬父母不重要,而是在那个时代,这都是很正常、很深入人心的事情,根本没有必要去强调。

但是到了汉朝,就出现了愚民教育。人们被强迫以及被教育在某些情况下要为了统治者舍弃自己的人性。

我们举一个赵氏孤儿的例子。

我们知道,赵氏孤儿讲的就是为了保护主人的孩子,赵家的两个门客一个牺牲了自己,一个牺牲了自己的孩子。

这个故事完全是司马迁在《史记·赵世家》中编造出来的。司马迁为什么要编造这样的历史?因为他要鼓励、宣传为了统治者而牺牲自己的一切的行为。

事实上,历史上确实有过一次类似赵氏孤儿的故事,那是在西周,周厉王十分暴虐,采取恐怖统治,结果被首都的公民暴力反抗,赶到了一个野猪出没的地方,召公为了保护周厉王的太子,交出了自己的儿子冒充太子,被愤怒的公民所杀。

那次事件之后,整个周朝所传颂的是首都人民推翻周厉王的事迹,而没有人赞扬召公的行为。

人性的丧失,才是最大的灾难。

那么,怎样去恢复已经遭受破坏的人性呢?

首先,要承认人性。不管是善的方面,还是恶的方面。

其次,要尊重人性。不要以所谓觉悟强迫或者诱使人们去违背人性,譬如放着自己的父母不去奉养却去奉养别人的父母;不要制定逼迫人们在人性和法律之间无法抉择的规则;不要再宣传那些违背人性的东西。

第十三篇

贵族精神标准之十三

礼仪礼节

礼，总是需要以某种方式表达出来，这就产生了礼仪和礼节。通常，礼仪是比较隆重的，多用于正式的场合，如人与天地鬼神沟通时；礼节则主要指人与人之间的关系，相比较来说要简单一些。比礼节更简单更随意一些的，现在我们称之为礼貌。

礼仪和礼节是用来表达礼、强调礼的内涵的，也是提醒人们要遵从礼的要求。

周朝的礼仪和礼节相对比较烦琐，但是也许正是因为其烦琐，才能延续近八百多年而不衰。

周朝之后，周礼不复存在，礼仪和礼节也都有了很大的变化。

所谓绅士风度，主要就是通过礼节来体现的，譬如晋楚之间的鄢陵之战，两军交战之际竟然还能互致问候。

孔子对礼仪礼节非常重视，但是也并非完全遵守周礼所规定的一切，而是强调要从内心去尊重周礼的内涵。

第 一 章

君子之争

13·1（3·7）子曰："君子无所争。必也射乎！揖让而升，下而饮。其争也君子。"

【译文】

孔子说："君子没有什么可与别人争的事情。如果有的话，那就是射箭比赛了。比赛时，先相互作揖谦让，然后上场。射完后，又相互作揖再退下来，然后喝酒。这就是君子之争。"

孔子在《论语》中举了一些周礼的例子，非常可惜，后人并不了解周礼，因此在解读上就会存在一些不确定性。

这一章的字面意思非常清楚，讲春秋时人"射礼"的流程。

不过，钱穆和李零对原句的断句进行了改动，钱穆将"揖让而升，下而饮"，改为"揖让而升下，而饮"，李零则改为"揖让而升下而饮"。

两人的理由相同，认为在"升""下""饮"这三个环节的时候都有"揖让"，因此应该像他们那样断句。

但是，两人的理解明显有两处错误。

首先，孔子并不是在介绍规则，而是在阐述这是君子之争，所以他的重点是"揖让"和"饮"，就是说比赛开始的时候要互相揖让，最后还要互相敬酒。所以，中间的描述没必要那么详细。

其次，按照他们的断句，"而饮"的"而"字是多余的，无论如何讲不通。

钱穆和李零对比赛本身做了很多考证，但是说起来，似乎还是南怀瑾讲得通俗易懂：

> 当射箭比赛开始的时候，对立行礼，表示对不起——礼让。然后开始比赛。比赛完了，不论谁输谁赢，彼此对饮一杯酒，赢了的人说："承让！"输了的人说："领教！"都有礼貌，即使在争，始终保持人文的礼貌。孔子讲这一件小事，也就是说人应不应该争？不论于人于事，都应该争，但是要争得

合理。礼让与法治有基本上的不同，法治有加以管理的意义，礼让是个人内在自动自发的道德精神。

到这里说句实话，如果一定要从钱穆和南怀瑾中选一个人来解读的话，我倒愿意选南怀瑾，为什么？因为南怀瑾虽然考证不严谨，可是他的很多解读是合乎人性的，适合现代的。钱穆尽管严谨得多，可是他的思维比较老套，讲解有些晦涩，有时还有些牵强，对读者的启发较少。

在这一章里，孔子的说法是"原"周礼，事实上春秋初期连战争也是"君子的战争"，战场上同样要讲礼。譬如在晋国和齐国的鞍之战，晋国大夫韩厥要俘虏齐国国君齐顷公的时候，还要先向齐顷公敬酒献玉，声称自己愿意为齐顷公驾车。譬如晋国和楚国的鄢陵之战，战斗期间，晋国的将军还向楚共王行礼，楚共王还向对方赠送宝剑，这些贵族之间的礼节是后代所绝对无法理解的。

贵族之间的争夺有一个特点，就是礼让。这种争夺显然不是为了利益，而是为了尊重和自尊。

君子之争，不伤尊严。

我们知道，高尔夫球从前被称为贵族的运动，很能体现贵族的风范，比赛双方往往并肩而行，有说有笑，赢的高兴但是也不表现出兴奋，输了的还会向赢了的祝贺。比赛完之后，大家参加酒会还是快快乐乐。

有人说，现代体育以竞技为主，胜负关乎生存质量，怎么体现贵族精神呢？竞技体育在比赛中当然就没有礼让可言，但是，遵守规则，不伤害对方是可以做到的。最能体现一个运动员贵族精神的时刻是在比赛结束后。具有贵族精神的人胜了不会兴奋得过分，不会去羞辱对手或者对手的支持者；输了认输，向对方表达祝贺。相反，那些赢了比赛就很夸张地庆祝，输了比赛就仇视对手仇视裁判，找各种理由表示不服，这样的人就不可能具备贵族精神。

当然，那种改年龄、吃兴奋剂、故意输球、故意伤人等行为，就与贵族精神完全背道而驰了。

第二章

君子讲礼不讲力

13·2（3·16）子曰："射不主皮，为力不同科，古之道也。"

【译文】

孔子说："比赛射箭，不在于穿透靶子，因为各人的力气大小不同，自古以来就是这样。"

这一章紧接着上面的一章，还是讲射礼，强调规则。意思是君子讲礼，不讲力。比技巧，不比蛮力。

钱穆花了许多功夫去探讨"皮"，按钱穆的考据，春秋时期射礼所用的靶子叫作"侯"，是一张布。上面或画五采兽，或贴一皮，作为靶心。采用皮靶心的称为皮侯。

皮侯所采用的皮和部队训练所采用的甲革是两个概念，前者采用虎豹熊的皮，看上去漂亮高贵，柔软，色泽好。后者采用犀牛皮，厚实坚硬。前者追求中靶但是不贯穿，今后可以继续使用。后者讲究实战，要尽量射穿，春秋神射手养由基能贯穿七层甲革，力大无穷。

我没有考证，不过大胆推测，射礼所采用的弓应当是小弓，靶子比较近，箭头为木质圆形，这样才能确保皮不被射透。

除了钱穆，李零和鲍鹏山也指出这里的射是射礼，南怀瑾则把它当成了军事训练或者战斗中的射箭，将这里的皮说成了牛皮。

这段话的背景已经不可考，或许是孔子在讲课，或许是孔子和学生在演习射礼。

第三章

丧葬的规矩

13·3（7·9、7·10）**子食于有丧者之侧，未尝饱也。子于是日哭，则不歌。**

【译文】
孔子在有丧事的人旁边吃饭，不曾吃饱过。孔子如果当天为去世的人哭过，就不会唱歌。

丧葬的礼是孔子非常重视的，我们先来讲孔子和丧葬的关系。

对于老百姓来说，丧葬、祭祀和婚娶的礼是比较重要，也是比较常见的。

了解孔子身世的人知道，孔子小时候家里很穷，跟着街坊邻居从事一些祭祀丧葬的事情。这一方面使得他了解了很多丧葬的礼仪，同时使他不避讳丧葬，甚至很感兴趣。而对于婚娶这一块，孔子的经历不多，兴趣也不是很大。反映在《论语》中，关于丧葬祭祀的部分远远多于婚娶。实际上，关于婚娶的，也就是"南容三复白圭"那一章了。

我们知道，周朝是个敬鬼神敬祖先的时代，因此在丧葬上有很多规定。孔子在鲁国学习了很多丧葬的知识，却还嫌不够，他曾经去洛邑拜会老子，也向老子讨教丧葬的礼仪。根据记载，孔子曾经跟老子帮人出殡下葬，结果运送棺材的半路上遭遇了日食，这个时候是该继续赶路还是该停下来呢？孔子不知道，老子告诉他要停下来，因为根据周礼，出殡下葬要在白天。现在日食出现，等同于黑夜，因此必须停下来。

关于这一章，重点在于"子食于有丧者之侧，未尝饱也"。还是来看看大师们怎么说。

钱穆：丧者哀戚，于其旁不能饱食，此所谓恻隐之心。

南怀瑾：这句话看来很平常，但其意义是说明孔子对生死的大问题很重视。古今中外，宗教、哲学、科学都在追究这个问题：生命从哪里来？往哪里去？死了以后还有没有？是否如过去所讲有再生之说，死了以后还会投胎？后来又加上来自印度、埃及的学说，认为人死了再投胎不一定做人，做什么决定于前生的道德善恶。所谓轮回、三世因果，这是佛家的思想。西方也是一样，基督教也有这样的思想，人死了以后，等到世界末日来临时，灵魂还会复活，接受上帝的审判……

鲍鹏山：如果吃得饱，是无恻隐之心。

李泽厚：丧者哀戚，于其旁不能饱食，此所谓恻隐之心。

基本上，南怀瑾跑偏跑得比较厉害了。

孔子很重视丧事，在这方面严格要求自己。一方面，这源于孔子的严谨性格；另一方面，这是孔子的职业习惯。

跟失去亲人的人一起吃饭，不要吃得太多，否则会显得不敬，因为失去亲人的人心情悲痛，通常没什么食欲。你如果大吃大喝食欲高涨，说明你心情不错，场面会相当违和。参加过葬礼之类的事情后，心情当然不会太好，自然没有心情唱歌。当然这里还有一层，如果你当天唱歌，看上去就有些幸灾乐祸，被人知道，一定招人恨。

这些，都是基本的常识。即便没有在周礼的规定之内，也要自觉去做。

13·4（10·22）朋友死，无所归，曰："于我殡。"

【译文】

（孔子的）朋友死了，没有亲属负责殓埋，孔子说："丧事由我来办吧。"

类似内容的解读，南怀瑾全部略过了，其余大师也差不多，只有钱穆用心去解读："此必实有其事，而事出偶然，非孔子时时作此言。此见孔子于朋友，仁至而义尽。"

这反映了两个事实，首先，孔子这人很仗义，朋友死了他愿意帮忙。对于一般人来说，都不愿意碰死人的事情，可是孔子愿意，为什么呢？因为孔子敬鬼神，认为死人更值得敬畏。其次，殓葬那点事对孔子来说是家常便饭，非常内行。

现在，这种事是一般人办不了的。

第四章

同情心

13·5（10·25）见齐衰者，虽狎，必变。见冕者与瞽者，虽亵，必以貌。凶服者式之。式负版者。有盛馔，必变色而作。迅雷风烈必变。

这一章讲孔子的一些生活习惯。

这一章的译文放在最后，因为其中的一些字需要先弄清楚。

"齐衰者""凶服者"，大师们都译成穿丧服的人。

冕者，大师们都译为"戴礼帽的人"。不过钱穆指出可能是"冕当作絻，亦指丧服"。

冕是大夫以上人士在非常正式的场合戴的一种帽子，既然是在正式场合，孔子怎么会"亵"呢？所以，多半应该是丧服。

虽狎，大师们的译法是"虽是平素亲密、熟悉、随便的人"。请注意，这是一个转折句，但是，如果按照大师们的译法，在意思上显然无法构成转折。所以，大师们的译法是错误的。这里的意思应该是"虽然正在嬉戏玩笑"，这样才构成转折。

虽亵，钱穆的译法是"虽是卑亵之人"，李零的译法是"虽然是很亲密的人"，李泽厚的译法是"虽然经常遇到"，鲍鹏山的译法是"即使是平时很亲熟的人"。

"亵"的原意是在家穿的便服，或贴身的内衣，总之是很随意的衣着。这里的意思应该是"虽然穿着很随意"。

所以，连着的两句话表达两种状态，一种是轻松随便的气氛，一种是轻松随便的衣着。这两种情况下遇上穿丧服的人，就会产生转折。

负版者，钱穆认为是"负贩者"，也就是小商贩，李零似乎支持这个说法，李泽厚的译法是"拿着国家文件的人"，鲍鹏山的译法是"背负国家图籍的人"。

李泽厚和鲍鹏山的译法是传统译法，用李零的评价就是"莫名其妙"。

不过，小商贩的说法也不怎么样。

那么，究竟是什么意思呢？我也不知道。

猜想一下吧，会不会是报丧的人？或者对参加葬礼的街坊邻居表达谢意的人？举着牌子大街上一走,省得一家一家去说。纯属猜想而已。

而作,正确译法是"起身"的意思,钱穆和鲍鹏山是对的。李零译为"屁股抬一下",李泽厚译为"致意"。

到这里,可以来翻译这一章了:

>(孔子)看见穿丧服的人,即使是正在嬉戏,也一定要把态度变得严肃起来。看见穿丧服的人和盲人,即使是穿着很随便,神情也要很恭敬。在乘车时遇见穿丧服的人,便俯伏在车前横木上(以示同情)。遇见负版者,也这样做。(做客时)如果有丰盛的筵席,就神色一变,并站起来致谢。遇见迅雷大风,一定要改变神色(以示对上天的敬畏)。

对于家里有人去世的人,孔子总是表现得很庄重,这既是他从小养成的职业习惯,也是对周礼的遵从。

至于"迅雷风烈必变",则是孔子认为是上天在给人们警示。

人应当有所敬畏、有所尊敬、有所同情,并且把这些感情以恰当的方式表达出来。

第五章

祭祀斋戒的规矩

13·6（10·1）**孔子于乡党，恂恂如也，似不能言者。其在宗庙朝廷，便便言，唯谨尔。**

【译文】
孔子在本乡的地方上显得很温和恭敬，像是不会说话的样子。但他在宗庙里、朝廷上，却很善于言辞，只是说得比较谨慎而已。

还是在讲孔子的习惯。

这样的章节，大致没有人能比钱穆解释得更清楚了。以上的译文虽然不是钱穆的，但是意思一致。至于其他大师的译文，就不必去看了。

孔子为什么跟乡里人说话很木讷？钱穆认为是孔子在父兄长辈们面前要显得谦恭一些。不过貌似在孔子生活的阙里，孔子并没有亲戚，因此谈不上正儿八经的父兄，大家都是街坊而已。

孔子之所以在乡里比较木讷，多半是因为与邻里没什么共同语言，油盐酱醋都不是孔子喜欢提的事情，孔子喜欢说的诗书礼仪又是大家不感兴趣的；在宗庙朝廷不一样，大家有共同语言，孔子又是专家，因此话多一些，不过大家的身份比较高，孔子说话就比较谨慎。

宗庙朝廷是什么意思呢？前面说过了，国君日常办公在朝廷，但是商讨和决定国家大事的时候，要去宗庙。

《论语》原文第十篇"乡党"是整部《论语》中内容最为规范的一篇，完全用来讲孔子的待人接物、行为举止、生活习惯等，整篇没有对话，主人公都是孔子。

孔子的生活习惯有规律，凡事讲规矩，严谨而恭敬，虽然未必讨人喜欢，但是一定不让人讨厌。对于饮食和衣着，孔子特别讲究，可以说有些挑剔，说不定是洁癖也未可知。总体来说，孔子的生活属于贵族的生活方式。

13·7（10·7）**齐，必有明衣，布。齐必变食，居必迁坐。**

【译文】

斋戒沐浴的时候，一定要有浴衣，用布做的。斋戒的时候，一定要改变平常的饮食，居住也一定搬移地方（不与妻妾同房）。

按钱穆的说法，"居必迁坐"是"改变日常的居处"，李零则说是"平常坐的地方也要换换位置"。似乎都有道理，不过我们从根上来分析，斋戒的目的是什么？是为了祭祀祖先的时候身上没有邪秽之气，因此改变饮食清肠胃，搬离原来的房间不与妻妾同房。这么说来，还是钱穆的说法要更好一些。

这不是孔子特有的，而是比较通行的做法。

其实，这个做法还是具有现实意义的。要参加非常重要的场合时，还是需要一定程度的斋戒的，譬如改变饮食，这样可以让自己的口气清爽一些。不与妻子同房，这样休息会好一些，精神也会好一些。

13·8（10·14）**乡人傩，朝服而立于阼阶。**

【译文】

乡里人举行驱逐疫鬼的仪式时，孔子总是穿着朝服站在乡庙东边的台阶上。

这一章的内容真是稀里糊涂了，为什么？因为大致在春秋战国之后，傩这种仪式就没有了，或者发生了很大的变化，譬如成了中元节或者盂兰盆节。

既然谁也没有见过这个仪式，解释起来就难免东一句西一句，自相矛盾了。

按照钱穆的说法，傩是"祭之于道上"，孔子是站在家庙的东阶。既然如此，孔子为什么要站在东阶？问题是，孔子的家庙并不在曲阜的阙里，而应该在邹。

而且，乡亲们在卖命地驱鬼，你孔子守着自家门口，这不是一个典型的自私鬼吗？

所以，傩就算"祭之于道上"，在乡庙一定先有仪式。理由很简单，请不到正神，谁来驱鬼呢？这个东阶恐怕就是乡庙的东阶，孔子身穿朝服站在那里是要奉迎正神，震慑疫鬼，这个活应该是乡里地位最高的人来做的。

第六章

祭祀的本质还是礼

13·9（3·10）子曰："禘自既灌而往者，吾不欲观之矣。"

【译文】
孔子说："对于行禘礼的仪式，从第一次献酒以后，我就不愿意看了。"

这一类的内容，钱穆的讲解通常都是最好的。

钱穆博采此前的各种解说，给出了最合理的一种，因为他使用的是半文言，这里大致用白话再解说一下。

按照周礼，去世的国君下葬之后，新国君要奉去世国君的神主入庙，必须先大祭于太庙，按照顺序，从始祖到历代国君都要祭祀一番，这个仪式称为禘，又称吉禘。

此外，每五年进行一次禘祭，还是在太庙。

鲁文公把他父亲鲁僖公的顺序提到了鲁闵公的前面，此后一直沿袭。鲁僖公虽然是鲁闵公的哥哥，但是鲁闵公当国君在前，祭祀的时候还是应该鲁闵公在前的。把鲁僖公提到了鲁闵公的前面，称为逆祀，是违背周礼的。

灌是禘祭开始时的一个步骤，解释起来比较复杂，这里不说了。

为什么孔子看到灌之后就不看了呢？因为孔子认为既然禘祭违背了周礼的规定，再看下去就没什么意思了。

鲁国这个时候礼崩乐坏，确实有些乱七八糟，孔子看不下去也是正常。而礼崩乐坏的最根本原因，恐怕还是公室衰微，养不起公务员，导致大量人才流失，剩下的也是混日子，自己也搞不懂周礼是怎么回事了。所以，还是管子那句话是真理：仓廪实则知礼节。国家穷了，就没有什么礼仪礼节可讲了。

不过在这件事上孔子有些过于较真了，把鲁僖公提到鲁闵公的前面并不是完全没有道理。首先，鲁僖公是鲁国国君的祖先，鲁闵公不过是个亲戚而已。而且，鲁闵公也就当了短时间的国君，还是个小孩就被杀了。另外，鲁僖公在鲁国历代国君中算是比较贤能的了。综合以上因素，把鲁僖公提到鲁闵公前面是可以接受的。

13·10（3·11）**或问禘之说。子曰："不知也；知其说者之于天下也，其如示诸斯乎！"指其掌。**

【译文】

有人问孔子关于举行禘祭的规定。孔子说："我不知道。知道这种规定的人，对治理天下的事，就会像把这东西摆在这里一样（容易）吧！"（一面说一面）指着他的手掌。

孔子认为，鲁国的禘祭名分颠倒，不值得一看。所以有人问他关于禘祭的规定时，他故意说不知道。但紧接着又说，谁能懂得禘祭的道理，治天下就容易了。这就是说，谁懂得禘祭的规定，谁就可以归复紊乱的"礼"了。

孔子的意思，并不是说禘祭本身多么重要，而是说懂得遵守礼很重要。

对于孔子来说，祭祀的真正意义可能是通过祭祀的过程来提醒人们要遵从周礼。如果祭祀本身就不遵从周礼，祭祀也就失去了意义。

第七章

礼轻诚意重

13·11（3·17）子贡欲去告朔之饩羊。子曰："赐也！尔爱其羊，我爱其礼。"

【译文】

子贡提出去掉每月初一日告祭祖庙用的羊。孔子说："赐，你怜惜那只羊，我却爱惜那种礼。"

对于祭祀，是过程重要，还是祭品重要？或是态度更重要？

这一章的内容，钱穆讲解分析得非常透彻。不过因为他使用的是半文言，因此不照录原文。

每个月的初一为朔，十五为望。按照周礼的规定，周天子每年秋冬之际，就把第二年的历书颁给诸侯，诸侯把历书放在祖庙里，并按照历书规定每月初一日来到祖庙，杀一只活羊祭庙，表示每月听政的开始。

进入东周之后，周天子已经不再颁布历书，不过鲁国自有历官，因此自行告朔之礼。不过，孔子时代鲁国君主已不亲自去"告朔"，"告朔"已经成为形式。所以，子贡提出去掉"饩羊"。

凡是用于祭祀的牛羊，养着以备使用称为牢，杀而未烹称为饩，烹熟了称为飧。那么，为什么要用饩羊？不知道。

按照南怀瑾的说法，饩羊是蒸过了的，还没有炊熟就放在祭桌上，稍稍蒸一下免得腐臭，这就是饩羊。

到底谁对谁错呢？我不知道，也不准备去考证了。

子贡的意思是，既然周天子和鲁国国君都已经不在乎这个礼了，索性也就别浪费这头羊了。

孔子的意思则是：只要这头羊还在，这个礼也就还在。与礼相比，一头羊算不了什么。

李泽厚对这一章的解说不去说了，不过略微调侃一下，李泽厚写道"每月初一……只是杀一只活羊"。鲍鹏山的解说中也写道"杀一只活羊举行祭礼"。难道还有杀"死羊"的？

13·12（10·23）**朋友之馈，虽车马，非祭肉，不拜。**

【译文】
朋友馈赠物品，即使是车马，不是祭肉，（孔子在接受时）也是不拜的。

用肉祭祀祖先之后，这块肉就不仅仅是一块可以食用的东西了，而是对祖先敬畏的一个载体。

如果朋友赠送祭肉，那是说明他把你当成了可以引见给自己祖先的朋友，当成了自己的家人。而如果是赠送车马呢，只能说明这个朋友很有钱很大方。

所以，孔子更重视情分，而不是物质。

13·13（10·11）**虽疏食菜羹瓜，祭，必齐如也。**

【传统译文】
即使是粗米饭蔬菜汤，吃饭前也要把它们取出一些来祭祖，而且表情要像斋戒时那样严肃恭敬。

这一章看似简单，解读起来却是五花八门了，连断句也不一样。
传统的断句是这样的：虽疏食菜羹，瓜祭，必齐如也。
钱穆的断句是这样的：虽疏食、菜羹、瓜，祭，必齐如也。
李零的断句是这样的：虽疏食、菜羹，瓜祭，必齐如也。
至于译文，同样如此。

  鲍鹏山、钱穆：即使是粗饭，菜汤，瓜类，临食前也必祭，而且必其貌肃恭，有敬意。
  李零：吃粗饭，也要一脸严肃。（瓜祭就是瓜的意思，因此本章与祭祀无关。）
  李泽厚：虽然用疏食、菜羹、瓜祭祭祀，也一定进行斋戒。

如果按照钱穆的说法，那么就等于每顿饭都要祭祀了，祭祀谁呢？祭祀祖先。看上去，这有点像是西方人每天正餐前都要祷告一样了。但是，春秋时真有这样每顿饭要祭祀祖先的礼吗？我不知道，但是我非常怀疑。祭祀祖先是件严肃的事情，不可以这样随意吧！

所以，我宁愿同意李泽厚的说法，这不是吃粗饭的时候祭祀，而是在没有牺牲可以用的时候，不得不用上面的这些粗饭。至于祭祀谁，在这里不重要。

不过，李泽厚的后半句又不对了，原文是"必齐如也"，意思就是"像斋一样"，而不是真的斋。

简单推理一下，连祭祀都只能用粗饭，可想自己也是吃不上肉。正常的祭祀之前的斋，就是从吃肉喝酒改为吃粗饭，以洁身净心表达敬畏。如今，本来就是吃粗饭，祭祀前还是吃粗饭，并没有变化，算不上斋。因此，只能在态度上和内心里保持斋一样的严肃和敬畏了，这就是"必齐如也"。

所以，这一章的译文恐怕应该是这样的——即使用粗米饭蔬菜汤和瓜去祭祀，（虽然在饮食上没有斋）但是也要有斋的态度和敬畏。

这段话想要说明的是：即使祭祀的物品寒酸，内心的敬畏不能寒酸。

我们有句古话叫作：千里送鹅毛，礼轻情意重。改在这里，就是：粗饭祭神灵，礼轻诚意重。

第八章

饮食卫生要讲究

13·14（10·8）**食不厌精，脍不厌细。食饐而餲，鱼馁而肉败，不食。色恶，不食。臭恶，不食。失饪，不食。不时，不食。割不正，不食。不得其酱，不食。肉虽多，不使胜食气。唯酒无量，不及乱。沽酒市脯，不食。不撤姜食，不多食。**

【译文】

粮食不嫌舂得精，鱼和肉不嫌切得细。粮食陈旧和变味了，鱼和肉腐烂了，都不吃。食物的颜色变了，不吃。气味变了，不吃。烹调不当，不吃。不时新的东西，不吃。肉切得不方正，不吃。作料放得不适当，不吃。席上的肉虽多，但吃的量不超过米面的量。只有酒没有限制，但不喝醉。从市上买来的肉干和酒，不吃。每餐必须有姜，但也不多吃。

孔子是个非常讲规矩的人，在饮食起居上自然也是如此。这一章我们要解决两个问题：第一，"食不厌精，脍不厌细"是什么意思？第二，"不撤姜食"是什么意思？

先来解决第一个问题："食不厌精，脍不厌细"是什么意思？

钱穆：不厌，不饱食也。吃饭不因饭米精便多吃了。食肉不因脍的细便多食了。

李零：是强调食物加工要非常讲究，越精细越好。

显然李零是对的，钱穆的解说太过牵强而没有根据。为什么钱穆会犯这样的低级错误呢？大致他认为如果按照字面的解释，岂不是说明孔子是个追求享乐的小资分子？

此外，对于"沽酒"，钱穆的解释是"一宿之酒曰酤，沽与酤通，酒经一宿，非美者，亦可谓尚未成酒，故不食"。这个解说也是毫无根据，"沽"就是买或者卖的意思。而且，酒越放越醇，怎么过夜就不行呢？

再来解决第二个问题:"不撤姜食"是什么意思?

钱穆和李零对此都有解说,综合来说,大致是古时鲁国人喜欢的用餐小食,吃完饭,其他的饭菜都撤了,姜还留下来,最后再吃一点姜,去一去嘴里的味道。

毫无疑问,孔子的饮食是很考究的,其中有多少是基于周礼,有多少是自己的规矩,这恐怕很难说清,也没有必要去计较了。

这应该是孔子最后回到鲁国之后的记载,这个时期孔子是比较富有的,因此才有讲究这些的物质基础。而且,这个时候孔子年岁已经大了,在饮食方面格外讲究也是对的。大致,这也是孔子长寿的一个秘诀了。

13·15(10·9)祭于公,不宿肉。祭肉不出三日。出三日,不食之矣。

【译文】
孔子参加国君祭祀典礼时分到的肉,不能留到第二天。祭祀用过的肉不超过三天。超过三天,就不吃了。

按照钱穆的解说,国君祭祀的当天早上杀死祭祀用的牛羊等,第二天还要再祭,因此卿大夫们分到肉的时候可能就已经是第三天了,必须要当天分掉或者吃掉。

"出三日"则是指家祭的肉,超过三天也不能食用了。

祭祀通常都在秋冬季节,因此祭肉可以放三天,要是夏天,放一天就坏了。基本上,三天也是保质期的意思。

祭肉虽然意义非凡,但是也不等于变质了也要吃啊。

身体是自己的,爱自己才是正道。

13·16(10·10)食不语,寝不言。

【译文】
吃饭的时候不说话,睡觉的时候也不说话。

第九章

家居衣着不随便

13·17（7·4）**子之燕居，申申如也，夭夭如也。**

【译文】
孔子闲居在家里的时候，仪态温和舒畅，悠闲自在。

这几章还是在讲孔子的生活习惯。

上班的时候正襟危坐，一本正经，下了班，放松放松。有的人在上班的时候拿着个架子，下了班还是拿着个架子，以为自己是个什么了不起的人物，这样的人，谁都讨厌他。

13·18（10·6）**君子不以绀緅饰，红紫不以为亵服。当暑，袗絺绤，必表而出之。缁衣，羔裘；素衣，麑裘；黄衣，狐裘。亵裘长，短右袂。必有寝衣，长一身有半。狐貉之厚以居。去丧，无所不佩。非帷裳，必杀之。羔裘玄冠不以吊。吉月，必朝服而朝。**

【译文】
君子不用深青透红或黑中透红的布镶边，不用红色或紫色的布做平常在家穿的衣服。夏天穿粗的或细的葛布单衣，但一定要套在内衣外面。黑色的羔羊皮袍，配黑色的罩衣。白色的鹿皮袍，配白色的罩衣。黄色的狐皮袍，配黄色的罩衣。平常在家穿的皮袍做得长一些，右边的袖子短一些。睡觉一定要有睡衣，要有一身半长。用狐貉的厚毛皮做坐垫。丧服期满，脱下丧服后，便佩戴上各种各样的装饰品。如果不是礼服，一定要加以剪裁。不穿着黑色的羔羊皮袍和戴着黑色的帽子去吊丧。每月初一，一定要穿着礼服去朝拜君主。

这些是周礼的规定，还是孔子的习惯呢？

对于贵族来说，衣着打扮是要讲究的。衣着不在乎奢华，但是要得体、整齐、干净。正式场合要有正式的服装，休闲场合要有休闲的服装。

直到现在，西方国家在很多场合还有不成文的着装规定，譬如听音乐会要正装，看歌剧舞剧要正装。

13·19（10·12）**席不正，不坐。**

【译文】
席子放得不端正，不坐。

孔老师的讲究比较多，通常，席子不端正，都会把它端正过来。看似小节，但是从小处做起也是对的。所以，别说什么屁股正不怕席子歪。

13·20（10·24）**寝不尸，居不客**。

【译文】
（孔子）睡觉不像死尸一样仰面朝天，平日家居也不像作客或接待客人时那样庄重严肃。

根据科学研究，仰卧和侧卧都属于正确的睡觉方式，通常斯文人喜欢侧卧，粗壮的人因为呼吸的力度大，通常仰卧。孔子是斯文人，所以喜欢侧卧不喜欢仰卧。张飞李逵武松这样的人，基本上应该是仰卧。

不过根据我的猜度，孔子不愿意仰睡还有一个很重要的原因：周朝时候祭祀祖先，有的时候会选一个男孩子躺在祭祀的位置上充当尸，以便祖先的灵魂可以附体，这样才能听到子孙的祷告。孔子小的时候为生活所迫，常常参加各种丧葬祭祀，应该充当过尸。充当尸的收入应当不错，可是感觉肯定很不好。

这一点其实无所谓，各人爱好而已，怎么舒服怎么睡就好。

第十章

于细节处见人品

这几章讲孔子的风度,确实有很多值得学习的地方。所以,孔子不仅仅是在理论上教授学生,在行为举止上确实也起到了表率的作用。

13·21（7·38）**子温而厉,威而不猛,恭而安。**

【译文】
孔子温和而又严厉,威严而不凶猛,庄重而又安详。

孔老师对学生们严厉但是又有耐心,威严但是从来不会打人,就算发火也很优雅,绝对不会失态。

老师对学生既要有威严,又不要让学生害怕自己,可以训斥但是不要骂人,可以看上去很凶但是不要动手,可以很严肃但是不要咄咄逼人。

这个,大概是周礼下老师的行为标准了。

13·22（7·27）**子钓而不纲,弋不射宿。**

【译文】
孔子只用钓竿钓鱼,而不用网捕鱼。射鸟,不射在巢中歇宿的鸟。

按钱穆的解说：纲,大索,悬挂多钩,横绝于流,可以一举获多鱼。但是,按照李零的说法,纲就是大网。

我更愿意采用李零的说法。

其实,用钓竿钓鱼和用网捕鱼,和不射巢中之鸟从实质上并无区别。孔子的这种做法,应当是遵从周礼的原则。事实上,从商朝开始,就有了资源保护的概念,对动物的捕猎是有讲究的,年幼的动物一般不许捕杀,小鱼不捞。不射巢中之鸟,就是为了避免伤害幼鸟或者鸟蛋。

13·23（7·32）**子与人歌而善，必使反之，而后和之。**

【译文】
孔子与别人一起唱歌，如果这人唱得好，一定要请他再唱一遍，然后和他一起唱。

别人唱得好听，就向别人学习，这是孔子的学习精神。而这样的事情，往往给对方以成就感，于是大家都很高兴。学到了好歌，还交了朋友。

13·24（10·13）**乡人饮酒，杖者出，斯出矣。**

【译文】
跟乡里人饮酒后，孔子一定要等老年人先出去，然后自己才出去。

孔子尊老敬老，凡事以老人为先。国外是女士先行，孔子那时候不跟女士喝酒。

13·25（10·15）**问人于他邦，再拜而送之。**

【译文】
（孔子）托人向在其他国家的朋友问候送礼，便向受托者拜两次送行。

为什么再拜？钱穆的说法是"拜送使者，如拜所问候之人"。
对这个问题，似乎从周礼的角度也未必有解答。因此只能推断：一拜是拜托，再拜就是转达。也就是说，第一次拜是感谢带话人，第二次拜就是把这一拜带给朋友的意思。就像托人送礼，准备两份礼物，一份给朋友，一份给所托的人。

13·26（10·26）**升车，必正立，执绥。车中，不内顾，不疾言，不亲指。**

【译文】
上车时，一定先直立站好，然后拉着扶手带上车。在车上，不回头，不高声说话，不用自己的手指指点点。

为什么要这样呢？来看看大师们的解说。

钱穆：此三者易于使人见而生疑，故不为。

李零：不回头是为了防止站立不稳，其余两点是为了怕有失风度以及惊了马。

李泽厚：似为安全也。

究竟是为了什么呢？钱穆和李泽厚的说法都不靠谱。

其实大家可以设身处地地想一想，假设一个人站在高处，他指指点点大声说话，会给你什么样的感觉？飞扬跋扈。

做什么事情都规规矩矩，小心翼翼，还要有风度。站在车上，因为比别人高，本身就构成压迫感，所以，一定要保持安稳的状态。

实际上，不仅是在车上要注意举止，在任何的高处都有这个问题。

从这个角度出发，李零的说法是比较经得起推敲的。

13·27（15·42）**师冕见，及阶，子曰："阶也。"及席，子曰："席也。"皆坐，子告之曰："某在斯，某在斯。"师冕出，子张问曰："与师言之道与？"子曰："然。固相师之道也。"**

【译文】

乐师冕来见孔子，走到台阶沿，孔子说："这儿是台阶。"走到座席旁，孔子说："这是座席。"等大家都坐下来，孔子告诉他："某某在这里，某某在这里。"师冕走了以后，子张就问孔子："这就是与乐师谈话的方式吗？"孔子说："这就是帮助乐师的方式啊。"

肯定有人说孔子怎么这么啰唆，那是因为你不知道那时的乐师都是盲人。孔子的提示，是帮助乐师走路、坐下以及了解身边的人。

孔子是个很周到、服务意识很强的人。虽然有时显得烦琐，更多的时候还是让人感到很舒服很贴心。

第十一章

官场礼仪要注意

13·28（10·2）朝，与下大夫言，侃侃如也；与上大夫言，訚訚如也。君在，踧踖如也，与与如也。

【译文】

孔子在上朝的时候，同下大夫说话，侃侃而谈；同上大夫说话，小心谨慎；国君已经来了，恭敬而心中不安的样子，但又仪态适中。

这章说在官场的礼节，如何与国君打交道，与比自己地位高的人打交道，与比自己地位低的人打交道等，看看孔子怎么做的。

对于"訚訚如也"，钱穆的解说是"和悦而诤"，李零显然表示怀疑，他认为，这就是严肃的意思。

我赞同李零的看法。

这是孔子当司寇的时候，还是后来回到鲁国之后呢？似乎应当是当司寇的时候。这个时候孔子的级别是上大夫，所以与下大夫交谈就很放松，而上大夫们都比孔子有来头，孔子就要小心谨慎了。国君是顶头上司，孔子就很恭敬。

13·29（10·3）君召使摈，色勃如也，足躩如也。揖所与立，左右手，衣前后，襜如也。趋进，翼如也。宾退，必复命曰："宾不顾矣。"

【译文】

国君召孔子去接待宾客，孔子脸色立即庄重起来，脚步也快起来，他向和他站在一起的人作揖，手向左或向右作揖，衣服前后摆动，却整齐不乱。快步走的时候，像鸟儿展开双翅一样。宾客走后，必定向君主回报说："客人已经不回头张望了。"

孔子精通周礼，因此国君招待外国客人的时候常请他去做相礼，也就是司仪。孔子在做司仪的时候很小心，动作很轻，声音很小，是为了不影响气氛。直到最后送走了宾客，再去向国君报告，算是完成了任务。

招待客人要面面俱到，不能失礼，宁可自己麻烦一些，不要让客人感觉不舒服。

13·30（10·4）**入公门，鞠躬如也，如不容。立不中门，行不履阈。过位，色勃如也，足躩如也，其言似不足者。摄齐升堂，鞠躬如也，屏气似不息者。出，降一等，逞颜色，怡怡如也。没阶，趋进，翼如也。复其位，踧踖如也。**

【译文】
孔子走进朝廷的大门，谨慎而恭敬的样子，好像没有他的容身之地。站，他不站在门的中间；走，也不踩门槛。经过国君的座位时，他脸色立刻庄重起来，脚步也加快起来，说话也好像中气不足一样。提起衣服下摆向堂上走的时候，恭敬谨慎的样子，憋住气好像不呼吸一样。退出来，走下台阶，脸色便舒展开了，怡然自得的样子。走完了台阶，快快地向前走几步，姿态像鸟儿展翅一样。回到自己的位置，是恭敬而不安的样子。

不踩门槛，是为了走路看上去平稳。总之，在去见国君的时候，走路要轻，呼吸要轻，说话要轻。

13·31（10·5）**执圭，鞠躬如也，如不胜。上如揖，下如授。勃如战色，足蹜蹜，如有循。享礼，有容色。私觌，愉愉如也。**

【译文】
孔子向别国国君献礼，拿着圭，恭敬谨慎，像是举不起来的样子。向上举时好像在作揖，放在下面时好像是给人递东西。脸色庄重得像战栗的样子，步子很小，好像沿着一条直线往前走。在举行赠送礼物的仪式时，显得和颜悦色。和国君举行私下会见的时候，更轻松愉快了。

这段单讲孔子与国君会面时的情况。

但是这里有个问题，孔子在担任鲁国官员的时候，只见过一次外国国君，就是齐国国君。周游列国期间实际上也只见过卫国国君，那么，这里记载的是什么时候的事呢？

似乎应当是孔子周游列国回到鲁国之后，周边的一些小国譬如鄫国、邾国、杞国、莒国等国的国君会时常来鲁国觐见国君，这个时候就很有可能顺便拜会孔子，也才有私下会见的机会。

13·32（10·16）康子馈药，拜而受之。曰："丘未达，不敢尝。"

【译文】
季康子给孔子赠送药品，孔子拜谢之后接受了，说："我对药性不了解，不敢尝。"

春秋时期，比自己地位高的人赠送了东西，都要当场看一看赞一赞，如果是吃的，就当场尝一尝说说好吃之类。可是这次赠的是药，这东西事关身体健康，所以要慎重，就算是领导送的，也要慎重。

钱穆和李零的解说都是对的，不过钱穆说季康子赠的实际上不是药，而是保健品，其推理有些牵强。

13·33（10·18）君赐食，必正席先尝之。君赐腥，必熟而荐之。君赐生，必畜之。侍食于君，君祭，先饭。

【译文】
国君赐给熟食，孔子一定摆正座席先尝一尝。国君赐给生肉，一定煮熟了，先给祖宗上供。国君赐给活物，一定要饲养起来。同国君一道吃饭，在国君举行饭前祭礼的时候，一定要先尝一尝。

国君赐给的，就要当场打开，而且还是很正式地打开，然后尝一尝，说"哇塞，真好吃"之类。如果是生肉，要煮熟了先给祖先供上，显示自己过得还不错，国君对自己也不错，请老祖宗放心。跟君主吃饭前，要有人先尝一尝，君主才吃。孔子在与国君吃饭时，都主动尝一下，表明他对礼的遵从。

但是，平常与长辈或者上级吃饭，要把尊贵的位置让给他们，等他们开始吃饭之后再吃，以显示尊重。

13·34（10·19）疾，君视之，东首，加朝服，拖绅。

【译文】
孔子病了，国君来探视，他便头朝东躺着，身上盖上朝服，拖着大带子。

孔子患了病，躺在床上，国君来探视他，他无法起身穿朝服，这似乎对国君不尊重，有违于礼，于是他就把朝服盖在身上。这反映出孔子即使在病榻上，也不会失礼于国君。

即便是生病的时候，也应该尽量地让自己不失礼仪。实际上，每个人的素养都是在细节中体现的，有的人根据吃相来判断一个人的素养，有的人根据遭受挫折后的表现来判断一个人的素养，同样，生病时如何保持自己的仪态和礼仪也是很重要的。

13·35（10·20）**君命召，不俟驾行矣**。

【译文】
国君召见（孔子），他不等车马驾好就先步行走去了。

这是一种姿态吧，走得再快，其实还是没有马车快。但是，做姿态本身也是礼仪的一个形式。

第十二章

教俭戒骄

13·36（9·3）子曰："麻冕，礼也；今也纯，俭，吾从众。拜下，礼也；今拜乎上，泰也。虽违众，吾从下。"

【译文】

孔子说："用麻布制成的礼帽，符合于礼的规定；现在大家都用黑丝绸制作，这样比过去节省了，我赞成大家的做法。（臣见国君）首先要在堂下跪拜，这也是符合于礼的；现在大家都到堂上跪拜，这是骄纵的表现。虽然与大家的做法不一样，我还是主张先在堂下拜。"

李零认为"泰"是奢侈的意思，恐怕不对。钱穆认为"泰"是骄泰，就是骄纵的意思："孔子好古敏求，重在求其义，非一意遵古违今。此虽举其一端，然教俭戒骄，其意深微矣。"

我赞同钱穆的看法，尤其那句"教俭戒骄"总结得恰到好处。

孔子的看法，礼在用具上可以节省，在程序上应当坚持。因为程序是对人的要求，用具是对物的要求。

南怀瑾这样解说：

> 中国本是礼仪之邦，古代与人相见，跪下来拜，孔子说这是礼貌，"拜下，礼也。"但现在的人，没有行礼的诚恳，"拜乎上"，拱手就算了，很讨厌跪拜行礼的事，只求自己舒服一点而偷懒，就是不诚恳。

显然，南怀瑾把"拜乎上"理解为拱手了。

13·37（16·14）邦君之妻，君称之曰夫人，夫人自称曰小童；邦人称之曰君夫人，称诸异邦曰寡小君；异邦人称之亦曰君夫人。

【译文】

国君的妻子，国君称她为夫人，夫人自称为小童；国人称她为君夫人，国君对他国人则称她为寡小君；他国人也称她为君夫人。

这就是关于称谓的问题，为什么这样的一个问题会被记载下来？大致当时有些混乱。

顺便介绍一点周朝时期几个有趣的称呼，周天子和诸侯的自称都是"孤"和"寡人"，楚国不同，楚王自称"不谷"。诸侯朝见周天子，如果和天子同姓，也就是姓姬的话，天子称呼他为伯父。如果是异姓，则天子称呼他为伯舅。仅从称呼而言，就可以看到周礼的设计之下，即便是天子也必须谦恭。

称谓问题看小实大，因为时时会用到。如今我们的称谓问题已经史无前例地严重，譬如见到一个年轻妇女，怎么称谓她？同志？女士？再譬如，给长辈写封信，怎样称谓？怎样落款？可能没几人知道了。

13·38（18·9）太师挚适齐，亚饭干适楚，三饭缭适蔡，四饭缺适秦，鼓方叔入于河，播鼗武入于汉，少师阳、击磬襄入于海。

【译文】

太师挚到齐国去了，亚饭干到楚国去了，三饭缭到蔡国去了，四饭缺到秦国去了，打鼓的方叔到了黄河边，敲小鼓的武到了汉水边，少师阳和击磬的襄到了海滨。

这些人都是鲁国的乐师，按周制，国君每餐都有乐师配乐，因此乐师有亚饭、三饭、四饭之称。

太师挚是鲁国的首席乐师，大师级的人物，为什么要去齐国呢？原来，三桓瓜分鲁国之后，鲁国公室的地盘变得很小并且还不断被三桓侵吞，而且公子公孙们越来越多，财政入不敷出。宫廷乐队最终也难以维持下去，终于让大家自谋出路去了。于是，上面的乐师们就只能出国去讨生活了。专业人才流失，国家礼仪自然也就难以为继了。

对于这一段，大师们认为鲁国音乐大师们的离散是因为鲁国的衰落，但是实际上是因为鲁国国君权力的旁落。

南怀瑾再次犯了一个错误，他说"这里的'饭'字等于是管乐的官阶官名，亚饭等于副首长"。一笑。

第十三章

祭祀的过程

13·39（9·10） 子见齐衰者、冕衣裳者与瞽者，见之，虽少，必作；过之，必趋。

【译文】

孔子遇见穿丧服的人、当官的人和盲人时，即使他们年轻，也一定要站起来。从他们面前经过时，一定要快步走过。

这一章，我们看看钱穆的训诂就好了：

> 衰，同缞，丧服也。齐，缝缉义。缉边者曰齐衰，以熟麻布为之。不缉边曰斩衰，以至粗生麻布为之。齐衰服轻，斩衰服重，言齐衰可兼斩衰，言斩衰则不兼齐衰也。冕，冠也。衣上服，裳下服。冕而衣裳，贵者之盛服也。见之必作必趋，尊在位也。瞽者：无目之人。作，起也。趋，犹疾行。

请记住：作，是起身的意思；趋，是快步走的意思。
下面这一章，就是今天所要解读的。

13·40（10·27） 色斯举矣，翔而后集。曰："山梁雌雉，时哉时哉！"子路共之，三嗅而作。

先来看看大师们是怎么翻译的。

> 钱穆：雌雉只见人们有少许颜色不善，便一举身飞了。在空中回翔再四，瞻视详审，才再飞下安集。先生说：不见山梁上那雌雉吗！它也懂得时宜呀！懂得时宜呀！子路听了，起敬拱手，那雌雉转睛三惊视，张翅飞去了。
>
> 李零：子路（或子路陪孔子）在山里走，在山间的木桥上看见一只雌性

的山鸡，山鸡向上飞，转了一圈又落下来。子路（或孔子）感叹说：这只山鸡真会掌握时机啊。子路张罗，撒下诱饵，但山鸡闻了几遍，还是拍拍翅膀飞走了。

  李泽厚：鸟惊飞盘旋一阵后落下来，孔子说：这山坡上的野鸡真得其时啊，真得其时啊。子路去捉它，它多次惊顾，又飞走了。

  鲍鹏山：一群野鸡飞起来，孔子神色一动。这群野鸡飞翔了一阵又停在一起，孔子说：山梁上的野母鸡，识时务啊，识时务啊。子路向野鸡拱了拱手，野鸡长叫了几声，又飞走了。

基本上，大师们认为这是野母鸡的故事。那么，怎么解读呢？

  钱穆：此章实千古妙文，而《论语》编者置此于《乡党篇》末，更见深义。孔子一生，车辙马迹环于中国，行止久速，无不得乎时中。而终老死于阙里。其处乡党，言行卧起，饮食衣着，一切以礼自守，可谓谨慎之至，不苟且，不鲁莽之至。学者试取庄子《逍遥游·人间世》与此对读，可见圣人之学养意境，至平实，至深细，较之庄生想象，逖乎远矣。然犹疑若琐屑而拘泥，得此一章，画龙点睛，竟体灵活，真可谓神而化之也。

  李零：这段话什么意思？耐人寻味。我猜，它也许是暗示。孔子想投身政治，一直在寻找时机，但又怕身陷其中。如果是这样，位置又正好在半部《论语》的结尾，倒有点余音袅袅的味道。

  李泽厚：雌雉的惊飞，孔子的感叹，仍是一幅上好图画。无解也许就是可供玩味捉摸的解？

  鲍鹏山：这一章在向我们客观地描述孔子在不同场合下的行为做派，以彰显孔子的圣人气质。

解读完之后，其实大师们都心里没底。所以，纷纷写下这样的话。

  钱穆：此章异解极多，姑参众说，解之如此，读者如有疑，可自寻众说。

  李零：最后这章，莫名其妙。

  李泽厚：这篇素来难解或无解。这里勉强译出。

  鲍鹏山：第四节不伦不类，我认为是衍文，或从其他章节流窜而来。另外，这一章从语言角度来说，也颇佶屈聱牙。各家注释，也都略取近似，常有臆测之嫌。

那么，正确的译法、解读究竟是什么？

首先，这一章在第十篇，是在讲祭祀。祭祀的主角是谁？是人，还是动物？肯定是人。

其次，祭祀什么？山神。用什么祭祀？野母鸡，也就是雌雉。

孔子一行来到山上祭祀山神，快到山梁的时候，孔子一行神色严肃起来，快步前行。来到祭祀地点，子路将野鸡放下，大家跪下，三次磕头，之后，站了起来。这就是整个的祭祀过程，也就是上面这段话所描述的。

色斯举矣，色就是脸色、表情；斯，就是在这里或者在这个时候；举，是上来的意思，这里是凝重庄重严肃起来的意思。

翔而后集，翔，是翔趋的意思。翔趋是古代的一种礼容。上体稍前倾，张臂细步趋行。我们今天讲的第一章就有"过之，必趋"。其中的趋，就是快步走的意思。

这两句的意思就是：在这里，人们的脸色开始庄重起来，快步走上山梁，集中在一起。

曰："山梁雌雉，时哉时哉！"是什么意思呢？就是孔子说："在山梁上进献野母鸡，是时候了。"

子路共之，三嗅而作。共，是供，供奉的意思。嗅是磕头的意思，在山上磕头，因为地上脏，因此不会磕到地上，而是接近于地上，看上去就像俯下身子去闻，因此叫作嗅。"而作"就是站起来，前一章有"虽少，必作"。

所以我说，前面一章是在为这章做铺垫。

正确的译法应该是：

（孔子和弟子们）表情现在庄重起来，上体稍前倾，张臂细步趋行，在祭祀地点集中起来。（孔子说）："在山梁上进献山鸡，是时候了。"子路把山鸡放到祭品摆放的地方，（大家）三次下跪磕头，然后站了起来。

小 结

所谓礼仪之邦

记得小时候，老师总是教我们说"我们中国是礼仪之邦"。礼仪的基础是什么？是自尊和尊重别人。这个基础，在周朝是存在的。从秦朝以后，中国就不再完全照搬周朝的礼仪了。

那么到现在呢？不说大的，说说小的吧。小的就不是礼仪了，是礼节。好像学校从来不教，父母也从来不教。因为父母也不懂。遇上长辈是什么礼节？不知道。遇上老师是什么礼节？不知道。跟朋友出去吃饭是什么礼节？不知道。给父母写封信该怎么开头，怎么结尾？不知道。我们从小到大学会的写信方式就是一种，开头的称呼是敬爱的，结尾是此致敬礼。

礼仪礼节的缺失，其本质就是对礼的无知和漠视，体现出来就是粗鲁、没有礼貌。即便你在内心尊敬别人，可是你完全不知道以什么方式来表达自己的尊敬。

这里我们再来说一说最简单最日常的一些场合：和朋友一起吃饭。

通常，年纪大或者受尊重的人坐上位，如果主人请客，上位该留给客人。什么是上位呢？通常就是最靠里的位置，当然也不一定，但是这很容易判断。懂得礼节的人，通常会主动坐在最外面，或者上菜的位置。

坐主位的人没有落座之前，其他人应该在旁边的位置上暂坐。

大家落座之后，尊者先下筷子，其他人再动手。

吃饭过程中，不要盯着一个菜不放，不要挑菜，夹菜动作要利索。不要大声说话，不要把头伸进桌子说话，说话的时候应该尽量靠后坐，以免口水溅到菜里。咳嗽打喷嚏擤鼻涕，都应该转过身去用纸巾遮住。

不要喝斥服务员，那既不礼貌也很愚蠢。

吃完饭走的时候，坐外面的人应该挪动椅子，方便坐里面的人出来。等尊长先离开，自己再离开。

这些都是基本的礼节。

第十四篇

贵族精神标准之十四

文化修养

作为一个贵族，仅仅品德高尚是绝对不够的。贵族，必须要温文尔雅、学识过人，言谈举止之间都要透出风度来。

简单地说，要有文化。

在周朝，贵族是接受义务教育的，而义务教育的内容是六艺，具体来说就是：礼、乐、射、御、书、数。

孔子的教育应该是涵盖六艺的，但是从教学条件以及孔子所擅长的部分来说，孔子的教学重点应该在礼、乐、书三个方面，其中的乐和书都与《诗经》有关。

事实上，中世纪欧洲贵族也需要掌握类似这些方面的知识能力，要懂音乐、懂礼仪礼节、懂诗、懂剑术等。

贵族们在一起也就是谈论诗、欣赏乐，在《左传》中，卿大夫们在正式的场合通常都用诗来表达自己的想法。在欧洲，音乐和诗歌也是贵族们最常见的话题，音乐会和舞会则是上流社会最常见的交际场合。

直到现在，欧洲的音乐会依然保持着贵族文化的气息，人们都会提前进场，身穿正装，保持肃穆的表情和礼貌的举止。

第一章

思无邪

14·1（2·2）子曰："诗三百，一言以蔽之，曰：'思无邪。'"

【译文】
孔子说："《诗经》三百篇，可以用一句话来概括它，就是'不要有邪念'。"

这一章就是孔子谈论关于《诗经》的问题。一言以蔽之，这个成语出于这里。什么是"思无邪"？

我们先来看看大师们怎么说。

钱穆：作者三百篇之思，皆归无邪，又能使天下后世之凡有思者同归无邪。

南怀瑾：孔子说《为政》的"诗三百，一言以蔽之，曰思无邪"，就是告诉我们为政的人，除了领导思想不走邪路以外，对于自己的修养，更要有诗人的情操，才能温柔敦厚，才能轻松愉快地为政。

李零：思是表示愿望，无邪表示没完没了。

李泽厚：思无邪解做"不虚假"。

鲍鹏山：思无邪解做"思想纯正"。

鲁哀公七年（前488年），孔子六十四岁，晚秋的时候，孔子决定修编《诗》，首席助手是子夏。

诗，夏、商就有，到了周朝则更加繁荣。最早，王室专门有官员负责收集各地的诗，然后颁布给诸侯国。所以，周朝的诗不仅多，而且分类清晰。到了孔子这个时代，有记载的诗已经有三千多篇。但是这三千多篇诗良莠不齐，对于一般人来说太过庞杂。

孔子手里的诗，应当是从鲁国政府那里得到的。

南怀瑾说"各地方、各国家、各时代，每个人内心的思想感情，有时候是不可对人说，而用文字记下来，后来又慢慢地流传开了。孔子把许多资料收集起来"，从这个角度看，似乎他并不熟悉《诗经》的出处。

事实上，在孔子之前，就已经有人删编过诗。而孔子也准备对这三千多篇诗进行删编。当然，按照自己的标准。怎样删编呢?《史记》中有记载：古者《诗》三千余篇，及至孔子，去其重，取可施于礼义，上采契后稷，中述殷周之盛，至幽厉之缺，始于衽席，故曰"关雎之乱以为风始，鹿鸣为小雅始，文王为大雅始，清庙为颂始"。三百零五篇孔子皆弦歌之，以求合《韶》《武》《雅》《颂》之音。礼乐自此可得而述，以备王道，成六艺。

大致的意思是这样的：古诗三千多篇，孔子按照合不合于礼义的标准，再去掉那些重复的作品，最终精选出三百零五篇，这就是后来的《诗经》。基本上，这些诗从周朝的老祖宗开始一直到春秋时期，还包含了一些商代的诗。风、雅、颂三个部分的第一首都很有讲究，风的第一首是《关雎》，小雅的第一首是《鹿鸣》，大雅的第一首是《文王》，颂的第一首是《清庙》。

为什么这几首诗要排在首位呢?《关雎》讲的是男女之礼，《鹿鸣》讲的是君臣之礼，《文王》讲的是事天之礼，《清庙》讲的是祭祖之礼。所以说，孔子选定的每一首诗，各有各的理由。

《诗经》以"国风"为第一部分，而国风大部分是讲男女之间的爱情以及幽怨，被认为带有"淫"的色彩。因此孔子解释说，只要自己不想歪了就行，淫与不淫，不取决于诗的内容，而取决于你自己的脑子。

这自然是在孔子修《诗经》之后的事情，否则不会说"诗三百"。显然，编订《诗经》之后，弟子们都有些惊讶，认为这不是老师的风格。于是，孔子作了这样的解释。

凑巧的是，"思无邪"也是《诗经》中的一句诗，出于《诗经·鲁颂·駉》第四段：駉駉牡马，在坰之野。薄言駉者，有骃有騢，有驔有鱼，以车祛祛。思无邪，思马斯徂。

许多人认为，孔子这里的"思无邪"就是这首诗中的"思无邪"，而《诗经》里的"思无邪"，应该当作心无旁骛来解释。

但是，从后面孔子关于《诗经》的说法看，他在这里所说的"思无邪"就是不要有邪念的意思，因为确实很多人认为《诗经》内容比较淫荡。

如果人类没有了"性"和"情"，也就失去了存在的基础和乐趣。所以自古以来，男女之间的事情都是人们津津乐道的。歌也好诗也好故事也好影视也好，"性"和"情"都是不可或缺的主题，所谓情色色情，其实都取决于观者。

第 二 章

乐而不淫

14·2（3·20）子曰："关雎，乐而不淫，哀而不伤。"

【译文】
孔子说："《关雎》这篇诗，快乐而不放荡，忧愁而不伤恸。"

这一章紧接上面的一章，可以印证"思无邪"的意思。这一章要解决一个问题："淫"是什么意思？

这是《诗经》的第一篇，"关关雎鸠，在河之洲。窈窕淑女，君子好逑，"这是第一段，一共五段。这是一首堪称千古绝唱的爱情诗，这首诗的大意是雎鸠这种鸟在河边炫爱，君子受到感染，于是对河边的一个姑娘一见钟情，念念不忘，在梦里都在想，辗转反侧无法入眠。于是，他展开了追求，又是唱情歌又是弹吉他。至于最后成功没有，诗里没说。

为什么要说这首诗哀而不伤呢？因为君子的哀不是失去了什么之后的绝望或者痛苦，而是追求姑娘过程中的忐忑和焦虑。

为什么要说乐而不淫？因为整首诗在讲爱情，当然是快乐的。那么，为什么一定要说不淫呢？那一定是有人认为这是淫诗。

为什么有人认为这是淫诗？可能是因为以下两个方面。

首先，周朝不提倡自由恋爱，提倡媒人介绍。不过，实际上自由恋爱的例子不少，尤其在郑国，自由恋爱甚至是主流。

其次，关关雎鸠究竟是什么意思？传统的说法认为关关是雎鸠的叫声，是雎鸠互相示爱的叫声。但是，会不会有可能这代表了鸟类的交配？

孔子之所以说这段话，目的就是要解释这首诗并不是淫诗。

为什么要专门来解释呢？因为孔子要说明为什么这首诗放在《诗经》的第一首。

其实，《关雎》为什么作为整部《诗经》的第一首，孔子是解释过的，《韩诗外传》中记载，孔子曾经对子夏说，"《关雎》这首诗讲的可是至高无上的道理啊。两个男女在旷野之中，山水之旁，一切出于自然，难道不是天作之合？《关雎》所讲述的道理，难道不是人类最基本的生存之道？如果没有男欢女爱，人类怎么繁衍？我们还讲什么仁义？所以，《关雎》所讲的，就是人世间最美好最崇高最仁义的事情，这样的诗不放在第一位，什么能够放在第一位？"

正所谓：情而不色，色而不淫，淫而不荡。情，就是男女相悦；色，就是男女相拥；淫，就是男女房事无节制；荡，就是大范围的淫。

这首诗的意思可以说是显而易见的，可是大师们怎么看呢？

钱穆说"淫是过量的意思"；南怀瑾认为"淫者，过也，就是过度了"；李零认为"淫是流于放荡"；李泽厚和鲍鹏山都认为"淫是过分"。

显然，除了李零，其余的大师都不愿意承认"淫"就是放荡的意思。

那么按照他们的说法，乐而不淫，就是快乐但是不过度。什么是过度的快乐呢？恐怕他们自己也说不清楚。

这，大概就是孔子要强调"思无邪"的原因吧。

14·3（8·15）子曰："师挚之始，关雎之乱，洋洋乎盈耳哉！"

【译文】
孔子说："从太师挚开始，《关雎》被演奏得丰富而优美，回旋于耳边了。"

这一段的旧译是这样的：孔子说："从太师挚演奏的序曲开始，到最后演奏《关雎》的结尾，丰富而优美的音乐在我耳边回荡。"

关于"关雎之乱"，历来的解释是"最后一部分是《关雎》"或者"《关雎》的结尾"，其实都是把"乱"当成结尾来解释，以便对应第一句的"始"。譬如钱穆就是这么解说的，李零、鲍鹏山、李泽厚也是如此。

南怀瑾则说道："古代这个'乱'字含有'乱'的反面意义在内，就是'治'的意思。"

钱穆的解释明显不对。

首先，如果结尾是《关雎》，那么就应该说到开头是什么。怎么可能结尾说的是一首诗，开头说的就是个人了呢？就像说一场足球比赛，你可以这样解说吗：从梅西开始，到上半场结束，巴萨始终占据优势。

此外，"乱"并不是结尾的意思，否则《史记》中记载"关雎之乱以为风始"该怎么解释？

所以，我们必须尝试至少听上去能讲得通的解释，而这样的解释至少有两种。

第一种解释，"关雎之乱"就是"关雎"或者"《关雎》这首诗"，相对于雅、颂的庄严肃穆，风这一类讲爱情的诗可能都被称为"乱"。

第二种解释，风、雅、颂作为三种不同类型的诗，其演奏技巧甚至乐器都是截然不同的。现在也是一样，那种庄严肃穆的歌曲，配乐应当是钢琴和提琴为主；轻快的流行歌曲，就是电子琴、吉他主打。因此，《关雎》这样的诗，其演奏风格一定是轻快的，这一类的演奏方式都被称为乱。那么，"关雎之乱"就应该是"《关雎》的演奏"。

二者相比较，因为这里的男主角是一个乐师，因此我更趋向于采用第二种解释。

看起来，《关雎》能成为《诗经》开篇之作，与师挚可能有关系，大概师挚的演奏给孔子留下了极其美好的印象。

今天讲的这两章，都是说《关雎》这首诗，为什么要反复说这首诗呢？很显然孔子是在解释为什么这首诗放在《诗经》的开头，一来太师挚演奏得好，二来这首诗乐而不淫。

有了这两章，也就印证了思无邪就是"不要想歪了"的意思。

第三章

感情骗子的分手诗

14·4（9·15）子曰："吾自卫反鲁，然后乐正，雅颂各得其所。"

【译文】

孔子说："我从卫国返回到鲁国以后，对乐加以整理，雅乐和颂乐都放到了适当的位置。"

这一章并没有难度，对于"乐正"，钱穆认为有两解：一是正其乐章，一是正其乐音。二者都可以采用。

孔子在卫国的时候整理诗，于是才有了《诗经》。回到鲁国之后，开始整理乐。为什么不在卫国整理？因为鲁国的乐是最全的也是最权威的。关键是，孔子跟鲁国的乐师们都很熟。

在春秋时期，诗并不仅仅是拿来吟诵的，也是拿来唱或者演奏的。《诗经》分为风雅颂三个部分，其中的风是来自民间，因此主要是用来唱的。而雅、颂主要是用来演奏的。回到鲁国，孔子才有机会接触到雅、颂的演奏，才能真正领会到雅、颂应在《诗经》中的排序位置。

14·5（9·31）"唐棣之华，偏其反而。岂不尔思？室是远而。"子曰："未之思也，夫何远之有？"

【译文】

古代有一首诗这样写道："唐棣的花朵啊，翩翩地摇摆。我岂能不想念你呢？只是由于家住的地方太远了。"孔子说："他还是没有真的想念，如果真的想念，有什么遥远呢？"

这一章唯一的难点在"偏其反而"，看看大师们怎么说。

除了南怀瑾，其余大师都认为偏为"翩"，反为"翻"，都是形容花的摇动。

需要一提的是，李泽厚认为唐棣之花就是蔷薇花，我不懂，不知道他的说法是不是正确。

那么，孔子想要表达什么呢？

除了南怀瑾，其余大师都认为孔子想说的是"你其实根本就不想，真想的话，有什么远的呢？"

不过，钱穆引申了一下说："此章言好学，言求道，言思贤，言爱人，无指不可。"李泽厚和鲍鹏山也表达了类似的意思。

我们还是来结合背景探讨一下孔子想要表达什么吧。

这首诗是一首轶诗，没有流传下来，换句话说，没有被孔子收进《诗经》。其实从诗句来说，还是不错的。那么，为什么孔子没有收呢？

我们知道，孔子要从三千多篇诗中精选出三百篇。这是一项非常艰难的工作，就每一首诗，孔子都会和学生们探讨。

我们不妨设想一下这样的场景，有一首诗源自唐，也就是晋国，诗名是"唐棣"，子夏认为这首诗非常好，应该被选入《诗经》，可是孔子觉得不应该，于是，师徒二人进行了争论。

"唐棣之华，偏其反而。岂不尔思？室是远而。这是写男女相思的诗，如此的唯美，为什么不能选入《诗经》呢？"子夏问，他丝毫不避讳与老师争论。

"男女相思，重在情真意切，真情流露。可是这首诗只反映了虚伪的一面，为什么这样说呢？因为如果真的相思，千里之外也不算远。如果你真的爱一个姑娘，她住在秦国你也会去。如果你不爱一个姑娘，她住在城南你也嫌远。所以，这根本不是真正的相思，只是矫情做作而已，只是一个感情骗子始乱终弃的借口而已。"孔子说，他也坚持自己的想法。

"先生说得对，其实想想，这首诗根本不是相思的诗，而是分手的诗。"

"是啊，诗应该是歌颂爱情，引导年轻人用心去爱，珍惜爱情，而不是教会他们怎样始乱终弃，玩弄感情啊。"孔子说。

所以，孔子说这些话，就是要说明为什么这首诗没有被选进《诗经》。

第四章

诗的作用

14·6（8·8）子曰："兴于诗，立于礼，成于乐。"

【传统译文】
孔子说："（人的修养）开始于学《诗》，自立于学礼，完成于学乐。"

卖什么吆喝什么，看看孔子怎样说诗的作用吧。

由于孔子的话没有主语，因此可以有多种解释。那么，究竟哪一种是正确的或者比较起来更正确，这就需要进一步的分析了。

首先，还是来看看大师们怎么说。

> 钱穆：先生说：（学者）兴起在诗，卓立在礼，完成在乐。
> 李泽厚：诗篇使人启发，礼制使人成立，音乐使人完成。
> 鲍鹏山：在《诗经》中开始人生，在礼制中建立人生，在音乐中完成人生。

先不说意思是不是正确，先说说谁能看懂几位大师的意思是什么呢？至少，上面的话不属于规范的中文吧？

相比较，李零说得比较多：

> 孔子培养新君子，重在三教，始于诗教，立于礼教，成于乐教。"兴"是开始，"立"是中间，"成"是结束。这三条，彼此相关。当时，礼仪场合，有赋诗之风，不学诗，就没法在这种场合讲话，诗是用之于礼，和礼分不开。礼，侧重仪容和举止，一举一动，要合乎君子风度，当然很重要，但礼和乐也分不开。古代宫廷，很多仪式都有音乐伴奏，用以烘托气氛，庄严肃穆，令人改容易色，没有音乐，也宛如置身乐中，马上规矩起来，变得很有君子风度。

李零的意思，孔子培养君子是按照以上的顺序进行教育的。

客观地说，大师们的解读都不好，他们都认为孔子所说的话的主语是个人。

但是，为什么主语不是指人类社会呢？如果这段话的主语是指人类社会，那么孔子所要表达的就是：人类最开始处于原始的自然的状态，因此有了诗来表达情感；之后有了礼来约束大家，社会就成其为社会；最后有了音乐，人类社会就有了大成。

所以，诗、礼、乐代表了人类社会发展的三个阶段，同时也是人学习的三个台阶。

那么，这个主语究竟应该是人还是人类社会呢？

我认为，主语是人类社会更为合理。

为什么呢？因为对于一个人来说，只要有嘴巴会说话就能学诗，要学礼就有些困难了，因为身份不够的话很多场合去不了。要学乐则更加困难，别说一般人家，就算是有钱的人也未必有条件有资格学乐。

所以，如果孔子以此为标准来要求人的话，未免太苛刻了一些。

所以正确译文应该是：

> 孔子说：人类最早用诗来表达情感，之后用礼来约束大家，最后用音乐使人类社会达到大成。

14·7（17·9）子曰："小子何莫学夫诗？诗，可以兴，可以观，可以群，可以怨。迩之事父，远之事君；多识于鸟兽草木之名。"

【译文】

孔子说："学生们为什么不学习《诗》呢？诗可以激发情趣，可以了解社会，可以交往朋友，还可以抒发自己的不忿。近了说，可以教给你们怎样孝敬父母；远了说，可以告诉大家怎样侍奉君王；另外呢，还可以知道不少鸟兽草木的名称。"

这一章的难点在于"可以兴，可以观，可以群，可以怨"，还是先来看看大师们怎么说。

> 钱穆：可以兴起你自己，可以懂得如何博观于天地，可以懂得在群中如何处，可以懂得处群不得意时如何怨。

> 李泽厚：可以启发思想，可以观察事物，可以会合群体，可以表达哀怨。

鲍鹏山：可以培养人的联想力，可以提高人的观察力，可以教人合群，可以让人学会抒发情怀。

三位大师的说法各有不同，钱穆的说法最让人摸不着头脑，单看后两句，好像是在说怎么样在微信群里混。

南怀瑾和李零的译法与本章相似，因此省略。

其实，要正确理解这一章有一个简单的办法，就是把原文中的"诗"改成"酒"。喝酒，可以激发情趣，可以了解世态，可以合群交友，可以发牢骚。

为什么"诗"具有这些功能？

我们来举几个例子。

譬如你喜欢上一个姑娘，你可以说"关关雎鸠，在河之洲。窈窕淑女，君子好逑"，这就是兴。

譬如某件事情你有感触，好像有的理想难以实现，你就可以说"俟河之清，人寿几何？"这就是观。

譬如你跟一帮朋友聊天，大家可以用诗来应对，这在《左传》中有很多。如果你不会，那你就无法融入群体了。这就是群。

譬如你对官场的尸位素餐不满意，你就可以说"退食自公，委蛇委蛇"，这就是怨。

总之，学了诗，就能帮助你更好地表达你的各种感情和情绪，就能帮助你的社交活动。

上一章，是针对人类社会的整体而言。而这一章，是针对人类社会的个体而言。

所谓卖什么吆喝什么，孔子修编了《诗经》之后，开始大力推广。基本上，《诗经》就是一部百科全书，学了《诗经》就什么都不愁了。

《诗经》确实能让人们学会很多知识和道理，不过到了今天，要学《诗经》已经不是那么容易。事实上，轻松愉悦的东西总是给人们更深刻的印象，能够不知不觉中学到很多知识和道理。

第五章

入门诗

14·8（17·10）子谓伯鱼曰："女为周南、召南矣乎？人而不为周南、召南，其犹正墙面而立也与？"

【译文】

孔子对伯鱼说："你学习《周南》《召南》了吗？一个人如果不学习《周南》《召南》，那就像面对墙壁而站着吧？"

不了解人物关系，解读就是忽悠，下面是典型的例子。

还是先来说一个低级错误吧。李泽厚说："《诗经》在古代有着广泛的实用价值和用途，其中，特别是学习礼制和办外交时必须援以作为依据。因为《诗经》乃当时经典，具有很高的权威性，不学则寸步难行。"但是我们前面说过，《诗经》是孔子周游列国回到鲁国才最后编订的，因此《诗经》在那时刚刚面世，怎么会是经典？李泽厚所说的只是"诗"而已，不是《诗经》。

好，来看看钱穆和南怀瑾的说法。

> 钱穆：二南皆言夫妇之道，人若并此而不知，将在最近之地而一物不可见，一步不可行。人若不能歌二南，将一人独默，虽在人群中，正犹面对墙壁而孤立。

> 南怀瑾：他说一个人知识不渊博，文学修养不到最高的境界，等于正面对着墙壁而立，墙外面什么也看不见，背后有什么更看不见，就是文盲、白痴了。

钱穆的说法存在一个大问题，二南并不是专讲夫妇之道的，有男女之爱，有夫妻关系，有生活艰辛等，实际上就是讲普通百姓的生活。何况，这个时候伯鱼已经离婚了，孔子还让他去研究夫妇之道？

南怀瑾的说法同样存在一个大问题，二南是《诗经》最前面的两个部分，属于"风"。是最简单的两个部分，也是《诗经》的入门篇，也可以说是最没有用的两个部分。前面李泽厚说礼制和外交中需要用到的诗，主要出现在《诗经》第二部分的雅和第三部分的颂。第一部分的风根本不会用到。那么，怎么谈得上"文学修养不到最高的境界"呢？

事实上，要真正理解这一段话，就要弄清楚孔子和他儿子孔鲤，也就是伯鱼之间的关系。

孔子一生教了很多学生，跟其中的一些可以说是亲同父子。可是，偏偏对自己的亲生儿子看不上眼。

从记载来看，孔子基本上就没有教育过孔鲤，说话几乎都是训斥的语气。在《论语》中有两处记载孔子和孔鲤之间的对话，都是训斥。

因为这时候已经有了周南和召南的分类，因此可以肯定这是在孔子周游列国回到鲁国之后的事情，这时候孔鲤也将近五十岁了。孔子对他说话依然是很不客气，颇有些"怎么生了你这么个东西"的意思。而儿子似乎也很怕见他，接受的教诲屈指可数。孔子一生，对儿子的教育并不成功，可以说是疏于教育，儿子一生碌碌无为，忧郁早终。

孔子让孔鲤去学习《周南》和《召南》，可见对儿子的期望很低。如果他有意让儿子向仕途发展，就该让他去学习雅、颂两个部分了。

就算是《周南》和《召南》，孔鲤去学了吗？不一定。

孔子最后这句"其犹正墙面而立也与"其实很伤人，也暴露了他的态度，因为这话的意思就是"那就是个傻瓜白痴"。

试想，你会对你的儿子这样说吗：去背唐诗三百首的前五首吧，连这也背不下来的话，跟一个白痴有什么区别？

孔子基本上看见儿子就来气，至于为什么，没有记载，不去瞎猜了。

但是不管怎样，孔子认为《周南》和《召南》是人们学习知识的入门课。那么，对于我们现代人来说，《周南》和《召南》就是了解春秋时代普通百姓生活的最好范本了。

第六章

有知识不等于有能力

14·9（13·5）子曰："**诵诗三百，授之以政，不达；使于四方，不能专对；虽多，亦奚以为?**"

【译文】
孔子说："把《诗经》三百篇背得很熟，让他处理政务，却不会办事；让他当外交使节，不能独立地应对；背得很多，又有什么用呢?"

学习的目的是什么？这一章可以与"学而时习之"放在一起读。

这一章的内容比较简单，大师们的译文和解读大同小异，不过南怀瑾还是有所不同。

那么，来看看钱穆和南怀瑾的解读有哪些不同。

> 钱穆：诗三百，已不少，今诵此而仍不达于为政，出使仍不能专对，则虽多学，亦无为。
>
> 南怀瑾：书读好了的人，从政经验不够，就派他到外面多经历人情世故。回来还不能深入，就不是从政的大才，书读得再多也没有用。

钱穆的意思，三百首已经足够了，如果学了三百首还不行，那再多学别的也没用。

南怀瑾的翻译显然不对，很奇怪为什么会这样。是真不懂还是求新求异？

但不管怎样，结论是一样的：书读得再多，不会应用也等于白读。

基本上可以这样想象，一个学生把《诗经》倒背如流了，以为自己很了不起了，于是孔子给他来了一盆冷水。孔子实际上还有话在心里没说出来，大致是：你牛什么？你看人家冉有师兄，也就学了半吊子《诗经》，人家这管家当得多好？你看人家子贡师兄，也就学了半吊子《诗经》，人家出使，那是无往不利。你背了几首诗，就以为自己了不起了？你还差得远呢！

所以，孔子的理念还是学以致用的，光学不用，光学不会用，这些都是失败的。

到这里，忍不住要回头说一说我们第一章讲为什么"学而"放在整部《论语》的第一章，那时说道"学而时习之"并不是头一等的快乐，而是无法应用情况下无奈的次一等的快乐。那么，我们放在这里就很清楚了。

学习的头一等结果是什么？诵诗三百，授之以政，达；使于四方，能专对。

次一等是什么？诵诗三百，无政可授，无使可出，自娱自乐。

下一等的是什么？诵诗三百，授之以政，不达；使于四方，不能专对。

孔子这段话很有现实意义，那就是教育的目的并不是学习知识，而是应用知识，学习只是一个积累的过程，是为应用打基础的。死记硬背的知识其实是次要的，重要的是方法。

前面孔子说过了，学习最重要的是学做人，其次才是学知识。那么现在我们连起来：学习第一是学做人，第二是学习知识中的方法，第三才是死记硬背的知识。

死记硬背的知识只是用来提升人的文化素养的，并不能提升人的行为能力，这一点我们应该清晰地认识到。

第七章

音乐发烧友的境界

14·10（7·14）子在齐闻韶，三月不知肉味，曰："不图为乐之至于斯也。"

【译文】
孔子在齐国听到了《韶》乐，有很长时间尝不出肉的滋味，他说："想不到《韶》乐的美达到了这样迷人的地步。"

这一章开始说到了音乐，来看看孔子的音乐发烧的段位吧。这一章要解决两个问题：第一，为什么孔子在齐国能闻韶？第二，三月不知肉味是怎么回事？

来看看大师们怎么说。

钱穆：本章多曲解。一谓一旦偶闻美乐，何至三月不知肉味。二谓《大学》云：心不在焉，食而不知其味。岂圣人亦不能正心？三谓圣人之心应能不凝滞于物，岂有三月常滞在乐之理。乃多生曲解。不知此乃圣人一种艺术心情。孔子曰：发愤忘食，乐以忘忧。此亦一种艺术心情。艺术心情与道德心情交流合一，乃是圣人境界之高。读书当先就本文平直解之，再徐求其深义。不贵牵他说，逞曲解。

南怀瑾：孔子听了韶乐以后，心境之宁静，思想之专一，吃饭的时候都不知道自己在吃饭，欣赏韶乐到了忘我的境界。

李零：孔子因乐废肉，这是高雅人士才会有的。

首先来解决第一个问题：为什么孔子在齐国能闻韶？

说起来，这还是在孔子出仕之前。当时鲁昭公仓皇出逃齐国之后，孔子前往齐国投奔鲁昭公。可是随同鲁昭公出奔的鲁国贵族们因为担心三桓派人来请鲁昭公回去，拒绝任何鲁国来的人见鲁昭公。因此，到齐国之后，孔子并没有能够见到鲁昭公。不得已，就在齐国住下来，依靠朋友帮忙，在齐国世袭上卿的高昭子家找到了一份工作，成了高家的家臣。具体做啥不知道，不过高昭子对他不错，应该是很敬重。

孔子在一个偶然的机会听到了韶乐,在谁家听到的呢?没说。

韶乐史称舜乐,舜所作之乐。夏、商、周三代均把《韶》作为国家大典用乐。换句话说,理论上只有周王可以使用。那么,齐国怎么会有?而且,《韶》可不是简单的个人独奏或者来个什么组合就搞定了,那一定是大型管弦乐队才能演奏的。

按钱穆的解说:"或说:陈舜后,陈敬仲奔齐,齐亦遂有韶乐。"

这个说法肯定不对,首先,别以为陈国是舜的后代就有资格有能力拥有《韶》;其次,陈敬仲在陈国不过是个公子,就算陈国有《韶》,也轮不到他;再次,陈敬仲当初是逃难到了齐国,而《韶》不是一本武功秘籍,随身带着就能跑,《韶》是乐师们一代传一代传下来的,大型乐队演奏的,还有舞蹈。陈敬仲不是乐团团长,他怎么能带到齐国?

《韶》这样的大型曲目,一定是走正规渠道来到齐国的。

所以,唯一的解释,就是这是当年姜太公入齐的时候带入的。按照常理,齐国不应该有资格演奏《韶》,但是以当初姜太公的功劳以及他的尊贵身份,周王特批也是合乎情理的,这就像鲁国被特批拥有《雍》一样。孔子通过高家的关系,去观摩了齐国宫廷乐队的排练。当然,还有一种猜测,齐国商业高度发达,会不会那时候也有商演,乐师们私下走穴演出,孔子买票观看了呢?

再来解决第二个问题:三月不知肉味是怎么回事?

人都有专注的时候,譬如我写书的时候,外面打雷都听不到。看好电影看得带劲的时候,嘴里吃什么都没感觉。

但是,三个月都这样。说实话,确实不能感受到,这就是发烧和不发烧的区别吧。

从医学角度说,这会不会是掌管音乐的神经末梢长时间兴奋,导致掌管味觉的神经末梢反应迟钝呢?我猜的。

大家可以回头看看钱穆的解说,说实话,我没看懂什么是"艺术心情与道德心情交流合一",不过李泽厚表示赞同,这倒不出意外。

音乐就是音乐吧,顶多,孔子会把音乐与周礼联系起来,绝不会跟所谓道德混为一谈的。

第八章

好的音乐直抵心灵

14·11（3·25）子谓韶,"尽美矣,又尽善也。"谓武,"尽美矣,未尽善也。"

【译文】
孔子讲到"韶"这一乐舞时说："欣赏起来美极了,表达的意思也很恰当。"谈到"武"这一乐舞时说："欣赏起来美极了,表达的意思却差一些。"

这一章依然在讲乐,看看孔子的乐评水准。这一章要解决两个问题：第一,韶为什么让孔子如此激动？第二,孔子的音乐水平到底怎样？

什么是尽美、尽善,看看大师们怎么说。

  钱穆：尽美：指其声容之表于外者。如乐之音调,舞之阵容之类。尽善：指其声容之蕴于内者。乃指乐舞中所涵蕴之意义言。
  南怀瑾：韶是舜乐,代表那个时代,国家民族历史文化的精神,他说很好,很美,也很善。
  李零：孔子为什么这样说,前人讲,那是因为舜凭禅让取天下,武王是靠征伐取天下,暴力总是让人遗憾。
  李泽厚：后世许多助人伦美教化的文艺作品,却大都是失败之作。善则善矣,未必美也。
  鲍鹏山：尽善,是道德上的最高境界。

孔子说过了：乐之者不如好之者。音乐发烧友是整个身心都投入进去的,是用心在听音乐。对于我们这种一般爱好者来说,追求的是声音的愉悦,耳朵的满足,听觉神经的刺激,曲调好听,声音好听,就觉得不错。但是对于发烧友来说,从音乐中能够感受到场面,感受到情绪,能够印证自己的想法,启发自己的思维,这就是音乐和心灵的共鸣了。

对于孔子来说,随着《韶》的演奏,他的眼前一定浮现出舜的慈祥威严,感受到百姓的欢呼和喜悦,感受到天下和谐,一个完美的世界与他的理想相契合,这直接与他的心灵产生共振，于是他激动、兴奋，以至于三月不知肉味。

这就是尽善尽美了。

《武》是周武王灭商后所做的乐，也很好听，但是伴随着杀伐的音乐，孔子仿佛看见了牧野之战的战场，看见了战士们的尸体。不错，这是正义之战，可是，士兵永远是无辜的，生命没得到尊重。

这，就是尽美不尽善。

其实，在现实中也是这样啊。人年轻的时候喜欢激烈的节奏，因为少年不识愁滋味，追求的就是感官刺激，不走心。但是，当人渐渐步入中年，就会发现李宗盛的歌常让人们泪流满面，从歌里听到自己内心的声音，心灵会产生共振。

所以，孔子所说的"尽善"既非善良也非道德，而是一种直抵心灵的力量。

尽善尽美，这个成语出于这里。

14·12（3·23）**子语鲁大师乐，曰："乐其可知也：始作，翕如也；从之，纯如也，皦如也，绎如也，以成。"**

【译文】

孔子对鲁国乐官谈论演奏音乐的道理说："奏乐的道理是可以知道的：开始演奏，各种乐器合奏，声音繁美；继续展开下去，悠扬悦耳，音节分明，连续不断，最后完成。"

这一章孔子在讲自己对乐的领悟，其中的用词恐怕不太好理解。好在，技术问题其实不重要了，要了解现代交响乐也不必听孔子讲。所以，大师们的译法和解读统统省略，上面的译文也不是我的，仅供参考。

在周朝，礼和乐虽然是分开的，乐更多的时候作为礼的体现形式而存在。要完整地掌握礼，就必须掌握乐。孔子如此总结乐，是不是正确，谁也不知道，说不定鲁大师听得哭笑不得。

传说孔子在鲁国和卫国都学过乐，以孔子的性格和发烧程度，应该在乐的理论和欣赏水平上有一定造诣，可是具体弹奏水平，就已经不可考了。

第九章

文质彬彬，然后君子

14·13（6·18）子曰："**质胜文则野，文胜质则史。文质彬彬，然后君子。**"

【译文】
孔子说："质朴多于文采，就粗俗；文采多于质朴，就刻板。只有质朴和文采配合恰当，才能够成为君子。"

对于这段话，大师们是怎么说的呢？我们这里单单来说钱穆和南怀瑾，他们的风格区别在这段话里堪称经典，让人一目了然。

钱穆：史，宗庙之祝史，及凡在官府掌文书者。野：鄙野义。《礼记》云：敬而不中礼谓之野，是也。

先生说：质朴胜过文采，则像一乡野人。文采胜过了朴质，则像庙里的祝官（或衙门里的文书员）。只有质朴文采配合均匀，才是一君子。

南怀瑾：所以孔子提出"质胜文则野"，完全顺着原始人的本质那样发展，文化浅薄，则流于落后、野蛮。"文胜质则史"，如果是文化进步的社会，文化知识掩饰了人的本质，好不好呢？孔子并没有认为这样就好，偏差了还是不对。文如胜过质，没有保持人的本质，"则史"。这个"史"，如果当作历史的史来看，就是太斯文、太酸了。

不得不说，钱穆的治学态度很严谨，功课做得很扎实，重要的字词都做了解释。但是，在整句解读的时候，钱穆并没有说"像庙里的祝官"是什么意思，并且用了"配合均匀"这样似是而非的组合。可以说，钱穆对整体意思的把握并不好，因此在整体翻译上常常含糊不清。

"质"指不加修饰的本性，说话不注意用词方式，不注意对方的感受，这种人或许很真诚，或许很敬重你，但是表现出来很粗俗，并不让人喜欢。"文"指文采，或者文化修养。如果一个人只注重文采，处处引经据典，话说得很漂亮，却让人摸不清他到底想要干什么，这样的人要么看上去死板，要么让人感觉虚伪、不厚道。李零的解说中引用了《仪礼·聘礼》中的话：辞多则史，少则不达。

所以，要文质彬彬，言谈举止要得当，该说话的时候说话，不该说话的时候不说话，用词恰当准确，意思表达清晰，表情还要到位。这样的人，才能够成为君子。

文质彬彬，这个成语出自这里。不过，现在的含义与孔子要表达的含义已经有很大不同。

"史"要专门说一说，太史应该是"史"最高级别的官员了，似乎执掌文化的官员都称为史，譬如老子就是周朝典藏室之史。至于衙门里的书记官恐怕不能称为史，因为他们根本算不上官员，只能称为吏。

所以，史是高级文化人，他们通常很有学问，整天泡在文字堆里，与社会脱节，死板保守。换言之，就是现在人们所说的书呆子。

在春秋时期，人们就对史有这种印象，因此就用史来形容刻板。

第十章

有文化没修养

14·14(6·27、12·15) 子曰:"君子博学于文,约之以礼,亦可以弗畔矣夫!"

【译文】
孔子说:"君子广泛地学习古代的文化典籍,又以礼来约束自己,就可以不离经叛道了。"

这一章,算是孔子对文化知识的一个总结。看上去比较简单,看看大师们怎么说。

  钱穆:君子在一切的人文上博学,又能归纳到一己当前的实践上,该可于大道没有背离了!
  博学于文:文,诗书礼乐,一切典章制度,著作义理,皆属文。博学始能会通,然后知其真义。约之以礼:礼,犹体。躬行实践,凡修身、齐家、从政、求学一切实务皆是。约,要义。博学之,当约使归己,归于实践,见之行事。
  南怀瑾:要渊博而专精,并且还要约束自己,做人处事在合礼。
  李零:文,是人文学术;礼,是行为规范。

令我大为吃惊的是,这一次唯一错误的竟然是钱穆。其余或许对礼的理解依然不足,但译文基本正确。

钱穆将"约之以礼"解释成了躬行实践,这绝对匪夷所思。在整部《论语》中,礼的概念从来没有变化过,为什么钱穆在这里竟然脱靶了呢?于是我想起这一篇第七章里钱穆说的话:"读书当先就本文平直解之,再徐求其深义。不贵牵他说,逞曲解。"看来,人们所特别提醒众人不要犯的错,往往就是因为自己犯得太多的缘故。

畔,通叛。"亦可以"是什么意思呢?就是君子如果本身德行不够,如果能够做到以上两点,也就可以了。换言之,做到这两点,也仅仅是不会离经叛道而已。所以，这是对君子的最低要求了。

整段话是在表达一个退步的意思，也就是说，如果一个人不知道自己该怎么办，那么只要你做到以上两点，至少就不会走歪路了。而大师们的解读中，没有人提到这种退步的含义。

所以，这段话的背景很可能是某个有权势的人来向孔子请教怎样做人或者执政，孔子就这么回答他。

当今的大学教育，重在博学于文，轻视约之以礼，连基本的为人处世的规则都不知道，基本的社会道德都不了解。因此，很多大学生属于有知识没素质。很多人可以滔滔不绝出口成章，却缺乏基本的教养。

14·15（7·18）子所雅言，诗、书、执礼，皆雅言也。

【译文】
孔子有时讲雅言，读《诗》、念《书》、赞礼时，用的都是雅言。

雅言，也做夏言，说白了就是当年的官话或者普通话，诵读诗书以及各种礼仪时，应该用雅言。就像后来的唐诗宋词，就算作者不懂官话，也要用官话来念才好。至于雅言是哪里的方言，已经不可考。孔子从小在鲁国长大，能够接触到雅言的机会大致也就是官方祭祀的时候，而这种雅言经过几百年的变迁，所以，孔子的雅言，就应该是"山东普通话"了。具体说，是鲁南普通话。

14·16（12·24）曾子曰："君子以文会友，以友辅仁。"

【译文】
曾子说："君子以文章学问来结交朋友，依靠朋友提高自己的情商。"

君子嘛，博之以文。君子在一起，文章学问当然就是共同话题，否则就成了酒肉朋友。所以贵族之间的话题，多半是文学、音乐等。在交友的过程中，又会提高自己与人交流的能力，也就是情商。

当然，这是君子的情况，并不是所有人都要以文会友。当今社会主要是以酒会友、以茶会友。

小结

要文化更要修养

懂诗懂艺术懂音乐是一个人的文化，得体的语言举止则是一个人的修养。

当然，如今的文化已经不仅限于诗和音乐，还有很多领域的知识。这些知识不仅仅是人文的，也包含理工的科技的。但是，大部分情况下，一个人的修养依然是由他的语言举止来决定的。

有文化有知识不等于有能力，这一点不需要多说了。在中国，有文化、有知识的人不少，可是有修养的人并不多。有文化而没有修养，那很可能是文化流氓。

文化知识的用处是什么？一方面文化可以成为维持生活的手段，另一方面则是提升自身修养的基础。而贵族精神，就体现在修养上。所以，学习文化知识的目的是让自己具有贵族精神。有了文化知识，就能够更容易理解礼的规定和礼的内涵。

秦朝之后，各种民俗乡规以及家祖传承中依然保留了大量周礼的内容，因此几千年来人们还是重视个人的修养，或多或少地保留了某些贵族精神的气质。

然后，近百年来，随着对传统文化的蔑视抛弃，个人修养的教育几乎归零。

那么，怎样去提升人们尤其是青少年的个人修养呢？教育。怎样的教育？规则的教育和习惯的养成。这些规则和习惯应该是具体的、细节的、贯穿于生活和学习的。

还有示范。统治阶层的示范、教育者的示范、公众人物的示范、影视的公众媒体的示范等，这些都有助于社会风气的形成。

第十五篇

贵族精神标准之十五

学习与创新

在周朝，贵族是接受国家义务教育的，懂得学习就是贵族必备的素质。

从商朝开始中国有了文字，这就使得学习的载体有了质的飞跃，人们通过文字记载来学习，就能够继承上一辈人留下来的知识。

但是，如果仅仅是传承，这并不是最好的学习。最好的学习还要有创新，要能够有新的发现。孔子生活的时期，人们的思想是自由的，因此人们在学习的同时还可以创新。

老师，是孔子最重要的身份。因此，孔子一生最大的贡献在于教育，最成功的也在于教育。

孔子的最伟大之处不在于知识的丰富，而在于把知识教授给学生。关于学习方法本身，孔子的领悟同样超卓。孔子的许多话成为格言，流传千古，对整个中华民族的影响可谓深远。

极具讽刺意义的是，即便是后来批判孔子的人，往往也要引用孔子的话。

第 一 章

学知识好比学走路

15·1（15·16）子曰："不曰'如之何，如之何'者，吾末如之何也已矣。"

【译文】

孔子说："遇事从来不说'怎么办，怎么办'的人，我对他也不知怎么办才好。"

此章讲学习的基本态度。

大师们的译文跟上述差不多，讲解都很简单，因为看上去没什么好讲的。

大致，这是孔子对一个学生的评价，这个学生成绩很差，但是又从来不提问题，似乎什么都懂的样子，于是孔子对他感到失望。这个学生是谁？实在看不出来，估计是一个没名没姓的学生。

所以孔子想说的就是，如果一个人没有求知欲，他就不会是一个好的学习者。

现在我们说：求知欲是最好的老师。

自己都不想知道答案的，你又何必去教他呢？遇上问题自己都不急，你怎么替他急？

对于人也好，对于民族国家也好，自己的命运都是自己决定的。自己不努力，就什么都不要抱怨。

15·2（8·17）子曰："学如不及，犹恐失之。"

【译文】

孔子说："学习知识就像害怕够不到，又担心失去。"

这一章的译文很不容易，大师们也是花样百出。

钱穆：学问无穷，汲汲终日，犹恐不逮。或说：如不及，未得欲得也。

恐失之，既得又恐失也。上句属温故，下句属知新。穿凿曲说，失却平易而警策之意。今不取。

先生说：求学如像来不及般，还是怕失去了。

南怀瑾：求学问要随时感觉到不充实。以这样努力的精神，还怕原有的学问修养会退失。"学如逆水行舟，不进则退。"

李零：唯恐学不到，又怕把刚刚学到的东西丢了。

李泽厚：学习好像生怕赶不上，又怕丢失了。

鲍鹏山：学习好像赶不及似的，(赶上了)还怕失去它。

单从文字上看，好像每个人的译法都有点稀里糊涂，难以理解。

"不及"不是来不及、赶不上、赶不及这一类的意思，而是够不到的意思。孔子的意思是说，学习就像一个东西在你的面前，你总感觉够不到，又怕失去它，所以要不停地去够，于是不自觉地被带领着向前走。

如果你认为这段话难以理解的话，那么回想一下你教孩子学走路，你的孩子站起来要抓你的手，你总是不让他抓住，但是总在他的面前，于是他一直努力去抓，生怕抓不住，你则一直向后退。就这样，他学会了走路。

其实不管怎样解读吧，都是说要不断地学习。在这一点上，所有的译法都一样。所以，不纠缠了。

这是孔子在讲自己的学习态度，总是担心学不到新的知识，还总是担心会错过什么，因此总是不停地学习。当然，这是孔子在给弟子们上课的时候说的，希望弟子们能有如饥似渴的学习态度。

第二章

举一反三

15·3（7·8）子曰："不愤不启，不悱不发。举一隅不以三隅反，则不复也。"

【译文】

孔子说："教导学生，不到他想弄明白而不得的时候，不去开导他；不到他想说出来却说不出来的时候，不去启发他。教给他一个方面的东西，他却不能由此而推知其他三个方面的东西，那就不再教他了。"

这一章讲教育的方法。先来看看大师们怎么说。

钱穆：愤，心求通而未得。悱，口欲言而未能。物方者四隅，举一隅示之，当思类推其三。

南怀瑾：所谓"愤"，就是激愤的心情。对于不知道的事，非知道不可，也是激愤心理的一种。"悱"就是内心有怀疑、不同意。一桌四角，讲了一角，其余三角都会了解，那么他可以回来，"复也"就是回来。回到哪里？回到思想智慧的本位，就是回到自己智慧的本有境界。所以在教育方面，一定要激发他愤、悱的求知欲。

李零：愤，是憋在心里。悱，是话到嘴边。一张桌子四个角，看了一个角，不知道其他三个角是什么样。

李泽厚：不刺激便不能启发，不疑虑便没有发现。指出桌子一个角，不知道还有另外三个角，我也就不再说了。

鲍鹏山：不到他苦思冥想而仍领会不到的时候，不去开导他。不到他内心有所表达而又不会表述的时候，不去启发他。告诉他一个方位，他不能推知另外三个方位，便不去教他了。

"愤"和"悱"的意思，钱穆和李零是对的，南怀瑾和李泽厚都是错的，鲍鹏山的意思表达也不对。

"隅"的意思是角，但是，是角落的角，而不是桌子角的角。所以，"隅"是空心的，而不是实心的。负隅顽抗的意思是在角落里顽抗，而不是在桌子角上顽抗。李零、李泽厚和南怀瑾直接错了，钱穆说"物方者四隅"，跟说"桌子角"也差不多。鲍鹏山说成"方位"，自然也是错的。

其实，"隅"在这里就是个借喻，没有必要去把它翻成桌子角或者墙角这类具体的东西，只需要翻译成方面就行了，否则，想想都可笑，难道孔子会给学生指个桌子角，学生随后说"还有三个角"？

虽然如此，其实大家想要表达的意思还是一致的，那就是一个人要好学、自己愿意学，并且愿意思考，举一反三，这样的学生才值得用心去教。

发愤、启发，这两个常用词来自这里。举一反三，这个成语出于这里。

前面孔子是讲学习的态度，现在开始讲学习的方法。孔子的意思，学生如果自己不想学习，就不教；自己不努力寻求答案，就不教；自己不动脑子，就不教。所以，孔子的学生都必须学会自己动脑子解决问题。在这一点上，孔子的教育方式很现代。

那么，孔子的这段话就是绝对正确的吗？未必。

按照孔子的说法，启发学生的前提条件是学生自己好学、感兴趣、肯动脑筋。但是，大家想一想，我们的学生中，尤其是青少年学生，总有对学习不感兴趣、被爸妈逼着学习的，那么，这些学生就不教了吗？

但孔子的学生都是成年人。即便孔子最小的学生譬如子夏、子游、曾参等，恐怕入学的时候也在十五岁上下了。所以，孔子面对的学生是些心智成熟具有独立思考能力的人。他们来孔子这里求学，是要为自己的前途做准备的。这个时候他们如果自己不努力、不动脑子，那就真的是没法教了。所以，对于成年人来说，孔子的话是正确的。

那么，对于孩子们来说就是错的吗？关键看你怎么理解。首先，孩子们对于很多知识没有兴趣，这很正常，怎么办？强制灌输是必须的，更重要的是，要培养、引导他们的兴趣。

所以，小学的教育最重要的并不是知识的教育，而是兴趣和思维方法的引导，这样他们在长大一些之后才能够懂得怎样思考，懂得从什么角度去提出问题，懂得举一反三。

换言之，孔子上面所说的，对于成年人来说是条件是基础，对于小孩子们来说则是目标。对于成年人的教育，是在知识层面上的启发引导；对于孩子的教育，是在兴趣和方法上的启发引导。

可以说，孔子的教育方法，就是启发式教育。但是，不同的年龄段，需要不同的引导方式和引导方向。

第三章

乐趣是最好的老师

15·4（6·20）子曰："知之者不如好之者，好之者不如乐之者。"

【译文】
孔子说："懂得它的人，不如爱好它的人；爱好它的人，又不如以它为乐的人。"

这一章讲学习者的层次。译文非常清晰，直接来看看解读吧。

> 钱穆：本章之字指学，亦指道。仅知之，未能心好之，知不笃。心好之，未能确有得，则不觉其可乐，而所好亦不深。
>
> 南怀瑾：我们对于部下或者子女的教育，就要注意这一点，看他乐于哪一面，就在哪方面培养他。就算爱打麻将，也可以培养他，当然不是培养他去打麻将，而是将他打麻将的心理转移到近似的正途发展。这才是师道的原则，不但对人如此，对自己修养学问也要如此。
>
> 李零：怕死比死更可怕，爱知识比知识更可爱。学习，是为了求知，还是为了兴趣和快乐？我是为了兴趣和快乐。没乐趣的读书，本身就无聊，如果读完了还写书，就更无聊，既折磨别人，也折磨自己。

这一章钱穆的解说并不好，孔子所讲的是学习者的层次，而钱穆说成是学习的层次，并且把道也生拉硬扯上，似乎孔子一句话不说道都违背了圣人的准则。并且，乐趣不等于可乐，在用词上也不妥。

对比之下，南怀瑾的解说非常好，李零的解说很酣畅过瘾。

举个例子，譬如学吉他。

孔子的意思是：懂得弹吉他的人，不如喜欢弹吉他的人弹得好；喜欢弹吉他的人，不如沉浸于吉他的人弹得好。

而钱穆的意思是：要学好吉他，就要喜欢吉他，进一步，要沉浸于吉他。

南怀瑾的意思是：一个孩子对弹吉他有兴趣，就培养他，引导他学习弹吉他。

李零的意思是：如果一个孩子对吉他根本没兴趣，让他去学习就是折磨他，不如去看看他真正喜欢什么。

　　从教育学的角度来说，钱穆主张一个孩子既然学了什么，就要培养他的兴趣，让他享受这个学习。

　　南怀瑾和李零则认为：一个孩子对什么有兴趣，对什么有乐趣，就让他去学习什么。

　　钱穆是要改造人，南怀瑾和李零是要因人的天性天赋去引导、培养他。

　　这章所讲的是学习知识的不同台阶，最低一层是懂得；高一阶是爱好，这样就会去探究更深层次的内涵；而更高的层次是乐在其中，就是整个身心都在其中，才能体会其中的乐趣，领会其中的精神。在孔子的学生中有两个人进入了乐之者的行列，颜回是对老师的学说乐在其中，而公西华是对周礼乐在其中。孔子乐在什么？乐在周礼。

　　我们常说：兴趣是最好的老师。但实际上：乐趣才是最好的老师。

　　所谓发烧友，大致就是乐之者了。大致最完美的成功者，就是自己"乐之"的事业成为自己的职业。譬如比尔·盖茨和乔布斯，他们都是"乐之者"，他们乐在创新。

　　每个人在闲暇的时候都应该问问自己：我乐在哪里？

第四章

三人行到底是几个人

15·5（7·22）子曰："三人行，必有我师焉：择其善者而从之，其不善者而改之。"

【译文】

孔子说："三个人在一起，必定有可以给我教益的东西：选择好的去学习，不好的作为借鉴去改掉自己的缺点。"

这一章大师们又是错漏百出了。这一章要解决两个问题：第一，"三人行"该怎样解读？第二，"师"是指人还是指人际交往的行为方式？

钱穆：先生说：三人同行，其中必有我师了。择其善的从之，不善的便改。

三人行，其中一人是我。不曰三人居，而曰三人行，居或日常相处，行则道途偶值。何以必于两人而始得我师，因两人始有彼善于此可择，我纵不知善，两人在我前，所善自见。

南怀瑾：孔子说，三个人走在一起，其中一定有可以做我老师的。

这话听起来平常，人人都懂。但是人都不肯这样做，包括我在内。真发现了别人的长处，而自己能从内心、从根性里发出改善、学习的意念，是很不容易做到的。

李零：我和两三个人同行，其中一定能找到值得我学习的人。找出他们的优点，作为自己的榜样；找出他们的缺点，看看自己有没有，有就改正。

这话平淡无奇，但有点意思，主要是对批判知识分子有用。知识分子是知识分工体系中的精神残废，认两狗字，就以为谁也不如他心明眼亮。其实仔细想想，谁不比你强？我就佩服有各种特殊技能的人，工人、农民、运动员和艺术家。

李泽厚：孔子说：三个人在一起走路，也定有值得我学习的老师。选择优点而学习，看到短处而改正自己。

为什么是"三人",其实是说,即使只有两人同行,也仍然有可以学习的对象和事情。

鲍鹏山:孔子说:三个人在一起走路,其中必定有可以为我师法的人。选择其中比我强的人而向他学习,其中比我差的人就加以改正。

出乎意料的是,这一章竟然引发了南怀瑾和李零的反思和自我批评。

首先来解决第一个问题:"三人行"该怎样解读?

南怀瑾、鲍鹏山和李泽厚都译成了三个人在一起走,这么说来,在一起坐车就不行了?在一起吃饭也不行了?只有走路的时候才行了?"

钱穆和李零都译成了三人同行,这个比三人走路要好一些,因为同行不仅包括走路,也包括吃饭住店等。

此外,大师们还讨论了三人行中到底包不包括自己的问题,结论是:包括。

三人行的"行"字并不是行走的意思,而是在一起的意思,包括但不仅限于同行。譬如三人偶遇而交谈,这也算三人行。

三人也并不是说就是三个人,而是因为三人为众,三人就能构成一个小社会。孔子的意思就是只要有几个人在一起,通过观察他们之间的言谈举止,进行对比分析,就能发现为人处世的善与不善,发现在人际交往中的智慧和愚蠢。

所以孔子所说的学习,还是学习人际关系的处理。

之后再来解决第二个问题:"师"是指人还是指人际交往的行为方式?

所有的大师都把"师"译为值得学习的人或者老师,但是如此的话,怎么还有随后的"善"和"不善"呢?而"善"和"不善"讲的明显是行为。

因此,这里的"师"不应当是指人,而应当是指行为,具体来说就是能够给人教益的行为。只有行为,才有改之的问题。

孔子想说的就是:只要有人际交往的地方,就能从他们的行为语言中获得教益,好的方面可以去学习,不好的方面可以作为借鉴。

只要你留意,处处是学问。只要抱着学习的态度,就能获得教益。

所以,这里还是在讲学习的态度。态度问题解决了,下一步就是怎样去判断什么是善者什么是不善者。

第五章

学而不厌，诲人不倦

15·6（7·2）子曰："默而识之，学而不厌，诲人不倦，何有于我哉？"

【译文】
孔子说："默默地记住（所学的知识），学习不觉得满足，教人不知道疲倦，这对我能有什么困难呢？"

这一章说孔子的教学态度。

想象一下这是一个怎样的场景，有人问孔子当老师是不是很辛苦很枯燥，孔子于是这样回答他。对于孔子来说，学习和教导学生都是很快乐很轻松的事情，可以说是乐在其中。

学而不厌，诲人不倦，这两个成语来自这里。

再来看看大师们是怎么说的。

> 钱穆：不多言说，只默记在心；勤学不厌；教人不倦；这三事在我有何难呀？
>
> 南怀瑾：我没有什么学问，只不过到处留意，默默地学习中，我把它强记下来；求学问不厌倦；教人也不厌倦；但是除了这三点以外，我什么都不懂，什么都没有。

南怀瑾又是信口雌黄，这段话里什么地方看得出来孔子说自己没有学问了？李零、鲍鹏山的译文与上述相同。李泽厚译为"默记在心，学习而不满足，教导别人而不厌，我还有什么呢？"

"何有于我哉"的译文，南怀瑾和李泽厚都错了；"学而不厌"的译文，南怀瑾又错了。

李泽厚的译文出现了一个有趣的现象，他把"厌"译为"满足"，又把"倦"译为"厌"，那是不是"倦"也是"满足"呢？

15·7（7·24）子曰："二三子以我为隐乎？吾无隐乎尔。吾无行而不与二三子者，是丘也。"

【译文】
孔子说："学生们，你们以为我对你们有什么隐瞒的吗？我是丝毫没有隐瞒的。我做什么事不是和大家在一起的呢？我孔丘就是这样的人。"

人与人之间的关系是有亲疏的，一碗水永远不可能端平。

为什么孔子要说这样的话？很显然，有人认为孔子偏心，私下向个别弟子传授了什么"独家秘籍"。也难怪有人有这样的想法，如果你看着老师总是跟几个同学在一起吃喝玩乐，你也会这么想。孔子身边，似乎永远是那几个弟子，其余的弟子没想法就怪了。所以，孔子要告诉大家：同学们，我跟子贡冉有颜回他们虽然常常在一起，不过就是吃吃喝喝，真没有上过小课。

事实上呢？虽然老师并没有刻意要偏心某些学生，可是跟老师关系近的人，肯定可以得到更多的教诲。所谓近水楼台先得月，就是这个意思吧。

这句话，应该是孔子在卫国或者刚从卫国回到鲁国时说的。从语气上看，似乎孔子有点生气或者激动，否则不应该有最后这个"是丘也"。

再来看看大师们是怎么说的。

> 钱穆：本章孔子提醒学者勿尽在言语上求高远，当从行事上求真实。
> 南怀瑾：所以他说"吾无行而不与二三子者"，没有哪一次、哪一个地方不表现学问的道理。你们要在这方面去了解、去学习。
> 李零：孔子身教重于言教，你不问他不说，重在启发，让人以为有什么藏着掖着，所以他有这一番解释。
> 李泽厚：可能，在当时做老师总有什么秘方秘诀，使人好奇，于是孔门弟子有这类问题，仍然可见古代巫师传统。

大师们确实有些牵强附会了，这一章分明是孔子想要辩白自己对学生没有偏私，却被大师们说成什么"身教""言教"之类，斥责个别学生自己不好好观察老师的行为，一门心思要老师的独门秘籍。

事实上我们能看到，越是出色的学生，孔子给他们的言教就越多。难道子路子贡问问题，孔子就该说"你们问什么，看我怎么做的不就行了"？

至于"古代巫师传统"之说，就更离谱了。

第六章

求知者的四个层次

15·8（16·9）**孔子曰**："生而知之者上也，学而知之者次也；困而学之，又其次也；困而不学，民斯为下矣。"

【译文】
孔子说："通过自己思考就知道的人，是上等人；经过学习以后才知道的，是次一等的人；遇到困难再去学习的，是又次一等的人；遇到困难还不学习的人，这种人就是下等的人了。"

孔子按照获得知识的方式，将人划分了层次。第一等就是"生而知之"，那么，什么是"生而知之"呢？
来看看大师们怎么说。

> 钱穆：生来就知道的，那是最上等。生而知之，谓不学而能也。
> 南怀瑾：这是教育与天才的关系，孔子说有些人生而知之，这是天才，上等人。的确有些人生而知之，这一点在中外历史上可看到，大的军事家，并不一定懂兵法。
> 李零：生而知之，是天生聪明，不学就会。
> 李泽厚：生来就有知识的，是上等。当然并没有什么"生而知之"。
> 鲍鹏山：生来就知道的，是上等。生下来就懂得很多的人，大约没有。

后面孔子说了自己不是生而知之，自己只是好学。如果按照李泽厚和鲍鹏山的说法，孔子就是先拿了一种根本就不存在的人来排名第一，然后说自己是第二种，实际上孔子就是在说自己是最强的了。如果真是这样，孔子就太虚伪了。

如果按照钱穆和南怀瑾的说法，那么谁是"生而知之"的呢？他们也说不出来，哪个大军事家不懂兵法？

所以，他们对于"生而知之"的解说都是错的。

孔子所说的生而知之，并不是生下来就知道，也不是向别人学习才知道，而是通过自己的观察思考就能知道。这种人是具有强大想象力、创造力和逻辑思维能力的人，那些伟大的发明家、科学家都属于这样的人。在孔子之前，譬如尝百草的神农、发明围棋的尧帝、演八卦的周文王、首创贸易战金融工具的管仲等，就都属于"生而知之"。

孔子按照获得知识的方式，将人划分了层次。第一等就是生而知之，就是那种悟性很高，能够通过自己的观察分析学到知识的人；第二等是学而知之，就是通过主动向别人请教学习知识；第三等是学习没有主动性，实在没办法了才被迫学习的人；第四等最差劲，打死也不肯学习。

在孔子看来，古代的圣人就是属于生而知之者，因为他们那时候没有老师，都要靠自己去创造去领悟。

生而知之，这个成语出于这里。

人的聪明程度是天生不同的，但是只要肯学习，就不会是最下等的。什么人打死也不肯学习？懒惰的人。所以，懒惰是万恶之源。

15·9（7·20）子曰："我非生而知之者，好古，敏以求之者也。"

【译文】

孔子说："我不是生而知之者，而是喜欢古代，勤奋好学地去求得知识的人。"

在孔子的层次划分中，他将自己归在了第二类。孔子从来没有说过自己是天才，他只是说自己"敏而好学"。在好学这一点上，孔子可以骄傲地说自己做得很好了，除了这一点，孔子从来都不敢自夸。

这当然是在教育学生，有的学生资质差些，或者毅力不足，因此怀疑老师是不是生来就比自己聪明，所以自己再怎么努力也没有用。于是孔子说，我也是后天努力的啊，大家只要好好学习，也会像我一样博学的。

天生不够聪明没关系，只要肯学，就会有进步。

对于这一章，钱穆认为"好学必好古"，这恐怕有点绝对了。南怀瑾东拉西扯一阵，不提了。李零说"孔子是学而知之者，是以中等之上自居"，看法与我一致。李泽厚强调"实用理性者，亦历史理性也"。鲍鹏山写道："孔子告诉我们他为什么有那么多知识，第一好学，第二勤学。如此而已，岂有他哉？"

第七章

是自我吹嘘还是谦虚

15·10（7·28）子曰："盖有不知而作之者，我无是也。多闻，择其善者而从之；多见而识之；知之次也。"

【传统译文】
孔子说："有人分明自己不懂，却矫情做作，我不是这样的。多听，选择其中好的来实行；多看，然后记在心里，这是次一等获得知识的方法。"

这一章很难，所以大师们的解读都有错误也就可以理解。

  钱穆：大概有并不知而妄自造作的吧！我则没有这等事。能多听闻，选择其善的依从它，能多见识，把来记在心，这是次一级的知了。
  南怀瑾：孔子是说，有些人自己无知，一切不懂，却冒充内行去做了，他说他绝对不做这样的事。
  所以孔子说第一等人是天才，既然不是天才，就要学问来弥补。自己不是天才，又不肯求学问，就是"不知而作"的，那就完了。不是天才，学问怎么来呢？多听人家的，多看、多经验、多跟人家学，这就是"知之次也"。
  李零：此戒无知妄作。
  李泽厚：有那种无知而凭空造作的人，我没有这个。多听，选择其中好的来遵行。多看而记住，这是知的次序、过程。
  鲍鹏山：有一种自己不懂却矫情做作的人，我没有这种毛病。多听，选择其中好的跟着学习，多看而记住。这样学而知之是仅次于生而知之的了。

这里首先要问问钱穆：什么是妄自造作？钱穆自己做了一个解释："此作字当同述而不作之作，盖指创制立说言。"按照钱穆的意思，孔子是在批评那些创建学说的人，基本上，就是攻击同行、抬高自己了。

其实，所有的大师都是这样解读的。直白一点说，这是孔子在贬低别人，吹嘘自己。真的这样吗？

一般来说，当一个人与别人对照的时候有两种情况，一种是抬高自己，另一种是表示谦虚。

既然大师们认为这是孔子在抬高自己，那么我们就来分析一下。正常情况下，一个人要借别人来抬高自己，他要做的不是贬低对方，而是抬高对方，然后说自己比对方还高。当一个人贬低对方的时候，通常就不会去表扬自己，因为这样会显得自己很弱智。

举个例子，你说张三学习很好，之后你说你每次都比张三考得好，这就是在借张三抬高自己。但是，如果你说张三是个学渣，每次不及格，然后你会说我比张三强吗？除非你也是个学渣。

如果孔子要想表扬自己吹嘘自己，难道他要用这样的方式吗：用一个不确定的模糊的对象（大概有……），而且这个对象不仅无知还恬不知耻。之后孔子说：我跟他不一样，我如何如何。这不是在吹嘘自己，这是在作践自己。

所以孔子是在谦虚地表达自己不如人。

"盖有不知而作之者，我无是也"，这句话要说的就是"大概有人能够没有学过却能去做，我没有这个本事"。

这是什么？这是生而知之者。

随后，孔子说"多闻，择其善者而从之；多见而识之"，这是什么？学而知之者。最后，孔子说"知之次也"，什么意思？我这只是次一等的获取知识的方法。

既然孔子这里是谦虚地说自己获取知识的方法是次一等的，当然他前面所说的就是第一等的，也就是生而知之。

非常遗憾，钱穆和鲍鹏山把"知之次也"译对了，却没有想到"知之次也"的前头可能就是"知之上也"。

所以，这一章实际上就是对前面两章的补充、解释，依然在讲获取知识的层次，这三章放在一起，就很容易理解了。译文如下：

> 孔子说："大概有人没有学过却能够作为，我不是这样的。多听，选择其中好的来学习；多看，然后记在心里。从获取知识的方面来说，这是次一等的。"

第八章

学与思的关系

15·11（2·15）子曰："学而不思则罔，思而不学则殆。"

【译文】
孔子说："只学习，而不思考，就会迷惘；只思考，而不学习，就会疑惑不解。"

孔子有的时候说话也会前后矛盾，这个时候，了解背景就更加重要。

因为这段话没有背景，所以就是说文解字了。既然是说文解字，也就很难有标准答案。

先来看看大师们怎么翻译吧。

　　钱穆：先生说：仅向外面学，不知用思想，终于迷惘了。仅知用思想，不向外面学，那又危殆了。

　　南怀瑾：有些人有学问，可是没有智慧的思想，那么就是迂阔疏远，变成了不切实际的"罔"了，没有用处。有些人有思想，有天才，但没有经过学问的踏实锻炼，那也是非常危险的。许多人往往倚仗天才而胡作非为，自己误以为那便是创作，结果陷于自害害人。

　　李零：这是讲学与思的关系，学像吃饭，思像消化，一样不能少。殆是疑惑，罔是迷惘。

　　李泽厚：学习而不思考，迷惘；思考而不学习，危险。

　　鲍鹏山：只是学，却不去思考，就会迷惘而无所得；只是苦思，而不去学习，进步就会终止。

我赞同李零的说法，形象而且准确。

至于把"殆"译成危殆、危险，那确实有点危言耸听了，思而不学至少是思考了，要是这样都危险的话，不学不思的岂不是没法活了？

孔子的意思，既要学习，又要思考；既要思考，也不能放弃学习。学习而又思考，这是好学生的标准。孔子一向就非常希望自己的学生在学习时能够有所发挥，而不是死记硬背。当初孔子以为颜回就是死读书的人，后来发现他还有自己的想法，于是感到欣慰。不过，仅仅有自己的思想还是不够的，孔子还希望学生能用自己的思想与自己交流甚至争论，这样自己也会有进步，而孔子之所以喜欢子夏，就是因为子夏具备这样的才能和性格。

15·12（15·31）子曰："吾尝终日不食，终夜不寝，以思，无益，不如学也。"

【译文】
孔子说："我曾经整天不吃饭，彻夜不睡觉，去左思右想，结果没有什么进步，还不如去学习为好。"

> 钱穆：人必生于群，必于群中而始成其为人。故学非一人之学，道非一人之道，亦必于群而始有学有道也。群亦非一日之群，自远古以来，久有此群，久有此人矣。故人必学于人，尤必学于古之人，始获知道。学如日，静居而独思则如火。舍学而思，譬犹去日之明于庭，而就火之光于室，可以小见，不可以大知。故君子贵乎乐群而敬学，不贵离群而独思。

上面一章孔子说到学和思的关系，二者基本上是同等重要，用李零的比方来说，不吃饭要饿死，吃了不消化要撑死。

可是，这一章孔子突然说学习比思考更重要。

于是，大师们普遍有点发蒙，钱穆拼命去说孔夫子说得对，学就是比思重要。李泽厚则说孔夫子的说法也不一定就对，其余大师干脆避而不谈。

之所以摘了钱穆的解说，并不是因为他说得更对，而是觉得他的话可以一读。

为什么孔子在这里会说"思不如学"？有两种最可能的情况。

第一种，孔子确实碰上了这么一件事，所以有这个感慨。其实这没什么，因为孔子下次可能碰上另外一件事，又会感慨学不如思了。

事实上，世界上有的事情是思不如学，有的事情是学不如思的。譬如，死记硬背的东西是思不如学，需要逻辑推理演算的东西是学不如思。

第二种，就是有学生认为自学比较好，不需要老师教了。如果大家都自学去了，老师干什么啊？所以，孔子要教导大家：思不如学，还是跟着老师学习最靠谱。

如果过一段时间，学生们什么鸡毛蒜皮的事情都来问，孔子大概又会说了：学不如思，你们要学会独立思考啊。

所以，我们也可以把这看成孔子的教学方法，根据不同的情况引导学生们重视学习或者思考。

第九章

急于求成，求的什么成

15·13（14·44）阙党童子将命。或问之曰："益者与？"子曰："吾见其居于位也，见其与先生并行也。非求益者也，欲速成者也。"

【传统译文】

阙里的一个童子，来向孔子传话。有人问孔子："这是个求上进的孩子吗？"孔子说："我看见他坐在成年人的位子上，又见他和长辈并肩而行。他不是要求上进的人，只是个急于求成的人。"

有的时候，第一个解读者是错误的，即使这个错误非常明显，后来者也会亦步亦趋。譬如这一章。这一章要解决两个问题：第一，什么是"将命"？第二，什么是"欲速成者也"？

看了传统译文，会发现历来都把"将命"译成来向孔子传话，意思就是来传达命令。通常人都会发现这与后面的话有点驴唇不对马嘴，为什么呢？

先来看看大师们怎么说。

  钱穆：阙党有一童子，为宾主传命。有人问道：那童子可望长进吗？先生说：我见他坐在成年人的席位上，又见他和前辈长者并肩而行，那童子并不想求长进，只想速成一个大人呀。

  童子，未冠者之称。

  南怀瑾：阙党是一个地方团体的名称，童子是一个年轻人，并不一定是小孩子，将命的"将"是带来，"命"是命令，就是衔命而来。古人的注解是说孔子叫年轻人去传达命令。我现在的意思和古人不同，认为应该他来传命令。有人问孔子，这个年轻人很不错吧？小小年纪就负了那么大的任务，来传达命令，一定是个能求上进的人吧！孔子答得很妙，他没有说这个意见不对，而只是说，我只看到他在这个位置上，担任这个职务；同时我也只看到他在那位老前辈的旁边走来走去，是个侍从或助手。我只看到这两点，他有没有学问，是不是人才，我不知道。如果认真讲，他并不是求上进的，而是想尽办法，找一个出头的机会，并不是想在人生中求学问，职务上求经验的人。

李零、鲍鹏山、李泽厚的译文同传统译文。李泽厚将"欲速成"译成"急于成名"。

现在我们来解决第一个问题：什么是"将命"？

大师们的说法是来传达消息，如果是这样解释，那么后面的对话就很唐突，很难成立。实际上，"将命"就是成年礼，也就是冠礼，男子二十岁加冠，从此就是成人了。加冠的同时，得到自己的字，这样名字就全了，所以冠礼也是命名的礼，因此也称为将命。具体过程，可以去参看《礼记》的"士冠礼"。

紧接着解决第二个问题：什么是"欲速成者也"？

一个阙里的少年将要举行成年礼，在现场有人问孔子这个孩子怎么样。孔子就说了，我看他现在坐在自己的位置上等待的样子好像很迫切，而刚才来的时候和长辈并肩同行，我看他不是一个求上进的孩子，只是很盼望自己早点成为成人。

在还没有成人之前，不应该与长辈并肩而行。所谓"速成"，不是急于求成，而是急着变成成人。这里，孔子从一个人的行为习惯来判断他对学习的态度。

顺便要说一说"阙党"是什么意思。

阙和党都是指居民区，放在一起就是一个居民区。为什么这里要强调阙党？因为这用以区别卿大夫的豪宅。言下之意，这是一个平民的孩子行冠礼。

另有一种可能，阙党是指孔子所生活的居民区。

所以，译文应为：

阙里的一个童子将举行成年礼，有人问孔子："这是个求上进的孩子吗？"孔子说："我看见他在行礼的位子上（焦躁不安的样子），又见他刚才和长辈并肩而行，他不是要求上进的人，只是个急于成为成人的人。"

第十章

孔子教的是什么

孔子教学生，教什么，不教什么，下面是个概述。

15·14（9·4）子绝四——毋意，毋必，毋固，毋我。

【译文】
孔子杜绝四种做法：不凭空臆测，不武断结论，不固执死板，不自我核心。

这一章其实就是八个字，其中还有四个字重复。没有任何背景，因此怎么说都有理。

譬如钱穆就提出"毋意、毋必、毋固、毋我"各有两种说法，而且都对。

对于南怀瑾来说，这最适合他发挥了，又是一大通，跟禅学联络上了，有兴趣的自己去看吧。

而李零就认为"孔子的想法很好，但是做起来很难。科学研究离不开想象，离不开判断，有想象就会有'意''我'，有判断就会有'必''固'"。

李泽厚不同，他直接去讨论"我"和"我活着的意义"去了。

这段话，大家只能自己去理解去体会。话是肯定对，怎样实行是另一回事了。譬如很多人认为大师说的就是对的，否则就是臆测。问题是，大师和大师还打架呢。

15·15（7·21）子不语怪，力，乱，神。

【译文】
孔子不谈论怪异、暴力、变乱、鬼神。

上一章是孔子禁绝的行为，而这一章是孔子不谈论的话题。

还是先看看大师们怎么说。

> 钱穆：此四者人所爱言。孔子语常不语怪，如木石之怪水怪山精之类。语德不语力，如荡舟扛鼎之类。语治不语乱，如易内蒸母之类。语人不语神，如神降于莘，神欲玉弁朱缨之类。力与乱，有其实，怪与神，生于惑。
>
> 南怀瑾：我常说，怪、力、乱、神四者，是愚蠢人的作品，聪明人的玩具。对吧？乾隆时代有名的才子袁枚，著了一本《子不语》的笔记小说，专门讲神鬼等等奇怪的事。因为孔子不讲而他要讲，所以书名《子不语》。
>
> 李零：袁枚，著了一本《子不语》，后来发现元人说部也有《子不语》，于是改名《新齐谐》。

很有意思，南怀瑾卖弄了一下学问，结果李零直接上来打脸了。

按照钱穆的说法，这些东西就是现在所说的八卦。事实上，这些确实是八卦，直到今天也还是八卦，而且绝对是大新闻。

孔子讲知识、讲仁德、讲礼乐，这些都是人可以努力做到的，而妖魔鬼怪的东西，人类做不到也预料不到，去讲它们做什么呢。

15·16（7·25）子以四教：文，行，忠，信。

【译文】
孔子以文化、操行、忠实、诚信四项内容教授学生。

这些就是孔子教学的内容了，从前贵族教育是六艺，现在孔子着重教学生们做人，因此从这四个方面下手。

文化就是诗书礼乐等知识，操行就是行为举止的端正，忠实就是做事要尽心尽力，诚信就是说话要算数。概括而言，孔子教学生，德育和智育并重，仁与知并重。

请注意这个顺序，与礼义廉耻一样，教学的顺序应该是信忠行文，先教做人后教知识。

现在基本上只讲文化，名义上还讲一讲操行，美其名曰品德教育，其实都是大话套话，毫无可操作性。至于忠实和诚信，连概念都是错的，能教给学生吗？

这一章字虽少，但是由于大师们对概念不理解，因此难免错漏百出。

什么是"文"？

钱穆说是典籍遗文，南怀瑾说是知识、文章，李零说是学问，李泽厚说是文献，鲍鹏山说是历史文献。实际上，孔子教的文是诗书礼乐，钱穆、李泽厚和鲍鹏山所说的只是"书"的范畴，显然是错的。相比较，南怀瑾和李零虽然说得不准确，但是不算错。

什么是"行"？

钱穆、李零、李泽厚、鲍鹏山说是德行，南怀瑾说是一生事业的成果。很明显这依然是对"德"的定义不了解，行就是行为举止的意思，与德没有任何关系，孔子教给学生们平时行为举止的正确方式，譬如上完厕所要洗手这类，难道这跟德有什么关系吗？至于南怀瑾所说的，扯得太远了。

什么是"忠"？

前面说过了，忠是忠于事，而不是忠于人。钱穆说是"忠信，人之心性，为立行之本"，南怀瑾则说"是对国家、社会、父母、朋友，任何一人、一事，答应了的话，就贯彻到底，永远不渝的诚心；对一事一物无不尽心者谓之'忠'"。李零则根本没提，李泽厚说是忠实，鲍鹏山说是对人的忠诚。钱穆是稀里糊涂，南怀瑾是自相矛盾，李泽厚说的忠实未尝不可，可是解读的时候明显是错，鲍鹏山则是完全错误。

什么是"信"？

钱穆说是"忠信，人之心性，为立行之本"，南怀瑾则说就是有信义，李零还是没说，李泽厚说是信任，鲍鹏山说是信用。其中，信用最靠谱，其他的说法都有些无厘头。

正因为概念不清，所以李泽厚自己也提出疑问："德行"实应已包括忠、信，为什么又分开讲？

第十一章

温故而知新

15·17（3·9）子曰："夏礼，吾能言之，杞不足征也；殷礼，吾能言之，宋不足征也。文献不足故也。足，则吾能征之矣。"

【译文】

孔子说："夏朝的礼，我能说出来，但是杞国不足以印证了；殷朝的礼，我能说出来，但是宋国不足以印证了。这都是文字资料不足的缘故。如果文字资料足够的话，我就可以得到印证了。"

孔子认为，要做一个合格的老师，需要正确的态度和方法。

大师们对这一段基本上也没有什么可以发挥的，只有钱穆和李零认为"献"是贤人或者遗老遗少的意思。

这里大致来说一说背景知识。

孔子非常好学，因为对周礼感兴趣，所以对夏礼和商礼也都很感兴趣。为了学习周礼，孔子专门去了周朝首都洛邑向老子请教，为了学习夏礼，孔子专门向前来鲁国访问的杞国太子请教，因为杞国是夏朝的后代。孔子通过自己的哥哥，通过鲁国和卫国的商人学习了商礼，不过，没有记载表明他曾经去宋国学习商礼，这大概是因为孔家的世仇华家一直都在宋国执掌大权的缘故。

孔子通过许多途径学习，也进行了大量的比对分析，最终算是了解了商礼和夏礼。可是他发现，作为商的后代，宋国并没有很好地传承商礼；作为夏的后代，杞国的夏礼也基本上消亡了。

这说明，强势文化总是具备侵略性，而弱势文化最终会被强势文化所融合吞并。

但是另一方面，孔子由此认识到文字记载的重要性。这，应该是他开始编《春秋》、修《诗经》和注释《周易》的一大原因了。

15·18（2·11）子曰："**温故而知新，可以为师矣**。"

【译文】
孔子说："在温习旧知识时，同时在学习新知识，就可以当老师了。"

就这么简单的一句话，大师们竟然也不一样。

>钱穆：能从温习旧知中开悟出新知，乃可作为人师了。
>南怀瑾、李泽厚：温习过去，知道未来。
>李零：老师向学生传授知识的时候，要能够让学生提出新的看法。
>鲍鹏山：温习旧知识，悟出新知识。

对于"故"和"新"这两个字，南怀瑾和李泽厚解释为过去和未来，其余三位则解释为旧知识和新知识。不过，李零的意思，温故知新的不是老师，而是学生。他认为一个老师要能够让学生温故而知新，这样才够资格当老师。这个，对老师的要求实在太高了吧？学生的资质各有不同，如果以这个为标准，世界上就没有人有资格当老师了。

所以，李零的解说恐怕也是错的。

这么说来，钱穆和鲍鹏山是对的吗？似乎也不对。按照他们的说法，一个人必须在温习旧知识的同时悟出新知识，这反映的是他的能力。也就是说，一个人必须具备某种能力，才能够当老师。

但是，我宁愿把"温故而知新"当作一个平行关系，也就是一边温故，一边知新。温故的目的是教学生，就像现在的老师备课。知新的目的是提升自己，教给学生更多的知识。

按照我的译法，温故而知新不是能力，而是态度和方法。

所以，孔子到底是想强调能力，还是强调态度和方法呢？决定一个人是不是有资格当老师，取决于他的能力，还是他的态度和方法呢？以我自己的感觉来说，我觉得是后者。

温故和知新不是因果关系，而是并列的关系；温故而知新不是说能力，而是说态度和方法。

第十二章

学习需要恒心

15·19（13·22）子曰："南人有言曰：'人而无恒，不可以作巫医。'善夫！""不恒其德，或承之羞。"子曰："不占而已矣。"

【传统译文】
孔子说："南方人有句话说：'人如果做事没有恒心，就不能当巫医。'这句话说得真好啊！""人不能长久地保存自己的德行，免不了要遭受耻辱。"孔子说："（这句话是说，没有恒心的人）用不着去占卦了。"

又是一个简单的逻辑问题。
这一章历来的译文和解读都有些不知所云，先来看看大师们怎么说。

  钱穆：先生说：南方人有句话说："人若无恒，不可当巫医。"这话真好呀！易卦上也说："其德不恒的，常会有羞辱随后。"先生说：这也只有不替他占问就罢了。
  南怀瑾：真正懂了有恒的道理，用来处事，就不必去求神问卜。（不占而已矣。）
  李零：上博楚简和郭店楚简上"南人"都做"宋人"，"巫医"做"卜筮"。因此此处南人为宋人。不恒的原因没有别的，知自己没有恒心，不再坚持占卜而已。
  李泽厚：这章难解，旧说甚多，姑译之而已。（不知为不知）
  鲍鹏山：如果不能持之以恒地保持自己的德行，总有人要承受羞辱。没有恒心的人不用占卦，因为他一定要倒霉。

在解读之前，先来介绍几个基本知识。
"不恒其德，或承之羞"，此一句引自《易经·恒卦·爻辞》。古时，巫和医是一体的，一边干卜筮一边给人治病。这个活比较复杂，属于重技术活，不是人人都能干，需要恒心。"南人"是指哪里？指宋国人。因为宋国在鲁国西南，而且宋人是商人的后代，热衷卜筮。另外，李零提供了更多的证据。

现在我们来解决这一章的关键问题："不占而已矣"究竟是什么意思？

过往的说法，往往也是蒙混过关，把这句话简单解说成"用不着占卜"。

按照大师们的译法，在逻辑上都是讲不通的。要正确理解这句话，还是要回到现场去看。

晚年，孔子开始研究《周易》，开始占卜作卦，因此也选了几个学生打下手。其中，表现最好的是商瞿，后来孔子就把《易》传给了他。

研究《周易》，是一个枯燥而且艰难的过程，不是寻常人可以坚持下来的。因此可以想象，在这个研究的过程中，有的学生有点盯不住，注意力不能集中。于是，孔子就用了上面一段话来教导他们，说是宋国人讲做巫医的都要有恒心，所以你们要是想学的话，也要有恒心，否则半途而废就会被人笑话。如果谁没有恒心的话，那么"不占而已矣"，你就趁早不要学习占卜了。

学习就要持之以恒，这是孔子的教诲。

《周易》是一门很神秘但是又很神奇的学问，很多人想学，但是往往学到一段时间就放弃了，因为实在太难，没有恒心真是学不下去。在学《周易》之前，应该看看老夫子这段话。

其实，学习任何高深的学问，都需要恒心。如果没有恒心，就不要轻易尝试。

正确译文应该是：

> 孔子说："宋国人有句话说：'人如果没有恒心，就不能当巫医。'这句话说得真好啊！""人不能长久地保持自己的德，免不了要遭受耻辱。"孔子说："（没有恒心的人）就用不着学占卦了。"

第十三章

好学不等于安贫

15·20（1·14）子曰："君子食无求饱，居无求安，敏于事而慎于言，就有道而正焉，可谓好学也已。"

【译文】

孔子说："君子，饮食不求饱足，居住不要求舒适，对工作勤劳敏捷，说话却小心谨慎，到有道的人那里去匡正自己，这样可以说是好学了。"

从这一章的解读，我们可以看到大师们不同的解读路数。

钱穆：不求安饱，志在学，不暇及也。若志在求安饱，亦将毕生无暇他及耳。

南怀瑾："食无求饱"，尤其在艰难困苦中，不要有过分的、满足奢侈的要求。与《乡党篇》孔子自己生活的态度、做人的标准是相通的。"居无求安"，住的地方，只要适当，能安贫乐道，不要贪求过分的安逸，贪求过分的享受。

李零："食无求饱，居无求安"是安贫。

李泽厚：在儒学看来，人生是艰难而无可休息的。

鲍鹏山：食求饱，居求安，也不是坏事，他是人正常的生理欲求，也因此推动人类物质文明甚至精神文明的发展。当然，孔子所提倡的"食无求饱，居无求安"仍然有值得肯定的价值。

钱穆是"孔子永远正确"的路数，所以他的意思是：如果志在求安饱，这辈子也就没有余力干别的了。这话太绝对了，人当然可以先求安饱，再做发展了。

南怀瑾是"偷换概念"的路数，孔子说吃饭不求吃饱，居住不求舒适，到了南怀瑾这里，就成了不求奢侈了。实际上，南怀瑾并不同意孔子的看法，于是偷换个概念，好像自己是在支持孔子一般。

李零是"对不对无所谓"的路数，把"食无求饱，居无求安"的意思说清楚，至于对不对，不讨论。

李泽厚是"跑出去再说"的路数，直接去讨论生命的艰辛去了，顺带着说说西方哲学。

鲍鹏山是"眼见为实"的路数，专门去说现代的思维是怎样的，至于孔子那时候怎么回事，不提。所以鲍鹏山的一些观点很现实，但是低级错误也不少。

其实大师们说来说去，都忽略了一个关键的问题：为什么做到了前面的那些，就是好学呢？

如果一个学生吃不饱穿不暖，还每天刻苦学习，这样的学生当然是好学的。我们要讨论的并不是这样的学生是不是好学，而是这样的好学到底对不对？

说实话，基本上不对。

孔子所说的这样的学生大概有两个，一个是颜回，一个是原宪。两人的结局都很惨，都是死于贫病交加，连下葬的钱都没有。

对于现代社会来说更是这样，很多大学生选择一边上学一边自己挣零花钱，这样的好处至少有两个。第一是自己挣的钱自己花起来心疼，所以更不会在学校混日子；第二是挣钱的过程能够培养自己的意志、社交和团队意识等，让自己更早地适应社会。

15·21（8·12）子曰："三年学，不至于谷，不易得也。"

【译文】

孔子说："学了三年，还做不了官的，是不易找到的。"

这一段的内容简单清晰，也没有什么深意和争议，所以大师们的解读我干脆就没看。

这段话怎么看怎么像招生广告，就跟现在说大学毕业包分配一样。孔子说在我这里学了三年出去，正常水平就能干个公务员了。

换句话说，这也是在激励学生们好好学习。

从前讲究树立远大理想，现在现实很多，大学毕业之后找个好工作就是目标。从这个角度说，孔子的话很有现代感。

第十四章

后生可畏

15·22（9·23）子曰："后生可畏，焉知来者之不如今也？四十、五十而无闻焉，斯亦不足畏也已。"

【译文】
孔子说："年轻人是值得敬畏的，怎么就知道后一代不如前一代呢？不过到了四五十岁时还默默无闻，那他就没有什么可以敬畏的了。"

后生可畏，这个成语出于这里。孔子所说的后生很可能是指子夏，而后面那个四五十岁还没有成就的，估计是指宰我吧。

大师们的译文大同小异，没什么可说。

在解读上，李零认为年轻人也没有什么可畏的，只不过来日方长而已。南怀瑾则说"我们学术界经常都把孔子描写成非常古板、保守的。实际上孔子的思想最前进，他不轻视后一代，更不轻视后来的历史，认为未来的社会不比现在差"。

15·23（9·22）子曰："苗而不秀者有矣夫！秀而不实者有矣夫！"

【译文】
孔子说："庄稼出了苗而不能吐穗扬花的情况是有的！吐穗扬花而不结果实的情况也有！"

这是孔子以庄稼的生长、吐穗到结果来比喻一个人从求学到出仕的过程。有的人很有前途，但不能坚持始终，最终达不到目的。

孔老师前面说过"三年学，不至于谷，不易得也"。估计是有人抓住了这句话，说我都学了五年了，公务员也没考上，你怎么说？孔老师就说了上面这段话，说你就属于"不易得"的那几个。

按钱穆的说法，这段话一来是惋惜颜回早死，二来是勉励学生们要坚持努力。其他人大致差不多吧。

不过感觉上，这段话的语气不像是惋惜，更像是感慨或者讽刺。

第十五章

不要跟脑残浪费时间

15·24（17·3）子曰："唯上知与下愚不移。"

【译文】
孔子说："只有上等的智者与下等的愚者是改变不了的。"

还是那句老话：字越少，犯错误的机会越大。

乍一看，这就是对弱势群体的歧视。事实上，在过去一百多年里，当孔子遭到批判的时候，这也成了他鄙视劳动人民的罪证。那么，果真如此吗？

先来看看大师们怎么说。

  钱穆：先生说：只有上知与下愚之人不可迁移。
  中人之性，习于善则善，习于恶则恶，皆可迁移。惟上知不可使为恶，下愚不可与为善，故为不可移。
  南怀瑾：一般人没有基本的中心思想，容易受环境影响，习惯越多，距离自己本性越远，下面就说只有上智，第一等智慧的人，与下愚，最笨的人，不会受环境影响。最聪明的人自己有思想，有见解，有中心主张；最笨的人，影响不了他。
  所以这中间有一个哲学：真正第一等聪明的人，是世界上最笨的人；真正笨到绝顶的人，就是第一等聪明人。
  李零：上智即生而知之，聪明绝顶；下愚是困而不学，绝顶愚蠢。孔子认为，上智与下愚都无法由后天教化改变，可以改变的只有中人。
  李泽厚：除了超人和白痴，其他人都可以也应该受到教育，如此而已。
  鲍鹏山：唯有上等智慧的人和下等愚笨的人的本性是无法改变的。

按照钱穆的说法，直接把孔子的话一竿子戳到了道德的领域里去了，上智就是善人，下愚就是恶人。把智者和愚者用道德来区分，恐怕牵强了一些。

南怀瑾也是本色出演，一通"最聪明就是最笨，最笨就是最聪明"的哲学，回到了禅的路数。

李零还是那样，只译不评论，只是没有借机抨击一下当下高校的现状。

李泽厚认为这段话没什么深意，就是在说超人和白痴受教育也没用，其他人都应该接受教育。

鲍鹏山则认为这可能导致对一些特殊人群或种族的迫害或歧视找到借口，因此孔子的话是错误的。

上智与下愚可以有两种解说。

第一种解说，上智就是上等人的智慧，具体说就是君子的智慧，下愚就是下等人的愚昧，具体说就是下层老百姓。那么这句话的意思就是君子永远聪明，老百姓永远愚蠢。如果这句话这样解说，那么这句话就是孔子晚年所说，这时候他对老百姓确实有鄙视。

第二种解说，上智就是上面所说的"生而知之"的第一等人，下愚就是打死也不肯学习的第四等人。这句话的意思就是上智洞察一切，怎么也忽悠不了；下愚懒惰愚蠢，说什么道理他们也不懂。

孔子的意思是哪一种呢？第二种的可能性更大。

对于骗子来说，有两种人是不好骗的。第一种是绝顶聪明的人，他能看透骗子的诡计，或者他绝不贪婪，因此无法欺骗、诱惑。第二种是最傻的那些人，他们完全弄不明白骗子想要干什么，自然也就不会受骗。

所以，孔子的这段话无关道德、无关教育，也无关人群歧视。并且，聪明的就是聪明的，愚蠢的就是愚蠢的。

第十六章

把话说清楚就行了

15·25（15·41）子曰："辞达而已矣。"

【译文】
孔子说："言辞只要能表达清楚意思就行了。"

用数学方法来解读《论语》，有的时候非常有趣。这算不算学习与创新？
这是《论语》中最短的一章了，来看看大师们怎么发挥。

> 钱穆：先生说：奉命出使，他的辞令，只求能传达国家使命便够了。
> 南怀瑾：言辞文章要能够真正表达自己的意思。
> 李零：就是把话说明白，我赞成孔子的说法。
> 李泽厚：如今恰好相反，辞不求达而求不达。
> 鲍鹏山：还是在反对巧言令色。过分的言辞不仅会遮蔽真理，还会遮蔽人的真心，毁坏人的德性。

大师们的解读真的蛮有趣，不过这需要做一点小小的分析。

钱穆的译文错了，这句话在哪里体现出是出使呢？钱穆为什么会错呢？大致他觉得孔子不可能说一句这么简单而没有任何深意的话，所以必须要补充一个什么背景。

南怀瑾的翻译和解读都把"而已矣"省略了，想来是不好意思提，因为"而已矣"跟他的风格恰好相反。

李零直截了当，恰好体现了孔子的意思。

李泽厚又开始抨击当今的状况，倒也是实话。

鲍鹏山的解读有些偏颇了，"辞达而已矣"其实包括了两个部分，一个是"辞达"，一个是"而已矣"。前者的反义是"辞不达"，后者的反义才是"过分"。

所以，孔子在批判的是两种人。第一种，辞不达。说了半天什么也说不清楚，南辕北辙东拉西扯，这种人不行，很多人就是这么解读《论语》的。

第二种，辞倒是达了，可是啰啰唆唆。这又分成两种，一种是废话连篇，还没完没了。另一种是巧言令色，事情说完了还要拍马屁套近乎，或者抓住机会表功请功，还要忽悠一阵子。

鲍鹏山所说的，只是第二种中的后一种。

孔子说这话，大致的原因是有人说话太啰唆，孔子批评他。或者有人说话不得要领，孔子引导他。

有一种很大的可能是一些学生学了《诗经》之后，不知道怎么运用，于是生搬硬套，词不达意，于是孔子说：孩子，就别拽了，把话说清楚就行了。

孔子的意思，文以载道，辞以达义，话说清楚为第一要义，怎样直截了当怎样说，不要曲里拐弯，让人去猜。

第十七章

孔子是学理工科的

15·26（15·3）子曰："赐也，女以予为多学而识之者与？"对曰："然，非与？"曰："非也，予一以贯之。"

【译文】

孔子说："赐啊！你以为我的知识是学习得多了才记住的吗？"子贡答道："是啊，难道不是这样吗？"孔子说："不是的，我是用一个根本的东西把它们贯穿在一起的。"

孔子为什么博学多才？有诀窍的。
原本以为孔子是学文科的，现在突然发现，原来他是学理工科的。
来看看大师们怎么说。

钱穆：一以贯之，如孔子言诗，曰：诗三百，一言以蔽之，曰：思无邪。言礼，曰：礼，与其奢也宁俭。又曰：殷因于夏礼，周因于殷礼，虽百世可知。此等皆所谓一以贯之。

南怀瑾：孔子则说，我的学问是得到一个东西，懂了以后，一通百通。孔子这个话是事实，这个东西，这个"一"是很难解释的，不容易讲出来的。

李零：这种"一"不是提示性的线索，而是贯穿性的线索，如原则、原理。

李泽厚：一就是统帅知识的基本概念和结构。

鲍鹏山：一指基本的原则、思想，在这里指"忠恕之道"。

看完大师们的解说，直觉是李零原本也应该是学理工科的，入错了行。
钱穆显然没有理解，一言以蔽之和一以贯之是完全不沾边的两个概念。举个未必恰当的例子，这就像烤羊肉串，用竹扦子串好羊肉叫作一以贯之，给羊肉串撒上孜然粉叫作一言以蔽之。

南怀瑾的感觉是对的，可惜说不出来。李泽厚的用词不对，鲍鹏山的用词接近于正确，可是结论错了，因为"忠恕之道"讲的是道，而这里讲的是学。一个是为人处世，一个是学习知识，完全两码事。

"一贯"这个词，就来自一以贯之，这个"一"是什么？历来说法不一。其实，一就是某种原理，或者思维方式，或者逻辑方式。掌握了这个"一"，就能一通百通，无师自通。很多人擅长于自学，就是掌握了这个"一"。譬如学力学，这个"一"就是"作用力和反作用力相等"；譬如学物理，这个"一"就是"能量守恒"。

掌握了原理，就能一以贯之，这一点，在物理学中尤其明显。而政治斗争的原理是什么？谁猖狂，谁灭亡。

掌握了这个"一"，就是通常所说的"开窍"。这需要一个积累的过程，但是一旦开窍，就会有长足的进步。

所以，李零的说法是对的。

那么，孔子所说的这个"一"究竟是什么呢？现在看来，只有孔子知道，其他人不过都在猜测而已。

这应该是孔子晚年与子贡的对话。

第十八章

招生广告

15·27（15·39）子曰："**有教无类**。"

【译文】
孔子说："都可以来学知识，不分族类。"

孔子也是人，孔子也要吃喝拉撒养孩子，所以，别把孔子整得不食人间烟火的样子。用现代话说，这就是高级黑。

这又是非常著名的一句话，并且被引申出极其伟大的意义。

还是先来看看大师们怎么说。

钱穆：人有差别，如贵贱、贫富、智愚、善恶之类。惟就教育言，则当因地因材，披而进之，感而化之，作而成之，不复有类。

南怀瑾：不需要解释，这是孔子的教育精神。他不分阶级，不分地域，不分智愚，只要肯受教，以人文文化为基础，一律谆谆教诲。

李零：这是孔子的教学原则，众所周知。

李泽厚：教学生不要分类别。

鲍鹏山：有教育，不应该分人群。

这就是孔子私校招收学生的广告语。要更好地理解，我们不妨来还原现场。

孔子私校门口来了许多人，有士有平民还有野人，大家都很好奇，但是没有人报名。孔子一看，要想办法动员他们入学啊。

"你们为什么不报名啊？不想学习知识？"孔子问大家。

"不是啊，我们不是士，不知道有没有资格啊。"有人说。

"我们是士，可是不知道来这里学习合不合规定啊。"有人说。

为什么会有这样的问题？

因为在中国历史上从来就没有过私立学校，按照周礼的规定，士以上阶层拥有在公立学校受教育的权利。但是同时，并没有给平民受教育的权利。那么，平民有没有资格受教育呢？可以说有，也可以说没有，完全取决于统治者的态度。而士以上阶层可能质疑私校的合法性，也不知道自己该不该来报名学习。

于是孔子回答："有教无类。"

所以，"有教无类"并不反映孔子的境界或者精神，而只是招生的策略或者说原则而已。

事实上，孔子私校早期的招生情况很不理想，在为数不多的学生中，大多数都是平民阶层，直到后来孟孙家的南宫敬叔来投学，才为学校撑起了一点面子，学生的层次也才开始提升到士一级。

为了扩大招生，孔子想了很多办法，其中一个重要的办法就是"镀金术"或者"留洋术"。孔子在南宫敬叔的帮助下，从鲁国公室申请到了一笔"留学经费"，前往当时的周朝伟大首都洛邑（今天的河南省洛阳市）游学，据称曾经前往当时天下第一学者、周朝典藏室之史（类似社科院院长）老子那里请教。后来，孔子回到鲁国，大肆渲染老子如何高深莫测，自己与老子怎样切磋学术之类。于是，整个鲁国都知道孔子去了伟大首都留学，并且与天下第一高人老子关系非同一般，这说明什么？说明孔子的学问也了不得啊。于是，很多人前来报名。

《史记》中太史公很巧妙地说明了这件事情，这样记载：孔子自周反于鲁，弟子稍益进焉。翻译过来，就是孔子从伟大首都回来之后，报名的人数增加了不少。

15·28（7·7）子曰："自行束脩以上，吾未尝无诲焉。"

【传统译文】

孔子说："只要自己拿着十余块干肉为礼来见我的人，我从来没有不给他教诲的。"

脩，同修。按照传统解释，修就是干肉，基本上就是腊肉。

上面这句话的含义实际上就是说："只要交学费，就可以入学。"

过去，人们似乎很不愿意提到这段话，好像这表现得孔子很不高尚，只看到钱没看到社会责任。

钱穆就说"只修薄礼来见，未尝不教诲之"，强调这不值钱，隐隐然为老夫子提升一点觉悟。鲍鹏山也是一样，强调这点学费是很少的。李零则说"束脩是拜师的见面礼，不是学费，学习期间的费用可能是自理（自带干粮，自己租房）"。李零的意思，这还不是学费，不过李零身为大学教师显然不大关心学生的学费问题，学习期间的食宿费用不算学费的。所以，实际上他说的见面礼就是学费了。

南怀瑾认为"所谓自行束脩，就是自行检点约束的意思"，就是说把自己打扮得体，按照礼节去见孔子，孔子就会给他教诲。李泽厚则说"束脩"是十五岁的意思，意思是说只要到了十五岁，孔子就会给他教诲。

事实上，历史上的大师们对"束脩"的解说就是这三种：十块肉干、束带修节、十五岁。

那么，究竟哪一种是最合理的呢？

我们先来说说"自行"和"以上"该怎么解读吧。

如果"束脩"按照"十块肉干"或者"束带修节"来解读，"自行"就是"自己来"的意思，"以上"就是"进献"和"拜见"的意思。

如果"束脩"按照"十五岁"来解读，那么，"自行"就要解读为"自从完成、自从进行了"，"以上"就是"超过、向上"的意思。

如果是"十块肉干"，那这句话就是在讲学费；如果是"束带修节"，那这句话就是在讲拜师的礼节；如果是"十五岁"，这句话就是在讲入学的年龄条件。

有趣的是，以上的三种说法都有依据。

《尚书·秦誓》中有"如有束脩一介臣"，这里是"束带修节"的意思。

《礼记·少仪》中有"其以乘壶酒、束脩、一犬赐人"，这里是"肉干"的意思。

春秋时，男子十五岁束发。《大戴礼记·保傅》："束发而就大学，学大艺焉，履大节焉。"《周礼·地官司徒》中写道："国中自七尺以及六十，野自六尺以及六十有五，皆征之。"六尺就代表十五岁，生活在郊野男子十五岁就要开始服役。而《论语》中孔子说道："吾十有五而有志于学。"所有这些，都指向男子十五岁开始学习六艺，也就是说，孔子这里是说所有适龄男子都可以入学。

"行束修"的意思就是完成了束发的意思。那么，在当时的鲁国，"束发"是不是也被称为"束修"呢？

看上去，几种译法都可以。但是，前两种存在逻辑上的硬伤。

如果按"十块肉干"或者"束带修节"，那么原句应该是"凡束脩"，而"自行"和"以上"是多余的，在文法和语气上也都不对。所以，按"十五岁"才是最合理的解读。

译文应该是：

> 孔子说："只要进行了十五岁束发礼的，我都会给他教诲的。"

小 结

不要执迷于标准答案

对于学习,孔子是有很多论述的。关于学习,古今中外也是有很多研究的。我们不妨简单地说几个要点。

首先是学习的层次。

生而知之者是最上等的,这种人是具有独立思考能力、能够创新的人,是开创新知识的人。孔子自认为还算不上,所以他说自己述而不作,创造力不行。

其次说说学习的态度。

乐之是最好的态度,乐在其中不知疲倦。孔子认为自己的态度不错,乐在其中。

所以总的说起来,具有独立思考能力、具有创新意识的学习才是最好的学习。而这一点,与现在的看法是一致的。

后来的独尊儒术和八股文,与孔子的学习概念都是背道而驰的。

从秦朝焚书坑儒到汉朝的独尊儒术及至后来的八股文,从意识形态到学习方式都在抑制人们独立思考和创造的能力。近些年国家开始重视创新创造能力,但要培养这种思维方式,还需要时间。

说起来,中国人的学习能力是很强的。问题是,缺乏创造力也就意味着我们只能跟在别人的屁股后面跑。

要提升人们的创造力,权力必须要松手,一些非必要的标准答案必须要改变。

要提升人们的创造力,社会环境必须足够包容,要让人们敢于独立地思考和自由地表达。

要提升人们的创造力,还要提升人们敢于认错、敢于承担责任的勇气。

要提升人们的创造力,绝不仅仅是在科技方面下功夫,人文科学方面也同样需要重视。

第十六篇

贵族精神标准之十六

语言

语言是人类交流的第一工具，再好的思想，也需要语言来准确地表达。再好的内涵，也需要通过语言来反映。

语言是一门艺术，同样的意思，可以有不同的语言表达。

好的语言表达，可以化尴尬为轻松，化仇恨为友爱。而不恰当的语言表达恰好相反，好事会因此成为坏事，甚至朋友也会因此成为仇敌。

所以，贵族是很讲究语言的技巧的。基本上，春秋时期的著名政治家都具有很强的语言能力。

春秋时期，贵族之间打交道在语言上是很有特色的，人们常常会引用诗来表达自己的意思。孔子也是一个语言大师，这不仅仅体现在他的教学上，更体现在他的人际交往上。

因为具有很高的涵养再加上很高的语言水平，所以君子通常体现出幽默的一面。英国人以绅士风度和幽默风趣著称，就是这个原因。

第一章

前言戏之耳

16·1（17·4）子之武城，闻弦歌之声。夫子莞尔而笑，曰："割鸡焉用牛刀？"子游对曰："昔者偃也闻诸夫子曰：'君子学道则爱人，小人学道则易使也。'"子曰："二三子！偃之言是也。前言戏之耳。"

【译文】

孔子到武城，听见礼乐的弹琴唱歌的声音。孔子微笑着说："杀鸡何必用宰牛的刀呢？"子游回答说："以前我听先生说过，'君子学习了礼乐就能爱人，小人学习了礼乐就容易管理。'"孔子说："同学们，言偃的话是对的。我刚才说的话，只是开个玩笑而已。"

这一章历来小有争议，不过蛮有意思。这一章要解决的是三个问题：第一，孔子是不是在和子游开玩笑？第二，子游到底对不对？第三，"前言戏之耳"到底有多牛？

译文没有什么可以探讨的了，来看看大师们的解读。

　　钱穆：割鸡焉用牛刀：此有两解。一言其治小邑，何必用礼乐大道。其实则深喜之。一言子游之才而用于武城之小邑，则是深惜之也。然承上莞尔而笑，则终是喜深于惜。

　　南怀瑾：孔子这一下真是错了。我们不必像古人一样，把孔子塑造得那么好，孔子也是人，有时候也会说个笑话。或者不经过大脑说话的时候也是有的。

　　李零：孔子大概觉得子游有点小题大做。

　　李泽厚：其实孔子并非开玩笑，割鸡本不必牛刀，小官何必大做，但孔子又不好认真如此说。

　　鲍鹏山：孔子也会和弟子们开玩笑。

我们来解决第一个问题：孔子是不是在和子游开玩笑？显然不是。那为什么要笑着说呢？

带着弟子们来看他们的师兄，难道要给师兄脸色看？何况，子游是孔子的得意门生，看见就高兴。

紧接着解决第二个问题：子游到底对不对？

当然是对的，礼乐这样的东西，难道只能美国、中国这样的大国有吗？瑞士、新加坡就不该有吗？

最后，来解决第三个问题，也是最重要的问题："前言戏之耳"到底有多牛？

先来解读这一章。

这是孔子回到鲁国之后的事情，子游担任季孙家的武城宰，孔子这一天带着一帮学生去看望子游，也让学生们看看他们的师兄是怎样工作的。结果到的时候，子游正在组织一帮乡民演奏礼乐，孔子看见了，忍不住说了一句："割鸡焉用牛刀？"

杀鸡焉用宰牛刀，这个成语来自这里。孔子的意思，礼乐这么高尚的东西，在这里给草根们表演是不是太浪费了？

子游的口才确实好，孔子说了错话，结果被子游"以子之矛击子之盾"。孔子这时候带着一群学生，如果承认错误会让大家都很尴尬，如果不承认错误就失去了贵族精神。怎么办？孔子灵机一动，来了一句"前言戏之耳"，说自己是开玩笑，自己找个台阶下，同时肯定子游是正确的。

可以说，这反映了孔子的应变能力和语言艺术都是高水平的。

所以，知错认错固然是贵族精神的要求，但是认错不等于就是要说"我错了"，还可以说"前言戏之耳"。

事实上，认错的方式有很多种，如何采取一种让大家都感到舒适的方法来，真是一门学问。

这个"戏之耳"后来被广泛应用，都是用来找台阶的。譬如汉末曹操捉了张辽，本来要杀他，刘备和关羽为之求情，曹操不准也不好，准了吧，人情被刘备得了，灵机一动，说道："我亦知文远忠义，故戏之耳。"一句话，刘备的面子也给了，好人自己做了，张辽后来成了曹操的心腹大将。

第二章

不失自尊的语言

16·2（7·19）**叶公问孔子于子路，子路不对。子曰："女奚不曰，其为人也，发愤忘食，乐以忘忧，不知老之将至云尔。"**

【译文】

叶公向子路问孔子是个什么样的人，子路没有回答。孔子（对子路）说："你为什么不说，他这个人，发愤用功，连吃饭都忘了，快乐得把一切忧虑都忘了，连自己快要老了都不知道，如此等等。"

孔子在人际交往中的语言技巧，常常被大师们解读得意义深刻，内涵无限，有时到了令人唏嘘的程度。这一章要解决两个问题：第一，子路为什么没有回答叶公的问题？第二，孔子为什么想要子路这样回答？

这段话的译文没有任何难解之处，关键是要清楚这段话的背景。

这是孔子周游列国，最南来到了楚国的叶县，去见了叶公沈诸梁。叶公沈诸梁是楚王分封的诸侯、公爵，所以叫叶公。

顺便说说李零的一个错误，按照李零的说法，楚国大县县长称为公，小县县长称为尹。其实不然，公是封爵，代表这里的土地和人民属于他。尹是地方行政长官和军事长官，直接听命于楚王。地位而言，公爵相当于卿，而尹大致是上大夫或者中大夫。但是以实权而言，尹比公要大。

这样的做法是汲取了周朝分封诸侯之后诸侯坐大、王室衰微的教训，确保楚王的权力。楚国是最早实行爵位与军政分离的国家，到战国时期，各国都实行这样的体制。

以叶家来说，叶公沈诸梁的父亲是沈尹戌，就是沈地的尹，名叫戌。沈尹戌姓什么？没人知道，只能猜，有说他就是被灭的沈国的大夫，有说他是楚国的王族。

后来沈尹戌在吴楚战争中战死，他的儿子沈诸梁则为恢复楚国立下大功，因此被封为叶公。有说楚国的封君都称为公，因此叶公未必是公爵，这有可能。但是，叶县是大县，再加上叶公功劳巨大，所以叶公是公爵的概率比较大。

孔子为什么去见他呢？因为沈诸梁在楚国德高望重，如果能够得到叶公的推荐，孔子就可以去见楚王，并且极有可能受到重用。

可是，孔子见到叶公之后，叶公虽然很客气，但是并不认同孔子的政见，自然也就没有可能推荐他。

孔子在失望之余，不得不离开了楚国。

这个时候，孔子派子路去向叶公辞行。这段对话，就发生在这个时候。

我们先来解决第一问题：子路为什么没有回答叶公的问题？

钱穆：圣人道大难名，子路骤不知所以答。

南怀瑾：子路的不答复，非常高明，因为站在子路的立场，他实在不便说什么。同时孔子这样伟大的人，真的教人不知从何说起，就是说了，叶公也未必能了解孔子。

李泽厚：子路没回答，很难回答，很难概括描述孔子。

我们先说说叶公为什么要问这个问题。

楚国历史上曾经有两个最有学问的人，一个是申叔时，另一个是沈诸梁的父亲沈尹戌，而沈诸梁也很有学问并且很绅士。所以尽管他不认同孔子的学说，还是希望从侧面了解孔子，看他是不是还有什么想要表达的，自己是不是还能帮上什么。

而子路来之前，孔子也一定叮嘱过什么，大致就是对叶公的盛情款待表示感谢以及辞行，态度上要求不卑不亢。如今被叶公问这样的问题，子路一时之间弄不懂叶公的意图，所以也就不知道是该借机吹捧孔子，再为孔子争取机会，还是骄傲地表示此处不留爷自有留爷处。所以，子路什么也没说。

说来说去，子路不够聪明，口才不够好。

试想一下如果是子贡来干这活，会怎样？

于是又引出另一个问题，为什么孔子不让子贡来干这活？有几种可能。第一，子路是大师兄，这活轮不到子贡；第二，孔子已经决意回去，并不想再做努力。

再来看第二个问题：孔子为什么想要子路这样回答？

来看看大师们怎么说。

钱穆：此章乃孔子之自述……（用了几百字来讲孔子的好学，至于孔子为什么要讲这些，没说。）

南怀瑾的说法类似钱穆。

李零：(想要子路) 告诉叶公我还不算老。

李泽厚：用了几百字去讲生命哲学。

鲍鹏山：这是孔子对自己的描述，类似钱穆的简写版。

实际上，这个问题才是本章的要点，如果解读中没有回答这个问题，等于没有解读。

非常遗憾，只有李零顺口说了一句，其余的大师根本没有解答，好像不存在这个问题。按照大师们的意思，这一章的前半段岂不是根本没有存在的必要？

我只能说，对于这一章的背景，他们要么无视，要么无知。因为不懂背景、不顾背景，就只能望文生义了。

那么，正确答案是什么呢？

孔子派子路而不是子贡来辞行，其实就是已经决定要走了。为什么孔子不想再做最后的努力呢？一来，他看到自己和叶公之间的观念差别太大；二来，从内心深处，孔子对楚国有抵触，他始终认为楚国是蛮夷之地。

但是，孔子对叶公本人是很尊重的。

在这样的情况下，孔子一方面希望叶公不要为了没有帮上自己而愧疚；另一方面不想在叶公面前表现得太失望，以免被对方看不起。简单说，希望给双方都留下自尊。

因此，孔子想要表达的就是：感谢你的帮助，虽然最终没有达成心愿，但是没关系，我很快乐，并没有因此而失望伤心。

李零显然是考虑到了这个背景，所以他说孔子想表达自己并不老，意思大概是做最后的努力吧。但是这个解读似乎不对，孔子并不是要表达自己不算老，而是表达自己不在乎。

其实类似的事情常常发生，到现在也是如此。譬如你去求某人帮忙，可是他表示没办法帮你，这个时候你就会竭力让自己表现得并不失望，以免双方尴尬或者让对方瞧不起。

这一章所要表现的，是孔子的语言艺术，而不是其他。

第三章

化解尴尬的语言

16·3（2·21） 或谓孔子曰："子奚不为政？"子曰："书云：'孝乎惟孝，友于兄弟，施于有政。'是亦为政，奚其为为政？"

【译文】

有人问孔子怎么不从政，孔子说："《尚书》中写道：孝啊，孝敬父母，友爱兄弟，这些都会影响到政治啊。我这难道不就是从政？"

孔子特立独行，自然招来很多人看不惯。于是，常常会有人来刁难讽刺，有的时候确实让孔子很尴尬。这个时候，就需要高超的语言艺术来为自己化解尴尬了。

来问问题的人是好奇还是嘲讽？我们还是先来看看大师们怎么说。

    钱穆：此乃孔子在当时不愿从政之微意，而言之和婉，亦极斩截，此所以为圣人之言。

    南怀瑾：孔子不讲政治，只讲为政。拿现代政治哲学来讲，是大原则，并不是政治的一种方法。

    李零：这是孔子还没有当官时的事。

    李泽厚：伦理即政治，因此个体家庭成员的私人关系，就是一种公共的政治体制和规范。

    鲍鹏山：修身齐家是政治的重要前提。

李零说这是孔子做官前，显然是错了，因为孔子做官前不过是个民办教师，谁会去问一个民办教师这个问题？不过至少，李零试图去关注背景了。

这段对话，应该发生在孔子周游列国回到鲁国之后。这个人要不是缺心眼，要不就是故意来羞辱孔子，因为不是孔子不想从政，而是人家不给机会。

这时候怎么回答？说自己不想从政，那就是撒谎。说人家不给机会，那就是抱怨。撒谎和抱怨都是孔子不愿意的，只会招来进一步的讽刺嘲弄。

所以，孔子干脆避实就虚，换了个角度来回答。

第四章

困境中的语言

16·4（15·2）**在陈绝粮，从者病，莫能兴。子路愠见曰："君子亦有穷乎？"子曰："君子固穷，小人穷斯滥矣。"**

【译文】

（孔子一行）在陈国断了粮食，随从的人都饿病了，无法奏乐唱歌。子路很不高兴地来见孔子，说道："君子也有陷入困境的时候吗？"孔子说："君子虽然身处困境，但还是坚持着；小人一旦陷入困境就无所不为了。"

谁都有倒霉的时候，这个时候怎么办？俗话说：人心散了，队伍就不好带了。所以，这个时候一定要给自己打气，给大家打气。这一章要解决两个问题：第一，"穷"怎么解释？第二，这段话的背景是什么？

这一章的译文没有大的出入，唯一有些不同的是"穷"的解释。

首先来解决第一个问题："穷"怎么解释？

来看看大师们怎么说。

钱穆释"穷者，穷于道"；南怀瑾说"这个穷还不只是指经济环境穷"；李零认为"穷，就是饿肚子"；李泽厚认为"穷，指包括贫穷在内的'没有办法'"；鲍鹏山认为"穷，困厄"。

钱穆肯定是错的，如果这个"穷"真是穷于道的意思，那如何解释小人穷？子路是在吃不饱饭的时候问这个问题的，难道是说道穷？

当然了，这个穷恐怕也不仅仅是饿肚子的意思，至少还有看不到前途的因素在内。

所以，译为"陷入困境"应该更贴切。

之后来解决第二个问题：这段话的背景是什么？

这是周游列国期间，孔子一行从楚国出来，孔子带领弟子前往陈国，再去投奔司城贞子。恰好这时候吴国攻打陈国，楚国起兵来救，整个陈国都是坚壁清野，不是城门紧闭就是逃往深山。所以，孔子师徒在陈国竟然断了粮，陷入生存危机。

生存危机必然导致信仰危机，学生们对老师的信赖产生了动摇，对老师的学说产生了怀疑。子路是个直性子，因此就来问老师。孔子很生气，回答得很严厉：你要是对为师产生了信仰危机，你就是个小人。

君子固穷后来成为成语，表达君子即便穷困也不改志向。

关于这段，《史记》有一段记载，更能说明问题。

孔子师徒在周游列国期间陷入困境。

"《诗》里写道：'匪兕（音寺，犀牛）匪虎，率彼旷野。'不是犀牛不是老虎，沿着旷野快快逃命。难道我的学说不对吗？为什么会落到如此地步？"孔子问子路。

"老师啊，是不是您的德行还不够呢？会不会是您的智慧还有欠缺？"子路直性子，直接表达了自己的信仰危机。

面对子路的信仰危机，孔子一下子警惕起来。人可以没吃没喝，但是不能没有信仰。所以，孔子振作了，他要挽救子路的信仰。

"你认为聪明人就无所不知吗？那么比干怎么还会死于非命？你认为良言相劝就会被人感谢吗？那伍子胥怎么还会被杀？你认为清廉的人就一定会被重用吗？那伯夷、叔齐怎么还会被饿死？学识渊博的君子不被任用的多的是，难道仅仅是我孔子一个？芝兰生在深山老林，并不因为无人欣赏就不吐露芬芳；君子修习礼乐推崇仁德，也并不因为贫穷困顿就败坏节操。贤和不肖是才能问题，做和不做是为人的问题。遇不遇上明主是时机问题，死亡和生存是命运问题。有渊博的才能却没有机遇，即使有天大的本领也无法施展；但是一旦遇上了机遇，要施展才能又有什么难的呢？所以，君子要抓紧时间修养身心，等待时机的到来。"孔子一番话，让子路没话可说。

子路走了，孔子又把子贡叫来了。

"赐啊，《诗》里写道：'匪兕匪虎，率彼旷野。'难道我的学说不对吗？为什么会落到如此地步？"孔子用同样的问题问子贡，看他怎么回答。

"老师，我觉得吧，您的主张或许太过高深太过超前了，因而天下人不能接受您，能不能稍为降低一点标准呢？"子贡的话还是比较讲究，其实意思跟子路没什么区别，也是信仰危机，原文是这样的："夫子之道至大也，故天下莫能容夫子。夫子盖少贬焉？"

"赐啊，一个好的农夫善于耕种，但是不一定善于收获。一个工匠巧于制作，但是不一定了解市场；君子研究自己的理论学说，主次分明，有条有理，但是不一定就会被人们接受。现在不研修完善自己的学说，却只求能被人接受，赐啊，你的志向也不远大啊。"孔子又把子贡批评了一顿，禁不住有些失望。

子贡走了，孔子又把颜回叫来了。

"回啊，《诗》里写道：'匪兕匪虎，率彼旷野。'难道我的学说不对吗？为什么会落到如此地步？"孔子用同样的问题问颜回，看他怎么回答。

"老师，您的学问博大精深，以至于天下人都不能接受您。"颜回开头的话竟然和子贡一样，孔子禁不住屏住了呼吸，看他接下来怎么说。"虽然这样，老师您还是致力于推广并实践它，没有人识货，那是各国统治者的耻辱。老师您有什么忧愁吗？虽然不被接受，但是这更显示出老师您的君子本色啊。"

不管是不是出于真心，颜回的话确实说得太好听了，孔子眉开眼笑。如果从拍马屁的角度来说，这确实是出类拔萃的。

"还是你了解我啊，你说得太有道理了。如果哪天你发了财，我愿意去给你当管家。"孔子高兴地说，他真是越来越喜欢颜回了。

颜回的原话是："'夫子之道至大，故天下莫能容。虽然，夫子推而行之，不容何病，不容然后见君子！夫道之不修也，是吾丑也。夫道既已大修而不用，是有国者之丑也。不容何病，不容然后见君子！'孔子欣然而笑曰：'有是哉颜氏之子！使尔多财，吾为尔宰。'"

由此可见，当时唯一一个没有对孔子产生信仰危机，坚定不移跟随老师的人，就是颜回了。

这一段里，孔子、子贡和颜回的语言都非常精彩，子贡毕竟是商人出身，容易妥协。颜回则是坚定地追随孔子的思想，所以回答也很坚决。

颜回的语言能力其实很强，只是话不多。如果他能在与其他人打交道的时候也发挥出在孔子面前的语言能力，应该是很有成就的。

第五章

颜回的名言

16·5（11·23）子畏于匡，颜渊后。子曰："吾以女为死矣。"曰："子在，回何敢死？"

【译文】
孔子在匡地受到当地人围困，颜渊最后才逃回来。孔子说："我以为你已经死了呢。"颜渊说："夫子还活着，我怎么敢死呢？"

我们的印象中颜回是一个刻板木讷的人，其实真的不是，颜回的语言非常精彩，反应也非常快，甚至有些幽默。
还是先来看看大师们的说法。

钱穆：子畏于匡：《檀弓》："死而不吊者三，畏、厌、溺。"厌，同压。畏，乃民间私斗。孔子为匡人所围，亦如一种私斗。
子在，回何敢死：何敢死，言不敢轻身赴斗。孔子尚在，明道传道之责任大，不敢轻死，一也。弟子事师如事父，父母在，子不敢轻死，二也。颜子虽失在后，然明知孔子之不轻死，故己亦不敢轻身赴斗，三也。曾子曰："任重而道远，死而后已。"重其任，故亦重其死。
南怀瑾：这代表孔子师徒之间道义的真挚感情。
李零：畏是围困囚禁的意思。这是颜回在表忠心。
李泽厚：重要的不是漂亮言辞，而是忠挚态度。
鲍鹏山：师生情深谊长。

我们还是来说说这一章的背景。
这是孔子第一次到卫国，因为卫灵公不用，于是决定前往陈国。可是在路过宋国匡地的时候，因为长得像阳虎，而阳虎当年曾经率领鲁军攻占匡地，对当地人民很残暴，因此，匡地人包围了孔子一行。最后尽管匡地人了解了情况，依然不允许他们通过。

后来被解除包围的孔子担心匡人反悔，于是带领着弟子们仓皇逃回卫国。

　　这个时期的出行，孔子身边跟随的是子路和冉有，子路相当于保镖，而冉有做事踏实，有什么事情都交代给他。而颜回比较闷，人也不算机灵，除非上课的时候，孔子想不起他来。逃命的时刻，自然是匆匆忙忙。

　　回到卫国，孔子才发现颜回丢了。

　　颜回为什么会丢了呢？历史没有记载，不过原因可以猜一猜，可能是出恭走得比较远，回来发现大家都走了。也可能是路上想问题想得入迷，走着走着就丢了。也有可能是走路走得太慢，为了不连累大家，索性自己掉队了。

　　不管怎么样，说实话，别人没丢，他丢了，真有点丢人。

　　发现颜回丢了，孔子很着急，以为颜回被宋国人给杀了。所以当颜回回来的时候，孔子喜出望外，脱口而出"我以为你死了呢"。

　　颜回的回答轻松自如，原本紧张的气氛一扫而空，不用解释自己为什么掉队，也没有一丝的抱怨。一方面突出了对老师的尊敬，一方面表现了自己的自信。

　　原本，孔子可能还在考虑怎么向颜回解释为什么没发现他丢了。现在，不用了，因为颜回根本没抱怨。

　　颜回用一句话化解了各种可能产生的尴尬。

　　所以，不必去扯那些不着边际的高尚解读了，这就是一句巧妙化解尴尬的话而已。

　　这一句话，绝对是经典中的经典，与"前言戏之耳"不相上下。

第六章

颜回对孔子的赞扬

16·6（9·11）颜渊喟然叹曰："仰之弥高，钻之弥坚。瞻之在前，忽焉在后。夫子循循然善诱人，博我以文，约我以礼，欲罢不能。既竭吾才，如有所立卓尔。虽欲从之，末由也已。"

【译文】

颜渊感叹地说："（对于老师的学问与道德）我抬头仰望，高得看不到顶；我努力钻研，越钻研越觉得坚硬无比。看着他好像在前面，忽然又像在后面。老师善于一步一步地诱导我，用各种典籍来丰富我的知识，又用各种礼节来约束我的言行，使我想停止学习都不可能，直到我用尽了我的全力。好像有一个十分高大的东西立在我前面，虽然我想要追随上去，却没有前进的路径了。"

谁也无法想象，孔子学生中马屁拍得最好的竟然是颜回。

这是颜回赞扬孔子的一段话，文采飞扬上了天一般。下面来看看大师们怎样解读。

钱穆：本章记颜子赞叹孔子之道之高且深，而颜子之好学，所以得为孔门最高弟子，亦于此见矣。惟孔子之道，虽极高深，若为不可几及，亦不过在人性情之间，动容之际，饮食起居交接应酬之务，君臣父子夫妇兄弟之常，出处去就辞受取舍，以至政事之设施，礼乐文章之讲贯。细读《论语》，孔子之道，尽在其中，所谓无行而不与二三子者是丘也。非舍具体可见之外，别有一种不可测想推论之道，使人无从窥寻。学者熟读《论语》，可见孔子之道，实平易而近人。而细玩此章，可知即在此平易近人之中，而自有其高深不可及处。虽以颜子之贤，而犹有此叹。

李零：这是颜回赞扬孔子。

李泽厚：是对老师的最高赞叹。

鲍鹏山：颜回体验到而不能达到孔子的学问境界、道德境界。

钱穆的解读又是半文言的，大意是：颜回是孔子最好学的学生了，学问非同一般，可是与孔子相比还差这么远，可见孔子多么不可思议了。

　　李零、李泽厚和鲍鹏山的解读都很简单。

　　南怀瑾在几个地方用孩子的教育来解读，或者说把颜回的话套用到了孩子的教育上，这一点我表示赞同。

　　其实，如果我们闭上眼睛去想象一下颜回的话会是个什么样的场景，估计做过父亲的人都会想起自己孩子三四岁时候的样子。一个三四岁的孩子，已经会跑会跳，慈祥的父亲带着他去草地上玩耍，一会儿在他前面，一会儿在他后面。孩子追上父亲，抱着父亲的腿向上看，就看见父亲如此的高大，无法撼动，给孩子十足的安全感。玩累了，父亲就会坐在孩子的身边，耐心地教给他知识，培养他的习惯，循循善诱，乐在其中。

　　颜回就像一个幼儿崇拜父亲一样崇拜着孔子，孔子就像一个慈父一样慈祥耐心地教导着颜回。

　　这是一幅多么美好的画面啊。

　　幼儿对父亲的崇拜是最天真最纯粹的，所以颜回能够以这样的语言和角度去描述孔子，必然是出于真心的崇拜和热爱的。

　　从文学角度来说，颜回的这段话绝对是漂亮的，还贡献了两个成语：循循善诱、欲罢不能。

第七章

这才是使者的语言

16·7（14·25）蘧伯玉使人于孔子。孔子与之坐而问焉，曰："夫子何为？"对曰："夫子欲寡其过而未能也。"使者出。子曰："使乎！使乎！"

【译文】
蘧伯玉派使者去拜访孔子。孔子与使者坐下交谈，问道："先生最近在做什么？"使者回答说："先生想要减少自己的错误，但未能做到。"使者走了以后，孔子说："好一位使者啊，好一位使者啊！"

孔子所说的"有朋自远方来"就是指卫国的朋友常常来探望他，这一章就讲述了蘧伯玉派人来问候孔子的故事。

译文无争议，看看大师们怎么说。

> 钱穆：不曰欲无过，而曰欲寡过，又曰未能焉。使者言愈卑，而其主之贤愈益彰，故孔子重言叹美之，曰使乎使乎也。
> 南怀瑾：这个人够得上当代表，够得上当大使，他替派他出来的主管所答的话，谦虚而不失体，非常恰当。
> 李零：蘧伯玉的特点是喜欢自我检讨，活六十岁，觉得五十九年错。
> 李泽厚：这倒是孔子的真精神。
> 鲍鹏山：人之一生，就是不断提高道德修养，减少道德过失的过程。

钱穆用了很多力气去解释为什么孔子要"与之坐"，李零和李泽厚则重点介绍蘧伯玉，鲍鹏山则在讲孔子的道德追求。

但是，这一章的主角既不是蘧伯玉，也不是孔子，而是使者。使者获得了孔子由衷的称赞，为什么呢？因为使者的话。

所以，我们这一章唯一要解决的问题就是：使者的话高明在哪里？

简单介绍一下背景。

孔子在卫国期间，曾经住在蘧伯玉家里，名义上是蘧伯玉家里的家宰，实际上是蘧伯玉给他提供在卫国生活和教学的条件。两人的关系非常好，孔子回到鲁国之后，两人还常常派人问候对方。

这个时期，蘧伯玉似乎是再度辞官回家，在家里没什么事情干。所以，孔子问的问题让使者有些不好回答，总不能说"没什么事"或者说"种种菜养养鸡什么的"吧？这位使者很有趣，来了一句"夫子欲寡其过而未能也"，意思也说了，还很有高度，说我家主人总在反省自己，想要减少过错。这是赞扬。说还没有什么成果，这是谦虚。一句话里既说了蘧伯玉的反省精神，又体现了蘧伯玉的谦虚，一个君子的形象直接就立了起来，怪不得孔子要赞扬他了。

钱穆的分析其实很细致，说使者不说"欲无过"，而说"欲寡其过"，这本身就是谦虚。确实，使者在这里的用词非常考究。

可以说，使者的回答非常高明。

第八章

犀利的反问

16·8（11·12）季路问事鬼神。子曰："未能事人，焉能事鬼？"曰："敢问死。"曰："未知生，焉知死？"

【译文】
季路问怎样去侍奉鬼神。孔子说："没能侍奉好人，怎么能侍奉鬼呢？"季路说："请问死是怎么回事？"孔子说："还不知道活着的道理，怎么能知道死呢？"

对自己也不太清楚的问题，要么说"我不知道"，要么说"这个这个"，那么，孔子怎么说？这一章我们需要解决三个问题：第一，孔子认为有没有鬼神？第二，孔子对鬼神有什么了解？第三，孔子为什么要反问子路？

译文没什么可说，看看大师们的解读。

>钱穆：苟能知生人之理，推以及于死后之鬼神，则由于死生人鬼之一体，而可推见天人之一体矣。
>南怀瑾：他并不否认鬼神的存在，而是认为先把人做好，再研究鬼神的问题。孔子认为学生们的程度还不够，暂不讨论。（用了3663字来发挥）
>李零：孔子对鬼神不是不信，对死亡也非漠然视之，他只是比较超然。
>李泽厚：孔子对超乎此生此世的问题、对象，采取一贯的"存而不论"的实用态度，既不否定，也未肯定。
>鲍鹏山：颜回死了，子路也老了……这种拒绝，这种斥责式的回答，实际上是对子路的安慰……

还是先来说低级错误，因为子路基础比较差而且心直口快，经常会提一些低级或者让孔子尴尬的问题，所以孔子对他说话一向不太客气。不过，到了后期的时候，子路的学问和岁数都在增长，再加上对孔子一向忠心耿耿，所以孔子对他说话越来越客气。

这段对话很显然是发生在子路入学时间不长的时候，最晚也在周游列国的时候。孔子六十八岁周游列国结束，回到鲁国。孔子七十岁时颜回去世，七十二岁时子路遇害。孔子回鲁国之后，子路再也没有回过鲁国，根本没有和孔子见过面。

所以，鲍鹏山说"颜回死了，子路也老了"显然是错误的。时间上错了，所以解读也就不可能正确。

钱穆的意思，是知人就知鬼，知生就知死，所以孔子不是拒绝告诉子路，而是告诉他方法。因此，孔子是知道鬼神知道死的。总之，孔子无所不知。

首先我们来解决第一个问题：孔子认为有没有鬼神？

我们知道，孔子是"敬鬼神而远之"，而且"子不语怪，力，乱，神"。

这些能证明孔子相信鬼神的存在吗？不能。

孔子大致是这样的想法：如果人们因为敬畏鬼神就能坚守自己的道德底线，那么为什么不相信鬼神的存在呢？至于鬼神是不是真的有实体存在，有什么值得追究的呢？所以，孔子才会敬鬼神而远之。

那么，到底有没有鬼神呢？也许孔子自己都不知道。

第二个问题：孔子对鬼神有什么了解？

既敬而远之，又不语，孔子对鬼神能有什么了解呢？谁听说过孔子讲鬼神的故事的？如果认为孔子懂得鬼神和死亡，有何证据呢？

第三个问题：孔子为什么要反问子路？

这种反问的语气实际上就是斥责了。孔子为什么要斥责子路？这要从几个方面去解读了。

首先，孔子对鬼神是敬而远之，并不深究，因此他对学生的要求也是敬鬼神而远之，不要在这上面费心思。同时也是在提醒子路：自己还没活明白呢，关心那些乱七八糟的干什么？

其次，孔子是真不知道。他既没有死过，也没有侍奉过鬼神，怎么会知道？瞎编乱造的话，被子路追问下去，最终还是难以自圆其说。说自己不知道呢，又是在子路面前露怯。怎么办？孔子干脆来句犀利的反问，直接把子路给吓唬回去了。

这一章其实给了我们两个提示。

第一，世界上并不是所有的真相都要追究，所有的真理都要追求。有些真相是值得追究的，有些真相则是没有必要的。譬如鬼神和上帝，你追究也追究不明白，追究明白了恐怕也不是什么好事。

第二，当你遭遇了无法回答的问题的时候，可以用反问句来吓走对方。譬如这一章里孔子的话，就是这样的语言艺术。

第九章

反面教材宰我

16·9（17·21）宰我问："三年之丧，期已久矣。君子三年不为礼，礼必坏；三年不为乐，乐必崩。旧谷既没，新谷既升，钻燧改火，期可已矣。"子曰："食夫稻，衣夫锦，于女安乎？"曰："安。""女安，则为之！夫君子之居丧，食旨不甘，闻乐不乐，居处不安，故不为也。今女安，则为之！"宰我出，子曰："予之不仁也！子生三年，然后免于父母之怀。夫三年之丧，天下之通丧也，予也有三年之爱于其父母乎！"

【译文】

宰我说："服丧三年，时间太长了。君子三年不讲究礼，礼必然败坏；三年不演奏音乐，音乐就会荒废。旧谷吃完，新谷登场，钻燧取火的木头轮过了一遍，有一年的时间就可以了。"孔子说："（才一年的时间）你就吃起了大米饭，穿起了锦缎衣，你心安吗？"宰我说："我心安。"孔子说："你心安，你就那样去做吧！君子守丧，吃美味不觉得香甜，听音乐不觉得快乐，住在家里不觉得舒服，所以不那样做。如今你既觉得心安，你就那样去做吧！"宰我出去后，孔子说："宰予真是不仁啊！小孩生下来，到三岁时才能离开父母的怀抱。服丧三年，这是天下通行的丧礼。难道宰我对他的父母没有三年的爱吗？"

孔子和学生之间常有争论，孔子总是获胜吗？也未必。这一章非常有趣，我们要解决两个问题：第一，到底谁的辩论更有说服力？第二，宰我的语言才能为什么没有帮助他有所成就？

这一章的译文并没有任何异议，来看看大师们的解读。

钱穆：此章宰我问三年之丧，其意本为讨论礼制，当时亦似未有天下通行三年之丧之证。而孔子之责宰我，辞气之厉，俨若昼寝一章。何以孔子对宰我独异于对其他之门人，不可知矣。

李泽厚：我以为这是全书最关键的一章，孔子将礼建立在心理情感原则上，三年或一年并不重要。

鲍鹏山：宰我是心平气和来讨论这个问题的，孔子拒绝从学理上进行讨论，把它转换成情感问题。其逻辑是：守丧三年是对父母情感的表现，反对就是对父母没有情感。显然，孔子在这里是没有什么优势的。

从现代文明的角度来说，宰我是对的。父母去世，儿女伤心是出于自然，但是死人入土为安，生活还要继续，不应该为了去世的人而让活人的生活变得更加艰难。居丧三年，受苦受累不说，很多事情还做不了。况且，父母生养子女，子女尽孝也就可以了，死后还连累子女，这恐怕也是父母不愿意看到的。

当然，孔子坚持自己的想法，那是另一回事。

现在我们来解决第一个问题：到底谁的辩论更有说服力？

宰我的口才是受到孔子充分肯定的，他和子贡都以口才好著称。不过两人的特点不同，子贡善于揣摩对方的想法，往往从侧面来展开话题，轻轻松松弄清对方的意图。而宰我的逻辑分析能力超强，更像是一个理工男。所以，宰我的问题往往难倒对方。也正因此，子贡讨人喜欢，宰我却让人畏惧或者讨厌。

钱穆很困惑为什么孔子对宰我的态度这么差，其实就是因为宰我的问题太刁钻，太让老师难堪了。

宰我的问题在逻辑上简直无懈可击，按照他的话，守丧三年必然败坏了礼和乐，而孔子对学生们的要求就是礼和乐。于是，守丧三年和礼乐形成了冲突，必须有所取舍。

而对于孔子来说，二者都不愿意舍弃，怎么办？

没办法，孔子完全无法驳斥，只能用"心安"这类话来搪塞，又在宰我离开之后在背后批评他。

可以说，在面对面的辩论中，宰我的优势非常明显。

然后来解决第二个问题：宰我的语言才能为什么没有帮助他有所成就？

这一章里宰我和孔子都体现出了正面和负面的两种语言效果。

先说正面的，宰我的逻辑语言非常出色，以子之矛击子之盾，让孔子无法正面回答。孔子运用了转换法，把学理问题转成了感情问题，勉强应付过关。

再说负面的，宰我的逻辑语言并没有给他带来好处，反而得罪了很多人。可以说，他的口才反而成了他的负资产。

所以，语言的运用真是一门艺术，而宰我是一个反面教材。

第十章

正面教材子贡

16·10（9·13）子贡曰："有美玉于斯，韫匵而藏诸？求善贾而沽诸？"子曰："沽之哉！沽之哉！我待贾者也。"

【译文】
子贡说："这里有一块美玉，是把它收藏在柜子里呢？还是找一个识货的商人卖掉呢？"孔子说："卖掉吧，卖掉吧！我正在等着识货的人呢。"

子贡和宰我一样被孔子认为具有非常好的语言才能，可是两人最终的结局截然不同，为什么呢？我们来看看子贡怎样运用他的语言才能。这一章我们要解决两个问题：第一，子贡所说的美玉指什么？第二，子贡和宰我的区别是什么？

这一章的译文毫无歧义，我们直接来看看大师们的解读。

钱穆：本章子贡以孔子怀道不仕，故设此问。孔子重言沽之，则无不仕之心可知。盖孔子与子贡之分别，在求字与待字上。用之则行，舍之则藏，若有求无待，则将炫之，与藏之相异。

南怀瑾：孔子说：我在这里等人来买的，可是卖不出去，没有人要！这是他师生之间的幽默。也就是说孔子感觉到生不逢时，吾道不行，而借子贡的幽默表达出来。

李零：孔子一直不能忘情于政治。

李泽厚：孔子念念不忘"外王"，自比如出售良货，绝不像宋明理学所解读的孔子。

鲍鹏山：孔子一直在等待一个赏识他的诸侯出现，等不到就出去找，周游列国。到了最后，还是一个也没有找到。他这块美玉就一直被藏在柜子里面，没卖出去。

毫无疑问，每个大师都认为子贡所说的美玉是指孔子，而孔子是急于推销自己。

那么我们直接来解决第一个问题：子贡所说的美玉指什么？

我们先来分析这段对话的时间点。

子贡和孔子的关系从糟糕到亲密是有一个过程的，真正让两人无话不谈，应当是周游列国之后，至少也是周游列国后期。所以，这段对话也应该发生在这个时期。

那么我试问，在这个时间点，子贡有必要问孔子要不要推销自己吗？人家门前的卖房广告牌已经插了一年了，全世界都知道，你还去委婉地问人家的房子要不要卖？

那么，子贡为什么要问这个问题？子贡所说的美玉又是谁？

我们来给出一个最合理的解释。

周游列国回到卫国之后，孔子拯救天下的梦想可以说彻底破碎了。面对现实，孔子不得不重新拾起自己的教鞭，重操私立学校的旧业，同时准备有所著述。而现实不仅仅是孔子的现实，也是弟子们的现实。

弟子们之所以愿意跟随老师周游列国，是期盼着老师飞黄腾达，自己也能鸡犬升天。可是，梦碎了一地，每个学生也要为自己的将来考虑了。学生们开始私下里寻找出路，其中，冉有的才干一向被季孙家看重，此时季孙家暗中招他回去担任管家。

可是，一个现实的问题是：孔子一向反对学生去卿大夫家担任家臣，甚至蔑称之为陪臣。孔子的期望，是在自己成为某国的执政大臣之后，让学生们成为卿大夫。问题是，各国几乎都被卿大夫们瓜分，国君那里基本上没有职位。

所以，包括冉有在内的学生们都有些为难：大家的出路都在于去做家臣，可是老师反对。要么失去出路，要么得罪老师，怎么办？

弟子们普遍对孔子很尊重，不愿意得罪他。这个时候，冉有把自己的为难告诉了好朋友子贡。

"我去帮你们问问。"子贡就这么回答。子贡是个机警的人，他其实知道孔子此时已经不再坚持不让学生做家臣的想法了，毕竟人要面对现实。但是，如果直接让夫子松口，他的面子放不下来。

怎么办？

还记得前面那一章——冉有曰："夫子为卫君乎？"子贡曰："诺；吾将问之。"入，曰："伯夷、叔齐，何人也？"曰："古之贤人也。"曰："怨乎？"曰："求仁而得仁，又何怨？"出，曰："夫子不为也。"

子贡的语言艺术非同小可，而且与孔子同拍。

所以，子贡去问孔子："有美玉于斯，韫椟而藏诸？求善贾而沽诸？"

孔子不是傻瓜，他当然知道学生们现在在想什么，他也同样知道正在发生什么。他知道自己不能再坚持从前的要求，必须要为学生们的前程考虑。但是，孔子是个爱面子的人,他又不愿意当面告诉学生"你们可以去做家臣了"。

怎么办?正在为难,子贡来了。孔子当时就明白子贡这个问题的意思,季孙家来招冉有的事情他知道,冉有和子贡的关系他也知道,子贡的小算盘他也清楚。所以,孔子当时的感觉就是大喜过望,急忙说:"沽之哉,沽之哉!我待贾者也。"

话音一落,两人会心一笑。

之后,冉有高高兴兴回鲁国当季孙家的家宰去了。

而孔子也开始积极为自己的弟子们去找东家,子路、高柴等人在卫国找到了工作,还有些学生在鲁国找到了工作,还有一些学生则成为孔子的助教。

所以,这段对话反映了很多方面的事情。

首先,孔子很关心弟子们的前程,而不是只管自己。

其次,孔子的个性比较腼腆,比较重面子,很多话不太好意思说。所以这个时候,就看出子贡超级高的情商和口才,他能够既保全老师的面子,又把事情做好。就像这件事,如果处理不好,真有可能是卷堂大散、师徒成仇。

所以,子贡后来能够一边成功经商,一边游走于诸侯之间,与诸侯相抗礼,那绝对不是偶然的。

最后,我们能看出来子贡与孔子之间的心意相通。

那么现在我们来解决第二个问题:子贡和宰我的区别是什么?

从口才的类型来区分,宰我是辩论型的,跟孔子的几次辩论都占据上风;子贡则是社交型,跟孔子的辩论往往落败,但是交谈中往往得到孔子的喜爱。

第十一章

巧妙的引导

16·11（13·15）定公问："一言而可以兴邦，有诸？"孔子对曰："言不可以若是其几也。人之言曰：'为君难，为臣不易。'如知为君之难也，不几乎一言而兴邦乎？"曰："一言而丧邦，有诸？"孔子对曰："言不可以若是其几也。人之言曰：'予无乐乎为君，唯其言而莫予违也。'如其善而莫之违也，不亦善乎？如不善而莫之违也，不几乎一言而丧邦乎？"

【译文】

鲁定公问："一句话就可以使国家兴盛，有这样的话吗？"孔子答道："不可能有这样的话，但有近乎于这样的话。有人说：'做君难，做臣不易。'如果知道了做君的难，这不近乎于一句话可以使国家兴盛吗？"鲁定公又问："一句话可以亡国，有这样的话吗？"孔子回答说："不可能有这样的话，但有近乎这样的话。有人说过：'我做君主并没有什么可高兴的，我所高兴的只在于我所说的话没有人敢于违抗。'如果说得对而没有人违抗，那也可以。可是如果说得不对而没有人违抗，那不就近乎于一句话可以亡国吗？"

对于一些刁钻的问题，要懂得变换角度、转移话题。但是对于另一些刁钻的问题，则要懂得引导，借以表达自己的意思。

本章译文无争议，看看大师们的解读（南怀瑾的解读省略，李零无解读）。

  钱穆：本章孔子专指在上者之居心言。后儒承之，以正心诚意为治国平天下之本，言虽近而指则远，亦古今通义。
  李泽厚：专制政治一人做主，没人违抗，一言丧邦者大有人在。
  鲍鹏山：知道做君主难，就会谨慎从事，勤勉政事。说话没人违抗，就会被谄佞小人的甜言蜜语所包围。

钱穆似乎是生活在一千年前的人，思维方式似乎也停留在那个时代。李泽厚提到了专制政治，不过春秋时期还算不上专制政治。

这一章的解读应该从两个角度进行，一个是孔子想要表达什么，另一个是孔子的语言艺术。

孔子想要表达的无非就是两点，第一点如鲍鹏山所言，知道做君主难，就会谨慎从事，勤勉政事，于是国家就会兴盛。第二点说的是没有人违抗，对的无所谓，但是如果是错的，还没有人违抗，那就坏了。所以问题的关键是错的时候没有人违抗，为什么会这样呢？就因为没有言论和思想自由，只有举手投赞成票的自由。

万众一心，那是可怕的，因为这样的力量是无法阻止的；万众一声，那也是可怕的，因为这就是一言而丧邦的前兆。

这段话在历史上并不常用，因为历代统治者不愿意看到这段话。

孔子所说的道理其实大家都知道，可是一旦权力到手了，有几个人能够容忍别人的反对和批评？所以，专制政治的最终结局都是一言丧邦。

从语言艺术的角度来看，鲁定公的这个问话实际上很难回答，要是直接说有吧，还真找不到这样的话，就成了信口雌黄。要是说没有吧，那就显得孔子没什么特别的学问。

孔子于是说"差不多有"，然后巧妙地把话题带进了言论自由上。

在这里，孔子逻辑运用得非常出色，语言艺术的水平非同一般。

一言丧邦，这个成语出于这里。

从现实的角度来说，引导话题是一门非常实用的学问。

譬如有的人要找人帮忙，于是找了个借口去看他，随后在聊天的过程中把自己想要说的事情自然地引导出来，于是得到了帮助。而大多数人并没有这样的语言才能，要么开门见山，要么生硬转换话题。

善于引导话题的人往往也就善于引导事情发展的方向，很多人滔滔不绝，看上去口才不错，实际上根本不知道自己要说什么，也不知道自己要干什么。有的人可能话不多，但是每一句话出来都能起到引导话题的作用，这样的人才是真的口才好。

第 十 二 章

退让的语言

16·12（14·32）微生亩谓孔子曰："丘何为是栖栖者与？无乃为佞乎？"孔子曰："非敢为佞也，疾固也。"

【传统译文】

微生亩对孔子说："孔丘，你为什么这样四处奔波游说呢？你不就是想用花言巧语谋取官位吗？"孔子说："我不是花言巧语啊，只是想改变那些顽固不化的人。"

对所有的质疑都要反击吗？对所有人的问题都要解释吗？有的时候，退让是最好的方法。

这一章的解说历来含混不清，看看大师们的译文就能发现这一点了。

钱穆：微生亩对孔子说：丘呀！你为何如此栖栖遑遑的，真要像一佞人，专以口辩取信吗？孔子对道：我不敢要做一佞人，只厌恶做一固执人而已。

南怀瑾：微生亩对孔子说：你一天到晚凄凄惶惶，忙忙碌碌，周游列国，到处宣传讲学，究竟是为了什么？到处去讲学、宣传，又有什么用？你不觉得太过分吗？孔子答复他说，我并不是好说讨人喜欢的话，实在是自己的毛病太深了。

李零：微生亩对孔子说：丘！你这么颠沛流离到处游说，不是属于佞吗？孔子说：我不是爱卖弄口舌，而是这些家伙太顽固。

李泽厚：微生亩对孔子说：丘！为什么这样忙忙碌碌到处奔波呢？岂不是想凭口舌取胜吗？孔子说：我不是敢逞口舌，而是恨顽固不化。

鲍鹏山：微生亩对孔子说：丘！为什么这样忙碌不安到处游说呢？岂不是卖弄口才花言巧语吗？孔子说：我不是卖弄口才花言巧语，只是厌恶那些固执的人。

从大师们的译文我们就发现，前半段大家的译法没什么区别，顶多是后来者用了不同于前人的词汇而已。而让大师们打架的是"疾固"这两个字的翻译。

　　李零、李泽厚和鲍鹏山没有或者等同于没有做解读，钱穆做了些说文解字，并且解释说微生亩之所以直呼孔子的名，应该是岁数比孔子大。有道理。南怀瑾的发挥比较多，开头就说微生亩是道家人物的隐士（从哪里考证来的？论考证我信钱穆和李零）。随后用了四大段去讲老子和孙子，前面我们说孔子很巧妙地引导话题，而南怀瑾这样东拉西扯就属于反面典型了。最后，南怀瑾写道：

> 在此，他只是一番自我表白，你老兄劝我不要为时代担忧，是很对的。我之所以一天到晚奔走呼号，那是我的毛病。这是他对隐士们一种谦虚、幽默的态度。真正的心意是，反正你们不出来做事，我出来做事，各走各的路，我为社会国家尽心而已，就算是我的毛病吧！

　　对于这一章，我也不敢定论，只能尽量做一个合理的推理。

　　首先确定微生亩和孔子的关系，这一点很重要。

　　为什么直呼孔子的名字，并且说话很不客气，用了孔子最不喜欢的"佞"字，这个字几乎等于现在所说的"坑蒙拐骗"，往轻里说就是"忽悠"。通常面对这样的指责，人们的反应应该是"你才佞呢，你全家都佞""你知道什么是佞吗""你凭什么说我佞"，要么反唇相讥，要么强烈反问，要么激烈辩白。

　　事实上，面对类似的质问的时候，孔子通常采用强烈反问的方法。

　　可是，在这里，孔子的回答非常地温和，他说："我哪敢啊？""真没有啊。"

　　由此可见，微生亩这个人比孔子岁数大，并且孔子很尊重他。所以，"疾固"二字首先要排除掉反唇相讥的理解。

　　孔子这人，面对自己尊重的人，他通常是以退让的方式辩白。于是，只有钱穆和南怀瑾的理解可能是正确的。

　　不过，钱穆的译文是"只厌恶做一固执人而已"，这在逻辑上与微生亩的问题驴唇不对马嘴，因此是不通的。

　　相反，南怀瑾的解读看上去比较合理。意思是：我真不是出去忽悠的，是我这人有这毛病改不了，闲不住，忍不住就要去推行自己的学说。

　　有人会说：孔子如此卑微地回答，不怕弟子们笑话吗？

　　我们再想一想，这段对话发生在孔子周游列国回到鲁国之后，差不多七十岁上下，微生亩比他还大，就算七十五岁吧。

　　前面我们说过，人老了抱怨多还老年痴呆，所以跟他们不必争辩什么，你要跟他争，他一定没完没了烦死你。你把他整急眼了，后果你都不敢想象。所以，别争，顺他的气就算了。

　　孔子这时候就是这样的想法，你说我忽悠人，我就说我有毛病，行了吧？你本来是吃饱了撑的来挑衅我的，我偏不让你得逞，我就让你顺口气，说不定你还请我喝二锅头呢。

所以，孔子在这里展现了他语言艺术的一个方面，面对老年质疑者，让着他。

这一章，我的断句和译文与前述不同。"疾固"的理解受南怀瑾的启发：

【原文】

微生亩谓孔子曰："丘，何为是？栖栖者与？无乃为佞乎？"孔子曰："非敢为佞也，疾固也。"

【译文】

微生亩对孔子说："阿丘，你为什么总这样呢？怎么整天四处奔波游说呢？你不是到处去忽悠吧？"孔子说："亩大爷，我真不是去忽悠人啊，我只是这个奔波游说的毛病改不了。"

第十三章

表扬一下自己

16·13（9·2）达巷党人曰："大哉孔子！博学而无所成名。"子闻之，谓门弟子曰："吾何执？执御乎？执射乎？吾执御矣。"

【传统译文】
达巷党这个地方有人说："孔子真伟大啊！他学问渊博，可惜的是没有哪一项令人称许的。"孔子听说了，对他的学生说："是啊，我究竟干什么呢？驾车呢？还是射箭呢？我还是驾车吧。"

这一章有两个问题要解决：第一，达巷党人对孔子是赞扬、惋惜还是讽刺？第二，孔子为什么说自己是执御的？
要解决第一个问题，就要看怎样理解"博学而无所成名"。

> 钱穆：他博学无所不能，乃至没有一项可给他成名了。
> 南怀瑾：孔子有这样渊博的学问，他什么都懂，而不是仅仅某一样的专家。
> 李零：孔子这么博学，却不能以专精成一家之名，岂不是白学了？
> 李泽厚：这一章不好理解，勉强按字面译出。
> 鲍鹏山：孔子学问广博，只可惜没有可以成名的专长。

前面说了"大哉孔子"，就已经可以判断这是在赞扬孔子了，"博学而无所成名"就是在解释为什么"大哉孔子！"
"成名"并不是成为名人成为专家，而是追求名誉。所以达巷党人是赞扬孔子如此博学却能不去追求名誉。
现在来解决第二个问题：孔子为什么说自己是执御的？
还是看看大师们怎么说。

> 钱穆：射与御，皆属一艺，而御较卑。古人常为尊长御车，其职若为人

下。又以较射择士，擅射则为人上。故孔子谦言若我能专执一艺而成名，则宜于执御也。

  南怀瑾：他这个"执御"的驾驶人，意思是要领导文化，做一个历史时代的先驱者。

  李零：射手和御手相互配合，分工不一样，射手是盯着固定的目标，是一个点；御者是拉着射手到处跑，找到合适的目标。博和精最好两全，二选一，他宁肯选博。

  李泽厚：这一章不好理解，勉强按字面译出。

  孔子拿射、御来做比方。春秋时一乘战车共三人，御者就是前面驾车的，后面左边的是射，负责射箭，远程攻击。右边的叫车右，持长戟，近距离作战。通常情况下，射地位最高，车右和御差不多。但是不绝对，三者哪一个地位高都有可能。

  正确的理解应当从分工的角度去看，御者的作用是带着射手和车右走，本身并不作战。所以，御者更像是老师，带领弟子们前进，给弟子们指引道路，让子弟们去发挥发展，成名立万，而自己甘心做无名英雄。

  所以孔子的意思是：我博学而无所成名，那是因为我是老师，我的职责是让弟子们有所成名，做到了这一点，我就已经很成功了。

  必须要承认，孔子这样的比喻非常恰当，完美地诠释了前面的"博学而无所成名"。

  一个好老师，就应该有御者的精神。

  这里再一次体现了孔子的语言艺术，他以一个比喻来回答了别人的赞扬，小小地自我肯定了一回，却不给人自以为得意的感觉。

  最后，给出正确的译文：

  达巷党这个地方有人说："孔子真了不起啊！他学问渊博却不去追求名誉。"孔子听说了，对他的学生说："那我这样的人在战车上做什么呢？驾车还是射箭呢？当然是驾车的啊。"

第十四章

不卑不亢

16·14（11·24）季子然问："仲由、冉求可谓大臣与？"子曰："吾以子为异之问，曾由与求之问。所谓大臣者，以道事君，不可则止。今由与求也，可谓具臣矣。"曰："然则从之者与？"子曰："弑父与君，亦不从也。"

【译文】

季子然问："仲由和冉求可以算是国家的大臣吗？"孔子说："我以为你是问别人，原来是问由和求呀。所谓大臣是能够用周礼的要求来侍奉君主，如果这样不行，他宁肯辞职不干。现在由和求这两个人，只能算是具臣罢了。"季子然说："那么他们会一切都跟着季氏干吗？"孔子说："杀父亲、杀君主的事，他们也不会跟着干的。"

孔子从一个民办教师到鲁国的大司寇，很多人是不服气的，所以从那时候开始就不断有人来挑衅他。面对各种挑衅，孔子有不同的应对。

这一章的对话是有背景的，可是多数人并不了解，在这样的情况下能解读成怎样也就可想而知了。所以，这一章一概略去大师们的解读以节省笔墨。

译文的部分没有什么可以深究的，就是字面的意思，我们要探究的是背后的故事。

这事发生在孔子在鲁国做大司寇的时期，大致是季孙希望孔子介绍几个弟子去季孙家做家臣，孔子就推荐了子路和冉有，两人干得都不错，子路很快被任命为季孙家的管家，冉有则被任命为季孙家大本营费邑的长官。

不过在内心里，孔子并不希望弟子们去为三桓效力，而是希望他们效力于鲁国国君。问题是，鲁国国君的地位也就相当于一个大地主，手里完全没有多余的职位，子路和冉有根本没有可能去做国君的大臣。

季子然是季孙家的人，一向就知道孔子不希望自己的弟子做家臣，因此这个时候特地来找孔子。

"仲由和冉求可以算是国家的大臣吗？"季子然问，问题刁钻不怀好意，意思是说你不是不喜欢自己的弟子做家臣吗？难道子路和冉有不是家臣？

不知道为什么，钱穆认为季子然是为子路、冉有高兴，所以来问这个问题。显然，钱穆的想法与常理不合。南怀瑾根本就不知道子路、冉有已经是季孙的家臣，还以为季子然是来邀请子路和冉有。

孔子当然不会说他们是大臣，否则就等于承认季孙是诸侯了。可是又不好意思说他们是家臣，怎么办？先否认他们是大臣，之后说他们是具臣，具就是工具、器具的意思，也就是说就是埋头干活的那类人，挣几个钱养老婆孩子而已。

季子然接着问：“既然是埋头干活的，那我家老大让他们干什么，他们就干什么吗？”

这话明显带着一种侮辱和挑衅，潜台词是：现在你帮着国君，如果我们家对抗国君，你的弟子是不是就会跟你对着干了？

"杀父亲、杀君主的事，他们是不会跟着干的。"孔子回答得很不客气，潜台词是：我的弟子绝不会像你们那样没有底线。

话到这里，实际上就已经结束了。

之所以《论语》会记录这一章，实际上还是要反映孔子的语言能力。面对季子然的一个不怀好意的刁钻问题，孔子的回答也算是不卑不亢了。

第十五章

讷于言而敏于行

16·15（16·6）孔子曰： "侍于君子有三愆：言未及之而言谓之躁，言及之而不言谓之隐，未见颜色而言谓之瞽。"

【译文】

孔子说："侍奉在君子旁边陪他说话，要注意避免犯三种过失：君子还没有谈到的话题你就先说了，这是急躁；君子已经谈到了，你却不发表意见，这叫隐瞒；不看君子的脸色而贸然说话，这是瞎子。"

语言所要表达的并不仅仅是内容，说话的人还必须要懂得在不同的场合、时机下使用不同的语言。这一章里，唯一不确定的是"言未及之""言及之"中的"之"是指人还是指话题，看看大师们的说法。

> 钱穆：言语未及他，他便发言了，是轻躁。言语及至他，他不发言，是他心有隐匿。
> 南怀瑾：还没有轮到你说话的时候就说话，这是躁，修养不够。应该讲话的时候，怕负责而不讲。
> 李零：君子还没说，就抢着说，这叫躁。君子已说话，还不说话，这叫隐。
> 李泽厚：还没到该说话的时候而说话，这是躁；该说话而不说，这叫隐。
> 鲍鹏山：还未轮到说话就抢先说话，这是躁；该说话时还不说，这叫隐。

显然，大师们都认为"之"是指人，也就是这个陪君子说话的人。究竟是指人还是指话题？其实都对，无论哪种，都是在说要掌握讲话的时机。君子的话还没讲完，你就插话，这是不对的。

这一章孔子提出来的"三愆"是跟君子说话的规矩，说得直接一点，也是社会生存法则。这里所谓君子，就可以理解为上级。

陪上级说话，话题要由上级来领，这样你才知道上级喜欢什么话题；上级的话，你要顺着往下说，这样上级就有兴趣；说话的时候要看上级的脸色，上级都不爱听了，你还接着说，那就是瞎子。上级的话没说完，你不要急着发表意见，微笑点头就好。上级说完话等你说，你就要说，这个时候还是微笑点头就不对了。

大概，这也是孔子的经验之谈。说起来是对的，可是做起来并不容易，因为时机的判断是门学问，你怎么知道领导的话没讲完？你怎么判断领导在等你说话？你怎么决定领导的话题要怎么去跟？既不要显得比领导高明太多，又不要显得自己很弱智，这个度的掌握确实困难。

钱穆提到了这个问题，所以他说："侍于君子必知敬，三愆皆由无敬意生。"他的意思是之所以有人掌握不好这个时机，是因为心中没有敬意。

我倒觉得，这是技巧问题，跟敬意关系不大。

南怀瑾则说："孔子实在深通人情世故，无论是规劝人家也好，有所建议也好，提出请求也好，谈事情一定要先看颜色。"在人情世故方面，南怀瑾确实远超钱穆。

16·15（4·24）子曰："君子欲讷于言而敏于行。"

【译文】
孔子说："君子说话要少，而行动要敏捷。"

这就是一句话，并没有背景需要去介绍，因此每个人都只能根据自己的想法去理解，无所谓正确错误。

钱穆把"欲"译为"想"，其实直接省略也无所谓。

"讷"本是迟钝的意思，孔子在这里肯定不是说君子要迟钝，大师们有的当"谨慎"来解。

孔子不喜欢夸夸其谈的人，认为话多则思考少，言多必有失，还是话少的人做事靠谱。

讷于言就必然敏于行吗？当然不是，言行之间并没有必然的反比关系。话少不等于不会说话，话多也不等于口才就好。相反，正因为话少，对语言能力的要求就更高。总之，孔子的意思是君子要少说多做，话要精到实在。

所以我们要知道，语言能力强不等于就是话多，平实的语言往往才是最好的。

小 结

藏起自己的锋芒

按照过去传统的解读方式,孔子是一个一本正经、永远满嘴仁义道德的人,然而事实上,孔子是一个风趣、机警的人,一个充满了语言智慧的人。

人,当然生活于社会中,人与动物的最大不同就是人类有语言,语言是用来沟通的,沟通是有水平高低的。

有的人说话总是让人舒服,或者让人亲切,或者让人快乐。有的人说话总是让人讨厌,或者让人戒备,或者让人紧张。

所以,语言是一门艺术,充满了学问。

孔子和子贡毫无疑问都是语言大师。对于贵族精神来说,语言是体现贵族精神的工具。在怎样的场合、与怎样的人对话、需要怎样的语言,都是有讲究的。

好的语言,优雅而风趣,是一种魅力。

好的语言,透彻而清晰,是一种穿透力。

好的语言,坚定而锐利,是一种定力。

好的语言,可以体现一个人的贵族精神,或自信、或包容、或自尊、或勇敢、或变通……

但是,如果掌握不好,你就会让人觉得油嘴滑舌、虚头巴脑、信口雌黄、不知所云、尖酸刻薄、自吹自擂、忽悠诈骗……

那么,怎样去掌握好的语言呢?多学习。

在普通人的正常生活中,语言是用来沟通的,是用来促进友情和亲情的,是用来更有效地工作的。

因此,应当让语言成为春天的风和冬天的太阳,不要把语言当成武器,因为伤害别人的同时,一定也会伤害到你自己。

语言应当用来帮助别人、温暖别人、提醒别人,好的语言让朋友喜欢你,亲人亲近你,上级欣赏你。

子贡和宰我的对照对我们许多人都是一个警醒,当你为自己的雄辩洋洋自得的时候,你或许已经成为许多人嫉妒和仇恨的目标,这显然不是一件好事。

最好的社交方式,一定要藏起自己的锋芒。

第十七篇

贵族精神标准之十七

德

在孔子的理论体系中，最重要的两个概念就是德和仁。那么，什么是"德"？

李零先生在他的《丧家狗》里有明确定义，"德"就是"自律"。这是我所见到的对"德"最明确的定义，也是最接近于正确答案的。我必须要承认，我对"德"的定义受到李零先生的启发。

什么是德？

"德"这个字从来就没有变化过，所以我们很容易就能知道这个字的含义。"德"的写法，左边两个人站立，右边是十四一心，整个字的意思就是：有人作为标杆，大家团结一心。

所以，"德"有三大要素：第一，行为者是领导者；第二，行为者自律；第三，行为者自律的目的是要大家跟随。简单说，德，就是领导者以身作则。

但是，随着儒家学说的宗教性倾向开始之后，这个时候就需要一种宗教性的概念，这种概念的特征就是神秘模糊，让人看得见又似乎看不清，明白一点又似乎搞不懂，可以去追求又永远追不上，涵盖了一切美德又表达不出来。佛教里的"禅"和道教里的"道"都是这样，而儒家学说中的"德"和"仁"也都在孔子的晚年被赋予了这样的功能，在经过历代解读者的渲染之后，完全被宗教化了。

历朝历代，总有统治者标榜自己以德治国。按照孔子的定义，什么叫以德治国？就是统治者以身作则。在《论语》中，"德"几乎是用来要求统治者的。

换句话说，"德"就是统治者如何去发扬他的贵族精神。

第一章

以德治国是怎么回事

17·1（2·1）子曰："为政以德，譬如北辰居其所而众星共之。"

【译文】
孔子说："以德治国，就会像北极星那样，自己居于一定的方位，而群星都会环绕在它的周围。"

这一章，是孔子在《论语》中第一次提到"德"。在这一章里，我们要解决的是两个问题：第一，验证"德"的定义；第二，这段话的背景是什么？

如果我们把"为政以德"译为"领导者以身作则来治理国家"，就会发现这与下面的一句是成因果关系的。

因此，这句话里的"德"是符合我的定义的。

那么，再来看看大师们怎样解读这里的"德"。

　　钱穆：德，得也。行道而有得于心，其所得，若其所固有，故谓之德性。为政治领袖者，能以己之道德作领导，则其下尊奉信仰，如众星之围绕归向于北辰而随之旋转。德者，心之最真实，最可凭，而又不可掩。本章旧注，多以无为释德字。其实德者德性，即其人之品德。

　　南怀瑾：再说到这个"德"字的意义，过去"德"是表示好行为的成果和作用。古时人解释"德者得也"。因此我们了解孔子讲的"为政以德"，是好行为的成果，也和后世讲的"道德"意义差不多（此处省略5027字）。

　　李零：为政以德，是靠道德施政。孔子提倡以德治国，他希望，当政者都是道德模范，以身作则，为全民树榜样。

　　李泽厚：为政以德，就是用德行来治理国家。什么是德？就社会说，大致是指博施恩惠、团结群体的氏族体制规则；就个人说，本源大概是远古巫师首领所具有的超自然的魔法力量。这两者以后都转换为儒家所解释提倡的首领、君主应具备的人格道德，并强调以此力量来引导、支配、制约、规范，即领导氏族成员们的行为和生活。

鲍鹏山：用道德来管理国家政治。

什么是"德"？钱穆给了三个答案：得、道德、品德。没解决"德"的问题，又把"道"扯进来了。南怀瑾也差不多，认为"德"是道德。李零也把"德"说成道德，但是随后的解读是对的，说德是"执政者以身作则，为全民做榜样"。李泽厚则说"德"是德行，鲍鹏山也说是道德。

其实，德就是德，与道德根本没关系。

这段话应该是孔子对鲁定公说的，意思是只要您用周礼来要求自己，处处遵循周礼，为大家做出榜样，那么，大家就都会以您为标准，以周礼来要求自己了。

第二章

靠忽悠是不行的

17·2（2·20）季康子问："使民敬、忠以劝，如之何？"子曰："临之以庄，则敬；孝慈，则忠；举善而教不能，则劝。"

【传统译文】

季康子问道："要使老百姓对当政的人尊敬、尽忠而努力干活，该怎样去做呢？"孔子说："你用庄重的态度对待老百姓，他们就会尊敬你；你对父母孝顺、对子弟慈祥，百姓就会尽忠于你；你选用善良的人，又教育能力差的人，百姓就会互相勉励，加倍努力了。"

这一章在断句上是有问题的，我们来看看大师们在错误的断句下是怎样翻译和解读的，再来进行正确断句并且解读。在这一章里，我们要解决的是两个问题：第一，为什么说断句错了？第二，这一章和德有什么关系？

先来看看大师们的译文。

钱穆：季康子问："如何可使民众敬其上，忠其上，并肯加倍努力呀？"先生说："你对他们能庄重，他们自会敬你。你让他们都能孝其老，慈其幼，他们自会忠于你。你拨用他们中间的善人，并教导他们中间不能的人，他们自会互相劝勉，加倍努力了。"

南怀瑾：敬是尊敬人，忠是忠于事，劝是教导的意思，等于现在所说的"教育"。

前面早就说过，孔子时期的"忠"是忠于事，而不是忠于人。所以在这里的忠，就是说做事有始有终，不要半途而废。

至于"劝"，并不是加倍努力的意思，而是教育劝诫的意思。

大师们之所以翻译错误，一个很重要的原因是原先的断句是错误的。

为什么说断句错了？正确断句应该是：使民敬、忠，以劝，如之何？

于是我们非常轻松清晰地就能翻译出来：使老百姓尊敬我，全力为我做事，通过教育劝诫的方式，怎么样？

孔子这个时候心里一定说：说什么教育劝诫，你这不就是忽悠吗？

所以，孔子才有了后面的回答，意思是：你对老百姓怎么样，老百姓就对你怎么样。你自己怎样做了，老百姓就会按照你的榜样去做。你把该做的事情做好了，就等于教育劝诫了百姓。

这样的断句和译文，在文法和意思上都更合理，也更符合孔子的思想。

所以，正确的断句和译文应该是这样的——

季康子问：''使民敬、忠，以劝，如之何？''子曰：''临之以庄，则敬；孝慈，则忠；举善，而教不能，则劝。''

【译文】

季康子问道：''要使老百姓尊敬我、尽力为我做事，用教育劝诫的方法，怎么样？''孔子说：''你用庄重的态度对待老百姓，他们就会尊敬你；你对父母孝顺、对子弟慈祥，百姓就忠于你的事；你选用善良的人，又教育能力差的人，这就是教育劝诫啊。''

随后我们来解决第二个问题：这一章和德有什么关系？

把这一章和上一章放在一起就明白了，尽管这一章里没有一个''德''字，所讲的依然是德。

其实，钱穆和南怀瑾都解读出了这层意思，譬如钱穆写道：''先尽其在我，而在彼者自至。''南怀瑾写道：''孔子告诉他，不要只是空洞地宣传，口头话没有用，天下人的聪明相等，口头骗得了一时，骗不了永久。所以他告诉季康子，接近老百姓，内心要有真正的庄严情操，百姓对你自然就恭敬了。''

顺便说说这段话的背景。

孔子对季孙家的印象一向不好，孔子认为，正是因为季孙家带头破坏周礼，才导致这个国家礼崩乐坏。正是因为季孙家压榨百姓，才使得国内民怨沸腾。所以，孔子对季康子的问题，始终只有一个意思：反省自己，以身作则。否则，说再多都不过是叶公好龙。

孔子说得对，每一个统治者或者当权者质疑老百姓不尊重自己的时候，首先应该问问自己是不是尊重老百姓；想要对老百姓提出要求的时候，首先应该问问自己是不是已经做到了。

第三章

上梁不正下梁歪

17·3（12·17）季康子问政于孔子。孔子对曰:"政者,正也。子帅以正,孰敢不正?"

【译文】

季康子问孔子如何治理国家。孔子回答说:"政就是正的意思。您本人带头走正路,那么还有谁敢不走正道呢?"

我们知道,一个人要表达对另一个人的爱,可以不用明确说"爱"字。同样,孔子讲"德",也可以整章没有一个"德"字。

说来说去,还是那两句话:你对老百姓怎样,老百姓就怎样对待你;你自己做好了,老百姓就会跟着你做好。

每一个统治者或者当权者想要让臣民做什么,首先自己要做好。自己就不正,怎么要求老百姓正呢?就像三桓,自己胡来,怎么能要求百姓守规矩呢?

什么是政,孔子说:"政者,正也。子帅以正,孰敢不正?"而对于贪官来说,就成了:"府者腐也,我带头腐败,所以大家都腐败。"

这一章,依然是讲德。

17·4（13·6）子曰:"其身正,不令而行;其身不正,虽令不从。"

【译文】

孔子说:"自身正了,即使不强制命令,老百姓也会去执行;自身不正,即使发布命令,老百姓也不会服从。"

17·5（13·13）子曰:"苟正其身矣,于从政乎何有?不能正其身,如正人何?"

【译文】

孔子说:"如果端正了自身的行为,管理政事还有什么困难呢?如果不能端正自身的行为,怎能使别人端正呢?"

17·6(12·18)季康子患盗,问于孔子。孔子对曰:"苟子之不欲,虽赏之不窃。"

【译文】

季康子担忧盗窃,问孔子怎么办。孔子回答说:"假如你自己不贪图财利,即使奖励偷窃,也没有人偷窃。"

"苟子之不欲,虽赏之不窃。"这句话,南怀瑾的译法是:"你所不要的,赏给他,他都不要。"

小偷多强盗多,说明什么?孔子的意思:你太贪了,苛捐杂税太多,你的钱多得用不完,多到年底要突击花钱,可是老百姓没吃没喝,只能去当小偷强盗了。如果你不那么贪,藏富于民,大家有吃有喝,谁又愿意去当小偷强盗呢?

说白了,国富民穷,官富民穷,必然盗匪横行。当权者如果是大盗,那又怎么能阻止人们去当小盗呢?

《说苑》中记载:文王问于吕望曰:"为天下若何?"对曰:"王国富民,霸国富士;仅存之国,富大夫;亡道之国,富仓府;是谓上溢而下漏。"姜太公(就是吕望)的意思就是:一个国家如果采取富民政策,这个国家就能称王;如果让士以上的人富足,这个国家就能称霸;如果仅仅是高官大夫级别的富有,这个国家仅仅能够存活;如果国库财物粮食多到装不下,而百姓生活艰难,这样的国家必然要灭亡。

所以,一个国家的财政收入并不是越高就越好,要有合理的限度。

但是,"苟子之不欲,虽赏之不窃"应该译为:如果你不想他们去盗窃,就算有人奖赏他们,他们也不会去。

孔子的意思是:你其实根本就不想真的减少盗窃,如果你真的想,你就不要那么贪婪,盗贼也就不会盗窃了。所以,盗贼的多少取决于你。

我认为我的译法是正确的。这一章,还是在说德。

第四章

君子之德风

17·7（12·19） 季康子问政于孔子曰："如杀无道，以就有道，何如？"孔子对曰："子为政，焉用杀？子欲善而民善矣。君子之德风，小人之德草。草上之风，必偃。"

【译文】

季康子问孔子如何治理政事，说："如果杀掉无道的人来让人们走上正道，怎么样？"孔子说："您治理政事，哪里用得着杀戮的手段呢？您只要想行善，老百姓也会跟着行善。统治者的行为举止好比风，老百姓的行为举止好比草，风吹到草上，草就必定跟着倒。"

在这一章里，我们要解决两个问题：第一，"杀无道，以就有道"怎么解？第二，"德"是什么意思？

先解决第一个问题："杀无道，以就有道"怎么解？

钱穆解为"杀无道的来成全有道的"；南怀瑾解为"把坏人杀掉，归到正道那里去"；李零解为"杀坏人，亲好人"；李泽厚解为"杀掉坏蛋，亲近好人"；鲍鹏山解为"杀戮无道的坏人来迫使人们走上正道"。

如果这句话的原文是"杀无道，就有道"，那么李零和李泽厚是对的。问题是，多了这个"以"字，这句话就显然是因果或者递进的关系，如果再联系后文，那么可以肯定鲍鹏山的译法是正确的。因此，我采用鲍鹏山的译法。

再来解决第二个问题："德"是什么意思？

钱穆译"德，犹今言品质"；南怀瑾译"德是一个总称，它包括行为、心理、思想等"；李泽厚译为"道德"；鲍鹏山译为"品德"。李零忽略了德的解释。

这里的"德"当然不是品德、道德、品质的意思，事实上，南怀瑾的说法更有说服力。将其译为行为举止似乎要好一点，因为他的意思就是君子的行为会影响小人。譬如君子爱抽烟，小人就会跟着学抽烟，这是道德、品德吗？

但是事实上，这里的"德"不仅限于行为举止，也包括言谈、服饰、饮食、运动等，也就是凡是可以外在表现出来的东西，都可以归到这个"德"里面。

这里的"德"有些类似于"求仁得仁"中的"仁",这里的"德"暗含着垂范、榜样、以身作则的意思。

那么,这段话的背景是什么呢?

这是在孔子周游列国回到鲁国之后,鲁国三桓自己的治理出了问题,于是产生了不稳定因素。这个时候,季康子想要用镇压的手段来维持稳定,于是孔子告诉他:如果你善对百姓,百姓又怎么可能产生不满呢?如果社会稳定,又哪里用得着杀人呢?说来说去,其实还是那两句话:你对老百姓怎样,老百姓就对你怎样;你自己做好了,老百姓就会跟着你做好。

孔子说得对,每一个糟糕的统治者或者当权者只看到了老百姓造反的暴力,却看不到自己压榨百姓的暴力。他们只会在反抗产生之后去镇压,却不懂得如何防患于未然。

这里其实还是儒法之争,季康子所说的方法实际上就是法家的做法,用暴力杀戮来迫使人们按照他们的要求做。而孔子的方法就是以德治国,靠着统治者的以身作则来引导百姓按照正确的方式去做。

第五章

善待与教化

17·8（13·30）子曰："以不教民战，是谓弃之。"

【译文】

孔子说："让没有经过训练的百姓去作战，就等于让他们去送死。"

这一章的意思比较简单，只不过有些大师把后半句译为"就等于抛弃他们"，与传统译文是一样的。

孔子说这话是有所指的，指的就是三桓家族。三桓平时舍不得出钱对百姓进行军事训练，打起仗来百姓自然是送死的多。

其实，鲁国军队在春秋中早期的战斗力是非常不错的，与齐国、北狄交战都能不落下风，打宋国更是手拿把掐。可是到了春秋后期，三桓家族瓜分鲁国，鲁军的战斗力就很差了。

孔子在世的时候，鲁军与吴军和齐军都有过战斗，结果都是惨败。事实上，三桓本身就已经没有什么军事训练了，打仗的时候往往是别人没跑，三桓先跑。

又要马儿跑，又要马儿不吃草，这样是不行的。所以，教育很重要，投入不能少。

17·9（13·29）子曰："善人教民七年，亦可以即戎矣。"

【译文】

孔子说："善待人民教化百姓，七年之后，百姓也可以用来打仗了。"

这一章其实也很简单，唯一需要解决的就是"善人"是什么意思？

钱穆和鲍鹏山释为"善人"；南怀瑾译为"有学问有道德的善人"；李零说"这里指统治者"；李泽厚译为"好人"。

所有的大师都把"善人"当成了一个名词，善人是什么？就是善良的人，所以李泽厚直接译成了好人。

俗话说：慈不掌兵。要让百姓学会打仗，善人是不行的，孔子怎么会在这里强调"善人"呢？唐僧是善人，行吗？刘备也是善人，可是诸葛亮出山之前，他打过几次胜仗？

很显然，李零就觉得这个善人有点奇怪，因此改成了统治者。

在《论语》中出现了几处"善人"，但是，没有一处是作名词用的，"善"都是作动词用，是善待、友好相处的意思。

其实，"善人"中的"人"更准确的解释应该是"身边的人"，包括卿大夫、公族子弟、护卫人员等，而不是泛指人民。

春秋时期发生过多起由于不照顾身边人而被出卖的事件，最典型的是宋国的华元因为没有给自己的御者羊斟分羊肉，结果羊斟直接把车驾到敌人阵地。仗还没开始打，主帅就被捉了。

不过，"人"泛指人民也不错。

对于"七年"，历来的解释也不少，马王堆出土《黄帝四经》中注释为："一年从其俗，二年用其德，三年而民有得，四年而发号令，五年而以刑正，六年而民敬畏，七年而可以正（征）。"

其实这句话的解读应该参照当初狐偃与晋文公的对话。要让百姓心甘情愿地为国家打仗，首先要善待他们、教化训练他们，要让他们对国家产生信任。至于七年，并不是一个确数，当初晋文公就只用了三年时间。

那么，教什么？按照狐偃的话说，首先是义，其次是信，最后是礼。礼，就包括了战争的礼，包括了战术纪律。

这两章依旧是在讲德，上位者善待身边的人，身边的人也就会善待上位者。上位者要教化百姓，自己首先就要做出示范。譬如晋文公要教化百姓遵守信，他自己就首先做出了表率。

第六章

自己的德和别人的德

17·10（14·19）子言卫灵公之无道也，康子曰："夫如是，奚而不丧？"孔子曰："仲叔圉治宾客，祝鮀治宗庙，王孙贾治军旅。夫如是，奚其丧？"

【译文】
孔子讲到卫灵公的无道，季康子说："既然如此，为什么他没有败亡呢？"孔子说："因为他有仲叔圉接待宾客，祝鮀管理宗庙祭祀，王孙贾统率军队。像这样，怎么会败亡呢？"

有的时候，孔子也会信口开河，之后会被人抓住辫子。这个时候，就要想办法自圆其说了。

按照钱穆的说法，"不丧"有两种译法，一个是不亡其国，一个是不失其位。钱穆认为应该是后面一种，而其他的大师基本上也是这样解读，只有李泽厚用了语焉不详的"为什么不灭亡"。

其实，究竟是亡国还是失位都无所谓。

在解读方面，钱穆和李泽厚认为孔子对这三个人的评价都有负面的内容，因此这反映了孔子"论人不以所短弃所长"。基本上，他们认为这一章又是在表扬孔子了。

但是，事情似乎并不是这样。

在这次对话之前，孔子与鲁哀公有一段对话。

当时鲁哀公问孔子当今世界上最贤能的国君是谁，孔子说是卫灵公。鲁哀公不同意这个说法，说是卫灵公连自己的家庭事务都管不好，自己的儿子都逃亡国外了，怎么称得上贤能呢？孔子于是解释说卫灵公管理家庭不行，但是管理朝廷一流，孔子说："卫灵公有个弟弟叫公子渠牟，为人忠诚而且能干，卫灵公对他委以重任。有一个叫林国的士人，发现有才能的人就必然推荐他做官，因此卫国没有放纵游荡的士人，卫灵公非常尊重林国并且任用他。还有一个叫庆足的士人，一旦国家有大事，就必定会被推荐出来处理国家事务，事情过去之后就又回家归隐，卫灵公也很尊重他。还有一个叫作史鱼的大夫，因为自己的主张没有被采纳而负气出走，卫灵公就住到郊外三天，三天没有歌舞娱乐，直到请回了史鱼，他才回宫。卫灵公对贤能的士人这样尊重，所以我说他是个贤能的君主。"

现在呢，孔子和季康子聊天，又说卫灵公如何荒淫无道。

我们知道，孔子平时对季康子总是语中带刺，季康子对孔子的态度也逐渐改变。

这一次，季康子总算抓住了反击的机会：你一会说卫灵公最贤能，一会说卫灵公荒淫无道，那我就给你提个刁钻的问题。

于是，就有了上面的问题。

对这个问题，孔子有些始料未及。上一次，自己用国事和家事的区别应对了鲁哀公的刁钻问题，这次不能再用那个办法了。

于是，孔子就换了个角度，又从用人的角度去自圆其说。

孔子就说卫灵公用人还是比较好的，几个关键岗位都用对了人。尽管孔子所说的卫灵公没有亡国的原因有些牵强，不过总算勉强说得过去。

所以，这一章并不反映孔子"论人不以所短弃所长"，它只是孔子的"急就章"。

但是，从卫灵公的身上，却反映了另一个问题。

卫灵公这人确实比较荒淫，平时也不务正业。但是，此人并不暴虐，还能听得进去意见，对大夫们也还不错，而且也知道应该任用怎样的人。

卫灵公是有德的人吗？当然不是。但是，卫灵公能够任用一批有德的人，于是，这个国家依然能够实现以德治国。

其实，齐桓公和卫灵公基本上算是一类人了，荒淫但是不暴虐，把国家交给有能力的人去治理，这也未尝不是一种治国的方式。

后代的汉高祖刘邦也是这样，自己没什么本事，可是善于使用有本事的人，于是成就了大业。

所以，世界上最可怕的不是缺德，而是自己缺德又不允许别人有德。

第七章

缺德不能赖别人

17·11（14·41）子曰："上好礼，则民易使也。"

【译文】
孔子说："统治者喜好礼，那么百姓就容易管理了。"

这一章的意思很清楚，国君用周礼来约束自己，百姓也就会用周礼来约束自己，自然就容易管理。因此，这依然是在讲德。

不过，大师们的解读并没有与德联系起来。

17·12（2·19）哀公问曰："何为则民服？"孔子对曰："举直错诸枉，则民服；举枉错诸直，则民不服。"

【译文】
鲁哀公问："怎样才能使百姓服气呢？"孔子回答说："提拔正直的人在不正直的人之上，老百姓就会服气了；提拔不正直的人在正直的人之上，老百姓就不会服气。"

最高统治者的用人直接体现了他的德。在这一章里，我们要解决两个问题：第一，"服"是什么意思？第二，"错诸"是什么意思？

先来解决第一个问题："服"是什么意思？

钱穆、南怀瑾、李泽厚和鲍鹏山都译为"服从"，李零没有翻译这个字，专心去讲大学里外行领导内行，当官的指导治学的，是典型的"举枉错诸直"，意下是很不服气。

但是，从整句来看，这个"服"应该是情绪上的、心理上的，而不是行为上的。如果鲁哀公的问话还有可能是说老百姓怎样才服从的话，孔子的回答则肯定是在讲老百姓服气不服气的问题。

从文字角度来说，如果要表达的是服从的话，则整句的"服"字应该改为"从"。

从常识角度，我们设想一下，就像李零所说的那样，上面任命了一个很差的人来领导我们，这个时候我们会说"我不服"，这是不服从还是不服气？是不服气。我们认为这不公平，认为这里有暗箱操作。

所以，大师们以及传统的译法都是错的。

再来解决第二个问题："错诸"是什么意思？

按照钱穆等四人的说法，"错诸"就是置于其上的意思。

南怀瑾这样写道："'错诸枉'的错等于措，就是把他摆下去，放下去，把狂妄的人安置下去，这样老百姓自然就服了。"显然，南怀瑾又错了。不过，整体上意思还是接近的。

来说说背景。

孔子从卫国回到鲁国，这个时候的鲁国国君是鲁哀公，鲁哀公对孔子很敬重，因此常请他来聊天。

这是从另一个侧面来解说德，统治者重用正直无私的人，就是在为百姓树立榜样，让百姓知道正直无私的人是国君所看重的，是这个国家所需要的。于是，人们都会让自己变得正直无私。

相反，如果邪恶的人受到重用，百姓就会认为正直无私就是软弱可欺，只有让自己变得邪恶才能生存。

所以，国君任用什么样的人，本身也是自己德的一部分。

如果以这个标准来说，我们回顾上一章，是不是会发现卫灵公其实还是有一定的德的？

那么反过来说，如果一个统治者重用的都是坏人，他又怎么能说自己有德呢？譬如一个国家治理得乱七八糟，有人却说并不是最高统治者缺德，而是他的部下缺德，把责任都推给他的部下，这能讲得通吗？他任用了一帮缺德的部下，这本身不就是最缺德的事情吗？

第八章

习惯也是一种德

17·13（8·4）曾子有疾，孟敬子问之。曾子言曰："鸟之将死，其鸣也哀；人之将死，其言也善。君子所贵乎道者三：动容貌，斯远暴慢矣；正颜色，斯近信矣；出辞气，斯远鄙倍矣。笾豆之事，则有司存。"

【译文】
曾子有病，孟敬子去看望他。曾子对他说："鸟快死了，它的叫声是悲哀的；人快死了，他说的话是善意的。君子所应当重视的道有三个方面：使自己的容貌庄重严肃，这样可以避免粗暴、放肆；使自己的脸色认真尊重，这样就接近于诚信；使自己说话的言辞和语气谨慎小心，这样就可以避免粗野和背理。至于祭祀和礼节仪式，自有主管这些事务的官吏来负责。"

这是非常重要的一章，感觉曾子非常重视习惯，并且用习惯去改造自己的性格。在这一章里，我们要解决两个问题：第一，"道"怎么解释？第二，"动容貌，斯远暴慢矣；正颜色，斯近信矣；出辞气，斯远鄙倍矣"如何解读？

首先来解决第一个问题："道"怎么解释？

钱穆译为"道"；南怀瑾译为"儒家的、孔门的人生之道"；李零译为"仪容"；李泽厚译为"礼仪"；鲍鹏山译为"道德"。

最不靠谱的解释就是"道德"，还不如就说"道"。

根据李泽厚的解说，《礼记·冠义》云：礼义之始，在于正容体，齐颜色，顺辞令。容体正，颜色齐，辞令顺，而后礼仪备。把"道"译为"礼仪"。

显然不是，这三项也并不构成礼仪，而只是礼仪的基础。

因此，在这里，这个"道"译成"处世的方法"或许最好。

然后来解决第二个问题："动容貌，斯远暴慢矣；正颜色，斯近信矣；出辞气，斯远鄙倍矣"如何解读？

先来看看大师们的译法和解说。

钱穆：能常注意动容貌，便可远离暴慢。能常注意正颜色，便可日近于诚信。能常注意吐言出声清整爽朗，便可远离鄙倍了。

　　李零：控制自己的感情流露，绝不要让别人觉得粗暴和不耐烦；摆一脸正义，务必让人觉得十分可靠；说话得体，绝无粗俗和悖理之处。

　　李泽厚：注意容貌，这样就避免了粗暴和懈怠；端正自己态度，这样就近乎信实可靠；注意谈吐，这样就避免了粗野和过失。

　　鲍鹏山：严肃容貌，就可以远离粗暴无礼；端正脸色，就易于被人信任了；说话注意言辞和口气，就可以避免粗野和无礼了。

　　说实话，大师们的翻译都不清晰，让人云里雾里。至于解读，要么依然不清晰，要么几乎没有。

　　南怀瑾则这样写道：

　　动容貌，就是人的仪态、风度，包括了一举手、一投足等站姿、坐姿，一切动作所表现的气质；颜色就是神情，是对人的态度；"出辞气"就是谈吐，善于言谈。

　　要说在为人处世的方面，南怀瑾确实是要高出一筹的。因此，他对这一章的理解更加透彻。

　　容貌，是来自外的。所以，容貌包括一个人的衣着打扮、发型、动作、平时的表情等，也就是不与特定人打交道的时候一个人的状态。所以，也就是南怀瑾所说的仪态、风度。譬如一个典型的贵族，平时就是衣冠楚楚，举手投足都很规矩，面部表情要么是沉思，要么是微笑。

　　一个君子的容貌应该是什么样的呢？大致就是一个贵族的样子。不过对于孔子时期的士来说，可能在衣饰上做不到，那么至少也要整齐干净。

　　"斯远暴慢矣"不是被别人暴慢，而是不暴慢别人。这一点很容易理解，因为以孟敬子的地位，别人也不能暴慢他。

　　那么，为什么"动容貌"就能"远暴慢"呢？

　　我们从一个人的外貌就能判断一个人是不是暴慢，譬如一个袒胸露背的人，一个怒气冲冲的人，一个衣冠不整的人，一个走路摇摇晃晃的人，这样的人通常暴慢。为什么呢？因为一个人的内心是会通过他的仪表容貌表现出来的。

　　那么反过来，当一个人能够保持仪表容貌的时候，他就可能抑制他的暴慢。举个例子，当你遇上了一件非常烦心的事情之后，如果你依然能够让自己保持平时的举止方式，依然保持平常的表情，那么这就能够在一定程度上化解你的暴慢了。

　　所以，内在的情绪会影响到你的外在容貌。反过来，通过控制外部的容貌，也能反过来影响你内在的情绪。

这就是为什么"动容貌"能"远暴慢"了。

颜色，是来自内的。颜色是一个人态度的表现，有的人发怒的时候脸色会变红，有的人变白。鄙视对方的时候眼睛会看向侧面，鼻子会发出嗤的声音等。所以，颜色是与特定人打交道时的脸色、表情变化。

一个君子与人打交道的时候应该目光平视对方，对方说话的时候要注视对方的眼睛，专注倾听，面带微笑或者带思考的表情。

那么，为什么"正颜色"就能"斯近信矣"呢？

因为当你"正颜色"就意味着你在认真地倾听，严谨地思考，就会给人可以信任的感觉。相反，如果你目光游离，表情诡异僵硬，或者皮笑肉不笑，那一定让人感觉你就是个骗子。

"出辞气"就是一个人的言辞谈吐了。

君子有他一整套的言辞体系，该直率的时候直率，该委婉的时候委婉，原则只有一个：不失自尊，又不要伤对方的尊严。

曾子所说的三个方面是容貌、颜色和辞气，看上去似乎都是表面上的东西，但同样可以影响内在，当你愤怒的时候，你能做出温和的表情，实际上反过来让你平静。这大概是曾子的教育方式，就是说，如果你没有贵族精神，那你就强迫自己装作有贵族精神，装着装着，说不定就真的有了。

所以说，好的习惯能够帮助你成为好的人，能够帮助你成就性格中好的方面。

习惯也是一种德。

第九章

德比品德更重要

17·14（16·12）齐景公有马千驷，死之日，民无德而称焉。伯夷叔齐饿于首阳之下，民到于今称之。其斯之谓与？

【译文】
齐景公有马四千匹，死的时候，百姓们觉得他没有什么德可以称颂。伯夷、叔齐饿死在首阳山下，百姓们到现在还在称颂他们。说的就是他们的德吧？

其实，解读《论语》很像学习物理，对概念不理解，就会处处碰壁。理解了概念，还有什么难的呢？在这一章里，我们要解决两个问题：第一，"德"怎么解释？第二，伯夷叔齐和齐景公的对照是什么？

先来解决第一个问题："德"怎么解释？

> 钱穆：德就是得，"民无德而称焉"就是"人民对他没有可称的"。
> 南怀瑾：齐景公是天生的诸侯，掌政权时，财产很多，有上千的名马。可是在他死了以后，没有一点好事留下来值得世人去怀念他，老百姓早把他忘了。
> 李零：德就是得，"民无德而称焉"就是"老百姓不知该用什么话去形容"。
> 李泽厚："民无德而称焉"就是"老百姓没人说他好话"。
> 鲍鹏山：美德。

先说一个低级错误，"驷"是四匹马的意思，"千驷"是四千匹马。南怀瑾说是上千匹，显然错了。不过，这应该是随意的失误，并非他真不知道。

大师们因为对"德"的定义没弄懂，所以这里的解读就五花八门。

这里的"德"，就是垂范、榜样的意思，是说他没有给百姓做出任何榜样去值得大家效仿、称颂的。

为什么说齐景公无德呢？齐景公是著名的奢侈以及耽误农时修建宫室的人，但是他的相国晏婴是个节俭爱民的人，无数次地劝告他要改正。想来，齐景公也曾多次表示要勤俭持国、爱护百姓，可是实际上并没有做到，这些，都是他在"德"上的缺失了。

就因为对"德"的理解错误，大师们对于第二个问题的解读就有点失控了。

现在来解决第二个问题：伯夷叔齐和齐景公的对照是什么？

还是先来看看大师们的说法。

钱穆：《诗经》上说：为人称述，并不在富呀，富亦只是有以不同于人而已。

南怀瑾：在伯夷、叔齐两兄弟，连皇帝都不要当，最后是饿死在首阳山，到现在大家都还在称颂他们，真是万古留名，这就是"隐居以求其志，行义以达其道"。

李零：后人同情的，经常是倒霉蛋。越是含冤抱恨，越有美感。

李泽厚：实在不是因为富，而是因为品格卓异吧。

鲍鹏山：人是否受称颂，确实不在于富或者不富，也就只为品德不同。

南怀瑾又说伯夷、叔齐连皇帝都不要当，这个错误犯了不止一次，看来是确实不懂。

在钱穆和李泽厚的解读中都提到：《朱注》胡氏曰：程子以为第十二篇错简"诚不以富，亦只以异"，当在此章之首。所以，他们都是这么解读的。

钱穆和李泽厚在贫富上做文章，却不知道伯夷、叔齐之所以饿死并不是因为穷的原因。鲍鹏山拿品德做文章，李零则干脆整到同情心上去了。

其实，文字已经说得很清楚了，齐景公是"无德而称焉"，那么伯夷、叔齐被称赞的自然是"德"。

伯夷、叔齐的德是什么呢？就是他们号召人们做的，他们自己坚决去做了。不食周粟而饿死，就是他们的德。他们用生命去实现了自己的德。

在前面"求仁得仁"那一章里就曾经说过，孔子赞赏的是他们的不抱怨，绝不是他们饿死自己这件事情。同样，孔子在这里赞扬的是他们不忽悠的德，而不是他们饿死自己这件事，这件事跟品德没有任何关系。

事实上，齐景公的品德很差吗？他能够重用晏婴，包容晏婴以及其他人的批评，这不是品德吗？

第十章

德比能力更重要

17·15（14·5）**南宫适问于孔子曰："羿善射，奡荡舟，俱不得其死然。禹稷躬稼而有天下。"夫子不答。南宫适出，子曰："君子哉若人！尚德哉若人！"**

【译文】
南宫适问孔子："羿善于射箭，奡力大能掀翻战船，最后都不得好死。禹和稷都亲自种植庄稼，却得到了天下。"孔子没有回答，南宫适出去后，孔子说："这个人真是个君子呀！这个人真尊重德！"

这一章和上一章非常相似，都是在用无德和有德做对照，不过侧重点并不相同。

这一章需要介绍文中提到的几个人的背景，这方面，钱穆一向做得最好。因此选摘钱穆的解说部分：

> 羿，古有穷之君，善射，灭夏后相而篡其位，其臣寒浞又杀羿而代之。奡，又作浇，寒浞子，后为夏后少康所诛。《竹书纪年》："浇伐斟寻，大战于潍，覆其舟，灭之。"荡舟即覆舟，谓奡力大能荡覆敌舟。

李零和李泽厚同钱穆，不过鲍鹏山把"荡舟"译为"善于水战"，南怀瑾则译为"可以把在江海里航行的船，一手抓起来在陆上拖着走"。

禹，夏朝的开国之君，善于治水，注重发展农业，大禹治水说的就是他。稷，周朝的祖先，又为谷神，教民种植庄稼。

这段话的意思非常明确，羿和奡依靠武力夺取天下，最终不得好死。而禹和稷号召百姓致力于农业，自己率先垂范，正因为他们的德，他们以及后代都因此而受到拥戴。

孔子为什么赞扬南宫适呢？因为南宫适的问题说明了一个道理：有才无德，才能反而会成为灭亡自己的武器。以德服人，即使你不去争夺，天下人都会遵从你。

南宫适就是南宫敬叔,是孟孙家族家长孟僖子的儿子,孟懿子的弟弟。孟僖子当初随鲁国国君出使楚国,因为不懂周礼而出丑,回国后就下决心让两个儿子好好学周礼,听说孔子精通周礼,就让南宫敬叔来学习。南宫敬叔就成为孔子学生中地位最尊崇的一位,也成了孔家私校的招牌。南宫敬叔虽然出身高贵,但是没有纨绔子弟的恶习,学习认真并且对老师很尊重。因为家族的地位,南宫敬叔还说服鲁国国君出人出车出钱,资助孔子前往周朝首都洛邑参观学习,这让孔子感念了一辈子。从历史记载看,南宫敬叔很可能早夭。

那么,对于南宫适的这个问题,孔子为什么不回答呢?为什么要在南宫适走之后赞扬呢?大致的分析,孔子是一个讲周礼又讲面子的人,从社会地位讲,南宫适是上大夫,自己不过是个士,地位相差悬殊;但是,在学校里,自己是老师,南宫适是学生。因此,孔子可能觉得这个时候措辞比较困难,居高临下不好,太谦卑了也不好,当面表扬又容易被理解为奉承。因此,索性不说话。

类似这样不好回答干脆就不回答的情况,还有其他案例。

钱穆认为"其义已尽,语又浅露,无须复答",意思是说这么不言而喻的问题就不费事回答了。南怀瑾的意思差不多,他认为"因为南容的见解非常高明,这个问题不需要答复"。

李零则认为孔子对南宫适的话不一定完全赞同,因为"禹稷躬稼而有天下"这句话毕竟有樊迟的味道,孔子不爱听。

不过,这样的说法有些牵强,大禹治水和后稷耕耘与樊迟想当老农并不是一个层面的事情,更何况南宫适问这话也不是想去当农民,而且这时候还没有樊迟呢。

鲍鹏山同钱穆。李泽厚没有讨论这个问题。

第十一章

损害德的两种行为

17·16（17·13）子曰："乡愿，德之贼也。"

【译文】

孔子说："执政者以老百姓的思维治理国家，就是破坏以德治国。"

这段话，历来的解说也是五花八门，最常见的译法——孔子说："没有道德修养的伪君子，就是破坏道德的人。"

这样的译法，完全不知所云。之所以出现这样的状况，就是因为他们对德的定义并不了解。

那么，大师们是怎样翻译和解读的呢？

钱穆：先生说：一乡中全不得罪的那种好人，是人类品德中的败类呀！

南怀瑾：原人就是老好人，看起来样样好。他本身没有毛病，没有缺点，也很规矩，可是真正要他在是非善恶之间，下一个定论时，他却没有定论，表面上又很有道德的样子。这一类人儒家最反对，名之为乡原，就是乡党中的原人。表面上看起来很有道德，但他这种道德是害人的，不明是非，好歹之间不作定论，看起来他很有修养，不得罪人，可是却害了别人。总要有一个中心思想，明是非，如此才是真正的道德。

李零：先生说：一乡中全不得罪的那种好人，就是窃据有德者之位的人呀！

李泽厚：先生说：好好先生，是道德的祸害！

鲍鹏山：先生说：那些"乡愿"，是败坏道德的人！

大师们出奇一致地认为"乡愿"就是好好先生。并且，多数都有一通感慨，对老好人都是鄙视加斥责，这里就略去了。

那么我有一个问题：如果好好先生就是败坏道德的人，那些黑白颠倒、创造性说谎的人算什么？

大师们的说法来自《孟子》，可是孟子说的就是对的吗？孟子其实经常忽悠，这个大家都是知道的，强词夺理是他的特长。

"乡愿"是什么？"乡愿"不是指人，而是指一种行为或者思维方式。什么样的行为或者思维方式呢？乡，就是平民百姓居住的地方；愿，原意是谨慎，也是希望的意思。在这里，"乡愿"解释为普通百姓的思维方式或者想法。

那么，为什么说普通百姓的思维方式是"德之贼"呢？

这就要从"德"的定义说起。

德是统治者以身作则，所以，这句话的主语应当是君主或者君子，意思是如果君主或者君子以一个普通百姓的思维方式去思考，那么，他的德就被"贼"了，也就是被偷走了，也就是失去了他的德。

在孔子看来，不论是君主还是君子，都应当具备德，应该给百姓起到示范作用，因此思维方式与普通百姓是不同的。

普通百姓的思维无非是衣食住行。所以，乡愿就是自己家里有吃就什么也不管了，眼光都在家里。

可是，如果君主和君子也是这样的思维方式，那就是短视，就会与民争利，就会利用手中的权力巧取豪夺和搞腐败。这样，他们的德就会失去。

举个简单切实的例子：老百姓想要发财过好日子，所以很多人去炒股。但如果统治阶层也去炒股，会怎样？因为他们具有不对称的信息，结果就是老百姓都成了"韭菜"，统治阶层则大发其财。这，就是"乡愿，德之贼也"。

所以，孔子的话并非是在骂老好人，而是在提醒执政者和君子，不要以普通百姓的思维去指导自己的行为，不要与民争利，否则就将失去自己的德。一个政府一旦与民争利，还谈什么以德治国？所以说，乡愿，德之贼也。

如果按照原文直译的话，应当是这样：孔子说："（君主或者君子）以老百姓的思维方式指导自己的行为，就等于丢失了自己的德。"

不过，我采用了意译。

17·17（17·14）**子曰："道听而涂说，德之弃也。"**

【译文】
孔子说："在不恰当的场合与人交谈，就是放弃自己的德。"

这一章是上一章的排比句，因此可以对照上一章来解读。
来看看大师们的译法和解读。

　　钱穆：先生说：在道路上听便在道路上说的那些人，是品德中的弃物呀！

南怀瑾：不管读书做学问，或者道德修养、做人处世，都要深入求证，不能胡乱相信传闻。

李零：孔子认为，道听途说，听信谣言，是弃德行为。

李泽厚：在路上听到便随即传说，是对道德的丢弃。

鲍鹏山：从路上听到没根据的传闻（不加分辨地）就又在路上传播出去，这就是道德应当抛弃的坏毛病。

大概大师们以为春秋时期也是小道消息八卦新闻充斥，而孔子也是闲着无事可做，去抨击吃瓜群众这点喜闻乐见的生活方式吧。

一旦大师们的译文中有了"道德"二字，基本上就不可能正确了。

道听途说是一个成语，我们现在知道是听信没有根据的传言。但是，孔子的时代没有这个成语，因此不要把"道听而涂说"当成道听途说，而应当理解为"道听"和"途说"，这是两件事，不是一件事。

"道听"听到的一定是假新闻吗？未必吧。难道不知道小道消息更准确吗？

在这一章中，"道听"和"途说"与内容毫无关系，孔子强调的是这两种行为方式。

"德之弃也"，就是放弃了德。

上一章是丢失了德，这一章是放弃了德，这有什么区别呢？丢失了就找不回来，而放弃了还能找回来。所以，在"德"的方面，这一章的错误比上一章要轻。

这一章的主语依然是君主或者君子，我们以君主来说。

按照周礼的规定，君主与大夫议事在朝廷，而决策要到祖庙。也就是说，君主的听和说都是有场合规定的。同样，君子也是绝不会在道路上与人交谈的。

那么，如果君主或者君子常常在不恰当的场所听取消息，在不恰当的场所发布命令或者发表看法，这会怎样呢？人们会认为他很不严肃，他的话非常随意。因此，就将失去威信和引导示范作用。换言之，就将失去德。

明明知道这样做会失去德，还要这样做，那就是在放弃德。

这两章所讲的，是两种损害"德"的行为，而不是孔子在说两种人的坏话。

第十二章

与民争利招致怨恨

17·18（4·12）子曰："放于利而行，多怨。"

【译文】
孔子说："基于利益的目的而去做的事情，多半会招致怨恨。"

越是看上去短小无味的句子，往往越有深意，就看是否弄清楚了语境。这一章需要解决两个问题：第一，这句话的主语是什么？第二，谁怨谁？

我们现在来解决第一个问题：这句话的主语是什么？

钱穆、南怀瑾、鲍鹏山都认为是"所有人"；李零认为是"小人"；李泽厚认为是"社会整体"。

其中，钱穆提到"旧说亦谓此章乃专对在上位者言。谓在上者专以谋利而行事，则多招民众之怨"。不过，钱穆认为这样的说法是不对的。

但非常遗憾，"旧说"才是对的，主语就是"上位者"。

随后我们来解决第二个问题：谁怨谁？

钱穆说"追求利的人怨恨大家（若专在利害上计算，我心对外将不免多所怨）"；南怀瑾和鲍鹏山认为是"大家怨恨追求利的人"；李零认为是"大家怨恨小人"；李泽厚认为是"大家怨恨社会"。

字数少，所以大家的思维能够发散。单从文字来讲，每个人的猜想都是有道理的，也都是说得通的。

但是，正确答案是：人们怨恨上位者。

首先我们要弄明白，这是孔子在说什么。他最常说的是两个话题：仁和德。如果是在说仁，这里的主语就应该是所有人。如果是在说德，这里的主语就应该是上位者。

那么，为什么不是说仁呢？首先，说仁的时候都是有特定指向的，不可能说所有人，说所有人的，是义。

其次，逐利是人类的天性，"放于利而行"是百姓的正当行为，同时也是正确的行为。当然，人们的行为准则中要遵从义，但是其社会活动的主要目的还是逐利。这一点，孔子并不否认，他也承认自己追求富贵，这就是逐利。

对于百姓来说，"放于利而行"也并不招来怨恨。如果是合理合法的逐利，为什么别人会怨恨他呢？如果是违背礼违背法律的逐利，则会受到报复及惩罚，而不是怨。

什么是怨？就是对你不满，但是没有办法惩罚你，只能在内心或者语言上表达不满。

我们来看看上位者"放于利而行"是怎样的。

上位者"放于利而行"是不合理的，因为这必然与民争利，这一点我们在"乡愿，德之贼"里已经说过了，与民争利必然伤害百姓的利益，而百姓无力抗争，只能怨恨。

这就是"放于利而行，多怨"。

李零在解读中认为这句话是相对于"苟志于仁矣，无恶也"。其实不然，这句是说德，那句是说仁。

这一章的内容就是在解读"乡愿，德之贼也"，孔子的意思，上位者要以德治国，做事情应该基于礼，而不是追逐利。对于上位者来说，与民争利是最大的罪恶。上位者应该做的是给百姓创造一个和平公正的环境，让百姓可以得利。百姓得利了，国家自然也就和谐了；百姓富裕了，国家自然也就强大了。

第十三章

让自己的百姓成为榜样

17·19（13·16）叶公问政。子曰："近者悦，远者来。"

【译文】
叶公问孔子怎样管理政事。孔子说："让本国的人生活快乐，远方的人就会来归附。"

德的表现形式并不是一成不变的，来看看这一章。

孔子周游列国到了楚国的叶地，也就是现在的河南叶县，与楚国的叶公沈诸梁见面，有过交谈，前面已经介绍了背景。

这句话实际上只需要懂得"近者悦，远者来"的含义。

还是先看大师们怎么说。

> 钱穆：近者悦其政泽，故远者闻风来至。
> 南怀瑾：春秋时，人口少，土地辽阔，很需要老百姓，所以孔子说，能够做到近者悦，远者来，就是最大的成功了。
> 李零：就是《诗》《书》常讲的"柔远能迩"。
> 李泽厚：近处人民多欢乐，远处人民来依附。
> 鲍鹏山：近者悦，远处不悦者自然会来。

大师们的意思几乎一样，不过南怀瑾更详细一点。李泽厚的解读部分全文引用了康有为的解说，让人有点摸不着头脑。因为康有为解读这一部分的意图很明显，就是要跟自己戊戌变法的想法靠拢，所以康有为所说的就是修铁路汽船电线，发展交通通信的好处，这样国家才有活力，所以应该变法，最后的一句话是"故去病全在去旧更新"。

《论语》真是一个橡皮泥，古今大师们按照自己的想象和需要，想怎么捏就怎么捏。

柔远能迩，出自《尚书·舜典》，解释为怀柔远方，优抚近地，安抚笼络远近之人而使归附。

孔子周游列国，在陈国和蔡国待了一段时间，发现这两个国家都是苟延残喘，朝不保夕，混一天算一天。于是，孔子决定前往楚国，来到了楚国方城山外的叶地，希望通过叶公去见楚王，在楚国推行自己的主张。

叶公向孔子求教怎样治理国家，孔子就这样回答他。后来，子贡问过孔子为什么要这样回答。孔子说楚国地广人稀，都城又太小而百姓缺乏归属感。因此，首先要提高百姓的幸福指数，让他们爱这个国家，其次要吸引外来移民。

孔子想要强调的，依然是统治者要善待自己的百姓。自己的百姓有了幸福感，于是就能吸引外国移民。

因此，这仍然属于德的范畴。只不过这个德不是统治者给百姓树立榜样，而是统治者把自己的百姓变成榜样，影响外国的百姓。

要让远者来，最关键的是近者说。如果统治者不把本国百姓当回事，谁还会来？

这个道理也可以反过来理解，假如人们纷纷离开自己的国家，就说明这个国家对自己的百姓不好。假如人们纷纷移民去这个国家，就说明这个国家善待自己的百姓。

第十四章

德的反面

17·20（15·28）子曰："众恶之，必察焉；众好之，必察焉。"

【译文】
孔子说："大家都厌恶的，必须要明察；大家都喜欢的，必须要明察。"

德，是孔子所认为的统治者的最高行为方式。那么，德的反面是什么？孔子不经意间给出了某个角度的描述。

来看看大师们怎么说。

> 钱穆：或有特立独行，亦有为大义冒不韪而遭众恶者，亦有违道以邀誉，矫情以钓名，而获众好者。众恶众好，其人其事必属非常，故必审察。
>
> 南怀瑾：大家都讨厌这个人，不要随便相信，必须自己加以考察判断；大家都公认为好，都爱好他，也不要受蒙蔽，一定要自己再观察他。
>
> 李零：孔子对舆论抱怀疑态度，认为舆论全都说好，或者全都说坏，反而可疑。我非常欣赏这种态度。
>
> 鲍鹏山：君子坚持原则，有所喜欢与厌恶，必定会得罪人。怎能让人都喜欢他？人人都喜欢他，定是没有原则而别有用心的大奸。只有"好人喜欢他，坏人厌恶他"的人，才是真正的好人啊。

有句俗话叫作"众口难调"，一个人要想被所有人所喜欢或者被所有人所憎恶，都是非常困难的。

鲍鹏山的说法不知道有什么逻辑依据，何况世界上难道是以好人和坏人来分类的吗？倒是李零的说法更加合理，因为舆论是可以被控制的。

一个人被所有人憎恶几乎是不可能的，因为这需要他从出世就是个坏人。可是如果这是个胎里坏，恐怕等不到他被所有人认识，就已经从世界上消失了。一个人要能够达到被所有人憎恶的级别，这个过程中必然是有一群人帮助的，至少这群人就不会憎恶他。

一个人被所有人喜欢也是几乎不可能的，因为不是所有人都能被你讨好的。譬如你每天上学给同学们发糖，同样会有人不喜欢你。有些外国政府给公民发钱，结果总统的支持率也没有什么变化。

大家意见太统一的时候，背后往往暗藏胁迫、诱惑、欺骗或者其他，所以一定要小心地考察分析。

如果每个人都有独立思维和表达的能力，那么是很难在一件事上达成统一意见的。换言之，如果意见太统一，很可能说明人们丧失了独立思考、独立表达的能力，或者丧失了理智。

事实上，世界上能够接近于做到让所有人都持统一态度的还是依靠舆论工具，不间断的舆论宣传能够让人们逐渐形成统一。

当然，专制统治尤其是专制恐怖统治才是实现"众恶之"和"众好之"的最有效工具。

孔子的话肯定不是用来指专制恐怖统治的，但是却最适用于描述专制恐怖统治。专制恐怖的统治，就是德的反面。

如果孔子生活在那种"众恶之、众好之"的时代，他会是一个怎样的下场呢？我们还能看到《论语》吗？

第十五章

知德者鲜矣

17·21（3·26）子曰："居上不宽，为礼不敬，临丧不哀，吾何以观之哉？"

【译文】
孔子说："居于执政地位的人，不能宽容，执行礼的时候不庄重，参加丧礼时也不悲哀，这该怎么看待他呢？"

这一章的意思太清晰了，这里的"礼"指礼仪和礼节。

为上者在这几个方面不能起到榜样的作用，自然也就是在德上有缺失。

那么，孔子这是在说谁呢？似乎应该说季康子。其实，说句公道话，季康子能够容忍孔子说这样的话，已经比较宽容了。

孔子为什么看不下去呢？因为这样的人的德是缺失的。但孔子遇上的统治者再怎么无德，至少是包容的，德还是有一些的。

17·22（9·18、15·13）子曰："已矣乎！吾未见好德如好色者也。"

【译文】
孔子说："完了，我没有见过像好色那样好德的人。"

这句话的主语是什么？居上者。可是大师们都没有看出来。

孔子感慨统治者好色的程度远超对于德的追求。这似乎是孔子在卫国期间被南子召见之后的感慨，感慨卫灵公因为好色，情愿把国家交给一个女人去管理。进而，孔子发现，男人们都是好色的，没有一个好德胜过好色的。所以，孔子推广他的德怎么能成功？

现实社会中，各种腐败现象也都准确地阐释了孔子"吾未见好德如好色者也"。

小 结

"德"早已不复存在

德，就是统治者以身作则。

德就是德，不能跟品德混为一谈。所有把德与品德、道德混为一谈的，都是浑水摸鱼、故弄玄虚。

其实，德从来就不是品德或者道德，孔子这里不是，老子那里也不是。在英语中，道德品德对应的单词是 moral，也不是一个会时常挂在嘴边的词。

把德说成品德或者道德最大的害处就是直接把统治者摘出去了，让人们不再对统治者提出要求，而是去要求自己。国家处于危难的时候，人们不去指责统治者的无德，而是去说天下兴亡匹夫有责。于是，统治者不用去为他们的罪恶过失承担责任，却要老百姓牺牲自己的利益甚至生命去弥补统治者的过错。

在孔子生活的年代，孔子敢于对统治者们说"子帅以正，孰敢不正?""苟子之不欲，虽赏之不窃"。之后的朝代，一些统治者几乎做不到这样的包容，也就是"德"。随着统治者的"德"的减少，"以德治国"在某些历史阶段也就难以实现了。

第十八篇

贵族精神标准之十八

仁

孔子学说中，"仁"是一个重要概念。或者确切地说，"仁"是孔学中最重要的概念。千百年来，我们讲仁爱、仁德、仁政，但是究竟什么是"仁"？从来没有人说清楚过。

最初，孔子所说的"仁"是一种处世之道，一种与人相处的办法。用现代的话说，就是一个人的情商。每个人的性格、学问、见识不同，所以每个人的"仁"是不同的。也就是说，"仁"没有统一的答案。"仁"的目的是让人适应社会，而仁者就是适应社会者。

孔子回答学生们有关"仁"的问题，多半就是针对这个学生的弱点，告诉他要改正什么，然后就能与人和善相处，就能适应这个社会，这就是"仁"了。

随着时间的推移，孔子逐步为"仁"增加了更多的内涵，"仁"的地位逐步抬升，"仁"的作用逐步夸大。渐渐地，"仁"成为一种模糊的概念，进而神化以及神秘化，成为包治百病的良方。这个时候，"仁"俨然在"礼"之上了，成为一种虚无的需要修炼的东西。

当"仁"的内涵被虚化之后，就逐渐接近于"道"。晚年的时候孔子发现"道"比"仁"更牛，于是开始讲道，并逐渐用"道"取代了"仁"。

后世所讲的"仁"，实际上都是"道化"的"仁"，虚无缥缈，玄而又玄，看似正确无比实际毫无用处。正如南怀瑾所说"仁在孔子的思想中代表了很多，从形而上的本体，到形而下万事万物的用，都归到仁"。

而我们要讲的，则是孔子"仁"的本意，是关于如何与人相处、如何结交朋友，如何提高情商的学问。只有这样的"仁"，才是具有现实意义的。

我对"仁"的定义很简单：仁，就是好的人际关系，就是高情商。

第一章

己所不欲，勿施于人

18·1（15·24）子贡问曰："有一言而可以终身行之者乎？"子曰："其恕乎！己所不欲，勿施于人。"

【译文】

子贡问孔子："有没有一句话可以终身奉行的呢？"孔子回答说："那就是恕吧！自己不愿意的，不要强加给别人。"

孔子和自己的学生们主要讲的是仁，也就是怎样为人处世，与人交往。在这方面，子贡其实做得不错，不过他还是想从老师这里学习更多，他也更关心这方面的学问。

乍一看，这段话没有问仁。

但是，让我们回头看看1·8（12·2）：仲弓问仁。子曰："出门如见大宾，使民如承大祭。己所不欲，勿施于人。"

孔子给子贡的答案就是"仁"。

实际上，终身可行的，就是"仁"。那么，什么是"恕"？按《说文》：恕，仁也。按《声类》：以心度物曰恕。按《贾子·道术》：以己量人谓之恕。

这样说来，仁；恕；己所不欲，勿施于人，三位一体。

从恕的结构来说，恕者，如心也。也就是说，"恕"就是将心比心。

子贡学习不太努力，老师讲太多道理也记不住，所以干脆来个懒办法，朝老师要精华本。孔子给的答案果然很简练，就是一个字，随后还给解释。孔子行走江湖多年，什么都比较看得开，因此认为一个人生活中最好的心态应该是"恕"。为什么要强调"己所不欲，勿施于人"呢？因为子贡喜欢卖弄，总想把自己的想法强加于别人。孔子就曾经讽刺他卖弄以及多嘴，所以这个时候再次指出来。

这应该是子贡离开学校之前向孔子请教，而孔子对他的忠告令他受益匪浅，因此一生对孔子都很崇敬。

什么是"仁"？孔子这里给的答案是：己所不欲，勿施于人。

其实这句话是孔子思想的精髓，如果每个人都能以这样的思想指导自己的生活,这个社会就必定是一个和谐的社会。所以,不用讲那些不着边际的道理,只要人人记住这八个字:己所不欲,勿施于人。

在日常生活中,这句话非常实用。譬如你不喜欢被人大声骚扰,你在公共场所就不要大声说话;你有急事坐地铁,可是电动扶梯左右都站了人,你没法向上走,于是你就明白应该站在右边,左边腾出来给赶时间的人走;你希望可以自由地表达自己的想法,你就应该给别人说话的自由。如果每个人都有这样的思维,社会的文明程度就得到提高了。

对这一章的翻译和解释,大师们都做得不错。对于"己所不欲,勿施于人",南怀瑾引用了佛经,李泽厚参照了《圣经》,总之,很热闹。

这不是《论语》中最早出现"仁"这个字,不过既然这是本篇的第一章,因此还是先来看看大师们对于"仁"的定义。

> 钱穆:仁者,人与人相处之道。
> 李零:什么是仁?我用最简单的话讲,就是拿人当人。首先是拿自己当人,其次是拿别人当人。拿人不当人,是不仁。
> 李泽厚:"仁"是孔学的根本范畴,是人性结构的理想。
> 鲍鹏山:仁,也就是与人相处之道。

钱穆和鲍鹏山的定义基本是对的。

第二章

吃亏是福

18·2（6·22）樊迟问仁。子曰："仁者先难而后获，可谓仁矣。"

【译文】
樊迟问怎样才是仁，孔子说："遇上困难在人先，收获成果在人后，这就是仁了。"

这里节选的其实是整个对话的下半段。上半段是樊迟问知，下半段问仁。这段话的重点在于"先难而后获"，来看看大师们怎么说。

> 钱穆：难事做在人前，获报退居人后。
> 南怀瑾：任何事先从"难"的方面想，以后才能得到好的结果。
> 李零：先致力于耕耘，才谈得上收获。
> 李泽厚：困苦艰难在先而酬报、果实在后。
> 鲍鹏山：首先付出艰苦的努力，然后收获成果。

基本上，钱穆是一种译法，另外四人是一种译法。如果单从字面来说，大家都是对的，都说得过去。

但是，我们要知道这是在讲"仁"，所以这是在讲人际关系。明白了这一点，就知道钱穆讲的才是做人的方法，其余四位讲的都是做事的方法。

那么，从人际关系、为人处世的角度来说，"先难而后获"确实会有益处吗？答案是肯定的。中国还有一句古话：吃亏是福。说的也是同一个意思。绝大多数人并不真的理解这句话，自然也就并不认同。尤其是年轻人，更加不同意。但是，有过一定人生经历的人往往越来越认同这句话。

从我自己的经验来看，无论是在学校时还是在工作以后，那些平时吃苦耐劳、干活在前享受在后的人，当时看起来好像有点傻很吃亏，但是时间会给他们回报，这样的人往往更有出息。想想看，这样的人谁不喜欢？谁不放心？

那么，孔子为什么要这样对樊迟说呢？是期望樊迟今后更有出息吗？

不是，只是因为这是樊迟在人际交往中的不足之处。

从记载中我们大致可以判断，樊迟这个人比较迟钝，用现代话来说，眼力见不够。原本孔子让他做御者，是有心要培养他的。可是，樊迟不机灵，眼中没活，这让孔子有些失望。

樊迟基本上属于孔子最后一批学生，因此孔子要告诉他：有什么困难的事情你要能看见并且抢着干，有什么好事呢让师兄们先去，别怕吃亏。这样的话，师兄们都会喜欢你，今后能帮助你提拔你。

18·3（13·19）樊迟问仁。子曰："居处恭，执事敬，与人忠。虽之夷狄，不可弃也。"

【译文】
樊迟问怎样才是仁。孔子说："平常在家规规矩矩，办事严肃认真，待人忠心诚意。即使到了夷狄之地，也不可改变。"

大师们的解读都差不多，此处略过。

但是，大师们的理解显然都只停留在了字面意思上，他们对人物关系无所知也不关心。

其实，多数的大师都看出来了，当弟子们问仁的时候，孔子的回答往往是针对他们在人际交往上的不足。

对于樊迟问仁，孔子同样是针对他的不足。

问题是，如果樊迟在以上三点都存在不足，这个人恐怕就没有什么让孔子满意的地方了。因为，这三点实在是太基本了，太全面了。做不到这三点，基本上可以说是一无是处了。

"虽之夷狄，不可弃也"这句话非常有意思，可是大师们忽略了。

这句话说得非常奇怪，可以说有点匪夷所思。因为樊迟并没有去夷狄发展的想法。

要知道，夷狄在春秋时期是野蛮的代名词，孔子在教导樊迟时说这么一句话，基本上就是类似于现在的"就算去捡垃圾，也能用上这些知识"的意思。

孔子的态度和回答对樊迟的自信心是个很大的打击，他对自己的智商和前途失去信心，这才有了后来樊迟想回家种地的想法以及与孔子的另一段对话。

当然，缺点多也不全是坏事，因为缺点越多，改进的余地也就越大，进步的空间也就越大，关键看你改不改。

第 三 章

仁的三个层次

18·4（12·22）樊迟问仁。子曰："爱人。"问知。子曰："知人。"樊迟未达。子曰："举直错诸枉，能使枉者直。"樊迟退，见子夏曰："乡也吾见于夫子而问知，子曰，'举直错诸枉，能使枉者直'，何谓也？"子夏曰："富哉言乎！舜有天下，选于众，举皋陶，不仁者远矣。汤有天下，选于众，举伊尹，不仁者远矣。"

【译文】

樊迟问什么是仁。孔子说："爱人。"樊迟问什么是知，孔子说："知人。"樊迟还不明白。孔子说："选拔正直的人，罢黜邪恶的人，这样就能使邪者归正。"樊迟退出来，见到子夏说："刚才我见到老师，问他什么是知，他说'举直错诸枉，能使枉者直'。这是什么意思？"子夏说："这话说得多么深刻呀！舜有天下，在众人中挑选人才，把皋陶选拔出来，不仁的人就被疏远了。汤有了天下，在众人中挑选人才，把伊尹选拔出来，不仁的人就被疏远了。"

仁是好的人际关系，仁也是有层次的。这一章我们要弄懂两个问题：第一，樊迟和孔子的关系；第二，孔子对于仁的层次划分。

大师们普遍认为孔子教导樊迟要懂得任用贤能，殊不知樊迟这辈子也没做过官，孔子跟他说这些不是对牛弹琴？

要弄懂这段话，首先还是要弄懂樊迟和孔子的关系。

樊迟这人人品不坏，但是智商情商都不高，人很迟钝，因此孔子越来越不喜欢他。上一章可以看出孔子已经对他很不耐烦。可是，樊迟迟钝之外还很倔强。樊迟看不出孔子对他的不满，另一方面自己怎么也搞不懂"仁"究竟是个什么东西，所以不停地问"仁"。整部《论语》，问仁最多的就是他。

这一次，樊迟又来问仁了。孔子于是回答他"爱人"。孔子之所以这样回答，有两个方面的原因：第一，不耐烦，所以两个字打发。第二，与孔子关于"仁"的体系有关。

现在我们来解决第二个问题。孔子对于仁的回答分成三个层次。

最高层次是针对提问者的具体情况来回答，帮助他针对自己的不足去改正。

次一层次是给出一个思考方式，这个方式就是"己所不欲，勿施于人"；最末一层次就是只给出一个指导思想，就是"仁者爱人"。层次越高，对领悟力的要求也就越高。

对樊迟，孔子一开始也是针对他的不足去说的，结果樊迟领悟不了，完全不改，还接着问。于是，孔子就给他说"己所不欲，勿施于人"这样的道理，可是，他还是领会不了。没办法，孔子只好说"仁者爱人"了，意思是你要实在不知道该怎么做的话，那么你就保持一颗爱心，去爱别人，这样也能让别人爱你。

有的人以为"仁"就是"爱人"，其实这是错的，"爱人"是最低等级的"仁"，因为"爱人"不仅意思模糊，爱上坏人的话还很危险。

而"己所不欲，勿施于人"不仅层次高了一级，而且很具体，具有可操作性。因此"己所不欲，勿施于人"后来就被孔子当成实行"仁"的一个标准答案了。即使他完全不了解你，也可以对你说"己所不欲，勿施于人"。如果能够做到这一点，就能够初步地达到"仁"，至少不让人讨厌了。

这么说如果还不能理解的话，我们举个例子来说吧。

譬如你问孔子怎样才能学习好。最高级的回答就是针对你的情况，告诉你该怎样改进。如果你不能理解，于是告诉你要想学习好最重要的方法是要有规划性。这是第二级的回答，广泛适用并且可以操作。可是你还是不理解，还是做不到，怎么办？于是孔子告诉你：一分耕耘一分收获，努力学习就能成绩好。这个"努力学习"就等于"仁者爱人"。如果你还是不能理解，那你就跟樊迟有得一比了。

那么，孔子为什么要说"举直错诸枉，能使枉者直"呢？无他，就是被樊迟问烦了，来两句高难度的让他闭嘴。

在这之后，就发生了樊迟想跟孔子学种地的故事。

第四章

别把自己当圣人

18·5（17·6）子张问仁于孔子。孔子曰："能行五者于天下为仁矣。""请问之。"曰："恭，宽，信，敏，惠。恭则不侮，宽则得众，信则人任焉，敏则有功，惠则足以使人。"

【传统译文】

子张向孔子问仁。孔子说："能够处处实行五种品德，就是仁人了。"子张说："请问哪五种。"孔子说："庄重、宽厚、诚信、勤敏、慈惠。庄重就不致遭受侮辱，宽厚就会得到众人的拥护，诚信就能得到别人的任用，勤敏就会提高工作效率，慈惠就能够领导人。"

这一章我们要解决两个问题：第一，"能行五者于天下为仁矣"怎么解读？第二，孔子为什么要这样回答子张？

这句话的断句有两种，一种是"能行五者于天下为仁矣"，另一种是"能行五者于天下，为仁矣"。不过，尽管断句不同，但译文都一样。

正确的断句应该是：能行五者，于天下为仁矣。就是跟天下搞好了关系，能够得到天下的人心。因此，这是在说尧舜文王一类的人物了，因为其目标是天下。

"于天下"不是在天下，而是对于天下来说。

现在来解决第二个问题：孔子为什么要这样回答子张？

鲍鹏山说这是针对子张的性格说的。子张什么性格？在8·5（11·20）中，子张问善人之道。子曰："不践迹，亦不入于室。"子张的性格比较偏隘固执，有道德洁癖，喜欢揪住别人的过失不放。因此，如果孔子仅仅说到了"宽"，那算是针对子张的性格。而这里的恭、宽、信、敏、惠显然不是，一来子张没这么多缺点，二来能做到这些，就是胸怀天下的仁人了。

正因为如此，有些人认为这一章有些可疑，从内容上讲有些不伦不类，与其他章节风格出入很大，所以可能是后人附会。钱穆就持这样的观点，李零和李泽厚则认为钱穆的说法没有道理。

那么，如果这一章并不是后人附会的，孔子为什么要这样回答子张呢？这不是孔子一贯的风格啊。

对这个问题，我们只能做几个方面的猜测。

第一种可能，孔子恰好在这方面有所思考，刚刚得出了圣人的几个标准，于是借着子张的问题说了出来。

第二种可能，子张偏隘固执的缺点始终不能改正，孔子对他失望，因此用这样的大话套话来敷衍他，就像用"仁者爱人"来打发樊迟一样。

第三种可能，因为子张喜欢的就是宽泛的大道理，孔子就给他这样一个适用于整个宇宙的答案。

不管是哪一种可能，这都是个没价值的答案。因为每个人问，都可以是这个答案。所以等于没问。

从"仁者爱人"到"恭、宽、信、敏、惠"，看上去都正能量满满，实际上没用。大凡用这个道理来说事的，基本上都是忽悠。

现实生活中其实我们自己也能体会到，关系远的人往往说的都是这类大道理；关系近的人，就会指出你什么地方不足，才会在具体细节上给你建议。

那么，孔子所说的"恭、宽、信、敏、惠"就完全没有意义吗？当然不是，你可以把这个当成自己的目标，去思考自己在哪方面做得不好，然后去改进。当然，你的难点是：我怎么知道自己在什么方面做得不好？我怎样去改进？

最后，把正确的断句和译文写出来：

> 子张问仁于孔子。孔子曰："能行五者，于天下为仁矣。""请问之。"曰："恭，宽，信，敏，惠。恭则不侮，宽则得众，信则人任焉，敏则有功，惠则足以使人。"

【译文】

子张向孔子问仁。孔子说："能够做到五个方面，就是天下的仁人了。"子张说："请问哪五个方面。"孔子说："庄重、宽厚、诚信、勤敏、慈惠。庄重就不会侮辱人，宽厚就会得到众人的拥护，诚信就能得到众人的信任，勤敏就会做成事，分享利益人们就愿意接受你的领导。"

请注意，因为这五个方面都是在说天下的仁人，因此他们是站在领导者的位置上，他们是动作的发出者而不是接受者。所以，"恭，宽，信，敏，惠"的译法与传统译法必然是不同的。

第五章

仁人和圣人的不同

18·6（6·30）子贡曰："如有博施于民而能济众，何如？可谓仁乎？"子曰："何事于仁！必也圣乎！尧舜其犹病诸！夫仁者，己欲立而立人，己欲达而达人。能近取譬，可谓仁之方也已。"

【译文】

子贡说："假若有一个人，他能给老百姓很多好处又能周济大众，怎么样？可以算是仁人了吗？"孔子说："这岂止是仁，简直就是圣啊！尧舜要做到这点都十分困难啊！什么是仁？就是为了自己生存而帮助别人生存，为了自己成功而帮助别人成功。能在现实中推己及人，那就是实现仁的方法了。"

孔子是教学生们做圣人还是做仁人？这个要弄清楚。

因为子贡对当官没有兴趣，可是孔子还是一门心思想让他去做官。子贡来问这个问题的目的就是想说：我不做官，我去做生意，发了财之后"博施于民而能济众"，是不是更好呢？

孔子当然知道子贡问这个问题的意思，他大概知道子贡最后一定还是要去经商的，因此给了子贡一个忠告：不要把目标定得那么高。

"夫仁者，己欲立而立人，己欲达而达人。"这句话其实非常重要，反映了孔子所倡导的处世哲学。所谓"博施于民而能济众"，用今天的话说就是大公无私、先人后己、舍己为人，就是不顾自己的利益去成全别人，出发点就是为别人，活着就是为别人。孔子认为，这就连圣人都很难做到，不是普通人的仁。在与子路的对话中，孔子也说过同样的话。

子贡所问的"博施于民而能济众"实际上就是上一章"恭，宽，信，敏，惠"中的"惠"，孔子认为仅仅做到这一个字就是圣人了，何况这五个字都做到呢？

第六章

仁是做人的根本

18·7（3·3）子曰："人而不仁，如礼何？人而不仁，如乐何？"

【译文】
孔子说："一个人做不到仁，懂得礼又怎样呢？一个人做不到仁，懂得乐又怎样呢？"

仁很重要，那么，什么样的性格更容易做到仁呢？这是一成不变的吗？下面的三章，我们就来讨论这个问题。

先来看看大师们怎样说。

  钱穆：人心若没有了仁，把礼来如何运用呀！人心若没有了仁，把乐来如何运用呀！
  南怀瑾：一个人如果自己不省悟，文化与艺术对他有什么用呢？
  李零：没有仁的礼乐只是徒具形式。
  李泽厚：人如果没有仁爱，讲什么礼？人如果没有仁爱，讲什么乐？
  鲍鹏山：人如果没有仁爱之心，怎么实施礼仪制度呢？人如果没有仁爱之心，怎样欣赏音乐呢？

从这段话在《论语》中的位置来看，恰好接在"八佾舞于庭"和"三家者以雍彻"的后面，因此可以认为这段话是在指责三桓家族。孔子认为，虽然三桓在礼乐的形式上能够做得很好，但是他们违背了周礼的本质，那么就算他们能够"八佾舞于庭"和"三家者以雍彻"，又怎么样呢？

仁是什么？孔子在这里的意思，仁是做人的根本，而各种礼制礼仪和乐不过是表象。

这段话可以做一个现代汉语的翻译，也适合现代社会。"人如果不懂得处理人际关系，给领导送礼人家也不会收；如果人际关系处不好，请同事唱歌人家也不去。"

18·8（13·27）子曰："刚、毅、木、讷近仁。"

【译文】

孔子说："刚毅木讷，就接近于仁了。"

刚强坚毅，内向寡言，孔子认为，这样的人就接近于仁了。那么这里有个问题，是这四项都具备的才"近仁"，还是每一项都"近仁"？钱穆认为每一项都近仁，南怀瑾也这样认为，并且认为刚毅木讷是三种而不是四种个性。

李零没有讨论上面这个问题，但是准确定义了刚毅木讷：刚，刚强，不为欲望所动；毅，坚毅，不肯在任何威胁下低头；木，目光呆滞，面无表情；讷，语言迟钝，拙于表达。

基本上，这就是孔子自己的性格。因此，孔子在这里自我肯定。仁的性格是什么？刚毅木讷。

不过，把孔子眼里的那些仁人的性格拿来看，好像并不都是这样吧？至少在木讷这一块，管仲、晏婴、子产等人统统都不是。

这句话应该是孔子晚年所说。孔子晚年，开始多疑啰唆抱怨，对于自己不喜欢的性格尤其不能忍受。

我们现在喜欢说性格决定命运，其实自古以来都是如此。

刚毅的性格还行，但是也分正反面，而现代社会更需要的是柔软；木讷的性格更糟糕，尤其是现代社会注重沟通和自我表现。

所以，刚毅木讷的性格在今天来看是远仁还是近仁呢？还真不好说。

也就是说，孔子的结论也未必就全对。

18·9（1·3）子曰："巧言令色，鲜矣仁！"

【译文】

孔子说："花言巧语，装出讨人欢喜的样子，这种人就很少有仁的。"

既然刚毅木讷是近仁，巧言令色当然就是远仁了。钱穆这样认为，李零也这样认为。

对于某些人来说，巧言令色既能表达自己，又能愉悦别人，不仅可以是能力的表现，还可以当职业，譬如某些艺人。这类艺人当好了，就是明星，明星做慈善，就是仁的体现了。

所以，孔子所说的未必都是对的。时代在变迁，仁的标准也在变化。

第七章

交友要看性格

18·10（16·4）孔子曰："益者三友，损者三友。友直，友谅，友多闻，益矣。友便辟，友善柔，友便佞，损矣。"

【译文】
孔子说："有益的交友有三种，有害的交友有三种。同正直的人交友，同诚信的人交友，同见闻广博的人交友，这是有益的。同性格乖僻的人交朋友，同没有主见的人交朋友，同花言巧语的人交朋友，这是有害的。"

仁人是善于交友的，善于交友就是亲近好人远离坏人这么简单吗？这一章要解决两个问题：第一，"善柔"是什么意思？第二，为什么大师们都错了？

这段话里，"益者三友"好说，反正都是优点。于是，重点就在"损者三友"上了。

首先我们来解决第一个问题："善柔"是什么意思？

来看看大师们怎么说。

> 钱穆：谓工于媚悦，与友直之直正相反。工媚悦者必不能守直道。
> 南怀瑾：就是个性非常软弱，依赖性太重。
> 李零：是表面恭顺，口是心非，笑里藏刀的人。"善柔"和"便佞"也就是巧言令色。
> 李泽厚：圆滑。
> 鲍鹏山：巧于奉承，谄媚讨好。

不知道大师们是怎么从"善柔"两个字里读出来谄媚和阴险的，按理说他们不应该不知道谄媚属于便佞。

事实再一次证明，对于人情世故这一块，南怀瑾的功力真的甩其他大师几条街。

南怀瑾说的是对的。

善就是善良，柔就是柔软。心地善良、性格柔软，这样的人当然是个好人。但是，这样的人有一个致命的问题：没主见，原则性不强，理智常常被情感所左右。

这一类的典型人物类似唐僧、武大郎，与这样的人交友，不仅没有任何益处，还会让自己也变得软弱可欺。

随后我们来解决第二个问题：为什么大师们都错了？

当然必须要说明一点，南怀瑾对"善柔"的解释没有错。

问题的根源就在于大师们认定孔子所不喜欢的人一定都是品德上有问题的，孔子怎么可能不喜欢善良的人呢？肯定不会。所以，这个善柔的人一定是品质上有问题。却不知，在交友问题上，孔子不仅看重品德，同样看重性格。

孔子此前就曾经对子贡说过"毋友不如己者"，也是这个意思。

在中国历史上有这样一个词：妇人之仁。其实就是善柔。

最后还是来解读一下。

"益者三友"没什么好解说的，用词大同小异而已。如果说"损者三友"都是坏人，那还用孔老师来说吗？正因为"损者三友"不是坏人，才需要孔老师提醒。

"便辟"是乖僻的意思，性格古怪，难以相处，但是并不等于是坏人，孔子曾经说过"张也辟"，说子张性格乖僻。在这里，孔子指的就是子张。跟乖僻的人交往，最终不会有什么好结果。然而，传统的解释把"便辟"解释成奉迎拍马之徒，把"辟"通"嬖"，实际上把"便辟"等同于"便佞"了。

"便佞"被解释为花言巧语的大忽悠，这个基本上就是本意了。与大忽悠交友，没有安全感并且可能被忽悠。孔子喜欢的君子是讷于言的，因此大忽悠肯定是损友。孔子弟子中，什么人是大忽悠呢？刚入学的子贡，不过后来在孔子的教导下，子贡已经改了很多，在同学们之中说话已经很有分寸了。

在人际关系这方面，孔子的看法和想法都是非常现实的，意见都是很中肯的，决不会说"不要跟坏人交朋友"这类空话，而更多的是从性格的角度来说。

不跟什么样的人交朋友，不等于就是藐视或者蔑视什么人，正常的人际交往是应该的，只是没有必要走得太近。孔老师的说法其实是很正确的。

第八章

为人处世三大爱好

18·11（16·5）**孔子曰**："益者三乐，损者三乐。乐节礼乐，乐道人之善，乐多贤友，益矣。乐骄乐，乐佚游，乐宴乐，损矣。"

【译文】
孔子说："有益的喜好有三种，有害的喜好有三种。以欣赏礼乐为喜好，以称道别人的好处为喜好，以有许多贤德之友为喜好，这是有益的。喜好骄傲自夸，喜欢游手好闲，喜欢大吃大喝，这就是有害的。"

上一章在讲交什么样的朋友不交什么样的朋友，这一章则在讲怎样获得大众的好感以及避免大众的恶感。这一章有两个地方需要略加探讨：第一，"节礼乐"怎么解释？第二，"乐骄乐"怎么解释？

首先来看看第一个问题："节礼乐"怎么解释？

钱穆释为"喜欢把自己节制于礼乐中"；南怀瑾释为"最快乐的事情就是研究学问（礼乐）"；李零说是"喜欢用礼乐节制自己的行为"；李泽厚说"喜欢用礼乐调节自己"；鲍鹏山认为是"以得到礼乐的调节陶冶而快乐"。

这里的难点在于这个"节"字，大师们多解释为节制、调节，不过节制是讲自律，调节是讲情绪，都不构成乐趣。再则，用礼来节制自己没问题，可是用乐节制自己就讲不通了。譬如你不知道做一件事情的尺度，难道你听一段贝多芬就知道？用乐来调节自己没问题，可是用礼来调节自己又讲不通了。

因此，我更认同南怀瑾所说的"研究"，喜欢去研究礼乐，从中得到自己的乐趣。或者欣赏、从事、参与、掺和，都比节制和调节要合理。

当然，我期待更恰当的说法。

总之，这句话的意思就是爱好礼乐。

再来看第二个问题："乐骄乐"怎么解释？

钱穆：喜欢骄纵放肆的快乐。

南怀瑾：喜欢享受，爱好奢侈夸张的骄乐，包括征歌选色、纸醉金迷、玩弄酒肉之乐。"乐佚游"就是喜欢不正当的娱乐,任性放纵,包括打牌、吸麻烟等。

李零:喜欢纵情极欲。

李泽厚:喜欢骄纵放肆。

鲍鹏山:以骄奢放肆为快乐。

我非常确定大师们对于"乐骄乐"的解释都错了。

孔子教育学生有一个非常大的特点:具体。

如果孔子说不要做三种人:坏人、恶人、坏恶人。那么孔子不是一个教育家,而是一个大忽悠。因为他说的东西看上去正确无比,实际上毫无操作性,因此毫无价值。

按照大师们的解说,这个"乐骄乐"是一个十分宽泛的概念,包含了千千万万的内容,那自然也包括了后面的"乐佚游,乐宴乐"。那这句话就毫无意义。

孔子这里要说的,是具体的行为。

所以,"乐骄乐"中的后面这个"乐"是音乐的意思,而不是快乐的意思。"骄乐"对应了上面的"礼乐","礼乐"是合乎礼的乐,"骄乐"则是淫乐邪乐。如果大家看过《左传》,就会知道师涓曾经演奏过《清商》,就是商纣王喜爱的靡靡之音,被师旷认为是亡国之音。

这个"骄乐"就是"声色犬马"中的声,就是骄奢淫逸之乐,令人意志消沉,纵情淫欲。

顺便说说"乐佚游",南怀瑾似乎把这个"游"当成了游戏。实际上,"佚游"就是没有目的地游走,也就是游手好闲。

南怀瑾就是这样,有时在大家都错的时候他是对的,可是又常常在不可能错的地方犯下低级错误。

下面结合现实来解说一番。

乐节礼乐,唱歌听音乐既快乐又提升素养,何乐而不为?只是现在已经没有礼供大家去学习了,这有些遗憾。不过如果有兴趣的话,研究一下日本的各种道也不错,那些其实就是礼,对提升自己的修养是有好处的。

"乐道人之善"其实非常重要,也非常具有现实实用性。在这方面,南怀瑾的讲解不错,摘录一些,共同学习:

> 喜欢讲人家的好处、优点。这是中国文化特有的一点,也很难做到的,有正反面,暂时不去讨论它。我们讲到中国人这许多习惯,人与人之间一碰到就谈论别人,这就是乐道人之恶。中国过去读书人,为了功名,第一要隐

恶扬善。朋友有错误，要关起门来劝，在外面总是替人掩盖丑恶的事，这是道德。所以应该培养道人之善的乐趣。尤其朋友之间，谁无短处？但要多讲别人的长处，"扬善公庭，规过私室"是必要的修养。一个成功的人物，在修养上自有他的长处，就是现在数十年来，看到各界成功的朋友，都各有他们的长处。所以这一节提出道人之善，是真正的好处。

南怀瑾说得很好，个人认为，即便是虚情假意，也应该学会道人之善。因为只要道人之善，你就要去考虑人家有哪些长处，这一考虑，自己就有长进了。

有人会说：既然应该道人之善，那么你为什么在这部书里总是揭人之短呢？孔子说了：要懂得坚守，更要懂得变通。这部书的目的就是为了纠正过去对《论语》认知的大量错误，把大师们的解读拿出来进行对照，是为了更清晰地说明问题，给读者更深刻的印象，并不是为了贬低大师们。这也是不得已而为之。

事实上，大师们也是各有所长的，但凡遇上某位大师的讲解独特，给我带来启发的，我一定不吝赞美，坦然承认我的受益。

乐多贤友，这不用说了，多交有能耐有人品的朋友，提高自己的同时，今后的路子会宽很多。

"乐骄乐"在今天来说似乎并不是那么糟糕，毕竟每个人有自己的生活方式，不损害别人就好，喜欢怎样的音乐那是自己的事情。

"乐佚游"也是一样，这也可以是一种生活态度。"说走就走"的旅行也不错，驴友就乐在其中，出去看看世界、锻炼体魄都好，不一定要有什么伟大目的。当然，游手好闲不是好事，这类人不是啃老族就是社会混混。

"乐宴乐"也是享受生活和结交朋友的方式，只要不过分，也没有什么问题。

总的来说，孔子所提倡的到现在依然适用。孔子所反对的则因为时代的不同而有变化，大家自己掌握尺度，只要不损害别人，自己快乐就好。

第九章

为人处世的"三戒"

18·12（16·7）**孔子曰：**"君子有三戒：少之时，血气未定，戒之在色；及其壮也，血气方刚，戒之在斗；及其老也，血气既衰，戒之在得。"

【译文】
孔子说："君子有三种事情应引以为戒：年少的时候，血气还不成熟，要控制对女色的迷恋；等到身体成熟了，血气方刚，要控制与人争斗；等到老年，血气已经衰弱了，要控制贪得无厌。"

孔子的伟大之处，不是他口口声声仁义道德，恰恰相反，是在于他承认人性尊重人性，人性的弱点在他眼里是清清楚楚的。

钱穆的解读挺好，摘来共同学习：

> 孟子曰：志者气之帅。谓以心理统率生理。君子终生有所戒，则其血气无时不为志所率。后人言志，多指有为，不知有戒，是亦失之。

孔子的这段话说得太对了。戒色、戒斗、戒贪，总之，想什么就戒什么。不过孔子的意思不是彻底戒除，而是不要过分，要警惕要控制。年轻的时候，好色；年长一些，好争好斗；老年，人会变得比较贪。孔子到了老年，回顾一生，结合自己的实际，得出了这样的结论。这个结论非常正确，是人性的体现。少年好色和壮年好斗没什么好说的，人人都知道，也比较好理解。

重点说说老年。

人老了，血气双衰，斗志减弱，不安全感增加。这个时候，人就保守多疑，重点转移到贪财上。所以，人老了就容易吝啬、贪婪。

为什么骗子喜欢骗老人？就是基于以上的原因。

有一段时间反腐败，抓了一批临退休的贪官，于是有人就推出了所谓"五十九岁现象"，说临退休的官员贪污腐败的可能性比较大。

那么，"五十九岁现象"就是孔子所说的"老人要戒贪"吗？真不是。所谓"五十九岁现象"只是个骗人的幌子。

第十章

为人处世的"九思"

18·13（16·10）孔子曰："君子有九思：视思明，听思聪，色思温，貌思恭，言思忠，事思敬，疑思问，忿思难，见得思义。"

【传统译文】

孔子说："君子有九种要思考的事：看的时候，要思考看清与否；听的时候，要思考是否听清楚；自己的脸色，要思考是否温和；容貌要思考是否谦恭；言谈的时候，要思考是否忠诚；办事要思考是否谨慎严肃；遇到疑问，要思考应该向谁询问；忿怒时，要思考是否有后患；获取财利时，要思考是否合乎义的准则。"

原本以为这一章应该没有什么异议，毕竟看上去很简单。但是仔细研读之后，发现问题很大。这一章要解决两个问题：第一，"言思忠"是什么意思？第二，"事思敬"是什么意思？

下面来解决第一个问题："言思忠"是什么意思？

钱穆说是"有言思必忠"；南怀瑾说是"讲话言而有信"；李零译为"说话，是不是诚实"；李泽厚译为"说话，要考虑是否忠诚"；鲍鹏山译为"说话，想着如何忠诚老实"。

这句话的要点在于"忠"，"忠"不是忠于人，而是忠于事，忠于自己的职位。因此，这句话的意思是：说话的时候，要考虑自己说的话是不是符合自己的职位要求，是不是对自己的工作有利。譬如上级有一个决策，即便自己不同意，也不应当在公众面前表达。

换言之，说话要符合自己的身份要求。

再来解决第二个问题："事思敬"是什么意思？

钱穆说"临事必思敬"；南怀瑾说是"对事情负责任"；李零说"办事，是不是牢靠"；李泽厚说是"办事，要考虑是否认真"；鲍鹏山说"做事，想着如何认真谨慎"。

这句话里，要解决"事"，首先要解决"敬"。

敬只能敬鬼神、敬天地、敬祖先以及敬人，没有敬事的。在这里，显然是表示敬人。既然这样，"事"就不是做事情的意思，而是从事、跟随、侍奉的意思。这句话是说，给谁做事，就要考虑尊敬谁。

现在，来做一个解读。

在孔子看来，当个君子真的不容易，方方面面都要考虑到，既要考虑别人的感受，也要考虑自己的良心。

"视思明"并不是指眼睛去看东西要清楚，而是指心明眼亮，观察事物要看清楚，不要浮于表面。"听思聪"不是指用耳朵听声音的时候要听清楚，而是指对外界的信息要懂得甄别判断，不要被人忽悠。"色思温"不是说脸色要温和，色就是颜色，在《论语》中代表态度。对人的态度要温和，不要给人脸色看。"貌思恭"不是表情要恭敬，钱穆"容之静谓之色，容之动谓之貌"，这是错的。貌就是容貌，也就是一个人的外在形象，这个形象要得体。

"言思忠，事思敬"前面说过了，不再重复。

"疑思问"比较简单，就是有疑问就去问，不要瞎猜。当然，问谁，怎么问，这里有技巧，这方面子贡最在行。"忿思难"不是生气的时候想到困难，而是想到严重的后果，所以这个难的发音是遇难的难。"见得思义"就是获得的时候，要想到这份收获是不是符合义的要求，不义之财不能贪，不是得了钱就想着捐出去做公益。

如果一个人有这"九思"，基本上人人都会喜欢他了，为人处世就很成功了。可以说，这"九思"非常实用，是孔子的经典总结。

到最后，给出这一章的正确译文：

> 孔子说："君子要有九种考虑：观察的时候，要考虑是不是真的看清楚了；倾听的时候，要考虑是不是真的听明白了；对人的态度，要考虑是不是温和友善；自己的形象，要考虑是不是得体；自己说的话，要考虑是不是符合自己的身份要求；替人做事，要考虑自己是不是尊敬老板；遇到疑问，要考虑应该怎样去问清楚；忿怒时，要考虑会有什么样的严重后果；获得利益之前，要考虑是否合乎义。"

第十一章

守成的第一要素是仁

18·14（15·8）子曰："可与言而不与之言，失人；不可与言而与之言，失言。知者不失人，亦不失言。"

【译文】

孔子说："可以同他交谈，却不同他交谈，这就是失掉了朋友；不可以同他交谈，却去同他交谈，就容易说错话。智者既不失去朋友，又不说错话。"

这一章若放在现代来说就是一句话：对正确的人说正确的话。

但是，这里还有一个不确定的地方：孔子所说的是针对不同的人，还是不同的事针对同一个人？也就是说，这个话可以对这个人说，不可以对另一个人说。还是这件事情可以对这个人说，另一件事情不能对这个人说？

不管怎样，有的话该说不说是不对的，有的话不该说却说了也是不对的。有的人可以交谈却不交谈不对，有的人不应该交谈却去和他交谈也不对。

总之，说话的时机、对象、内容都是有讲究的，处理得好，朋友多口碑好；处理不好，受人耻笑被人出卖。

这两句话算是孔子的人生教训，同时也是对弟子们的教诲。孔子一辈子不成功，就犯了很多这样的错误。同时，孔子也是在教育学生，颜回就是该说的话不说，所以朋友少路子窄；子贡早期就是话太多，不该说的话也说，因此人们不喜欢他。

跟什么人说什么话，这是很重要的。这并不是见风使舵，而是为人处世的道理。

18·15（15·33）子曰："知及之，仁不能守之；虽得之，必失之。知及之，仁能守之。不庄以莅之，则民不敬。知及之，仁能守之，庄以莅之，动之不以礼，未善也。"

【译文】

孔子说:"凭借聪明才智足以得到它,但仁的水平不能保持它,即使得到,也一定会丧失。凭借聪明才智足以得到它,仁的水平可以保持它,不用严肃态度来治理百姓,那么百姓就会不敬。聪明才智足以得到它,仁的水平可以保持它,能用严肃态度来治理百姓,但使用百姓时不照礼的要求,那也是不完善的。"

这一段话实际上是在讲一个创业与守成的问题,有才能的人能够成功,但是如果不懂得人际关系,没有一个圈子来支持自己,得到的也会失去。如果有能力又懂得人际关系,可是待人傲慢,那这个人也就是个土豪,不会受到尊敬。又能干又懂得人际关系又谦恭,可是不守规矩,公众场合大声说话、随地吐痰、闯红灯等,也还是会被人瞧不起。

这四个层次就是知、仁、庄、礼,其中礼是最高的层次,这符合孔子的一贯主张。

但是,最重要的却不是礼,而是仁。

为什么?因为如果没有知,就不会得到,当然也就不会有得而复失的痛苦。没有庄,顶多得不到尊敬;没有礼,也就是不够完善。所以,庄和礼都只是锦上添花而已。

但是,如果没有仁,你就将得而复失,并且可能连老本也搭上。

这样说来,仁才是守成的第一要素。

事实上,从中国的历史来看,君主有创业之主和守成之主。守成之主的最大特点确实都是懂得仁,能够笼络自己的将帅。最典型的,就是三国时期的孙权。

第十二章

人穷志短

18·16（8·10）子曰："好勇疾贫，乱也。人而不仁，疾之已甚，乱也。"

【传统译文】
孔子说："喜欢暴力而又恨自己太穷困，就会作乱。对于不仁德的人或事逼迫得太厉害，也会出乱子。"

有的句子，需要做句式分析，需要逻辑推理，而不是看一眼文字，凭着感觉去翻译理解。

这一段话中，前半段基本上没有问题，但是后半段的翻译和解说就真是八仙过海了。来看看大师们怎么解说"人而不仁，疾之已甚，乱也"吧。

  钱穆：若恶不仁之人太甚，也易于兴乱。
  李零："人而不仁"，主要是讲富人不仁，不拿穷人当人，为富不仁。穷人困苦无告，好勇不行，恨自己穷不行，恨富人富也不行，这些都会造成乱。
  李泽厚：对不仁的人憎恨过度，会出乱子。
  鲍鹏山：一个人而不能有仁德，如果我们对他恨得太厉害，也是祸乱。

基本上，钱穆、李泽厚、鲍鹏山认为作乱的是不仁的人，你不仁，我恨你，所以你作乱。李零则认为作乱的不是不仁的人，而是恨不仁的人，你不仁，我恨你，所以我作乱。

从李泽厚的解释中得出的结论就是：对不仁的人要宽容，否则就要乱。鲍鹏山则认为因为极端痛恨不仁的人而惹出的世界灾难，远远大于不仁的人给世界带来的灾难。南怀瑾更是不走寻常路，来看看南怀瑾的说法：

  一个社会到了贫穷的时候，人就不要命，好勇了，是乱源。以社会的观点来看历史，一个时代好动乱，一定是在社会贫穷、经济衰落的时候，这就是所谓"饥寒起盗心"。"人而不仁,疾之已甚,乱也",社会教育没落,道德衰微,所有的人,心中没有爱人的心,大家自私,对失败、失足的人没有同情心,不能包容,这是社会的大病态,时积日久,时代就乱了。

孔子在讲个人,南怀瑾去讲社会。孔子讲的乱的根源在于好勇和不仁,再加上个人的贫穷。南怀瑾讲的动乱的根源在于整个社会的贫穷,贫穷让人好勇和不仁。且不说南怀瑾把因果关系全搞拧了,我们说一个简单的事实:南怀瑾讲的都是秦朝之后的现象,在春秋时期南怀瑾说的这种现象是不存在的。

春秋时期不是专制集权社会,不是大一统,而是封建贵族社会,社会资源并不是高度集中的。因此,即便闹饥荒,也不会是大面积饥荒。即便一国闹饥荒,也能得到邻国的救助。你这里实行暴虐统治,我老百姓可以跑去外国。

因此,春秋时期的乱,是社会治安的乱,不是所谓动乱。孔子不可能去讲一个他从来没见过的现象。

从文字来看,这一章里的"好勇疾贫,乱也"和"人而不仁,疾之已甚,乱也"是明显的并列关系,讲的是两种人作乱。

第一种人是好勇但是很穷,因此作乱。注意,这里的"疾"不是恨的意思,而是患的意思,现代话说就是"承受之苦"的意思。

第二种人是"人而不仁",那么"疾之已甚"的主语是什么?是不仁的人,"疾之"是什么?上面已经说过了,疾的是贫,所以这里的"疾之"还是疾贫。"疾之已甚"则是穷得已经受不了了,快饿死了。这个时候,也要作乱了。

这两种作乱的区别在哪里?

第一种,好勇,家里穷,但是不至于揭不开锅,一时激愤,譬如说哥儿几个喝了点酒,或者打官司输了,于是作乱。

第二种,不好勇,但是不仁,也就是跟大家的关系处得都不好,家里穷,而且没人愿意帮助他,越来越穷,直到揭不开锅快饿死了,为了活下去,只能铤而走险去作乱。

所以,孔子在这里所想表达的就是不仁的人的潜在危险性。有的人看上去并不好勇,但是因为不仁,朋友少路子窄,名声不佳找不到工作,最后走投无路,也会作乱。

这段话的正确译文应该是这样的:

> 孔子说:"有暴力倾向又贫穷的人,容易作乱。不仁的人,穷到无法承受的时候,也会作乱。"

第十三章

仁者乐山

18·17（6·23）子曰："知者乐水，仁者乐山。知者动，仁者静。知者乐，仁者寿。"

【译文】
孔子说："知者喜爱水，仁者喜爱山；知者喜欢活动，仁者喜欢沉静。知者快乐，仁者长寿。"

这一章非常著名，很多人喜欢，很多人请人写了挂在自己的客厅。可是，这段话究竟什么意思呢？

译文没有任何歧义，看看大师们的解读。

钱穆：本章首明仁知之性。次明仁知之用。三显仁知之效。然仁知属于德性，非由言辞可明，故本章借山水以为形容，亦所谓能近取譬。盖道德本乎人性，人性出于自然，自然之美反映于人心，表而出之，则为艺术。故有道德者多知爱艺术，此二者皆同本于自然。

南怀瑾：这几句话，一般的人说，"知者乐水"的意思是说聪明的人喜欢水，因为水性流动。"仁者乐山"是说仁慈的人喜欢山。如果这样解释，问题大了。套用庄子的口吻来说，"知者乐水"，那么鳗鱼、泥鳅、黄鱼、乌龟都喜欢水，它是聪明的吗？"仁者乐山"，那么猴子、老虎、狮子都是仁慈的吗？这种解释是不对的。正确的解释是"知者乐，水。"知者的快乐，就像水一样，悠然安详，永远是活泼泼的。"仁者乐，山。"仁者之乐，像山一样，崇高、伟大、宁静。"知者乐"，知者是乐的，人生观、兴趣是多方面的；"仁者寿"，宁静有涵养的人，比较不大容易发脾气，也不容易冲动，看事情冷静，先难而后获，这种人寿命也长一点。

李零：山性静，可以长久，故曰寿。水性动，可以悦人，故曰乐。

南怀瑾又在另辟蹊径，基本上，我不同意他的断句。此外，他的逻辑关系也搞反了，按照他的解释，孔子的话就不是知者乐水，仁者乐山，而是乐水者智，乐山者仁了。

不过无所谓了，其实大家都理解孔子的意思：智者若水，仁者若山。

基本上，大师们的解读不尽如人意。

四川地名有乐山，有仁寿，想来都是出于这里了。

为什么知者乐水呢？因为水是流动的，可以看到变化，利于观察；为什么仁者乐山？因为山是静止的，可以抑制人的欲望，利于思考。为什么知者乐？因为知者常有新想法；为什么仁者寿，因为与世无争。

在这里，仁者的最大特点是沉静、爱山，孔子就是这样的。仁者的好处是什么呢？长寿。孔子说这话的时候应该过了七十岁了。人活七十古来稀，孔子差不多是当地长寿冠军了。

从运动和锻炼身体的角度来说，登山和游泳是一样的。但是住在山里和住在水边是完全不同的两种生活。最好的房子当然是背山面水，所谓"半山别墅"，快乐且长寿。

当然，知者乐水是乐江河，而不是小池塘小溪流；仁者乐山是乐大山，而不是小土丘。

从另一个角度说，知者往往追求自身价值的体现，仁者往往追求人际关系的和谐。因此，仁者更适合做领导，知者更适合做专家。

山和水的区别确实是很大的，我们撇开仁者智者不说，单说说山水对人类性格的影响。

我们知道，在中国，南方多水。所以，南方的姑娘比较水灵，看上去就很机灵；而北方少水，北方姑娘看上去就比较憨厚，如果是在北方的山里走出来的，譬如黄土高坡，那一定是土味十足的。北方的汉子比南方的壮实，而南方的汉子比北方的精悍。

但是，中国还有一句俗话，叫作"穷山恶水出刁民"，在过去，这话通常被理解为歧视贫困地区的老百姓。但穷山恶水，通常百姓都生活艰难，再加上受教育机会比较少，所以在某些事情上比较刁蛮，这也是为生活所困的结果。

第十四章

仁的宗教化

18·18（4·1）子曰："里仁为美。择不处仁，焉得知？"

【译文】
孔子说："跟仁人住在一起，才是好的。如果你选择的住处不是跟仁人在一起，怎么能说你是明智的呢？"

本章引用的四段话在《论语》原文中是相连的，每一处都在说仁，并且没有任何背景，说教意味很浓。
还是先来看看大师们怎么说。

钱穆：人能居于仁道，这是最美的了。若择身所处而不择于仁，哪算是知呢？

南怀瑾："里仁为美"意思是我们真正学问安顿的处所，要以仁为标准，达到仁的境界，也就是学问到了真善美的境界。"择不处仁"的意思是我们的学问、修养，没有达到处在仁的境界，不算是智慧的成就，这是第一原则。

李零、李泽厚、鲍鹏山：跟什么人做邻居，一定要慎重，不选仁人，不行。

这一次，南怀瑾和钱穆出奇地一致，另外三人则是同样的说法。
首先，按照钱穆和南怀瑾的解说，"里仁为美"和"择不处仁"非常别扭，还成了大话套话。李零的解说则非常实用，孔子是很少说大话套话的。
实际上，我们可以做一个现场还原式的解说。
大致是有人要买房置地，想去城里整个高尚住宅，跟权贵们做邻居，来征询孔子的意见。孔子对此人的选择不满意，认为邻居太差，所以，说了这番话。问问题的应该是孔子比较喜欢的学生，因此希望他住在自己附近，而不是去城里跟富人们做邻居。
后来，孟母三迁的事情，体现的就是这么个意思。

为什么要与仁人做邻居呢？因为仁人善于处理人际邻里的关系，和他做邻居你能得到朋友，能守望相助。而与不仁的人做邻居，那就会纠纷不断，或者被他以邻为壑。这一点我有体会，我最早的一户邻居将他家空调的主机安放在我家的窗下，后来的一户邻居则喜欢把他家的自行车放我家门口。后来在洛杉矶，有一户邻居是印尼华侨，常常将他在院子里洗衣服的脏水隔着墙头倒到我家院子，我家的半堵墙都被他的洗衣粉水腐蚀成黄色了。典型的以邻为壑。

其实，在这个问题上人们始终在遵从孔子的教诲，买房或者租房之前总是要考虑周边环境的因素，譬如这里是不是安全，学区好不好，居民的普遍素质高不高等。

以上是我的看法，但是，如果参照下一章的话，会发现钱穆和南怀瑾的看法也有道理。

18·19（4·2）子曰："不仁者不可以久处约，不可以长处乐。仁者安仁，知者利仁。"

【译文】

孔子说："没有仁的人不能长久地处在贫困中，也不能长久地处在安乐中。仁人是安于仁道的，有智慧的人则是知道仁对自己有利才去行仁的。"

这一章大师们的译文都差不多，但是解读都不好，尤其是"知者利仁"，李零直接说他弄不清楚。

先说一个问题：不仁者为什么不能长久处于贫困？因为他们不知道怎样摆脱贫困，他们看不到希望。那他们会怎样？作奸犯科。不仁者为什么不能长久处于快乐？因为他们贪得无厌，因此总是在算计别人，觉得自己吃亏。那他们会怎样？折腾。

"仁者安仁，知者利仁"可以写成"仁者因仁而安，知者因仁而利"，怎么解释呢？就是仁者追求的就是仁，做到了仁就会安享仁。知者追求的是利，但是他们知道仁会帮助他们实现利，因此他们去追求能够帮助他们实现利的那部分仁。

举个例子，老张是个仁者，他跟所有人的关系都很好，为此他很享受这样的生活。老李是个知者，他做生意，于是他想方设法去搞好和经销商以及其他人的关系，实现这个部分的仁，帮助他获得利益，获得他的快乐。

所以，各人有各人的快乐来源，各人有各人的活法，要饭的不等于不快乐，腰缠万贯的也不等于快乐。

18·20（4·3）子曰："唯仁者能好人，能恶人。"

【译文】

孔子说:"只有那些有仁的人,才能真正爱人和憎恶人。"

仁人以品性为标准去判断别人,不仁的人以利益去决定亲疏。因为品性不易改变,而利益关系常常变化。因此,仁者的爱恨是持久的,而不仁者的爱恨是随时变化的。

大致就是这个意思。

18·21(4·4)子曰:"苟志于仁矣,无恶也。"

【译文】

孔子说:"如果立志于仁,就不会憎恶人。"

钱穆和南怀瑾就是这么翻译的。

问题是,上一章说仁者能够真正憎恶人,这一章又说立志于仁就不会憎恶人,这难道不是自相矛盾吗?钱穆试图解释,不过有些徒劳。南怀瑾索性不解释。李零注意到了这个问题,所以翻译成了"就不会被人所憎恶"。字面上好像绕开了,可是道理上讲不通。李泽厚和鲍鹏山译成了"就不会做坏事",在字面和道理上都讲得通,可是感觉上不对,感觉这是在大学里教小学的内容。

那么,究竟应该怎样翻译,怎样解读呢?

连续两章,孔子的话都很绝对,因此我们可以怀疑他当时有些偏执,老年痴呆症状开始浮现。

从另一个角度说,在这里的四段话中,虽然孔子所说的"仁"依然可以当作"好的人际关系"来解释,但是我们明显能够感觉到"仁"已经开始符号化,已经开始具有宗教特性,已经朝无所不包、无所不能的方向前进了。

所以,孔子在这里的自相矛盾也就可以理解了,一个万能的仁既能让你真正去恨人,也能让你不去恨人。

在这里,孔子继续强调仁的绝对重要性。如果怎样,就怎样;只有怎样,才怎样,这样的句子,孔子从前是很少说的。世上没有绝对正确的人,有的话,就是上帝。世上也没有绝对正确的事情,有的话,就是宇宙的运行。

当孔子将"仁"的高度提升到"绝对"级别的时候,"仁"实际上就已经成为一种精神,就已经无法实现了。

不知仁为何物,如何苟志于仁?还是"己所不欲,勿施于人"实在些。

第十五章

杀身成仁，成什么仁

18·22（7·30）子曰："仁远乎哉？我欲仁，斯仁至矣。"

【译文】

孔子说："仁难道离我们很远吗？只要我想要仁，仁就来了。"

被宗教化的"仁"终于到了可以牺牲生命的地步了，能够让人义无反顾坦然面对死亡的，也就只有宗教信仰了。至此，"仁"已经成为一个宗教概念。

孔子说：我要仁，于是仁就来了。心中有仁，就是仁；心中有爱，就是爱；心中有佛，就是佛。

手中无剑，心中有剑。

围绕着"仁"，孔子做了很多阐述。在"仁"这个问题上，一开始是指某种行为，后来是指某种想法，后来就成了精神。这个时候孔子虽然还在说"仁"，实际上"仁"已经成了"道"。

设想这个时候一个学生来问孔子怎样做到"仁"，孔子还会说"不要强加你的想法给别人""遇事要三思""要看到别人的优点""己所不欲勿施于人"这一类的话吗？

不会，孔子的回答就是：你想要"仁"，"仁"就来了。

最后来看看大师们怎么发挥的。

  钱穆：仁道出于人心，故反诸己而即得。仁心仁道皆不远人，故我欲仁，斯仁至。惟求在己成德，在世成道，则难。故孔子极言仁之易求，又极言仁之难达。

  南怀瑾：仁义并不是摸不着、看不到、很高远的。只要在观念上引发仁慈心，去爱别人，有一点爱心存在，就是仁爱的道理，就可达于仁道，不要去向外驰求。

  李零：孔子把"仁"悬得很高，活着的一个不算，让人感到可望而不可即。所以孔子这么说，这是"立等可取"的鼓励办法，就像很多俗和尚，以为念一声阿弥陀佛，就可以往生净土。

　　李泽厚：说明只要有志，有意于培养仁爱情感，它就是可以得到的。

　　鲍鹏山：一念为善，就是善人；一念为恶，就是恶人。

18·23（15·36）子曰："当仁，不让于师。"

【译文】

　　孔子说："在仁的面前，就是老师，也不让他。"

与老师之间，是同时追求"仁"，还是争夺"仁"？是在追求"仁"的道路上超越老师，还是抢夺老师的"仁"？这是有区别的。

　　当仁不让，这个成语从这里来的。

　　在过去，有什么是可以与老师争夺的呢？好像没有。可是现在，"仁"超越了对老师的尊敬，超越了一切。在"仁"的面前，老师渺小无比，因为"仁"无所不能，必须要膜拜了。

　　最后还是来看看大师们的发挥。

　　　　钱穆：若遇行仁之事，在己即当率先向前，莫让给众人为之。当仁不让，即是见义勇为也。（钱穆把师译成了"众人"，也是煞费心思。）

　　　　南怀瑾、李零、鲍鹏山：等于西方哲学家亚里士多德说的："吾爱吾师，吾更爱真理。"

　　　　李泽厚："当仁"可以译为"面对仁"，如杀身成仁，便可青出于蓝，优先上路。（好一个"优先上路"，让我想起"让领导先走"，领导先走了，孩子们就优先上路了。）

18·24（15·9）子曰："志士仁人，无求生以害仁，有杀身以成仁。"

【译文】

　　孔子说："志士仁人，没有贪生怕死而抛弃仁的，只有牺牲自己的性命来成就仁的。"

当仁不让于师，那么进一步，当"仁"和你的生命发生矛盾的时候，怎么办？孔子说了：杀身以成仁。

　　来看看大师们怎样的解读。

钱穆：生必有死，死非孔门论学所重。孔门论学所重在如何生，苟知如何生，自知如何死。知有不该求生时，自知有不避杀身时。杀身成仁，亦不惜死枉生。所重仍在如何生。(不能苟同)

南怀瑾：所谓志士仁人无求生以害仁，譬如有许多宗教家，有时碰到与他的信仰抵触的事，他宁可舍掉性命，所谓以身殉道。为卫道而死的，宗教徒中特别多，历史上的忠臣孝子，也就是这个观念，宁可牺牲，绝不为了生命而妨碍了自己的中心思想或信仰，宁可杀身以成仁。反面的意思，当然不会为了生命的安全，而去做违背仁义的事了。这就关系到个人的修养以及生命价值的看法了。(南怀瑾举的就是宗教的例子。)

李零：生命诚可贵，仁义价更高。(这不是李零的风格啊！)

李泽厚：可作道德和超道德的解释，所谓"超道德"就是"仁"发自内心而可与宇宙交通，所谓"浩然之气""一点灵明""天地有正气""气功"……(超道德不就是宗教吗？)

鲍鹏山：孔子的思想比较复杂，他也有至大至刚的一面。

从大师们的解读我们其实可以看到，一些大师已经意识到了"仁"这个概念的宗教化，只是没有明确指出来。

小 结

让"仁"回归本原

正如真正的"德"已经不复存在,而他们以"德"的名义虚拟出了"德行、品德、道德"一样,本原意义的"仁"也已经不复存在了,剩下的只是宗教化的"仁义、仁德、仁爱"。

从《论语》的内容看,历朝历代的专制统治者是不应该喜欢的,这原本应该是一本禁书。但是,在对"德"和"仁"的定义进行了篡改之后,他们将《论语》成功地变成了一本愚民教材,让许多人以宗教的狂热去效忠最高的专制统治者,也就是皇帝。

是到了改变这一切的时候了,我们不需要那些虚无缥缈可以被任意解释的宗教概念,我们需要的是规则意识、对人性的尊重、对人的包容宽容、对习惯的培养、种种明确的定义和可以执行的做法。

所以,我们需要本原意义上的"仁"的回归,我们需要好的人际关系,而这将促成社会关系的和谐,进而完成我们构建和谐社会的目标。

当我们"志于仁",我们就会尊重别人,就会做到"己所不欲,勿施于人",就会仁者爱人,就会修正自己性格中的不足,就会包容、反思、勇于去承担责任。用孔子的话说,就会成为君子。

总有人认为人们必须要胸怀天下志向高远,必须要为祖国的富强而奋斗。但是事实并非如此,一个人需要的是发展自己,与周围的人友好相处,给自己的家人带来好的生活和安全保障。当人们都做到这一点的时候,祖国自然就强大了,社会自然就和谐了。当人们都懂得尊重别人,都有良好的习惯的时候,整个社会的道德水准自然就提升了。

对于每一个人来说,其实也可以完全不去管"仁"的宗教意义,只需要按照"仁"的原意去提升自己的情商。事实上,无论在什么时代,无论在什么社会,高情商总是一件好事。

《论语》给我们提供了很多提升情商的原则和例子,除了在这一篇,随后的若干篇还会介绍孔子的得意门生,他们的故事中会有大量鲜活的例子,以此记录他们的成功经验和失败教训。

要做到仁,首先不要把仁想得太高尚,事实上仁与所谓仁义、仁德没有任何关系，它只是一种人际交往的思维方式、方法以及习惯，目的并不高尚，不是为了解放全人类，也不是为了强国富民，甚至不是为了扶危济困，只是希望和人们友好相处，有几个能够帮得上忙的朋友，能获得上级欣赏，人们尊重，如此而已。

我们需要一些原则的思维方式，譬如吃亏是福，譬如把在工作部门干体力活当作健身，譬如在公交车上给老人让座等，总之，不要怕吃亏。

我们需要一些好的习惯，需要判断自己应该与哪类人交朋友，避免与哪类人交朋友等，而判断的标准并不仅仅是品质。

我们需要发现自己在人际交往中的弱点，然后努力去改变。譬如子贡喜欢把自己的观点强加于人，譬如子张总喜欢抓住鸡毛蒜皮的事情不放。在人际交往中，这些才是真的要命的。

我们要明白再好的朋友也要保持适当的距离，即所谓"安全距离"。

凡此种种，有的是《论语》中提到的，有的并不是《论语》中提到的，需要自己去总结。

但是千言万语汇总成一句话：去提升自己的人际关系水平吧，去提升自己的情商吧，这关系到自己的前途。当每个人都前途光明的时候，这个国家的前途也就光明了。

什么是仁义？什么是仁德？就是当每个人都懂得仁了。

《论语》的真相 下

贾志刚 著

广西师范大学出版社
·桂林·

LUNYU DE ZHENXIANG
《论语》的真相

图书在版编目（CIP）数据

《论语》的真相：上下册 / 贾志刚著. --桂林：广西师范大学出版社，2023.3
ISBN 978-7-5598-5656-2

Ⅰ．①论… Ⅱ．①贾… Ⅲ．①《论语》—研究 Ⅳ．①B222.25

中国版本图书馆CIP数据核字（2022）第222217号

广西师范大学出版社出版发行

（广西桂林市五里店路9号　邮政编码：541004）
网址：http://www.bbtpress.com

出版人：黄轩庄

全国新华书店经销

广西广大印务有限责任公司印刷

（桂林市临桂区秧塘工业园西城大道北侧广西师范大学出版社集团有限公司创意产业园内　邮政编码：541199）

开本：720 mm × 1 010 mm　1/16

印张：60　字数：1 184 千字

2023年3月第1版　　2023年3月第1次印刷

定价：169.00元（上下册）

如发现印装质量问题，影响阅读，请与出版社发行部门联系调换。

序　没有指向的真理都是套话

即便是真理，如果没有指向，也可能毫无意义甚至误人子弟。没有指向的说教，就是大话套话。

举几个简单的例子。

你说"做人要诚实"，看上去这话没错。但是，如果你这话是对一个从来没有出过门，并且马上要去往一个骗子横行的地方的人，你这就是在害他。你应该说"见人且说三分话，不可全抛一片心。"

你说"做事要果断，不要瞻前顾后"，看上去这话没错。可是，如果这话是说给一个性急鲁莽的年轻人，你这又是在害他。你应该说"凡事要三思，想清楚利害再做。"

《论语》中很多的章节看似没有指向，但实际上是有的。如果你不了解，那你只能说大话套话了。这样的解读有什么价值呢？

遗憾的是，很多时候我们就是这样解读《论语》的。在并不知道指向，并不知道时代背景、事件背景、对话背景、人物背景以及人物关系背景的情况下解读，没有任何意义。

在下册中，我们将会针对人来进行排序，以前所未有的明确指向告知大家每句话所针对的对象。

有了这些背景介绍，大家就很容易明白孔子是怎样一步步地培养弟子们的贵族精神的，大家就很容易将自己代入其中，从成功的或者失败的例子中找到适合自己的内容。

这，才是读《论语》的真正价值。

目 录

第一篇　子路：从土匪到贵族

第一章	不懂不要装懂	3
第二章	不自卑不满足	5
第三章	好勇不是优点	7
第四章	勇需要引导和约束	9
第五章	急躁和缺乏耐心	11
第六章	用习惯修正性格	13
第七章	与朋友和师兄弟的相处之道	16
第八章	走向成人之路	19
第九章	人生新目标	22
第十章	学以致用	24
第十一章	子路的人格魅力	26
第十二章	子路有点膨胀	29
第十三章	子路对孔子的警醒	32
第十四章	师生、父子、兄弟	34
第十五章	亲如一家的感觉	36
第十六章	懂得享受生活	38
第十七章	成为贵族	40
第十八章	合理的目标很重要	42
第十九章	发自肺腑的关怀	44
第二十章	知德者鲜矣	47
第二十一章	一语成谶	48
小结	子路：性格决定结局	50

第二篇　子贡：从土豪到贵族

第一章　轻狂无知的富二代	55
第二章　恶习一箩筐	57
第三章　子贡的反击	60
第四章　正面交锋	62
第五章　先做后说	64
第六章　善意也不能强加	66
第七章　君子不器	69
第八章　抬杠是有害的	71
第九章　开始学君子	74
第十章　土豪到贵族的阶梯	76
第十一章　终于成了君子	78
第十二章　老师的期望	80
第十三章　当官的困惑	82
第十四章　老师对高徒的称赞	84
第十五章　老师也会老的	86
第十六章　孤独老头需要安慰	88
第十七章　子贡的遗憾	90
第十八章　为老师辩护	92
第十九章　自学成才不行吗？	94
第二十章　诋毁老师？不行	96
第二十一章　老师也是人	98
第二十二章　学术争论	101
小结　子贡：富二代的偶像	102

第三篇　冉有：讷于言而敏于行

第一章　年轻有为	105
第二章　先富后教	109
第三章　冉有的口才	111
第四章　师徒决裂	113
第五章　君子爱财，取之有道	115
第六章　退而求其次也做不到	117
第七章　水火不相容	119
第八章　冰释前嫌	122

第九章　锦上添花　　　　　　　　　　　　125
小结　冉有：实干家的典型　　　　　　　127

第四篇　颜回：圣人还是腐儒

第一章　认真听讲的好学生　　　　　　　131
第二章　惊人的意志力　　　　　　　　　133
第三章　克己复礼　　　　　　　　　　　135
第四章　孔子的期待　　　　　　　　　　138
第五章　想做圣人不容易　　　　　　　　140
第六章　沉重的打击　　　　　　　　　　142
第七章　孔子为什么这样悲伤？　　　　　144
第八章　颜路的怨恨　　　　　　　　　　146
第九章　孔子的心愿　　　　　　　　　　149
第十章　品质高尚更要会解压　　　　　　151
第十一章　小车不倒只管推　　　　　　　153
第十二章　过度的美德　　　　　　　　　155
小结　颜回：圣王本是一场梦　　　　　　157

第五篇　子夏：博学而笃志

第一章　启发老师的学生　　　　　　　　161
第二章　不是做官的料　　　　　　　　　164
第三章　不拘小节　　　　　　　　　　　166
第四章　过犹不及　　　　　　　　　　　168
第五章　有问题问子夏　　　　　　　　　170
第六章　为人处世的四项基本原则　　　　171
第七章　博学而笃志　　　　　　　　　　173
第八章　孤傲清高　　　　　　　　　　　175
第九章　别把自己当圣人　　　　　　　　177
第十章　小道才是正道　　　　　　　　　178
第十一章　不敢认错才是小人　　　　　　181
第十二章　别装　　　　　　　　　　　　182
第十三章　招生广告和教学理念　　　　　184
第十四章　左丘明是谁？　　　　　　　　187
小结　子夏：孔子的衣钵传人　　　　　　190

第六篇　子张：水至清则无鱼

第一章	多闻阙疑	195
第二章	浸润之谮	197
第三章	什么样的人会困惑？	199
第四章	要提好问题	201
第五章	出门在外的学问	203
第六章	察言观色不是坏事	206
第七章	非典型对话	208
第八章	问题太多老师也烦	211
第九章	过去与未来	213
第十章	道德先生	215
第十一章	人际关系是个大问题	218
小结	子张：伪君子的开山鼻祖	221

第七篇　孔门弟子

第一章	所谓"四科十哲"	225
第二章	夸赞弟子	227
第三章	孔子是真不知道	229
第四章	曾皙的理想	232
第五章	冉耕的恶疾	235
第六章	漆雕开不出仕	236
第七章	孝哉闵子骞	238
第八章	闵子骞不当官	240
第九章	沉默寡言的冉雍	243
第十章	德才兼备的冉雍	245
第十一章	居敬而行简	247
第十二章	冉雍当官	249
第十三章	孔子反对高柴当官	251
第十四章	宰我装疯卖傻	254
第十五章	朽木不可雕也	258
第十六章	宰我的教训	260
第十七章	有校长出场了	263
第十八章	和为贵	265
第十九章	地主家也没有余粮了	267

第二十章　樊迟的三大缺点　　　　　　268
第二十一章　我要当农民　　　　　　　270
第二十二章　孔子给原宪加薪　　　　　272
第二十三章　公西华的赞美　　　　　　274
第二十四章　子游的妙言　　　　　　　276
第二十五章　淡淡的悲伤　　　　　　　278
第二十六章　以貌取人，失之子羽　　　280
第二十七章　吾道一以贯之　　　　　　282
第二十八章　回光返照还是死里逃生　　285
第二十九章　孔子父子　　　　　　　　288
第三十章　想不通的司马牛　　　　　　291
第三十一章　无欲则刚　　　　　　　　293
第三十二章　缺点集合　　　　　　　　295
小结　真实　　　　　　　　　　　　　297

第八篇　孔子论人

第一章　孔子挑女婿　　　　　　　　　301
第二章　公叔文子　　　　　　　　　　303
第三章　孟公绰的气质　　　　　　　　305
第四章　聪明反被聪明误　　　　　　　307
第五章　子产的君子之道　　　　　　　309
第六章　子西究竟是谁　　　　　　　　311
第七章　三思而后行　　　　　　　　　313
第八章　犯糊涂的臧文仲　　　　　　　315
第九章　孔子眼中的霸主　　　　　　　318
第十章　八士　　　　　　　　　　　　320
第十一章　孔子的偶像周公　　　　　　321
第十二章　圣王的品质　　　　　　　　323
第十三章　商朝的仁人　　　　　　　　326
第十四章　泰伯的至德　　　　　　　　328
第十五章　尧舜禹的美德　　　　　　　330
小结　孔子的偶像们　　　　　　　　　332

第九篇　孔子论道

第一章　孔子的心路历程	335
第二章　孔子爱谈天命	339
第三章　君子要知天命	341
第四章　天命能改变吗？	342
第五章　孔子何时学《周易》	344
第六章　追求道家的境界	346
第七章　君子要求道	348
第八章　避世与守旧	350
第九章　无为而治	352
第十章　道不同，不相为谋	353
第十一章　朝闻道而夕死	355
第十二章　河图洛书	357
小结　不要说孔子是道家	358

第十篇　子曰

第一章　王者与善人	361
第二章　此善人非彼善人	363
第三章　错误的判断	365
第四章　无法实现的理想	367
第五章　厚古薄今老夫子	368
第六章　靠别人不如靠自己	371

第十一篇　君子与小人

第一章　君子群而不党	377
第二章　君子泰而不骄	378
第三章　君子量才录用	380
第四章　君子喻于义	382
第五章　君子成人之美	384
第六章　君子做不好小事吗？	386
第七章　混乱的逻辑	388
第八章　君子还是伪君子	390

第十二篇　最后的致敬

第一章　为谁而学习	395
第二章　先进与后进	397
第三章　骥的德究竟是什么	399
第四章　门和出户	401
第五章　酒后的感言	403
第六章　有的话不能说出来	405
第七章　隐者招谁惹谁了	407
第八章　皇帝的新衣	409
第九章　多管闲事	411
第十章　天下的木铎	413

参考文献	415

第一篇

子路

从土匪到贵族

子路，名仲由，字子路，卞人，比孔子小九岁。子路的出身通常说是野人，什么是野人？就是士农工商之外的人，没身份证没户口没正当职业。

　　出身卑微的子路很聪明，但是有点死心眼，喜欢一条道走到黑。子路很好学，也很上进，对贵族生活也充满了向往。可是基础不好，孔子常常嘲笑他。但是子路的优点太多了，譬如很忠诚，很能吃苦，很直率而且很勇猛，孔子跟他在一起就感觉踏实安全。因此，后来子路成了孔子身边最信任的学生，他们互相关心，成了一种师生、朋友、亲人的关系。孔子说："自吾得由，恶言不闻于耳。"

　　对于孔子的学说，子路甚至比孔子本人还要坚信不疑。在这一点上，只有颜回能够相比。但是，子路更直率，不重面子，敢于大胆去追求名利。

　　天真、直率，有时候鲁莽，这就是子路，一个讨人喜欢的历史人物。

　　从孔子与子路的对话中，我们能够看到孔子因材施教，循循善诱，一步步让流浪汉子路转变为一个有学问有理想有能力的君子。

第 一 章

不懂不要装懂

19·1（2·17）子曰："由！诲女知之乎！知之为知之，不知为不知，是知也。"

【译文】
孔子说："由，我教给你的，你明白了吗？明白了就是明白了，不明白就是不明白，这才是明白的态度。"

这一章我们要解决两个问题：第一，这一章是在讲方法还是在讲态度？第二，孔子为什么要对子路讲这段话？

还是先来看看大师们怎么翻译。

> 钱穆：由呀！我教你如何求知吧！知的，你知道它是知，不知的，你知道它是不知，这才是知呀！
> 杨伯峻：孔子说："由，教给你对待知或不知的正确态度吧！知道就是知道，不知道就是不知道，这就是聪明智慧！"
> 南怀瑾：你知道吗？懂得就是懂得，不懂就是不懂，这就是最高的智慧。
> 李零：什么叫"知之"，我不是讲过了吗？你难道忘了吗？知道的就说知道，不知道的就说不知道，这才叫知道。
> 傅佩荣：由，我来教你怎样求知。知道就是知道，不知道就是不知道，这样才是求知的态度。

现在我们来解决第一个问题：这一章是在讲方法还是在讲态度？

所有大师中，除了钱穆之外，其余四位大师的译文其实没有什么区别。钱穆的译文显然是错误的，按照他的译文倒推回去应该是：知知，知不知，是知也。按照这种译法，这段话是在讲获取知识的方法。而按照其余四位大师的译法，这段话是在讲学习知识的态度。我们的结论是：这是在讲求知的态度。

之后我们来解决第二个问题：孔子为什么要对子路讲这段话？

南怀瑾认为这是孔子教子路怎样为政，李零则认为"子路肯定是说了什么冒失话，所以孔子才这么讲"。其余的大师们则根本没有去思考这个问题。

其实，这个问题很重要，因为这才体现孔子的因材施教。

子路是孔子最早的一批学生中的一个，他认死理，既然当了孔子的学生，就什么都按孔子说的做。不过基础太差，学习很努力，成绩很糟糕，但是又不愿意承认，有时候免不得一知半解不懂装懂。

所以，孔子在这里就教他学习知识的态度：首先要承认自己的不足，不知道就是不知道。在这个基础上，才能真正用心去学习。从这个角度说，李零的判断是对的，孔子是借着某一件事情来说子路的。

南怀瑾的说法则不正确，因为子路听从了老师的话，不再不懂装懂。到子路后来从政的时候，已经不存在这个问题了，孔子自然也就不会再对他说这样的话。不过，对这段话的解读发挥，依然是南怀瑾的最好，非常贴近现实，不妨照搬其中的一段：

> 这个时代，很容易犯这个毛病。很多学问，明明不懂的，硬冒充自己懂，这是很严重的错误，尤其是出去做主管的人要注意。我们看历史上伟大的成功人物，遇事常说："我不懂，所以要请教你，由你负责去办，大原则告诉我就行了。"说这话的人就成功了。如果硬充懂就不行，结果一无所成。历史上，古今中外莫不如此。政治的道理也一样，懂就懂，不懂的就是"对不起……我不懂"。这是最高的智慧，也是最高的礼貌。
>
> 所以我常对出国的学生们说，有一个最高的原则，也是走遍天下的国际礼貌，那便是你走到任何国家说："对不起，我是中国来的，对这件事我不懂，请问应该怎么办？"万万不要认为这样说是丢人，这是最大的礼貌，不会吃亏，尤其做国民外交更用得着，最怕冒充懂，那会失礼。

南怀瑾说得很对，承认自己不懂并不会被人瞧不起，不懂装懂才会。

第二章

不自卑不满足

19·2（9·27）子曰："衣敝缊袍，与衣狐貉者立，而不耻者，其由也与？'不忮不求，何用不臧？'"子路终身诵之。子曰："是道也，何足以臧？"

【译文】

孔子说："穿着破旧的麻布袍子，与穿着狐貉皮袍的人站在一起而不感到羞耻的，大概只有仲由吧。（《诗经》上说：）'不嫉妒，不贪求，又有什么不好呢？'"子路听后，反复背诵这句诗。孔子又说："只做到这样，怎么能有出息呢？"

对上面这段话的译文，大多数大师都是对的。但是同样的问题是，并没有人去探问孔子为什么要对子路这样说。

这一章我们要解决两个问题：第一，"是道也，何足以臧？"是什么意思？第二，孔子为什么要批评子路？

这一章前半段的译文都是一样的，所以我们直接来解决第一个问题："是道也，何足以臧？"是什么意思？

先看看大师们怎么样解说。

  钱穆：这样又何够算好呀。
  杨伯峻：仅仅这个样子，怎样能够好得起来？
  南怀瑾：孔子又说他，我说你好，你就得意起来了。我讲你对，这不过是学问的过程，而学问永无止境，以此到处炫耀，你就已经不行了。
  李零：就这么点德行，也值得老挂在嘴上吗？
  傅佩荣：这样固然是正途，但是还不够好啊！

大师们的解说不同，但是大致可以分为两类：第一类，是说子路满足于此，因此孔子批评他，钱穆、杨伯峻、傅佩荣是这一类；第二类，是说子路为此而炫耀，因此孔子批评他，南怀瑾、李零是这一类。

从上半段中子路的表现来看，说他满足于此或者为此而炫耀其实都是对的，孔子应该是批评他满足于此。

随后我们来解决第二个问题：孔子为什么要批评子路？

前面说了孔子批评子路说因为子路满足于此，那么，满足于此是满足于什么呢？不满足于此应该怎样呢？

首先我们来说说"不忮不求，何用不臧"的意思。"不忮不求，何用不臧"出于《诗经·邶风·雄雉》。整首诗是描写一个女人思念自己的丈夫或者情人，因为他去了远方，为什么去了远方呢？可能是为国君打仗去了，也可能做生意去了，也可能是去齐国寻求机会去了。所以这个女人感慨：要是不那么贪婪，老老实实在家里过日子，又有什么不好呢？

所以，"不忮不求，何用不臧"就是满足于现状的意思，是好还是坏无法一言以蔽之。具体来说，满足于此就是子路满足于穿破烂衣服。那么，不满足于此应该是怎样的呢？很简单：要穿好衣服。

说到这里，我们要说说子路入学之后的情况了。

子路是野人出身，穷得只穿得起破衣烂衫。成为孔子的学生之后，孔子总是担心他太自卑。谁知道子路一点也不自卑，还挺自然，因此孔子表扬他的不自卑，认为有了这样的品质就有了翻身的希望。可是子路会错了意，以为孔子是表扬他穿破衣烂衫。孔子看到子路得意满足的样子，很担心这家伙是不是没有理想和追求，于是说了后面一段话。

总的来说，这段话的意思就是：不要为现状感到羞耻，但是如果满足于现状，就真的很羞耻了。

子路听从了老师的话，以成为贵族为自己的奋斗目标。

第 三 章

好勇不是优点

19·3（5·7）子曰："道不行，乘桴浮于海。从我者，其由与？"子路闻之喜。子曰："由也好勇过我，无所取材。"

【译文】

孔子说："如果我的主张行不通，我就乘上木筏子到海外去。能跟从我的大概只有仲由吧！"子路听到这话很高兴。孔子说："仲由啊，好勇超过了我，没有什么可取的才能。"

又到了大师们集体出错的时间，导致出错的原因无外乎两种：第一，对人物不了解；第二，对概念不理解。这一章我们要解决两个问题：第一，孔子的第一句话是在表扬子路吗？第二，孔子的第二句话是在表扬子路吗？

这一章里，孔子说了两句话。

第一句话，所有人的译文都大同小异，因此不再摘录。

首先来解决第一个问题：孔子的第一句话是在表扬子路吗？

按照大师们的解读，这是孔子在表扬子路，说他勇敢而且忠诚，所以愿意跟随孔子。果真如此吗？不是的。

孔子说子路跟随他的前提是什么？是"道不行，乘桴浮于海"，理想破灭了，乘着木筏子出海去了，随波逐流九死一生，这个时候谁跟他去其实已经无所谓了，这个时候还愿意跟他去的就是缺心眼而且胆子大的。

我们假设一下，做生意，孔子会带着子贡；做学问，孔子带着子夏；做官，孔子带着冉有。自杀，孔子带着子路。这是在表扬子路吗？

如果我们看了孔子的第二句话，就更加确认孔子第一句话不是在表扬子路了。

现在我们来解决第二个问题：孔子的第二句话是在表扬子路吗？

显然，子路和大师们一样都会错了意，可是他忘了前面的那一章，孔子说第一句话的目的就是让你得意，然后再给你一闷棍。

还是来看看大师们怎么说。

钱穆：由呀！你真好勇过我，可惜我们没处去弄到这些木材啊！

杨伯峻：仲由这个人太好勇敢了，好勇的精神大大超过了我，这就没有什么可取的呀！

南怀瑾：所以孔子说，子路的武功、勇气都超过我，但是他的暴躁也超过我，对于事情，不知道仲裁，（无所取材的"取材"就是中肯的判断。）不明断，太过偏激了。

李零：你勇气可嘉，超过我，但是造船的材料没处找。

傅佩荣：由啊！你爱好勇敢超过了我，但是没有地方可以找到适用的木材啊！

显然，大师们都认为孔子在赞扬子路的"好勇"。

但是大师们没有弄明白孔子眼中的"勇"是什么？我们在上册专门探讨过什么是"勇"，孔子所说的"勇"是勇于承认错误、承担责任的勇，子路这种炫耀武力、滥用勇气的行为不是勇，而是"好勇"。关于子路的"好勇"，此前有明确的解读——子路曰："子行三军，则谁与？"子曰："暴虎冯河，死而无悔者，吾不与也。必也临事而惧，好谋而成者也。"

所以，孔子说子路"好勇"，而不是"勇"，只是讽刺他鲁莽和不要命而已。

那么，"好勇过我"是说比我勇敢吗？不是。孔子说到"好勇过我"，只是要说子路最大的特点，而不认为这是优点。

要正确解读这一章，首先要明白子路的性格，什么性格？好勇。其次，要理解"勇"的含义。

在以上两点的基础上，我们就会发现，这是孔子在帮助子路改变"好勇"的习惯，帮助子路把他的"好勇"变成贵族精神中的勇。

孔子的手法跟上一章一样，先做了一个假设，让子路洋洋自得，然后迎头给他一记闷棍，说你别得意，你除了鲁莽缺心眼之外，没什么优点。

可以说，这样的教育方法能够让子路印象深刻，是孔子所惯用的，不仅用在子路身上，也用在子贡身上。

前两章，孔子在帮助子路改变不懂装懂的习惯，鼓励他要有奋斗目标。这一章，孔子又开始帮助子路改变"好勇"的恶习。

一点一点，孔子在改变着流浪汉子路。

第四章

勇需要引导和约束

19·4（17·23）子路曰："君子尚勇乎？"子曰："君子义以为上，君子有勇而无义为乱，小人有勇而无义为盗。"

【译文】
子路说："君子崇尚勇敢吗？"孔子答道："君子以义作为最高尚的品德，君子有勇无义就会作乱，小人有勇无义就会偷盗。"

有些章节的字面意思很简单清晰，但是，仅仅是翻译就行了吗？仅仅是说几句套话废话就行了吗？如果不能结合具体的人物和背景，还有什么意义呢？这一章要解决两个问题：第一，"义"是什么意思？第二，君子和小人的区别是什么？"乱"和"盗"的不同是什么？

这一章的译文没有任何可以随意发挥的地方，索性省略了。大师基本上也把解读的部分省略了，似乎在他们看来没什么好说的。

第一个问题："义"是什么意思？钱穆、杨伯峻、李零认为就是"义"；南怀瑾认为是"义理"；傅佩荣认为是"道义"。

在第三篇"知耻"中，我们看到了管子对于"义"的定义，就是互相尊重、谦让、爱护。在这里，就是这个意思。按照孔子的说法，小人也是可以有义的。因此，在这里把"义"说成义理和道义都是不成立的。

第二个问题，君子和小人的区别是什么？"乱"和"盗"的不同是什么？钱穆说："下文君子小人并说，乃以位言。"杨伯峻、南怀瑾、李零无解读。傅佩荣说："君子指立志成为君子的人。"

按照孔子的说法，君子和小人有两种定义：第一种，是否具备贵族精神，具备的就是君子，不具备的就是小人；第二种，卿大夫以上阶层为君子，平民百姓为小人。

在这里，孔子很显然用的是第二种定义。因为按照第一种定义，有勇无义的根本就算不上君子。所以，钱穆的说法是正确的，傅佩荣的说法就有些不知所云。

对于乱和盗的不同，没有人专门阐述，不过杨伯峻和李零将"乱"译为作乱造反，"盗"译为流氓强盗；南怀瑾则在解说的时候说作乱会导致社会混乱。

基本上，他们的意思都是对的，卿大夫作乱，通常不是互相攻伐就是反叛国君，社会影响大，容易造成动乱。普通百姓偷盗，不过就是一家一户，不至于社会动乱，但是影响治安。

如果我们把这一章与上一章联系在一起的话，就会发现有趣的变化。

子路总是在炫耀自己的勇力，这也难怪，谁不愿意炫耀自己的长处呢？可是孔子总是打击他，嘲讽他，贬低他的勇。

我们注意到，这段话的对话方式与前面的几章不太一样，是很正式很严肃的方式，因此可以断定这是子路经过思考之后所提出来的问题，孔子也很严肃地回答。显示子路不服气，但是他已经在认真考虑这个问题，这就有了很大的进步。

从时间点上来说，这应该是子路入学一段时间之后，逐渐听从孔子的教导，因此孔子愿意和他严肃地谈论问题。

从对话的语气来说，子路并不是完全认同孔子对自己"好勇"的评价，所以他的意思是说君子也需要勇，所以我"好勇"还是有用的。于是孔子就告诉他，勇本身并不说明什么，关键看勇是不是用于义。你如果不懂得义，你的勇就是负面的。只有勇而没有义，你越是勇，你的权力越大，造成的祸害也就越大。

见义勇为那是勇，见利忘命那不是勇。

这是孔子在引导子路的勇，用义来约束子路的勇。可以说，这个时候，孔子对子路的引导已经上了一个台阶。

第五章

急躁和缺乏耐心

19·5（5·14）**子路有闻，未之能行，唯恐有闻。**

【传统译文】
子路听到一条道理，还没能来得及实行，唯恐又听到新的道理。

人的优点和缺点往往是硬币的两个面，也就是说有的性格既是优点也是缺点。

这一章的字面意思理解起来有一定难度，看看大师们怎样说。

  钱穆：子路听到一项道理，若未能即行，便像怕再听到别一项。
  杨伯峻：子路有所闻，还没有能够去做，只怕又有所闻。
  南怀瑾：这里说子路最怕听见孔子讲话，为什么？因为他怕听了做不到，有愧于为学。
  李零：子路听谁说？听到的是什么？原文没讲，无法探究。
  傅佩荣：子路听了做人处事的道理，还未抵达能够实践的程度以前，就只怕自己又听到新的道理。

首先，南怀瑾的说法是错误的。因为原句分明讲的是一个过程：听到了，没做到，怕听到。而南怀瑾的说法就成了一种想法：还根本没有听到，就怕听到。事实上是子路恨不得随时随地听孔子的教诲，怎么会怕听孔子讲话呢？以子路的性格，如果他怕听孔子讲话，早就走人了。

钱穆依然在犯完美主义的错误，在他看来，子路怎么可能怕什么呢？这是不可能的。所以钱穆说了，子路只是担心旧的没完成，新的又来了，只怕来不及去做新的。这种怕，不是真的怕。所以，钱穆就译成了"像怕"，好像怕，其实不怕。

杨伯峻和傅佩荣的说法似乎是对的，因为这符合子路的性格。子路非常好学，恨不得孔子每时每刻都在教他。同时子路性格非常急躁，行动力超强，学到了什么立即就要去实践。所以，子路在没有实践上一个道理或者知识的时候，生怕又听到新的，这样累积起来，最后不能一一实践。但是，李零的说法其实也是有道理的，在没有弄清是谁在说，说的是什么之前，确实有些难以定论。

到这个时候，我们再回头看，如果按照杨伯峻和傅佩荣的译法，在语法上是有问题的。因为按照他们的译法，原文似乎应该是"子路有闻，未之行，犹恐有闻"。

进一步分析，我们会发现，其实南怀瑾的说法也并不全错。

从文法的角度来说，这句话所要体现的意思应该是这样的：如果子路学到了某个道理或者知识却没有能力去实践，他就很怕听到这样的道理或者知识。

"未之能"的意思是试过了却不能。

所以，我所认为译文应该是这样的：子路听到一条道理或者知识，尝试之后做不到的话，就会很害怕听到这样的道理或者知识。

不同的译法反映的问题不一样。传统译法中，反映的是子路的急躁；我的译法中，反映的是子路不够耐心，浅尝辄止。但是，这两个问题又是结合的，因为急躁，所以容易浅尝辄止。

子路是个行动者，说干就干绝不拖泥带水，这点很好。但这同时也是他性格的不足，因为急躁、没有进行充分的准备，不讲究方法，所以也就容易浅尝辄止、半途而废。

对子路的执行力，孔子充分肯定。对于子路的急躁、鲁莽、缺乏耐心，孔子则运用别的办法去弥补。

什么办法呢？看下面一章。

第六章

用习惯修正性格

19·6（11·22）子路问："闻斯行诸？"子曰："有父兄在，如之何其闻斯行之？"冉有问："闻斯行诸？"子曰："闻斯行之。"公西华曰："由也问闻斯行诸，子曰'有父兄在'；求也问闻斯行诸，子曰'闻斯行之'。赤也惑，敢问。"子曰："求也退，故进之；由也兼人，故退之。"

【译文】

子路问："听到了（好意见）就去做吗？"孔子说："有父兄在，该先听听他们的意见啊，怎么能听到就去做呢？"冉有问："听到了（好意见）就去做吗？"孔子说："听到了就去做啊。"公西华说："仲由问'听到了（好意见）就去做吗'，老师回答说'有父兄在，该听听他们的'，冉求问'听到了（好意见）就去做吗'，老师回答'听到了就去做'。我被弄糊涂了，敢再问个明白。"孔子说："冉求总是退缩，所以要推动他；仲由太过鲁莽，所以要拉着他一点。"

这是《论语》中非常具有代表性的一章，典型地体现了孔子因人施教的教学方法，也体现了孔子怎样通过习惯去修正学生性格的技巧。这一章我们要解决两个问题：第一，"父兄"是谁的父兄？第二，"兼人"该怎样解说？

这一章的意思其实非常清晰，可是大师们的译文和解读着实令人费解。这一章先做解读，最后再来看看大师们怎么说。

子路性格急躁鲁莽，但是行动力、执行力强，所以，孔子在这个问题上有些为难，如果强制去改变子路的急躁鲁莽，那么就会误伤他的执行力和行动力。所以，必须要想其他的办法。

当子路听到一个好意见的时候，不假思索就要去做，这时候孔子告诉他应该去征询一下父兄的意见。实际上，这就是为子路的行为加了一道程序，最大程度去避免他的急躁鲁莽。久而久之，这就成为习惯，子路在不改变性格的情况下，也能遏制急躁鲁莽的毛病。

这就是用习惯去修正性格非常好的方法，保留了性格中好的一面，修正了不好的一面。

孔子是个非常好的老师，对学生都是因材施教，回答学生的问题并不是千篇一律的，而是针对每个同学的性格特点，这就是为什么孔子的学生们对他都很佩服和尊敬的原因。同样一个问题，得到不同的答案，不仅子路和冉有受益，旁边的公西华也受到启发。这段话，显然是公西华记载下来的，说明这件事情对他的影响非常大。

冉有能力很强，但是做事过于谨慎，有些不果断，所以孔子鼓励他要果断。而子路鲁莽，孔子就要他不要急着行动，要听听别人的意见。

这里顺便要指出的一点是，子路和冉有的问话并不是"闻斯行诸"，而是某件具体的事。但是作为记录者来说，没有必要去费笔墨陈述具体的事，因此简单用"闻斯行诸"来表达。

下面我们来解决第一个问题："父兄"是谁的父兄？

看看大师们怎么说。

> 钱穆：公西华少子路二十三岁，为此问时，应在既冠之后，子路年已四十四五。子路有负米之叹，其父母当早卒，或有兄尚在。
>
> 杨伯峻：有爸爸哥哥活着。
>
> 南怀瑾：你还有父母兄长在，责任未了，处事要谨慎小心，怎么可以听了就去做呢？
>
> 李零："斯"是代指某事，内容不详，大概是某种冒险的事，有生命危险，不然不会提到"有父兄在"。
>
> 傅佩荣：父亲与哥哥还在，怎么能听到可以做的事就去做呢？

所有的大师都把"父兄"当成了父亲和哥哥，所有大师的意思都是：事情危险，为了赡养父亲和哥哥，不能随便去冒险。

问题是，谁说这件事情是冒险了？

另一个问题是，子路不能去冒险，为什么孔子要鼓励冉有去冒险呢？冉有的父亲和哥哥就不在了吗？

所有大师的说法都是错误的。

子路是个流浪汉，父亲应该早已去世，并且从来没有听说他有个哥哥，只听说他有姐姐。退一万步说，假设"父兄"就是指子路的父亲和哥哥，那么原句中的"有父兄在"就应该改成"父兄在"。

这个"父兄"指的是乡里的长辈，"有父兄在"强调的是"有"，意思是还有父兄需要尊重，你要请教他们。

事实上，在《论语》中还有一处说到"父兄"，也是孔子说的："出则事公卿，入则事父兄。"这里的"父兄"也不是指孔子的父亲和哥哥，而是指乡里的长辈。

应该说，大师们所犯的这个错误实在是太过匪夷所思了。

再来看第二个问题："兼人"该怎样解说？

  钱穆：他（子路）一人要兼两人事，所以我要抑他退后。
  杨伯峻：仲由的胆量却有两个人的大，勇于作为，所以我要压压他。
  南怀瑾："兼人"——生命力非常强，他这个人的精力、气魄超过了一般人。太勇猛、太前进，所以把他拉后一点，谦退一点。
  李零：仲由胆大，爱往前冲，所以要拽他一把。
  傅佩荣：由做事勇往直前，所以我让他保守些。

  从字义上说，这里的"兼"可以说成是加倍的意思，譬如兼职、兼程等都是这个意思。但是，"兼人"并不能理解为兼两人事，要理解成超越的意思，也就是说，总想比别人快完成早完成。

  但是，从整句的意思上来解读，必须要有合适的词来表达。

  孔子为什么要子路去找父兄询问呢？是让他们帮子路分担工作，还是要他们劝子路别去打架？不是啊，所以所谓子路好勇、胆大、勇往直前这类说法都是不对的。

  父兄们能够帮子路做的，就是帮他分析问题，提出可能遇到的困难以及如何去应对困难。

  所以，孔子让子路去找父兄询问的目的是帮他解决鲁莽的问题，这里的"兼人"作"鲁莽"解才是最准确的。

第七章

与朋友和师兄弟的相处之道

19·7（13·28）子路问曰："何如斯可谓之士矣？"子曰："切切偲偲，怡怡如也，可谓士矣。朋友切切偲偲，兄弟怡怡。"

【译文】
子路问孔子道："怎样才可以称为士呢？"孔子说："相互勉励，和睦相处，可以算是士了。朋友之间以和善的方式探讨问题，兄弟之间以和睦亲近的方式相处。"

《论语》中有些词汇是后代基本上不再使用的，因此解读起来会有些困难，必须要使用逻辑分析的方式，蒙混过关是不好的。这一章就遇上了这样的问题。

作为一个流浪汉，子路并不是一个士。或者至少，子路并不是一个严格意义上的士，因为"士有禄田"，是有基本生活保障的，而子路显然没有。

在孔子这里接受了一段时间的教育后，子路决心要让自己成为一个士，一个孔子口中的士——没有贵族的社会和经济地位，但是有贵族精神。

所以，这个时候子路来向孔子求教了。孔子很高兴，因为这标志着子路的一个巨大的进步。

贵族精神是包含很多方面的，孔子并不能一口气讲给他听。所以，孔子讲给子路的只能是针对他最要紧的方面。

在这个阶段，子路最要紧的是什么？人际关系。

子路比较暴躁，跟同学们相处不太融洽。不过子路跟高柴的关系非常好，亲如兄弟一般。所以孔子告诉他要懂得包容和友爱，探讨解决问题的方式要柔和，而不是动不动就挥拳头。

这段话里，"切切偲偲，怡怡如也"可以做些探讨。

首先，来看看大师们怎么说。

钱穆：切切，偲偲，相切责之貌。怡怡，和顺貌。（译文）先生说：须有切磋，又能和悦，这样可算为士了。切磋以处朋友，和悦以处兄弟。

杨伯峻：切切偲偲，互相责善的样子。怡怡，和顺的样子。（译文）孔子说："互助批评，和睦共处，可以叫作士了。朋友之间，互相批评，兄弟之间，和睦共处。"

南怀瑾：对朋友切切偲偲，很亲切，有感情。在兄弟之间，非常愉快，这样就是士。

李零：朋友之间只能客客气气，兄弟之间才能亲亲热热。

傅佩荣：孔子说："互相切磋勉励，彼此和睦共处，就可以称为读书人了。朋友之间，互相切磋勉励；兄弟之间，彼此和睦共处。"

对于"怡怡"，大家理解的意思相同，就是亲热和睦的意思。

对于"切切""偲偲"，大家的说法可就有些不同了，切磋、督促、勉励、客气等，说实话，都只是蒙混过关的意思吗？尽管意思也都差不多，但是作为大师，这样的研究精神显然是不够的。

"切切"和"偲偲"有什么区别？没有一个大师说到，没有一个大师同时解释这两个词。古人惜字如金，如果这两个词意思完全一样，恐怕就不会同时存在了。

这里，孔子是在针对子路暴躁粗鲁的性格来说的，因此把"切切偲偲"理解为切磋、督促都是错的。就子路这样的性格，孔子还让他去跟朋友切磋、督促朋友，那不是在助长他的暴躁吗？

相比较，解释成亲切、客气就比较贴近一些。

进一步，我们去溯源"切"和"偲"的本原意义。"切"的本原意思是摩，根本没有切磋的意思。我们知道扁鹊的望闻问切，而扁鹊是春秋战国时期的人，这里的"切"是轻摩轻按的意思。"偲"的原意我们已经找不到，仅仅知道在《诗经》里有"其人美且偲"的句子，有人解释为强有力，有人解释为多才，但都是猜测。放在这里，恐怕解释为温和比较恰当。当然，当成谦恭来理解也未尝不可。

综合起来，孔子在这里的意思是子路跟朋友交往的时候，态度不要太硬，不要正面冲突，要从侧面以轻摩轻按的方式去探讨问题，并且态度要温和。

所以，"切切"是讲方式，"偲偲"是讲态度。

还有一个问题也需要顺便说一说，什么是兄弟和朋友？兄弟和朋友有什么区别？

按照李零的说法，朋友是同学、同僚、同事，属于社会关系；兄弟是同族同辈，属于血缘关系。其他的大师没有讨论这个问题。

再来说说兄弟和朋友有什么区别。钱穆说："朋友以义，兄弟尚恩。若混施之，则兄弟有贼恩之祸，朋友有善柔之损矣。"李零说："朋友之间是友情，兄弟之间是亲情，两者不能用错地方。"傅佩荣说："对朋友与对兄弟态度不同，这是因为关系不同，情感有别。"

什么是兄弟和朋友？李零的说法恐怕不对。

同学同僚同事，这些都不属于朋友，他们也不是社会关系，而是职业关系。朋友是那种在业余时间能凑在一起喝酒聊天游玩探讨人生的，或者有什么困难可以帮忙的。至于兄弟，古今的定义恐怕有些变化，同学属不属于兄弟呢？至少我觉得，古代的师兄弟就属于兄弟，因为大家都是同一个师父，每天腻在一块，时间久了自然有感情。

孔子这里的意思，子路的那些师弟都属于他的兄弟，而不是朋友。

第八章

走向成人之路

19·8（14·12）子路问成人。子曰："若臧武仲之知，公绰之不欲，卞庄子之勇，冉求之艺，文之以礼乐，亦可以为成人矣。"曰："今之成人者何必然？见利思义，见危授命，久要不忘平生之言，亦可以为成人矣。"

【译文】

子路问怎样做才是一个完美的人。孔子说："如果具有臧武仲的智慧，孟公绰的克制，卞庄子的勇敢，冉求那样多才多艺，再用礼乐加以修饰，也就可以算是一个完人了。"孔子又说："现在的完人不一定非要这样。见到财利想到义的要求，遇到危难能献出生命，长久处于穷困还不忘平日的理想，这样也可以成为一位完美的人。"

《论语》中经常会提到一些古人，那么，要正确理解其意思，就必须懂得这些古人的事迹。

这一章的译文不难，但是不在解读层面下功夫的话，就没什么意义了。

孔子提到的四个人，除了冉有是孔子的学生、子路的师弟外，其余都是古人。关于这些人的事迹，大师们一概省略，只是强调孔子所说的四个方面很重要。

那么请问大师们，臧武仲之知和诸葛亮之知有什么区别？卞庄子之勇和张飞之勇、李逵之勇有什么区别？这些没有解答，解读什么？大话套话而已。

要正确解读，首先要弄清楚这几个人物的事迹和特点。

先说臧武仲。在鲁国，臧家一向以聪明著称，臧武仲是臧文仲的后人，名叫臧纥，很聪明。身材很矮，鲁国人称他为侏儒。臧纥世袭了鲁国的司寇，地位仅次于三桓。一年，邾国国君的儿子庶其带着漆地和闾丘逃亡前来鲁国，季武子把鲁襄公的姑母嫁给庶其做妻子，对他的随从都有赏赐。当时鲁国的盗贼很多。季武子对臧武仲说："您为什么不禁止盗贼？我国有四面的边境，用来禁止盗贼，您做司寇，应当禁止盗贼，为什么不能？"武仲说："您把外边的盗贼叫来而大大地给予礼遇，怎么能禁止国内的盗贼？庶其在邾国偷盗了城邑而前来，您反而大肆赏赐他。上行下效。你欢迎盗贼，盗贼自然就纷至沓来，我又怎么能禁止呢？"

季武子想要立小儿子为继承人，又怕大儿子不高兴，结果臧武仲帮他搞定了。可是，这么一来，得罪了季武子的大儿子。后来，季武子的大儿子勾结了孟孙家，把臧纥赶跑了。

被赶出鲁国之后，臧纥就逃到了齐国，齐庄公喜欢他，准备给他封邑，于是他去见齐庄公。齐庄公正准备趁晋国内乱攻打晋国，于是跟臧纥谈起这件事情来，臧纥说："我觉得您就像只老鼠，整天躲在人少的地方，晚上出来白天躲起来。人家内乱的时候你出兵打人家，等人家内乱结束了，你又该去赔礼道歉进贡了，这不是老鼠是什么？"齐庄公很生气，于是取消了给他封邑的想法。

对此，孔子曾经说过："真正的聪明是很难的，像臧纥这么聪明的人，在鲁国混不下去，就是因为他的做法不顺乎人情啊。"

臧纥这个人，确实非常聪明，看问题很透彻，知道不该管季孙家的家事，甚至自己会被赶走这样的事情都预见到了，也有办法规避，可是还是忍不住要卖弄聪明。在齐国也是这样，臧纥的话虽然难听，但是后来的事态发展跟他所说的一样。

所以，如果一个人不懂得怎样运用自己的聪明，那么聪明反而成了一件坏事。有所为有所不为，该直爽的时候直爽，该奉迎的时候不要反对，这样的人才是真正的聪明人。这就是孔子的意思。孔子说像臧武仲一样聪明，后面紧接着就说要像孟公绰一样克制，不滥用自己的聪明，这样就是完美的聪明。

"若臧武仲之知，公绰之不欲"连在一起说是有学问的，绝不是随便说说。

至于孟公绰的事迹，确实没有记载，所以也就没有办法去说了。

再说卞庄子的故事。根据《史记》记载，一次卞庄子在路上遇上两只老虎吃一头牛，卞庄子就准备去杀两只老虎。从人劝他等一等，等两只老虎吃完之后一定会相争，到时候小的死大的伤，不是就可以轻松杀掉它们？卞庄子听了劝告，果然杀了两只老虎。

坐山观虎斗，这个成语出于这里。两虎相争，必有一伤。这个成语也出于这里。

所以，卞庄子之勇，是有勇有谋，是张飞的勇，不是李逵的勇。这恰恰是子路的问题所在，也是孔子要他学习卞庄子的原因。

冉求就是冉有，子路的师弟，以才能著称。

这段话里，孔子所说到的四个人，都是针对着子路的性格特点的，绝不是信口说来。孔子因材施教在这里可见一斑。

说完第一种完人的标准，孔子发现这实在是太完美了，子路是没有可能达到的。因此给了第二种切实可行的标准——见利思义，见危授命，久要不忘平生之言，亦可以为成人矣。这种标准，基本上就是为子路量身定做的，只要努力，是可以做到的。

而子路真的做到了。

前面问为士，现在又在问成人，子路的追求和进步可以说是一步一个脚印。孔子很高兴，回答得很认真也很详细。

基本上，到了这个阶段，子路已经具备了贵族精神的基础。

顺便说一说的是"久要不忘平生之言"的翻译，杨伯峻、李零和傅佩荣的译法同本文，钱穆和南怀瑾则译为"平日和人有诺言，隔久能不忘"，显然是错误的，因为"平生之言"本身就有人生理想的意思，按李零的说法，"要"读"约"，赞成。

李零还提出另一个观点，他认为后面的那段话是子路说的，因为他不认同孔子前面的话，因此说出了自己的标准。应该说，这也是一种合理的解释。

第九章

人生新目标

19·9（14·22）子路问事君。子曰："勿欺也，而犯之。"

【译文】
子路问怎样侍奉君主。孔子说："不仅不要欺骗他，还要直言进谏。"

有的时候，必须进行句式的分析，才能弄清楚一段话的重点在哪里。

前面问为士，后来问成人，现在又问事君，子路真的是飞速成长。

孔子如此回答。一句话就是：不说假话，说实话。而且，要敢于说真话，而不是什么也不说。只要说真话，就不要怕国君不高兴。

这是孔子在教子路要有独立的人格，要懂得"君子和而不同"的道理。相对照的就是不说真话，专挑国君想听的说，决不冒犯国君。

"勿欺也，而犯之"，钱穆解为"要不欺他，又能犯其颜色而直谏"；杨伯峻解为"不能欺骗他，却可以触犯他"；南怀瑾解为"不可欺骗上司，不欺他就要说真话"；李零认为是"不要说假话，而是犯颜直谏"；傅佩荣认为是"不要欺骗他，还要直言进谏"。

我们可以认为孔子是在强调"犯之"。如果是这样，南怀瑾的意思是最准确的，钱穆的则最不准确。当然，从字面意思来说，大家的都讲得通。

那么，为什么说傅佩荣的是病句呢？因为"不要……还要……"就是病句。正确的说法应当是：不仅不要欺骗他，还要直言进谏。而这样的译法，比南怀瑾的译法更强调"犯之"，因此是最好的。

杨伯峻和李零完全没有对这一段的解读。

钱穆写道：

孔子请讨陈恒章之前，先以言之不怍章，又继以事君勿欺章，《论语》编者之意，可谓深微矣。读者其细阐之。

傅佩荣写道：

先说"勿",是指消极上不要怎么做;接着再说的,就是积极上要怎么做了。这种先退后进的说法兼顾两面,表现了高度的思辨水准。

不得不说,两位大师的解读都有些过度了,这不过就是一个简单的递进句,类似的句式在生活中常常用到。这一章既没有什么"深微",更看不出什么"高度的思辨水准"。更何况,"勿"并不一定意味着消极,这要看后面接什么词。具体到这一章中,"勿欺也"并没有消极的意思,"欺也"才有。

第十章

学以致用

19·10（17·7）佛肸召，子欲往。子路曰："昔者由也闻诸夫子曰：'亲于其身为不善者，君子不入也。'佛肸以中牟畔，子之往也，如之何？"子曰："然，有是言也。不曰坚乎，磨而不磷；不曰白乎，涅而不缁。吾岂匏瓜也哉？焉能系而不食？"

【译文】

佛肸召孔子去，孔子打算前往。子路说："从前我听先生说过：'亲自做不理智的事的人那里，君子是不去的。'现在佛肸据中牟反叛，你却要去，这如何解释呢？"孔子说："是的，我有过这样的话。不是说坚硬的东西磨也磨不坏吗？不是说洁白的东西染也染不黑吗？我难道是个苦味的葫芦吗？怎么能只挂在那里而不给人吃呢？"

子路把老师的话当真理，坚决执行。即便是牵涉到老师的，也绝不含糊。这一章我们要解决两个问题：第一，大的背景是什么？第二，"不善"和"畔"怎么解读？

我们直接来解决第一个问题：大的背景是什么？

春秋末期，晋国六卿专权，其中中行和范家联姻，实力强大。因为争夺邯郸，赵家和中行家首先翻脸，之后中行家联合范家攻打赵家，赵家退守晋阳，秘密联络智家、魏家和韩家，并且裹挟晋国国君，于是四家以国君的名义联合讨伐范家和中行家，两家战败逃往齐国。此时，范家家臣佛肸死守中牟，对抗赵简子的精兵。但佛肸是守不住中牟的，赵简子拿下中牟只是时间问题。

这个时候，佛肸派人来召孔子。孔子想去，子路阻止了他。

孔子的话是什么意思呢？"不曰坚乎，磨而不磷；不曰白乎，涅而不缁。"这句话是说自己意志坚定，能够出淤泥而不染，即便去了佛肸那里，也会坚持自己做人的底线，不会做坏事。"吾其匏瓜也哉？焉能系而不食？"则是说自己学了这么多本事，不能只用来说，不拿来用啊。

孔子这个时候还没有做官，非常渴望能够有地方让他去施展自己的抱负。所以，尽管他也知道佛肸那里风险很大，可还是有些动心。子路运用了老师"勿欺也，而犯之"的方法，"亲于其身为不善者，君子不入也"的说法，直截了当地提出反对意见，真是学以致用的典范啊。

这样丝毫不留面子的事情只有子路能做出来，弄得老师灰头土脸。不过，也正是子路的反对，孔子最终还是悬崖勒马了。

有的时候，一个人明白其中的道理，但是身临其境的时候未必能够做到。有子路这样的学生，真的是孔子的幸运。估计孔子在当时有些恼火，事后则会感到欣慰。类似的事情不止这一次，前面还讲过公山弗扰招孔子，也是被子路拦住了。

随后我们来解决第二个问题，"不善"和"畔"怎么解读？

杨伯峻和傅佩荣将"不善"解读为"做坏事"和"行恶"，其余三位大师都没有做具体解读，而是照抄"行善"二字。从具体的背景来讲，恐怕杨伯峻和傅佩荣的解读并不好，解读为"不明智、不理智"更准确一些。

"畔"就是叛，这一点大家意见一致，但是，叛谁？南怀瑾没说，杨伯峻认为是叛晋国，因为杨伯峻认为佛肸是范家家臣。

钱穆和李零则认为佛肸是叛赵简子，所以他们认为佛肸是赵家的家臣。在这个问题上，只有杨伯峻是对的。顺便要说的是，傅佩荣写道："晋国赵简子专政时，攻打范中行，范中行的家臣佛肸是中牟县长，据地反叛赵简子。"看来他对这段历史缺乏必要的了解。

首先，这不是赵简子专政时期，此时晋国的中军元帅是智砾，赵简子专权在此后若干年。第二，从文中看，范中行就是一个人名，而事实上应该是范家和中行家两家，范家的家长叫范吉射，中行家的家长是中行寅，佛肸是范家的家臣。第三，因为赵简子名义上是奉晋国国君的命令攻打中牟，因此佛肸是叛晋国，而不是叛赵家。

此外，傅佩荣把匏瓜解释为古代星辰之名——《天官星占》说："匏瓜一名天鸡，在河鼓东。"并且对原文最后一句做了这样的翻译："我难道只是匏瓜星吗？怎么可以挂在那儿不让人食用呢？"

这件事情，就是孔子急于出仕而有些沉不住气。

但是，如大家所知，大师们依然会做些其他的解释。譬如钱穆就写道："盖以见孔子仁天下之素志。"南怀瑾更绝，他说："他本来是逗逗学生说想去，事实上，他绝不会去的。"还是李零快人快语，写道："前人曲为辩解，维护其伟大，很可笑。"

第十一章

子路的人格魅力

19·11（12·12）子曰："片言可以折狱者，其由也与？"子路无宿诺。

【译文】
孔子说："只听了单方面的供词就可以判决案件的，大概只有仲由吧。"子路说话没有不算数的时候。

这是非常有趣的一章，就像破案一样。当我们一一排除嫌疑人，自以为无限接近真相的时候，被人一句话点醒：你们一开始的方向就错了。

这段话的正确译文放在最后，这里先把当下通行的译文和解说放在前面做个范本，先来看看杨伯峻解读：

> "片言"，古人也叫做"单辞"，打官司一定有原告和被告两方面的人，叫作"两造"。自古迄今从来没有只根据一造的言辞来判决案件的，孔子说子路"片言可以折狱"，不过表示他的为人诚实直率，别人不愿欺他罢了。"子路无宿诺"与上文有什么逻辑关系，从来没有人说得明白。

李零认为："子路快言快语，性情中人，他断狱极果断。"傅佩荣则写道："别人判案必须听两面说法，子路为人忠信果决，所以有些特殊才干。孔子的意思，并不是描述子路经常片言折狱，而是肯定他有这种能力。"

三位大师的意思其实一样，就是子路可以凭借单方面的证词断案，这是一种了不起的能力，孔子很赞赏。

真的如此吗？我想，任何一位法官都会对此嗤之以鼻。

我们知道，打官司的双方各有各的证词，且不要说有隐瞒情节篡改事实的"罗生门"现象，就算双方都是诚实的君子良民，也有因视角不同、立场不同导致的证词争议，每个人都会做出对自己有利的供述。

因此，无论一个法官如何英明公正，凭借单方面的供词都是无法断案的。子路如果凭单方面的证词就能作出判决，那绝对造成冤假错案。

这一点，孔子不会不知道。孔子怎么会赞赏子路的这一点呢？所以，以上三位大师的解读恐怕是错误的。

钱穆显然意识到了这个问题，所以在苦思冥想之后，有了一个新的解释：子路忠信，决无诬妄，即听其一面之词，亦可凭以断狱。钱穆的意思，子路不是法官，而是诉讼的一方，因为子路不说假话，所以凭他一个人的话，法官就能断案。这里，孔子还是在表扬子路。

钱穆以为自己这样的解读避免了上面三位大师的错误，可是事实并没有，反而把孔子给绕进去了，因为现在成了孔子认同单方面证词可以断案了。把子路身上的锅甩掉，又扣在孔子身上。原本杨伯峻三人笔下的混账法官是子路，现在这混账法官成了孔子了。

有趣的是，钱穆的译文和解读并不匹配，他的译文和其他人一样：凭着片面之词而便可断狱的，怕只有子路的话吧！

一开始，我认为大师们的译文是对的，只是解读不对。这不是孔子在表扬子路，而是在讽刺他批评他。这不奇怪，孔子也不是第一次讽刺批评他，他也不是唯一被孔子讽刺的学生。

如果这样解释，就通了。这是孔子说子路性子太急，没等双方陈述完，就要下结论。如果没有看南怀瑾的解说，基本上我就要这样定稿了：

> 孔子说，要讲一句话，就可以把人家的纠纷解决了，只有子路做得到……在我个人的人生经验，也觉得的确像子路这种个性的人才做得到。正如某些问题找读书人来解决，也许一年也解决不了，找这些有侠义精神的朋友一来，三言两语，几句话就把问题解决了。下面说子路做得到的理由，是"子路无宿诺"，这就是侠义的精神，他今天答应了事情，说话算话，绝对办了结，不会搁在那里不办的。这样的人，往往使人敬佩，信任得过。一个人要做到任何朋友都信任他，很不容易。这不能用手段，要绝对的真诚，绝对的信实，子路有这个精神，所以可以片言折狱。

按照南怀瑾的意思，这"片言"并不是诉讼人的话，而是法官的话。诉讼双方把证词说完，法官一句话就判明了。

说实话，这才是真正的水平。

但是，这里需要插一句话："折狱"就是打官司吗？

包括南怀瑾在内，所有的大师都认为这是打官司的意思。按照我过去的解读，也这么认为，因为虽然子路没有当过法官，可是孔子做过大司寇，也就是最高法院院长，在这期间，孔子与子路讨论过案件，子路有这样的表现。

但是，这样的解释有个问题，因为大司寇管辖的案件是卿大夫之间的诉讼，按照刑不上大夫的原则，没有狱的问题。再则，卿大夫之间的诉讼通常复杂，也不是一句话可以说清楚的。所以，这里的"折狱"应该是化解纠纷，并非诉讼的意思。

那么，为什么子路"片言"就能"折狱"呢？因为子路豪爽，看问题直接，说话不遮遮掩掩，也不曲里拐弯。可想而知，师弟们之间有什么纠纷，恐怕很少去找师父解决，而是去大师兄那里解决。

按照这样的解读，孔子就是在赞扬子路的人格魅力了。

那么，最后一个问题，"子路无宿诺"这句话在这里是什么作用？

李零认为，"子路无宿诺"这句话不是孔子说的，因为孔子不会这样称呼子路。毫无疑问，这个说法是对的。但是这句话同样属于这一章，与前面的话是有逻辑联系的。

"宿诺"的含义不是隔夜的承诺，也不是久拖不决的承诺，"宿"是沉睡的意思，"宿诺"就如同现代所说的"口袋否决"，意思是让承诺沉睡，不去完成。"无宿诺"就是言出必行，有承诺一定做到的意思。

承接上一句，这里的"无宿诺"所代表的就是子路答应帮别人解决的纠纷，就一定会去解决。

这样，整段话就完整解读了。

所以，这段话的正确译文是基于南怀瑾的解读做出来的：

> 孔子说："能够几句话就解决纠纷的，大概只有仲由吧。"子路答应帮人解决纠纷，就一定会做到。

第十二章

子路有点膨胀

19·12（13·3）子路曰："卫君待子而为政，子将奚先？"子曰："必也正名乎。"子路曰："有是哉，子之迂也！奚其正？"子曰："野哉，由也。君子于其所不知，盖阙如也。名不正，则言不顺；言不顺，则事不成；事不成，则礼乐不兴；礼乐不兴，则刑罚不中；刑罚不中，则民无所错手足。故君子名之必可言也，言之必可行也。君子于其言，无所苟而已矣。"

这一章我们要解决三个问题：第一，这是什么时期的事情？第二，"正名"是什么意思？第三："名不正，则言不顺"该怎样解读？正确的译文我们放在最后，因为传统的译文是错误的。

这一章是讲子路认为卫国国君会让孔子治理卫国，问孔子首先做什么，孔子说要正名。子路认为不对，于是孔子说了一堆道理。

我们首先来解决第一个问题：这是什么时期的事情？

钱穆、杨伯峻和傅佩荣一口咬定这是卫出公时候的事情。李零认为可能是卫灵公也可能是卫出公，不确定。南怀瑾则认为是卫灵公时期。我们暂且搁下。

再来解决第二个问题："正名"是什么意思？

李零根本就没有去说这个问题，解读中直接照搬"正名"二字。钱穆、杨伯峻和傅佩荣认为"名"是名分的意思，因为卫灵公把自己的太子蒯聩驱逐出国，死后让自己的孙子，也就是蒯聩的儿子姬辄继位，就是卫出公。蒯聩回来要跟儿子争夺君位，被儿子拒绝，于是蒯聩在晋国赵简子的支持下占领了卫国一座城池，与儿子对峙。

以上三位大师都引用"君君臣臣，父父子子"的相关理论，认为首先要正名分，钱穆认为要正的是父子之名，言下之意卫出公应该给父亲让位。傅佩荣说父子君臣之名分皆有待纠正。问题是，怎么纠正？这两人的关系满拧，没法整。

那么，"正名"到底是不是正名分的意思呢？也暂时搁下。现在回答第一个问题：这件事情不可能发生在卫出公时期，一定在卫灵公时期。

理由有三：第一，如果是卫出公要任用孔子，孔子可能第一件事去正名吗？按照钱穆的说法，孔子要正父子之名，那就等于孔子去告诉卫出公：你滚蛋吧，让你爹来当国君吧。孔子是傻瓜吗？杨伯峻和傅佩荣的说法也差别不大，君臣父子的名分都要正？怎么正法？怎么正都让卫出公难受。说实话，这事情本来就纠缠不清乱七八糟，又是人家国君的家务事，别说你管不清楚，就算你能管清楚，也不该去掺和。这个道理，孔子不懂吗？中国历史上，多少人英明一世，就因为管了君王家事，落得个家破人亡的下场？

第二，孔子三次去卫国，前两次都是卫灵公时期，这两次孔子都是抱着理想去的，期望可以得到任用。第三次去卫国，是在周游列国之后，这时候的卫国国君是卫出公。可是这个时候孔子的政治理想落空，根本无意于从政了。

第三，《论语》中有记载，卫出公或许有意请孔子出山，子贡因此去探孔子口风，孔子表示无意。既然孔子根本无心出山，怎么还会跟子路说这些呢？

综上，这件事只有可能发生在卫灵公时期。

"正名"是什么意思？来看看南怀瑾的解读：

> 中国文化中过去的名，包括了些什么呢？我们都知道后世有一门学问叫"名学"，就是逻辑、思想的研究。严格讲，正名就是指确定思想的观念。以现代的语汇来说，"文化思想的中心"即为正名的重点。也可以说，在逻辑思想上分别得清清楚楚，就叫作正名。

南怀瑾的解读对吗？说实话，也不对。但是，他提醒我们一件事："名"不一定就是"名分"。南怀瑾用了很多笔墨解释什么是"文化思想的中心"，结果也解释不清。原因很简单，因为这句话太虚了，学术讨论的时候可以谈，真正治理国家的时候就找不到北。

于是，我们可以从另一个角度来考虑这个问题。

首先，这个时期孔子的核心思想是讲"礼"。其次，春秋末期有"刑名学"，"名"本身有程序的含义。因此，在反复推敲琢磨之后，我把"名"定义为：行政的程序。

那么，"正名"就是规范政府的管理体系，包括官员的任免、职位定义、政令的发布程序等。按照这样的定义，后面的一系列话就都顺理成章了。

有了正确的定义，现在解决第三个问题："名不正，则言不顺"该怎样解读？钱穆说"若果名不正，便说来不顺"；杨伯峻说"（名分上的）用词不当，言语就不能顺理成章"；南怀瑾说"在理论上讲不过去的事，就是不合理的事"；傅佩荣认为"名分不纠正，言语就不顺当"。大师们强调的是名分，这也是中国几千年专制统治的看点。

正确的解读是什么呢？如果政令的程序不正确，宣布出去就不能令人信服。从现代的观点看，专制国家强调名分，权力至上。文明国家强调程序，程序体现正义。从这个角度说，孔子的思想蛮先进的。

现在，给出正确的译文：

> 子路（对孔子）说："卫国国君等您去治理国家，您打算先从哪里做起呢？"孔子说："首先必须正名，规范行政体系。"子路说："是这样吗？这太不直接了吧？怎么个规范法呢？"孔子说："仲由你这话太粗鲁了。君子对于他所不知道的事情，可以存疑而不要急于否定。政令的程序不正确，宣布出去人们就不信服，人们不信服事情就办不成。事情办不成礼乐也就不能运用。礼乐不能运用则刑罚就不会得当。刑罚不得当百姓就不知怎么办好。所以，君子发布命令一定能够准确表达，表达出来的一定能够做得到。君子发布命令一定是按照程序来的，而不是稀里糊涂蒙混过关的。"

最后，来说说子路在这里的表现。这是孔子第一次去卫国，当时是子路联系了自己的大舅子颜浊邹，颜浊邹在卫国混得不错，孔子想通过他去见卫灵公。大概就因为有了这一层关系，子路有点自鸣得意，因此有些膨胀。所以在这段对话中，子路说话就有点放肆。孔子似乎也有些生气，当场一顿训斥。

第十三章

子路对孔子的警醒

19·13（6·28）子见南子，子路不说。夫子矢之曰："予所否者，天厌之！天厌之！"

【译文】

孔子去见南子，子路不高兴。孔子发誓说："如果我做什么不正当的事，让上天谴责我吧！让上天谴责我吧！"

有孔子这样的老师，是子路的幸运。反过来，有子路这样的学生，未尝不是孔子的幸运。

先来说说这一章的背景吧。

这是孔子第二次去卫国，卫国国君卫灵公基本不理国事，都听从宋国娶回来的年轻夫人南子的。所有想在卫国出仕的人，首先要南子面试。孔子急于在卫国发展，因此托人走了路子，得到了见南子的机会。弟子们全体反对，因为南子名声很坏，是个有名的荡妇。学生们的反对也没有动摇孔子的决心，于是带着子路和冉有前去。结果在后宫晋见了南子，隔着帘子聊了几句，南子对他毫无兴趣。之后，卫灵公带着南子出门，让孔子的车跟在他们的车后面，一路招摇过市。招摇过市这个成语就来自这里。

对此，孔子很郁闷，子路很不满。因为他认为南子名声太差，孔子不应该去见她。并且，跟在南子的车后面招摇过市，非常丢人。面对子路的不满，孔子也很懊恼，于是有了上面的话。

这段话的难点在于孔子的话是什么意思。来看看大师们怎么说。

钱穆：我所行，若有不合礼不由道的，天会厌弃我，天会厌弃我。

杨伯峻：我假若不对的话，天厌弃我吧，天厌弃我吧。

南怀瑾：我所否定的，我认为不可救药的人，一定是罪大恶极。不但人讨厌他，就是天意也会讨厌他。

李零：如果我有非礼之举，就让老天抛弃我吧。

傅佩荣：我如果做得不对的话，让天来厌弃我吧！让天来厌弃我吧！

除了南怀瑾之外的四位大师所表达的是一个意思，是说孔子发誓说自己去见南子，没有做什么伤天害理的事情。南怀瑾的意思则是，孔子说他所厌恶痛恨的，一定是罪大恶极的人。而南子并不是一个罪大恶极的人，为什么要讨厌她呢？为什么不能去见她呢？

简言之，按照其余四位大师的意思，孔子是在为自己洗白；按照南怀瑾的意思，孔子是在为南子洗白："南子没有什么大不了的错，不过长得漂亮，卫灵公非常迷她，如此而已！你们不要听到人家胡说八道就相信了。"

从整段话来说，孔子在弟子的面前发誓，是比较被动的，或者说带有一定的心虚的成分。所以，他只能是为自己辩解而已。如果按照南怀瑾的意思，则成了反击。

傅佩荣看来对这段历史同样不了解，他说："南子是卫灵公夫人。想要孔子帮忙参政，又无真心任用之意。子路大概还记得'名不正，则言不顺'的教训，所以无法释怀。"

南子见孔子当然在卫出公登基之前，傅佩荣既然认为"名不正，则言不顺"这一章是发生在卫出公时期，那子路怎么可能这个时候想起"名不正，则言不顺"呢？

孔子的这句话，显然是为自己洗白的意思。那么，为什么孔子要在子路面前如此不顾面子地辩白呢？因为孔子确实心虚。

我们可以回想，但凡孔子自信的时候，对于弟子们的质疑都是毫不客气地训斥的。

孔子为什么心虚呢？因为他也认为去见南子是不对的，可是他还是忍不住去了。如果见南子之后达到了目的，他也可以说自己这是变通。问题是，见南子不仅没有达到目的，反而有了招摇过市这样的丢人事件。

子路的性格，一定在事前就已经提出过反对。事后，子路则是非常不满。身边有子路在，孔子也少犯不少错。可以说，子路是一个能用孔子的价值观去反向监督孔子的人。所以，如果有一个敢于当面指出你错误的学生，不要恼火，要庆幸。

第十四章

师生、父子、兄弟

19·14（7·35）**子疾病，子路请祷。子曰："有诸？"子路对曰："有之；诔曰：'祷尔于上下神祇。'"子曰："丘之祷久矣。"**

【译文】

孔子生病，子路请求向鬼神祈祷。孔子说："有这回事吗？"子路说："有的。《诔》文上说：'为你向天地神灵祈祷。'"孔子说："我很久以来就在祈祷了。"

这一章，有各种各样的解读。但是，如果弄不懂或者忽视了其中的细节，那么再多的解读也是毫无意义。

这段文字怎么理解？来看看大师们怎么说。

钱穆：孔子谓我日常言行，无不如祷神求福，素行合于神明，故曰祷久矣，则无烦别人代祷。

南怀瑾：这"诔"是中国文化中的祭文，历代帝王的诔文就是。子路说，古代的诔文说了，人应该去祷告天地、上下各种神祇。孔子说，如果是这样，那我天天都在祷告，而且祷告了很久，还照样生病。算了吧！老弟，如果这样，我天天都在祷告中。换言之，鬼神的事和生命的道理，都不是这样简单的。

李零：我怀疑，孔子的话是讽刺的话。诔书是人死后表示哀悼的文辞，它说的祷词都是死者生前的事。当时孔子还活着，子路引之，很不得体，孔子听了，很生气，他说：是吗？那你为我祷病，应该是很久以前的事了吧——你是盼我死啊！

傅佩荣：孔子最慎重的事是"斋"，对于祭祀极为虔诚，平日饮食每饭必"祭"。因此生活中无时无地不与天神地祇交往，不必这时再去刻意祷告。另一方面，孔子说过"获罪于天，无所祷也"，显示他以天为唯一祷告的对象，因此不愿再去劳烦神祇。

下面来说说我的看法。

首先，子路非常敬爱老师，老师重病，他想方设法帮助老师。我们如今没有祭祀祷告这样的事情，但是古时候的祷告恐怕没有我们所想象的这么简单。为了自己的事情祷告是一回事，为别人祷告则是另一回事。

记得周公曾经分别为周武王和周成王祷告，祷告的内容分别是祈求上天让自己代替周武王去死以及把周成王的过错算到自己的头上。

其实我们可以简单推理一下：我们现在有人也会去烧香还愿，祈求神灵保佑的时候是要附上自己的某种承诺的。那么，为别人祷告的时候，通常就要牺牲自己的利益。当子路说要为孔子祷告的时候，孔子应该是心头一热的。不过，他不愿意让子路做出牺牲，因此问"有诸"。

其次，《诔》应该是一本专门讲诔文怎样写作的书，是用以哀悼怀念逝者的。"祷尔于上下神祇"的意思自然是向天上和地下的神灵祈祷，也就是向管人和管死人的神灵祈祷。

毫无疑问，子路这里确实说错了话。但是，子路真的不懂得诔的意思吗？应该是他因为孔子的病而心急火燎，口不择言。

孔子生气了吗？就凭子路的那份真诚，孔子也不会为他说错一句话而计较的。何况孔子是比较豁达的人，对生死又看得很开，所以他并没有生气。

那么，"丘之祷久矣"该怎样理解呢？

首先，是告诉子路不要祷告了。自己祷告很久了，要有用早就有用了。

其次，还含有自嘲的味道。"我已经为我的学说得到认同祷告了很长时间了，有用吗？没用啊。"

说完这句话之后，发生了什么？《论语》没有记载，不过大概率是孔子把话题岔开，去跟子路说一些别的事情了。

所以，这一章的内容所体现的是子路和孔子之间那种真挚的感情。这种感情，超出了师生的感情，成为父子、兄弟之间的亲情。

第十五章

亲如一家的感觉

19·15（11·15）子曰："由之瑟奚为于丘之门？"门人不敬子路。子曰："由也升堂矣，未入于室也。"

【译文】
孔子说："仲由的瑟，为什么在我门口呢？"弟子们认为子路对老师不敬。孔子说："仲由嘛，他不过去了客厅，没有进卧房啊。"

毫不夸张地说，这一章的解说又是一个"史诗级的错误"。这一章的传统译文和解读完全是错的。

大师们的译文和解读与传统的完全一样，下面先来看看大师们的译文吧。

  钱穆：先生说："由的鼓瑟声，为何发在我的门内呀？"门人听了不敬子路。先生说："由呀！他已升堂了，只是未入室罢了。"
  杨伯峻：孔子说："仲由弹瑟，为什么在我这里来弹呢？"因此孔子的学生们瞧不起子路。孔子便说："由嘛，学问已经不错了，只是还不够精深罢了。"
  南怀瑾：子路正在鼓瑟，孔子看见，觉得很好玩，于是讲了一句笑话，他说子路啊！他对于鼓瑟，还没有入门呢！同学们听到孔子这个批评，对子路就不佩服了。孔子就说，你们也真是太看轻人，我说子路，是勉励激发他的话，实际上，子路鼓瑟的成就，已经进入了厅堂里，不过没有进入内室去而已。
  李零：子路鼓瑟，孔子听不下去了，就说你也配在我这里演奏啊？老师这么说，其他学生当然看不起子路。最后，还是老师出来打圆场，他说，子路的水平还可以，到了外面的堂屋，只不过还没有进入内室罢了。
  傅佩荣：孔子说："由所弹的这种瑟声，怎么会出现在我的门下呢？"其他的学生听了这话就不尊重子路。孔子说："由的修养已经登上大厅，还没有进入深奥的内室而已。"

按照传统的解说，就是子路鼓瑟水平太差，孔子嘲笑他，于是弟子们也都瞧不起他，然后孔子帮他说了两句好话。

别的不说，这样的说法有几处不合常理。

首先，子路基本上算是孔子的大弟子，并且是孔子很倚重的人，孔子难道会在学生们面前羞辱他？孔子的修养太差了吧？

其次，子路是大师兄，并且为人正直以及暴躁，身强体壮武功高强，师弟们敢不尊敬他？

再次，"登堂入室"用来形容修为就是出自这里，但是，在此之前，"登堂入室"没有这样的意思，孔子在这里怎么会是这个意思呢？

那么，正确的翻译和解读究竟该是怎样呢？我们不妨来做一个现场还原，之后再来看这一段的原文。

现场是这样的。

子路带着自己的瑟去向孔子请教，守门的弟子说老师出去了，你等会再来。子路不高兴了，说我跟老师的关系这么铁，不行，我进去等。守门的弟子害怕子路，于是只得同意，但是提出条件：把你的瑟放在门口，不能拿进去。子路于是自己进去了。孔子回来，看见子路的瑟，自言自语："由之瑟，奚为于丘之门？"为什么说是自言自语？因为孔子不可能在学生的面前自称"丘"。之后，守门弟子急忙过来说了经过，并且投诉子路说非要进去，要是丢了东西怎么办？孔子的弟子们认为子路这样是对老师不敬。

"门人不敬子路"，就是"门人以子路为不敬"，这是一种常见的用法。

孔子看见子路在客厅里，于是对弟子们说："由也升堂矣，未入于室也。"其实没什么，人家子路就在客厅里待着，又没有进房间。

这段话其实说明一个问题，就是孔子和子路的关系非常亲密，就像家人一样，孔子就算不在家，也可以让子路进去。换了别人，要么回去，要么在门口等，不可能去客厅等。不过，子路是知道分寸的，绝不会进入孔子的卧室。

登堂入室后来成了比喻修为的成语，实在是以讹传讹的结果。

第十六章

懂得享受生活

19·16（5·26）**颜渊季路侍。子曰："盍各言尔志?" 子路曰："愿车马衣轻裘与朋友共敝之而无憾。" 颜渊曰："愿无伐善，无施劳。" 子路曰："愿闻子之志。" 子曰："老者安之，朋友信之，少者怀之。"**

【译文】
颜渊、子路两人侍立在孔子身边。孔子说："你们何不各自说说自己的志向？"子路说："愿意拿出自己的车马、衣服、皮袍，同我的朋友共同使用，用坏了也不抱怨。"颜渊说："我愿意不夸耀自己的长处，不表白自己的功劳。"子路向孔子说："愿意听听您的志向。"孔子说："让长者跟我打交道感到安心，朋友们和我打交道对我信任，年轻人和我打交道会怀念我。"

这一章看似简单对话，实际上反映了子路的进步。这一章需要解决三个问题：第一，"无伐善，无施劳"怎么解读？第二，"老者安之，朋友信之，少者怀之"怎么解读？第三，孔子跟谁更接近？

我们直接来解决第一个问题："无伐善，无施劳"怎么解读？

> 钱穆：我愿己有善，己心不有夸张。对人有劳，己心不感有施予。
> 杨伯峻：我愿意不夸耀自己的长处，不表白自己的功劳。
> 南怀瑾：有了好的表现，可是并不宣传。自己认为劳苦的事情，不交给别人。
> 李零：不夸耀自己的优点，不吹嘘自己的功劳。
> 傅佩荣：不夸耀自己的优点，不把劳苦的事推给别人。

从意思和文法来看，钱穆、杨伯峻和李零的说法更准确。
再来解决第二个问题："老者安之，朋友信之，少者怀之"怎么解读？

> 钱穆：我愿对老者，能使他安。对朋友，能使他信。对少年，能使他于我有怀念。

杨伯峻：老者使他安逸，朋友使他信任我，年青人使他怀念我。

　　南怀瑾：社会上所有老年的人，无论在精神或物质方面，都有安顿。社会朋友之间，能够互相信任，人与人之间，没有仇恨，没有怀疑。年轻人永远有伟大的怀抱，使他的精神，永远有美好的理想、美丽的盼望。

　　李零：比自己老的得到照顾，和自己同辈的得到信任，比自己小的得到关心。

　　傅佩荣：使老年人都得到安养，使朋友们都互相信赖，使青少年都得到照顾。

钱穆和杨伯峻是对的，其他人的都不准确。

　　这句话中的三个"之"都是指孔子，这句话讲的是孔子让其他人怎样，这才是孔子的志向。而其他三位大师的解读中，根本就不是孔子能够做到的，成了大话套话。

　　孔子的意思是，让跟自己打交道的兄长有安心的感觉，让朋友有信任的感觉，让年轻人对自己有所怀念。因为对兄长们尊重照顾，所以兄长们安心；因为对朋友真诚无欺，所以朋友们信任我；因为对年轻人进行教诲，年轻人今后会怀念我。

　　之后解决第三个问题：孔子的观点跟谁更接近？

　　前面说过，孔子曾经问过子路和颜回什么是仁什么是知，子路的回答是"知者使人知己，仁者使人爱己"，颜回的回答是"知者知己，仁者爱己"。所以，子路的做法就是用我的爱换取别人对我的爱，用我的真诚换取别人对我的了解。所以，他愿意跟朋友分享自己的车马衣服。颜回不同，他追求自己内心的高度，不顾别人的感受。看上去清高，实际上远离众人。

　　当时子贡也被问同样的问题，子贡的回答是"知者知人，仁者爱人"。其实，孔子和子贡是一样的。

　　孔子不像子路那样一刀切，他实施他的爱人是有区别的。对老者，尊敬关心；对朋友，真诚相待；对年轻人，真心教诲。孔子并不是靠物质去爱人，而是靠心和头脑。如果一定要说孔子的志向和谁的更接近，那就是子路。

　　这一段的对话反映了子路的志向已经发生了变化，从前他的志向是为朋友两肋插刀死而后已之类，如今则是与朋友一起快乐，是友爱、慷慨、包容，开始懂得生活。所以说，孔子对子路的教诲终于产生了效果，子路的价值观已经有了极大的变化。

第十七章

成为贵族

19·17（13·1）子路问政。子曰:"先之劳之。"请益。曰:"无倦。"

【译文】
子路问怎样管理政事。孔子说:"为民示范,为民操劳。"子路请求多讲一点。孔子说:"不要懈怠。"

君子就是具有贵族精神的人,那么,当一个君子具有了贵族的社会地位和经济地位的时候,他就成了一名贵族。

大师们的译文区别在于对"先之劳之"的断句和解读。钱穆:"以身先之,以劳使民。"杨伯峻:"自己给百姓带头,然后让他们勤劳地工作。"李零:"先做出榜样,然后才能使老百姓卖力。"傅佩荣:"自己带头做事,同时使百姓勤劳工作。"

钱穆、杨伯峻和李零的意思是一致的,在意思上讲得通。傅佩荣的翻译完全没有考虑到背景,是错误的。

南怀瑾的翻译和解读完全是另一回事了,"先之"的解读与大家相同,但是关于"劳之"就完全不同了,且来看看南怀瑾的发挥:

"劳之",也是处事领导的原则。左丘明的《国语》一书中,有一篇敬姜论劳逸,叙述鲁大夫公父文伯的母亲——敬姜,对儿子的一番教训,政治思想非常高。她说人必须要接受劳苦的磨炼:"劳则思,思则善心生;逸则淫,淫则忘善,忘善则恶心生。"一个人环境好,什么都安逸,就非常容易堕落。民族、国家也是这样。所谓"忧患兴邦",艰难困苦中的民族,往往是站得起来的。所以古代许多懂得为政的人,都善于运用"劳之"的原则,使得官吏、百姓没有机会耽于逸乐。人在辛劳困苦的时候,对人生的体会较多,良善的心性容易发挥出来。

南怀瑾的意思是,"劳之"就是要让老百姓没有休息享受的机会,这样他们就不会陷于淫乐。南怀瑾的说法是有依据的，在《国语》中孔子还赞扬了这段话。

不得不说，如果单从意思上讲，几位大师的说法都是成立的。但是，如果我们从语法、背景上深入探讨的话，恐怕就会发现问题了。

从古文的角度来说，"先之劳之"可以有两种不同的表述，一种是"为之先，为之劳"，一种是"使之先，使之劳"。但是按照大师们的解读，就成了"为之先，使之劳"，比较别扭。

我们从事件背景来看这段对话，子路问政，应该是出仕之前来向老师请教。子路有两次出仕，一次是担任季孙家的家宰，一次是担任卫国的蒲地宰，这是哪一次呢？

其实不难推测，当子路担任季孙家家宰的时候，孔子致力于讲礼；当子路担任卫国的蒲地宰的时候，孔子致力于讲德和仁。

于是，我们可以判断这是子路担任卫国的蒲地宰之前来向老师请教，这个时候，关于德的道理孔子早已经给弟子们讲了许多，没有必要在这里继续讲。所以，孔子只需要告诉子路该怎么做，而不需要告诉子路为什么该这么做。

尽管孔子赞扬了南怀瑾所引用的那段话，但是不等于孔子就赞成那种做法，因为那样的做法弄不好就成了折腾百姓，劳民伤财。事实上，商鞅变法之后的秦国就是那么干的。

从另一个角度说，"先之"是德，"劳之"是仁，这才是孔子的思维方式。所以，"先之，劳之"解读为"为之先，为之劳"最为合理，都是子路需要去做的，而不是子路驱使别人去做的。"先之劳之"是并列关系，不是因果关系，也不是递进关系。

孔子的意思就是首先要有德，要百姓做的，自己先做，这就是先之。劳之很简单，就是要为百姓操劳，不要懒惰，这就是仁。

从记载来看，子路对老师的教导牢记于心，确实做到了"先之劳之"，是一个非常称职的地方官员。

可以说，子路到现在已经成功地成为一个贵族，这个进步不可谓不大。而孔子在这里给他提出的方法，恰恰可以发挥子路的长处，是他比较容易做到的。这样，也就增强了子路的自信心。从这个角度说，孔子真是一个出色的老师。

第十八章

合理的目标很重要

19·18（14·42）**子路问君子。子曰："修己以敬。"曰："如斯而已乎?"曰："修己以安人。"曰："如斯而已乎?"曰："修己以安百姓。修己以安百姓，尧舜其犹病诸?"**

【译文】
子路问什么叫君子。孔子说："修养自己，使自己庄重端肃。"子路说："这样就够了吗?"孔子说："修养自己，使身边的人们有安全感。"子路说："这样就够了吗?"孔子说："修养自己，使百姓都安居乐业。修养自己使百姓安居乐业，尧舜还怕难于做到呢?"

子路的能力和性格决定了他应该确定怎样的目标，即便他不清楚，孔子也很清楚。这一章，必须结合这一点来解读文字。

这一章紧接着上一章，子路要去蒲地当官，向孔子求教，上一段孔子就说了"先之劳之"，子路觉得不够用，于是换个提法来请教。孔子连用三个"修己"，其实跟"先之劳之"的意思完全一样，还是以德治国的路数。

这一段话孔子讲"修己"所能达到的三个层次。

首先是"修己以敬"，"敬"并不是敬重的意思，而是庄重端肃的意思，所以，"敬"也是周朝常用的谥号。"修己以敬"，就是修养自己，使自己庄重端肃。这样就能得到人们的尊重。所以，"修己以敬"是讲自己为自己做什么。那么，修什么? 涵养、习惯，也就是礼。

其次是"修己以安人"，这里的"人"不是人民的意思，而是身边人或者周围人，让自己身边的人感到安心、安全，也就是现在所说的有安全感。具体说，让你身边的人对于人身、对于生活都有安全感，于是可以全心全意地为你效力。那么，修什么? 与人交往的技巧，也就是仁。

再次是"修己以安百姓"，这里的"安"是安居乐业的意思。那么，修什么? 公信力、治理的才能，也就是德。

但是孔子最后说了，"修己以安百姓"那是尧舜都不容易做到的。就是你能做到仁就不错了，能够让你身边的人死心塌地为你效力是你需要努力的方向，至于百姓的安居乐业，你只需要尽力去做，不要给自己太高的不切实际的要求了。

孔子这样对子路说，还是基于子路的性格和能力。

子路是非常想做到"修己以安百姓"的，但是，能力不足。能力不足可是精力充沛并且目标远大，会发生什么？折腾，瞎折腾，最后好心办坏事。所以，孔子一方面要他为百姓操劳，一方面要降低他的期望值，以免他折腾百姓。

可以想象，如果同样的问题是冉有来问，孔子会怎样回答呢？孔子大概会把"修己以安百姓，尧舜其犹病诸"这句话省略掉了。

最后来看看大师们对"修己以敬""修己以安人"和"修己以安百姓"的翻译吧。

钱穆：把敬来修己。修己可以安人。修己可以安群众。

杨伯峻：修养自己来严肃认真地对待工作。修养自己来使上层人士安乐。修养自己来使所有百姓安乐。

南怀瑾：以非常严肃、庄重、恭敬的态度，修正自己心里的思想，和外表的行为。你自己的修养做好了，进一步要利人、利社会。自己的修养做到了，能再把这种修养，在行为上表现出来，可以利国家、利世界、利天下，以安百姓。

李零：把自己的修养搞好，也敬重别人。把自己的修养搞好，也能安定别人。把自己的修养搞好，也能安定天下的百姓。

傅佩荣：修养自己，以致能认真谨慎地面对一切。修养自己，以致能安顿四周的人。修养自己，以致能安顿所有的百姓。

至于大师们的解读，还是省略了吧。

第十九章

发自肺腑的关怀

19·19（9·12）子疾病，子路使门人为臣。病间，曰："久矣哉，由之行诈也！无臣而为有臣。吾谁欺？欺天乎！且予与其死于臣之手也，无宁死于二三子之手乎！且予纵不得大葬，予死于道路乎？"

【译文】

孔子患了重病，子路派了属下去做孔子的家臣侍候。后来，孔子的病好了一些，他（对身边的学生们）说："仲由很久以来就干这种弄虚作假的事情。我明明没有家臣，却偏偏要装作有家臣，我骗谁呢？我骗上天吧？与其在家臣的侍候下死去，我宁可在你们这些学生的侍候下死去。而且即使我不能以大夫之礼来安葬，难道就会被丢在路边没人埋吗？"

这一章还是在讲子路和孔子之间的感情，我们要解决两个问题：第一，"使门人为臣"是什么意思？第二，孔子为什么生气？

这一章，大师们的翻译有很多错误。

首先我们来解决第一个问题："使门人为臣"是什么意思？

　　钱穆：子路派使先生门人作为先生的家臣，来预备丧事。
　　杨伯峻：子路便命孔子的学生组织治丧处。
　　南怀瑾：子路就把同学组织起来。把孔子视同一个皇帝或社会组织的领袖，而叫同学们为臣，好像是层层节制的部属。这里的"臣"是阶级的观念，俨然显示出政府组织的味道。
　　李零：子路搞了个治丧委员会，组织辈分比他低的学生当操办丧事的"臣"，给孔子料理后事。
　　傅佩荣：子路安排学生们组织治丧处。

大师们一致认为，这里的"门人"就是孔子的学生，子路的师弟。那么，"臣"和弟子的区别是什么？大师们都没有说。"臣"来干什么？大师们通用的说法是来给孔子准备后事，主持丧葬仪式。不过，南怀瑾的意思是准备造反？孔子重病期间子路准备造反，子路有野心了？

要弄清所有上面这些问题，首先还是来看看背景。

这是在孔子周游列国，回到卫国之后。理由很简单，因为孔子回到鲁国的时候，享受的至少是上大夫的待遇，使用家臣是合理合法的。而周游列国期间，回到卫国之前，是不可能发生这样的事情的。

在这个期间，子路已经出任蒲地宰。如果这个时候子路在孔子身边，他一定是亲自伺候的，不会"使门人"。所以，子路因为公务在身无法亲自伺候孔子，因此派了"门人"代替自己也是代表自己，这个"门人"显然是子路的手下，而不是他的师弟们。

道理很简单，子路的手下才能代表子路，而他不可能让自己的师弟也就是孔子的学生代表自己。

那么，"为臣"是什么意思？

老师病了，学生们来照料和"臣"来照料是不同的，因为学生们与老师之间是师生之礼，而"臣"和孔子之间是君臣之礼，在称呼、行为方式上是有区别的。这里的"臣"是家臣，不是国君的大臣。

再来说子路派来的"臣"是干什么的。大师们的意思是来给孔子操办后事的，连治丧委员会都用上了，傅佩荣甚至说"为臣：专管治丧的家臣组织"。这里不妨普及两个方面的知识，来看看大师们的错误是怎么回事。

首先，按照周礼，人去世之前不得提前操办后事。所有的丧衣棺材等都必须在人去世之后操办，谁来负责主持丧事也是人死之后确定的。正因为如此，周朝的停丧时间都很长，周王甚至要停丧半年才下葬，这段时间，就是用来置办丧事以及等候各路亲朋前来参加葬礼的。人还没死就提前准备丧事，这是从秦始皇才开始的。

因此，这个时候子路是不可能派人去给孔子安排后事的，更不可能有什么治丧委员会。

其次，国君死了，主持丧事的一定是以国家执政大臣为首的几个人。卿大夫死了，其丧事则是家族里地位最高的人来主持。孔子要是去世了，主持丧事的就应该是子路、子贡等人，绝对轮不到子路所派的"臣"。事实上，后来孔子去世，为他主持操办丧事的就是子贡、冉有等几个地位最高的弟子。

所以，子路派来的人就是来伺候孔子的，与准备后事毫无关系。

现在来解决第二个问题：孔子为什么生气？

孔子此时在卫国是借住于蘧伯玉家中，虽说开办学校，规模应该不大。此时子路派家臣来，一来不符合周礼的规定，二来怕被其他人说闲话，因此孔子不高兴。不过，从内心来说，孔子当然知道这是子路对自己的一片孝心。

那么，为什么孔子不能有家臣呢？

家臣这个词其实出现得很晚，似乎最早也就是出现在鲁国。而能够有家臣的似乎也仅限于三桓这种卿一级的家族，至少是上大夫级别。而孔子在卫国就是个平头百姓，是不能有家臣的。

孔子所说的"久矣哉，由之行诈也"并不是说子路欺诈，而是子路做这样的事情不是一次两次了。想想也是，子路担任蒲地宰，应该说各方面待遇比老师还要好，子路自然想要老师也能生活得更好，也能得到更多的尊重，于是常常会派人去看望孔子，其中难免有些地方越礼，类似这一次。

孔子最后的话也并不是大师们解读得那么复杂，就是告诉大家，我就是个平头百姓，别整那些虚的，我死的时候有你们这些学生在身边就很好了。我死之后，就算不能按照卿大夫的规格下葬，有你们在，我难道还担心没有人安葬我吗？

整个的这段话，看上去孔子很生气，其实未必，只能说表面上很生气。

"二三子"的意思是诸位、各位、在座各位的意思。

从这一章，我们能够看到子路对老师的关怀也是无微不至，甚至不惜越礼、挨骂。而孔子对子路的骂，那是骂吗？

最后，再来看看钱穆和南怀瑾的观点。

先来看钱穆的观点：

> 大夫丧有定礼，门弟子之丧其师，则无礼可据。孔子日常好言礼，相传孺悲学礼于孔子而士丧礼于是乎书，其事当在此章之后，则孔子此番病时，尚亦无士丧礼可循。且《左传》礼不下庶人，刑不上大夫，其间别无士之一级。在大夫与庶人之间有士，礼之及于士，其事皆由孔门设教始。今孔子若病而卒，在当时实亦无礼可循，无丧可治。

按钱穆的说法，当时对于士一级的丧礼是没有规定的。钱穆这种说法并不合理。士这个阶层在周朝初期就有，并且人数越来越庞大，怎么可能没有士丧礼的规定？并且，周礼中有明确的规定士一级丧礼的陪葬用品的数量，足以证明有士丧礼。那么，为什么"孺悲学礼于孔子而士丧礼于是乎书"，只能说明当时礼崩乐坏的情况下，士丧礼的操作比较混乱，孔子进行了规范而已。

另外，不存在"门弟子丧其师，则无礼可据"的问题，因为人的丧礼规格取决于其社会地位，与职业无关。孔子在卫国的丧礼规格就是士一级，在鲁国的丧礼规格就是上大夫一级。至于门弟子怎样去悼念老师，那是另一回事。

第二十章

知德者鲜矣

19·20（15·4）子曰："由，知德者鲜矣。"

【译文】
孔子对子路说："由啊，懂得德的上位者几乎没有了啊！"

对于孔子来说，可以倾诉、抱怨、表达沮丧失望的人可以说凤毛麟角，子路绝对排在第一位。

> 钱穆：先生说：由呀！对于德，知道的人太少了。
> 杨伯峻：孔子说："由啊！懂得德的人太少了。"
> 南怀瑾：孔子告诉子路，他说子由啊！时代变了。德是用，道是体。现在的人，知道由道的基本，起德业作用的很少了。
> 李零：孔子对子路说，懂得道德的人太少了。他很孤立。
> 傅佩荣：孔子说："由，了解德行修养的意义的人很少啊！"

传统译文与上述译文一样，都是错误的，只因为他们没有弄明白"德"的定义。因此，发挥越多，就越是离题千里。

这句话自然是在孔子失意的时候说的。最大的可能是在周游列国之后，孔子对于各国的统治者们都很失望的情况下。

这里所说的"知德者"，当然不是指老百姓，而是指统治者。这个"德"，与道德、德行、德业毫无关系。

那么，孔子为什么要对子路这样说呢？

一来，是感到失望沮丧，需要倾诉；二来，是和子路的关系到了无话不说的地步，因此可以对他说，对其他人，是不会这么说的。

在子路之后，唯一可以说这样的话的是子贡。

第二十一章

一语成谶

19·21（11·13）闵子侍侧，訚訚如也；子路，行行如也；冉有、子贡，侃侃如也。子乐："若由也，不得其死然。"

【译文】

闵子骞侍立在孔子身旁，恭恭敬敬的样子；子路是一副狂躁不安的样子；冉有、子贡是温和快乐的样子。孔子说："像仲由这样，只怕不得好死吧！"

这是这一篇的最后一章，让我们来看看孔子的判断力。

这一章的原文中"子乐"非常明显地应该是"子曰"，不知是原文笔误还是传抄过程中的错误。钱穆和李零则认为"子乐"应为"子乐。曰"，杨伯峻、南怀瑾和傅佩荣未探讨这个问题。

来看看大师们的译文。

钱穆：闵子骞侍奉在侧，訚訚如一派中正气象。子路行行如一派刚强之气。冉有、子贡侃侃如一派和乐之气。先生很欢乐。但说：由呀！我怕他会不保天年呀！

杨伯峻：闵子骞侍立在孔子身旁，恭敬而正直的样子；子路很刚强的样子；冉有、子贡温和而快乐的样子。孔子高兴了。但孔子又说："像仲由这样，只怕不得好死吧！"

南怀瑾：闵子骞侍立在孔子身旁，温和有条理的样子；子路好像坐不住一样；冉有、子贡是温和快乐的样子。孔子高兴了。但孔子又说："像仲由这样，只怕不得善终吧！"

李零：闵子骞侍立在孔子身旁，恭敬严肃的样子；子路雄赳赳气昂昂的样子；冉有、子贡是轻松随便的样子。孔子嘲笑说："像仲由这样，只怕活不到寿限吧！"

傅佩荣：闵子骞站在孔子旁边，看来正直的样子；子路，看来刚强的样子；冉有与子贡，看来和悦的样子。孔子很高兴。稍后又说："像由这样，恐怕将来不得善终。"

这里我们要说说"行行如"该怎么解读？

除了南怀瑾之外，其余的大师都解释为"刚强的样子"，南怀瑾则解读为"坐不住的样子"。从字面意思和子路的性格来看，也是南怀瑾的更合理。

从逻辑角度来分析，"刚强"是得不出"不得好死"的结论的。但是，如果躁动冲动，就很可能"不得好死"。

所以，除了南怀瑾，其他大师的解读都是错的。

那么，大师们为什么会在这个简单的地方出错呢？大致是因为他们希望把子路描述得更完美一些。

另外，这一章的要点显然是最后一句，前面的话都是为了最后一句话做铺垫。那么，无论从句法还是意思来看，"子乐"或者"子乐，曰"都是不成立的。

其实，这段话应该发生在比较早的时候，为什么放在最后来说呢？

因为，孔子的话一语成谶了。

小 结

子路：性格决定结局

终其一生，与孔子相处时间最长的就是子路。反之，与子路相处时间最长的也是孔子。两人的关系是师生、兄弟、父子、朋友、战友、君臣，可以说是亲密无间，无话不说，无话不可以说。孔子与子路的感情堪称"比亲人还要亲"，甚至孔子对子路有一种强烈的依赖感。

几十年来，子路就守卫在孔子的身边，为孔子鞍前马后、赴汤蹈火，即便是在外地做官，子路也常常亲自或者派人来探望孔子。

因此，《论语》中所记载的孔子与子路之间的故事实在是九牛之一毛。但是，就是如此，我们也能清晰地看到子路是如何在孔子的教导之下，一步步从流浪汉成为一个贵族的。

俗话说：性格决定命运。对于子路来说，他幸运地遇上了孔子，于是改变了命运。以子路的出身和性格，他原本应该不是被官府捉拿问刑，就是因斗殴而横死于街头。可是，孔子能够改变子路的命运，却无法改变他的结局。

一次冲动，足以改变一切。

蒲地（今河南省长垣县）是卫国上卿孔悝的封地，这个地方民风剽悍，是卫国的主要兵源地，非常难治理。因此孔子向孔悝推荐子路去做蒲地宰，孔悝接受了这个推荐。子路在蒲地严格按照孔子的"先之劳之"和"修己以安人"的教诲去做，深得民心，加上自身的威严，当地勇士对他也很敬佩。因此，蒲地治理得不错。

某一年农闲，子路征集当地百姓兴修水利。对于百姓来说，这就是役，是有义务必须参加的，而且按照当时的规定，必须自带口粮。可是上一年的收成不好，百姓普遍比较困难，于是子路自掏腰包，每天免费给大家一顿饭。这样，大家就不用自己带干粮了。一时间，子路名声大噪，百姓们纷纷赞扬他。

听起来，这样做好事应该得到孔子的表扬，这样舍己为民的好官应该是孔子眼中的典范。可是事实恰好相反，孔子听说后，急忙派子贡去阻止子路。

子贡对子路转达孔子的说法："你以为自己做了好事，实际上不是。你这样做，等于让大家向你感恩，而忘记了孔悝和国君，你这样是很危险的。正确的做法是按照规矩来，该怎样就怎样。如果你确实觉得百姓太苦，应该向孔悝请示，由孔圉来出这个钱。"

孔子的说法，显然考虑得更全面，更有道理。所以，当官不是学雷锋，当官不能学雷锋，当官也不用学雷锋。

到子路六十二岁的时候，卫国发生了政变。当时，卫国的废太子蒯聩占据了戚地，他的儿子卫出公当国君。孔圉老婆孔伯姬是蒯聩的姐姐，同时也是卫出公的姑姑。孔圉和老婆生了个儿子，名叫孔悝（音亏）。这个时候，孔圉已经死了，卫国就由孔悝说了算。

蒯聩跟姐姐感情好，于是暗中和姐姐商量，要赶走儿子，自己回来当国君。不久，蒯聩在姐姐的面首浑良夫的帮助下，潜入了孔家，胁迫孔悝结盟，要赶走卫出公，迎蒯聩回来做国君。孔家的管家栾宁知道这件事情后，急忙带着卫出公出逃鲁国，同时派人通知子路，让子路前来救孔悝。

子路听说政变，自家的小主人被挟持，想起来老师那句"见危授命"，于是匆忙之间登上战车，单车来救孔悝。路上遇上逃难出来的师弟高柴，高柴劝他不要去，他非要去。

来到孔家，孔家大门已闭。子路跳下战车，大声高喊，要求释放孔悝。蒯聩派了手下两个勇士下来迎战子路，子路虽然勇猛，奈何上了年纪，只能勉强抵挡。几个回合之后，子路的帽子带被砍断，子路想起老师的话"君子死而冠不免"，意思是君子就是死也不能死得太难看，帽子要戴好。所以子路放下武器，重新接好了帽子带，也不知道接好没有，反正对方没客气，上来砍死了子路。

而这个时候，孔悝实际上正愉快地和自己的舅舅饮着酒，他们已经达成了协议。

此后，孔悝立蒯聩为卫国国君，就是卫庄公。

子路之死，死于莽撞。如果他能让自己弄清形势再决定下一步怎么去做，就不会有这样的事情发生了。

孔子改变了子路的修养，改变了子路的思维，改变了子路的品质。可是，他终究没能够改变子路的性格。反过来说，虽说最终子路依然没有避免"不得其死"的结局，但是他也算死得其所了。

听说卫国政变的时候，孔子就长叹了一声："嗟乎，由死矣。"不久，子路的死讯就传来了。

子路的死，对孔子是个致命的打击。不到半年，孔子去世了。

第二篇

子贡

从土豪到贵族

端木赐，字子贡，卫国人，小孔子三十岁。家境殷实，父亲应为大夫或者经商。子贡是孔子的第二批学生，在卫国入学。

据说，子贡入学第一年，认为老师不如自己；第二年，觉得老师也就这样，跟自己差不多；第三年，才承认老师比自己学问大。

孔子晚年，子路在卫国、颜回早死，冉有与老师关系不佳，因此孔子特别依赖子贡。孔子临终，盼望着子贡前来看望自己，当子贡赶来的时候，孔子在门口迎望，慨叹："赐啊，你怎么来这么晚啊。"孔子的后事，也都是交代给子贡去办。而子贡不仅为老师尽心操办了后事，还为老师守墓六年。

不过，在学业方面，子贡非常一般，他弃学弃官经商，又恰好与孔子的期望背道而驰。

子贡是一个具有传奇色彩的人物，对于孔子，对于孔学，都是不可缺少的。可以说，孔子能够得到后世的尊崇，子贡功不可没。

子贡还是一个伟大的外交家，多次帮助鲁国化险为夷。按照《史记》的记载，凭着子贡的斡旋，改变了当时的局势。《史记·仲尼弟子列传》中这样写道：故子贡一出，存鲁，乱齐，破吴，强晋而霸越。子贡一使，使势相破，十年之中，五国各有变。

此外，子贡还是一个大富豪。《史记·货殖列传》中记载：子贡既学于仲尼，退而仕于卫，废著鬻财于曹、鲁之间，七十子之徒，赐最为饶益。……子贡结驷连骑，束帛之币以聘享诸侯，所至，国君无不分庭与之抗礼。夫使孔子名布扬于天下者，子贡先后之也。此所谓得势而益彰者乎？

第一章

轻狂无知的富二代

20·1（8·16）子曰:"狂而不直，侗而不愿，悾悾而不信，吾不知之矣。"

【译文】
孔子说:"狂妄而不直爽，无知而不谨慎，信口开河而不守信用，这种人我真是弄不懂。"

这一章看似没有主语，但记录者可以没有，解读者却不能。如果不知道这段话的主语，就没有解读它的基础。

这一章我们要解决两个问题：第一，主语是什么？孔子在说谁？第二，现场还原是个什么样子？

"侗"和"悾悾"的意思稍有异议，不过也不大。首先，来看看大师们怎么翻译。

> 钱穆：先生说:"粗犷而不爽直，颛顸而不忠厚，愚悫而不可信靠，这样的人我真不晓得他了。"
> 杨伯峻：孔子说:"狂妄而不直率，幼稚而不老实，无能而不讲信用，这种人我是不知道其所以然的。"
> 南怀瑾未译出，大致含义同上。
> 李零：孔子说:"狂放而不直率，糊涂而不老实，无知而不讲信用，这我就不懂了。"
> 傅佩荣：孔子说:"狂妄而不直爽，愚昧而不忠厚，无能而不守信。这种人我不知道他是怎么回事。"

再来看看大师们的解读（因为钱穆的解读使用文言，不易懂，我重新组织句子来表达他的解读）。

> 钱穆：粗犷的人本来应该爽直，无知的人本来应该谨慎，愚悫的人本来

应该可靠。就像猫虽然不忠诚但是本来应该捉老鼠一样，结果，猫不捉老鼠了，缺点还在，优点没了，这要他还有什么用？所以，这样的人，孔子认为他没救了。

南怀瑾：孔子感叹当时的社会，一般人的思想与个人的修养，犯了三个大毛病。

李零：这段是讲人心不古，今不如昔。

傅佩荣：本章三小段中，各自提到的两种不良表现，原来是不易并存的，现在一起出现在一人身上，所以让孔子也觉得莫名其妙。

所有大师的解读都没有指向，也就是没有主语。钱穆等人的"优点缺点说"其实并不成立，狂妄与正直并没有必然联系，无知与老实、平庸与守信用也同样如此，它们不是一枚硬币的两面，根本就是两枚硬币。

那么，正确的解读是怎样的呢？

首先，我们来解决第一个问题：主语是什么？孔子在说谁？

既然这一章放在这一篇里，每个人都能猜出孔子这段话的指向是子贡，所以，主语就是子贡。孔子为什么要这样说子贡呢？

因为子贡刚成为孔子学生的时候就是这样子的，在孔子的学生中，能够称得上狂妄的也就是子贡一个人而已。

孔子对他讨厌到了极点，要不是对老朋友无法交代，早就把他开除了。子贡对孔子毫无尊敬可言，经常顶撞孔子。因此，两人之间经常唇枪舌剑，这在《论语》中有大量记载。当然，孔子完胜。

所以这段话中，孔子所说的都是子贡身上的毛病，非常显然地是孔子在批评、讽刺、喝斥、敲打子贡。

之后，我们来解决第二个问题：现场还原是个什么样子？

孔子讲课，子贡在下面讲小课，东一句西一句，还笑，还偷吃东西。孔子很生气，抽他回答问题，子贡当然是一问三不知。

"唉，狂妄而不直爽，无知而不谨慎，信口开河而不守信用，这种人我真是弄不懂。"孔子当着所有人的面这样说，丝毫不给面子。估计子贡当时的感觉跟我那同学也差不多吧？

这段话其实并不是什么人生格言，也不是孔子的什么感悟，就是斥责子贡而已。由这段话，我们可以看出子贡在一开始的基本情况，看出他和孔子之间的激烈矛盾。所以这段话的意义，就在于让我们知道孔子将要改造的是一个什么样的人，就在于让我们知道子贡是从一个什么样的人逐步地转变成为一个具有贵族精神的人。

我想，这才是这段话的价值。

第二章

恶习一箩筐

20·2（14·27）子曰："君子耻其言而过其行。"

【译文】
孔子说："君子认为说得多而做得少是可耻的。"

前三章都是孔子在批评子贡，针对的则是子贡不同方面的坏习惯。语气上有斥责、有讽刺，反映了孔子对子贡的讨厌。这个阶段，双方依然处于严重的对立状态，不过子贡还没有准备好反击。

这一章依然没有主语，背景没有太多好说的。大师们对这一章的翻译基本一样，要么没有解读，要么很简单。

  钱穆：先生说：君子以他的说话过了他的行为为可耻。本章或作耻其言之过其行。
  杨伯峻：孔子说："说得多，做得少，君子以为耻。"
  南怀瑾：牛吹大了，事实上做不到，这是君子引为可耻的。不要把话讲得超过了自己的表现，做不到的，绝不吹牛。
  李零：说的比做的好听，孔子认为可耻。
  傅佩荣：孔子说："君子认为自己如果说得多而做得少，是一件可耻的事。"

这段话是孔子在批评子贡夸夸其谈，说得多做得少，成绩一塌糊涂，干活总是偷懒，什么也干不好。这可能是孔子讲到了君子，于是顺便讽刺子贡；也可能是子贡问什么是君子，孔子来了这么一句；也可能是子贡只管在吹牛，孔子兜头一盆冷水泼过去。总之，话说得很不客气。

下面这一章是孔子在讽刺子贡，意味非常明显。

20·3（14·29）子贡方人。子曰："赐也贤乎哉？夫我则不暇。"

【译文】

子贡去评论别人的短处,孔子讽刺说:"赐看起来很贤能嘛,我可没有闲工夫去评论别人。"

大师们对这一章的翻译和解读有点五花八门了,下面来看看。

钱穆:子贡批评人物。先生说:赐呀!真贤能吧!对于那些,我就没有这闲暇呀!(由解读可以看出,钱穆认为孔子在赞扬子贡贤能,能够有时间去评点古人。)

杨伯峻:子贡讥评别人,孔子对他道:"你就够好了吗?我却没有这闲工夫。"

南怀瑾:子贡有时比较直爽,看见不顺眼的人,当面就说人家,得罪人。所以孔子说,子贡啊!你要求别人,不要过于高了,不要希望别人都是贤人啊!假如是我,就没这个工夫去批评别人。(南怀瑾认为,"贤乎哉"是希望别人都是贤人的意思。)

李零:"方人"是好与人比。人比人,气死人。子贡喜欢与人攀比,孔子说,你真比人家强吗?要是我,才没工夫操这心。

傅佩荣:子贡评论别人的优劣。孔子说:"赐已经很杰出了吗?要是我,就没有这么空闲。"

"方人"就是说人的坏话,这当然是个毛病。所以,孔子能因此赞扬子贡贤能吗?当然不能。可是孔子就说他很贤能,这不是明摆着的讽刺吗?

钱穆、南怀瑾和李零从一开始就错了,南怀瑾的译文更是错得离谱。杨伯峻和傅佩荣虽然意思表达正确,可是译文都用了质问的语气,没有表达出讽刺的意味。

这一章的要点其实是最后那句"夫我则不暇",是讽刺子贡不学习不干活,该做的事情不做,闲得无聊去评说别人。

关于"方人"的问题,其实孔子也接受过教训,当年去洛邑拜会老子,老子发现孔子的愤青倾向有些危险,于是在离别的时候给孔子忠告:"聪明睿智但是却很危险的人,是因为他喜欢议论别人的是非;博闻善辩但是陷入麻烦的人,是因为他总是揭别人的短。"(老子原话见于《史记》:聪明深察而近于死者,好议人者也。博辩广大危其身者,发人之恶者也。)

这段话,孔子是对子贡说的,有可能是当众说的,也可能是私下说的。总之,讽刺他太八卦、不务正业。

下面这一章又是没有主语,不知指向却要解读,难矣哉!

20·4(15·17)子曰:"**群居终日,言不及义,好行小慧,难矣哉!**"

【译文】
孔子说:"整天聚在一块,话说不到点子上,专好耍小聪明,这种人怎么能有进步?"

看看大师们怎么说。

  钱穆:先生说:相聚群居,终日不散,言谈不及道义,专好逞使小聪明,卖弄小才知,这真难了。群居不以善道相切磋,终日言不及于正义,专好逞其小才知,小聪明,难为人,亦难为群。
  杨伯峻:孔子说:"同大家整天在一块,不说一句有道理的话,只喜欢卖弄小聪明,这种人真难教导!"
  南怀瑾:社会到了乱的时候,就容易犯这个毛病。大家在一起,讲起话来,没什么内容,无正事可谈,谈闲话,讲些不相干的话,没有真正的人生观,现今社会上这一类的人不少,娱乐场所更多了。在明末清初,顾亭林就引用这两句话批评明末的社会风气,他说南方的知识分子"群居终日,言不及义",北方的知识分子"饱食终日,无所用心"。
  李零:这是讲小人扎堆的情况。孔子认为,对君子来说,整天扎堆聊天,飞短流长,言不及义,对他来说,简直不可想象。现在,我们称为"单位"的地方,经常是这种气氛。
  傅佩荣:孔子说:"一群人整天相处在一起,说的是无关道义的话,又喜欢卖弄小聪明,实在很难走上人生正途!"

这段话还是在说子贡,子贡不爱学习,整天没事干,拉着同学们讲东讲西,就是不讲学习。耍些小聪明,卖弄点小智慧。可是子贡口才好,见识广,因此很多同学愿意听他讲,孔老师很不高兴。
  我猜想,孔子这种痛斥讽刺子贡的话恐怕不少,子贡绝对是孔子教学历史上最大的刺头。子贡被嘲讽被斥责,他是绝对不会认怂的,他是一定要反击的。

第三章

子贡的反击

20·5（19·20）子贡曰："纣之不善，不如是之甚也。是以君子恶居下流，天下之恶皆归焉。"

【译文】
子贡说："纣王的不善，不像传说的那样厉害。所以君子憎恨处在下流的地方，使天下一切坏名声都归到他的身上。"

孔子不留情面的冷嘲热讽和当众批评，让子贡非常恼火。所以，他决定反击。当然在一开始他不敢正面对抗，所以他用质疑老师观点的方式来反击，要挑战老师的权威。

这一章，就是其中的一例。

这段话的译文实在是大同小异，所以干脆不去管大师们的译文，直接看解读吧。

钱穆：子贡之言，戒人之勿置身不善之地也。

南怀瑾：子贡说纣王的坏是坏，但并不是后世所说的那么坏，一个人，尤其是一个领导的人，如果自己做得下流，做得坏的时候，天下的错都归到他身上。因此我们看历史，有些人真可怜，不但历史如此，社会也是这样，子贡这个是老实话，所以做人要小心。

李零：子贡敢为坏人说公道话，实在了不起。

傅佩荣：若不力争上游，就会趋于堕落。

尽管本人是商朝王室的后代，可是孔子一向就强烈支持周朝对商朝的取代。孔子崇拜周文王、周武王和周公，尤其对周公是崇拜得五体投地，孔子所宣扬的周礼就是周公所创。

必然的，孔子对商纣王深恶痛绝。

这里应该是孔子在讲历史，狠批商纣王。子贡这个时候故意发出这样的议论，让老师难堪。这样公然与老师唱反调的事情，也只有子贡能做出来。可以想见，孔子当时有多么的恼火。

子贡替商纣王鸣不平，某个角度来说其实也是替自己鸣不平，说老师你对我印象不好，对我有成见，对我羡慕嫉妒恨，所以看我干什么都不顺眼，有什么坏人坏事第一个就想到我。

不过，从后面的事情发展来看，其实孔子对子贡的话也进行了反思。或许正是子贡的话，让孔子去发现他的优点。

从现实意义来看，某些人确实有缺点，但是如果把什么坏事都算到他头上，否定他的优点，那么最终有可能真的把他逼上彻底变坏的道路。所以，对于父母、老师来说，看一个儿女、学生，千万不要全盘否定，要看到他们的优点，帮助他们改正缺点。

第四章

正面交锋

20·6（17·24）子贡曰："君子亦有恶乎？"子曰："有恶：恶称人之恶者，恶居下流而讪上者，恶勇而无礼者，恶果敢而窒者。"曰："赐也亦有恶乎？""恶徼以为知者，恶不孙以为勇者，恶讦以为直者。"

【译文】

子贡说："君子也有厌恶的人吗？"孔子说："有厌恶的人。厌恶揭人短处的人，厌恶身居下位却诽谤上位者的人，厌恶莽撞而无礼的人，厌恶固执而不讲理的人。"孔子又说："赐，你也有厌恶的事吗？"子贡说："厌恶剽窃别人的知识当作自己的人，厌恶不谦虚却以为自己很勇敢的人，厌恶攻击别人却以为自己很正直的人。"

孔子和子贡之间矛盾的发展终于到了直接对抗的阶段，不过，两人都是语言高手，不至于到对骂的程度，都是互相嘲讽。

这一章，就是其中的一例。译文大同小异，所以就不再罗列，直接看南怀瑾的解读：

> 他们师生两人一唱一和，等于唱双簧一样，举出来的这几点，我们每个人都要反省，体会自己，也可据此以观人，如果有了这些毛病，要努力改过来。

大师们对《论语》似乎习惯把每一章都分割独立来解读，而不去考虑各章之间的联系。其实，大师们多半是高校老师，设想一下，如果一个学生来跟你讨论最讨厌什么样的人，你不觉得很奇怪吗？你感受不到敌意吗？

这一章是孔子和子贡之间面对面、师徒矛盾达到顶峰时的一次交锋，可以说是针锋相对。

子贡率先发难，提出这个问题。为什么要提出这个问题？因为子贡不敢直接说"老师你怎样怎样让人讨厌"，而是要换个说法"我讨厌一个什么什么样的人"，而这个讨厌的人，就是孔子这样的人。

孔子发现子贡来者不善，于是先发制人。孔子所回答的都是他眼中子贡的缺点，就等于说"我讨厌的就是你"。

孔子认为，子贡喜欢揭别人的短，也就是前面的"方人"；子贡作为学生却不尊重老师，就是身在下位却诽谤上位的人；子贡说话鲁莽不懂得礼法，信口开河不守规矩；子贡固执而又不肯认错，对老师的教诲不思悔改。

而子贡反唇相讥，他早就归纳好了孔子的缺点。第一，子贡认为孔子抄袭古人。这一点很容易想象，孔子教给学生们的都不是自己的创新，孔子说了"述而不作"。第二，子贡认为孔子总是什么都懂的样子，这也不奇怪，老师在学生面前自然是什么都懂的样子。第三，子贡认为孔子总是拿学生的不足说事，这也不足为奇，孔子教学生们做人，随时指出学生们的不足，有的时候很不给面子。

事实上，无论从字面意思还是从背景内涵，师徒二人的这段对话绝对是不会"唱双簧"，更不是"亲切问答，交换思想"。

在《说苑》里记载了另外一则故事，也是师徒交锋，非常有趣。

一天，子贡来问孔子"人死了之后究竟有没有知觉"，孔子当时就知道来者不善，如果回答"有"或者"没有"，子贡都会反问"你没死过，你怎么知道？"如果回答"我不知道"，子贡一定很得意地到处去说。

怎么办？孔子想了想，这样回答："我要是说人死了还有知觉呢，就怕孝顺子孙葬我的时候过分隆重；要是我说人死了没有知觉呢，又怕不肖子孙把我扔到乱葬岗喂狗。所以，这个问题我不能回答你。你如果真想知道，等你死了之后，自己慢慢去体会吧。"

这段话的原文如下。

> 子贡问孔子："死人有知无知也？"孔子曰："吾欲言死者有知也，恐孝子顺孙妨生以送死也；欲言无知，恐不肖子孙弃不葬也。赐欲知死人有知将无知也？死徐自知之，犹未晚也！"

这次交锋，子贡碰了一鼻子灰。原本想捉弄孔子，谁知道被孔子捉弄了。

很多学生和老师之间都有过类似的交锋经历，老师要镇住这些刺头，确实需要费些心思。

第五章

先做后说

20·7（2·13）子贡问君子。子曰:"先行其言而后从之。"

【译文】
子贡问怎样做一个君子。孔子说:"先把自己想要说的去做了，再说出来。"

俗话说：不打不成交。在子贡和孔老师的言语交锋中，子贡逐渐发现老师的学问很深，自己这样的口才，在老师面前讨不到便宜。而孔子也对子贡的聪明和口才印象深刻，并且有些享受与子贡的斗嘴。

渐渐地，子贡开始收敛自己，并且换了一个角度去看孔子，发现这个老头儿其实还是很有学问的，人也不错。孔子则开始觉得子贡是个可造之材，虽然有毛病，但是底子不错。

所以渐渐地，师徒关系明显地缓和了。这个时候，子贡已经愿意去向孔子请教，而孔子也不再以讽刺的语气和他说话，代之以诚心的指点。

对于这段话，先来看看大师们的翻译或者解读。

  钱穆：君子做事在说话前，然后才照他做的说。
  杨伯峻：对于你要说的话，先实行了，再说出来（这就够说是一个君子了）。
  南怀瑾：先做，用不着你说，做完了，大家都会跟从你，顺从你。
  李零：这是讲言和行的关系，即先干后说，并且能继续干下去。
  傅佩荣：先去实践自己要说的话，做到以后再说出来。

这一章中"而后从之"是一个难点，我们注意到大师们的翻译实际上是有区别的。下面，我们来对这段话进行一个简单的解读。

这句话和前面的"君子耻其言而过其行"基本上是一个意思，但是语气和用词完全不同，从讽刺挖苦变成了谆谆教导，为什么呢？

因为两人之间的关系已经缓解，这是子贡诚心来问，孔子严肃回答。所以，同样的意思，现在的表达就温和善意多了。

孔子第一次去卫国待了两年，之后回到鲁国住了一年。子贡在卫国跟随孔子一年，恰好是斗争的一年。子贡之后随孔子回到鲁国，这时两人关系缓和。在鲁国期间，子贡亲眼看见鲁国的卿大夫们对孔子很尊重。他还随孔子去看了鲁定公为郳隐公举行的欢迎仪式，根据俩人的举止，断定鲁定公活不长了。没有多久，鲁定公果然重病身亡。子贡以为自己神机妙算，得意地四处炫耀，生怕别人不知道。孔子赶紧让人去制止子贡，免得惹祸上身。

孔子说："这个家伙不幸而言中了，证明他就是个多嘴的人。"（见《左传》，仲尼曰："赐不幸言而中，是赐多言。"）这件事情说明子贡很聪明，同时喜欢卖弄炫耀的性格还没有改变。而孔子尽管很讨厌他这样的性格，语气上还是温和了许多。

所以，孔子对于子贡的教育，可以说就是从这里开始：少说、多做；先做，后说。

第六章

善意也不能强加

20·8（12·23）**子贡问友。子曰："忠告而善道之，不可则止，无自辱焉。"**

【译文】
子贡问怎样与朋友相处。孔子说："坦诚地劝告，恰当地表达，如果不听也就罢了，不要自取其辱。"

子贡不仅开始请教老师，并且开始按照老师的建议去做了。这是子贡的优点，一旦明白了道理，就会努力去做。不过子贡还是喜欢炫耀自己，稍有进步，就会去老师那里炫耀。于是，老师会给他更多的指点。

本章的译文大同小异，省略，来看看大师们的解读。

钱穆：本章必是子贡之问有专指，而记者略之，否则孔子当不专以此为说。

南怀瑾：中国文化中友道的精神，在于"规过劝善"，这是朋友的真正价值所在，有错误相互纠正，彼此向好的方向勉励，这就是真朋友，但规过劝善，也有一定的限度。尤其是共事业的朋友，更要注意。我们在历史上看到很多，知道实不可为，只好拂袖而去，走了以后，还保持朋友的感情。

傅佩荣：真正的朋友应该是"道义相期、肝胆相照、荣辱相关、过失相规"。以此标准视之，朋友实在不多。一般所谓朋友，常由同学、同乡、同事、同行、同道、同教的情感所延伸而成。孔子这里所说的原则也照样适用。

按照傅佩荣的解说，孔子这段话到底能不能适用于真正的朋友呢？没看懂。

子贡聪明有见识，因此比绝大多数同学更有思想。同时，子贡喜欢为人师，喜欢指点别人。很多情况下，子贡对同学的指点是对的，可是，人家就是不听他的。可是，子贡喜欢反复地讲，由此招来很多同学的讨厌。

"为什么我好心好意，却得不到同学的认同？为什么我说的是对的，同学们却不肯听我的?"这是子贡的困惑,对于人际交往,他实际上并没有经验。于是来向孔子请教。孔子告诉他:"每个人有自己的判断,你的观点也许是对的,但是他有自己的看法,不要试图强迫他接受,要适可而止。"

20·9(5·12) 子贡曰:"**我不欲人之加诸我也,吾亦欲无加诸人**。"子曰:"**赐也,非尔所及也**。"

【译文】
子贡说:"我不愿别人的意志强加于我,我也不愿自己的意志强加于别人。"孔子说:"赐呀,这就不是你所能做到的了。"

先来看看大师们的译文。

> 钱穆:我不要别人把这些加在我身上,吾亦不要把这些来加在别人身上。
> 杨伯峻:我不想别人欺侮我,我也不想欺侮别人。
> 南怀瑾:我不喜欢人家加到我身上的那些事,我也不想有同样的情形加到别人身上。
> 傅佩荣:我不愿意别人加在我身上的,我也但愿自己不要加在别人身上。

再来看看大师们的解读。

> 钱穆:盖己所不欲,勿施于人。
> 南怀瑾:别人给我的痛苦、烦恼,我不喜欢,因此我也不愿加给任何一个人痛苦、烦恼。子贡说了这些话以后,孔子说他做不到,任何人都做不到的。人活在世界上是互助的,我们的幸福享受,一定有赖于人,甚至妨碍了别人。
> 李零:己所不欲勿施于人,自己对别人要如此,别人对自己也应当如此。
> 傅佩荣:子贡表明自己的志向,目标就是孔子所说的"己所不欲,勿施于人"。但是,这种志向说起来容易,做起来困难,要一生的努力才能证明。

按照大师们的解读,子贡的话就是说"己所不欲,勿施于人",而孔子认为这个标准太高,子贡做不到。

如果按照大师们的翻译和解读，那么上面子贡的话就应该是"我不欲人之加诸我者，吾亦欲无加诸人。"

请注意，原句是"我不欲人之加诸我也，吾亦欲无加诸人"。这个"也"字的存在，说明前后半句是独立成句，没有因果承接关系的。

有人会说孔子确实曾经对子贡说过"己所不欲，勿施于人"啊，但是请注意，那段话是在孔子晚年说的，孔子那时候对所有人都说这话，这话是他对君子的最基本要求。当时与子贡的对话是在探讨人生，而不是在指点子贡的缺点。

下面，我们来解读这段话。

上一章"忠告而善道之，不可则止，无自辱焉"已经把这一章的解读告诉了我们。

"忠告而善道之"并不是己所不欲而施于人，恰恰相反，是己所欲而施于人。自己认为是对的，想方设法要让对方接受。子贡的性格就是这样的，他自己认为对的，于是不断地"忠告"，强迫别人接受。

后来，孔子告诉他"忠告而善道之，不可则止，无自辱焉"，就是说即使你是好意、是对的、很讲究方法了，也不要强加于人。于是子贡努力去改正，努力不去把自己的想法强加给别人。

过了一段时间，当子贡认为自己已经做到了这一点，于是来问孔子这个问题，意思是说"我不把自己的想法强加于人，也不接受别人的想法强加给我，老师您觉得怎样？"

孔子当时就笑了，为什么？因为经过这段时间的观察，他发现子贡依然在把自己的想法强加于人，只是做法与从前不同，从前可能是喋喋不休地说，如今则可能用利诱或者旁敲侧击的方式。总之，他还是没有改变。这就是本性难移。所以，孔子才说："端木同学啊，这是你做不到的。"子贡想表达的不是"己所不欲，勿施于人"，而是"己所欲而强施于人"。

事实上，"己所不欲，勿施于人"是君子的最基本要求，子贡是可以做到并且做到了的，孔子绝不会说他做不到。

但是话说回来，子贡喜欢强加自己的观点给别人的性格也是有正反两面的。做一个贵族，这种性格可能不讨人喜欢。但是作为一个商人，这个性格恰好是一个大优点，如今的推销员们做的不就是这个吗？也正是因为子贡这种不屈不挠的推销精神，才能够到处宣扬孔子和他的学说，这才让孔子的学说流传下来。

那么，孔子对子贡的要求难道是错误的？做人就应该强加自己的观点给别人？

所以，任何事情都要看它的条件，看它的环境。

第七章

君子不器

20·10（5·4）子贡问曰："赐也何如？"子曰："女，器也。"曰："何器也？"曰："瑚琏也。"

【译文】

子贡问孔子："我这个人怎么样？"孔子说："你呀，好比一个器具。"子贡又问："是什么器具呢？"孔子说："是瑚琏。"

孔子是个天性幽默的人，总是和弟子们开玩笑。在与子贡关系缓和之后，也经常和子贡开玩笑。子贡是一个情商极高的人，对于老师的玩笑非常享受，也会给予回应。这样的结果，就是师徒两人之间的关系迅速地变得亲密起来。

来看看大师们的解读。

> 钱穆：瑚琏乃宗庙中盛黍稷之器，竹制，以玉饰之，言其既贵重，又华美，如后世言廊庙之材。读书有当会通说之者，有当仅就本文，不必牵引他说者。如此章，孔子告子贡汝器也，便不当牵引君子不器章为说。
>
> 南怀瑾："瑚琏"是古代的玉器，这个玉器还不是民间普通老百姓可用的。是古代用来供于庙堂之上的，相当于中央政府、皇宫的布置，摆在上面，非常精洁庄严。为什么呢？它是"高""贵""清"的象征。子贡形成这种精神的典型，未免有点太高、太贵、太清了。
>
> 李零：孔子说"君子不器"，君子不以技能为目标，而以道德为目标。没有道德或道德不高，只能算"器"。瑚琏是重器，但不是最重要的器。
>
> 傅佩荣：肯定子贡是个专业人才，但是还须在成德上努力。

这显然是子贡觉得自己表现不错，想得到老师的表扬，于是来问老师怎么看自己。表扬他呢，孔子怕他太得意；贬低他呢，孔子怕打击他的积极性。所以，干脆说他是瑚琏，自己去理解。

钱穆和李零均把瑚琏解释为盛黍稷之器，不过钱穆说是用在宗庙中，李零没有指出用在哪里。南怀瑾则说瑚琏就是祭祀用的玉器。

不管怎样,瑚琏应该是比较贵重的器具。

得到这样的评价,子贡以为老师很看重自己,非常得意。

20·11(2·12)子曰:"君子不器。"

【译文】

孔子说:"君子不像器具那样。"

大师们对这句话的翻译没什么好说的,来看看解读。

> 钱穆:不器非无用之谓,乃谓不专限于一材一艺之长,犹今所谓通才。
>
> 杨伯峻:古代知识范围狭窄,孔子认为应该无所不通。后人还说,一事之不知,儒者之耻。虽然有人批评孔子"博学而无所成名",孔子仍说"君子不器"。
>
> 南怀瑾:因为"为政"要通才,通才就要样样懂。"不器"就是并不成为某一个定型的人,一个为政的人,就要上下古今中外无所不通。"君子不器"这个学问,就是成为真正的通才,否则只有变成专才、专家。
>
> 李零:器是用来载道的。君子追求的是道,不是器。器,各有各的用途,知识分子的毛病是泥于小道,不知会通,因为追求器,自己也变成了器。
>
> 傅佩荣:器,有一定用途,这是社会分工合作的要求,君子也不例外;但是他的目标并不局限于此,还要追求人生理想的实现。

大师们的解读多在讲通才与专才,不过李零的意思大致是手段和目的的区别吧,傅佩荣的解读让人看不懂,社会分工难道和人生理想是矛盾的吗?

我更相信事情是这样的:子贡得到了瑚琏的称赞之后,到处说老师在夸奖自己,并且也像大师们一样把瑚琏捧上了天。孔子一看,这小子又开始吹牛了,要打压一下他。于是,孔老师在上课的时候就告诉同学们:君子不器。全班哄堂大笑,只有子贡满脸通红。

同样的方式,孔子也在子路身上用过。用这样的方式,学生们的印象会非常深刻,可以说发人深省。

为什么君子不器呢?大致孔子的解释和大师们是一样的。

现实来看,人有专才有通才,所以君子可器可不器。或者说,器与不器已经不是界定君子的标准了。

第八章

抬杠是有害的

20·12（2·14）子曰："君子周而不比，小人比而不周。"

【译文】
孔子说："君子合群而不结党，小人结党而不合群。"

这段话里，如何理解"周"和"比"这两个字是关键，来看看大师们怎么说。

  钱穆：周，忠信义。比，阿党义。
  杨伯峻：周，是以当时所谓道义来团结人；比，是以暂时共同利益互相勾结。
  南怀瑾：周是包罗万象，就是一个圆满的圆圈，各处都到的。他说一个君子的做人处世，对每一个人都是一样，不是说对张三好，对李四则不好，这就不对了，这就叫比而不周了。
  李零：周是和衷共济，比是拉拉扯扯。
  傅佩荣：周是君子开诚布公，比是偏爱同党。

每位大师的解读都不一样，对于"周"和"比"的理解都有差异，这种情况其实并不多见。

"周"的意思应该是与所有人保持同样的距离，换言之，不偏私谁，而是按照自己的原则去同等地与人交往。"比"则不同。形象地说，"周"就像一个人在圆的圆心，其他人都在圆周上。"比"则是人挨人，你只与前后的两个人亲近，与其他人疏远。你如果与所有人都友善相处，做事光明磊落，你就是"周"。如果你有个小圈子，互相勾结包庇，你这就是"比"。

"周"是什么？就是人们依照礼的原则进行交往，互相尊重、合作，保持必要的距离。"比"是什么？就是拉拉扯扯勾肩搭背，基于利益的考虑而勾搭在一起。看上去很亲密，实际上勾心斗角，丧失尊严。

所以，大师们关于"比"的解读多半正确，对于"周"的解读基本错误。

"周"不是团结也不是和衷共济，更不是信义。当然，更加不是厚待众人，主张厚待众人的那是墨子的兼爱思想。

正因为如此，君子不结党，在政治斗争中往往斗不过小人。

那么，为什么这句话放在这里？

因为这句话与"群居终日，言不及义，好行小慧，难矣哉！"意思相近，看上去更严厉，实际上则更正式，应当是孔子当面对子贡的劝诫，话虽重，可是很诚恳。

孔子的意思是：端木同学，你应该像个君子一样和同学们交往，保有自己的矜持和自尊，而不是整天跟那些不上进的同学勾肩搭背胡说八道，他们之所以跟你混，只是因为你有钱而已。

20·13（2·16）子曰："**攻乎异端，斯害也已。**"

【译文】

孔子说："专门找茬抬杠，那绝对是有害的啊。"

来看看大师们怎么说。

> 钱穆：先生说：专向反对的一端用力，那就有害了。（钱穆的解读有点烦琐，因此我来帮他总结一下）：孔子认为学问就像一根棒槌，两端都要学，如果专攻于一端，就不行了。
> 杨伯峻：孔子说："批判那些不正确的言论，祸害就可以消灭了。"
> 南怀瑾："异端"是走极端偏向的路线，不走中道的。不但不走中道，而且还标新立异，特别从事怪异的思想。
> 傅佩荣：孔子说："批判其他不同立场的说法，难免带来后遗症。"

李零罗列了几位注解者的译文，自己的观点倒没看出来。要正确翻译和解读这段话，首先要弄懂什么是"异端"。

在当今的语言体系下，"异端"就是异端邪说，就是不相容的东西。但是在孔子的时期，"异端"还不是一个固有名词，就是另一端而已，指相反的一端。换了今天的说法，就是反面、负面。更时髦的说法，就是负能量。

解决了"异端"，也就解决了"攻"，"攻"不是攻击，而是专注于做什么。

那么，谁是"攻乎异端"的人？孔子这是在说谁？这个人怎么在"攻乎异端"？

在孔子的学生中，喜欢"攻乎异端"只有两个人：子贡和宰我。

从他们所提出的问题来看，其实宰我的问题更深刻更有水平。但是，宰我也就是喜欢逆向思维，喜欢提问题，并不会和同学说三道四。而子贡不同，他喜欢到同学中去说。所以，从负能量的角度说，子贡更严重。

我们前面看到，当子贡向孔子提出异端问题的时候，孔子是驳斥或者讽刺。后来子贡和孔子的关系缓和，不再刻意抬杠。但是，那种逆向思维的天性不会改，所以尽管不四处散播，却依然时不时反向提问题。

这个时候，孔子就没有再驳斥或者讽刺他，而是谆谆教导："端木同学啊，不是总是抬杠，不要总是负能量，那是妨碍你进步的。"

于是，就有了这一章的内容。

原文中的"也已"怎么解释呢？其实这两个字只是表示强调的语气助词，在这里是"绝对""严重"的意思。

到这里我们就发现，大师们的解读中，只有钱穆有些靠谱。

这两章都是专门针对子贡的，也是针对子贡这一类人的。那么，在今天的价值体系下，这两段话还是正确的吗？

"君子周而不比，小人比而不周。"这句话基本正确，朋友之间交往不应该以利益为基础。

但是，现实社会毕竟是一个商业社会，利益是人们每天都必须要考虑的，基于利益而成为朋友是这个时代的典型特征。所以我们只能说在基于利益的交往上，如果还能保持相互尊重，那就会成为真正的朋友。

同样，历史已经告诉我们，小人结党之后，君子根本不是对手。所以，老实人总是吃亏，劣币总是驱逐良币。从前大家说正义必胜，后来发现不是这么回事。于是，改成"正义只会迟到，但从不缺席"。问题是，迟到的正义跟凉了的黄花菜有什么区别？所以，都是自欺欺人。

因此，君子不仅要周，而且要比，该有小圈子的时候还是可以有。这段话应该改成"君子周而后比，小人比而不周"。

那么，"攻乎异端，斯害也已"这句话呢？

现在我们知道，逆向思维不仅无害，而且有益。提出问题，再去解决问题，这是最好的结果。从学术上来讲，"攻乎异端"是值得提倡的，这样的人是值得鼓励的。

第九章

开始学君子

20·14（1·8）子曰："君子不重，则不威；学则不固。主忠信。无友不如己者。过，则勿惮改。"

【译文】
孔子说："君子不庄重就没有君子风范；学习就不会固陋；做事要忠，说话要信；不要同不如自己的人交朋友；有了过错，就不要怕改正。"

子贡的坏毛病在一点一点地改正，孔子看在眼里，认为子贡是一个可造之材，应当加以指点栽培。所以，改掉坏毛病之后，要建立好习惯了。

这一章的后半段与7·2（9·25）重出，因此后半段就不解读了。

先来看看大师们的说法。

钱穆：一个君子，不厚重，便不威严。能向学，可不因陋。行事当以忠信为主。

杨伯峻：君子，如果不庄重，就没有威严；即使读书，所学的也不会巩固；要以忠和信两种道德为主。

南怀瑾："君子不重，则不威"的"重"是自重，现在来讲是自尊心，也就是说每个人要自重。

李零：孔子说的"学"，不光是读书，更重要的，还是修行习礼学道德，目标之一，就是有君子风度。否则，庄重不足，轻浮有余，"学"自然"不固"。"主忠信"就是谋事必忠，说话算数。

傅佩荣：君子言行不庄重就没有威严，多方学习就不会流于固陋。以忠信为做人处事的原则。

"重"可以解释成庄重，也可以解释成严肃认真，总之就是在心理上重视。"威"当然不是权威或者威严，因为这不是君子必需的特点，君子风度更恰当。

"固"并不是牢固的意思，而是固陋、死板、保守的意思，在《论语》中都是这个意思。不学习则没见识，没见识则会固陋。所以我们经常看到有些不好习惯的人，过了一段时间就会改正，这其中也有见识增长的原因。

对于忠、信这种常用词的翻译解读，大师们普遍的做法是原词照搬，或者加个字了事。只有李零真正理解，"忠"是忠于事，而不是忠于人。拿人家的报酬给人家做事，善始善终保质保量，这就是忠。信，就是说话算数。

接下来，我要开始自己的解读了。

对于一个有很多坏习惯的孩子，首先让他改掉坏习惯，之后要帮助他建立好习惯，这样他才能成才。

现在，孔子从五个方面入手，教子贡去做一个君子。

第一，是态度，不能像从前一样没正形，整天嘻嘻哈哈游手好闲。要从态度上严肃起来，外表上庄重起来。这样才能够培养自己的君子风度，让人尊重你。第二，要认真地考虑自己的学业，努力学到知识，这样才会不固陋，才会有进步。第三，为人处世要靠谱，做事有头有尾，不做就不做，如果决定做了，就全力去做好。说话呢不要不过大脑，想清楚了再说，说到的就要做到。第四，交朋友要交比自己强的，譬如冉有。不要整天跟那些各方面都不如你的混在一起，那样只会拉低你的档次。第五，有了错就承认，就改，改了还是好孩子。不改的话，永远没进步。

这就是这一章里孔子说的话了，这些话都是在针对子贡的问题，并且语气很严肃很正式。因此我们可以判断，这是孔子语重心长地在同子贡谈话，对他寄予了更高的期望。

从后面的发展来看，这次谈话的效果非常好，子贡可以说是福至心灵，听了老师的话，根据这五个方面认真改正自己的错误，迅速提高自己。

第十章

土豪到贵族的阶梯

20·15（1·15）子贡曰："贫而无谄，富而无骄，何如？"子曰："可也；未若贫而乐，富而好礼者也。"子贡曰："诗云：'如切如磋，如琢如磨'，其斯之谓与？"子曰："赐也，始可与言诗已矣，告诸往而知来者。"

【译文】

子贡说："贫穷而能不谄媚，富有而能不骄傲自大，怎么样？"孔子说："这也算可以了。但是还不如虽贫穷却保持乐观，虽富裕而又遵守周礼之人。"子贡说："《诗经》上说，'要像对待骨角、象牙、玉石一样，切磋它，琢磨它'，就是讲的这个意思吧？"孔子说："赐呀，你能从我已经讲过的话中领会到我还没有说到的意思，我可以同你谈论《诗经》了。"

子贡接受了老师的教导，开始认真学习和做人。以子贡的天分和努力，很快就面目一新了，进步非常大。不过，子贡争强好胜的性格没有变。他想成为孔子最得意的门生，却发现孔子经常表扬的是颜回。总是说颜回虽然穷，但是很有骨气，绝不自卑。于是，子贡不服气了。

还是先来看看大师们的翻译或者解读。

钱穆：如切如磋，如琢如磨。治骨曰切，治象曰磋，治玉曰琢，治石曰磨，四字分指平列，谓非加切磋琢磨之功，则四者皆不能成器，盖言学问之功。

杨伯峻：子贡说："贫穷却不巴结奉承，有钱却不骄傲自大，怎么样？"孔子说："可以了；但是还不如虽贫穷却乐于道，纵有钱却谦虚好礼哩。"子贡说："《诗经》上说：'要像对待骨、角、象牙、玉石一样，先开料，再糙锉，细刻，然后磨光。'那就是这样的意思吧？"孔子说："赐呀，现在可以同你讨论《诗经》了，告诉你一件，你能有所发挥，举一反三了。"

南怀瑾：这个诗是古代的诗，谁作的呢？前辈古人作的，当时流传很广。这诗是讲做玉石的方法。做玉器的第一步，用锯子弄开石头叫剖，也就是切；找到了玉，又用锉子把石头的部分锉去，就是第二步手术叫磋；玉磋出来了以后，再慢慢地把它雕琢，琢成戒指型、鸡心型、手镯型等一定的型式、器物，就是琢；然后又加上磨光，使这玉发出美丽夺目的光彩来，就是磨。孔子说你懂得这个道理，现在可以开始读书了，也可以开始读诗了。

李零：孔子说：穷要开心，阔要好礼。怎么个好礼？不知道，没准是当慈善家吧。

傅佩荣：道是人生正途。人在穷困时，较能显示志节的高低，这时除了"无谄"之外，如果进而坚持行道，并且以此为乐，就接近"人之成"的境界了。富有的人也可以行道，就是除了"无骄"之外，还须进而好礼。无谄与无骄是努力避免缺点，乐道与好礼则是积极有为的表现，后者显示了更高的境界。

这一章的翻译并不复杂，大师们的观点也就是大同小异。不过奇怪的是，钱穆基本没有解读。杨伯峻的译文有两个错误：首先，孔子所说的乐跟道没有任何关系，此时孔子并不谈道。其次，诗就是诗，不是《诗经》，这时候还没有《诗经》。南怀瑾是唯一一个没有指出"如切如磋，如琢如磨"具体出处的人，似乎他没有查证。此外，对于"切""磋""琢""磨"四个字的释义，只有他和钱穆不同。此外，他还提到孔子对子贡说"现在可以读诗了"，这显然不对，应该是可以讨论诗才对。李零的错误非常出人意料，孔子所说的"好礼"当然是"好周礼"的意思，李零竟然说不知道。傅佩荣将"富而好礼"译为"富有而崇尚礼仪"，对"礼"的理解似有偏差。跟杨伯峻一样，他也把乐说成是乐于道。

"如切如磋，如琢如磨"出于《诗经·卫风·淇奥》，切磋、琢磨这两个词出于这里。

这是子贡在感觉到自己有进步之后，特地来到孔子这里寻求表扬。当然，他不会说"我现在不骄傲了"，他说"富有而不骄傲的人，怎么样？"孔子当然知道确实应该表扬，不过觉得还应该给他更高的要求。所以孔子说了"可也；未若贫而乐，富而好礼者也"。孔子的意思是，富而不骄作为一个平常人已经是可以了，可是要成为一个君子，还要用周礼来约束自己。

这段话也指出了从土豪到贵族需要经历的两个阶段。第一个阶段就是富而无骄，在心理精神层面首先不要骄傲，不要自以为了不起。第二个阶段就是学习礼节，懂得尊重别人。

第十一章

终于成了君子

20·16（5·9）子谓子贡曰："女与回也孰愈？"对曰："赐也何敢望回？回也闻一以知十，赐也闻一以知二。"子曰："弗如也；吾与女弗如也。"

【译文】

孔子对子贡说："你和颜回两个相比，谁更好一些呢？"子贡回答说："我怎么敢和颜回相比呢？颜回他听到一件事就可以推知十件事；我呢，知道一件事，只能推知两件事。"孔子说："是不如他呀，我和你都不如他。"（最后一句有译法为："我同意你说的，你是不如他。"不采用。）

子贡继续努力，但是他发现自己与颜回还是有差距，很多事情自己是无法做到的。因此，他认为自己比不上颜回。对于高傲的子贡来说，能够承认自己不如别人，这标志着他已经成为一个君子。

这一章大师们的翻译和解读实在没有任何新意，因此都省略，直接来解读这一章的背景。

我们都知道，孔子非常欣赏颜回的学习态度，颜回也比自己更加坚定和专一。因此，孔子认为就是自己也不如颜回。

子贡一开始瞧不起颜回，认为他就是个书呆子。不过时间久了，发现了颜回的优点，于是开始认同颜回，佩服颜回。在学习上，子贡自认为确实无法与颜回相比。在品德上，也认为颜回没有瑕疵。

孔子周游列国期间，离开楚国到了陈国，恰逢吴国侵略陈国，陈国坚壁清野，孔子师徒好几天找不到吃的。子贡好不容易换了一点粮食回来，孔子让颜回去煮饭。过了一阵子贡去看，却发现颜回在偷吃饭。子贡很气愤，回来向孔子告发。

"赐啊，我对颜回观察的时间已经很长了，虽然你这么说，我还是不怀疑他，我觉得一定有原因。这样，你不要再说了，我来问问他。"孔子说。

于是，孔子就让其他弟子把颜回叫来了。

"回啊，前几天我梦见先人了，难道是先人在启示和保佑我吗？你做好饭拿进来，我要把它进献给先人。"孔子没有直接问，而是撒了个谎说要祭祀先人，从侧面来套颜回的话。

"老师，这饭已经不能拿来祭祖了。"颜回回答。

"为什么？"孔子和子贡都有点惊讶。

"是这样的，刚才煮饭的时候，有烟灰掉进了饭里。不管它吧，饭就脏了；扔掉吧，太可惜了，所以，我就把弄脏了的饭吃掉。等会分饭的时候，就从我的那份里扣掉。"颜回神态自然地解释。

如果一份饭先被吃掉了一点的话，就不能拿来祭祀祖先了。

"你说得对啊，要换了是我，我也会把脏了的饭吃掉的。"孔子说，笑了，让颜回继续去煮饭。

等到颜回走开了，孔子才对子贡说："我对颜回的信任，并不是从今天才开始的。"

子贡感到惭愧，脸色憋得通红。从那之后，他更加佩服颜回。

上述这段对话，应当发生在这件事之后。这个时候，子贡应当是又有了长足的进步，孔子认为他已经接近于颜回，所以才会这么问。

可以说，正是因为与颜回的暗中较量，子贡才进步得更快。

子贡有一个独有的优势，就是他的口才。所以，孔子非常愿意和他谈话。在《论语》中，与孔子对话最多的就是子贡了，这里把相关章节附列在后。

1·2（7·15）**冉有曰："夫子为卫君乎？"子贡曰："诺；吾将问之。"入，曰："伯夷、叔齐何人也？"曰："古之贤人也。"曰："怨乎？"曰："求仁而得仁，又何怨？"出，曰："夫子不为也。"**

16·10（9·13）**子贡曰："有美玉于斯，韫匵而藏诸？求善贾而沽诸？"子曰："沽之哉！沽之哉！我待贾者也。"**

第十二章

老师的期望

20·17（15·10）子贡问为仁。子曰："工欲善其事，必先利其器。居是邦也，事其大夫之贤者，友其士之仁者。"

【译文】

子贡问怎样才能做到仁。孔子说："工匠想把事做好，首先要使工具锋利。住在这个国家，就要侍奉大夫中的贤者，与士中的仁人结交。"

周游列国回到卫国，很多弟子都去卿大夫家里做家臣了，可是子贡没有一点兴趣。孔子总是不失时机地动员他去，希望他在政治上有所发展，将来有机会推行自己的思想。

这一章讲到了"仁"，于是我们来看看傅佩荣怎样定义"仁"：

《论语》中，仁字有三义：人之性，人之道，人之成。意思是要以"仁"来彰显人的整个生命历程，就是如何从潜能走向实现，再抵达完美。人之性是"向善"，人之道是"择善"，人之成是"至善"。向善须在真诚中，才能自觉；择善要靠智能与勇气，因此学生们经常向孔子请教什么是"仁"；至善则须"死而后已"，所以孔子从不称许同一时代的人为"仁"，对他自己也不例外。

我们来看看大师们怎么翻译和解读这一章。

钱穆：子贡问为仁之方。先生说："工人欲完善他的工作，必先快利他的器具。居住在此国，便须奉事此国中大夫之贤者，并须与其士之仁者相交友。"

杨伯峻：子贡问怎样去培养仁德。孔子道："工人要搞好他的工作，一定要先搞好他的工具。我们住在一个国家，就要敬奉那些大官中的贤人，结交那些士人中的仁人。"

南怀瑾：孔子告诉子贡，一个做手工或工艺的人，要想把工作完成，做得完善，应该先把工具准备好。那么为仁是用什么工具呢？住在这个国家，想对这个国家有所贡献，必须结交上流社会，乃至政坛上的大员，政府的中坚；和这个国家社会上各种贤达的人，都要交成朋友。换句话说，就是要先了解这个国家的内情，有了良好的关系，然后才能得到有所贡献的机会，完成仁的目的。

李零：子贡问如何做符合仁的事，孔子认为首先是和该国的精英，最优秀的大夫，最讲仁的士，和他们搞好关系。

傅佩荣：子贡请教怎样走上人生正途。孔子说："工人想要做好他的工作，一定要先磨利他的器具。你住在一个国家，要奉养大夫之中贤良卓越的，并且要结交士人之中努力行仁的。"

大家的译文基本上没什么区别。对于"仁"，杨伯峻译成了"仁德"，傅佩荣译成了"人生正途"，还不如钱穆照抄原文好些。两个用词需要说一下：一个是"工"，春秋时期百姓分为"士农工商"四大类别，"工"最恰当的译法似乎是"工匠"；还有一个是"事"，通常的用法是"事奉"，不能译为"奉养"。

大师们的解读基本上都在说孔子说得对，但是真正解读得透彻的似乎要算南怀瑾。不过南怀瑾讲得口顺，又说些"孔子本身周游列国，见七十二位国君"之类想当然的话来了。

要正确理解这段话，还是要从了解背景开始。

这个时期，很多学生去做了卿大夫的家臣，孔子希望子贡也去，可是子贡没兴趣。这一天，子贡问仁，至于为什么问，不详。而孔子一门心思要子贡去做官，因此直接把话给转过去了，回答的问题根本跟"仁"没有关系。

"工欲善其事，必先利其器"，这话当然是对的，用在哪里都是对的。孔子想要子贡用在哪里呢？

"事其大夫之贤者，友其士之仁者"，就是孔子所说的"利其器"。换言之，这是手段、方法，而不是目的。那么，目的是什么呢？"善其事"的"事"是什么呢？

又是侍奉贤能的卿大夫，又是结交仁人，其目的自然就是要往仕途上去发展了。发展到什么水平呢？最高的水平也就是成为卫国的执政大臣。之后呢？就可以去实施孔子的政治主张了。

所以，对于这段话没有必要过度解读，就是孔子抓住任何机会劝子贡出仕而已。

不过，这段话具有现实的指导意义。要朝哪个方向发展，就要先把这个圈子混熟，结识圈子的领袖，与圈子里的实力派结交。

第十三章

当官的困惑

20·18（13·24）子贡问曰："乡人皆好之，何如？"子曰："未可也。""乡人皆恶之，何如？"子曰："未可也；不如乡人之善者好之，其不善者恶之。"

【译文】

子贡问孔子说："全乡人都喜欢、赞扬他，这个人怎么样？"孔子说："这还不能肯定。"子贡又问孔子说："全乡人都厌恶、憎恨他，这个人怎么样？"孔子说："这也是不能肯定的。最好的人是全乡的好人都喜欢他，全乡的坏人都厌恶他。"

子贡具备了君子的条件，按照孔子的想法，就应该出仕，发挥自己的政治才能。子贡虽然志不在此，但是扛不住老师的一再劝说，终于还是在老师的推荐下勉强做了卿大夫的家臣。遇上问题的时候，子贡就会去向孔子请教。

这一章的翻译没有任何异议，直接看看大师们的解读。

钱穆：一乡之人，若宜有公论，然亦各自为类以为好恶。若一乡同好，恐是同流合污之人。一乡同恶，或有乖世戾俗之嫌。恶人不之恶，疑其苟容。善人不之好，见其无可好之实。然则公论贵合乎道，不贵以多少数为衡量。

南怀瑾：孔子这个道理，说明了一件事，就是我们现代说的"群众心理是盲目的"。所以一个人对于善恶之间，很难判断。办地方选举或在司法上判案子，就要注意，有时候群众认为不对的，不一定真的不对；群众认为好的，也不一定是好的。由此可见为政之难。

李零：民意是政治，不是真理。群众说了算，绝不能滥用。

傅佩荣：在古代人口较少流动时，也许一乡之人可以大略分为善者与不善者。本章重点是：不必想要讨好每一个人，但须坚持行善。

其实这段话的意思也可能不是指人，而是指事。孔子的回答当然是正确的，就是要子贡多听些意见，不要偏听偏信。不过，执行起来比较困难，因为好人和坏人怎么分？而且，好人和好人之间、坏人和坏人之间的意见也未必就一致。

按照孔子的意思，好人不可能拥护坏人，坏人也不可能拥护好人；一件事情如果好人拥护，坏人就会反对；坏人拥护的，好人就会反对。所以，当好人和坏人都说一个人或者一件事情的好话的时候，总有一方是被胁迫的，说明这个人一定不是个好人或者这件事一定不是好事。

虽然孔子的说法并不具有太大的操作性，但是有一点确实需要注意，那就是李零所提出的，当所有人意见一致的时候，特别需要小心。

那么，这段对话发生在什么时期呢？

周游列国回到卫国之后，孔子推荐子贡做了信阳宰，这应该是子贡在做信阳宰期间，来向孔子请教。大致孔子的这个回答让子贡觉得当个官真的很难，还要整天去判断好人坏人。后来，子贡没有当多久的官，就辞职不干了。

第十四章

老师对高徒的称赞

20·19（13·20）子贡问曰："何如斯可谓之士矣？"子曰："行己有耻，使于四方，不辱君命，可谓士矣。"曰："敢问其次。"曰："宗族称孝焉，乡党称弟焉。"曰："敢问其次。"曰："言必信，行必果，硁硁然小人哉！——抑亦可以为次矣。"曰："今之从政者何如？"子曰："噫！斗筲之人，何足算也。"

【译文】

子贡问道："怎样才可以叫作士？"孔子说："行为处事有尊严，出使外国，不辜负君主交付的使命，可以叫作士。"子贡说："请问次一等的呢？"孔子说："宗族中以孝敬长辈著称，乡党中以尊敬兄长闻名。"子贡又问："请问再次一等的呢？"孔子说："说到一定做到，做事一定坚持到底，倔强得像是个土老帽，大概可以说是再次一等的士了。"子贡说："现在的执政者，您看怎么样？"孔子说："唉！这些器量狭小的人，差得远了。"

子贡辞职之后，回到了孔子的学校，但是也有可能开始经商。之后，强大的吴国攻击鲁国，鲁国上下一片惊慌。正在季孙家担任家宰的冉有建议邀请子贡作为使者前往吴国军队求和谈判，于是，子贡紧急赶往鲁国，并且作为鲁国使者前往吴军。在那里，子贡凭借自己的智慧和口才说动吴国与鲁国讲和，并且赢得了吴国太宰伯嚭的敬重。

在那之后，子贡成为鲁国的特邀使者，出使各国，所到之处"国君无不分庭与之抗礼"。

在子贡和冉有的运作下，孔子被季孙家族请回了鲁国，终于回到了家乡。子贡在齐国和鲁国之间做生意，偶尔代表鲁国出使其他国家。只要在鲁国，子贡必然前来看望老师。

这一章的译文历来是用词不同意思相同，因此大师们的译文省略了，看看解读。

钱穆：使于四方不辱君命，即其足以有为。孝弟之士，其本已立，而才或不足，故其次。小人虽乏才识，亦尚有行，故得为孝弟之次。

  杨伯峻：孔子观念中的"士"，首先是有知耻之心、不辱君命的人，能够担负一定的国家使命。其次是孝敬父母、顺从兄长的人。再次才是"言必信，行必果"的人。

  南怀瑾：这是三种人才的分类。

  李零：子贡问怎样才算是士，孔子讲了三条。

  傅佩荣：古代有"士"的阶级，在大夫之后。本书谈到"使于四方"，所以直译为"士"，不再泛指读书人。

  士，专用于周朝。卿大夫均有封地，就是所谓贵族阶层。卿大夫的儿子如果不能继承父亲的封地，则成为士。士有禄田，也就是有粮食分配，但是也就是糊口的标准。士在平时担任政府的公务职员，打仗时则成为主要的士兵来源。春秋时将百姓按职业分为"士农工商"，士属于老百姓。因为孔子想要把学生们培养成为具备贵族精神的士，也就是君子，因此，《论语》中的"士"多半是君子的意思。

  "何如斯可谓之士矣？"这个问题不仅子贡问过，子路也问过。如果对这个问题有标准答案的话，那么孔子的回答应该是一致的。可是，两次回答截然不同，为什么？因为对象不同。

  所以，大师们的层次论、分类论都是很牵强的。孔子对于"士"并没有一个标准或者分层，纯粹是面对子贡的时候这样说说而已。

  为什么这样说呢？我们来进行一个简单的逻辑分析。

  "老师，您觉得士应该是怎样的？"子贡随意问道，他知道孔子喜欢这一类的话题。

  "行己有耻，使于四方，不辱君命，可谓士矣。"孔子回答，士的标准有很多方面，为什么单单要强调"使于四方，不辱君命"？其实就是一句话：你这样的就是士。

  子贡当然知道这是老师在夸奖自己。问题是，如果自己这样的才算士，那这个世界上恐怕没几个了。所以，子贡问起下一等。

  "宗族称孝焉，乡党称弟焉。"孔子说，其实就是在说曾参，曾参这孩子特别孝顺。

  子贡接着问再下一等。

  "言必信，行必果，硁硁然小人哉！——抑亦可以为次矣。"孔子说，这次说的是樊迟，樊迟这孩子很固执很不开窍，但是有原则并且心地不错。

  子贡没法再问了，于是岔开话题，问当政者，孔子气不打一处来，说了一些寻衅滋事的话。

  所以，不必过度解读了。

第十五章

老师也会老的

20·20（14·28）子曰："君子道者三，我无能焉：仁者不忧，知者不惑，勇者不惧。"子贡曰："夫子自道也。"

【译文】
孔子说："君子之道有三个方面，我都未能做到：仁者没有忧虑，知者没有困惑，勇者没有畏惧。"子贡说："这正是老师的自我表述啊！"

孔子暮年的时候，当年陪着他周游列国的弟子们要么早夭，要么离开，真正能够时常来看望他并且陪他聊天的实际上只有子贡了。所以到这个时期，孔子的抱怨也好、牢骚也好、感慨也好，什么都跟子贡说，子贡就是他的精神寄托。

这一章还是师徒二人的对话。很显然，孔子的情绪不是太好。

关于"仁者不忧，知者不惑，勇者不惧"，已经在7·8（9·29）解读了，这里不再赘述。

还是看看大师们的译文或者解读吧。

　　钱穆：圣人自视常欿然，故曰我无能焉，此其所以日进不止也。自子贡视之，则孔子三道尽备。

　　杨伯峻：孔子说："君子所行的三件事，我一件也没能做到：仁德的人不忧虑，智慧的人不迷惑，勇敢的人不惧怕。"子贡说："这正是他老人家对自己的叙述哩。"

　　南怀瑾：第一是"仁者不忧"，仁者的修养可以超越物质环境的拘绊，而达于"乐天知命"的不忧境界。第二是"智者不惑"。真正有高度智慧，没有什么难题不得开解，没有迷惑怀疑之处，上自宇宙问题，下至个人问题，都了然于心。最后是"勇者不惧"。只要公义之所在，心胸昭然坦荡，人生没有什么恐惧。

　　李零：仁慈者不发愁，聪明人不糊涂，勇敢者不害怕。

　　傅佩荣：孔子说："君子所向往的三种境界，我还没有办法达到：行仁的人不忧虑，明智的人不迷惑，勇敢的人不惧怕。"子贡说："这是老师对自己的描述啊。"

有趣的是，在7·8（9·29）中，南怀瑾的解读有些不知所云，在这一章对于同样的句子却有明显不同的表现，对于"仁者不忧，知者不惑，勇者不惧"的解读要合理得多。

为什么孔子说自己做不到呢？是谦虚，还是像钱穆所说的那样是因为追求没有止境呢？孔子不是一个谦虚的人，他是一个直率诚实的人。所以，孔子确实认为自己没有做到。尤其是在这个时候，他有忧愁有困惑，他感慨于自己无法超脱。

世界上有些事情就是这样，看得到的不一定做到，看透了的不一定能够超脱出去。不说别人，说说老子，他总算是看得透的人吧？一样被逼得背井离乡，流亡国外。孔子也是一样，他睿智高深，可是，他并不能超脱于世，他对物欲依然有所追求，他在进退得失之间依然不能从容。所以，他做不到不忧不惑。

那么，有人能做到吗？有，那就是颜回。颜回只关注自己的内心，不关注外部世界的变化，对物欲的追求到了清心寡欲的地步，是事实上的苦行僧。所有人中，只有颜回是"仁者自爱，知者自知"，孔子和子贡都是"仁者爱人，知者知人"。因此，唯有颜回能够不忧、不惑。

那么，问题来了。你愿意成为颜回吗？换句话说，除非无情无欲，否则就不能不忧不惑。所以，作为一个寻常人，作为一个不想当圣人的普通人，就不要追求无忧无惑了。我们要做的，就是尽量地克制自己的贪婪，尽量地知人知己，从而让自己的忧虑和困惑变得更少。

子贡难道不知道孔子说的是实话吗？子贡当然知道。可是，面对老迈的忧伤老师，子贡除了安慰他，还有什么更好的办法呢？就像一个老人感慨自己的身体状况糟糕、行将就木的时候，人们往往会说"哪里啊，您还很硬朗呢"。

第十六章

孤独老头需要安慰

20·21（17·19）子曰："予欲无言。"子贡曰："子如不言，则小子何述焉？"子曰："天何言哉？四时行焉，百物生焉。天何言哉？"

【译文】
孔子说："我想不说话了。"子贡说："先生如果不说话，那我们这些学生还传述什么呢？"孔子说："天又说过什么呢？四季照常运行，万物同样生长。天又说过什么呢？"

这一章，还是发生在孔子晚年。
译文大家差不多，还是直接说解读。

  钱穆：为何孔子无端发欲无言之叹？或说：孔子惧学者徒以言语求道，故发此以警之。或说：孔子有见于道之非可以言说为功，不如默而存之，转足以厚德而敦化。
  南怀瑾：孔子有一天感叹地说："我想永远不说话了。"这句话看来好像很平常，年轻朋友们看了这句话，不会有什么感触，年纪大的人就会有所感触了，尤其到了某种社会环境的时候，真是不想讲话了，因为无话可说。所以孔子到了晚年，也有这个感叹。
  李零：孔子大概对政治很绝望吧。
  傅佩荣：孔子所说的道理，固然可以让学生传述，而其真正目的则是普及教化的效果。只有传述而无效果，则是本末倒置。由此可以看出孔子的感慨，而不是孔子真的不想再说话。

这原本就是孤独老头胡思乱想发发牢骚的一段话，结果被大师们解读得天花乱坠。不过，南怀瑾说到了老年的因素，李零说到了孔子的情绪。
孔子说得对吗？当然不对。作为一个教育工作者，不说话，不教学了，那可能吗？

孔子说天地运行，都不说话，其实这是错误的。其一，天地虽然不说话，可是天地有天地的表达方式；其二，孔子是人，怎么能与天地相比呢？

好在孔子也就是说说而已，发泄之后，该干什么还干什么。而子贡能做的，也就是尽量安慰、开导老爷子。

那么，这一章就是一个老头胡言乱语，毫无营养价值吗？当然不是。

"天何言哉？四时行焉，百物生焉。天何言哉？"这句话后来常常被引用，用来比喻某些默默工作，不计较名利的人。

实际上，这段话是典型的道家语言。我们知道，孔子晚年崇尚道家，因此说这样的话不足为奇。事实上，人老了，都会更倾向于道家的思想。

这段话被孔子放在这里，是有道理的。就是现在常说的：高调做事，低调做人。

天地为何长久？因为不言不语，始终按照规则运行。所以，如果一个人要长寿，就应该有规律地生活，不要追求出格。事业要想长久，就要保持低调，因为木秀于林，风必摧之，不要让自己成为猎人的目标。

不过，如今是一个张扬的时代，是一个自媒体时代，很多行业正是以高调为手段的。创业靠机会，风流趁年轻，追求的不是长久而是爆发，这样的情况下，是不能低调的。

第十七章

子贡的遗憾

20·22（5·13）子贡曰："夫子之文章，可得而闻也；夫子之言性与天道，不可得而闻也。"

【译文】
子贡说："老师讲授的礼、乐、诗、书的知识，我是听到了；老师谈论人性和天道，我就没有机会听到了。"

孔子去世之后，子贡非常伤心，竟然为孔子守丧六年。对于孔子的教诲，受益最深的就是子贡。因此，对孔子的感情最深的就是子贡，最怀念孔子的也是子贡。

正因为如此，子贡希望孔子的名声和他的学问能够尽可能地传播，于是他对每个人都宣扬孔子及其思想。

看看大师们的译文和解读吧。

  钱穆：文章：指诗书礼乐，孔子常举以教人。性与天道：孔子言性，《论语》惟一见。天道犹云天行，孔子有时称之曰命，孔子屡言知天知命，然不深言天与命之系何也。子贡之叹，乃叹其精义之不可得闻。

  杨伯峻：子贡说："老师关于文献方面的学问，我们听得到；老师关于天性和天道的言论，我们听不到。

  南怀瑾：古人的所谓文章，包括美好的言语、思想、行为、举动、待人、处世等表之于外的都叫作文章；事理成了一个章法，蕴含艺术的气氛，就叫文章。后来变成狭义的文章，写成某些形式的文字才叫文章。子贡在此说，老师的学问文章，我们都常听到；可是老师有关于人性的本源，与形而上生命的来源的本体论，以及宇宙最初是怎样开始的？究竟谁造的？是唯物的或唯心的？这个天道——哲学的问题，因我们的程度还不够，老师也就没有跟我们提。

  李零：天道，属于宇宙论；性，属于生命科学。并不是说孔子一点也不讲，只是太深奥，比较难讲，也讲得比较少。

　　傅佩荣：孔子的"仁"就是基于他对人性的观点，所提出的人生应行之道。孔子的天命观如何由当时流行的天道观推衍而成？这是子贡想要了解的关键。因此，为了深入明白仁与天命，必须先懂得性与天道。子贡能够同时提出这两点，已经代表极为宝贵的心得了。

　　基本上，钱穆没有说"性"是什么，南怀瑾则把"文章"重新定义了。不过大师们有一点相同，那就是"性与天道"这么高深的东西，孔子讲给学生们听，学生们也听不懂。

　　我想，子贡恐怕不是这个意思。这很显然是孔子去世之后所说的。

　　直到临终前几年，孔子才开始研究人性和天道，从前他是绝对不提这些的。而这些属于道学，孔子只是作为业余爱好研究一下，解《周易》就是成果。

　　因为这一块的内容比较深奥，并且并不是孔子教学的内容，因此这一块的研究并没有纳入教学体系，也就是说，孔子的学生们并没有学习。最终，孔子把《易经》传给了弟子商瞿，其余弟子则根本不沾边。

　　所以，不要说此时早已经离开的子贡，就算这时候还在学校教学或者学习的子夏、曾参、子张等人，也都没有学到。

　　子贡虽说常常去看望老师，可是对这些内容恐怕不会感兴趣，孔子也不愿意跟子贡聊这些话题，所以子贡"不可得而闻也"也就毫不意外。

　　但是我们平心而论，在"性与天道"这个方面，中国文化的大方向是不对的，因此孔子实际上也不可能有多么高深的看法。子贡在这里也就表达一下遗憾而已，孔子真的给他讲，只怕他也听不下去。

第十八章

为老师辩护

20·23（19·21）子贡曰："君子之过也，如日月之食焉：过也，人皆见之；更也，人皆仰之。"

【译文】

子贡说："君子的过错好比日蚀月蚀。他的过错，人们都看得见；他改正过错，人们都仰望着他。"

孔子的生前身后，都有很多人对他的言行、学说、才能、人品等表示质疑。尤其是在他去世之后，这种质疑声更大。每当这个时候，子贡都会站出来为老师辩解。

这段文字在译文上没有什么商榷之处，甚至在解读上也没有什么特别需要发挥的地方。南怀瑾和李零的两段话，恰好凑成一个完整的解读。

> 南怀瑾：这段文字在意义上有两个：第一个意义是说，君子不怕有过，不要自己去掩饰，错了就坦承错了，给大家看得见，这是君子风度。不过现在明白了，改过来了，人家就像对太阳、月亮一样，仍然会仰望他的光明。第二个意义，君子就是代表在上面的人，领导人。在过去的社会，小人有过错没有关系，他本来就是一片无明，黑洞洞的，再也找不出一点亮光，大家看惯了。但对太阳，大家都看惯了他是亮的，假如他有一点黑，就要被人指摘，所以在客观上看，君子之过，有这样的可怕，如果错了，要马上改，一纠正大家都会原谅他，因为人们始终是仰望他的。
>
> 李零：孔子死后，子贡有贤名，当时的流言，可能是抓住了孔子的某些过失，攻其一点，不计其余。子贡挺身而出，替老师辩护。

基本上就是这样了，李零给出了背景，南怀瑾给出了解读。

子贡所说的"君子"，就是指孔子。

孔子去世之后，有些人质疑孔子的学问和人品，子贡则竭力为孔子辩解。从这段话里可以看出，孔子应该是有一些错误被别人抓住的，因此拿这些把柄诋毁孔子。子贡为老师辩解，说是君子也会犯错啊，人人都会犯错，不过君子犯错也是美丽的错误，君子犯错从来不掩饰，并且知错就改。所以，尽管孔子也会犯错，这不能成为贬低他的理由。

子贡用了"日月"来比喻孔子，说老师就像日月一样高明高尚，高高地挂在天上，因此他的过错就像日食月食一样摆在大家的面前。而他改正自己的错误的时候，大家就像仰望日食月食的消退一样，用一种仰望的崇敬的目光。

地位越高的人，他的言行就越是暴露在人们的眼中，功劳与过失都摆在那里，每个人都看得见。有的人总是吹嘘自己的功劳，却掩饰自己的过失，这是很愚蠢的。每个人都会犯错，但是如果能够勇于承认并且改正错误，人们会更尊敬他。

子贡并不否定孔子也会犯错，而是告诉大家孔子不掩饰错误、有错就改的品质恰恰是值得尊敬的。

第十九章

自学成才不行吗？

20·24（19·22） 卫公孙朝问于子贡曰："仲尼焉学？"子贡曰："文武之道，未坠于地，在人。贤者识其大者，不贤者识其小者。莫不有文武之道焉。夫子焉不学？而亦何常师之有？"

【译文】
卫国的公孙朝问子贡："仲尼是跟谁学来？"子贡说："周文王周武王的治国之道并没有湮灭，还在人间。贤能者从中发现其核心的内容，不贤的人只关注于细枝末节。什么地方没有文武之道呢？孔子在什么地方学不到呢？为什么要有固定的老师呢？"

孔子受到质疑最多的，自然是他的学问。孔子出身贫寒，没有接受过义务教育，更没有授业的老师，那么，他的学问从哪里来？这是许多人的疑问。
还是先来看看大师们的解读。

  钱穆：旧传言孔子问礼于老聃，访乐于苌弘，问官于郯子，学琴于师襄，即其无常师之证，然犹恐非此章孔子焉不学之义。盖孔子之学，乃能学于众人而益见其仁，益明其道。
  南怀瑾：如果问他的老师是哪一位，那是没有的，谁有长处，他就跟谁学，所以无常师。没有认定跟一个人学。哪一门有所长，他就学哪一门。
  李零：学无常师，才叫大师。

李零说"学无常师，才叫大师"，这个我赞成。杨伯峻和傅佩荣没有解读。
对孔子质疑的一个方面，就是攻击孔子的学问来路不正，很多是异端邪说。子贡予以反驳。孔子一生，确实没有一个固定的老师，孔子的学问主要来自自学和钻研，以及向大量的人请教，走到哪里学到哪里。
后来韩愈写《师说》："圣人无常师。孔子师郯子、苌弘、师襄、老聃。"根据记载或者传说，孔子曾经向这四个人请教关于礼和乐的学问。但是，孔子和他们并没有师徒的名分，只是请教过学问而已，而没有记载的恐怕还有很多。孔子说"三人行，必有我师焉"，学习的态度是不耻下问的。

此外，孔子之所以能够在周礼方面成为专家，那是因为他乐在其中，正如他所说的"知之者不如好之者，好之者不如乐之者"。

后来学界常有门派之争，师承之争，看重出身，看重导师，却不看重学问和成就。殊不知祖师爷就没门没派，也没有师承。至于那些出钱买文凭的，到国外野鸡大学买学历的，与孔子相比，都只能说是无耻之徒。

具体到这段话，公孙朝的问话显然并不是出于好奇，而是出于质疑，这样判断，是根据子贡的反应做出的。子贡的用词很不客气，最后还用了一个反问句。

不过，孔子在卫国的朋友远多于敌人，公孙朝的质疑未必怀有敌意。

第二十章

诋毁老师？不行

20·25（19·23） 叔孙武叔语大夫于朝曰："子贡贤于仲尼。"子服景伯以告子贡。子贡曰："譬之宫墙，赐之墙也及肩，窥见室家之好。夫子之墙数仞，不得其门而入，不见宗庙之美，百官之富。得其门者或寡矣。夫子之云，不亦宜乎！"

【译文】

叔孙武叔在朝廷上对大夫们说："子贡比仲尼更贤能。"子服景伯告诉了子贡。子贡说："拿围墙来作比喻，我家的围墙只有齐肩高，人们能窥探到我家里，知道我家装修得不错。孔夫子家的围墙有几仞高，如果找不到门进去，你就看不见里面如同宗庙般的壮丽和国库般的富有。能够找到门进去的人并不多。叔孙武叔那么讲，不是很自然吗？"

20·26（19·24） 叔孙武叔毁仲尼。子贡曰："无以为也！仲尼不可毁也。他人之贤者，丘陵也，犹可逾也。仲尼，日月也，无得而逾焉。人虽欲自绝，其何伤于日月乎？多见其不知量也。"

【译文】

叔孙武叔诽谤仲尼。子贡说："没有用的！孔夫子是无法毁谤的。其他人的贤能，好比丘陵，还是可以跨越的。孔夫子的贤能就像日月，是无法超越的。虽然有人要自绝于日月，对日月又有什么损害呢？只不过让人们看见他不自量力而已。"

孔子主要的对头都在鲁国，毕竟这里是孔子起家的地方，毕竟孔子在鲁国担任过大司寇并且主持过隳三都，对他不服气的人多，对他有怨恨的人也多……

叔孙武叔为什么认为子贡比孔子贤能呢？这是有原因的。

子贡尽管在鲁国没有官职，但是地位崇高。根据《史记》记载："子贡结驷连骑，束帛之币以聘享诸侯，所至，国君无不分庭与之抗礼。"子贡代表鲁国出使，所到之处都享受国君的接待待遇。一来，子贡有钱而且口才好，二来，子贡跟吴国太宰（后为越国太宰）伯嚭关系很铁，没人敢惹。某种程度上，鲁国的存亡都是由子贡来决定的。

从个人成就、地位、影响力来讲，子贡确实远在孔子之上。所以说，不仅叔孙武叔认为子贡比孔子强，很多人都这么认为。但是，叔孙武叔不仅认为子贡比孔子强，而且认为孔子不怎么样，诋毁孔子。

那么，为什么叔孙武叔要诋毁孔子呢？这就要交代背景了。

在鲁国，鲁国国君只是国家元首，三桓才是真正有实力的。我们来看看孔子与这四家的关系。

从政治立场来说，孔子一直都站在鲁国国君的一边，因此无论是鲁昭公还是鲁定公，对孔子都很客气。孔子曾经在季孙家当过家臣，自己的几个弟子则交替担任季孙家的家宰，因此孔子和季孙家的关系实际上也还不错，虽然时近时远，总体来说，孔子在季孙家还是有面子的。与孔子关系最好的是孟孙家，孟孙家的二当家南宫敬叔不仅是孔子的学生，还是孔子的侄女婿。

与孔子关系不好的是叔孙家，原因大致两个方面。第一是孔子和季孙孟孙两家关系都不错，叔孙家感觉被慢待，有些不高兴；第二是堕三都的时候，孔子得罪叔孙家比较厉害。因此我们在《论语》中也能看到，孔子师徒和鲁国国君、季孙家和孟孙家都有比较好的互动，跟叔孙家则少有往来。

叔孙武叔名叫州仇，谥号武，因此在《论语》中被称为叔孙武叔。但是，因为子贡对鲁国来说至关重要，在鲁国地位很高。因此，叔孙武叔以两种方式来贬低孔子，一种是抬高子贡压低孔子，一种是直接诋毁。对于这两种方式，子贡一律予以猛烈回击。

子贡用了两个比喻来说明孔子与自己的区别，来说明叔孙武叔不过是只井底之蛙。不得不说，子贡的比喻非常贴切易懂，不愧语言大师。

可以说，子贡的做法体现了他满满的贵族精神，是一个真正的君子。

正是由于子贡对孔子坚定不移的推崇、维护、宣扬，孔子的名声才越来越大，孔子学生们的日子才越来越好过。所以，《史记》这样写道：夫使孔子名布扬于天下者，子贡先后之也。此所谓得势而益彰者乎？

第二十一章

老师也是人

20·27（19·25）**陈子禽**谓子贡曰："子为恭也，仲尼岂贤于子乎？"子贡曰："君子一言以为知，一言以为不知，言不可不慎也。夫子之不可及也，犹天之不可阶而升也。夫子之得邦家者，所谓立之斯立，道之斯行，绥之斯来，动之斯和。其生也荣，其死也哀。如之何其可及也？"

【译文】

陈子禽对子贡说："你是谦恭了，孔子怎么可能比你贤能呢？"子贡说："君子的一句话就能体现他的明智，一句话也可以体现他的不智，所以说话不可以不慎重。夫子的高不可及，正像天不可以拾阶而上。夫子如果拥有自己的国家，那就会像人们说的那样，规范百姓，百姓就会守规矩；引导百姓，百姓就会跟随；安抚百姓，百姓就会归顺；督促百姓，百姓就会和谐。夫子活着荣耀，逝去令人惋惜。怎么说我能及得上他呢？"

20·28（1·10）**子禽**问于子贡曰："夫子至于是邦也，必闻其政，求之与？抑与之与？"子贡曰："夫子温、良、恭、俭、让以得之。夫子之求之也，其诸异乎人之求之与？"

【译文】

子禽问子贡说："老师到了一个国家，总是设法了解这个国家的政事。是他想得到什么呢？还是想为这个国家做什么呢？"子贡说："老师以温良恭俭让的方式去获取他想要的。老师当然是想得到什么，这跟大家有什么区别吗？"

俗话说：眼见为实，耳听为虚。年青一代的人所见到的只是子贡的风光，对于孔子则缺少感性的认识，因此，即便是孔子学校的学生们，也有很多人认为子贡比孔子强，也有很多人质疑孔子究竟有没有传说中的那么伟大。

看看大师们的翻译。

钱穆：子禽问子贡道：我们夫子每到一国，必预闻其国之政事，这是有心求到的呢？还是人家自愿给他的呢？子贡说：我们夫子是把温和、良善、恭庄、节制、谦让这五者得来的。我们夫子之求，总该是异乎别人家的求法吧！

　　杨伯峻：子禽向子贡问道："他老人家一到哪个国家，必然听得到那个国家的政事，求来的呢？还是别人自动告诉他的呢？"子贡道："他老人家是靠温和、善良、严肃、节俭、谦逊来取得的。他老人家获得的方法，和别人获得的方法，不相同吧？"

　　南怀瑾：子禽问子贡道：我们这位老师，到了每一个国家，都要打听人家的政治，他是想官做，还是想提供人家一点什么意见？"子贡答："我们的老师是温、良、恭、俭、让以得之的。假如你认为老师是为了求官做，也恐怕与一般人的求官、求职、求功名的路线两样吧？"

　　李零：求之，是问；与之，是闻。也就是，是问来的呢，还是听来的呢？其诸，相当于恐怕。

　　傅佩荣：子禽请教子贡说："老师每到一个国家，一定会听到该国政治的详细资料，这是他自己去找的，还是别人主动给他的？"子贡说："老师为人温和，善良，恭敬，自制，谦退，靠着这样才得到的机会；老师获得的方法与别人获得的方法，还是大不相同的。"

　　我们首先大致介绍这段话的背景，之后来做分析。

　　陈子禽，也就是陈亢，陈国人，孔子后期的弟子。因为孔子后期已经很少亲自上课，陈子禽得到孔子的教诲很少，对孔子了解不多并且有些怀疑孔子的人品和学识。以上的两章都是陈子禽表达自己的质疑，子贡非常不高兴，因此当面教训他。

　　按照大师们的说法，"求之与？抑与之与？"的意思是"是请求别人告诉他的呢？还是别人主动告诉他的呢？"请注意，这是一个技术问题。

　　而按照我的译法，"求之与？抑与之与？"的意思是"是他想得到什么呢？还是想为这个国家做什么呢？"请注意，这是一个动机问题。

　　现在我们把原句做一个简单的减法游戏——子禽问于子贡曰："夫子求之与？抑与之与？"子贡曰："夫子求之也。"一目了然，子贡的回答是肯定，夫子求之也。

　　子贡承认孔子有所求，同时说明孔子通过什么样的方式去求取。最后，子贡反问：孔子所求的，难道不是大家所求的吗？

　　从那之后，陈子禽还敢再质疑老夫子的动机吗？这就是子贡的语言才能。我们来看两个例子：

第一个例子，就是前面第十八章"君子之过也，如日月之食焉……"老夫子不掩饰自己错误，认错改错了，这不正是伟大品质吗？

你要面对事实不承认，他会永远纠缠，所以坦率承认，但是最后一个反问，直接把这一类的问题封杀了。

第二个例子，当年吴国进攻鲁国，鲁国求和，吴国太宰伯嚭要求鲁国执政季孙前往吴军讲和，季孙不敢去，请子贡前往。

伯嚭见季孙没有来，一顿痛骂，声言要出兵。等伯嚭骂完了，子贡坦然地对他说："太宰，季孙本来让我找个没来的借口。可是我宁愿说实话，吴国如此强大，您又这样愤怒，季孙害怕自己来了就回不去，所以他不敢来，这不是很正常吗？换了您，您敢来吗？"

子贡没有求情没有找借口，一通大实话说出来，直接让伯嚭闭了嘴。伯嚭也因此赞赏子贡的直爽和胆量，将他当成了好朋友。

在子贡看来，孔子就是个君子，就是个圣人。但是，圣人也是人，也不能违背人性，也有七情六欲，也有犯错和害怕的时候。

第二十二章

学术争论

20·29（12·8）**棘子成曰："君子质而已矣，何以文为？"子贡曰："惜乎，夫子之说君子也！驷不及舌。文犹质也，质犹文也。虎豹之鞹犹犬羊之鞹。"**

【译文】

棘子成说："君子只要具有好的品质就行了，要那些表面的仪式干什么呢？"子贡说："真遗憾，夫子您这样谈论君子。一言既出，驷马难追。本质就像文采，文采就像本质，都是同等重要的。去掉了毛的虎皮豹皮，就如同去掉了毛的犬皮羊皮一样。"

除了捍卫孔子的名声，子贡同时也捍卫孔子的学说。当然，对于这一类的学术争论，子贡的语气要缓和得多。

大师们的译文和解读大体一致，略去。

鞹，是去掉毛的兽皮。唯有南怀瑾说是带有毛的兽皮。棘子成是谁？大师们说是卫国的大夫。

棘子成说这段话的目的是什么？是质疑孔子的学说。孔子曾经说过"质胜文则野，文胜质则史。文质彬彬，然后君子"，提倡文与质相得益彰，君子要二者俱备。

对棘子成的问难，子贡的回答很巧妙，比喻很恰当。假如孔子在世来回答这个问题，大致也就是这样。因为棘子成的问题还在学术争论之内，因此子贡的话比较客气。

在孔子去世之后，从当权贵族到孔子的门徒，再到其他的学者，对孔子的质疑是连绵不断的。而子贡凭借自己的地位、学识、口才和对老师的崇拜，对所有的质疑者予以毫不客气地反击。孔学能够延续，能够发扬光大，子贡可以说居功至伟。子贡就像一把保护伞，保护着曾参、子夏等人去传播孔子的学说。

> 小　结

子贡：富二代的偶像

曾经很长时间内，我很困惑子贡对孔子的推崇，因为子贡的经商事业看起来与孔子的教导无关。有的时候，我甚至怀疑子贡对孔子的推崇是要借助孔子来拔高自己。

但是后来我终于明白了。如果没有孔子的教导，子贡依然会是一个成功的商人，但是他只是有钱，他得不到人们的尊重。换言之，他不过是一个土豪。可是，在经过孔子的教导之后，子贡懂得了做人的道理，懂得了什么是贵族精神，从那之后，他在财富和精神上都是富有的。他不仅有钱，而且受人尊重。

所以，对于孔子的学说和为人，子贡比其他人有更深的感受。子贡对于孔子的尊崇，是发自内心的。

那么，现在我们来回顾一下子贡的变化过程。

子贡从一个吊儿郎当无所事事的富二代，到一个顶级的富豪、出色的外交家、受人尊重的贵族，是经过了人格的升华的。

一开始，子贡喜欢炫耀、生活没有目标、喜欢把自己的观点强加给同学、喜欢八卦话题、喜欢吹牛，狂妄无知却不自知……总之，子贡的身上集中了富二代们所特有的种种恶习。

孔子对他进行了毫不留情的打击，子贡的骄娇二气开始收敛，不得不正视老师的实力，逐渐感受到老师比自己高明。这个时候，孔子改变了态度，开始循循善诱，并且以各种玩笑来拉近距离。

最终，子贡在尝试着按照老师的建议改变自己的过程中尝到了甜头，终于明白了老师的苦心，愿意按照老师的指点去改造自己。

子贡改掉了炫耀的习惯，学会了礼节礼仪；不再把自己的意志强加给别人，懂得了尊重别人；不再结交对自己没有帮助的朋友，而去向颜回冉有这样的同学学习；不再对八卦话题感兴趣，转而去学习《诗经》……

子贡按照君子的标准要求自己。

最终，他成了一个君子，成了一个贵族。

第三篇

冉有

讷于言而敏于行

冉求，字子有，鲁国人，小孔子二十九岁，是孔子的第二批学生。

冉有的性格稳重内敛、周到谨慎，各方面知识丰富，孔子也因此很看重他，对他非常放心。冉有在季孙家中先后出任费邑宰和家宰，都是季孙家极具实力的职位，由此可见冉有的个人能力以及冉家与季孙家的渊源。

但是，冉有的口才一般，基本上就是孔子所说的"讷于言而敏于行"的那一种人。

冉有进入孔门之后，因为见多识广、办事得体，孔子出门一般都带上他。后来冉有回到鲁国，成为季孙的家宰之后，想办法说服季康子请孔子回国，之后又对孔子和师兄弟们也多有关照，在孔门中威望很高。可是，因为冉有为季孙家尽职尽责，而季孙家的政策很多是孔子反对的，因此孔子认为冉有助纣为虐，一度师徒反目。

冉有的从政能力和人品都是一流，对孔门的贡献仅次于子贡，可以说是孔学流传的一大功臣。不过由于孔子对冉有一再批评，因此后代的研究者并不待见冉有，很少提及。此外，冉有专心政务，在学说上没有建树。

总的来说，冉有属于孔门弟子中少有的自身基础比较好，自带贵族精神的人。正因为如此，孔子对冉有以点拨为主。另外，因为冉有性格谨慎，孔子就总是鼓励他遇事大胆去做。

第一章

年轻有为

21·1（16·1）季氏将伐颛臾。冉有、季路见于孔子曰："季氏将有事于颛臾。"孔子曰："求！无乃尔是过与？夫颛臾，昔者先王以为东蒙主，且在邦域之中矣，是社稷之臣也。何以伐为？"冉有曰："夫子欲之，吾二臣者皆不欲也。"孔子曰："求，周任有言曰：'陈力就列，不能者止。'危而不持，颠而不扶，则将焉用彼相矣？且尔言过矣。虎兕出于柙，龟玉毁于椟中，是谁之过与？"冉有曰："今夫颛臾，固而近于费。今不取，后世必为子孙忧。"孔子曰："求！君子疾夫舍曰欲之而必为之辞。丘也闻有国有家者，不患寡而患不均，不患贫而患不安。盖均无贫，和无寡，安无倾。夫如是，故远人不服，则修文德以来之。既来之，则安之。今由与求也，相夫子，远人不服，而不能来也；邦分崩离析，而不能守也；而谋动干戈于邦内。吾恐季孙之忧，不在颛臾，而在萧墙之内也。"

【译文】

季孙家将要讨伐颛臾。冉有、子路去见孔子说："季氏快要攻打颛臾了。"孔子说："冉求，这不就是你的过错吗？颛臾从前是周天子让它主持东蒙的祭祀的，而且已经在鲁国的疆域之内，是国家的臣属啊，为什么要讨伐它呢？"冉有说："季孙想去攻打，我们两个人都不愿意。"孔子说："冉求，周任有句话说：'尽自己的力量去承担你的职务，实在做不好就辞职。'有了危险不去扶助，跌倒了不去搀扶，那还用辅助的人干什么呢？而且你说的话错了。老虎、犀牛从笼子里跑出来，龟甲、玉器在匣子里毁坏了，这是谁的过错呢？"冉有说："颛臾城墙坚固，而且离费邑很近。现在不把它夺取过来，将来一定会成为子孙的忧患。"孔子说："冉求，君子痛恨那种不肯实说自己想要那样做而又一定要找出理由来为之辩解的做法。我听说，对于诸侯和大夫，不患寡而患不均，不患贫而患不安。各得其分就不会感觉国家的贫穷，和睦相处就不会感觉到财物的短缺，各安其位就不会国家动乱。因为这样，所以如果远方的人还不归服，就用仁、义、礼、乐招徕他们；已经来了，就让他们安心住下去。现在，仲由和冉求你们两个人辅助季氏，远方的人不归服，而不能招徕他们；国内民心离散，你们不能保全，反而策划在国内使用武力。我只怕季孙操心的不是颛臾，而是国君的利益吧。"

这一章非常长，背景也有些模糊。好在历来的译文没有什么分歧，我们主要在解读上下功夫。这一章我们要解决三个问题：第一，对话发生在什么时候？第二，"不患寡而患不均，不患贫而患不安。盖均无贫，和无寡，安无倾"怎么解读？第三，从这一章能看出冉有的什么特质？

首先来解决第一个问题：对话发生在什么时候？

钱穆、李零和傅佩荣都认为发生在鲁哀公时期，杨伯峻和南怀瑾没有说到这个问题。

李零做了分析如下：冉有为季氏宰在前492年（鲁哀公三年），并且担任了很长时间；子路为季氏宰在前498年（鲁定公十二年），次年随孔子去卫国。此事估计发生在前484—前480年之间。

对这个问题，我们还是来做一个背景介绍。

子路和冉有同时在季孙家做家臣只有一段时间，那就是前498年。那一年鲁国堕三都，子路当时为季孙家的家宰，当时三家联合赶走了占据费邑的公山不狃，费邑是季孙家的大本营，夺回了费邑，季孙斯非常高兴。由于此事孔子功劳巨大，因此在孔子和子路的推荐下，季孙斯任命了冉有为费邑宰，那一年，冉有只有二十四岁。

因此，这是在鲁定公时期，以上五位大师都没有做出正确判断。

那么，为什么在记载中冉有在前？

两种可能，第一，冉有比子路更有成就，对孔子学校的帮助也更大，因此在修编《论语》的时候冉有更被重视；第二，这件事情中，攻打颛臾的具体操作是由冉有负责的，因此他放在前面。

此外，从在季孙家的地位来说，尽管子路是家宰而冉有是费邑宰，两人的地位其实是相等的，甚至冉有的实际权力可能更大。

拿人家的薪水，就要给人家干活，子路和冉有尽心尽力为季孙家效力。可是，孔子对季孙很不满，渐渐地对两个学生也不满起来，认为他们在助纣为虐，经常批评他们，两个弟子就很为难。既然颛臾是鲁国的属国，那么是否攻颛臾应该是由国君决定的。问题是鲁国国君早就成了摆设，季孙说打谁就打谁，所以孔子尽管是鲁国的大司寇，也无可奈何。那么，季孙为什么还要攻打颛臾？因为作为鲁国的属国，颛臾向鲁国国君进贡；而季孙吞并颛臾之后，这里就成了季孙家的地盘，财富就都是季孙家了。所以，季孙的目的是化公为私。

当然，平心而论，在经历了公山不狃占据费邑作乱之后，季孙家对颛臾的顾忌实际上也是可以理解的。

再来解决第二个问题："不患寡而患不均，不患贫而患不安。盖均无贫，和无寡，安无倾"怎么解读？

  钱穆：不要愁贫乏，只愁财富不均。不要愁民户寡少，只愁其不相安。财富均了，便没有所谓贫。大家能和睦，便没有所谓寡。大家能安，也就没有倾覆之祸了。

  杨伯峻：不必着急财富不多，只须着急财富不均；不必着急人民太少，只须着急境内不安。若是财富平均，便无所谓贫穷；境内和平团结，便不会觉得人少；境内平安，便不会倾危。

  朱熹对此句的解释是："均，谓各得其分；安，谓上下相安。"这种思想对后代人的影响很大，甚至成为人们的社会心理。就今天而言，这种思想有消极的一面，基本不适宜现代社会，这是应该指出的。

  南怀瑾：不怕少而怕不能均衡。以政治观念来说，不能平等；以经济观念来说，收支不能均衡。不怕穷而怕不安，内部要安定。个人而言，要安贫乐道。安于贫也是一件很难的事。这几句话发挥起来很多了，在我们个人方面，做人也好，做事也好，这几点都很重要。均衡了就无所谓贫。不管均贫也好，均富也好，就无所谓贫富了；和了就没有多少的问题；真正安定了，就没有危险。

  李零：这两句很重要，今天仍有意义。寡、贫是财富少，属于经济发展问题。均是贫富差距小，属于社会公平问题。和是和谐，安是安定，属于国家安全问题。

  傅佩荣：不担心人民贫穷，只担心财富不均；不担心人口太少，只担心社会不安。因为如果财富平均，便无所谓贫穷；人民和谐相处，就不会觉得人少；社会安定，就不会倾危。

  所有的各种解读，表现出来的还是对周文化的不理解，或者说是对孔子所提倡的礼的不理解。因此文理不通，逻辑混乱，所谓"安定了，就不危险了"之类，跟"吃饱了，就不饿了"这类废话有什么区别呢？

  不患寡而患不均，"寡"是用于分配的财物少，"均"不是平均或者均衡，而是朱熹所说的"各得其分"，譬如分苹果，周王十个，诸侯八个，卿大夫六个，士四个，这就是各得其分，每个人都按照规定获得自己的，谁也不要侵占谁。每个人所得不同，但是大家都有。追求的不是绝对的平均，而是各得其分。

  有人会说，这不平等。什么时候有过绝对的平等呢？从来没有，今后也不会有。

  不患贫而患不安，"贫"指的是国家的整体贫穷，"不安"不是不安全，而是不安于其位。卿安于卿位，士安于士位，不僭越不贪位，这就是安。

所以，不患寡而患不均，指的是经济分配方面的；不患贫而患不安，指的是社会地位方面的。

简单说：各得所分，各安其位。

均无贫，就是各得其分就不会感觉国家贫穷；和无寡，就是和睦相处就不会感觉到财物短缺；安无倾，就是各安其位国家就不会动乱。

这两句话，都是在批评季孙家贪得无厌，拥有的财物超过自己的所得之分，在政治上也超出自己应有的地位。

最后来解决第三个问题：从这一章能看出冉有的什么特质？

这是这一篇的第一章，自然要重点来说一说冉有。

费邑是季孙家的大本营，此前又被公山不狃长期占据，这个时候季孙斯当然需要一个信得过有能力的人去管理，而他选择了冉有。

关于冉有的能力，孔子也是一再给予肯定。在政事方面，冉有是孔门弟子中绝对的第一名。

虽然能力很强，可是冉有的口才一般。通过这一段对话我们就能发现，冉有说话喜欢直来直去，缺乏子贡那种铺垫渲染、曲径通幽的语言艺术，也没有宰我的辩论才能。

其实，冉有就是孔子所说的那种讷于言而敏于行的人。

可惜的是，每个人都喜欢会说话的人，孔子也是一样，所以他并不喜欢冉有。

第二章

先富后教

21·2（13·9）子适卫，冉有仆。子曰："庶矣哉！"冉有曰："既庶矣，又何加焉？"曰："富之。"曰："既富矣，又何加焉？"曰："教之。"

【译文】

孔子到卫国去，冉有为他驾车。孔子说："人口真多呀！"冉有说："人口已经够多了，还要再做什么呢？"孔子说："使他们富起来。"冉有说："富了以后又还要做些什么？"孔子说："对他们进行教化。"

冉有话不多，因此与孔子之间的对话并不多。

紧接上一章，子路和冉有不久都辞去了季孙家的职务，随同老师前往卫国。第一次去，驾车的是子路。第二次去，驾车的是冉有。

这一章的译文没什么特别需要说的，只不过是南怀瑾把"庶"译成了繁荣而已。解读上也没有什么特别要说的，大家都说孔子的治国理念就是先富后教，其余也没有什么。

基本上，这是孔子管理一个国家的顺序了，首先要让老百姓富裕起来，之后对他们进行教化。具体来说，就是进行周礼的教育。孔子这话让人想起管仲的"仓廪实而知礼节"，这个时候，孔子的思想已经受到管仲思想的影响。如果按照孔子先前的思想，就应该是先教化再追求富裕。

这是孔子第二次从鲁国去卫国的途中，当时孔子的好朋友蘧伯玉在卫国受到重用，孔子因此从鲁国去投奔他。孔子踌躇满志，以为自己在蘧伯玉的力推之下可以在卫国大展宏图，因此还在途中就计划怎样治理卫国。受孔子乐观思想的影响，冉有也很乐观，于是师徒二人就在路上谈论起怎样治理这个国家来了。遗憾的是，卫灵公对孔子早就失去了兴趣，即便有蘧伯玉的推荐，也决不用他。因此，孔子无法去实践这段话了。

冉有和孔子之间的对话非常少，几乎从来不问礼问德问仁，仅有的几段对话主要是事务性的，也就是具体问题的请示或者请教。类似谈治国的问题，也就只有这一章了。即便是如此，这个问题也不过是路上无聊闲谈而已，并不是冉有特地来问的。

冉有也知道自己的口才不好，因此有的时候遇上自己处理不好的问题，就请好朋友子贡帮忙来问。譬如下面这一章就是。

1·2（7·15）冉有曰："夫子为卫君乎？"子贡曰："诺；吾将问之。"入，曰："伯夷、叔齐何人也？"曰："古之贤人也。"曰："怨乎？"曰："求仁而得仁，又何怨？"出，曰："夫子不为也。"

冉有的性格细致，行事谨慎小心，因此孔子总是鼓励他做事要大胆果断，譬如下面的这一章就是。

19·6（11·22）子路问："闻斯行诸？"子曰："有父兄在，如之何其闻斯行之？"冉有问："闻斯行诸？"子曰："闻斯行之。"公西华曰："由也问闻斯行诸，子曰，'有父兄在'；求也问闻斯行诸，子曰，'闻斯行之'。赤也惑，敢问。"子曰："求也退，故进之；由也兼人，故退之。"

第三章

冉有的口才

21·3（3·6）季氏旅于泰山。子谓冉有曰："女弗能救与？"对曰："不能。"子曰："呜呼！曾谓泰山不若林放乎？"

【传统译文】

季孙氏去泰山祭天。孔子对冉有说："你难道不能劝阻他吗？"冉有说："不能。"孔子说："唉！难道说泰山神还不如林放知礼吗？"

这一章我们要解决两个问题：第一，孔子为什么反对"季氏旅于泰山"？第二，"曾谓泰山不若林放乎"该怎么解读？

我们直接来解决第一个问题："季氏旅于泰山"为什么让孔子反对？

来看看大师们怎么说。

> 钱穆：旅，祭名。泰山在鲁。古者天子得祭天下名山大川，诸侯则祭山川之在其境内者。季氏乃鲁之大夫，旅于泰山，不仅僭越于鲁侯，抑且僭越于周天子。

> 杨伯峻：在当时，只有天子和诸侯才有祭祀"名山大川"的资格，季孙氏只是鲁国的大夫，竟去祭祀泰山，因之孔子认为是"僭礼"。

> 李零：泰山本来只是齐鲁地区的一座名山，后来成为五岳之首，不但鲁国祭，周公祭，很多帝王也祭。祭泰山，只有天子和公侯才有资格。背景可能是，季孙去祭祀泰山，是林放出的馊主意。

傅佩荣的解读同钱穆。大师们认为"旅"是一种祭祀的方式，其实不是，那么，为什么这里不说"祭于泰山"？这就是春秋笔法了。因为季孙家根本没有祭泰山，因此用"旅"来指代。

按照周礼，只有天子可以在泰山祭天，所谓"封泰山，禅梁父"，就是在泰山祭天，在泰山边上的一座小山梁父祭地。诸侯是没有资格在泰山祭天的。所以大师都是错的。

泰山不属于齐国，也不属于鲁国，而是齐鲁两国的界山，属于周王所有。

春秋第一任霸主齐桓公曾想要封禅泰山，结果被管仲极力阻止了，管仲说："从古到今，封禅泰山的据说有七十二家，不过我知道的只有十二家，他们是无怀氏、伏羲、神农、炎帝、黄帝、颛顼、帝喾、尧、舜、禹、汤和成王，不是帝就是王，都是受天之命举行封禅大典的。"

整个周朝，也就是周成王曾经在泰山祭天，并且有条件，什么条件呢？晋国进献了嘉禾，江淮进献了三脊草，西边进贡了比翼鸟，东边进贡了比目鱼。有这些吉祥物，才去泰山祭祀天地的。

季孙家作为鲁国的卿大夫，竟然就敢上泰山祭天，这是绝对的僭越，是践踏周礼、数典忘祖。孔子怎么可能不反对！

当然，从当时的情况看，季孙应该也就是搞了个小规模的祭祀。

之后解决第二个问题："曾谓泰山不若林放乎"该怎么解读？

李零怀疑祭祀泰山这个馊主意可能是林放出的，因此孔子在批判他。其他大师认为林放曾经向孔子请教过关于礼的本质，因此孔子在这里是肯定他。

但是，不管怎么样，把"泰山"理解为"泰山山神"，并且把山神和一个人作比较是说不过去的。

要正确解读这句话，当然要联系全句了。

前面孔子问冉有能不能阻止季孙，冉有说不能，这个时候孔子会说什么？他应该说的是"你能"。

所以，"曾谓泰山不若林放乎"的断句直接错了，应该是"曾谓泰山，不若林放乎。"意思就是：难道说起泰山的（规矩）来,（你）还不如林放吗？

孔子的意思就是说：按照周礼，季孙不能祭祀泰山，这个道理林放都知道，难道你不知道吗？你为什么不去说服季孙呢？

平心而论，这件事情对于冉有来说确实是很难办。但是，这也同时说明冉有的口才确实没法让人恭维。那一边不能劝阻季孙，这一边不能安抚孔子。如果换了是子贡，一定不是这样的结果。

这一章的正确断句和译文如下：

季氏旅于泰山。子谓冉有曰："女弗能救与？"对曰："不能。"子曰："呜呼！曾谓泰山，不若林放乎？"

【译文】

季孙氏去泰山祭天。孔子对冉有说："你难道不能劝阻他吗？"冉有说："不能。"孔子说："唉！难道说关于祭祀泰山的道理，你还不如林放吗？"

第四章

师徒决裂

21·4（6·12）冉求曰："非不说子之道，力不足也。"子曰："力不足者，中道而废。今女画。"

【传统译文】

冉求说："我不是不喜欢老师您所讲的道理，而是我的能力不够呀。"孔子说："能力不够是到半路才停下来，现在你是自己给自己划了界限不想前进。"

冉有的口才太差，导致孔子越来越不喜欢他。
大师们的译文都是传统译文，看看解读。

  钱穆：孔子之道，高矣远矣，颜渊亦有末由也已之叹，然叹于既竭吾才之后。孔子犹曰：吾见其进，未见其止。又曰：求也退，故进之。是冉颜之相异，正在一进一退之间。
  南怀瑾：孔子的意思说，你不管做不做得成功，只要你肯立志，坚决地去做，做到什么程度算什么程度，这便是真正的努力。现在你自己划了一个界限，还没开步走就先认为自己过不去，这不是自甘堕落吗？
  李零："画"是截止的意思。
  傅佩荣：孔子的道，是要人择善固执以成就完美人格，所以冉有会有力量不够的想法。

所有的解读都没有提及背景，译文也都是错误的。
错误出在最后一句：今女画。按大师们的说法，"画"就是划地为界。但是，"画"的本意是"划分界限"。所以，"今女画"的意思是：今天和你划清界限。什么意思？从此，你不再是我孔丘的门徒，扫地出门了。
之所以这样说，除了字面的解释之外，还有两个理由。
第一，《论语》中正常对孔子学生们的称呼为字，而不是称呼名。此前的三章，都是称呼"冉有"，而这一章的称呼是"冉求"。这意味着，在这一章里，冉有已经不再是孔子的学生，因此直呼其名。

第二，在本篇第七章，孔子直言：（冉有）非吾徒也。

对这一章，我们不妨做一个现场还原。

在陪同季康子去泰山祭天之后，冉有回到曲阜，去见老师。孔子非常生气，而冉有百般辩解。最后，冉有说了："非不说子之道，力不足也。"孔子更加气愤，于是说："力不足者，中道而废。今女画。"我跟你划清界限，从此你不再是我的学生。

师徒就此决裂了。

这一章的正确译文如下：

冉求说："我不是不喜欢老师您所讲的道理，而是我的能力不够呀。"孔子说："能力不够，是到半路才停下来。现在跟你划清界限了，你不再是我的门徒了。"

下面的三章，则是后续的故事。

第五章

君子爱财，取之有道

21·5（4·5）子曰："富与贵，是人之所欲也；不以其道得之，不处也。贫与贱，是人之所恶也；不以其道得之，不去也。君子去仁，恶乎成名？君子无终食之间违仁，造次必于是，颠沛必于是。"

【传统译文】
孔子说："富足和显贵是人人都想要得到的，如果用不正当的方法才能得到，就不会去拥有它；贫穷与低贱是人人都厌恶的，但用不正当的方法去摆脱它，就不会去摆脱。君子离开了仁，又怎么能叫君子呢？君子没有一顿饭的时间背离仁的，就是在仓促的时候，在颠沛流离的时候，也不会改变。"

我们来说说这段话的背景，孔子为什么突然来了这么一大段话？明显是有所指的。从这段话的内容以及在《论语》中的位置看，这段话是在说冉有。至于是当面还是背后说的，这不一定。

在孔子愤怒宣称与冉有断绝关系之后，下一步应该就是赶人。冉有不敢停留，于是沮丧地离去。孔子依然怒不可遏，于是对着在场的弟子们说出了这段话。

所以，这段话甚至不能说是批评冉有，而是责骂冉有，同时也是教育在场的弟子们。

孔子承认人是追求富贵的，他自己也不例外。不过，手段要符合仁的要求，否则宁可贫贱也不要富贵。而冉有就是为了富贵而抛弃了仁，是不对的。

孔子说得对吗？当然对，大师们都说对。人呢，是应该有底线的，不能为了富贵就放弃尊严和做人的基本道德。

君子爱财，取之有道。这个道理大家都懂。但是真正能做到的人确实不多。尤其是在比较黑暗的年代，别说做好事，就是不做坏事都难，能够不创造性地做坏事就算不错了。别说有尊严地活着，就是受尽屈辱也未必能活下去。

但是不管怎么样，孔子承认人是追求富贵的。

要注意的是这里的"仁"。因为这已经是孔子晚年，"仁"已经被符号化宗教化，因此这里的"仁"就成了一切美德的统称，是一个概念化的符号。

后来孟子说了：为富不仁，为仁不富。把富和仁对立起来，这是不对的。再后来太史公又说：人富而仁义附焉。把富和仁说成了因果关系，这也是不对的。说起来，还是孔子的说法更合理。

在之后的几千年里，人们一面否认自己追求富贵，一面以不正当的手段获取富贵。正是因为否认自己追求富贵，所以手段就更加卑劣，语言就更加虚伪，行为就更加没有底线。

第六章

退而求其次也做不到

21·6（4·6）子曰："我未见好仁者，恶不仁者。好仁者，无以尚之；恶不仁者，其为仁矣，不使不仁者加乎其身。有能一日用力于仁矣乎？我未见力不足者。盖有之矣，我未之见也。"

【译文】

孔子说："我就没见过喜爱仁的人，也没见过讨厌不仁的人。喜爱仁的人找不到了，所以讨厌不仁的人就成了仁了，也不过就是不让别人的不仁强加到自己身上罢了。不要跟我说你的能力不够，你有一天能致力于仁吗？说不定有，不过我没见到。"

这一章与上一章一样，毫无疑问都是在痛斥冉有。

斥责冉有什么呢？你做不到仁，至少应该做到讨厌不仁啊。可是你还是做不到，你还是要同流合污。

明白了这一点，就能正确翻译和理解这段话了。

钱穆：先生说："我没有见到喜好于仁和憎恶于不仁的人。若果喜好于仁了，他自会觉得世上更没有事物能胜过于仁的了。若能憎恶于不仁，那人也就是仁人了，因他将不让那些不仁的事物加在他身上。真有人肯花一天之力来用在仁上吗？我没见过力有不足的。或许世上有此人，真苦力不足，但我终是未见啊。"

杨伯峻：孔子说："我不曾见到过爱好仁德的人和厌恶不仁德的人。爱好仁德的人，那是再好也没有的了；厌恶不仁德的人，他行仁德，只是不使不仁德的东西加在自己身上。有谁能在某一天使用他的力量于仁德呢？我没见过力量不够的。大概这样人还是有的，我不曾见到罢了。"

南怀瑾：我没有看到一个真正爱好道德的人，讨厌一个不道德的人。为什么呢？一个爱好"仁"道而有道德的人，当然他的修养几乎无人可以比拟，实在很难得；可是，他如果讨厌不仁的人，看不起不仁的人，那么他还不能说是个仁者。这是孔子讲的忠恕之道，推己及人的写照。

李零：这话也许就是批评冉有。"文革"时期，是非颠倒，积重难返。大家总是说，什么是好，什么是坏，我知道，但好事绝对不能干。我和孔子有相同的感受。

傅佩荣：孔子说："我不曾见过爱好完美人格者，与厌恶不完美人格者。爱好完美人格者，已经达到最好的极限；厌恶不完美人格者，他追求完美人格的办法，是不使偏邪的行为出现在自己身上。有没有人会在某一段时期致力于培养完美人格的呢？真要这么做，我不曾见过力量不够的。或许真有力量不够的，只是我未曾见过罢了。"

除了南怀瑾，其他大师的意思都是讨厌不仁的人也算是仁，可是南怀瑾的意思相反，他说讨厌不仁的人算不上仁，因为你不够宽恕。

实际上，要正确理解这一段，还是要说背景。

这依然是孔子暴怒之下赶走了冉有，痛斥冉有之后，情绪更加失控，于是把怒火洒向所有人，一竹竿打翻一船人，说是没有看见过喜好仁的人，也没有看见过讨厌不仁的人。基本上，世界上没有一个好人的意思了。

之后孔子说，喜好仁的人看不到了。退一步吧，讨厌不仁的人就算是仁了。什么是讨厌不仁的人呢？就是不让别人的不仁加到你的身上，换言之，就是不要同流合污沆瀣一气。可是，这种人也没有了，非要同流合污不可。

更让人气愤的是，同流合污也就算了，你还要说什么你力不从心。你有一天努力去做到仁吗？世界上真有力不从心的人吗？也许有，但是我还没见到过。

孔子这段话是有失理智的。一方面，这是在他暴怒之后；另一方面，是人老之后的固执偏隘。同时，这段话也有失公平，冉有并没有他所说的那样不堪，世界上也并不是没有他所说的好仁者和恶不仁者。

大师们非要把孔子这样一段痛斥冉有的话解读成醒世格言，也真是勉为其难了。

第七章

水火不相容

21·7（11·17）**季氏富于周公，而求也为之聚敛而附益之。子曰："非吾徒也，小子鸣鼓而攻之，可也。"**

【译文】
　　季氏比鲁国国君还要富有，而冉有还帮他搜刮来增加他的钱财。孔子说："他不是我的学生了，你们可以拿着武器去攻击他！"

　　孔子看冉有越来越不顺眼，谁知道屋漏偏逢连夜雨，事情一件连着一件，师徒成了不共戴天的仇人，孔子断绝了与冉有的师生关系之后不久，竟然号召学生们去攻打冉有。。这一章要解决两个问题：第一，"周公"指什么？第二，"为之聚敛而附益之"怎么解读？
　　先来解决第一个问题："周公"指什么？

　　　钱穆：周公，此乃周公旦次子世袭为周公而留于周之王朝者。周召世为周王室之公，犹三桓之世为鲁卿。今季氏以诸侯之卿而富过于王朝之周公。
　　　杨伯峻：周公指周公旦或周王的卿士。
　　　南怀瑾：周公是被封于鲁国的始祖，也是鲁国的国君初祖。
　　　李零：周公是天子之卿。
　　　傅佩荣：周公，指周公后代的鲁君。

　　南怀瑾语焉不详，只有傅佩荣是正确的。用周公来指代周朝的公侯是根本说不过去的，所以杨伯峻是错的。周朝第一任周公是周文王的四子姬旦，周公姬旦去世之后，因为长子伯禽已经分封在鲁国，因此周公的爵位由次子继承，世袭。到春秋初期，周公黑肩因为谋反被杀，周公爵位从此被剥夺，周朝不再有周公。所以，这个时候根本就没有周公了，钱穆和李零错了。
　　那么，为什么这里要用周公来指代鲁国国君呢？
　　春秋笔法，因为周公是周礼的创建者，以此讽刺季孙家作为周公后代却不守周礼。

再来解决第二个问题:"为之聚敛而附益之"怎么解读?

  钱穆:冉有善理财,为季氏多方聚敛以附益其所固有。
  杨伯峻:冉求却又替他搜刮,增加更多的财富。
  南怀瑾:周公是被封于鲁国的始祖,也是鲁国的国君初祖。
  李零:冉求为季氏宰,帮他搜刮。
  傅佩荣:季氏独大,又增加田赋。

大师们都只说了一个概念,没有触及背景。

事情是这样的,孔子周游列国回到鲁国的第一年,季孙家准备推行田赋制度。赋原本是一种战争税,平时不征。季孙家的做法就是把赋与田地结合起来,每年固定征收,也算是加强战备的措施。

当时季康子派冉有去请教孔子,孔子一开始不发表意见。三次之后,孔子才私下对冉有说自己反对,因为这样做将加重百姓的负担。

但是,季康子最终还是实行了田赋制度。当然,冉有是他家的家宰,肯定是具体推行者。

这件事情记录于《左传·哀公十一年》:"季孙欲以田赋,使冉有访诸仲尼。仲尼曰:'丘不识也。'三发,卒曰:'子为国老,待子而行,若之何子之不言也?'仲尼不对。而私于冉有曰:'君子之行也,度于礼,施取其厚,事举其中,敛从其薄。如是,则以丘亦足矣。若不度于礼,而贪冒无厌,则虽以田赋,将又不足。且子季孙若欲行而法,则周公之典在。若欲苟而行,又何访焉?'弗听。"

什么是"丘赋"?什么是"田赋"?这一点很多人没有说清楚。可以肯定的是,这是两种税赋的方式。至于哪一种更合理,恐怕很难说清楚。不过,我们可以来试试。

"税"和"赋"在现代已经没有区别了,并且常常放在一块称税赋。可在春秋时期这是两回事。

"税"就是百姓按照田亩所缴的粮食,多数按收成比例,也有按固定数额。当时的百姓分为士农工商,士应该是不交税的,工商大致应该缴纳钱或者实物。

"赋"不是粮食,是类似武器、盔甲等战争物资,只有战争发生的时候缴。我们从"赋"这个字的构成也能看出来:左边一个贝,右边一个武。大致是后来不再缴战争物资,而是以钱或者粮食代替,成了战争税。

那么,"丘赋"和"田赋"有什么区别呢?

丘,是小山的意思。但是《周礼·地官·小司徒》记载:"九夫为井,四井为邑,四邑为丘。"

所以,"丘"也是一种用于田地划分的单位。

再来看"兵"这个字，兵在春秋时期是兵器、武器的意思。两个人顶着一个丘，就是兵。于是我们可以这样认为，丘赋就是缴纳兵器、武器、盔甲等战争物资的做法。那么相应的田赋呢，就是缴纳粮食的意思。

我们大致可以认为，丘赋改田赋，就是把战争时期缴纳军用物资改为每年缴纳粮食。也就是说，把不定期缴纳战争物资改为定期缴纳粮食。

这样的结果就是老百姓平时的负担加重了，战时的负担减轻了。那么，总体上是加重了还是减轻了呢？这就像保险公司给你卖保险一样，他们一定是赚的。季孙家一定是计算过的，这样他们能够有更高更稳定的收入，但百姓的负担一定是更大了。

第八章

冰释前嫌

21·8（13·14）**冉子退朝**。子曰："何晏也？"对曰："有政。"子曰："其事也。如有政，虽不吾以，吾其与闻之。"

【译文】

冉有退朝，来看孔子。孔子说："为什么退朝这么晚呀？"冉求说："有政事。"孔子说："只是一般的事务吧？如果有政事，虽然国君不用我了，我也会参与啊。"

孔子喜欢春秋笔法，孔门弟子也都擅长此道。关于冉有的这一篇就有很多春秋笔法的例子，要解读这一篇，就要认识到这一点。这一章要解决两个问题：第一，"冉子退朝"怎么解读？第二，"吾其与闻之"怎么解读？

要解读这一章，必须要把故事线先连上。

上一章孔子还在号召弟子们攻打冉有，这一章就已经在和颜悦色地谈话了，这中间发生了什么？

没有任何历史记载，不过要做一个合理的推演并不难。

在孔子与冉有师徒反目并且号召学生攻打冉有之后，弟子们都意识到这是一个非常严重的问题，严重到事关大家的生死存亡。于是，立即有人去报告了正在齐国或者卫国做生意的子贡，只有他才能解决这个问题。

子贡听说之后，快马赶回鲁国，首先去见了冉有，两人是无话不说的好朋友。冉有是个实在人，一五一十把事情说了一遍，这样，子贡心里有数了。

之后，子贡去见孔子。当然，他绝对不会说自己已经见过冉有，甚至不会说自己是特地前来调解矛盾的，而是说自己做生意经过鲁国。之后，他有意无意地问起了冉有，孔子听到冉有的名字就很生气，然后啰啰唆唆数落了冉有的诸多不是。

之后，子贡开始表演。

"老师啊，其实吧，您说的事情我都听说了。虽说冉有没有能够阻止季孙祭泰山，可是他还是说服季孙缩小了规模，基本上搞成了一个野营和农家乐了。田赋这件事情吧，据说卫国也准备这么搞，大家好像还挺支持，因为这固然会增加百姓的负担，但是一旦战争来了，不用手忙脚乱。这就跟买保险一样，平时多出点，战时就不用那么紧张了。所以啊，也未必是坏事。"子贡说了这些，然后又批评冉有自己没有说清楚，惹老师生气之类。

这时候，子夏又在旁边见缝插针地帮冉有说话。

最后，孔子叹了一口气："唉，其实吧，为师也知道求不容易，赐啊，你去叫他来吧，咱们师徒几人吃个饭聊聊天吧。"

于是，事情就这么过去了，师徒重归于好。

但是，这只是我的推测，以子贡的口才，肯定会更巧妙地化解这次危机，让老爷子既不丢面子又能与冉有冰释前嫌。

总之吧，冉有重新回到孔门，并且依然像从前一样常常来看望老师，给老师讲最近发生的事情以及向老师请教一些问题。

这一章，就是在这样的情况下发生的。

首先我们来解决第一个问题："冉子退朝"怎么解读？

看看大师们怎么说。

  钱穆：冉有时为季氏宰，退朝，谓退于季氏之私朝。此称冉子，或说乃其门人所记。然此章于冉有加贬斥，似非其门人记之。冉有仕于季氏而犹在孔门。

  杨伯峻：冉求从办公的地方回来。

  南怀瑾：冉有退朝回来。

  李零：退朝，是从季康子的私朝回来。冉有下班晚了，孔子问你怎么回来这么晚？

  傅佩荣：退朝指冉有从季氏家的朝廷回来。古代大夫也有朝，清晨与其家臣共议事务；然后，大夫再赴诸侯之朝。冉有下班回来。

大师们都忽略了一个重要的信号：这里，冉有被称为冉子。

整个《论语》，除了孔子之外，被称为"子"的只有有子、曾子和冉有了。能够被称为"子"，说明《论语》的编撰者将他们当成了老师。因此，这至少说明两个问题，第一，这个时候冉有可能在孔子学校办了讲座之类，兼职担任老师；第二，冉有退休之后，可能在孔子学校担任老师。

总之，通过冉有称呼的变化，可以发现他和孔子关系的变化。

"退朝"是退的什么朝？当然是鲁国国君的朝。

所谓私朝，完全是凭空想象。并且，《论语》绝对不会把卿大夫家的工作会议称为"朝"，这是春秋笔法的一个特征。

此外，如果是季孙家的私事，孔子是不会主动问的。

冉有这个时候是季孙家的管家，无论从哪种角度，都不可能还住在孔子的家里。对冉有来说太麻烦，因为办公室在曲阜城里，孔子住在曲阜城外。对孔子来说也太麻烦，冉有现在是鲁国二号首长，仆从不少，事务繁多，来来往往之间，孔府的人还要回避。对季孙来说也是麻烦，早晚有什么急事找管家，还要出城去找。

所以，冉有退朝之后并不是"回来"，而是"去"。

有人会问：冉有并不是鲁国朝廷的卿大夫，为什么上朝？

其实这很容易解释，三桓的实力都在鲁国国君之上，平时根本不理会国君。国君有事需要他们去的时候，通常都是派管家去。

冉有退朝之后去见孔子，至于为什么，这里就不探讨了。而孔子问为什么这么晚，并不是问冉有为什么来这么晚，而是问为什么退朝这么晚。所以，冉有回答说"有政"，否则他就该回答说"退朝晚了"。

现在来解决第二个问题："吾其与闻之"怎么解读？

请注意，冉有是季孙的家臣，通常不上朝。所以，冉有上朝，一定是有重要的事情。因为上朝而来晚了，这件事情可能特别重要。孔子很想知道究竟发生了什么事，可是自己又说过"不在其位，不谋其政"这样的话，怎么办？

所以孔子说"如有政，虽不吾以，吾其与闻之。"意思是有大事的话，国君应该通知我啊。

与闻，就是参与、掺和的意思，不是听说的意思。孔子这话说出来，冉有就不好意思不说到底是什么事了。

从时间点来看，我们大致可以推断冉有上朝是讨论关于齐国的田常弑国君的事情。孔子知道这件事情之后，还专门找鲁定公和三桓，请求他们出兵讨伐田常。

通过这段对话我们发现，尽管师徒二人冰释前嫌，可是冉有的口才还是没长进，不懂得主动迎合老夫子的想法，总是很被动。譬如这里孔子问他为什么退朝这么晚，就应该说"对了老师，正好这件事情要跟您请教呢，国君本来想请您去，考虑到您岁数大了，所以特地让我来转达"。这几句话说出来，老爷子的自尊心和好奇心立马得到满足，也不用费力去说什么"吾其与闻之"之类的话了。

第九章

锦上添花

21·9（6·4）子华使于齐，冉子为其母请粟。子曰："与之釜。"请益。曰："与之庾。"冉子与之粟五秉。子曰："赤之适齐也，乘肥马，衣轻裘。吾闻之也：君子周急不继富。"

【译文】
公西华（为季孙）出使齐国，冉有决定给他的母亲发放出差补助的粟米，于是来请教孔子。孔子说："给他六斗四升。"冉有觉得少了。孔子说："给他十六斗。"冉有却给了他八百斗。孔子说："公西赤到齐国去，乘坐着肥马驾的车子，穿着又暖和又轻便的皮袍。我听说过，君子只是周济急需救济的人，而不是周济富有的人。"

这一章我们要解决三个问题：第一，这是什么时间段的事情？第二，公西华为谁出使？第三，给公西华的粮食是谁家的？

直接来解决第一个问题：这是什么时间段的事情？

钱穆认为事情发生在孔子担任鲁国司寇期间，南怀瑾大致也是这样。其余大师们都没有说，但是，这个问题实际上很重要。

公西华名公西赤，字子华，是孔子的第三批学生，小孔子四十二岁，孔子担任鲁国司寇的时候他只有十岁。公西华能够出使齐国，当然要在二十岁以后，因此毫无疑问，这件事情发生在孔子周游列国回到鲁国之后。

所以，钱穆和南怀瑾都是错的。

我们还要注意到另一点，那就是这一章里冉有的称呼又是"冉子"，说明这件事发生的时间与上一章非常接近。

之后，我们来解决第二个问题：公西华为谁出使？

钱穆和南怀瑾显然认为是为孔子出使，杨伯峻和傅佩荣依然没说，李零认为有可能是为鲁国国君，也有可能是为孔子。

大家都错了，公西华是为季孙家出使。为什么这么说？

首先，孔子在齐国没朋友，此时就是个平头百姓，派公西华去齐国干什么？

其次，冉有是季孙家的家宰，不是孔子的家宰，孔子的家宰这时候是原宪，冉有一个小心谨慎的人，不可能越俎代庖。再次，如果是为鲁国国君出使，跟冉有有什么关系？最后，鲁国国君被三桓欺压，可能拿不出八百斗粮食来。

所以，公西华当然是为季孙家出使。既为季孙家出使，冉有来问孔子干什么？

有两种可能：一种是冉有来看望老师，顺便问问；一种是公西华此时在孔子这里学习，季孙家借他去出使，因此冉有在这个问题上要征询孔子的意见。

很显然，孔子的意见与冉有的想法有很大差异，因此冉有没有听他的。

最后解决第三个问题：给公西华的粮食是谁家的？

这个问题实际上很简单，是季孙家的。理由很简单，首先公西华是为季孙家出使；其次，在孔子不同意的情况下，冉有会拿孔子的粮食吗？既然没有用他的粮食，为什么他这么生气呢？

这就要介绍一下背景了。

懂得春秋历史的人很容易就能看出来，公西华一定是鲁国的公族。也就是说，不是鲁国国君的本家，就是三桓的本家。这个时期，鲁国国君和三桓家族喜欢用"公"取名和作"氏"。譬如鲁昭公的儿子公为，季孙家的季公鸟、季孙家的费邑宰公山不狃，孟孙家的家宰公敛处父等。公西华很有可能就是季孙家族的人，出身高贵而且家里有钱。

公西华精通周礼，是备受孔子赏识的学生之一。公西华为季孙出使齐国，自然是应该有补助的，补助的标准是冉有决定的，而不用去请示季康子。冉有之所以来请教老师，大致是想在老师面前表现一下自己对师弟的关照。可是没想到孔子出手比较小气，对于冉有来说根本拿不出手。所以他没有听从孔子的建议，按照季孙家的标准给了补贴。

这件事情尽管不是用孔子家的粮食，孔子对冉有的做法还是很恼火。一来是冉有没有听从自己的意见；二来，公西华出趟差都能挣这么多，那些师兄弟会怎么看？心里能平衡吗？三来，孔子岁数大了，性格难免有些古怪狭隘。

而冉有呢，本意是想在老师面前表现师兄弟友爱，谁知道反而让老师不高兴。

冉有就是这样，不像子贡那么圆滑，喜欢直来直去，不太讲策略，所以在孔子面前常常办了好事还不落好。这也说明，即便师徒冰释前嫌了，孔子看冉有做事还是不太顺眼，只不过反应没那么激烈。

在这一章里，孔子主张"君子周急不继富"，认为应当"雪中送炭"，而不是"锦上添花"。这个观点当然是正确的。

小 结

冉有：实干家的典型

在孔子所有学生中，冉有是做官最成功的人。所以，对于冉有的能力，孔子最为看好。遗憾的是，冉有不是为国君效力，而是为季孙家族，这导致了能力越强，离老师的期望越远，这也是师徒二人之间屡生矛盾的根源。

冉有对孔子的帮助非常大，孔子能够回国以及得到季孙家的资助，都是冉有的功劳。作为官场上如鱼得水的人，冉有很大气也很体贴，可惜的是，冉有的体贴有的时候反而让孔子感到非常不舒服。

《礼记》中就记载了这样一件事情。

卫国人伯高是孔子的朋友，伯高死后，他的家人去向孔子报丧。

"我该去哪里哭他呢？"孔子有点犯难，他很讲究这类问题。"本家兄弟死了，我到宗庙去哭他；父亲的朋友死了，我到庙门外去哭他；老师死了，我在内寝里哭他；朋友死了，我在寝门外哭他；一般认识的人死了，我到野外去哭他。以我跟伯高的关系，在野外哭他就显得太疏远，在内寝哭他又显得太隆重。怎么办呢？我是通过子贡认识他的，我就到子贡家去哭他吧。"

整来整去，老头把事情整到了子贡家里。

哭完之后，孔子派子张到伯高家去吊唁，结果在路上遇上了冉有。

"老弟，别去了，我前两天恰好在卫国，于是准备了一束帛、四匹马，以老师的名义去吊唁过了。"冉有让子张回去，他已经主动帮老师吊唁过了，并且礼送得很重，很有面子。有这样的学生，多省心啊。

这件事情，孔子应该很高兴甚至很感动吧？应该会表扬冉有吧？

"嘿，冉有这件事情办得不地道啊，这样做不是让我失礼于伯高吗？"孔子不仅不高兴，反而责怪冉有多管闲事。

说是这么说，老头心里恐怕也不至于不明白。

说起来，冉有常常出力不讨好，大致是两个方面存在不足：第一，语言能力不强，说话直率。第二，没有充分考虑孔子的面子。

冉有能够在季孙家做多年的家宰，还能率领鲁军击败齐军，这些都说明他是一个很有才能的人。实际上，孔子也多次赞扬他的"多艺"。

在冉有的身上，实际上体现了孔子的"讷于言而敏于行"。此外，冉有还有很多优点。

譬如冉有的包容，老师总是批评他，甚至跟他断绝关系，号召学生们去攻打他，但是，冉有没有记恨老师，始终如一地敬重他。这种包容不是一般人能有的，现在师徒为了一点小事翻脸的事情多了去了。

冉有做事也非常踏实，曾参每日三省中的"为人谋而不忠乎"大致就是受冉有启发，冉有为季孙家做事，事事处处为季孙家着想，是一个模范的职员。谁不想有这样的下属呢？

冉有和同门的关系也很好，子贡是他的死党不说，他还总是帮助师弟们。孔子的一些学生能够成为季孙家的家臣，恐怕也少不了冉有的帮助。

对于孔子的教诲，冉有实际上是非常重视的，他也努力在改变自己。

譬如他过于稳重的性格，孔子让他要果断要坚决。只是，有时候结局是戏剧性的。就像季孙家推行"田赋"，稳妥起见，冉有三次请教孔子，孔子不回答，这时候冉有就想了："老师说了有什么好的想法就去实施，那我干脆就去做罢。"谁知道，自己做了，老师不高兴了。

其实说起来，在与孔子的关系上，冉有真的有些冤枉。一来，夹在季孙和孔子之间，冉有很难做，估计季康子比孔子还要好说话一点。二来，孔子总是说冉有不能改变季康子，可是看看冉有的口才，他怎么能够说服季康子呢？

那么，冉有的为人给我们怎样的启发和教训呢？

启发有一点，那就是一个人如果踏实肯干，又包容大度，他一定会受到肯定的。

教训也有一点，那就是一个人就算很有才能很肯干，但是表达能力差，还是免不了被人误解、受人排挤。

试想一下，如果冉有说话时懂得铺垫、润色、转圜、幽默，他的成就一定会更大。

第四篇

颜回

圣人还是腐儒

颜回，字子渊，是孔子弟子颜路的儿子，比孔子小三十岁。颜回性格沉稳好学，不与人争。每次孔子上课的时候，颜回都不会举手提问，可是下课之后与同学们谈论时却能把上课学到的知识运用得非常好。所以孔子一开始以为他比较愚钝，后来发现他非常聪明。

孔子认为颜回比自己还要贤，因为孔子是理想主义者，颜回则更甚。孔子想把自己的理想主义加诸这个世界，颜回则愿意自己先来实践。有的时候孔子对自己的话都有些怀疑，可是颜回坚决信从。

可以说，颜回就是完美版的孔子。或者说，孔子所标榜的，就是颜回所实践的。

孔子曾经问颜回："知者若何？仁者若何？"颜回的回答是："知者自知，仁者自爱。"也就是知者了解自己，仁者爱自己。孔子认为，颜回的境界是圣人的境界，比他的境界还要高。然而，从另一个角度说，这也意味着颜回只关心自己的内心，与外界格格不入。据《孔子家语》，有一次，孔子和子夏聊天，说起了子夏的师兄弟们：

"老师，颜回师兄的为人怎么样？""他这人坚持原则，这点比我强。""那子贡师兄呢？""他的敏锐比我强。""那子路师兄呢？""他比我勇敢。""那子张呢？""他比我庄重。""那既然他们都比老师强，为什么还要向老师学习呢？""我告诉你，颜回坚持原则但是不懂得变通，子贡虽然敏锐但是太好强，子路勇敢但是不知退让，子张很庄重但是不懂得妥协。他们四个人的优点放在一起，我是绝对不会去做的。真正的聪明人，要懂得进退屈伸。"

圣人与腐儒的区别在哪里？变通。

第一章

认真听讲的好学生

22·1（2·9）子曰："吾与回言终日，不违，如愚。退而省其私，亦足以发，回也不愚。"

【译文】
孔子说："我和颜回谈了一整天，他从不提反对意见和疑问，像个蠢人。等他退下之后，我考察他私下的言论，发现他对我所讲授的内容有所发挥，可见颜回其实并不蠢。"

这一章是孔子对颜回的最初印象，也可以是我们大家对颜回的最初印象。

前一句也可以是"吾与回言终日，不违如愚"，意思相同。大师们的译文通常是"我整天和颜回谈话"，这不准确。事实上，这只是某一天孔子用了一天时间和颜回谈话而已。

想想看那个场景：孔子说什么，颜回都是倾听或者点头，从来不提问题，恐怕孔子都说到口干舌燥理屈词穷怀疑人生了。要是天天如此，老爷子非神经衰弱不可。

好了，看看大师们怎么说。

钱穆：孔子称其不愚，正是深赞其聪慧。此章殆是颜回始从学于孔子，而孔子称之。若相处既久，当不再为此抑扬。

李零：颜回，孔子总是夸他。夸来夸去，无非说他道德好，安贫乐道，勤奋好学，比较空。他的最大优点，是听老师的话，绝不顶嘴，其他事迹，嘉言懿行，一点没有，历史记载，一片空白，学都不知道怎么学。仲由，和他相反，冒失鬼，总是惹老师生气，挨老师骂。《论语》这书也怪，他的学生，再不济，也是半拉圣人，却什么难听的话都往里搁。孔子骂仲由，简直是骂不绝口，在《论语》中，他出现最多，也挨骂最多，和颜回没法比，但他是事迹有事迹，言语有言语，快人快语，给人留下深刻印象。《论语》，从文学效果讲，颜回太苍白，子路很生动。我更喜欢子路。

傅佩荣：可见孔子在教学上，最重视的是学生受到启发而变化气质，其次则是上课时认真听讲与思考，提出疑问来请教。

　　颜回是孔子的弟子颜路的儿子，说起来，应该与孔子的母亲同族。颜回个性比较平淡，话较少，上课的时候不爱参加讨论，但是听课认真，从来没有懈怠的时候。时间长了，孔子便专门找时间和他私聊，结果他还是不说话。孔子于是私底下注意他，发现他其实对自己的课理解得很好，并且能够有所发挥，这才知道颜回其实很聪明。

　　所以，这段话应该是在颜回入学不久时说的。孔子在表扬颜回上课认真听讲，课后还能认真复习。

　　但是正如李零所说的那样，再有思想，不表达出来也是枉然。再有实力，不发挥出来也是没用。

第二章

惊人的意志力

22·2（9·20）子曰："语之而不惰者，其回也与！"

【译文】
孔子说："听我说话而能毫不懈怠的，就是颜回一个人吧！"

孔子表扬最多的就是颜回，这一章继续。
先来看看大师们怎么说。

> 钱穆：闻所语而不得于心，故惰。独颜子于孔子之言，触类旁通，心解力行，自然不懈。此见颜子之高。
> 南怀瑾：孔子说在他的学生中，能依照他的教导去做，而不懒惰的，只有颜回这一个学生。
> 傅佩荣：孔子讲得有道理，学生才能不懈怠。本章说明颜渊不但专心听讲，也能领悟道理，并且还在平日努力实践，才能长期如此不懈。

这一章与上一章的意思其实相仿，都是说颜回认真听讲从不懈怠。
原话其实没什么好说，不过大师们一解读，就有意思了。杨伯峻和李零的解读都是为赋新词强说愁，省略之。按钱穆的意思，颜回之所以不懈怠，是因为对孔子所说的都能够理解并且还有感悟。傅佩荣大致是参照了钱穆的说法，但是在落笔的时候出了纰漏，按照他所说"孔子讲得有道理，学生才能不懈怠"，就成了"其他学生懈怠，就是因为孔子讲得没道理""颜回之所以不懈怠，就是因为孔子只给他讲了有道理的东西"。南怀瑾的意思则是说颜回的"不惰"不是听课的时候，而是去应用的时候。孔子是这个意思吗？

22·3（6·7）子曰："回也，其心三月不违仁，其余则日月至焉而已矣。"

【译文】

孔子说:"颜回这个人,他的心可以在长时间内不离开仁,其余的学生则只能在短时间内做到仁而已。"

什么是"仁"?什么是"违仁"?什么是"不违仁"?

大师们的说法又是"仁德""人生正途",虚无缥缈。

"仁"的本意是好的人际关系。可是在这里显然不是这个意思,实际上,这里更接近于"求仁得仁"里的"仁",也就是"×"的意思。孔子的意思是说颜回的毅力惊人,做一件事情能够坚持很长时间,而别人不行。

当然,实际上解释成"×"也是不确切的,因为孔子这话是在颜回去世之后说的,这个时候"仁"已经具有强烈的宗教性质,代表了孔子所能想象到的一切美德。

这两章,都是在说颜回的学习态度和他的意志力。

颜回确实是个好学生,老师怎么说,他都认真听;老师怎么教,他就怎么做,而且能够坚持。

孔子的学生五花八门,鱼龙混杂,因此,需要给大家树立一个好学生的楷模,颜回是最佳人选,老师动不动表扬一下,意思是要大家向他学习。

颜回这样的好学生其实经常能够见到,从小就听老师的话,从来不干坏事,学习认真,基本不跟人开玩笑,开玩笑也没人笑。

第三章

克己复礼

22·4（12·1）颜渊问仁。子曰："克己复礼为仁。一日克己复礼，天下归仁焉。为仁由己，而由人乎哉？"颜渊曰："请问其目。"子曰："非礼勿视，非礼勿听，非礼勿言，非礼勿动。"颜渊曰："回虽不敏，请事斯语矣。"

【译文】

颜渊问怎样做才是仁。孔子说："克制自己，一切都照着礼的要求去做，这就是仁。一旦这样做了，天下的一切就都归于仁了。做到仁，完全在于自己，难道还在于别人吗？"颜渊说："请问做到仁的方法。"孔子说："不合于礼的不要看，不合于礼的不要听，不合于礼的不要说，不合于礼的不要做。"颜渊说："我虽然愚笨，也要照您的这些话去做。"

前面的一章说到颜回的心离不开仁，那么在行动上怎样体现呢？本章说的就是一个具体的方面了。这一章要解决三个问题：第一，这里的"仁"是什么意思？第二，孔子为什么要这样回答？第三，这是个好的回答吗？

先看看大师们怎么说。

钱穆：本章问答，乃孔颜传授切要之言。宋儒教人寻孔颜乐处，所乐何事？若不从本章克己四勿之教切实下功夫，而徒从吾与点也等章探索寻觅，纵是箪食瓢饮，曲肱陋巷，恐终不得孔颜真乐何在。

傅佩荣：克己复礼是指：人应该自觉而自愿，自主而自动，去实践礼的要求；礼的规范是群体的秩序与和谐所不可或缺的；个人与群体的紧张关系在此化解于无形，使"仁"字"从人从二"的感通意义充分实现，然后天下人自然肯定你是走在人生正途上了。

李零的解说值得一提，在他的解说中提到了上博楚简中有关这一段的另一种记载：

简文说，孔子讲了，"君子为礼，以依于仁"，颜回听了，起身就走，说我太笨，恐怕不能陪您坐了。孔子不让他走，拉他再坐，继续告诫他说，说凡不合于"义"，要"勿言""勿视""勿听""勿动"，和这里一样。结果，颜回回屋，就躲起来了。有人问他为什么这么消极，他说是，我就是消极，因为我亲耳听老师教导，不能不当回事。照他说的做吧，我做不到；不照他说的做吧，又不行，只好消极。孔子的教导，颜回都做不到，别人怎么办？这是黑色幽默。

现在来解决第一个问题：这里的"仁"是什么意思？

这里的"仁"，依然指"好的人际关系"。不过，这里的人际关系，不是个体之间的人际关系，而是个人与天下人的人际关系，所以孔子要说"一日克己复礼，天下归仁焉"。

再来解决第二个问题：孔子为什么要这样回答？

对于学生们问"仁"，孔子的答案都是指出他们的不足给他们去改正，以便他们去改善人际关系。甚至学生们问的不是"仁"，孔子也拐弯抹角去帮助他们改正缺点。

可是，颜回问"仁"，孔子却没有去指出他的缺点。

孔子是一个理想主义者，但即便是他自己也没有去实践自己理想的意志力，孔子一直在宣扬周礼，可是又时不时地违背周礼。对此，他是心知肚明的。所以，他给自己的目标定位只是一个君子，而不是圣人。

对自己的弟子们，孔子给他们的目标定位也是君子，并按照这个标准去教诲学生，指出他们的缺点，帮助他们解决人际关系中的问题。

可是，颜回不同，颜回的坚强意志力让孔子看到了自己理想中的圣人形象，所以，孔子非常希望颜回能实践自己无法实践的理想。于是，他在自觉不自觉之中按照圣人的标准去要求颜回，给他的建议不再针对个人之间的问题，而是个人与天下人之间的问题。

打个比方，孔子对其他学生的要求只是一次马拉松，而对颜回的要求是攀上珠穆朗玛峰。

再来解决第三个问题：这是个好的回答吗？

判断一个回答是不是好，关键要看这个回答是不是适合这个人。而其判断标准其实很简单，就是这个人在接受了建议之后，最终的结果怎样？

最终的结果就是：颜回不仅没有成为圣人，甚至没有得到一个君子应有的尊崇。

孔子把自己的理想都灌输给颜回了，糟糕的是，颜回照单全收了。

在孔子的时代，已经礼崩乐坏，人们对周礼的遵循越来越少，并且周礼本身也在发生变化。这个时候还要"非礼勿视,非礼勿听,非礼勿言,非礼勿动",那基本上就什么也不用看,什么也不用听,什么也不用说,什么也不用做了。

那么,颜回没有缺点吗?孔子不知道颜回的缺点吗?当然不是。那么,孔子为什么不给他指出呢?

理由很简单:对于圣人来说,这些都不是缺点。按照孔子对于圣人的描述或者想象,圣人不需要说什么,只需要自己身体力行地做好,天下百姓自然就会跟随他,拥护他。

孔子还有一个没有考虑的问题是,对于普通人来说,成为君子是一个通过努力就有可能实现的目标,但是,成为圣人是需要不断努力和绝顶运气才能够实现的。即便一个人成不了君子,依然可以成为一个自食其力的小人。但是,如果一个人成不了圣人,就可能成为一个笑料。

这就像前面说的跑马拉松和登珠穆朗玛峰一样,普通人只要努力,是可以跑下马拉松的,顶多慢一点而已。就算跑不下来,也还能搭个便车回家。可是,攀登珠穆朗玛峰就不一样了,那几乎是一条不归路,走到一半走不动了,你还能回来吗?

还有,同样的一段对话,《论语》和《上博楚简》的记载是不同的,《论语》中颜回欣然决定按照孔子的要求去做,而《上博楚简》中颜回知道自己做不到,因此选择了逃避。

那么,哪一个是真实的,哪一个是杜撰的?

从颜回的性格以及最后的结果看,《论语》的记录应该是真实的,《上博楚简》则应该如李零所说,是一个黑色幽默。由此可见,即便是在当时,人们对于孔子对颜回的教导方式也是有不同意见的。

第四章

孔子的期待

22·5（15·11）**颜渊问为邦。子曰："行夏之时，乘殷之辂，服周之冕，乐则韶舞。放郑声，远佞人。郑声淫，佞人殆。"**

【译文】

颜渊问怎样治理国家。孔子说："用夏代的历法，乘殷代的车子，戴周代的礼帽，奏《韶》乐，禁绝郑国的乐曲，疏远花言巧语的人。郑国的乐曲浮靡不正派，佞人太危险。"

孔子对于颜回的期待是做一个圣人，前面说了对颜回的行为要求，这一章则是更具体的方法指点。

这一次，颜回来问怎样治理国家。类似的问题，其他同学也都问过，答案也不过是针对自身的特点，说一点忠信之类的话。可是，颜回得到的就完全是另一类答案了，哪一类答案呢？

我们首先要弄明白的是孔子这些话的意思。

钱穆和李零的解释比较详细，这里选用钱穆的解释，稍加改写。

行夏之时：古历法，有夏正、殷正、周正之分。夏正就是今天的阴历，殷正以阴历十二月为正月，周正以阴历十一月为正月。阴历合于农时，今天也称为农历。孔子重视民事，因此主张使用夏正。

乘殷之辂：此辂字亦作路。天子所乘车曰路。周制有五辂，玉、金、象、革、木，并多文饰，其中木路性价比最高。殷王的车就是木路，因此孔子主张使用殷辂。

服周之冕：冕，祭祀的时候所用之冠，周礼有六冕，漂亮但是不奢侈，因此孔子主张戴周冕。

乐则韶舞：古称韶为舜乐，孔子曾经说韶尽美又尽善，因此主张用韶舞。（李零和傅佩荣认为"韶舞"应当是"《韶》《武》"，也可以。）

郑国的歌舞比较淫荡，要远离。花言巧语的人太能忽悠，也要远离。

为什么孔子要这样回答呢？

> 钱穆：盖颜渊所问，自是治国大道。孔子所答，主要不外重民生，兴礼乐，乃所谓富之教之。
>
> 南怀瑾：这一段孔子的思想，很合于时代，而且包容万象，并不限制于哪一点。一个时代有一个时代的政治精神，后来并不一定要效法古人。这一段有一个精神，就是孔子对于为政，并不是墨守成规，不是落伍保守，而是注意文化历史的发展，采用每个时代的精华而来的。

大师们的说法只能适用于孔子自言自语的情况。这是孔子在回答颜回的问题，因此孔子所说的话都应该是站在颜回的立场上来说的。譬如回答子贡和子张的问题，孔子就说要忠信，请注意，忠信的执行者是子贡和子张。

在这里，孔子假定的执行者应该是颜回。

问题是，历法是应该谁来颁布？天子。每年的年历都是周王派发给诸侯的。天子乘的路车应该是谁决定的？天子。祭祀用的冕呢？韶乐呢？都是天子级别的祭祀用品。所以，这里孔子将颜回当成了尧舜禹汤周文王这一类统治天下的圣人了。由此可见，孔子对颜回曾经抱有怎样的期待。

颜回显然是把老师的话当成了真理，牢记在了心头，并且像南怀瑾所说的那样付诸实践。颜回一辈子没有出仕，但是这不等于他一辈子没有过面试，以孔子对他的喜爱，一定曾经给他写过推荐信，帮助他出仕。但面试的结果，怕是不尽如人意。

第五章

想做圣人不容易

22·6（6·11）子曰："贤哉，回也！一箪食，一瓢饮，在陋巷，人不堪其忧，回也不改其乐。贤哉，回也！"

【译文】

孔子说："颜回的品质是多么高尚啊！一箪饭，一瓢水，住在简陋的小巷里，别人都忍受不了这种穷困清苦，颜回却没有改变他好学的乐趣。颜回的品质是多么高尚啊！"

在孔子的鼓励下，颜回朝着圣人的目标前行，承受着只有圣人愿意承受的磨难。

箪，就是装食物的竹器。颜回的品行很好，可是生活品质很低。对此，还是先来看看大师们怎么说。

  钱穆：本章孔子再言贤哉回也，以深美其虽箪食瓢饮居陋室而能不改其乐。

  南怀瑾：物质环境苦到这个程度，心境竟然恬淡依旧，个人的修养要到达那个境界可真不简单。颜回则做到了不受物质环境的影响，难怪孔子这么赞叹欣赏这个学生。而他不幸三十二岁就短命死了（南怀瑾犯了错误，颜回殁于四十一岁）。近代人研究孔孟思想的，认为颜回是死在营养不良。虽然是一句笑话，但是大家对营养还是要注意到才对。

  李零：这是孔子对颜回的赞美。

  傅佩荣：颜渊的原则是：只要活着就有快乐。所乐的是走在人生正途上，完成人性向善的天赋使命。人的尊严就在这种"乐"中得到充分的肯定。

其实，回顾一下我们就能发现，同样的事情，放在子路那里就是不思进取，放在颜回这里就是品德高尚，为什么呢？

孔子对他们的要求不同。

子路要做一个君子，生活品质不能低，就像孔子一样，该讲究的还是要讲究一些。颜回要做一个圣人，圣人就不能在乎物质生活，只能追求精神上的高大完美。

颜回为什么能做到这一点呢？因为颜回相信老师的鼓励和教导，正朝着圣人的高峰攀爬。要做一个圣人，艰苦的生活是不应该逃避而且是必须要承受的。不仅要承受，还要苦中求乐。

从另一个角度说，颜回是个性格内向的人，他对外界的反应是迟钝的，全部的注意力都在自己的内心。因此，对于外界的环境他并不敏感，他追求的是内心的虚幻的世界。再者，颜回是孔子力推的模范学生，如今混成这样，孔子也不能说他不成器，恐怕也只能表扬他安贫乐道了。

不过，话说回来。颜回真的有孔子所说的那么快乐吗？

颜回三十岁白了头，为什么？南怀瑾说他是营养不良。为什么没人说他是暗地里发愁呢？古往今来那么多大师赞扬颜回的安贫乐道，好像没有一个人愿意去实践的。

第六章

沉重的打击

22·7（11·4）子曰："回也非助我者也，于吾言无所不说。"

【译文】
孔子说："颜回不是对我有帮助的人，他对我说的话没有不心悦诚服的。"

理想很丰满，现实很骨感，自古以来都是如此。

  钱穆：颜子闻一知十，不复问难，故曰非助我者。其辞若有憾，实乃深喜之。
  南怀瑾：孔子意思是说颜回认为他说的话都对，但真的都对吗？要多加反省。孔子就有这气度，认为像颜回一样，对自己的话觉得句句都对，这样对于自己是不会有帮助的。
  李零：这是明贬暗褒。
  傅佩荣：老师希望学生提问，以便教学相长。但是，本章所论的颜渊，却是智能极高又勤于实践的学生，对孔子的学说可以完全相契。

感觉上，钱穆、杨伯峻和傅佩荣都认为这是孔子在表扬颜回，并且他们认为表扬得有道理，该表扬。李零则只说了这是孔子明贬暗褒，并没有评说该不该表扬。南怀瑾又是另辟蹊径，矛头一转，去赞扬孔子的包容大度去了。

孔子为什么要说这样一句话？

他想表扬颜回？那他完全有更好的方式从其他方面去表扬，而不用以这种方式。所以，孔子只是想要解释什么而已。我们来做一个简单的推断。

孔子从卫国回到鲁国，决定开始修《春秋》。这个时候，孔子需要几个学生来担任助理，其中一个是首席助理。

候选人有几个：颜回、子夏、子张、子游。

很多人认为这个职位非颜回莫属，因为老夫子如此喜爱颜回，颜回学问好、性格好还有耐心，且需要这份工作养家糊口……

但是，孔子最终选择了子夏。因为子夏有独立思考的能力，常常能够提出不同的观点与孔子争论，激发孔子的灵感，避免大量的错误。有子夏做首席助手，孔子能收获更多的乐趣，自己还能有新的领悟。

这个时候，孔子需要给大家一个解释。

孔子很直率，他说了：颜回不是能够帮助我的人，我说什么他都是好好好，可是我需要的是思想的碰撞，是思想风暴。

非助我者也，可以理解成"不是做我助手的合适人选"。

所以，这句话既不是表扬，也不是批评。

可以想见，在这件事情上孔子也是颇费周章，心情矛盾的。用颜回，那么对子夏就不公平,《春秋》的质量也不会理想。用子夏，对颜回的打击一定很大。

事实上，这件事情对颜回的打击大致是非常大的，他开始怀疑自己，怀疑孔子，怀疑人生。不久，颜回去世。

第七章

孔子为什么这样悲伤?

22·8(11·9)颜渊死,子曰:"噫!天丧予!天丧予!"

【译文】
颜渊死了,孔子说:"唉!是老天爷要我的命呀!是老天爷要我的命呀!"

22·9(11·10)颜渊死,子哭之恸。从者曰:"子恸矣!"曰:"有恸乎?非夫人之为恸而谁为?"

【译文】
颜渊死了,孔子哭得极其悲痛。跟随孔子的人说:"您悲痛过度了!"孔子说:"是悲伤过度了吗?我不为这个人悲伤过度,又为谁呢?"

理想还没有看到,生命已经到了尽头。颜回在穷困潦倒中死去,年仅四十一岁。孔子伤心至极,痛哭流涕。
孔子为什么这么伤心?
先来看看大师们怎么说。

南怀瑾:因为颜回在所有的弟子中,是最足以传孔门学问的。现在他死了,孔子学问的继承人,也将成问题。难得有像颜回这样可以传道的人了。
傅佩荣:为颜渊而恸,也为自己的理想无法传承,为天下人少了圣贤之才而恸。

大致,这是孔子一生中最悲痛的时刻了。
为什么会这样?我们从几个方面去说。
第一,颜回是孔子最喜爱的学生,他看着颜回长大,与他长时间相处,那种感情甚至比父子之情还要深。
第二,孔子对颜回寄予了很高的期望,现在期望落空。

第三，孔子的内心有愧疚。颜回在自己的教导下并没有出人头地，甚至是穷困潦倒，可是自己也并没有帮到他什么。修《春秋》没有用他，他受到打击，这也跟自己有关系。颜回始终生活在自己的理想国中，与现实严重脱节，而这都是孔子教导的结果。所以孔子一定在心里说：回啊，是为师害了你啊。

第四，也是最重要的一点，世上最悲痛的哭其实不是哭别人，而是哭自己。孔子哭颜回也是这样，因为颜回的身上承载着他的理想和境界，颜回凄惨的去世象征着自己理想的无情破灭。所以，与其说孔子哭颜回，不如说孔子哭自己。

至于南怀瑾所说的颜回是孔子传学问传道的人，则有些想当然。孔子当然是要将学问传给能够将其发扬光大的人，颜回就算不死，他也不是孔子学问的理想继承人。

第八章

颜路的怨恨

22·10（11·8）**颜渊死，颜路请子之车以为之椁。子曰："才不才，亦各言其子也。鲤也死，有棺而无椁。吾不徒行以为之椁。以吾从大夫之后，不可徒行也。"**

【译文】
颜渊死了，他的父亲颜路请求孔子卖掉车子，给颜渊买个椁。孔子说："（虽然颜渊和孔鲤）一个有才一个无才，但各自都是自己的儿子。孔鲤死的时候，也是有棺无椁。我没有卖掉自己的车子而给他买椁。我现在是大夫的身份，出门是不可以步行的。"

这是很有趣的一章。在解读之前，先说说傅佩荣的一个错误。
傅佩荣写道："椁：出殡时的礼车。孔鲤与颜渊的身份都是士，依礼出殡不得用礼车。"不得不说，这个错误确实低级了一些。南怀瑾则说："古人办丧事，棺材外面还套一样东西叫椁。"
正确答案是这样的：所谓棺，就是最里面的一层。椁，就是外面一层，所以也可以称为外棺。按照周礼，不同阶层的人死了，下葬用的棺椁是不同的。通常，棺比较薄，用木制；椁比较重厚，用好木或者石头。《荀子·礼论》中记载"天子棺椁十重、诸侯五重、大夫三重、士再重"。
来看看大师们的解读。

钱穆：本章极多疑者。谓颜氏家贫，孔子何不能为办一椁？颜路请孔子助椁，何为独指明欲卖孔子之车？孔子不欲卖车徒行，岂更无他长物可卖？且孔子之车，当是诸侯赐命之车，岂可卖之于市？而颜路请之？孔子在卫，曾脱骖以赠旧馆人之丧，至是必别买有骖，颜路何不以卖骖请？窃谓孔子距今逾两千五百年，此等细节，岂可一一知之。所知者，伯鱼卒，孔子已年七十，不为办椁。翌年，颜渊死，孔子亦不为办椁，此则明白可知者。若上举诸疑，琐碎已甚，岂能必求答案。有志于学者，不宜在微末处骋才辨，滋枝节。

> 南怀瑾：五四运动以后，有人攻击孔子摆臭排场，一部破车子，既不给儿子，又不给自己最爱的学生。但孔子的意思是说人应该行其本分，就是《中庸》第十四章中所说的"素富贵，行乎富贵；素穷贱，行乎穷贱"，贫穷时就过贫穷的生活，不要做本分以外的事。家里没有钱，为了死要面子，向别人借钱负债来办丧事给活人看，这真叫作"死要面子，活受罪"。
>
> 傅佩荣：颜渊死了，颜路向孔子借车来做运棺的礼车。孔子说："不管有没有才能，说起来总是自己的儿子。鲤死时，也是只有棺而没有礼车。我并未自己步行而把车当礼车。因为我曾担任大夫，依礼是不可以步行送葬的。"

傅佩荣的译文不太准确，杨伯峻和李零基本无解读，南怀瑾比较有趣，讲起道理来确实不同凡响，譬如这里的解读虽然不是正解，但道理很棒，我喜欢看，并且感觉有所受益。钱穆与大家都不同，他提了一大堆的疑问。有意思的是，他又在最后劝大家不要去试图解开这些疑团。

但是，正解就在这些疑团里。让我们用简单逻辑和人之常情来解开钱穆的疑团吧，其实一点也不难。

颜路，颜回的父亲，比孔子小六岁，是孔子最早一批的学生。前面说过，孔子办校初期招生不易，因此在亲戚同族里拉学生，颜路应当是孔子的母族，被孔子忽悠来做了学生。

颜路并不是一个好学生，或者说家里太穷，根本也无心学业，因此没多久就退学回家了。后来，颜路的儿子颜回又成了孔子的学生，孔子很喜欢他。

可想而知，颜路对自己的儿子抱有极大的期望，这辈子翻身就靠着儿子了。可是，时间一天天过去，眼看着儿子从二十到三十，从三十到四十，头发都白了，却一无所成。一无所成也就罢了，他还啃老。

而与此同时，跟自己一届的子路混得风生水起、曾皙在孔子学校当总务，小日子也不错；跟颜回一届的子贡发了大财，冉有当了高管；就连第三届的子游也当了官，子夏名声大噪。大家想一想，这个时候颜路会是一种怎样的心情？沮丧，怨恨。不过，他一直在忍着，因为只要儿子不死，就还有希望。可是，儿子死了。一切希望都破灭了。

这一天，孔子来到颜回家吊唁。

"老孔，你不是说你把我儿子当成你儿子吗？现在我儿子死了，我要厚葬他。"颜路吼道。

"颜回的死让我非常伤心，你要厚葬他，那是你的权利，不用问我。"孔子原本对颜回还心有愧疚，准备出钱帮助颜路安葬他。可是，看到颜路这个架势，孔子很生气，因此一句话把他顶回去了。

"我没钱，你出。"颜路当然没钱，他要孔子出钱。

"我也没钱，我的钱都用来接济朋友，补贴学生了，真没钱。"孔子拒绝了，有钱也不给。

"那，那你把车卖了，给我儿子买椁。"颜路看到了孔子的车，脱口而出。

"什么？虽然颜渊和孔鲤一个有才一个无才，但都是自己的儿子。孔鲤死的时候，也是有棺无椁。我没有卖掉自己的车子而给他买椁。我现在怎么说也是退休高级干部，出门是不可以步行的。"孔子非常恼火，颜路竟然提出这样的要求，实在太无理了。

最终，孔子一怒而去。不过看在颜回的面子上，还是给他家送去了一些粮食。

以上，就应该是整件事情和对话的过程，之所以《论语》中只记载了其中的一段，恐怕是不希望这段对话有损于孔子和颜回的形象吧。

顺便再来说说孔鲤。孔子的儿子孔鲤属于士这个阶层，下葬的时候应该是一棺一椁。大致孔子后来比较节俭，当然同时也不喜欢这个儿子，因此，葬儿子的时候有棺无椁。仅从这点来说，杨伯峻所说的"孔子对礼的严谨态度"就站不住脚。

颜回的身份应该连士都不是，按照周礼，死后就是乱葬岗一埋就行，最多有个棺材。所以，颜路提出要给儿子用椁，确实是太过分。

第九章

孔子的心愿

22·11（11·11）颜渊死，门人欲厚葬之。子曰："不可。"门人厚葬之。子曰："回也视予犹父也，予不得视犹子也。非我也，夫二三子也。"

【译文】

颜渊死了，孔子的学生们想要隆重地安葬他。孔子说："不能这样做。"学生们仍然隆重地安葬了他。孔子说："颜回把我当父亲一样看待，我却不能把他当亲生儿子一样看待。这不是我的过错，是那些学生们干的呀。"

这一章要解决两个问题：第一，"予不得视犹子也"怎样解读？第二，孔子的真实想法是什么？

来看看大师们的解说。

> 钱穆：门人欲厚葬：丧具当称家之有无，家贫葬厚，非礼。所谓厚，亦指逾其家之财力言。门人，指孔子之门人。予不得视犹子也：孔子谓不能以葬伯鱼之礼止其门人之厚葬颜子。
>
> 杨伯峻：颜回家中本穷，而用厚葬，从孔子看来，是不应该的。孔子的叹，实在是责备那些主持厚葬的学生。
>
> 南怀瑾：这里孔子是说在安葬的事上，不能把颜回看得如同自己的儿子一样，依平日颜回生活俭约朴素的本性来办。
>
> 傅佩荣：家贫不应厚葬，否则就有违礼之嫌。古代师生如父子，孔子与颜渊是典型的例子。孔子的意思是：如果视同父子，就不会违礼厚葬。

首先来解决第一个问题："予不得视犹子也"怎样解读？

要解决这个问题其实首先要弄清一个事实：颜回固然把孔子看成父亲，但是，颜回的父亲是颜路。这就意味着，颜回的后事是颜路说了算，而不是孔子说了算。所以，"予不得视犹子也"的意思是在葬礼这件事上，我不能像葬我的儿子一样做决定，与所谓违礼厚葬没有关系。

这件事情，与家贫葬厚也没有关系，因为出钱的是孔子的弟子们，钱不是问题。

再来解决第二个问题：孔子的真实想法是什么？

孔子对自己儿子孔鲤可以说没多少疼爱，这一点能够很清晰地看出来。相反，孔子与几个弟子的感情才像亲生父子。因此，孔鲤和颜回之间不具备可比性。那么孔子为什么要拿来比呢？那是对付颜路的借口而已。

在孔子的内心，是希望厚葬颜回的，主要的理由是：第一，他确实喜爱颜回，对颜回比亲儿子还亲；第二，内心有所愧疚；第三，颜回毕竟是自己树起来的标杆，死得已经不够体面，如果再草草埋葬，只怕被世人所嘲笑。

以孔子的财力，厚葬颜回不是问题，厚葬的理由也很正当：士，一棺一椁。至于颜回是不是士，那可以想办法解决。但是，由于颜路那么一闹，孔子把话说出去了，反而没办法厚葬他了。

颜回去世，师兄弟们肯定要来。原本大家以为葬礼肯定是老师主持，谁知道孔子跟颜路闹僵了。于是，子贡、冉有带头，帮着颜路筹办葬礼。钱肯定是子贡、冉有出，所以钱不是问题，颜路肯定是想厚葬儿子。于是，子贡、冉有等人就来请示老师，说要厚葬颜回师兄。可是孔子话说出去了，这时候也只能表示反对。子贡知道老爷子内心的真实想法，所以，哥儿几个一商量，该怎么办还怎么办。

接下来其实可以想象了，以子贡和冉有的办事能力，他们会怎么做？

首先肯定是安抚颜路，之后，按照程序来操办颜回的葬礼，厚葬的标准，除了棺椁配套之外，还要找块风水好地。

出殡那一天，孔子一定会去，颜路老老实实，甚至还要感谢孔子这么多年的管教之恩。这样，老爷子心情舒畅，也能好好地哭一哭颜回。

葬礼之后，孔子还得要解释一下为什么颜回的葬礼没有按照自己的要求进行。所以，就当着大家的面说了最后那句话。

第十章

品质高尚更要会解压

22·12（6·3）哀公问："弟子孰为好学？"孔子对曰："有颜回者好学，不迁怒，不贰过。不幸短命死矣，今也则亡，未闻好学者也。"

【译文】

鲁哀公问孔子："你的学生谁最好学？"孔子回答说："有一个叫颜回的学生最好学，他不迁怒于人，也从不推卸过错。不幸的是短命死了。现在就没有了，没听说谁是好学的。"

22·13（11·7）季康子问："弟子孰为好学？"孔子对曰："有颜回者好学，不幸短命死矣，今也则亡。"

【译文】

略。

颜回去世之后，孔子更是在人前人后赞扬颜回。这一章有两个问题要解决：第一，"不贰过"是什么意思？第二，孔子的话有什么问题？

以上两章的内容高度接近，可能原本就是一件事，记录的时候错记成了两处，问话的人则成了鲁哀公和季康子两个人。也有可能是两件事，但是孔子的回答是一样的。

不论怎样，以上两章等于一章。这自然是在颜回去世之后，鲁哀公或者季康子与孔子的对话。

大师们的译文与我的译文并不完全相同，区别之处在于对"不贰过"的解释不同，这也是我们要解决的第一个问题。

因为所有大师的译文都一样，就选用杨伯峻的作为代表：

鲁哀公问："你的学生中，哪个好学？"孔子答道："有一个叫颜回的人好学，不拿别人出气；也不再犯同样的过失。不幸短命死了，现在再没有这样的人了，再也没听过好学的人了。"

所有的大师都把"不贰过"译为"不重犯同样的过错"，也就是说，这个"贰"被译成了第二次或者再次。

按照我的译法，这个"贰"应该是一分为二的意思，引申为分摊、推卸。

从文字角度说，两种译法都没有问题。

我们从意思表达上来看：鲁哀公问谁最好学，孔子回答是颜回，紧接着，孔子说起颜回的高尚品质。不迁怒于人当然是高尚品质，但是，不重犯错误就与品质无关了，只能说这个人很聪明，能够吸取教训。譬如一个小偷这次被捉住了，下次他不再犯同样的错，没有被抓住，这个与品质有关吗？没有。但是，不推卸过错就是品质了。

不迁怒于人，不推卸过错。这两种品质放在一起才是搭配的。

现在解决第二个问题：孔子的话有什么问题？

鲁哀公所问的是好学，可是孔子的回答是品质，这就是问题了。

这说明什么？要么，孔子认为好学的最主要方面就是品质的学习；要么，孔子就是实在想不起颜回究竟怎么好学，只记得他的品质优良。

事实上，两种都有可能。也就是说，孔子最重视的是人的品质，但是同时，颜回的好学也实在是不太好说，你能说上课认真听讲，从来没有疑问就是好学吗？

其实这是孔子对颜回优点的最精准的描述，也能看出颜回的人品确实非常好。他从来不会把自己的痛苦转移给别人，从来不会把自己应该承担的责任转嫁给别人，这非常了不起。

如果说后人应该学习颜回什么的话，就应该是这两点了。

但是孔子说现在已经没有这么好学的人了，这显然是夸张和不公平的，大致是因为这个时候孔子还沉浸在失去颜回的悲痛之中吧。

从品质方面说，一日三省吾身的曾参也能做到"不迁怒，不贰过"，学业方面来说，子夏的成就远远超过颜回。

最后我们换一个角度来说，颜回从来不把怒火发在别人身上，从来不把责任推到别人身上，那么自己需要承受多大的内心压力？那真是"所有事情都一个人扛"，再加上前途无望，内心忧郁，早早白头和丧命不是必然的吗？

所以，品质优良一定要配合解压的技巧，否则，就只能"不幸短命死矣"。

第十一章

小车不倒只管推

22·14（9·21）子谓颜渊曰："惜乎！吾见其进也，未见其止也。"

【译文】
孔子谈论颜渊说："可惜呀！我只见他不断前进，从来没有看见他停止过。"

孔子和后代的大师们对颜回只有赞扬。可是，有人反思过没有：这样一个无比优秀的人，为什么没有一个好的结果呢？问题出在哪里？这一章当然也是颜回去世之后，孔子表达自己的惋惜。

大师们的译文大率如此，看看解读有何不同。

钱穆：本章乃颜渊既死而孔子惜之之辞。
南怀瑾：颜回不是只活了三十二岁就死了吗？孔子说可惜得很，我只看到他的进步，没有看到他的成就。有进步应该有很大的成就，可惜短命死了，所以成就没有看出来。
李零：颜回有"小车不倒只管推"的劲头，这里还是说他的不惰。
傅佩荣：如果颜渊还活着，成就将不可限量。

南怀瑾的译文是错误的，而且颜回是四十一岁去世，不是三十二岁。其余大师的解读基本上也就是有等于没有的意思。

感觉大师们在解读《论语》的时候几乎都是颜回，也就是"于吾言无所不说"，对于孔子的话要么是"好好好"，要么是"对对对"，要么是"啊啊啊"，几乎不敢说"我觉得不对"或者"我有另外的看法"。

从这个角度说，大师们都属于"非助我者也"。若是孔子来挑选一个解读《论语》的人，一定不会挑他们。

孔子说这话的时候，我很想问一句："既然颜回师兄如此完美，为什么落得这样的结局？"

不要说"如果怎样，就怎样"，这毫无意义。同样是四十岁，子路、子贡、冉有、子夏是怎样的？孔子不是也说过"年四十而见恶焉，其终也已"吗？

所以，孔子应该反思，所有人都应该反思，为什么永远前进从不停歇、"不迁怒、不贰过"的颜回会毫无成就？

答案也许就在这里。

前面说过，"不迁怒，不贰过"可能正是摧毁颜回身体的元凶。那么，"吾见其进也，未见其止也"就可能正是颜回一生碌碌无为贫病而死的根本原因了。

其实李零的比喻很好，颜回就是"小车不倒只管推"的典型，他只管推车，永不停歇，却不去看路，不会停下来让自己去看看风景，去分辨一下自己走的方向是不是正确。

不错，颜回学习很努力，总是不断地学习新的知识。可问题是，学习学习再学习，学来干什么呢？用在哪里？怎样去用？这些，都需要停下来去思考。有的时候，方向比速度、耐力、毅力都更重要。

颜回在孔子的推动下向着圣人的方向前行，他未必想做圣人，但是他就这么一直向前走，他相信孔子说的都是对的，孔子所指引的方向都是对的。实际上，他早就该停下来思考一下，二十岁的时候就该停一停，三十岁的时候也该停一停，这个时候他还有机会转身。

其实，颜回和孔子的经历也是很多人的教训。

我们有很多像颜回这样听话又努力的孩子，品行也非常好。对他们，不要一味地提要求加压力，要给他们思考的空间，给他们停下来歇脚的时间，给他们自己去做选择的机会。

第十二章

过度的美德

22·15（8·5）曾子曰："以能问于不能，以多问于寡；有若无，实若虚，犯而不校——昔者吾友尝从事于斯矣。"

【译文】

曾子说："才能高却向才能低的人请教，知识多却向知识少的人请教；有学问却像没有一样谦虚，知识很充实却像啥也不会一样低调，被人侵犯却不计较。从前我的朋友就这样做过了。"

曾子的这番话并不是在表扬自己，而是在赞扬他的朋友。那么，这个朋友是谁呢？汉代大儒马融认为是颜回。

在这一批学生中，曾子的人品绝对应该是算第一的，他对颜回能够如此佩服，可见颜回确实了不起。

以能问于不能，以多问于寡。你能力比他强，还要向他请教，为什么？你是为了给他留面子？还是为了借机羞辱他？还是为了炫耀自己的谦虚？还是你真的有不懂的要向他请教？

从曾子的话来看，颜回似乎是为了这么做而这么做，就是要去体会一下这种道德上的优越感，就是要体现自己的低调和谦恭。

有若无，实若虚。这句话说起来好说，可是认真去想就会发现问题，怎么样才能做到这一点呢？譬如我问你懂不懂英语，你分明懂，却说自己不懂，这就是"有若无，实若虚"吗？

犯而不校。为什么受到了侵犯却不计较？是因为胆小怕事，还是因为宽宏大量？还是因为颜回认为圣人就应该这样？这肯定不是孔子所期望的那样，孔子是以直报怨的。

所以我们需要问一个问题：颜回的所有这些体现其高尚品质的行为，有多少是出于本心、本能？多少是为了做而去做？颜回这样的做法，究竟是好事还是坏事？

我们可以想象，对于颜回这样的做法，人们会有三种反应：第一种是敬佩；

第二种是觉得他软弱可欺；第三种是认为他很虚伪。

不管是哪一种，其客观的结果就是人们远离他。觉得他高尚的人会认为他高不可攀，觉得他可欺的人会认为他不值得交往，觉得他虚伪的人会觉得他不可接近。

人与人之间交往，还是出于基本的人性，当你的行为已经超出人性的范围的时候，不信任感就会产生。

所以，谦虚是美德，过度的谦虚就是虚伪。包容是美德，过度的包容就是软弱。

美德固然难得，但是过度的美德就成了怪癖。

曾子为什么没有成为第二个颜回？因为他没有按照颜回的做法去要求自己，他自己并没有"从事于斯"。

小 结

颜回：圣王本是一场梦

　　孔子推崇的圣人其实有两类，一类是尧舜禹汤周文王这样的天下的统治者，他们以身作则垂范百姓，开创盛世，人民敬仰。一类是许由务光伯夷叔齐这样的隐士高人，他们远离政治，隐居山林，甘于清贫，甚至饿死。

　　为了叙事的方便，我们称前者为圣王，称后者为圣人。

　　孔子曾经对颜回说过："如果你有一天富贵了，我去给你当管家。"内心里，孔子期待颜回成为尧舜禹汤周文王那样的圣王，那么自己就能成为伊尹周公那样的人了。

　　但是很不幸，颜回没有成为圣王。

　　孔子其实很天真，他以为成为圣王只要自己做到仁就行，只要自己品行高尚，做出表率，其他人就会主动来追随你。所以，只要自己做到仁，就可以在圣人和圣王之间自由切换，譬如许由务光伯夷叔齐只要想成为尧舜禹汤周文王，挥挥手就成了，反之亦然。但是事实上根本不是这么回事，孔子所推崇的圣王玩的根本不是做人，而是政治。而政治，也远远不是德和仁这么简单的事情。

　　在政治上，孔子真的欠缺太多。管子才是政治家，孔子只是一个教育家、思想家。

　　要成为孔子所说的那些圣王，除了自身的德和仁之外，他们还需要势的支持，譬如尧舜禹本身就是黄帝的嫡系后代，譬如商汤和周文王本身就有自己的国家等，没有这些条件，他们可以成为一个圣人，但是成不了圣王。许由务光之所以拒绝接受天下，难道真是因为他们没有兴趣？恐怕更多的是他们清楚自己的分量。

　　他们还需要谋略，需要权术，需要得力的帮手，需要忍耐，需要时机……别的太久远我们说不清楚，那就来看看周文王，从他继位成为周王开始就在筹划怎样对商朝取而代之，中间忍辱负重，儿子被杀，自己被囚，直到年老才得到姜太公这样合适的助手，即便如此，自己还是没有能够实现计划。最终，周朝取代商朝靠的是什么？武力。

　　与周文王相比，颜回的差距大到无法描述。

　　事实证明，在对颜回的教育上，孔子犯了一个致命的错误。

即便颜回的品德再高尚，他所能做到的，也就是成为一个君子。因此对颜回的教育，实际上也应该与子路、子贡、子夏、子张一样，不停地指出他的不足，帮助他改正自己的缺点。对于君子来说，要有坚持，还要懂变通。要善于学习，还要懂得创新。

颜回是一个善于坚持和学习的人，却不善于变通和创新。在这样的情况下，孔子更应该去启发他变通和创新，而不是鼓励他坚持。

第五篇

子夏

博学而笃志

子夏，姓卜名商，卫国人（另有魏人、晋人二说），小孔子四十四岁，是孔子第二次前往卫国的时候收的弟子。子夏家里比较穷，性格比较吝啬，但又很聪明，有傲气。因此，子夏与师兄弟之间的关系都不太好。

孔子喜欢子夏的聪明和有主见，对他格外关怀，而子夏在学问上也确实很有独到见解。

孔子修《诗经》《春秋》，都是以子夏为首席助手，死后也将这两部著作传给了子夏。种种迹象表明，《左传》的作者很有可能就是子夏。

子夏是孔门弟子中学术成就最高的一位，后来被魏文侯请去魏国西河开校讲学，培养了大批人才，战国时期的几大变法家李悝、吴起、商鞅等人均出自子夏门下。以对中国历史的影响来说，子夏在孔门中首屈一指。

孔子收的三批弟子中，第一批大致十几个，真正有所成就的只有子路一个。第二批学生中，各种人才都有，经商的子贡，从政的冉有、闵损、高柴等。第三批学生才是孔子学说的真正继承者，子夏、子张、子游、有若、曾参都成为学者，开门收徒，将孔子的学说传承下去。

第一章

启发老师的学生

23·1（3·8）子夏问曰："'巧笑倩兮，美目盼兮，素以为绚兮。'何谓也？"子曰："绘事后素。"曰："礼后乎？"子曰："起予者商也！始可与言诗已矣。"

【译文】

子夏问孔子："'笑得真好看啊，美丽的眼睛真明亮啊，配以白色显得非常绚烂啊。'这几句话是什么意思呢？"孔子说："就像绘画啊，以白色为底，色彩才生动啊。"子夏又问："那么，对于诗来说，礼就是这个底吧？"孔子惊喜："商，你启发了我啊，现在可以说说修《诗经》的事了。"

子夏从小跟随孔子，他与孔子之间的对话都是在孔子周游列国回到卫国和鲁国之后发生的。在孔子学生中，他是最有灵性最有独立思维能力的人。这一章要解决两个问题：第一，"后"是什么意思？第二，"礼后乎"怎样解读？

先解决两个字，"倩"是美好的意思。"盼"是眼睛黑白分明的意思，此处为眼光生动明亮。

这一章最为关键的一个字是"后"，我们一边看大师们的译文，一边解决第一个问题。

钱穆：子夏问道：古诗说："巧笑倩啊，美目盼啊，再用素粉来增添她的美丽啊。"这三句诗指的是什么呢？先生说：你看绘画，不也是后始加素色吗？子夏说：不是说礼是后起之事吗？先生说：开发引起我心意的是商了。如他那样，才可和他言诗。

杨伯峻：子夏问道："'有酒窝的脸笑得美呀，黑白分明的眼流转得媚呀，洁白的底子上画着花卉呀。'这几句诗是什么意思？"孔子道："先有白色底子，然后画花。"子夏道："那么，是不是礼乐的产生在（仁义）以后呢？"孔子道："卜商呀，你真是能启发我的人，现在可以同你讨论《诗经》了。"

南怀瑾：孔子告诉他"绘事后素"，他说绘画完成以后才显出素色的可贵。"礼后乎？"难道礼仪的后面还有一个"礼"的精神吗？

> 傅佩荣：子夏请教说："'笑眯眯的脸真好看，滴溜溜的眼真漂亮，白色的衣服就已经光彩耀目了。'这句话是什么意思？"孔子说："绘画时，最后才上白色。"子夏接着说："那么，礼是不是后来才产生的？"孔子说："能够带给我启发的，是商啊，现在可以与你谈诗了。"

按照钱穆、南怀瑾和傅佩荣的译法，"后"就是后来、然后、最后的意思，总之，是一个表示时间顺序的词。

有趣的是杨伯峻，前面的一个"后"被译成了"底子"，是表示位置。后面的一个"后"被译成"以后"，是表示时间。难道这段话的"后"会有两个意思？如果是这样的话，子夏的话可就真的是驴唇不对马嘴了。

不得不说，大师们都是错的。第一个问题都错了，第二个问题当然也就不可能正确。

我们来看看大师们怎样解读"礼后乎"。

> 钱穆：子夏因此悟人有忠信之质，必有礼以成之。所谓忠信之人可以学礼，礼乃后起而加之以文饰，然必加于忠信之美质，犹以素色间于五采而益增五采之鲜明。
>
> 南怀瑾：也就是说礼的内涵比表之于外的礼仪更重要吗？这一段说明了"绘事后素"，是指一个人不要迷于绚烂，不要过分了，也就是一般人所谓不必"锦上添花"，要平淡。
>
> 傅佩荣：礼像白色一样，是为了使原有的美质展现，而不是另外加上特定的色彩。通常人们以为礼是文饰，而忘记这种文饰的设计是为了适当表达人性原有的情意与感受。
>
> 李零：绘事后素，就是白底施彩。礼后乎，就是礼是"画画的底子吗"？孔子认为子夏对《诗》的理解很对，对自己很有启发。

前三位大师尽管说法不一，实际上所要表达的意思是一样的：礼是外在的，是基于忠信（钱穆）、仁（杨伯峻）的。但这样的理解有误：前面说过礼义廉耻，礼是基于义，而不是忠信或者仁。

李零的解读是对的。

那么，更加详细的解读必须要结合背景来进行了。

这是孔子师徒在讨论《诗》，这个时期，恰好是孔子准备修编《诗经》，却有些不知道如何下手。

"巧笑倩兮，美目盼兮"见《诗经·卫风·硕人》。巧笑则露齿，唇齿红白配；美目顾盼，眼珠眼球黑白配。因此，红唇和黑眼珠之所以生动，那是因为有白色为衬托。孔子说绘事后素，是说绘画要以白色为底（后者底也），子夏说"礼后乎"，是说以礼为底吗？

说到这里，孔子眼前一亮。为什么眼前一亮？因为他突然明白该怎样去做了。

就是以礼为底。具体说，修编《诗经》按照礼的原则进行分类编排，也就是我们所见到的风雅颂的编排分类和顺序，并且，在三千多首诗中选编出三百零五首也是以合于周礼为原则的。

那么，子夏在说"礼后乎"的时候，是针对修《诗经》还是泛泛而指呢？这已经无法考证，多半是针对《诗经》。不过，这确实给了孔子极大的启发，解决了大问题。

所以，孔子忍不住说道："商，你启发了我啊，现在可以说说修《诗经》的事了。"

之后，孔子决定以子夏为首席助手修编《诗经》。

所以，"起予者商也！始可与言诗已矣"也可以说成"推动我的是子夏啊，现在可以修编《诗经》了。"

第二章

不是做官的料

23·2（13·17）子夏为莒父宰，问政。子曰："无欲速，无见小利。欲速，则不达；见小利，则大事不成。"

【译文】

子夏做莒父的宰，问孔子怎样处理政事。孔子说："不要求快，不要贪求小利。求快反而达不到目的，贪求小利就做不成大事。"

按照孔子的期望，子夏也曾经做官。那么，孔子给他怎样的忠告呢？

这一章文字没什么好说，大师们的解读也都很简单，基本上就是在重复译文。

> 钱穆：欲速则急速失序，故反有不达。见当前之小利，则所就小而转失其大处。
>
> 南怀瑾：做一个地方首长，行政、建设等一切制度，要顾全到后果，为百年的大计，不要急功近利，不要想很快地就拿成果来表现。也不要为一些小利益花费太多心力，要顾全到整体大局。
>
> 李零：只图眼前小利，大事就干不成。
>
> 傅佩荣：孔子的指教是稳扎稳打，要有远见宏图。

欲速则不达，这个成语就出于这里。

欲速则不达被引用最多的一个案例是齐景公的故事。那一天齐景公在外地游玩，突然传来消息，国相晏婴病危。齐景公听到噩耗，心急如焚，下令立即去看望晏婴。由于心情太急切，齐景公嫌马车太慢，索性跳下车来跑。谁知道跳下来才发现还是马车快，于是又上车；过不多久又嫌马车慢，又跳下车……一路上就这么折腾，结果反而耗费了大量时间，最终也没有能够见上晏婴最后一面。

欲速则不达，不是说要慢，而是说不要违背规律来求快。

无论是"欲速则不达"还是"见小利，则大事不成"，其中的道理人人都懂。

那么，为什么孔子要对子夏这样说呢？

孔子回鲁国之后，子夏曾经短期出仕做莒父宰。临行之前，来向孔子请教。孔子给他的临行忠告都是针对他的性格弱点。子夏聪明智商高，理解能力超强，还非常自信或者说好强。这样的人通常会耍小聪明，追求速度，轻视困难。所以孔子告诫他不要一味求快，快则容易出错。子夏为人吝啬，平时也爱贪小便宜，所以孔子告诫他不要贪小利。

子夏做官的时间并不长，不知道是不是因为这两个弱点而被炒掉的。当然，子夏的个性孤傲不愿意受约束，辞职的可能性最大。

尽管孔子的忠告是针对子夏的，但是我们也可以有所领悟。不论在职场在官场，见小利都是很糟糕的，一来会交不到朋友，被人瞧不起；二来控制不住自己的话，容易贪污受贿。因此，即便做不到吃亏是福，也不要贪小利。欲速则不达同样是官场的忌讳，一来容易犯错，二来会被认为做事不稳重。当然还有一点，你总是完成得那么快，让同事们怎么办？

换句话说，子夏的这两个缺点也决定了他不适合从政。

第三章

不拘小节

23·3（19·11）子夏曰:"大德不逾闲，小德出入可也。"

【译文】
子夏说:"大节上不能超越界限，小节上有些出入是可以的。"

子夏有自己做人的原则，有好的一面也有不好的一面，孔子有的时候会为他担心。

字面意思没有太多可以说的，看看大师们的解读。

> 钱穆：小德出入，正以成其不逾闲之大德。
> 南怀瑾：子夏主张大德、大原则不要超出范围，不可以轻易变更，小的毛病大家都有，不要过分责备。人能做到这样也就很好了。
> 李零：子夏泥于小道，这里说大节不能出格，小节可以通融，可能也是孔子的教导。
> 傅佩荣：德，指行事作风，不指道德或德行，否则岂可重大轻小？

基本上，大师们是赞同这段话的。

其实，孔子强调坚持和变通，也就是这个意思。但是，孔子不会这么说。为什么？因为一旦孔子说了，弟子们在"小德"上就可能松懈，最终连"大德"也守不住了。但是，子夏就这么说出来了。基本上，这就是子夏为人处世和学习的方式。

"大德"是什么？事物的本质；"小德"是什么？事物的形式。所以说，子夏对于礼的形式不很在意。在这一点上，子夏可以说与孔老师的区别非常大。不过到晚年，孔子越来越认同子夏这一点。

从贵族精神角度说，子夏这就是懂得变通。

但是，这段话要正确理解，那就是"大德不逾闲"是"小德出入"的前提或者基础。否则，如果只强调"小德出入"，那最终一定会破坏大德。

所以，有句话说"学儒不成，终不失厚道；学侠不成，则易变流氓"。

23·4（6·13）子谓子夏曰："女为君子儒！无为小人儒！"

【译文】
孔子对子夏说："你要做君子儒，不要做小人儒。"

看看大师们怎么说。

  钱穆：本章儒字尚是行业义。同一行业，亦有人品高下志趣大小之分，故每一行业，各有君子小人。孔门设教，必为君子儒，无为小人儒，乃有此一派学术。
  杨伯峻：你要去做个君子式的儒者，不要去做那小人式的儒者。
  南怀瑾：什么叫小人儒？书读得很好，文章写得很好，学理也讲得很好。但除了读书以外，把天下国家交给他，就出大问题，这就是所谓书呆子，小人儒。君子之儒有什么不同？就是人情练达，深通世故。如前面所讲的，子路的"果"、子贡的"达"和冉求的"艺"，都具备了，那就是"君子儒"。
  李零：儒本是一种贱业，靠教书相礼，为人操办红白喜事，混饭吃。"小人儒"，学本事只是为了混饭吃，没有理想。"君子儒"，不一样，都是精研典籍，注重修养，真正懂得了礼学精义的人。孔子为什么跟子夏说这种话？大概是认为他有点"小人儒"的毛病吧。
  傅佩荣：君子与小人，在此既不指德也不指位，而是就器量与见识而言。这种用法的相关例子是君子与野人的对比，有如城里人与乡下人的对比。

按照钱穆的意思，孔子的学生怎么可能是小人儒。所以，孔子一派属于君子儒，还有一个学派属于小人儒。
  其实这一章没什么难解的，子夏对小利看得比较重，不够大气，再加上对小节不是太重视，孔子担心他掌握不好度而成为小人，因此在这里告诫他。由此可见，孔子对子夏的学业很放心，对他的品行有些担心。

第四章

过犹不及

23·5（11·16）子贡问："师与商也孰贤？"子曰："师也过，商也不及。"曰："然则师愈与？"子曰："过犹不及。"

【译文】

子贡问孔子："子张和子夏二人谁更贤能一些呢？"孔子回答说："子张有些过分，子夏有些不足。"子贡说："那么是子张好一些吗？"孔子说："过分和不足是一样的。"

同学之间难免会有暗中的较劲，尤其是优秀学生之间，这个，自古以来都是如此。

来看看大师们的译文或者解读。

> 钱穆：本章不当以《中庸》"贤者过之不肖者不及"为释，子张既非贤于子夏，子贡亦非视子夏为不肖，且亦不能谓贤犹不肖。
> 杨伯峻：子贡问孔子："子张和子夏哪个强一些？"孔子回答说："师呢，有些过分；商呢，有些赶不上。"
> 南怀瑾：中庸之道很难做到，现在也有人故意讽刺中庸之道就是马马虎虎，这不是中庸，这是不及，把不及当作中庸，这就错了。
> 李零：子张，性格偏激，类似子路。子夏，学问好，为人谦和。但孔子认为，他的毛病是不足。
> 傅佩荣：子贡请教："师与商两个人，谁比较杰出？"孔子说："师的言行过于急进，商则稍嫌不足。"子贡说："那么，师要好一些吗？"孔子说："过度与不足同样不好。"

杨伯峻没有解读，他的译文也不完整，没有把孔子比较两个人的意思译出来。李零和傅佩荣倒是把子张和子夏的个性联系起来了，可惜并不准确。

其实到现在我们已经知道子张和子夏的性格特征了，两人恰好相反。子张是道德洁癖，钻牛角尖认死理；子夏是不拘小节，差不多就行。学习上也是，子张学习刻苦，喜欢抠字眼，课文背得滚瓜烂熟；子夏学习不够努力，理解了就行，有的时候体现出来就是不求甚解，不愿意死记硬背。

子张是过于较真，子夏是过于随便。

所以，孔子只是对照两人的个性而言，跟中庸思想确实没有关系。

那么，子贡为什么要来问这个问题呢？

子夏和子贡都是卫国人，两人的个性有些相似之处，都很聪明，所以两人的关系一向很好，子贡也很关照这个小兄弟。

此时，孔子面前年轻一代中以子夏和子张最为出色，两人之间的竞争可以说是方兴未艾。子贡很感兴趣孔子更喜欢谁，要么就是来帮子夏试探，于是问了这个问题。

孔子在表面上会更喜欢子张一些，因为子张是一个理想的好学生的榜样，就跟颜回一样，孔子还要靠这个榜样去号召其他学生好好学习呢。但是内心里，孔子更喜欢子夏，这小子更聪明更有主见，将来更有前途。

可是，孔子不能说自己更喜欢谁啊，于是来了个"过犹不及"，各打五十大板。

不过事实最说明问题，孔子后来修《诗经》和《春秋》都以子夏为首席助手，去世之后这两本书也都传给了子夏。

从后来的学术成就看，子夏也是远远高于子张。

第五章

有问题问子夏

23·6（12·5）司马牛忧曰："人皆有兄弟，我独亡。"子夏曰："商闻之矣：死生有命，富贵在天。君子敬而无失，与人恭而有礼。四海之内，皆兄弟也——君子何患乎无兄弟也？"

【译文】
司马牛忧愁地说："别人都有兄弟，唯独我没有。"子夏说："我听说过：死生有命，富贵在天。君子只要对待所做的事情严肃认真，不出差错，对人恭敬而合乎于礼的规定，那么，天下人就都是自己的兄弟了。君子何愁没有兄弟呢？"

子夏学问好，而且不一味地讲什么仁义道德，说话接地气，因此师兄弟们有什么问题喜欢向他请教。

这段话的译文没有任何疑义，解读也都没有问题。

关于司马牛的身世，钱穆和李零都有详细的说明，杨伯峻提及了一点，南怀瑾则又是真假掺半地做了介绍。只有傅佩荣只字未提，这也是他的风格吧。

关于司马牛，会在后文具体介绍。

简单地说，司马牛其实有兄弟，不过他的兄弟们死的死，散的散，所以他说自己没有兄弟。于是，他就来问子夏，事实上他也曾经问过孔子类似的问题。子夏当即开导他。

死生有命，富贵在天。四海之内，皆兄弟也。这两句话，就出自这里。按照大师们的说法，这些其实都是孔子教给子夏，子夏再说给司马牛的。其实未必。一来，子夏博学，并不是只学习孔子教授的知识；二来，孔子很少讲命讲天。

子夏当然是在宽慰司马牛，所以说出话来比平时就等而上了一些。那么，道理对不对呢？

先说说"死生有命，富贵在天"，如果是对一个本身就意志消沉的啃老族来说，这就是精神麻醉剂，慢性毒药；但是对于一个刚刚经历了失败打击，心情低沉的人来说，这就是安慰剂。所以，这话看什么时候说了。

第六章

为人处世的四项基本原则

23·6（1·7）子夏曰："贤贤易色；事父母，能竭其力；事君，能致其身；与朋友交，言而有信。虽曰未学，吾必谓之学矣。"

【传统译文】

子夏说："一个人能够看重贤德而不以女色为重；侍奉父母，能够竭尽全力；服侍君主，能够献出自己的生命；同朋友交往，说话诚实恪守信用。这样的人，尽管他自己说没有学习过，我一定说他已经学习过了。"

子夏非常清晰自己的定位，非常有主见。这一章要解决两个问题：第一，"贤贤易色"怎么解读？第二，"事君，能致其身"怎么解读？

这两处在翻译上存在分歧。现在，来解决第一个问题："贤贤易色"怎么解读？

　　　钱穆：好人之贤德胜过其好色之心。
　　　杨伯峻：对妻子，重品德，不重容貌。
　　　南怀瑾：我们看到一个人，学问好，修养好，本事很大，的确很行，看到他就肃然起敬，态度也自然随之而转。
　　　李零：要像"好色"一样"好德"。
　　　傅佩荣：对待妻子，重视品德而轻忽容貌。

基本上，五位大师中，傅佩荣和杨伯峻意思相同，其余都不一样。

要解读这四个字，恐怕还是要从子夏的性格说起。

子夏的性格，看重实利，面对现实，崇高的理想不是他的追求，用现代话说，就是接地气。此外，他聪明、理解力强，分析问题逻辑清晰，绝不含糊其辞。

钱穆、南怀瑾、李零的解读不仅意思上过于概念化，而且实际上都是"交友"的范畴，与"与朋友交，言而有信"重复。

在钱穆的解读中有这样一段话：或说"贤贤易色"四字专指夫妇一伦言，谓为夫者能敬妻之贤德而略其色貌。四句分言夫妇、父子、君臣、朋友四伦。

如果把"贤贤易色"理解为"娶妻重视品德而不是外貌"或者"重视妻子的品德，不要太在意外貌"，那么，这一章的四句话就是在讲夫妻、父子、君臣和朋友这四种主要的社会关系，这样的话就非常清晰了，也符合子夏的性格特点。

所以，个人赞同杨伯峻和傅佩荣的译法。

然后来解决第二个问题："事君，能致其身"怎么解读？

看看大师们怎么说。

>钱穆：事君上能奉身尽职。
>杨伯峻：服事君上，能豁出生命。
>南怀瑾：这句"事君能致其身"的意思是：不论朋友或同事，他跟你感情好，他了解你、认识你，认为非你帮忙不可，而你答应了，那他就是君，你既已答应帮忙朋友完成一件事，要抬轿子就规规矩矩一定尽心，答应了就言而有信。"能致其身"，竭尽自己身、心的力量。就好比结婚一样，要做到从一而终。
>傅佩荣：为君上服务，能够奋不顾身。

孔子是一个为君主献出生命的人吗？不是的。连孔子都不是，子夏怎么可能是？子夏连当官的兴趣都没有。

所以，子夏不可能说自己要为君主献出生命，他的意思，就是全副身心地投入，忠于职守。至于说要献出生命，子夏可能会问：什么工作是要用命去换的？如果有的话，我不干还不行吗？

这段话就是子夏为人处世的基本原则，也可以说就是他的人生价值观。

言而有信，这个成语出于这里。

"虽曰未学，吾必谓之学矣。"这句话其实反映了子夏的一个看法，那就是学习不等于死读书。读书的目的就是懂得道理，懂得道理却不一定要靠读书。有这样的想法，也就难怪孔子说他不够刻苦了。

孔子去世之后，在子贡的主持下，孔家私校继续教学活动。子夏此时回到学校担任老师，这是他对自己学生们的教导。

最后，是修正之后的译文：

>子夏说："看重妻子的品质才能而非外貌，侍奉父母竭尽全力，服侍君主全副身心，同朋友交往说话诚实恪守信用。这样的人，尽管他自己说没学问，我一定说他有学问。"

第七章

博学而笃志

23·7（19·6）子夏曰："博学而笃志，切问而近思，仁在其中矣。"

【译文】
子夏说："广泛学习，志向坚定，以切己之事问人，就现实的问题进行思考，仁就在其中了。"

《论语》中的一些内容非常著名，但是如果仅仅理解字面意思，实际上也没有什么意义。所以，必须要结合背景以及现实。这一章就是这样的。这是非常著名的一段话，先看看大师们怎么说。

  钱穆：博学而能笃守其志，又能就己身亲切处去问，接近处去思，仁道亦就在这中间了。
  杨伯峻：广泛地学习，坚守自己志趣；恳切地发问，多考虑当前的问题，仁德就在这其中了。
  南怀瑾：切问就是经验，多听多问。近思有两个意义，一个是思想要有中心，一个是不要想得太虚玄太高远，要切近的其实的思想，人生到底没有什么太高远，不必向外找。
  李零：学问学问，一方面是学，一方面是问。学，眼界要宽，精神要专，这是"博学"和"笃志"。问，一是问别人，二是问自己。"思"是问自己。问和思，最大问题是不着边际，"切"和"近"都是紧扣问题。学知识……不是人做学问，而是学问做人。问，才是更高层次，它是以问题为中心，知识只是工具和资料。
  傅佩荣：广泛学习，同时要坚定志节；恳切发问，同时要就近省思：人生正途就可以找到了。

对于大师们的译文，文字上就不去说了，反正怎么说都讲得通。
南怀瑾的解读比较多，这里只能是摘录，感觉在这方面他讲得挺好。李零对于几个字词的解析简单明了，感觉他很擅长字词的比对分析，常常是一针见血，干净利落。

要解读这段话，实际上还是要从子夏的个性、处境中去寻求答案。

前面说了，子夏是实用主义，喜欢研究近前的东西，对于概念化宗教化的仁、德、道兴趣不大，认为那些空洞无物，不值得去说。

可是与此同时，子张、子游等人热衷于仁德，开口闭口都是，并且嘲笑子夏不懂得仁德，是小道、小人儒。于是，子夏用这段话进行辩解和反击。

博学而笃志，就是说志向要坚定，但是要广泛学习，不要局限于老师那点东西，不要局限于各种礼，但凡有用的，管它异端不异端，拿来学了再说。切问而近思，就是关心和研究现实的、与自己利益相关的事情，找出答案。做到了这些，自然也就适应了社会，顺应了时代，就实现了老师所说的仁。

潜台词就是：子张你们整天仁义道德，讲些大而无物的东西，实际上你们那根本就不是仁。仁是通过具体的行为去达成的，而不是有什么东西本身就是仁。

从现代的角度来看，子夏的教学方法比孔子的好，因此子夏的弟子比孔子的更有出息。

博学而笃志，切问而近思。这种教学思想影响了整个战国时期，因此战国时期思想活跃，各种实用的理论和方法纷纷问世。而子夏的徒子徒孙如李悝、吴起、商鞅等人均为变法家，就是明证。

非常遗憾，子夏的教学思想在此后的两千多年里被刻意打压，子张、子游等人的教学方法反而受到推崇。其结果就是教学内容变得大而空，整天所讲的就是仁义道德，最终培养的就是伪君子。

事实上，高尚的目标不是整天重复多少遍就能实现的，而是需要脚踏实地努力实践。就如贵族精神，整天讲贵族精神是没有意义的，在工作、生活、学习等方面培养各种符合贵族精神的习惯才是最重要的。

第八章

孤傲清高

23·8（19·3）子夏之门人问交于子张。子张曰："子夏云何？"对曰："子夏曰：'可者与之，其不可者拒之。'"子张曰："异乎吾所闻：君子尊贤而容众，嘉善而矜不能。我之大贤与，于人何所不容？我之不贤与，人将拒我，如之何其拒人也？"

【译文】

子夏的学生向子张寻问怎样结交朋友。子张说："子夏是怎么说的？"答道："子夏说：'可以相交的就和他交朋友，不可以相交的就别搭理他。'"子张说："我所听到的和这些不一样：君子既尊重贤人，又能容纳众人；能够赞美善人，又能同情能力不够的人。如果我是十分贤良的人，那我对别人有什么不能容纳的呢？我如果不贤良，那人家就会拒绝我，又怎么谈能拒绝人家呢？"

任何时代，同学之间都会有竞争，尤其是学习成绩好的学生之间。多数情况下，他们会互相瞧不起，互相讽刺揭短。这一章就是如此。

先看看大师们怎么说。

　　钱穆：子夏之教门人，盖初学所宜守。子张之言，则君子大贤之所有事。二子各有闻于孔子，而各得其性之所近。子夏狷介，子张高广，均可取法。然亦不免各有所偏蔽。

　　南怀瑾：子张的见解，比子夏的见解是高明一点，做人的道理是应该如此，对于不及我们的人，不必讨厌他，要同情他，能够帮助的就尽量帮助他，即使不能帮助也要包容人，原谅人家一点，如果自己是对的，当然要助人，自己不对就免谈，所以子张的见解是比子夏高明。

　　李零：前人说子张比子夏高，不对。他们所说，都是接闻于夫子，都是针对他们的缺点。子夏待人宽，所以孔子告诉他"可者与之，其不可者拒之"。子张待人苛，所以孔子告诉他要"君子尊贤而容众，嘉善而矜不能"。

　　傅佩荣：子夏与子张所说不同，因为前者是对初学者而言，后者则就已有君子表现的人而言。

李零直接怼上了南怀瑾，实际上，只有李零的分析方法是正确的，但他也只说对了关于子张的部分。

子张有道德洁癖，人缘不好，这个前面已经讲过，所以孔子要他包容，这个没问题。但是子夏也不是一个宽容的人啊，子夏性格孤傲清高。与子张相比，子张是看不惯谁就去挑谁的毛病，子夏是看不起谁就懒得去理睬他。所以，两人的朋友都不多。因此，如果说在交友方面孔子对他们有什么教诲的话，大致都差不多。

但是，两人的性格截然不同，子张认为老师说出来的每句话都是格言，恨不能把老师的所有话都记住，至于自己能不能做到则是另外一回事。子夏不同，子夏有主见不盲从，敢于说出自己的真实看法。对于老师也是一样，认为是正确的就听，认为不一定对的，就按自己的想法来。

这就像高考写作文，有的学生是背诵的文章，有的学生是拼凑的背诵的文章，有的学生则是完全按照自己的见解去写。

所以，这一章里子张的答案是背诵老师的，子夏的答案是他自己的真实想法。

两人的关系实际上也能体现出这一点来，子夏瞧不起子张，懒得跟他交往，从不主动提起他攻击他，这符合他自己的交友原则。可是子张嘴上说得一套一套，做起来是另外一套。既然你"君子尊贤而容众，嘉善而矜不能"，那你主动攻击人家子夏干什么？

子张的意思就是俺是君子，谁都能容，因此朋友多。而你子夏是个不贤良的人，所以容不下人。讽刺的是，子夏尽管朋友不多，比子张的朋友好像还要多一些。事实上，不仅子夏不跟他玩，子游、曾参等人也不理他，这人缘，还说什么"君子尊贤而容众，嘉善而矜不能"？

对于子张的批评，子夏通常保持沉默，不屑于还击。但是，常常会在不提名字的情况下进行讽刺。

如今流行一句话叫作：宁做真小人，不做伪君子。大致就是这个意思。

第九章

别把自己当圣人

23·9（19·12）子游曰："子夏之门人小子，当洒扫应对进退，则可矣，抑末也。本之则无，如之何？"子夏闻之，曰："噫！言游过矣！君子之道，孰先传焉？孰后倦焉？譬诸草木，区以别矣。君子之道，焉可诬也？有始有卒者，其惟圣人乎！"

【译文】

子游说："子夏教的那帮小兔崽子，做些打扫卫生和迎送客人的事情是可以的，但这些不过是末节小事，根本的东西却没有学到，这怎么行呢？"子夏听了，说："切，阿游太过分了。君子为人为学之道，先教什么？后教什么？就像草和木一样，人和人是有区别的。君子为人为学之道，怎么可以随便胡说八道呢？能够有始有终把什么都学到的，恐怕只有圣人吧？"

这一章与上一章类似，还是师兄弟间的争斗。

这一章的译文大体类似，大师们的解读基本停留在对某个句子的议论推敲，都可以省略。

子夏、子游、子张属于同一辈的学生，有竞争是正常的，待人处事上，子游大致比子夏和子张都要强一些。不过在学术上，子游更接近于子张，与子夏格格不入。

这一章，就是子游在抨击子夏的教学方式。意思很简单：你子夏平时也不教给学生们什么仁义道德，不讲上古的先圣先贤，只讲些平常的规矩习惯，讲些眼前世界的事情，真是见小利，是小人儒。

子夏也不客气，他的意思是：人与人是不同的，不要拿圣人那一套来教育普通人。

基本上，子夏、子游、子张三人之间谁也不理谁。

第 十 章

小道才是正道

23·10（19·4）子夏曰："虽小道，必有可观者焉；致远恐泥，是以君子不为也。"

【译文】

子夏说："即便是小道，也都有它的可取之处。去研究那些虚无的概念恐怕就会陷入泥潭，所以，君子不会那样做。"

同样的话，不同的人来说，意义往往是不同的，甚至是截然相反的。因此，靠说文解字解读经典真的是荒唐。

传统的译文不是这样的。我们来看看大师们怎么翻译。

  钱穆：就算是小道，也一定有可观处。但要行到远去，便恐行不通。所以君子不走那小道。（小道，如农、圃、医、卜、百家众技，擅一曲之长，应一节之用者皆是。）

  杨伯峻：就是小技艺，一定有可取的地方；恐怕它妨碍远大事业，所以君子不从事于它。

  南怀瑾：这是讲学问和人生修养的道理。子夏说，小道也是学问，并不简单，都很难，如果深入去研究，都会有所成就。但为什么它是小道呢？是说一个人的精神思想，前面的目标不放远大，专抓一点小成就当成大学问，就被困住了，像掉进泥坑里去了，爬不起来，所以君子不取小道，宁可走大路，但现在时代不同了，这个事也很难讲，譬如八股文，写文章也是小道，但现代的青年连小道都做不好。

  傅佩荣：就是一般的技艺，也必定有它值得欣赏的地方；不过，长期专注于此，恐怕会陷于执着的困境，所以君子不去碰它。（小道：指一般的技艺，内容广泛不必详列。相对于此的，是道或大道，就是读书人的理想，要行善成德，济世救人。事实上，对可观的小道，只要不太执着，未尝不能增添生活的趣味。）

基本上，大师们的译法是一样的。

但是，当我们看完前面的几章之后，就会发现问题。

"小道"是子张子游们对子夏教学的评价，就算子夏不认为自己的是"小道"，也不会去否定"小道"。

所以子夏想要表达的一定是"就算是小道，也是有价值的。而子张子游们所谓的仁义道德远古圣贤，那些才是让人泥足深陷的东西，真正的君子不会去一门心思研究那些"。

"致远"的"远"既是时间上的也是空间上的，指远古圣贤的事迹以及可望而不可即的仁义道德。

要注意的是，这个时期的"仁"和"德"已经神秘化宗教化。

所以，这是子夏在驳斥子游子张们，意思是说：就算是你们所说的洒扫应对进退这些小道，也比你们自己标榜的大道要强。

大师们把"小道"理解为各种技艺，恐怕不对，子夏也教不了那些。

从学术上来说，孔子第三代学生中，子夏独树一帜，子张子游和曾参类似。所以，后来子夏待不下去，去魏国办学校去了。

值得一提的是，尽管在学术思想上有分歧，曾参和子夏的关系却不错，这是因为曾参个性宽厚，不像子张那么怪癖，也不像子游说话刁钻。从学术层面讲，曾参也比子张子游更接地气一点，因此与子夏的共同话题也多一些。

后来子夏丧子哭瞎了眼，还是曾参从鲁国赶过去痛骂了他一顿，子夏才恍然大悟，从悲伤中走出来。由此可见，曾参是一个很重友谊的人，两人的关系非常铁。

不过，李零的解读提供了另一种可能：

> 这段话，出自子夏之口，但《汉书·艺文志·诸子略》小说家序和《汉书·蔡邕传》却说是孔子的话。孔子为什么要对子夏说这段话？因为子夏长于经艺，学问最好，但缺点是拘泥细节，孔子说，小道当然有客观之处，但用于长久的事，恐怕会有妨碍，所以君子不为。

从李零的角度说，他认为这就是孔子的话，应该是孔子所说，最多是子夏转述。不得不说，李零先生的功夫非常扎实独到。

如果这段话是孔子所说，那么，大师们的译法就是对的。

事实上，这段话很可能就是孔子所说，但是子夏不会转述。也就是说，很有可能是现有的版本出现错误，原文就是"子曰"。

其实，南怀瑾的解读不错，唯一的问题是自相矛盾了。前面说不能执着于小道，后面又说现在的青年连小道都不懂，那到底小道重不重要呢？

不管怎样，这一章的两种解读给我们这样的启示：同样的文字，在不同人说出来，意义就不一样。因此，解读《论语》，靠说文解字是不行的。不了解各方面的背景，只能是瞎子摸象。

那么，该怎样解读这段话呢？

其实，子夏和孔子的版本都是对的，结合起来最好。

为人处世，要先从小道做起。小道做好了，再去实现高远的目标。

就像现实生活中，一个人首先应该学习做人的基本知识，就是所谓洒扫应对进退，做好了这些，才有了为人处世的基础，才能去朝更高更远大的目标前进。

一个人要健康成长，要从小处做起，要从良好的生活习惯和学习习惯培养起，要懂得基本的礼貌礼节。长大一些之后，要懂得怎样去做一个合格的公民，要懂得守规矩负责任，要懂得自己的公民权利并且能够去捍卫它。所有这些做好了，你才能获得成就，受人尊重。

我们现在很多这样的人，官员贪污、教授剽窃、富豪见利忘义、百姓幸灾乐祸等，都是因为小道没有做好。

当然，小道是基础，人还是应该有所追求的。在小道做好的情况下，应该有更高远的目标，这就是孔子的意思。子夏在这方面做得非常好，在学术、著述和教学上都非常出色，绝对的一代宗师。

最后需要总结的是，当今社会缺失的正是小道，亟需弥补的也正是小道。吹牛人人都会，踏踏实实履行权利义务去教育我们的孩子学会做人，培养我们的公民履行权利义务，这才是正道。

第十一章

不敢认错才是小人

23·11（19·8）**子夏曰："小人之过也，必文。"**

【译文】
子夏说："小人犯了过错，一定要掩饰。"

子夏的话不多，但是往往一语中的。这一章的字面意思很简单，只不过原本的断句是"小人之过也必文"，我改成了"小人之过也，必文"。

大师们的译文大致相同，不录，来看看大师们的解读。

> 钱穆：人之有过，初非立意为恶，亦一时偶然之失尔。然小人惮于改过而忍于自欺，则必文饰之以重其过矣。
>
> 南怀瑾：一个小人对于自己的过错，总想办法说出一套理由，把过错掩盖起来，一个君子自己错了就承认错了。
>
> 傅佩荣：小人：不知或不愿"立志"改善自己的人。

首先可以肯定的是，这话是子夏针对子张、子游等人说的。上面一章说他们"君子不为也"，这一章则是"小人之过也"，基本上就是在说他们是伪君子。

文过饰非的"文"，也是如此，掩饰的意思。为什么说这是在说子张、子游呢？

子夏教学是"小道"，换言之就是些行为习惯。子张、子游则是"大道"，就是仁义道德。那么，当面对别人的错误的时候，习惯思维之下，子夏会认为这个人的习惯不好，需要改变自己的习惯，这并不是一个了不起的大问题。子张、子游则会由小及大，从小错误中看到大问题，认为这个人的品德有问题。

那么，当自己犯了错误的时候呢？子夏会认为这不是大问题，自己改变习惯就好了。所以，他不怕承认错误。可是，子张子游就不一样了，因为承认错误就等于承认自己的品行有问题，承认自己内心深处是肮脏的。

所以，子张和子游"必文"，他们一定会用自己的高尚理论进行辩解掩饰。

第十二章

别装

23·12（19·9）子夏曰："君子有三变：望之俨然，即之也温，听其言也厉。"

【译文】
子夏说："君子有三变：表情郑重，态度温和，语言严肃。"

有人会说，怎么子夏的话好像句句都在针对子张和子游，句句都在斗争？这不奇怪，因为《论语》中记载的子夏的几乎是他在孔子学校时期的话，而没有他到魏国办学校之后的话。

看看大师们怎么说。

钱穆：君子敬以直内，义以方外，仁德浑然。望之俨然，礼之存也。即之也温，仁之著也。听其言厉，义之发也。人之接之，若见其有变，君子无变也。

南怀瑾：这是下论曾经提到过赞扬孔子的话。他说一个人有高度的修养，就是君子之人，有三种变相：看起来不可侵犯，实际上跟他一亲近，又非常温和，充满了感情，但听他讲话，尽管他说笑话，但他言语的内容，又非常庄严，不可侵犯的。这是讲有高度修养的人。上论中有这三句话的同义语用来形容孔子，他这里再重提一下，强调君子学养的典型。

李零：现在，这话已变味儿，常被用来吹捧各种大师和小师，特别是自己的老师，读之令人肉麻。

杨伯峻和傅佩荣无解读；钱穆就像子张，什么事情都能靠到仁德义的制高点上去；南怀瑾像子游，口才很好什么都能自圆其说；李零像子夏，愤愤然孤傲清高。

没错，这段话是在说孔子。《论语》中写道：子温而厉，威而不猛，恭而安。孔子就是这样的，子夏竭力让自己的形象向老师靠拢。

但是，如果这就是专门在说孔子，子夏说"子有三变"岂不是更直接更好？

所以，子夏是一边赞扬老师，一边讽刺子张和子游。

我们知道道德先生的特点，就是道貌岸然，面无表情，端着大师的架子，好像随时点拨你成为圣人，实际上除了大话套话废话之外，什么有用的东西也说不出来。换成子夏的话就是：小人有三不变：望之俨然，即之俨然，听其言也俨然。基本上，这就是在说子张、子游了。

那么，这段话本身该怎样解读呢？

我的译文比传统的译文都要短，但是更直接。与一个人接触，所能感受到的无非就是表情、态度和语言。君子的表情是怎样的？放松自然的。不傻笑不谄媚不装模作样，这就是俨然。君子的态度呢？什么是态度？交谈的语气平和、听别人说话的表情专注、身体的距离和角度恰当等，让你感到温和不压迫。君子的语言严肃不忽悠、逻辑清晰、合乎情理、不盛气凌人。

当然了，这是子夏总结孔子的形象以及专门讽刺子张、子游的，并不等于除此之外就不是君子。譬如，君子也可以开玩笑啊，君子也可以面带微笑啊，君子也可以表达自己的伤感啊，等等。

其实，现代人总结成了两个字，很贴切：别装。

宋朝大词人柳永原名柳三变，这个名字大概就是从这里来的。有趣的是，说起柳三变，因为"装"害了自己，因为"不装"成就了一生的快乐和名气。

为什么这么说？柳三变当初学习成绩很好，人又聪明，本来一心想要考取功名，弄个高级公务员当当。可是这哥们儿喜欢装，参加科考之前逛青楼找灵感，结果写了一首词，其中有一句"忍把浮名，换了浅斟低唱"。本来科考名次靠前，功名在望，谁想到皇帝老儿也是个诗词爱好者，也爱逛青楼，恰好就听到了三变小哥的那两句词，于是皇帝老儿拿着三变小哥的卷子说"你不是喜欢装吗？那就让你装"，于是当场批示"浮名何用，且去浅斟低唱"。

三变小哥一看，既然这样，索性咱就去青楼谋生吧。

"俺是奉旨填词。"这是三变小哥最后的一装，之后，就脱下伪装，投身花街柳巷，专写些"杨柳岸晓风残月""衣带渐宽终不悔"这一类靡靡之音了。

因为"装"失去了功名，因为"不装"得到了许多女子的垂青，得到了多少生前身后名。

所以说，还是不要装的好。

第十三章

招生广告和教学理念

23·13（19·7）子夏曰：“百工居肆以成其事，君子学以致其道。”

【译文】
子夏说：“工匠们在作坊里来完成自己的工作，君子通过学习来掌握知识。”

非常遗憾，作为中国历史上仅次于孔子的伟大教育家，子夏关于教学的言论留下来的并不多。

先来看看大师们的译文。

钱穆：子夏说：“百工长日居在官府造作之处以成其器物，君子终身在学之中以求致此道。"

杨伯峻：子夏说：“各种工人居住于其制造场所完成他们的工作，君子则用学习获得那个道。”

南怀瑾：社会上各种做工艺的，自己必须有一工艺场地，才能专心做成他的事情。知识分子的求学，首先要认识，学术知识是一回事情，透过知识还要建立一个东西，这个东西无以名之，称它为道。一切学问为了道而学，知识学问都是为了培植这个道，知识并不就是道。

傅佩荣：子夏说：“各类工匠要长期留在市场观摩比较，才能善尽他们的职责；君子则要靠努力学习，才能领悟他的理想。”

"肆"当然是市场的意思，但是古时都是前店后厂，甚至根本没有门面，因此这里的"肆"应当译为作坊。在作坊里有工具有师傅有同事，这样才能完成自己的工作。

君子当然要来学校学习，这里有老师可以请教有同学可以切磋，才能去探究自己所追求的道。"道"是什么？是理想、学说、科学等，只要是你追求的思想文化方面的东西，都可以说是"道"。

关于"道",南怀瑾在这里有一点发挥,他是这样说的:"'道'是什么呢?这个问题就像'仁'一样,讨论起来就大了,就麻烦了。我们可以简单的分三方面来讲:有它的体,有它的相,有它的用。体就是中心,形而上的。相就是它的现象,譬如全部四书所讲的关于人生的行为思想,都是道的相,这个相为达到人生目的就是用。这是简单的解释'道'的体、相、用。如果严格讲起来太多了,这里不发挥。"

怪不得坐而论道可以论一辈子论不完,因为谁也不知"道"。

子夏的意思,做什么都需要合适的条件和恰当的环境,想要研究学问吗?那就是我这学校最合适了。

所以,别想太多了,这就是一条招生广告,或者学生刚入学时候的校长讲话。

傅佩荣把"肆"说成"市场",属于现代市场意识,子夏是不会有的,如果这段话是子贡说的,或许就是对的了。

23·14(19·13)子夏曰:"仕而优则学,学而优则仕。"

【译文】

子夏说:"做官还有余力的人,就可以去学习,学习有余力的人,就可以去做官。"

优,是有余力的意思。

每位大师的译文解读都一样,没什么好说的。

这话应该是子夏在西河办学的时候说的,那时候魏文侯请他过去,公族子弟以及卿大夫子弟都来捧场,不知道学校里有多少官二代富二代,门路不硬的估计还进不来,进来的将来都是当官的。

所以子夏说了:想当官吗?那就来我这里学习吧,只要学好了还有余力,一定能当官。所以,卿大夫的子弟们挤破了头。子夏又说了:当官当好了还有余力的,来学习吧。于是,当官的纷纷来参加短期培训班,因为这证明他们是当官当好了还有余力,今后还能承担更重要的责任。

所以,这也算是个招生广告。

23·15(19·5)子夏曰:"日知其所亡,月无忘其所能,可谓好学也已矣。"

【译文】

子夏说:"每天学到一些过去所不知道的东西,每月都不能忘记已经学会的东西,这就可以叫作好学了。"

先看看大师们怎么说。

　　钱穆：故日知所无则学进，月无忘所能则德立。如是相引而长，斯能择善而固执之，深造而自得之矣。子夏此章之言好学，亦知、德兼言。

　　南怀瑾：一个人应该每天反省自己所欠缺的，每个人都有所缺乏的，不要认为自己有一点知识就满足了，还要再去补充、学习。每天补充自己所没有的学问，一个月接着一个月，有恒心不丢掉，不忘记所学的，这样才真可说是好学，就是有恒。

　　李零：即温故知新之意。

　　没错，这是子夏版的"温故而知新"，这也是子夏老师在讲学习方法。看得出来，子夏并不强调"温故"，而强调"知新"。每天都学新知识，一个月温习一次就行了。所以，也可以说子夏的"温故而知新"应该是"知新而温故"。

　　既然强调天天都是新知识，可见子夏教学内容之丰富和教学手段之灵活。非常遗憾《论语》只是曾参的弟子在编纂，没有子夏的弟子参与，因此关于子夏的教学记载非常少。否则，一定会有很多发人深省的言论和方法留给后人。

第十四章

左丘明是谁？

23·16（5·25）子曰："巧言、令色、足恭，左丘明耻之，丘亦耻之。匿怨而友其人，左丘明耻之，丘亦耻之。"

【译文】
孔子说："花言巧语，装出好看的脸色，摆出逢迎的姿势，低三下四地过分恭敬，左丘明认为这种人可耻，我也认为可耻。把怨恨装在心里，表面上却装出友好的样子，左丘明认为这种人可耻，我也认为可耻。"

这一章貌似与子夏没有关系，但也可能大有关系。
下面来看看大师们的解读。

钱穆：巧言，以言语悦人。令色，以颜色容貌悦人。足恭，从两足行动上悦人。《小戴礼·表记篇》有云：君子不失足于人，不失色于人，不失口于人。《大戴礼》亦以足恭口圣相对为文。

李零：恭和敬不一样，恭是自己恭，见于辞色；敬是敬人敬事，特别是敬上。

傅佩荣：人间恩怨十分复杂，前因后果纠结不清。这时应该真诚省思与人交往时，是否内心藏着怨恨。朋友不能以直爽的态度相处，就是虚与委蛇，浪费生命而已。若是遇到不能不相处的情况（如同学、同事等），至少可以做到"不与之为友"。

首先我们来看看这一章中的难点词：足恭。
对于这个词的解释，钱穆做得最好。"足"就是脚的意思，大致古人很讲究站姿，脚的站法不同体现不同的身份。所以，"足恭"的意思用身体的姿势来表达恭，大致相当于现在所说的点头哈腰，表现出来过分的卑微。

大致，以周礼来看，人与人之间在尊严上是平等的，绝不是主子和奴才的关系。因此即便是与王侯交谈，大家也是平起平坐，四目对视，而不是后来那种跪着不敢抬头。

所以,"足恭"并不是两人初次见面时的礼节,而是始终保持卑微的姿态。

李零说了"恭"和"敬"的区别,在这方面他一向非常精到。"恭"是言辞颜色上的卑微表现,"敬"则是按照尊卑上下父子等敬上的行为举止。

现在来说说这一章和子夏之间有什么关系。

左丘明这个人的事迹历来是个谜团,大师们也都不确定。根据历史上的猜测,左丘明是鲁国的太史。有人说他是孔子的学生,不过大师们一概表示不太可能。

《左传》的全名是《春秋左氏传》,作者是左氏。孔安国认为这个左氏就是左丘明。但是,根据我的推理,《左传》基本上是子夏的作品。

首先我们从"左氏"说起。

春秋时,卫国有地名为"左邑"以及"左氏",子夏的弟子吴起就是"卫左氏中人",子夏很可能也是左氏人。子夏晚年失明,司马迁写道"左丘失明,厥有国语",巧的是,子夏就失明了。

要写出《左传》,需要很多必要的条件,而这些条件,只有子夏一个人具备。

第一,此人手中要有大量的第一手材料。《左传》中运用最多的史料来自鲁国和晋国,《春秋》的史料主要来自鲁国,作为孔子的第一助手,这些史料子夏是具备的;而晋国史料从哪里来?魏文侯以师礼待子夏,并且邀请他到魏国讲学,魏国占有原晋国首都,因此可以拥有晋国史料。

第二,此人非常了解《诗经》,请注意是《诗经》,不是《诗》。《左传》中大量运用《诗经》里的诗,都非常恰当,而内容又没有超出《诗经》。可见作者不仅熟读《诗经》,而且一定是孔门弟子。而子夏恰恰是孔子学生中最熟悉《诗经》的人。

第三,此人与孔子的关系非同一般,而且不仅仅是一般弟子那么简单。《左传》中大量引用孔子的评语,证明作者曾经跟随孔子修《春秋》。而子夏恰恰是孔子修《春秋》的第一助手。

第四,《左传》的叙事、语言艺术堪称一流,显示作者的才华出众。事实上,子夏的才华也是孔子弟子中最出色的一个。

第五,子夏的思想与孔子并不完全相同,孔子修《春秋》,目的在于"大义",以周礼为准绳。子夏不同,以切问而近思为原则,讲案例讲方法讲实用,更倾向于计谋和权术的应用,倾向于人性的本质,倾向于历史事件的理性总结。《左传》中,我们可以明显地看到子夏的思想贯穿全文。而子夏的徒子徒孙恰好是一群法家思想践行者,李悝、商鞅等人都是他的嫡系学生,田子方、段干木等人则是一时的大贤。

第六,《左传》中有大量关于孔子及其弟子的记述,不仅记载子贡、冉有,甚至包括樊迟和有若，恰恰子夏和他们关系不错。

第七，《春秋公羊传》和《春秋谷梁传》的作者公羊高和谷梁赤都是子夏的学生。

以上的种种证据和迹象都指向一个结论：子夏就是《左传》的作者，就是左氏。

先说是的理由。

先举个例子说下展子禽这个人，因为家住柳下，谥号惠，因此去世之后被称为柳下惠。那么子夏家居住左丘，谥号明，去世之后被称为左丘明，这是可以讲得通的。

再来看这一章的两段话，说的恰恰就是子夏的性格。子夏性格孤傲，从不拍马屁，连老师的马屁都没拍过，何况别人？前面子夏说过"可者与之，其不可者拒之"，这与"匿怨而友其人，左丘明耻之"简直就是一句话。

《论语》原本就是弟子们在孔子死后若干年整理的孔子师徒的言论，因此，子夏被以左丘明的名字记载是有可能的。

那再来说说不是的理由。

孔子在世的时候，不可能用左丘明来称呼子夏，而应当用"商"。

那么有两种可能：

第一种，左丘明不是子夏，那么，《左传》的作者就不是左丘明。

第二种，左丘明就是子夏，那么，《论语》的记载就出了问题。

个人倾向于左丘明就是子夏，那《论语》的记载出了什么问题呢？我们来做一个推测：这段话原本是曾参说的，曾参的弟子们称呼曾参为子，所以把这段话记载为：子曰："巧言、令色、足恭，左丘明耻之，参亦耻之。匿怨而友其人，左丘明耻之，参亦耻之。"

但是，后人认为"子曰"一定是孔子的话，所以认为这段话记错了，把"参"改为了"丘"。于是，就有了现在这个版本。

如果是这样的话，那最初的版本中应该写成"曾子曰"。

小 结

子夏：孔子的衣钵传人

孔子的诸多学生中，谁才是他的衣钵传人？毫无疑问，是子夏。

为什么这么说呢？我们先来说说个性。

孔子从来不是一个满口仁义道德的人，也不是一个保守的人，而是一个坚守与变通结合的人。在这一点上，子夏与他相同。

孔子是一个讷于言而敏于行、孤傲清高的人，子夏也是。

孔子的一生，留存于后世的著作是《春秋》《诗经》和《易经》，其中，前两部的首席助手就是子夏，孔子去世后也传给了子夏，子夏将它们传给了后人。

由此可见，孔子对子夏的欣赏和信任远远超出其他人。用现代话来说，他们之间非常合拍。

但是，有人会说，这只能说明子夏继承了孔子的著作，不等于他继承了孔子的思想。

没错，子夏并没有全盘照搬孔子的思想。但是，他发展了孔子的思想。

一个好的学生，对老师的思想不应当是萧规曹随，而应当是发展、批判甚至推翻。一个老师，他的学生如果不能超过他，他就不算是一个好老师。

孔子的一生在推行周礼，他认为周礼是救世良方。之所以如此，与他的生活经历和生长环境有关。他推崇古人和古代，以为回到过去就回到了美好的世界。可是，终其一生也没有成功。

如果孔子重新来过的话，他会怎样？向后的路走不通，他会尝试向前走，这就是子夏走的路。

所以说，子夏是在走孔子想尝试却没有时间去尝试的路，是在完成孔子没有完成的事业。

这，才是真正的衣钵传人。

子夏被战国时期的霸主魏文侯请去西河讲学，可以说是"为帝王师"，他的弟子李悝和吴起先后在魏国和楚国变法，徒孙商鞅在秦国变法，改变了中国历史的进程。

有人会说，以上几位都是法家，这是不是说明子夏背叛了儒家？不是的。

李悝和吴起的变法并没有摈弃周礼，而是在礼的基础上进行。也就是说，社会的基础依然是周礼。只是在礼无法维持社会秩序的时候，用法的手段来维护。用子夏的话说，就是"礼后"。

后来荀况的理论就是如此，他主张先礼后法，礼为基础，法为规范。

换言之，这是在孔子以礼治国的理论基础上，加上了法的武器。所以，这是对孔子理论的发展，而不是否定。

但是，商鞅变法不同，商鞅变法是彻底废弃了礼。所以，商鞅才是背叛了孔子和子夏的学说，走向了另一个极端。从商鞅变法开始，中国社会有一段很长的时间都被黑暗笼罩。

子夏所提倡的"博学而笃志"与"君子和而不同"是一致的，"博学"就是不要局限于一家之言，要广采众长，要让大家都有说话的权利。

"切问而近思"则是反对一切的废话套话大话，反对一切的道德说教，让公民的归公民，圣人的归圣人。用实际的方法解决现实的问题，关注人性和民生。

可以说，子夏的教学方法更接近于科学的方法，更加实用和人性化。如果我们两千多年来的教育采用的是子夏的方法，或许工业革命就不是在英国爆发，而是在中国了。

非常遗憾，这样的假设毫无意义。

我们注意到，封建社会的专制统治者们刻意打压子夏的影响，贬低子夏的形象。他们把颜回塑造成道德模范，穷死也不抱怨，饿死也不造反；他们把子路塑造成忠君模范，为了统治阶级的利益能够义无反顾，视死如归。

所以两千多年来，子夏的地位与他的成就极不相符。

第六篇

子张

水至清则无鱼

颛孙师，字子张，小孔子四十八岁，是孔子的第三批学生。陈国人，是孔子周游列国在陈国收的学生。

子张学习努力，喜欢提问，在孔子第三批学生中算是学业优异。

但是子张性格古板固执，爱钻牛角尖，对他人的言行较为挑剔，喜欢以高标准要求和评判他人。因此被认为性格有些乖僻，较难相处，人缘不好。

水至清则无鱼，说的就是子张这样的人。

孔子曾经非常欣赏子张，但晚年对子张较为失望。子张也曾开设私校讲授儒学，被称为子张之儒。

第一章

多闻阙疑

24·1（2·18）子张学干禄。子曰："多闻阙疑，慎言其余，则寡尤；多见阙殆，慎行其余，则寡悔。言寡尤，行寡悔，禄在其中矣。"

【译文】
子张要学当官的学问。孔子说："要多听多问，有怀疑的地方先放在一旁，其余有把握的，也要谨慎地说出来，这样就可以少得罪人；要多看，有怀疑的地方先放在一旁不做，其余有把握的，也要谨慎地去做，就能减少后悔。说话少得罪人，做事少后悔，官职俸禄就在这里了。"

在整部《论语》中，向孔子提问最多的是谁？子张。从这个角度说，子张是很好学的。子张的问题几乎都是大问题，属于大道。这段话，就是孔子讲做官的学问。但是要注意，孔子讲做官的学问也没有标准答案，还是针对学生的特点来说的。

这段话里，需要重点解决的是"尤"字，这个字有两种意思：过失或者怨恨。那么，在这里究竟是什么意思呢？钱穆释为"罪过"；杨伯峻和南怀瑾释为"过错"；李零释为"过失"；傅佩荣释为"别人的责怪"。

这里，我们还是要首先考虑孔子的话是关于做人还是关于做事。如果是做人，那么傅佩荣是对的；如果是关于做事，其他大师是对的。

通篇来看，孔子是先讲做人，后讲做事。再加上子张的性格缺陷，孔子最担心的就是他说话得罪人。

所以，傅佩荣才是对的。

孔子其实还是针对子张的性格问题，不过话说得比较委婉。

子张喜欢抓住别人的小辫子喋喋不休，并且上纲上线，容易得罪人。孔子因此让他少说话小心说话。这段话的意思是多问多听，如果你怀疑别人怎样，但是没有证据，就不要表露出来。就算有证据，说话也要谨慎讲究措辞，不要给人家难堪。这样，你就不会得罪人。

孔子的建议是非常中肯的，对于所有子张类型的人都适用。我们知道，有的人人品其实不错，但是就是嘴太杂，知道的不知道的都说，结果得罪很多人，人人不说他好话。

多闻阙疑，这个成语出于这里。其实，多闻阙疑对于每个人都是适用的，怀疑可以有，但是不要轻易下结论，不要轻易否定。对于普通百姓来说，做不到多闻阙疑就得罪人；对于官员来说，做不到多闻阙疑就会折腾百姓。

子张这人固执爱钻牛角尖，不懂得变通，遇上走不通的地方不知道绕道走，所以孔子让子张遇上不懂的地方先放一放，走不通的道绕着走。具体到这里，就是不确定的先放在一边，确定的也要谨慎小心，这样就会少犯错。自古以来当官都是这样，避免犯错才是最重要的。

来说说这段话的背景。

这自然是孔子晚年的事情，子张像当年的子路一样对孔子的话深信不疑，并且总想去实践。他就非常希望能够出仕，然后按照孔子的教导去实现自己的伟大理想。

禄，就是俸禄。干禄，就是当官的意思。

子张主动来问孔子，有两个意思，一个是求教，另一个是希望老师能推荐自己。孔子给的回答一半是针对他的问题，另一半是借机敲打他改正自己的缺点。

根据记载，没有发现子张曾经出仕的记录。所以，终其一生，子张可能并没有出仕，为什么呢？要么是孔子认为他的性格不适合出仕；要么就是没有人愿意任用他。

关于子张的性格问题，孔子不断在敲打他。譬如前面讲过的这一章：

24·6（11·20）**子张问善人之道。子曰："不践迹，亦不入于室。"**

第二章

浸润之谮

24·2（12·6）子张问明。子曰："浸润之谮，肤受之愬，不行焉，可谓明也已矣。浸润之谮，肤受之愬，不行焉，可谓远也已矣。"

【译文】

子张问怎样做才算是明察的。孔子说："像水润物那样慢慢浸透的坏话，像切肤之痛那样猛烈的诽谤，在你那里都行不通，那你（对这种行为）就算是明察的了。像水润物那样慢慢浸透的坏话，像切肤之痛那样猛烈的诽谤，在你那里都行不通，那你（对这种行为）就算是远离了。"

"谮"是说坏话，"愬"是投诉、控诉、诽谤。前者轻柔后者猛烈，形式上不同。"明"是明察的意思，那么，"远"是什么意思呢？钱穆译："远：明之至"；杨伯峻译："远：看得远"；南怀瑾译："远离错失。"李零认为："明，是对小人看得清；远，是对小人躲得远。这是针对子张的缺点吗？值得玩味。"傅佩荣认为："明与远并论，大概是为了解说《书经·大甲》的'视远惟明'一语。孔子的回答指出：不必舍近求远，能明见身边的小诡计，就是明，也就是远了。"

按照钱穆、杨伯峻和傅佩荣的说法，"远"和"明"是一个意思，这样的说法恐怕不对。南怀瑾和李零都认为是远离，不过前者是远离错失，后者是远离小人。

但是，远离这两种行为才是最好的解答。

我们来做一个简单推理。

首先孔子说这两种行为在你面前行不通，也就是骗不了你，那么说明你是明察的。明察是什么意思？就是这两种行为已经施加给你了，不过你很聪明很冷静，你通过分析发现这些都是不成立的，因此选择不相信。

最好的是这些人知道这些影响不了你，所以直接放弃这两种行为，这样，你就远离这两种行为了。

所以孔子的意思是，当这两种行为不能影响你的时候，你就明察了。反之，当你总是明察之后，你就会远离这两种行为。

李零提出"这是针对子张的缺点吗",这不是他第一次提出这样的问题,可见他的分析方法与其他大师是有区别的,他更重视人物关系和性格。

　　整部《论语》,问明的也就是子张同学一个人了。为什么会有这样的问题呢?当然不是没有原因的。

　　因为子张跟大家的关系都处不好,总觉得这个有问题,那个有问题,好像都不是好人,就自己是好人。可是事实上大家都没有什么问题,自己反而成了大家的问题。所以子张很困惑,很苦恼,不知道怎样才能真正了解同学。于是,来问孔子。

　　孔子的意思就是告诉子张,同学们之间免不了经常有些背后的相互议论,而这种议论多半不是好事,你不要听风就是雨,听了就信而且坚信不疑,不要因为同学的议论就轻易得出结论。

　　一个人在一个集体中,不可能与多数人有利益冲突。所以,当他与多数人的关系都不融洽的时候,说明他的判断出了问题,他对别人的认知太过轻率。

　　那么,为什么子张会有这样的问题呢?归根结底还是因为他对别人的要求太高,所以同学们一些不经意的议论在他这里就成了道德批判,次数稍微多一点,就足以让他形成成见,进而质疑同学的人品,与同学关系疏远。

　　在这里,孔子也并没有告诉他怎样去判别"浸润之谮,肤受之愬",大致这是无法说清楚的。

　　我们可以这样说:不论对一个人还是一个国家的判断,如果你没有同他有过直接的交道,那么你可以通过这样的方法来做一个简单的判断:这个人对自己父母怎样?因为这体现这个人的良知。或者这个国家的政府对自己的人民怎样?因为这体现这个政府的责任感。这个人的朋友圈怎样?这个国家的朋友圈怎样?因为物以类聚人以群分,在流氓圈里混的一定不是君子,在君子圈里混的流氓不到哪里去。

第三章

什么样的人会困惑？

24·3（12·10）子张问崇德辨惑。子曰："主忠信，徙义，崇德也。爱之欲其生，恶之欲其死。既欲其生，又欲其死，是惑也。'诚不以富，亦祇以异。'"

【译文】
子张问怎样提高道德修养水平和辨别是非迷惑的能力。孔子说："对事要忠对人要信，使自己的行为合于义，这就是崇德了。爱一个人，就希望他长命百岁；厌恶起来就恨不得他立刻死去。既要他活，又要他死，这就是迷惑。（正如《诗》所说的）'不是因为她有钱，而是因为图新鲜。'"

如果子张想要提一个看上去不太高尚的问题，通常他会先提一个高尚的，然后再把自己真正想提的提出来，这样就会显得自己还是挺有追求的。此前子张曾经问明，如今再问辨惑，可见确实有点迷茫。

对于"崇德"，孔子用套话轻轻带过，因为这不是重点，重点在于"辨惑"。其中的"忠信"二字，钱穆和李零都直接引用过来，杨伯峻则译为忠诚信实。

南怀瑾解说了一大段：

"忠"的意义是直心直肠，心境很直，对人对事绝没有歪曲。另一意义就是非常尽心，不论对自己或对别人，当国家大事也好，为个人私事也好，绝对尽我的心，尽我的力，乃至赔上自己的性命，都在所不惜。譬如对于思想的信仰绝对忠实，也就是"忠"。"信"，就是自信、信人。对自己要有自信。对人能够厚道。"徙义"是应该做的事就去做。

"徙义"中的"徙"，是趋附、追求的意思。《论语》中还有"闻义不能徙"，同意。

随后孔子说到"辨惑"，这才是重点。

孔子告诉他，说恋爱中女人爱一个男人的时候，眼里都是他的优点，什么都是好的，就是情人眼里出西施。可是一旦恨这个男人，这个男人就一点优点也没有了，恨不得他去死。

你呢就是这样的，你太死心眼钻牛角尖，认为一个人好的时候，就什么都是好的，恨不得他长命百岁；可是某一天突然发现这个人有什么缺点，骤然不喜欢他了，就觉得他没有一点优点，简直是要诅咒他死。这你能不迷惑吗？昨天全盘肯定，今天全盘否定，那不等于是自己否定自己吗？所以，看一个人要一分为二，每个人都有优点有缺点，学习他的优点，包容他的缺点。这样，你就不会迷惑了。

最后，孔子引用了一首诗，就是《诗经·小雅·我行其野》篇的最后两句。这首诗描写的是一个女子对她的情人从爱到恨的过程。钱穆认为"最后这两句诗，当是错简"；杨伯峻认为"引在这里，很难解释"；南怀瑾说"这两句是错简，是对的。但是假如不是错简，也有道理"；李零认为"这里是说，一个人好恶太深，就会像弃妇恨他的前夫，爱之深，也恨之切，完全失去理智"。傅佩荣直接将这两句诗从原文中删除了。

毫无疑问，李零才是真正理解这段话的人，这不奇怪，因为只有他提到了子张的性格弱点。当然，这里也能看出各人的学术特点。钱穆和杨伯峻根据研究提出了自己的观点；傅佩荣则基本是拿来主义，直接省略不做说明；南怀瑾则体现禅的方面，这样也对，那样也未必不对。

孔子的说法当然是针对子张的，同样也适用于那些与子张性格相同或者接近的人。

实际上，孔子的说法非常具有现实意义。

现在很多人的习惯思维很像子张，对一个人的判断是以"好人"和"坏人"为标准的。好人什么都好，坏人什么都坏。所以，对待任何事情、任何人都要客观，一分为二地看问题才不会搬起石头砸自己的脚。

所以，对待别人和对待自己要采取同样的道德标准。对自己要更加严格，对别人要更多包容。做到这些，才能够不困惑，才能够不给别人带来困惑。

第四章

要提好问题

24·4（5·19）子张问曰："令尹子文三仕为令尹，无喜色；三已之，无愠色。旧令尹之政，必以告新令尹。何如？"子曰："忠矣。"曰："仁矣乎？"曰："未知；——焉得仁？""崔子弑齐君，陈文子有马十乘，弃而违之。至于他邦，则曰：'犹吾大夫崔子也。'违之。之一邦，则又曰：'犹吾大夫崔子也。'违之。何如？"子曰："清矣。"曰："仁矣乎？"曰："未知；——焉得仁？"

【译文】

子张问孔子说："令尹子文三次做楚国令尹（即宰相），没有显出高兴的样子，三次被免职，也没有显出怨恨的样子。（他每一次被免职）一定把自己的一切政事全部告诉给来接任的新令尹。你看这个人怎么样？"孔子说："可算得是忠了。"子张问："算得上仁了吗？"孔子说："不知道。这怎么能算得仁呢？"（子张又问：）"崔杼杀了他的君主齐庄公，陈文子家有四十匹马，都舍弃不要了，离开了齐国，到了另一个国家，他说，这里的执政者也和我们齐国的大夫崔子差不多，就离开了。到了另一个国家，又说，这里的执政者也和我们的大夫崔子差不多，又离开了。这个人你看怎么样？"孔子说："可算得上清高了。"子张说："可说是仁了吗？"孔子说："不知道。这怎么能算得仁呢？"

提问题是个学问，爱提问题的都是好学生吗？

这一章很长，但是翻译却很简单。子文是楚国著名的令尹，名叫斗谷于菟，字子文。名字的来源很传奇，于菟在楚国话中是老虎的意思，子文是私生子，生下来母亲不敢要，扔到山里，他舅舅是郧国国君，打猎的时候看见一只老虎正在给一个孩子喂奶，赶跑了老虎，救回了孩子。回来一问，原来这是外甥，其父是楚国的斗伯比。于是，就给孩子取名叫斗谷于菟，也就是老虎养大的孩子。

这一章其他地方都好说，但是，孔子说自己也不知道他们是不是仁，为什么紧接着又否定他们是仁呢？

南怀瑾：孔子说，"仁"是什么他还不知道，他怎么能算得"仁"者？

他只是忠臣，仁还不够。

　　傅佩荣：在子张看来，仁是坚持某一德行（如忠、清）到极高的程度，所以才提出这两个问题。因此，译文为"仁的标准"。但是，孔子的回答却是侧重"行仁的要求"，这是需要择善固执与盖棺论定的，不能只以一种德行来界定。

　　基本上，大家都认为这两个人只是某一方面很好，其他方面不知道，所以，孔子说不知道，之后说不是。

　　为什么孔子这样说？两个原因。

　　第一，这两个人本身就不是孔子赞赏的人。孔子承认子文人品不错，但楚国僭称王，这是孔子极力抨击的。何况，孔子一向认为楚国不是中原正统，这就影响到孔子对子文的评价，只承认他忠于职守。至于陈文子就更不用说了，他家在孔子这个时期就是齐国的三桓，再加上陈文子这点事基本上属于作秀和自我捏造，当时比他表现优异的多了去了，譬如晏婴就曾经斥责崔杼，申鲜虞为齐庄公战死等，孔子本来就觉得他是个伪君子，不讨厌他就算不错了，所以只勉强给了个清的评语，只算性格评价，连表扬都算不上。

　　在这样的情况下，子张还要追问这两人算不算仁，孔子就有些恼火了，于是生硬地回答"我也不知道"。不过想想，还是回答吧，所以又说了"他们算不上"。至于为什么算不上，孔子都懒得去说了。

　　第二，这显然是孔子晚年的对话，这个时候孔子对"仁"和"德"都已经有了概念化宗教化的推进，这个时候的"仁"是一件了不得的东西，孔子自己也未必能说清楚，只有超完美的人才够得上"仁"。所以，根本不用思考，就能判断这两位不仁。

　　对于子张来说，子文和陈文子大概都是他的偶像，可是如今这两位偶像直接被孔子否决了，子张会怎样想呢？他们都够不上仁，仁该有多么伟大啊！

第五章

出门在外的学问

24·5（15·6）子张问行。子曰："言忠信，行笃敬，虽蛮貊之邦，行矣。言不忠信，行不笃敬，虽州里，行乎哉？立则见其参于前也，在舆则见其倚于衡也，夫然后行。"子张书诸绅。

【传统译文】
子张问如何才能使自己到处都能行得通。孔子说："说话要忠信，行事要笃敬，即使到了蛮貊地区，也可以行得通。说话不忠信，行事不笃敬，就是在本乡本土，能行得通吗？站着就仿佛看到忠信笃敬这几个字显现在面前，坐车就好像看到这几个字刻在车辕前的横木上，这样才能使自己到处行得通。"子张把这些话写在腰间的大带上。

子张继续问问题，依然是那个风格，问的都是大问题。这一章需要解决两个问题：第一，"子张问行"的"行"是什么意思？第二，"言忠信，行笃敬"怎么翻译？按照李零的解说，"蛮"指南方少数民族，"貊"指北方少数民族，因此"蛮貊"泛指少数民族地区。

我们直接来解决第一个问题："子张问行"的"行"是什么意思？

　　钱穆：子张问道："如何始可向外行得通？"
　　杨伯峻：子张问如何才能使自己到处都能行得通。
　　南怀瑾：子张这时正在做行人，办外交的事，请教孔子要怎样办外交。
　　李零：行，指出行，出远门。
　　傅佩荣：子张请教怎样可以行得通。

钱穆、杨伯峻和傅佩荣认为应该是"行得通"，但是这样的翻译显然是行不通的。南怀瑾认为是指"行人"，也就是外交官。且不说这个翻译是不是正确，他说子张这时候正在做行人，这是毫无根据的。就算是孔子，也不敢用他出使的。李零是对的。理由很简单，孔子在回答的时候既说到了"蛮貊之邦"，又说到了"州里",还说到了"舆",有远处有近处,还有交通工具,不是出行是什么?

所以,这里的"行"就是出行,或者叫出门在外。

子张为什么要问这个问题呢?可能有很多原因,譬如刚好学习了出行的故事,譬如师兄弟刚好要出行,譬如家里长辈去世,要回去奔丧等。

那么,出行要注意什么呢?

接下来解决第二个问题:"言忠信,行笃敬"怎么翻译?

> 钱穆:说话能忠信,行事能笃敬。
> 杨伯峻:言语忠实,行为忠厚严肃。
> 南怀瑾:忠,就是直心;信,讲出的话一定兑现。行为态度上要"笃敬",忠厚而诚敬。
> 傅佩荣:说话真诚而守信,做事踏实而认真。

基本上,如果没有准确的解读,孔子的这两句话就成了大话废话套话,人人都能背诵,没人知道该怎么做。

"忠"是忠于事,所以与职业或者身份有关,这里的意思,就是说话要符合你的身份或者你的职业要求。这样,人家就会认为你很靠谱,不忽悠。譬如你的身份是官员,你却跟人家大谈生意经,那在人家的眼中你一定是个贪官。譬如你是一个秀才,说话却满嘴市侩,人家就会认为你是个伪君子。

"信"是言而有信,说话算数讲信用。"言忠信",就是说话靠谱有信用。

"笃"是诚实厚道的意思,别耍小聪明小手腕,老老实实做事。"敬"是敬人,你的行为举止要尊敬别人,这样别人才会尊敬你。"行笃敬",就是说行为上要厚道,要尊重别人。

这两件事做到了,得到的结果必然就是别人信任你、尊重你。

解决了这两个问题,可以开始解读了。

子张来问出门在外的道理,孔子说:"说话呢要符合身份,要言而有信;行为呢要诚实厚道,尊敬别人,这样你走到哪里都没问题,否则啊,别说出远门,就是在这附近转悠也不行。这句话啊,你最好随时牢记,站着的时候就好像在你的眼前,出门坐车的时候就好像刻在车把手上。"

子张一听,赶紧回去把这六个字写在腰带上,以防忘记。谁知道,出门的时候换了件新衣服,腰带落在家里了。

这一章的正确译文如下:

> 子张问出行的道理。孔子说:"说话要符合身份,要言而有信;行为要

诚实厚道，要尊敬别人，就算去野蛮落后的地区，也没问题。说话不符合身份，不讲信用，做事不诚实厚道，不尊重别人，就算在这附近，恐怕也不行吧？站着，就仿佛看到'忠信笃敬'这几个字在你眼前；坐在车上，就好像这几个字刻在车辕前的横木上。做到这两点，然后就可以出行了。"子张把这些话写在腰间的大带上。

孔子的话并非是针对子张的，因为子张在这两个方面做得还是不错的。孔子的话实际上是一个通用的原则，出门在外，说话靠谱，行为恭敬，这样的话谁会讨厌你呢？

不过放在当下恐怕就不是这样了，一般人出门在外，老妈都会这样叮嘱："狗子啊，一不要露财，二不要贪财。不要跟陌生人说话，不要喝陌生人给你的水。"这不是笑话，这是事实。

孔子的时代，出门在外做到"言忠信，行笃敬"就行。可是现在不行，你不忽悠人家，人家会来忽悠你。你尊重人家，人家可能也会来欺负你。

所以，除了"言忠信，行笃敬"之外，还要健身强体，提高警惕。

当然，你说去了食人族部落怎么办？恐怕逃命是唯一选择了。你说去千里之外见网友怎么办？那，该怎么办就怎么办吧。

第 六 章

察言观色不是坏事

24·6（12·20）子张问："士何如斯可谓之达矣？"子曰："何哉，尔所谓达者？"子张对曰："在邦必闻，在家必闻。"子曰："是闻也，非达也。夫达也者，质直而好义，察言而观色，虑以下人。在邦必达，在家必达。夫闻也者，色取仁而行违，居之不疑。在邦必闻，在家必闻。"

【译文】

子张问："士怎样才可以叫作显达？"孔子说："什么？你说的显达是什么意思？"子张答道："在国家做大夫必定有名望，当卿大夫的家臣也必定有名望。"孔子说："这只不过是出名而已，不是显达。所谓显达，那是要品质正直，遵从礼义，善于揣摩别人的话语，观察别人的脸色，经常想着谦恭待人。这样的人，就可以在朝廷和卿大夫的封地里显达了。至于出名的人，只是外表上装出的仁的样子，而行动上却正是违背了仁，自己还以仁人自居毫不疑惑，这种人，在朝廷里和卿大夫的封地里也都会出名。"

子张又在问问题，这一次是问什么呢？

这一章，大师们的译文基本相同，解读也都是差不多，都略掉。

这里有两点需要探讨：第一，孔子对这个问题的态度；第二，孔子的回答该怎样解读。

孔子对学生们的问题很少反问，而对子张却很多，本篇第一章就有反问，这一章又有。大凡孔子提出反问，感觉总是不好。事实上，孔子在这一章中不仅一开始就反问，随后的回答也是否定的，甚至可以说是在斥责，丝毫不留面子。

很显然，孔子对这个问题很不满或者说不耐烦。子张的回答被孔子一顿痛斥：你说的那种达根本不是达，而是闻，你想要做的那种人不过是伪君子。

孔子为什么对子张如此不满呢？一定是发生了什么。或者，孔子对于子张总是提这种大而无当的问题感到不耐烦。

在孔子的定义中，"闻人"不一定就是好人，或者说几乎就不是好人。

那么，怎样去看孔子的话呢？

"质直而好义，察言而观色，虑以下人"这句话里，引人注目的是"察言而观色"，这个词在今天几乎是贬义词，似乎察言观色就是为了投其所好，溜须拍马。

但是实际上并不是，察言观色只是一个技术活，本身没有好坏之分。只是，拍马屁的人学会了察言观色，会更加得心应手。而君子懂得察言观色，会更利于沟通交流和协作。譬如子贡就是典型的察言观色者，说话也是投其所好，给别人面子。

所以，察言观色是好是坏，要看目的是什么。

请注意，孔子这段话说的是职场，因此也没有必要过度解读，就职场论职场就好。

大师们多半是书生，一门心思做学问，对于察言观色恐怕多数理解不够深刻。

那么，孔子的回答有没有针对子张呢？

这很难说，譬如察言观色这一点，子张显然做得不好。"色取仁而行违，居之不疑"会不会也是在说子张呢？至少不能排除。

第七章

非典型对话

24·7（20·2）子张问于孔子曰："何如斯可以从政矣？"子曰："尊五美，屏四恶，斯可以从政矣。"子张曰："何谓五美？"子曰："君子惠而不费，劳而不怨，欲而不贪，泰而不骄，威而不猛。"子张曰："何谓惠而不费？"子曰："因民之所利而利之，斯不亦惠而不费乎？择可劳而劳之，又谁怨？欲仁而得仁，又焉贪？君子无众寡，无小大，无敢慢，斯不亦泰而不骄乎？君子正其衣冠，尊其瞻视，俨然人望而畏之，斯不亦威而不猛乎？"子张曰："何谓四恶？"子曰："不教而杀谓之虐；不戒视成谓之暴；慢令致期谓之贼；犹之与人也，出纳之吝谓之有司。"

【译文】

子张问孔子说："怎样才可以治理政事呢？"孔子说："尊重五种美德，排除四种恶政，这样就可以治理政事了。"

子张问："五种美德是什么？"孔子说："君子要让百姓得到好处而自己不耗费；使百姓劳作而不怨恨；有所追求而不贪图财利；庄重而不傲慢；威严而不凶猛。"

子张说："怎样叫让百姓得到好处而自己不耗费呢？"孔子说："让百姓们去做对他们有利的事，这不就是让百姓得到好处而不掏自己的腰包嘛！选择可以让百姓劳作的时间和事情让百姓去做，这又有谁会怨恨呢？自己求仁得仁，又还有什么可贪的呢？君子对人，无论多少，势力大小，都不怠慢他们，这不就是庄重而不傲慢吗？君子衣冠整齐，目不斜视，使人见了就让人生敬畏之心，这不就是威严而不凶猛吗？"

子张问："什么叫四种恶政呢？"孔子说："不经教化便加杀戮叫作虐；不提要求只要结果叫作暴；不加督促导致超过限期叫作贼；该给别人的却拖延犹豫，出手吝啬，叫作官府。"

子张和孔子之间有过一段非常长的对话，谈到了从政。孔子没有再讲仁德，却讲起了更具体的要求。

这一章如此之长，大师们的译文几乎是一样的。至于解读，都是说文解字，没什么特别需要指出的。有意思的是，大师们在最后一个词也就是"有司"的翻译上有不同。

一般喜欢古文的人都知道，"有司"原本是官吏的意思，但是通常做官府解释。换成今天的话，也可以说是有关部门。在这里其实也就是官府或者有关部门的意思。不过大师们不这么认为，看看大师们如何翻译最后这句话。

> 钱穆：同样是要给与人的，但在出纳之际，却不免多所吝惜，那有失在上位者之体制，像是一经管的有司了。
>
> 杨伯峻：同是给人财物，却出手吝啬，叫作小家子气。
>
> 南怀瑾：为政之道，一切事情都要想到，我所需要的，别人也需要，假使一件事临到我身上，我会很不愿意，临到别人身上也是一样，这是"犹之与人也"，比之自己与人家相同。"出纳之吝"——为政与经济分开来——就是怎样节省或放开来用，这个分寸，各有专门负责的人，该用则用，该省则省。
>
> 李零：上面三条，要求太苛刻，就好像管财务的官员，给人东西，却又舍不得。抠门，不叫负责。
>
> 傅佩荣：同样是要给人的，出手却吝惜，这称作刁难别人。

下面我们来解读这段话。

这句话中的"不亦"，是"不就是""不正是"的意思，表示强调。

过去讲治理政事，孔子基本上就是讲礼。可是这一段不讲礼了，讲什么？讲法，讲治国的技巧。孔子的这一套不新鲜，是管子的理论。所以，这段时间，孔子一定钻研了管子的学说，然后大为叹服，于是讲给学生听。

先说五种美德。

"因民之所利而利之"，开办市场、兴修水利、建设道路就是典型，利国利民的事情，老百姓愿意干，而且是自带干粮，相反的是修公室修狩猎场。

"择可劳而劳之"，秋收之后，大家比较闲，这个时候干活就不会有太多怨言，如果再有工分挣，大家还会唱赞歌。管仲曾经说过，国君不是不能修建标志性建筑，但是要看时机，应该在灾年的时候修建，因为这样可以为老百姓创造收入，度过灾年。这样，国家不用发救济粮，老百姓也有尊严，当然不会抱怨。

"欲仁而得仁，又焉贪"，这是难点。钱穆、杨伯峻和傅佩荣的译文与上述意思一致。李零则说"尽量满足人民的正常需求，让他们感觉到求仁得仁，又不至于引起他们的贪欲，民遂其愿却并不贪心"。这恐怕不对，因为这个不贪指的是官员，而不是百姓。南怀瑾则说"所要求的正当本分，而达到了目的，就没有分外之贪。"这个，有点语焉不详了。

这里的"仁",与"求仁得仁"的仁是一个意思。孔子在这里所指的,大致就是说你追求的"仁"就是为了服务国家和百姓,如今你得到了这个机会,所以你也就不会贪求别的了。

再说"四恶"。

"不教而杀谓之虐",就是没有宣布法律,就按照法律去杀人。"不戒视成谓之暴",你不先提要求,却要人家去做到,做不到要惩罚。"慢令致期谓之贼",你督促管理不力,自己渎职导致超过了限期,却要老百姓承担责任。这三条,在《管子》中都有。

"犹之与人也,出纳之吝谓之有司。"这一句,又是难点。"犹之"怎么解?钱穆、杨伯峻和傅佩荣解释为"同样",李零和南怀瑾则解释为"如同、好比"。大师们对这句话的翻译是有的,但是基本上让人看不懂。

其实,这一点也不难翻译。

首先你要明白,这是说的恶政,所以一定是政府对老百姓的。

犹之,就是踌躇由于的意思,在这里就是拖延克扣的意思。整句话的意思就是应该付钱给人的,却拖延克扣,不愿意支付,这就叫"有司"。

为什么这叫"有司"?大概当时这样的情况很常见,所以人们干脆就把这种老赖行为称为有司了。

虐、暴、贼的概念早就有了,不算是孔子的发明,可是把拖欠克扣工钱这种行为称为有司,这是孔子开始的。从后来的历史看,孔子的说法非常正确,官府常常比强盗还要不讲理,还要贪婪,还要无情。征税收费罚款的时候毫不留情,可是到了该给老百姓钱的时候,就变成能拖则拖,能赖则赖。

这一章的内容有些奇怪的感觉,因为这不是孔子答问的一般模式,也不是子张喜欢的回答。

下面的一章,才是典型的孔子与子张之间的对话。

第八章

问题太多老师也烦

24·8（12·14）子张问政。子曰："居之无倦，行之以忠。"

【译文】
子张问如何治理政事。孔子说："没有政事的时候不懈怠，有政事的时候则全力以赴。"

同样是问政，这一次孔子的回答就大不一样了。

这一类的文字，是最适合蒙混过关的。因为字数少，大家看上去似乎也很熟，好像一看就懂。但是，如果仔细推敲，就会发现不是那么简单。

这段话里，"居"和"行"的翻译就是一向被蒙混过关的。

来看看大师们怎样翻译。

　　钱穆：子张问为政之道。先生说：居职位上，心无厌倦。推行一切政事，皆出之以忠心。
　　杨伯峻：子张问政治。孔子说："在位不要疲倦懈怠，执行政令要忠心。"
　　南怀瑾："居之无倦"，全部精力放进去。"行之以忠"，从政则一切尽心尽力。
　　李零：居之，是居官位。行之以忠，是尽臣道。
　　傅佩荣：子张请教政治的做法。孔子说："在职位上不要倦怠，执行职务态度忠诚。"

很多大师都会花费时间去探讨"居之"到底是居什么？最后只有一个答案：官位，或者职位。所以，每位大师都翻译成居于职位或者官位。

但是，如果"居之"是居于官位的话，后面的"行之"就不好整了，译成"执行职务"的话，那实际上也是"居于官位"的意思。怎么办呢？所以大家就看到了大师们的译文了。

实际上，"居"和"行"常常配对使用。"居"就是居家的意思，"行"就是出行的意思。进一步延伸,"居"就是休闲的意思,"行"就是忙碌的意思。那么,用在一个官员的身上,"居"就没有政事的时候,"行"就执行政务的时候。"居"有两种情况,一种是下班在家,另一种是虽然上班,但是该处理的都处理完了,这段时间比较闲暇。至于"居之"的"之"并没有具体的含义,只是一个语气助词而已,把它翻译成"则"也可以。

所以,孔子这段话的意思就是:当没有政事的时候,你不能懈怠;当有政事的时候你要全力以赴。

这里的"忠"依然是忠于事,也就是全力执行自己的职务的意思。有趣的是,南怀瑾对"忠"的翻译是对的。

孔子的这个回答有点敷衍,并没有针对子张的特点,只是泛泛而谈。为什么会这样呢?大致,子张同类的问题问得太多了,孔子也不好意思总是说他的不足,只好用这种宇宙真理应付他。

第九章

过去与未来

24·9（14·40）子张曰："书云：'高宗谅阴，三年不言。'何谓也？"子曰："何必高宗，古之人皆然。君薨，百官总己以听于冢宰三年。"

【译文】
子张说："《尚书》上说，'高宗守丧，三年不谈政事。'这是什么意思？"孔子说："怎么一定就是高宗呢？古人都是这样。国君死了，朝廷百官都各管自己的职事，听命于冢宰三年。"

子张有提不完的问题，这次，又问起了过去和未来。
这一章的译文历来无争议，也没有什么好解读的，因此不再劳烦大师们。
这一章有两处需要讲解：第一处是"高宗谅阴"，第二处是"冢宰"。
"高宗谅阴"是钱穆的解说最好，不妨抄录下来：

> 高宗，商王武丁。谅阴字又作梁暗，天子居丧之庐。一梁支脊而无楹柱，茅垂于地，从旁出入，曰梁暗。后代僧人所居曰庵，即暗也。以其檐着地而无牖，故曰暗。以其草覆而不开户宇，故曰菴。

至于"冢宰"，还是我自己来说说。周朝官制为三公六卿制，以六卿中的大宰总理国家事务，也就是后来所说的宰相。周王驾崩之后太子要守丧三年，这三年都要住在墓地，也就是冢。这期间太子不理政事，国家事务就都交给大宰管理，因此这期间大宰又被称为冢宰。但是，官制中没有冢宰这个官名。
按照周礼，父母去世，要守墓三年。商朝是否也如此，无考据，本人表示怀疑。不过孔子说有。

24·10（2·23）子张问："十世可知也？"子曰："殷因于夏礼，所损益，可知也；周因于殷礼，所损益，可知也。其或继周者，虽百世，可知也。"

【译文】

子张问孔子:"今后十世(的礼仪制度)可以预先知道吗?"孔子回答说:"商朝继承了夏朝的礼仪制度,所减少和所增加的内容是可以知道的;周朝又继承商朝的礼仪制度,所废除的和所增加的内容也是可以知道的。将来有继承周朝的,就是一百世以后的情况,也是可以预先知道的。"

子张为什么要问这个问题呢?因为他很想知道自己是不是掌握了永远不变的真理。

于是孔子告诉他说:是的。你看,礼这个东西,从夏朝到商朝到周朝,虽然有所变化,但是本质的东西一直没有变啊。所以,这就是真理,永远也不会变。

孔子的话,客观上让子张更加认为自己应该钻牛角尖了。

孔子的这个方法,在数学上叫作线性回归。也就是根据现有的数据推导出这条线的方程式,然后就知道这条线上每个点的位置。如果没有外力,那么对于人类历史来说基本上还是可以这么计算的,也就是渐进式或者循环式。可是,当外力介入之后,一切就都是未知数了。

遗憾的是,对于孔子这个失败的预言,多数的大师还是要为老夫子辩白一番,譬如钱穆和南怀瑾就直接说孔子说得对。只有李零直率。

不妨来看看大师们的解说:

钱穆:读《论语》,当知孔子之距现代,虽未及百世,亦已逾七十世。时不同,固不当拘其语,然仍当会其意,乃知孔子所谓百世可知,语非虚发。

南怀瑾:历史的演变,不会突然的,都是渐变而来的。所以将来的历史,未来的时代,明天怎么样?几乎很清楚地可以了解。

李零:孔子死,到现在不到百世(3000年),现在的事,他做梦也想不到。

第十章

道德先生

24·11（19·1）子张曰："士见危致命，见得思义，祭思敬，丧思哀，其可已矣。"

【译文】

子张说："士遇见危险时能献出自己的生命，看见有利可得时能考虑是否符合义的要求，祭祀时能想到是否严肃恭敬，居丧的时候想到自己是否哀伤，这样就可以了。"

子张当老师之后，又是什么教学理念呢？子张的话，看上去是不是很眼熟？先来看看大师们怎么说。

> 钱穆：致命犹授命，见危授命见《宪问篇》。见得思义见《季氏篇》。祭思敬丧思哀之义，见《八佾篇》。此章子张之言，亦平日所闻于孔子。已矣语辞，谓士能如此为可也。
>
> 南怀瑾：孔子去世以后，子张在教学生，也就是继承了孔子精神，从事社会教育。
>
> 李零：这是撮述孔子之言，语句多见于以前各篇。
>
> 傅佩荣：合乎道义原则时，才可不惜牺牲，而不是要人轻易赴死。由此可知，孔子的学生们所发表的心得，不能与孔子本人的说法相提并论。

傅佩荣把"士"译为"读书人"，而且不止一次，完全不靠谱。当然，更不靠谱的是南怀瑾，他说"士"就是十个人里选出一个来。

子张的性格，讲这些大道理是很适合的。基本上，我们可以把这些话理解为孔子语录，子张都牢记在心，然后又教给自己的学生。

基本上，子张所教授给学生的不会超过他从孔子那里学来的。并且，说教意味太浓了。

24·12（19·2）子张曰："执德不弘，信道不笃，焉能为有？焉能为亡？"

【译文】

子张说："实行德而不能发扬光大，信仰道而不忠实坚定，（这样的人）怎么能说有德有道，又怎么说他无德无道？"

这段话历来的解说又是五花八门，人人不同，说什么的都有。还是先来看看大师们怎么说。

> 钱穆：执德不能弘大，信道不能笃实。这样，怎好算他有？又怎好算他没有？
> 杨伯峻：对于道德，行为不坚强，信仰不忠实，（这种人）有他不为多，没他不为少。
> 南怀瑾：像这种人教他得意也不可以，"焉能为有"，他得意就会得意忘形，忘记了自己。让他失意也不可以，"焉能为亡"！他又会失意忘形。
> 李零：子张强调执德和信道，认为不如此，不为人。"焉能为有，焉能为亡"，意思是有这个人不多，没这个人不少，无足轻重。
> 傅佩荣：对德行的实践不够坚持，对理想的信念不够深刻。这样的人，不是有他不为多，无他不为少吗？

这段话的难点在于"焉能为有？焉能为亡"，大师们的分歧也在这里。

钱穆和杨伯峻的译法看似相同，但实际不同，钱穆的主语是"他"，至于"有什么""没有什么"，不知道，句子没宾语。杨伯峻的没主语，宾语是"他"，意思是这种人有或者没有。

南怀瑾的意思是得意忘形和失意忘形，杨伯峻、李零和傅佩荣相同，意思是说这种人有没有都一样。

大师们再一次集体翻译错误，因为他们还是没有弄懂"有"和"亡"是什么。其实子张说得很清楚了，就是"德"和"道"啊。

所以，"焉能为有，焉能为亡"的直译是：（这样的人）怎么能说他有德有道，又怎么能说他无德无道？

这句话看上去有点烧脑是吗？没关系，咱们用一句通俗话说，大家立即就明白了。要说他有德有道呢？又好像没有；要说他无德无道呢，又好像有一点。所以，既不能说他有德有道，也不能说他无德无道。

不管大师们怎样看，我认为这是子张的道德洁癖又犯了，明显是在攻击某人。攻击谁呢？如果要在《论语》这部大戏中对号入座的话，那么只有一个人：子夏。

子张这话是在孔子去世之后所说,这里的"德和道"都已经是符号化宗教化的概念,对于这一类的概念,子夏确实毫无兴趣。从这个角度来说,子张也没冤枉子夏。

这里我们来尝试现场还原。

有人来询问子张:子夏这人的德怎么样?道怎么样?

子张真不愿意表扬子夏,可是也不太好公开说子夏的坏话,于是说了上面的话,意思是你说他没有吧,他还有点儿;说他有吧,他又不去弘扬不去坚持。到底有没有,我也不知道。

第十一章

人际关系是个大问题

24·13（19·15）子游曰："吾友张也为难能也，然而未仁。"

【译文】
子游说："我的朋友子张可以说自我要求很高了，然而人际关系一般。"

子张的人际关系怎样呢？看看这一章就知道了。
来看看大师们的译文和解读。

  钱穆：子张务为高广，人所难能，但未得为仁道。盖仁道者，乃人与人相处之道，其道平实，人人可能。若心存高广，务求人所难能者，即未得谓仁。
  杨伯峻：子游说："我的朋友子张是难能可贵的了，然而还不能做到仁。"
  南怀瑾：子游说，我们的同学子张，做人的确了不起，一般人很难做到的事情，他去做了，困难的事情，他敢去负责任，敢去挑这个担子，而达到任务。这一点子张做到了，但是还没有达到夫子那个仁的境界。
  李零：子张还没有达到仁。
  傅佩荣：子游说："我的朋友子张所作所为已经难能可贵了，不过还没有抵达完美的境地。"（子游这样说，有与子张互相砥砺之意，而不是妄加批评。）

这段话里，什么是"难能"，什么是"未仁"？
对于"难能"，大师们多译为"难得"，什么难得？难得什么？不知道。傅佩荣译为"所作所为难能可贵"，恐怕也不对，子张的所作所为并不难能可贵，否则也不至于人缘这么差。
子游想表达的是，子张在主观上对自己的要求很高，如此而已。
对于"未仁"，很有趣的是，钱穆在这里对"仁"给出了正确的定义，他说"仁道"就是"人与人相处之道"。可是，为什么他在解读《论语》其他篇章的时候却不去应用正确定义呢？这真是个谜团。

傅佩荣把"仁"解释为完美的境地，这个，太虚无了吧？就算达到了仁，也不至于达到完美的境地吧？

其余大师根本没有解释什么是"仁"或者"未仁"。

仁，就是好的人际关系。未仁，就是人际关系不怎么样。

以子游和子张两人的个性来说，子游说子张的短处，一定是用自己的长处。所以子游的意思是，子张还算努力，但是说到情商嘛，嘿嘿。

子游和子张的关系大概就是这样吧，表扬你一分，贬低你两分。大家都在仁义道德的层面上说话，彼此彼此吧。

傅佩荣说这是子游和子张在互相砥砺，子张恐怕不会这么认为。

24·14（19·16）曾子曰："堂堂乎张也，难与并为仁矣。"

【译文】
曾子说："子张外表堂堂，不过不太容易相处。"

先看看大师们怎样说。

钱穆：曾子说：堂堂乎我的朋友张呀！难乎和他同行于仁道了。（子张之为人如此，故难与并为仁。盖仁者必平易近人，不务于使人不可及。）

杨伯峻：曾子说："子张的为人高得不可攀了，难以携带别人一同进入仁德。"

南怀瑾：曾子认为子张是个堂堂正正的大丈夫，但是他修养的内涵，还没有达到仁的境界。

李零：曾子说：子张看上去很威风，但一点也不随和，没法一块和他追求仁。

傅佩荣：曾子说："子张言行显得高不可攀，很难与他一起走上人生正途。"（对每一个人而言，人生正途原是大同小异的，但是由于性格、志趣、知识、德行的差异，而有各自结伴同行的朋友。）

上面一章把"仁"说成完美境地，这一章又说成人生正途，看来傅佩荣这一类的词库存不少。

"难与并为仁"就是不好相处的意思，不过话说得非常委婉。因为不好相处可能并不是子张的问题，而是我曾参的问题，或者仅仅是性格志趣不投的问题。

虽然曾参和子游的意思都是子张的情商不高，但是两人的说法是有很大区别的。

子游的说法就是子张与所有人都处不好，曾参则只说自己。另外，子游的话前后反差更加强烈，感觉上是把子张高高捧起，然后重重摔下。曾参的话则相对平稳，属于轻轻捧起，慢慢放下。

子张、子游、曾参和子夏是孔子第三代学生中的佼佼者，子张的人缘之差可见一斑。而通过这两段话的对照，曾参的厚道就显示出来了。

所以子张需要反思了，如果只跟一两个人的关系搞不好，那可能是对方的问题。可是，跟所有人的关系都搞不好，那就绝对是自己的问题了。

小结

子张：伪君子的开山鼻祖

《论语》中记载子张的事迹很多，大致编写《论语》的时候他依然在世，可以提供的内容比较多。

子张的刻苦努力与颜回相仿，也喜欢探究圣人之道。

但是，大致是汲取了颜回的教训，孔子并没有推动子张去做圣人，甚至没有让子张向仕途发展，而是让他一门心思做学问，办学校当老师，这就使得子张避免了颜回的悲剧。

从这个角度说，孔子的纠错能力还是很强的。

那么，为什么子张在历史上影响力不大？

子张因循守旧、缺乏创新，教学以"道""德"这类比较虚无的概念为主，因此能够留下的东西不多。

子张和颜回研究学问的方向是相同的，都是圣人之道。但是，颜回是内向的，他的要求是对自己的。子张是外向的，他的要求是对别人的。因此，同样是追求那些形而上的概念，颜回体现出的是沉闷自闭，是书呆子，每天都在反省自己。子张体现出的是刻薄刁钻，是伪君子，常常在帮别人反省，换句话说就是指责别人。

事实上，自从汉朝开始独尊儒术之后，官方宣扬颜回子路、打压子夏子贡，实际上就是压抑创造性和独立思考，压抑不同意见，而鼓励道德说教和愚忠。

但是，有几个人具有颜回那样的品质和意志力呢？所以，学的是颜回，做的是子张。

当然，在春秋的贵族文化之下，子张这样的其实并不是后来意义上的伪君子。子张这样的人或许在出发点上还是好的，他还是为了帮助别人。可是后来的伪君子就是人前一套人后一套，其出发点都是为了自己，甚至是为了损人利己的。

所以，从严格意义上说，子张只是具备了伪君子的外部特征，却没有伪君子的内部实质，因此，他算不上一个真正的伪君子。到现在，伪君子早已经异化到一个更高的层次了。

第七篇

孔门弟子

孔子二十七岁开办私学，是中国历史上有记载的第一所私人学校。严格来说，这是违背周礼的，至少是不符合周礼的。但是在当时的历史环境下，这也算是应运而生。按照周礼的规定，所有贵族子弟接受义务教育，学习六艺。到了孔子的年代，各国政坛都被大家族们掌控，国家反而没有钱，再加上士的阶层日益扩大，义务教育已经名存实亡。这个时候，孔子私校的成立，就是填补义务教育的缺失。

孔子的弟子前后号称三千人，其实这是孔子私校的招生总数而已，并非都是孔子的学生。到后来，孔子的角色已经是校长，具体教学工作都交给弟子们去做。在孔子学生中，有说法所谓贤人七十二，其实不过是有名有姓的学生有七十二名。

孔子亲自教授的学生分为三批，最先招收的一批是在孔子开办学校之初，从齐国回来之后招收了第二批，第二次流亡卫国期间招收了第三批。孔子的出色弟子都集中在这三批学生中。

孔子去世之后，弟子遍布全国，纷纷成立私校，传播知识。应该说，整个战国时期，几乎所有成名人物都是孔子的徒子徒孙，孔子为中国文明的普及做出的贡献超出我们的想象。

关于孔子的弟子们，前面已经讲了很多，这一篇则是集中讲剩余的弟子。

第 一 章

所谓"四科十哲"

25·1（11·2、11·3）子曰："从我于陈、蔡者，皆不及门也。"德行：颜渊，闵子骞，冉伯牛，仲弓。言语：宰我，子贡。政事：冉有，季路。文学：子游，子夏。

【译文】

孔子说："曾跟随我从陈国到蔡国去的学生，现在都不在我门下了。德行好的有：颜渊、闵子骞（闵损）、冉伯牛（冉耕）、仲弓（冉雍）。善于辞令的有：宰我、子贡。擅长政事的有：冉有、季路（子路）。通晓文献知识的有：子游、子夏。"

这一章先简单地推出人物。这一章我们要解决两个问题：第一，"不及门"怎么解？第二，后面这句话是孔子说的吗？

首先需要澄清一个事实。

关于这一章，《论语》有两个版本，两个版本的区别在于：第一个版本将本章列为第十一篇的第二章；第二个版本将本章分列第十一篇的第二章和第三章。钱穆和南怀瑾采用的是第一个版本，李零、杨伯峻、傅佩荣采用的是第二个版本。

采用第一个版本面临一个问题：这一章的前后两句是不是相关？也就是说，孔子在后面说到的十个人是不是都跟随孔子在陈、蔡？

钱穆明确说了，子游子夏肯定没有跟随孔子去陈蔡，所以前后两句不相关。而南怀瑾则认为这十个人就是当初随孔子去陈蔡的。钱穆是对的。

下面来解决第一个问题："不及门"怎么解？

先来看看大师们怎么解读"从我于陈蔡者，皆不及门也"。

钱穆：以前从我在陈蔡的，此刻都不在我门下了。
杨伯峻：跟着我在陈国、蔡国之间忍饥受饿的人，都不在我这里了。
南怀瑾：当时随我在陈蔡之间一起蒙难的学生，现在都不在了。
李零：以前从我在陈蔡的，此刻都离开师门了。

>   傅佩荣：跟随我在陈国、蔡国之间的学生，与这两国的君臣都没有什么交往。

其中，钱穆、杨伯峻、李零虽然用词不同，意思是一样的，南怀瑾说"都不在了"，不知什么意思。最离谱的就是傅佩荣的说法，于文于理都讲不通。

其实这一句话的意思很清楚，这自然是孔子回到鲁国之后的感慨，当初跟随孔子周游列国去往陈蔡的那些弟子现在都不在门下了。人老了闲下来了，喜欢回顾过去，因此感慨良多。

再来解决第二个问题：后面这句话是孔子说的吗？

显然不是。因为这里用的是每个人的字。那么这是不是孔子的观点呢？只能说基本上是。最可疑的是宰我，宰我善辩，但是仅此而已，算不上口才好，而且孔子很不喜欢他。但是，后人显然认为这是孔子的话或者观点，所以称之为"四科十哲"，以为孔子教学分成了以上四个专业。其实根本不是，只是说这些人在这些方面比较突出而已。

这一章，李零的讲解详尽并且观点鲜明，值得学习。

因为这十个人有的已经介绍过，有的会在下面介绍，因此在这里就不多说了。我们来对照一下这些学生的成就，也许可以发现一些问题。

说起来，好像最没用的就是德行了，尽管孔子把它放在第一位。德行好的几个人都没有什么成就，对孔子的学说也没有做出什么贡献。就算是排名第一的颜回，用李零的话说"四大道德先生之一，死后默默无闻，有闻也是虚名"。

反而是后面的几类人比较风光，嘴皮子利索的子贡不仅富甲天下，而且擅长外交，在各国都受到极高的礼遇。孔子去世之后，子贡出资出人极力鼓吹孔子和孔子学说，孔子去世后的盛名多半要归功于子贡的宣传；冉有在季孙家做管家，也是做得扎扎实实，不仅自己得到了富贵，还帮助师兄弟们过上好日子；子夏后来到卫国办学，成为魏文侯的老师，不仅宣扬了孔学，还培养了大量的人才。

为什么德行如此脆弱无力？因为德是统治者亟须具备的，小老百姓有没有影响不大。相反，当天下缺德的时候，一个小老百姓太有德行反而是件麻烦事。往轻里说是束缚自己，譬如大家都不排队而你要排队；往重里说是埋葬自己，就如那句"高尚是高尚者的墓志铭"。

除了道德先生们混得不好之外，混得最差的就是善于辞令的宰我了，为什么能言善辩的宰我反而混得很差呢？我们很快就说到他了。

第二章

夸赞弟子

25·2（6·8）**季康子问："仲由可使从政也与？"子曰："由也果，于从政乎何有？"曰："赐也可使从政也与？"曰："赐也达，于从政乎何有？"曰："求也可使从政也与？"曰："求也艺，于从政乎何有？"**

【译文】

季康子问孔子："仲由这个人，可以让他从政吗？"孔子说："仲由做事果断，从政有什么困难呢？"季康子又问："端木赐这个人，可以让他从政吗？"孔子说："端木赐通达事理，从政有什么困难呢？"又问："冉求这个人，可以让他从政吗？"孔子说："冉求有才能，从政有什么困难呢？"

总有人会问起孔子对弟子们的评价，对此孔子从来不吝赞美之词。

从内容看，本章的理解似乎没有什么难处。

先来解释下"从政"是什么意思。

钱穆和傅佩荣的说法是"担任国家的大夫"；杨伯峻的说法是"管理国家政事，那就相当于卿了"；李零的说法是"当官"；南怀瑾没翻译。

"从政"当然有担任国家职务的意思，但是绝不仅限于此，尤其是季康子问，自然是询问他们适不适合来季孙家担任管理工作，所以，李零的说法是最准确的。

下面要解决一个关键的问题：对话的时间段。

由于季康子问起了子贡，因此这段对话可能发生在两个时间段。第一个是孔子第一次从卫国返回鲁国，这时候季康子还没有执掌季孙家；第二个是孔子周游列国之后从卫国回到鲁国，这时候季康子已经执掌季孙家。

钱穆没有提到这个问题，大致是忽略了；杨伯峻和南怀瑾也没说，大致什么时间段对他们来说都一样；傅佩荣认为这是孔子周游列国回到鲁国之后的事情。李零经过一番分析，认为这是孔子周游列国到了陈蔡的时候，季康子派人去问的。之所以这样判断，是因为季康子在这个时候继位季孙家，想要换个家宰，所以派人去问。

首先被否定的是傅佩荣的解释，理由非常简单，因为当孔子周游列国失败回到鲁国的时候，子路已经是卫国的蒲地宰，冉有已经是季孙家的家宰，并且率领鲁军击败齐军，是鲁国头号政治明星，而子贡已经帮助季康子出使吴国军队，成功帮助鲁国交好吴国，季康子对他佩服得五体投地，邀请他留下来可是人家不赏脸。这个时候，季康子还会来问这个问题吗？应该不会。

李零认为这是孔子周游列国期间发生的，这比其他人的解释合理得多。但是依然不对，因为如果是这样的话，记载就应该是"季康子使人问于孔子……"，并且，不可能这样问法，一定是确定了要请谁回去才派使者的。

所以，这段话唯一可能的发生时间就是在孔子第一次从卫国返回鲁国时。

有人会提出疑问：这时候，季康子还没有接管季孙家，他怎么会问这样的问题呢？难道没有接管就不能问吗？

我们不妨给出一个合理的推理。

第一时间段在鲁哀公元年到鲁哀公二年，这时候孔子在鲁国。作为季孙家的前任费邑宰，冉有自然会去看望季孙斯。季康子是季孙斯的儿子，年纪与冉有相仿，两人的关系也不错，有些交往并不意外。此时子贡随孔子来到鲁国，子贡是冉有最好的朋友，在鲁国肯定跟着冉有混，因此也就认识了季康子。

此时的季孙斯已经久病卧床，因为他是在鲁哀公三年去世的。季康子虽然还没有接管季孙家，也基本上接近了，这时候他需要物色自己的管家，从接触中，他认为子路、冉有和子贡都很有才能，因此希望从这三个人中确定一个人。于是，找机会来问孔子。

孔子自然知道季康子的来意，他的心情有些矛盾。他想告诉季康子这三个人都行，但是同时又不想让自己的弟子去做家臣。因此，孔子的话很简单，并没有趁机要推销三个弟子的意思，也没有进一步的交谈。

季康子心中的理想人选其实是冉有，但是此时父亲还在，他不能做主换人。等到父亲去世，季康子立即派人去请冉有回来担任家宰。

孔子作为一个老师，虽然此时他心情矛盾，在外人面前依然不遗余力地夸赞自己的弟子。

一个好的老师就是这样，对弟子的缺点是当面指出，但是绝不在外人面前去说。对外人，自然要说优点的。

第三章

孔子是真不知道

25·3（5·8）孟武伯问子路仁乎？子曰："不知也。"又问。子曰："由也，千乘之国，可使治其赋也，不知其仁也。""求也何如？"子曰："求也，千室之邑，百乘之家，可使为之宰也，不知其仁也。""赤也何如？"子曰："赤也，束带立于朝，可使与宾客言也，不知其仁也。"

【译文】
孟武伯问孔子："子路做到了仁没有？"孔子说："我不知道。"孟武伯又问。孔子说："仲由嘛，在拥有一千辆兵车的国家里，可以让他管理军事，但我不知道他做到了仁没有。"孟武伯又问："冉求做到了仁没有？"孔子说："冉求这个人，可以让他在一个有千户人家的公邑或有一百辆兵车的采邑里当总管，但我也不知道他做到了仁没有。"孟武伯又问："公西赤做到了仁没有？"孔子说："公西赤嘛，可以让他穿着礼服，站在朝廷上，接待贵宾，我也不知道他做到了仁没有。"

这一章依然是有人问孔子的弟子，这一次孔子怎么回答？这一章我们要解决两个问题：第一，孔子为什么说不知道？第二，孔子认为子路等人算不算仁？

这一章里涉及了孔子的三个学生：子路、冉有和公西华，恰好是三期的学生代表。孟武伯则与季康子同期。

因此，这段话明显是发生在孔子周游列国回到鲁国之后。弄清这个背景，后面才好说话。

钱穆说"公西华名赤，亦孔子早年弟子"。公西华小孔子四十二岁，怎么可能是早年弟子？

我们知道，孟武伯家和孔家是亲戚，关系一直不错。从辈分上来讲，孟武伯是孟懿子的儿子，南宫敬叔的侄子，辈分上是孔子的孙子辈。孟武伯此前还曾经向孔子问孝，对孔子还是很尊敬的。因此，这里是孟武伯诚心请教，不是找茬挑刺。

现在来解决第一个问题：孔子为什么说不知道？

钱穆：仁道至大，仁德至高，孔子不以轻许人，故说不知。

南怀瑾：这个"不知也"的意思，我与古人的解释又不同了。古人常解释说，孔子答复孟武伯，子路不知道仁。我认为不是这个意思。孔子说的是一句幽默的答辞，不肯定的话；等于有人来问我们说，你认为你的学生某某的能力，能不能当省主席？我们也许答复他，这个我不晓得。也许我们的心里认为这个学生的本事，还超过了这个地位，但口头上不能这样吹；也许我们认为这个学生当科员的本事都不够，也不能说得他太难堪了，否则害他没有前途、没有饭吃，我只有说不知道。

李零：三人都是行动型人才。

傅佩荣：孔子说不知，是因为仁为择善固执，要一生努力培养完美人格，必须到盖棺才能论定。

先说南怀瑾的解读，他首先树立了一个靶子，说古人那么说是不对的。问题是，古人根本就没有那么说，其他的几位大师也没有那么说，只能说他以为古人是那么说的。

按照南怀瑾的解读，孔子是知道却假装不知道，怕回答不好影响弟子们的前途。如果说在其他情况下，南怀瑾的说法是有道理的。可是在这个具体的背景下，他的说法就站不住脚了。具体的背景是：子路、冉有和公西华都已经出仕了，孔子根本不用担心他们的前途。

傅佩荣的说法很有趣，他说一个人有没有达到仁，要到死了才能下结论。问题是，如果真是如此，孔子大可以明白地说"等他们死了我们再来谈论这个问题吧"。

其实钱穆说的是对的，仁这个概念在这个时候已经被神圣化了，没有具体可以去衡量比较的标准，任何一个人都不可能达到。从这个角度说，傅佩荣的说法并非全无道理，因为死人不会说话，无法对质，所以你说他仁他就仁，你说他不仁他就不仁。死的时间越久越好，因为他的事迹完全靠传说了，譬如尧舜禹汤伯夷叔齐。

我们可以设想这段对话的背景，孟武伯总是听孔子说仁，云里雾里不知所以，又特别崇拜的样子，可是又没有具体的标准可以去学习，怎么办？于是问子路算不算，毕竟这是个活人，有迹可寻的，可以学习。人家问问题也很恭敬，称呼上也是称呼子路的字，放在现在大致就是"子路大爷"的意思。

可是孔子一听这问题有点恼火了，心说你怎么这样问问题？这么神圣的仁怎么可能是有标准答案的？你只要膜拜就行了，弄那么清楚干什么？

所以，孔子对这个孙子辈的也没客气，直截了当回答：不知道。

可是，孟武伯很倔，还问。这下，孔子不能不回答了，否则就会被怀疑自己也不知道仁是怎么回事。

但是，孔子只是说了子路以及冉有和公西华的优点，却没有去正面回答他们仁不仁，最终还说不知道他们算不算仁。意思是：你自己判断吧。

那么现在我们来解决第二个问题：孔子认为子路等人算不算仁？

还是先来看看大师们怎么说。

> 钱穆：孔子平日讲学极重仁，仁乃人生之全德，孔子特举以为学问修养之最高标准，而又使学者各就才性所近，各务专长，惟同向此全德为归趋。人求全德，亦不可无专长。子路、冉有、公西华，虽未具此全德，然已各有专长。
>
> 南怀瑾：这三人有能力，但是谈到学问、修养，也还是没有达到仁的境界。
>
> 傅佩荣：孟武伯听说孔子称扬"仁"，又不知其意，所以举几位孔子学生来请教。因此它的问话是指比较空泛的"仁的标准"。

杨伯峻没有解读，其他大师觉得孔子认为他们够不上仁。

问题来了：如果孔子认为他们够不上仁，为什么不直截了当地说？孟武伯又不是来找事的。

孔子并不是认为他们够不上仁，而是他自己也说不清，是真不知道。他们都是孔子最出色的学生，如果他们没有达到仁，别人怎么达到？如果仁是一个人根本无法达到的东西，这种东西有什么用？所以，孔子实际上很想说他们达到了仁。可是问题是，如果说他们达到了仁，那就意味着仁就有了具体的标准，这又不是一个被宗教化了的概念应该有的。

所以，孔子真不知道该怎么回答。

第四章

曾皙的理想

25·4（11·26）子路、曾皙、冉有、公西华侍坐。子曰："以吾一日长乎尔，毋吾以也。居则曰：'不吾知也！'如或知尔，则何以哉？"子路率尔而对曰："千乘之国，摄乎大国之间，加之以师旅，因之以饥馑；由也为之，比及三年，可使有勇，且知方也。"夫子哂之。"求！尔何如？"对曰："方六七十，如五六十，求也为之，比及三年，可使足民。如其礼乐，以俟君子。""赤！尔何如？"对曰："非曰能之，愿学焉。宗庙之事，如会同，端章甫，愿为小相焉。""点！尔何如？"鼓瑟希，铿尔，舍瑟而作，对曰："异乎三子者之撰。"子曰："何伤乎？亦各言其志也。"曰："莫春者，春服既成，冠者五六人，童子六七人，浴乎沂，风乎舞雩，咏而归。"夫子喟然叹曰："吾与点也！"

三子者出，曾皙后。

曾皙曰："夫三子者之言何如？"子曰："亦各言其志也已矣。"曰："夫子何哂由也？"曰："为国以礼，其言不让，是故哂之。""唯求则非邦也与？""安见方六七十如五六十而非邦也者？""唯赤则非邦也与？""宗庙会同，非诸侯而何？赤也为之小，孰能为之大？"

【译文】

子路、曾皙、冉有、公西华四个人陪孔子坐着。孔子说："我年龄比你们大一些，不要因为我年长而不敢说。你们平时总说：'没有人了解我呀！'假如有人了解你们，那你们要怎样去做呢？"子路赶忙回答："一个拥有一千辆兵车的国家，夹在大国中间，常常受到别的国家侵犯，加上国内又闹饥荒，让我去治理，只要三年，就可以使人们勇敢善战，而且懂得礼仪。"孔子听了，微微一笑。孔子又问："冉求，你怎么样呢？"冉求答道："国土有六七十里或五六十里见方的国家，让我去治理，三年以后，就可以使百姓饱暖。至于这个国家的礼乐教化，就要等君子来施行了。"孔子又问："公西赤，你怎么样？"公西赤答道："我不敢说能做到，而是愿意学习。在宗庙祭祀的活动中，或者在同别国的盟会中，我愿意穿着礼服，戴着礼帽，做一个小小的相礼。"孔子又问："曾点，你怎么样呢？"这时曾点弹瑟的声音逐渐放慢，接着"铿"的一声，离开瑟站起来，回答说："我想的和他们三位说的不一样。"孔子说："那有什么关系呢？也就是各人讲自己的志向而已。"曾皙说："暮春三月，已经穿上了春天的衣服，我和五六位成年人，六七个少年，去沂河里洗洗澡，在舞雩台上吹吹风，一路唱着歌走回来。"孔子长叹一声说："我是赞成曾皙的想法的。"

子路、冉有、公西华三个人都出去了，曾皙后走。

曾皙问孔子说："他们三人的话怎么样？"孔子说："也就是各自谈谈自己的志向罢了。"曾皙说："夫子为什么要笑仲由呢？"孔子说："治理国家要讲礼让，可是他说话一点也不谦让，所以我笑他。"曾皙又问："那么是不是冉求讲的不是治理国家呢？"孔子说："哪里见得六七十里或五六十里见方的地方就不是国家呢？"曾皙又问："公西赤讲的不是治理国家吗？"孔子说："宗庙祭祀和诸侯会盟，这不是诸侯的事又是什么？像赤这样的人如果只能做一个小相，那谁又能做大相呢？"

有的时候，孔子也会问起弟子们的理想。

从时间点看，这段对话大致也就发生在孔子从陈蔡回到卫国期间，因为要凑齐这四个人，似乎只有这段时间。这个时候公西华入学时间不长，大致二十岁。

曾点，字皙，鲁国人，小孔子六岁。曾皙是孔子第一批学生，是曾参的父亲。曾点家祖上原本是鄫国的公子，后流亡到鲁国。因为鄫国是个小国，按照国际避难通则，鄫国公子相当于鄫国的卿，也相当于鲁国的上大夫。那么到了鲁国之后待遇降一级，顶多享受中大夫待遇，但实际上恐怕只能享受下大夫待遇。也就是说，第二代就成为士了。再加上鲁国"亲亲上恩"的传统，异姓在鲁国很难有好的发展。因此到了曾皙这一代，社会地位和经济地位都比较低了。

李零从曾参的岁数推断曾皙小孔子二十岁，不知道为啥不查下资料。

从各人的回答中可以看出性格来，子路是野人出身，虽然跟随孔子多年，不懂得谦让的性格还是时不时暴露出来。按照年龄本来应该曾皙第一个发言，可是子路抢了过去，所以孔子笑他不懂礼让。正常的顺序，应该是子路先谦让曾师兄，曾皙很可能让他先说，这时候子路再说，就显得很好了。

冉有是个平实有城府的人，比较谨小慎微，做不到就不说，决不把大话放在前面。

公西华在这里岁数最小，家里富有并且是鲁国公族，教养好，在孔子这里专心学习周礼，因此他比较谦虚，也把话说得比较小，说自己现在还没什么能耐，还在努力学习的阶段，这也是实话。

曾皙的个性比较随和，因此宁愿最后一个发言。曾皙的志向确实也是这样，跟随孔子多年，并没有提出去当官，而是安心在孔子的私校做教学管理，追求的是轻松自在。曾皙的理想接近于道家的境界，在孔子学生中比较另类。

那么孔子为什么赞成他的想法呢？

来看看大师们的说法。

　　钱穆：盖三人皆以仕进为心，而道消世乱，所志未必能遂。曾晳乃孔门之狂士，无意用世，孔子骤闻其言，有契于其平日饮水曲肱之乐，重有感于浮海居夷之思，故不觉慨然兴叹也。然孔子固抱行道救世之志者，岂以忘世自乐，真欲与巢许伍哉？然则孔子之叹，所感深矣，诚学者所当细玩。

　　南怀瑾：子路等人的抱负思想很了不起，但总离不开自我英雄主义，我可以如何，我要如何……而且都偏于从政治着手。但曾晳就不同了，同样希求大同之世，但成功不必在我，而着重于文教方面，真正说中了孔子的心事，所以孔子感叹："吾与点也。"

　　李零：他欣赏曾晳之志，主要是因为，前三位讲治国，最后要落实到个人幸福，这是目标性的东西。

　　傅佩荣：孔子欣赏他的志向，显示了儒家在深刻的入世情怀中，也有潇洒自在的意趣。

大师们说得对吗？

我们来讲一个故事，一个老农民守着一块池塘，住着一间草庐。这一天皇帝微服私访来了，老农民请他吃草鱼喝村酒睡凉席，皇帝老儿觉得很好，当时说了"这就是我喜欢的生活啊"。但是，皇帝老儿真会来过这样的生活吗？后来一个大富豪踏春来到这里，老农民同样是请他吃草鱼喝村酒睡凉席，大富豪觉得很好，当时说了"这就是我喜欢的生活啊"。但是，大富豪真会来过这样的生活吗？

孔子的话实际上也是如此，曾晳所说的生活，他做不到吗？他随时能够做到。可是，他放不下自己的事业。所以，他嘴上说的是赞成曾晳的观点，实际上做的却是子路、冉有、公西华想要做的事。

第五章

冉耕的恶疾

25·5（6·10）伯牛有疾，子问之，自牖执其手，曰："亡之，命矣夫！斯人也而有斯疾也！斯人也而有斯疾也！"

【译文】
伯牛病了，孔子前去探望他，从窗户外面握着他的手说："就这样死去，这是命里注定的吧！这样的人竟会得这样的病啊，这样的人竟会得这样的病啊！"

这一章又是讲一个第一期的学生。

冉耕，字伯牛，鲁国人，小孔子八岁，是孔子第一批学生，和冉有是族人。有说法认为冉耕是冉雍的父亲，不过多数人认为不是。

李零认为冉耕字子牛，只因为排行老大所以叫伯牛。这恐怕不对，按照周朝时期的取名方式，最早的字都是带排行的，也就是伯仲叔季。到了春秋时期，每隔一段时间取名的方式就有一个变化，到了春秋末期，才开始流行在字里带"子"，但是并不是所有人都要这样，尤其是在鲁国这样一个比较保守的国家，还是很多人坚持原先的方式的。不说别人，譬如孔子就字仲尼。所以，冉耕就是字伯牛，而不是子牛。

冉耕追随孔子周游列国，勤勤恳恳兢兢业业，应该是从事打杂总务的事务比较多，与孔子之间的感情很深。在前面，孔子还称赞冉耕的"德行"，可见冉耕人品不错。不过，除了德行，看起来冉耕的能力比较一般。

这段话应该是孔子周游列国回到鲁国之后，见到老部下遭此恶病，不由感慨伤心。

冉耕得的是一种比较糟糕的病，《史记》的说法是"恶疾"，据说是麻风病，手足溃烂而且有传染性。之所以孔子也隔着窗户去握他的手，有说是冉耕不愿意老师看到自己现在的样子，有说是为了防止传染。

孔子很感慨冉耕这样高尚的人竟然得了这样的病。

第六章

漆雕开不出仕

25·6（5·6）子使漆雕开仕。对曰："吾斯之未能信。"子说。

【译文】
孔子让漆雕开去做官。漆雕开回答说："我对做官这件事还没有信心。"孔子听了很高兴。

这一章讲的还是第一期的学生。

历史上关于漆雕开的记载不多，他小孔子十一岁，可能是孔子的第一批学生。

漆雕开，字子若，或子启。据记载应是蔡国人，李零说是鲁国人。

漆雕这个姓有些特别，据传是周代吴国的开国国君太伯的后代。也有说最早出现时是职业称谓，是那些油漆装饰工的古称。

据《墨子》记载，漆雕开曾经犯罪受刑。周代的刑都是肉刑，都是伤害身体的，最轻的大致就是脸上刻字，其余的砍胳膊砍脚的都有。漆雕开是什么时候受的刑，受的什么刑都不知道。有说是膑刑，也就是削掉髌骨，就像孙膑一样，从此就无法行走了。不过这个说法并不可信，受到膑刑就属于残废，以古代的条件，行动当极度不便，不要说去当官，就是去学习都不太可能。

所以，漆雕开受刑的可能性并不大。漆雕开最后的结局怎样呢？没有记载。由此可见，漆雕开算不上孔子优秀的学生。

漆雕家族有不少人在孔子学校学习，后来应该有人也开了私校讲授儒学，被称为漆雕氏之儒。那么，开校讲学的就是漆雕开吗？不一定。

漆雕开的为人应该是比较老实忠厚，孔子觉得要帮他谋一个前途，此时应该是在卫国或鲁国。这一次是孔子替他谋了一个职位，可是漆雕开有点自信心不足，说自己能力不足。按理说，这个时候漆雕开跟随孔子时间已经不短，岁数也不小了，如果这个时候能力还不足，那就是确实不足了。

孔子为什么高兴呢？

来看看大师们怎么说。

钱穆：是其志大不欲小试。孔子并不以不仕为高，然亦不愿其弟子热衷利禄，汲汲求仕进，故闻漆雕开之谦退而喜悦。（钱穆竭力要说明漆雕开不是没自信，却让人觉得漆雕开是认为官太小而不愿意去。）

南怀瑾：由此可见他为学之诚，行道之笃。所以孔子听了非常高兴。

傅佩荣：孔子高兴的原因是：启（傅佩荣认为漆雕开原名叫启）能反省及了解自己，知道尚须进德修业，而不急着做官。这种自我要求的态度正是孔子所乐见的。

大师们都只顾着去表扬漆雕开了，可是为什么不从人情世故上来看看呢？

从历史记载来看，漆雕开并没有从政，如果他有过犯罪记录，那么孔子推荐他去做官是比较勉强的。这个时候，孔子的内心实际上是有担心的：如果漆雕开做不好怎么办？会不会砸了我的牌子？现在漆雕开主动放弃这次机会，孔子高兴了。

首先是为漆雕开高兴，因为这说明他是很自知的，也足够体谅老师的苦心。其次，孔子可以放心了，不用去担心漆雕开做不好带来的影响了。

这样的解释似乎显得孔子不够高尚，但是更加真实。

第七章

孝哉闵子骞

25·7（11·5）子曰："孝哉闵子骞！人不间于其父母昆弟之言。"

【译文】

孔子说："闵子骞真是孝顺呀！人们对于他的父母兄弟称赞他的话，没有什么质疑。"

在这里，"间"通"闲"，闲话、非议、质疑的意思。这一章还是讲第一期的学生。

闵子骞也是被孔子赞扬为德行好的学生，个性比较内向沉稳。

关于闵子骞，其他大师都是简单翻译加上议论，唯有钱穆提出一个问题：《论语》记孔子言及其门弟子，例呼名。此篇记闵子骞行共四章，三章皆称字，一章直曰闵子骞，不知何故。

这里我们做一个尽量合理的解释。

查看闵姓起源，会发现闵姓起源于鲁闵公，鲁闵公的后人以闵为姓，这么说来，闵子骞就应该是鲁闵公的后人，鲁国公族。

但是又有另一个问题：鲁闵公被庆父所害的时候，只有九岁。这也意味着，鲁闵公根本就没有后代。

于是，这又需要一个合理的解释了。

鲁闵公被害之后，继位者是鲁闵公的哥哥鲁僖公。

那么，按照周人的传统，既然鲁闵公是在鲁国国君任上死的，并且也被追谥，这意味着他有自己的宗庙。问题是，如果他没有后人，也就没有人去奉祀他。这个时候，采取的办法就是某个兄弟过继孩子给他作为后代，到期祭祀他。

因此，所谓鲁闵公的后代，实际上应该是鲁僖公的某个儿子过继给了鲁闵公，之后以闵为氏，这应该是闵姓的来源。按照鲁国的传统，闵姓是应该受到格外关照的，因为鲁国国君本来应该是鲁闵公的后人来做。

这样说来，闵子骞的家族在鲁国的政治地位和经济地位都是比较高的，闵子骞的父亲名叫闵马父，在《左传》中有几处记载了他的言论，显示他的睿智和贤能，属于鲁国的社会高层。闵子骞本人应该学养名声都很好，社会地位也比较高，尽管做了孔子的学生，但是在孔子看来应该是亦师亦友的关系，因此称呼他的字而不是名。

其实，还有一个问题大师们都忽略了，那就是：闵子骞为什么叫这么个名字？

闵损，字子骞，鲁国人，小孔子十六岁，是孔子第一批学生中的后进者。"骞"就是"亏损"的意思，连名带字都是亏损，这真是一个糟糕的名字。

根据记载，闵子骞母亲死后，他的父亲又娶了一个继母，继母又生了两个儿子。一次，闵子骞给他的父亲驾车，抓不住马的辔头，他的父亲握着他的手，发觉他的手很冷，穿的衣服也很单薄。父亲回去后，把后母生的儿子叫来，握住他的手，手是温暖的，穿的衣也很厚。父亲就对后妈说："我娶你的原因，是为了我的儿子，现在你欺骗我，让我的儿子受冷，你走吧，不要再留在我家。"

"如果母亲留在我家，您只有我一个儿子受寒；如果母亲离我们而去，三个儿子就都会受寒啊！"闵子骞劝他的父亲，并没有怨恨后妈。

他的父亲一句话也不说，沉默了好久，而他的后妈也很受感动，非常后悔自己的做法，从此待闵子骞像自己的亲儿子一样。

在这一件事上，闵子骞包容了自己的后妈，爱护了自己同父异母的弟弟。不仅保住了一个家庭，而且家人关系从此变得和谐幸福。

有这样的经历和故事，孔子说上面的话是不是就很容易理解了？

第八章

闵子骞不当官

25·8（11·14）**鲁人为长府**。闵子骞曰："仍旧贯，如之何？何必改作？"子曰："夫人不言，言必有中。"

【译文】
鲁国改建长府的国库。闵子骞道："照老样子下去，怎么样？何必改建呢？"孔子道："这个人平日不大开口，一开口就说到要害上。"

这一章依然是讲闵子骞。

首先来说说"长府"，按照钱穆所说：藏货财之所曰府。鲁昭公居长府伐季氏，事见《左传》（昭公二十五年）。长府，就是鲁国放置财货的国库。鲁昭公攻打季孙意如的时候就住在这里，为什么住在这里呢？当然是为了方便。

南怀瑾的解说又是与众不同，他说"鲁国当时财政经济发生问题，鲁国有一个人出任长府，这个'长府'相近于现代的财经首长，不过不能完全和现在比"。这算不算信口开河呢？

到底是谁在改建长府，为什么要改建长府？这一点，钱穆和李零都做了分析。有可能是鲁昭公改建长府，作为攻击季孙意如的基地。也有可能是季孙意如在赶走鲁昭公之后，鲁昭公后来病死在晋国，归国埋葬的时候，季孙意如积怨难消，还派人在鲁昭公与鲁国历代国君的墓之间挖了条沟。大致就是这个时候，季孙意如担心鲁国人看到长府就想起他赶走鲁昭公的事情，因此干脆进行改建，自己看着也舒坦。

钱穆认为应该是后者，因为鲁昭公被赶走那一年闵子骞只有二十岁。但是，李零则认为无法确定。

那么，究竟谁是对的呢？没有标准答案。下面只说说我的看法。

首先，长府是鲁国国君的物业，三桓虽然实力比国君强，但是在赶走鲁昭公这件事情上其实受到了多方压力，三桓之间意见也不统一。因此，季孙也未必就敢动长府；其次，如果是三桓或者季孙来动长府，按照《左传》和《论语》的写法，就不会是"鲁人为长府"，而是"三家为长府"或者"季氏为长府"了；

第三，如果是三桓或者季孙动长府，闵子骞和孔子应该会直接说这是违背周礼的了。

所以，这一定是鲁昭公要改建长府。

但问题是，鲁昭公没钱，而且，长府毕竟是国库，改建的时候里面的财物都要另找地方存放，鲁昭公恐怕也不愿意让人看到自己的这点家底。

那他为什么要改建长府？这究是怎么回事呢？

我们不妨结合鲁昭公在攻打季孙前住进长府，以及鲁昭公改建长府这两件事情，来做一个最合理的推理。

鲁昭公决定攻打季孙意如，但是季孙意如的实力强大。如果公开召集部队，立即就会被季孙意如发现，结果就是搬起石头砸自己的脚。所以，鲁昭公想了这么一个办法，假装改建长府，召集自己的人马，这样就不会引起季孙意如的怀疑。平时就假装在改建，一旦时机来到，立马工人变军人，长府里原本应该藏有盔甲兵器，这样就能迅速武装，以迅雷不及掩耳之势杀奔季孙家。

后来的事情也确实这样是发展的，季孙意如完全被蒙蔽，被鲁昭公打了个措手不及。

按照钱穆的解说，闵子骞说了这样的话，意思是你就算改建了长府，人们就不知道你赶走了鲁昭公吗？是在讽刺季孙意如。但更合理的解释是这是鲁昭公的障眼法，而闵子骞和孔子都跟季孙意如一样没有看出来。

由于完全不了解背景，南怀瑾和傅佩荣的解读就显得驴唇不对马嘴了。

> 南怀瑾：闵子骞说话了。他说，制度不要轻易变动，还是沿用现有制度，方法变一变就好了。如果变更制度，影响比较大，整个社会又要经过一番波动，才能适合新的制度，不如用旧的制度。
>
> 傅佩荣：闵子骞认为扩建国库不但劳民伤财，而且将带来动乱。

25·9（6·9）季氏使闵子骞为费宰。闵子骞曰："善为我辞焉！如有复我者，则吾必在汶上矣。"

【译文】

季孙派人请闵子骞去做费邑的长官，闵子骞说："请你好好替我推辞吧！如果再来召我，那我一定跑到汶水那边去了。"

汶水是今山东大汶河，当时流经齐、鲁两国之间。在汶上，是说要离开鲁国到齐国去。

这是什么时候的事情呢？钱穆和李零都说不确定。但是可以基本确定的一点是，这不是孔子推荐的结果，因此这应该是孔子不在鲁国期间发生的。有可能是季孙家看中了他，也有可能是冉有做季孙家家宰的时候推荐的。

对于季孙家的邀请，闵子骞的态度是第一不去，第二尽量不要得罪季孙家，所以他要来人帮他好好地解释一下。这样的做法，是很君子的。

那么，为什么闵子骞不去呢？历史没有记载，大概闵子骞不喜欢季孙家吧。

那为什么要去齐国呢？因为齐鲁两国之间的通婚非常频繁，再加上齐国的商业发达，比较容易生存，因此鲁国人往往喜欢去齐国，不仅鲁昭公流亡去齐国，就是三桓家族也有不少人去过齐国。

闵子骞人品好，能力应该也不错，季孙家看上他也很正常。不过闵子骞看来对当官没啥兴趣，至少对当季孙家的官没啥兴趣。

前面漆雕开不当官是因为自知，而闵子骞拒绝当官是出于什么呢？就算是出于自尊吧。

第九章

沉默寡言的冉雍

25·10（5·5） 或曰："雍也仁而不佞。"子曰："焉用佞？御人以口给，屡憎于人，不知其仁。焉用佞？"

【译文】
有人说："冉雍人际关系不错但口才不行。"孔子说："何必要口才好呢？能言善辩与人争论，常常被人憎恨，不知道这样的人凭什么人际关系好。要口才干什么用呢？"

这一章开始讲冉雍。
以上的译文，是按照"仁"的定义翻译的。
来看看大师们怎样翻译。

　　钱穆：有人说：雍呀！他是仁人，可惜短于口才。先生说：哪里定要口才呀！专用口快来对付人，只易讨人厌。我不知雍是否得称为仁，但哪里定要口才呀！
　　杨伯峻：有人说："冉雍这个人有仁德，却没有口才。"孔子道："何必要口才呢？强嘴利舌地同人家辩驳，常常被人讨厌。冉雍未必仁，但为什么要有口才呢？"
　　南怀瑾：不知道谁对孔子说，冉雍仁慈、爱人、宽宏、厚道，就是说起话来不大动听，态度上也不随和。孔子说："一个人为什么要耍嘴皮子呢？会讲话的人，常犯一个毛病，喜欢用嘴巴得罪别人或刻薄别人，常常被别人讨厌。假如一个人没有做到仁的修养，光是利嘴有什么用吗？"
　　李零：有人说，仲弓已经达到了仁，但不太会说话。孔子说，干吗非得会说话，靠说话和人打交道，常遭人讨厌。冉雍算不算达到仁，我不知道。干吗非得会说话？
　　傅佩荣：有人说："雍这个人，可以行仁但是口才不够善巧。"孔子说："何必需要口才善巧？以伶俐口才与别人争论，常常引起别人的厌恶。我不知道他是不是行仁，但是何必需要口才善巧？"

五个大师对"仁"的译法有五种，仁人、仁德、仁慈、行仁、仁，不知道他们是不是故意要错开的，记得傅佩荣喜欢把"仁"译成"人生正道"。

对于"不知其仁"是在说谁，大师们也都说法不一。不过从语气和句式上来看，"不知其仁"应当是与前面的话连在一起的，说的是"御人以口给，屡憎于人"的人，而不是冉雍。从常理上来说，来人是来挑冉雍的刺的，孔子这个时候去说冉雍没有做到仁，不是给对方把柄？

那么，孔子到底是不是认为冉雍做到了仁呢？从口气看，孔子似乎认为冉雍做到了仁。如果是这样的话，这段对话发生的时间就比较早了。因为到了晚期，孔子的眼里就没有一个活人能做到仁了。

孔子其实一直讨厌能言善辩的人，喜欢话少的人，所以说了很多这方面的话，譬如讷于言而敏于行、刚毅木讷，近仁、巧言令色，鲜矣仁等。

但是，子贡是个例外，子贡口才非常了得，孔子也喜欢他。所以，口才好的人也分类，或者说，是不是真正的口才好，需要一个标准。

冉雍，字仲弓，小孔子二十九岁，与冉有同岁，与冉耕、冉有同族。冉雍是个不爱说话的人，品质不错，孔子称赞他的德行。

《论语》中关于他的记载共有五条，前面已经解读过两条，如下：

1·7（6·6）子谓仲弓，曰："犁牛之子骍且角，虽欲勿用，山川其舍诸？"

1·8（12·2）仲弓问仁。子曰："出门如见大宾，使民如承大祭。己所不欲，勿施于人。在邦无怨，在家无怨。"仲弓曰："雍虽不敏，请事斯语矣。"

第十章

德才兼备的冉雍

25·11（6·1）子曰："**雍也可使南面。**"

【译文】
孔子说："冉雍这个人，可以让他去治理一方。"

孔子非常欣赏冉雍，因此说他可以"使南面"，那么，"南面"是什么意思呢？看看大师们的译法和解读。

　　钱穆：当一国君之位。言冉雍之才德，可使任诸侯也。
　　杨伯峻：做官。古代以面向南为尊位，天子、诸侯和官员听政都是面向南面而坐。
　　南怀瑾：这是说冉雍这个学生有帝王之才。古代帝王，依照传统文化观念，一定要坐北向南，一直到清朝被我们推翻以前，几千年来都是如此。古时南北正向的房子，老百姓是不准修的，尤其在清代，老百姓如建南北正向的房子，地方官一向上报，就要论罪灭九族的。老百姓向南的房子有没有？有的，但是大门一定向旁偏一偏，不许正向南方。只有州、县等官府的衙门，或者神庙可以坐北向南，其他不行。这是中国专制时代建筑方向的规矩。
　　李零：这是夸他有人君气度。
　　傅佩荣：出任政治领袖。这里是就冉雍的德行与能力而言，所指应该是担任卿大夫。

原文只有八个字，其实没什么好说，可是，大师们衍生出来的说法就有趣了。

中国古代以北为尊，官府开府都是坐北朝南，无论君主还是主官，都坐在北面，臣民在南面。所以，"南面"的意思是君主和地方正职官员的意思，也就是能够独立治理一方的官员。

举个例子，一个官府大院，只有主官的办公室是坐北朝南的，其余官员就不一定了。所以，"南面"不等于就是做官，要看做什么官。

在这里，以孔子的地位，绝不可能说冉雍可以做天子或者诸侯，甚至也不等于是卿大夫，而是能够治理一方的官员。孔子所肯定的，是冉雍能够治理一方的德行和才能。

所以，钱穆和南怀瑾的说法都不准确，孔子不过是一个老师，就说自己的弟子可以当诸侯甚至天子？就像一个老师说自己的学生可以去当省长、部长甚至国家主席，是不是随意了一些？忽悠了一些？他顶多可以说你是个当官的材料。

傅佩荣用了政治领袖这个词，令人有些无语了。

南怀瑾所说的古代中国百姓不能修正南正北的房子，这个倒是第一次听说的。简单搜索了一下资料，也没有发现有确凿的证据说明官方禁止。只是百姓确实不愿意修正南正北的房子，理由一是风水，怕镇不住，二是采光，怕北面的房子一年四季不见阳光，因此东西向比较多。

此外，南怀瑾再次强调孔子有三千弟子，在春秋时期可以横扫天下，甚至为孔子的弟子们安排好了具体的工作：冉雍可以做君王，宰相可由子贡出任，三军统帅子路可以站出来。

废话少说了。孔子很欣赏冉雍的政事之才是真的。貌似在从政方面，孔子最看好的弟子就是冉雍了。

第十一章

居敬而行简

25·12（6·2）仲弓问子桑伯子。子曰："可也简。"仲弓曰："居敬而行简，以临其民，不亦可乎？居简而行简，无乃大简乎？"子曰："雍之言然。"

【译文】
仲弓问孔子子桑伯子这个人怎么样。孔子说："还行，为人处世比较简单。"仲弓说："（对百姓）心存敬重，行事简单去管理百姓，不是可以的吗？而内心简慢，行事简单，不就过于简单了吗？"孔子说："冉雍，这话你说得对。"

这一章要解决两个问题：第一，"居敬"怎么解读？第二，"敬"和"简"有什么区别？

钱穆和南怀瑾将这一章与上一章并为一章，至于为什么，南怀瑾没说，大概他拿到的版本就是这样的。钱穆则给了这样的解释"仲弓之问，问伯子亦可使南面否"，意思就是孔子说你冉雍"可使南面"，于是冉雍问"那子桑伯子是不是也能使南面？"

子桑伯子是谁？杨伯峻说这就是个人名，南怀瑾没提，其余三位大师说是《庄子》里的子桑户。

其实不重要。重要的是一个故事，这个故事只有杨伯峻和李零讲了。

《说苑》有记载，说是孔子去见子桑伯子，子桑伯子连衣服也不穿，帽子也不戴，孔子的弟子不高兴，说："夫子为什么去见这种人？"孔子说："他心眼好，缺点礼仪，少点文采，我想跟他谈谈，让他增加一点。"孔子离开后，子桑伯子的门人也很不高兴地说："为什么要见孔子？"子桑伯子说："他心眼好，就是礼仪文饰烦琐点，我想跟他谈谈，让他去掉一些。"

看了这个故事，就知道子桑伯子大概的形象了。

首先来解决第一个问题，"居敬"怎么解读？前面说过多次，"敬"与"忠"常常并用，"敬"是敬重人，"忠"是忠于事。钱穆释"居敬"为"居心敬"；杨伯峻释为"存心严肃认真"；南怀瑾释为"处事待人，都是敬重的心理"；李零释为

"依礼要求自己"；傅佩荣释为"态度严肃"。

几位大师中，南怀瑾的说法最靠谱，李零次之，因为以礼待人就接近于敬了。

简，不是简便也不是简要，而是简单，因为简便和简要都是褒义词，而这里明显应该是一个中性词。

居敬，就是以敬为家，随时处于"敬"，更精确一点的话说就是"以敬为出发点、以敬为原则、以敬为基础、以敬为前提"。

现在来解决第二个问题："敬"和"简"有什么区别？

所以，"居敬而行简"，简化的都是次要的环节，核心环节是绝不会简化掉的。这时候的"简"就是简要、简便、简捷的意思。

"居简而行简"不同，这时候你完全在敷衍了事，自己怎么省事怎么来，所以你简化掉的可能正是核心的或者要害的环节。

"居敬"的时候，体现出来的态度就是严肃认真的。但是，并不等于是"依礼严格要求自己"，否则"简"什么？礼的核心要坚持，礼的形式可以简化，这才是"居敬而行简"。

在上述孔子和子桑伯子的故事中，其实两人都是在居敬而行简，因为他们的出发点都是为了帮助对方，他们都肯定对方的优点，希望对方按照自己的标准去改正缺点。

那么，冉雍是在肯定子桑伯子，还是否定他呢？因为冉雍的话里既肯定了"居敬而行简"，又否定了"居简而行简"。这个问题没有答案，也不重要。

重要的是冉雍自己做出了这样的总结，这个总结可以说非常地出色，这也证明孔子看好他是有道理的。

冉雍认为：管理百姓的程序并不是不能简化的，前提是你必须要敬重你的百姓，这样你的简化才能是帮助百姓而不是祸害他们。换言之，对于周礼中的繁文缛节不是不能改变的，关键在于你要对他人怀有敬意。

对于冉雍的这一番发挥，孔子并没有因为学生的看法超过自己而恼火，而是非常欣慰地肯定冉雍的看法，这也体现了孔子的气度和自信。

第十二章

冉雍当官

25·13（13·2）仲弓为季氏宰，问政。子曰："先有司，赦小过，举贤才。"曰："焉知贤才而举之？"子曰："举尔所知；尔所不知，人其舍诸？"

这一章要解决两个问题：第一，"先有司"怎么解读？第二，"尔所不知，人其舍诸"怎样解读？

这一章，历来的译文看似分歧不多，但实际上暗藏争议。众位大师当中，李零做了大量的功课，提供了新的视角。

子路和冉有都曾经做过季孙家的家宰，那么，冉雍是什么时候做季孙家的家宰的呢？这一点除了李零之外无人探讨，李零依据上博楚简中的记载"季桓子使仲弓为宰"，判断冉雍做季孙家家宰在子路之后。根据李零的这一判断，再加上冉雍此时向孔子求教，证明孔子此时在鲁国。因此可以下结论：冉雍是在孔子第一次由卫国回鲁国的时候开始做季孙家家宰的。大致一直做到冉有接替他为止。

这从侧面证实了我们之前的判断：冉雍家族世代服务于季孙家，与季孙家渊源很深。因此，季孙家才会先后用他们家族的两个人做家宰。

大致，季桓子欣赏冉雍，季康子则更欣赏冉有，因此执掌季孙家之后就用冉有取代了冉雍。

首先来解决第一个问题："先有司，赦小过，举贤才"怎么解读？

基本上，钱穆、南怀瑾和傅佩荣意思相同，译文大意是：先责成手下负责具体事务的官吏，让他们各负其责，赦免他们的小过错，选拔贤才来任职。李零的译文是：给下属官员做出表率，原谅他们的小过失，提拔人才。杨伯峻的译文和李零意思相同：给工作人员带头，不计较人家的小错误，提拔优秀人才。

争议在哪里？对"先有司"的解读。

依据孔子一贯对"德"的重视，以及"先之、劳之"中"先"字的解释，李零应该是对的。

但是，五位大师的译文都是在说冉雍应该怎样去管理自己手下的官员职员，这就是为政吗？为政难道不应该是治理自己的百姓吗？

如果我们把这句话的对象理解为百姓的话，则整句话的译文就完全不同了。

译文应该是：让官员为百姓做出表率，赦免人们的小错，提拔贤能人才。

再来解决第二个问题："举尔所知；尔所不知，人其舍诸"怎样解读？

基本上，钱穆、杨伯峻、南怀瑾和傅佩荣意思相同，这里还是选用杨伯峻的译文：选拔你所知道的。那些你所不知道的，别人难道会埋没他吗？

李零又不同了，他还是从上博楚简着手，其中的记载是仲弓问怎样选贤才，孔子回答说"夫贤才不可掩也。举尔所知、尔所不知、人其舍之者"。也就是说，传统记载中的"人其舍诸"中的"诸"实际上是"之者"，那么这句话的意思就成了：提拔你所了解的、你所不了解的，以及别人舍弃的。李零认为，这样的译文才是正确的。毫无疑问，李零下了比别人更大的功夫。但是，他恐怕弄错了。

第一，上博楚简就比现在我们看到的版本正确吗？恐怕未必。

第二，《论语》中还有"山川其舍诸"，那绝对不可能是"山川其舍之者"。

第三，按李零的译法，原句应该是"人舍之者"，而不是"人其舍之者"。

第四，李零的译法在情理上讲不通，为什么要提拔自己不了解的、别人舍弃的呢？这是提拔人才的正确方法吗？了解的要提拔，不了解的也要提拔，那什么人才不提拔呢？

其实，我们应该注意到两人对话的语义。

冉雍问"焉知贤才而举之"，意思是我怎么知道谁是贤才呢？他没有说出来的话是"难道我要满世界去找？"孔子的回答是"（你不要满世界去找，）只要举荐你所了解的就行了。至于其他你不了解的，自然会有人去举荐的"。

孔子的意思很清楚：任何人都不能穷尽天下的人才，能够举荐提拔你所了解的人才，就已经可以了。

至此，来看看这一章的译文：

> 仲弓做了季孙家的家宰，请教怎样治理。孔子说："让官吏们给百姓做出表率，赦免人们的小过错，选拔贤才。"仲弓又问："怎样去知道贤才而选拔他们呢？"孔子说："选拔你所了解的。至于你不了解的，别人难道会舍弃他们吗？"

第十三章

孔子反对高柴当官

25·14（11·25）子路使子羔为费宰。子曰："贼夫人之子。"子路曰："有民人焉，有社稷焉，何必读书，然后为学？"子曰："是故恶夫佞者。"

【译文】

子路让高柴去做费邑宰，孔子说："这简直是害人家的孩子。"子路说："那个地方有老百姓，有社稷，治理百姓和祭祀神灵都是学习，难道一定要读书才算学习吗？"孔子说："所以我讨厌那种花言巧语狡辩的人。"

这一章讲的是高柴，要解决两个问题：第一，"贼夫人之子"怎么解读？第二，孔子为什么极力反对高柴做费邑宰？

我们还是先解决第一个问题："贼夫人之子"怎么解读？贼，在这里作害解，这在古文中并不少见。

看看大师们怎么解释。

钱穆：害了那个年轻人了。时子羔尚年少，故称夫人之子。

杨伯峻：这是害了别人的儿子。

南怀瑾："贼夫人之子！"这是骂人的话，而且骂得很厉害，以现代语言来说，就是"简直不是人，你这个小子！"这句话不只是骂子羔，同时也骂子路。

李零：这不是成心害人家的孩子吗？

傅佩荣：害了这个年轻人。

只有杨伯峻和李零是对的，这里的"夫"只是个语气助词，并没有实在含义。如果没有这个"夫"字，就成了"贼人之子"，容易被误读。南怀瑾显然就没有弄明白这个"夫"字的作用，他应该认为这句话的意思是"强盗老婆的儿子"，所以他说这是在骂人：唉，真是贼夫人之子啊。孔子为什么这样说呢？

下面我们来解决第二个问题，孔子为什么极力反对高柴做费邑宰？

钱穆：学未成熟，使之从政，适以害之。

南怀瑾：到底是有学问的人来干政治，会干得很好。

李零：当时，子羔只有二十四岁。

傅佩荣：不读书或读书未成，就投入实际政事，所学的不仅有限，而且可能会付出不少错误的代价。

大师们的意思，就是高柴学识不够。真是这样吗？还是要搞清楚背景再说。

高柴，字子羔，小孔子三十岁，小子路二十一岁，齐国人。高柴矮小瘦弱，性格木讷，成绩也很一般。因此，孔子不欣赏他，同学们也经常欺负他。子路孔武有力并且侠肝义胆，没少保护高柴。两人因此成为很好的朋友，性格上两人也很互补，高柴虽然木讷，但是做事有原则，绝不胡来。子路做了季孙家的管家之后，第一个想到要帮的就是他。这个时候，高柴只有二十三岁，学识和能力确实不够。

孔子对子路发火，说你要害人家孩子。孔子反对并不仅仅是因为高柴年轻以及学识不够。此时，恰好是孔子主持堕三都之后，长期占据费邑的季孙家家臣公山不狃刚刚被赶走，季孙家刚刚收回费邑。这个时候，费邑很乱，人心不稳，各种关系错综复杂。这个时候，让一个没有背景、经验，能力还不足的高柴去管理，那不是去送死是什么？这才是孔子大怒的真正原因，他是真的担心高柴会送命。

那么，孔子为什么要用"人之子"来说高柴呢？大致是孔子和子路都认识高柴的父亲。

孔子的意思：阿由啊，五年前老高送他儿子过来，千叮咛万嘱咐的，当时你也在啊。如今可好，你这是把人家孩子往火坑里推啊。

子路虽然狡辩了几句，最终还是听从了孔子的建议，改向季桓子推荐冉有去做费邑宰。冉有要能力有能力，要背景有背景，季桓子于是任命他为费邑宰。

孔子的话其实非常正确，有的人看见权力就争，看见利益就抢，却不知道权力往往伴随着责任，利益往往伴随着风险。

所以，自知非常重要。

子路的狡辩也确实毫无道理，因为百姓不是小白鼠。

高柴是齐国人，来自著名的齐国高家，祖上是姜太公。顺便一提的是，高柴的后代以柴为姓，高柴就是柴姓的始祖。高柴的为人不错，正直而又富于同情心。若干年后子路在卫国做官，举荐高柴在卫国出任士师，就是主管士一级诉讼的法官。

后来蒯聩挟持孔悝事件中（事见子路篇第二十一章），高柴担心自己受牵连，于是慌忙要逃出卫国都城楚丘。来到城门，看见城外有军士，以为是蒯聩派来捉自己的人，不敢出去。

守门人是一个因为犯罪被砍掉了脚的人，看见高柴犹犹豫豫躲躲闪闪，知道他不敢走大门出去。

"喂，往那边走，有一块城墙塌了，可以从缺口出去。"守门人主动指点高柴。

"不行，君子不能翻墙的。"高柴拒绝了。

"那，另外一边有一个洞，可以钻出去。"

"不行，君子怎么能钻洞呢？"高柴又拒绝了。

"那，去我屋子里躲一躲吧。"

这一次，高柴没有拒绝，到守门人的小屋子里躲了起来。

过了一阵，高柴出来看看，发现城门内外都没有人了，这才确认自己是安全的。

"你为什么要帮我？你知道我是谁吗？"高柴问。

"你以为你换件衣服我就不认识你了？看见我这脚没有，我的脚被砍了，当初就是你下的命令啊，你不是高柴吗？"守门人说。

"那，那你为什么还要帮我？"高柴紧张地问，他怀疑守门人是不是要趁机向自己报仇。

"因为我被砍脚是罪有应得啊，我记得当初你反复审理我的案子，翻看了许多法令，想要找出为我免罪的办法，可是还是没找到。宣判的时候，我看见你的脸色很难看，很可怜我。所以，虽然你砍了我的脚，我知道你内心很仁慈，行事又很公道，所以我不恨你，我敬佩你。这就是我帮助你的原因了。"守门人说。

后来孔子知道了这件事情，十分感慨地说："善为吏者树德，不善为吏者树怨。公行之也，其子羔之谓欤？"（事见《说苑》）意思是：善于执法的人树立恩德，不善于执法的人制造怨恨，为什么？就因为执法公正与否啊，而高柴不就是执法公正的典范吗？

第十四章

宰我装疯卖傻

25·15（3·21）哀公问社于宰我。宰我对曰："夏后氏以松，殷人以柏，周人以栗，曰，使民战栗。"子闻之，曰："成事不说，遂事不谏，既往不咎。"

【传统译文】

鲁哀公问宰我，土地神的神主应该用什么树木，宰我回答："夏朝用松树，商朝用柏树，周朝用栗子树。用栗子树的意思是说：使老百姓战栗。"孔子听到后说："已经做过的事不用提了，已经完成的事不用再去劝阻了，已经过去的事也不必再追究了。"

这一章是讲宰我，历来的解说多是蒙混过关，疑点很多。

宰予，字子我，也叫宰我，小孔子二十九岁，鲁国人，孔子第二批学生。

社，就是土地神；稷，就是谷神。周朝时候，每个国家立国都必须有社，每年都要祭祀社和稷。因此，后来把国家又称为社稷。当然，夏朝和商朝不祭祀稷，因为他们不是农业国，而谷神稷本身就是周族的祖先后稷。

神都有神主，实际上就是一块木头，上面刻上神的名字。后代叫牌位。

事情发生在孔子周游列国回到鲁国期间，这时鲁国的国君是鲁哀公。

鲁哀公对三桓一向不满，可是经过鲁昭公被驱逐和隳三都之后孔子被迫出走，孔子知道鲁国国君根本没有跟三桓斗的资本。所以这个时候，孔子尽量避免去见鲁哀公，以免招来不必要的怀疑。

这一天，鲁哀公派人来请孔子，孔子找个借口不去，派了口才比较好的宰我去回复。结果，鲁哀公就和宰我聊起来了。

聊的什么？历史没有记载。

但是实际上鲁哀公隐晦地表达了想要驱逐三桓的想法，希望孔子能够帮他。宰我按照老师的吩咐装疯卖傻，鲁哀公于是和他讨论起了社的问题，这又是一个暗示。因为，国家的根本是土地，可是土地都被三桓夺走了，现在谈土地神，意图很明显。

宰我继续装傻，不去接茬，而是说起了神主的材料。

神主的材料其实没什么太多的讲究，一要当地有，二要材质好使用时间长。宰我其实也不知道夏商周都用什么，不过他知道夏的后代杞国用的是松木，鲁国商人的亳社用的是柏木，而鲁国的社用的是栗木。

说完这个，宰我又顺口说了一句"使民战栗"，纯属没话找话。

宰我回来之后把他和鲁哀公之间的对话做了汇报，问孔子鲁哀公能否成事，以及是不是应该去劝阻，孔子当时就说："鲁哀公做不成，因为要做成一个事情，就不要说出去。我们也不用去劝阻他，人家已经决定的事情，就不要再去劝阻。（如果我们不劝）事情过去之后，（无论什么结果），他也不会抱怨我们。"

这就是：成事不说，遂事不谏，既往不咎。

事情的经过就是这样，那么为什么记载得这么没头没尾，以至于看上去莫名其妙？很简单，因为《论语》成书的时候鲁哀公还在位，并且已经被驱逐了一次，而三桓依然执掌大权。这时候再把旧账翻得这么清楚，那不是唯恐天下不乱吗？

这件事情之后不久，孔子为了避免被卷入鲁哀公和三桓的斗争，于是再度上路去卫国了，之后周游列国。

这很符合孔子"乱邦不居"的原则。

由于孔子离去，鲁哀公找不到人帮他，也就只好忍着了。但是，他最终没有忍住，若干年后，鲁哀公暗中联络当时的天下霸主越国，希望越国出兵帮助他平定三桓。谁知道事情败露，遭到三桓的驱逐，绕道跑到了越国。越国并没有出兵帮助鲁哀公，不过越王把自己的女儿嫁给了他。

最终，三桓考虑到国际影响，将鲁哀公接回了鲁国继续做国君，不过国君的地位进一步下降，三桓更不把他放在眼里。到鲁哀公的儿子鲁悼公继位，鲁国国君反而要去拜见三桓了。

下面来看看大师们怎么说。

> 钱穆：此三语实一义，一说乃孔子讽劝哀公。盖孔子既闻哀公与宰我此番之隐谋，而心知哀公无能，不欲其轻举。三家擅政，由来已久，不可急切纠正。后哀公终为三家逼逐，宰我亦以助齐君谋攻田氏见杀。

毫无疑问，钱穆对这段历史是很清楚的。不过，他的翻译并不好，都成了孔子在劝鲁哀公了。而且他还犯了一个传统的低级错误。他说："宰我亦以助齐君谋攻田氏见杀"。

《史记》记载宰我在齐国出任临淄大夫，跟随田常作乱杀害齐简公，结果因罪诛三族。钱穆显然是承袭了这个说法，只不过他说宰我是帮助齐国国君攻打田氏。

事实是怎样的呢?

首先,《左传》没有记载宰我被杀。田常杀齐简公发生在鲁哀公十四年(前481年),孔子这一年七十一岁。如果宰我被杀,孔子一定有话要说,可是史书中并没有记载。

据《左传》,鲁哀公十四年,田常杀害齐简公之前与齐简公的宠臣阚止相争,结果杀了阚止并且赶走了他全家,阚止的字是子我。按推测,或许是司马迁将"子我"误为"宰我"。

> 杨伯峻:孔子就不高兴了,因为宰我在这里讥讽了周天子,所以说了这一段话。
>
> 杨伯峻:孔子对宰我的回答很不满意,责备宰我多事。此外花了一些笔墨去讨论这里所说的社究竟是指什么。
>
> 南怀瑾:哀公问宰予,社稷坛与历史文化演变有什么关系呢?宰予告诉他夏朝社稷坛上栽的是松树,殷朝栽的是柏树,周朝栽的是栗树(有如现在的国花,是国家的标志。)不过他说栗树栽得不好,栗树使人看了会害怕,战战兢兢。宰予后来回到孔子这里,报告见哀公的问答,孔子听了以后就感叹了。就周朝而言,孔子觉得文王、武王在各方面都没有错,只在这件事上还不大妥当,但对前辈的圣人,不好意思多加批评,所以他说已经既成事实,再说也没有用。对人与人之间相处来说,既成事实,劝也劝不转来了,过去了何必追究呢?
>
> 傅佩荣:孔子这三句话意见相近,一方面提醒宰我不要自作聪明,另一方面则是不赞成用武力改变鲁国现状。

之所以李零的解说放在最后,是因为他的是唯一正确的,而我的译文也是参照他的:

> 凡是可能成功的事,不要说出;凡是可能如愿的事,不要劝阻;凡是过去了的事,不论成败,也不要埋怨。

至此,我们来看看这一章的正确译文:

> 鲁哀公问宰我土地神的问题,宰我回答:"神主的材料夏朝用松木,商朝用柏木,周朝用栗木。"宰我又说:"用栗木的意思是大概是使老百姓战栗。"孔子听后说:"要做成一件事情,就不要说出去。已经决定的事情,就不要去劝阻。(如果我们不劝)事情过去之后,(无论什么结果),他也不会抱怨我们。"

基本上，宰我的任务完成得很好，装疯卖傻东拉西扯。而孔子的话非常经典，也非常实用，完全是人生座右铭。

成事不说：对于一件事情，如果想要做成，就别到处去说。

遂事不谏：如果当事人已经决定了要做，即便是朋友、部下，也就不要再去劝阻了。如果人家做成了，你当初的劝阻就会成为笑料；如果人家失败了，你当初的劝阻多半会招来仇恨或者忌恨，因为这种不听劝的人往往心胸狭隘。记得《三国演义》中田丰和袁绍的故事吗？袁绍攻打曹操，田丰劝阻并且建议分兵骚扰，袁绍不听，还把田丰关起来。结果袁绍果然战败，战败之后的第一件事就是派人杀了田丰。

既往不咎：这不多说了，孔子前面说过，求仁得仁，又何怨焉？

不过，由于当初翻译的错误，"既往不咎"的意思成了"从前的过失就不要追究了"，原本是要求自己的，现在成了针对别人的。

《论语》中有很多类似的例子，譬如"德"原本是对统治者的要求，可是整来整去，就成了对老百姓的要求了。

第十五章

朽木不可雕也

25·16（5·10）宰予昼寝。子曰："朽木不可雕也，粪土之墙不可杇也；于予与何诛？"子曰："始吾于人也，听其言而信其行；今吾于人也，听其言而观其行。于予与改是。"

【译文】

宰予白天睡懒觉。孔子说："腐朽的木头无法雕刻，粪土垒的墙壁无法粉刷；对于宰予这个人，责备还有什么用呢？"孔子说："起初我对于人，是听了他说的话便相信了他的行为；现在我对于人，听了他讲的话还要观察他的行为。在宰予这里我改变了观察人的方法。"

宰我白天睡觉，于是孔子痛骂他，用李零的话说是"破口大骂"。不管怎样，骂得非常难听，非常决绝。

在孔子的一生中，从来没有骂谁骂得这么狠过，就连我这个粉丝也认为过分了。汉代的王充在《论衡》中曾说："昼寝之恶也，小恶也；朽木粪土，败毁不可复成之物，大恶也。责小过以大恶，安能服人？"

那么，孔子为什么要这样骂呢？

来看看大师们怎么说。

钱穆：此章孔子责之已甚，甚为可疑。或因宰我负大志，居常好大言，而志大行疏，孔子故作严辞以戒。

李零：孔子骂宰予，主要原因，还不是他白天睡觉，而是言行不一，说话不算话。我猜，他是在孔子面前发过誓，一定夙夜不懈，勤勉于事，没想到现在大白天睡觉。

最后来看看南怀瑾的说法，之所以将他的讲读放在最后，实在是因为……

据我的研究，这两句话的真正意思是说，这根木头的内部本来就已经腐坏了，你再去在它外面雕刻，即使雕得外表很好看，也是没有用的；"粪土之墙"，经蚂蚁、土狗等爬松了的泥巴墙，它的本身便是不牢固的，会倒的，这种里面不牢的墙，外表粉刷得漂亮也是没有用的。等于房子烂了，你把它整理起来，像用现代的三夹板、甘蔗板、壁纸一敷，走进去看看很漂亮，但架子松散，这是不对的、靠不住的。

这两个问题解决了，就懂得他是说宰予的身体不好。只好让他多休息一会，你们对他不要有太过分的要求。

应该说，钱穆和李零都在探讨这个问题，不过浅尝辄止，并没有触及根本。钱穆说宰我志大才疏，谁不是志大才疏？颜回不是吗？子张不是吗？个个都想当圣人，一个也没当上。李零说宰我大概发过誓，谁还没有写过检查发过誓啊，又不是自家孩子，犯得着这么骂吗？

要让孔子骂成这样，那是需要一个过程积累的。

一开始，宰我聪明、逻辑思维能力强、善于辩论，这些优点是让孔子非常欣赏的，因此将他与子贡并列到口才好的那一类。

可时间长了，宰我总是给孔子下不来台，孔子就烦他了，甚至有点怕他。只要他在，说话都要小心谨慎了。

渐渐地，宰我感到失落了，感到被边缘化了。

孔子也不愿意推荐他出仕，因为知道他这性格不适合混官场。以宰我善辩较真的性格，估计也没什么人敢和他走太近，再有子贡也不会帮他。

当孔子周游列国回到鲁国之后，宰我实际上担任的是孔子学校的教务工作，毕竟资质不错，学业上也是不错的，当个老师绰绰有余。

可是，眼看着师兄弟们出仕去了，宰我内心的不平衡感可想而知，论才华、论资历、论年龄，怎么自己也该混得更好啊。心里不舒服，干得就没劲，自然就体现出来。所以，大白天睡觉也就可以理解了。

孔子本来就不喜欢他，再对比同是口才好的子贡，又想想宰我平时的抱怨和颓废，所有这些放在一起，于是就借着白天睡觉这件事情爆发出来。

第十六章

宰我的教训

25·17（17·22）子曰："饱食终日，无所用心，难矣哉！不有博弈者乎？为之，犹贤乎已。"

【译文】

孔子说："（宰我）整天吃饱了饭，什么心思也不用，真太难了！不是还有下棋的游戏吗？干这个，也比闲着好。"

这一章继续讲宰我。

《论语》中有很多无主语的句子，但是这不等于真的没有主语。问题是，大师们有的时候就真的以为没有主语。

这段话很明显是在说某人，可是大师们都没有提到在说谁。基本上也都没有解读可言。

这段话在《论语》中是紧接着宰我与孔子辩论守丧三年之后的，再加上白天睡觉等内容，因此可以肯定这里就是在说宰我。

可以说，这个时候孔子对宰我已经厌恶至极，看他做什么都不顺眼。孔子说过君子不下棋，这时候又说宰我下棋也比闲着好。可是宰我如果真的下棋呢？孔子大概就要说还不如去睡觉了。

这依然是孔子周游列国回到鲁国之后的事情，宰我在孔子学校里看不到前途，因此心灰意冷，不求上进。

25·18（7·3）子曰："德之不修，学之不讲，闻义不能徙，不善不能改，是吾忧也。"

【译文】

孔子说："（宰我）对品德不去修养，学问不去讲求，听到义不能去做，有了不善的事不能改正，这些都是我所忧虑的事情。"

这一章依然是没有主语的，钱穆认为这是"孔子自勉自任之语，言于此四者有不能，是吾常所忧惧"。杨伯峻直接忽视了这个问题。南怀瑾的主语是"一般人"。傅佩荣则认为这不是孔子在说自己，而是"念兹在兹，并且永不懈怠"，啥意思呢？时不时拿出来自我勉励之类？其实跟钱穆一样。李零的意思大致也是孔子自勉。

说实话，孔子上面的四句话如果是要求一般人，实在是有点高了；如果是自勉，实在又太低了。所以只能是针对某个具体的人。

针对谁呢？算来算去，就是宰我。

"德之不修"不说了，总是跟老师抬杠，质疑老师的价值观，这就够了。

"学之不讲"也很显然啊，不安心教学，吊儿郎当混日子，白天睡大觉，饱食终日无所用心，这还不够吗？

闻义不能徙，不善不能改。老师给你讲了那么多道理，谆谆教导你，结果你认死理，不服道理只服逻辑，口服心不服，嘴上说改实际上不改。

25·19（17·26）子曰："年四十而见恶焉，其终也已。"

【译文】

孔子说："都四十岁了还这么让人讨厌，这辈子也就这样了。"

钱穆、杨伯峻、南怀瑾和李零认为这一章的主语是所有人，傅佩荣的意思是孔子在说自己。

"见恶焉"这样的词，既不可能用来说所有人，也不会用来说自己，一定是用来斥责别人。实际上还是在说宰我。至于当面说还是背后说，不知道。

孔子七十岁的时候，宰我快四十岁，基本上孔子骂宰我都是在这个时期。这时候孔子岁数大了，喋喋不休，唠唠叨叨。孔子的学生中，有成才的有不成才的，有孔子瞧不起的，有孔子喜欢的，但是，"见恶"这个程度的只有一个，就是宰我。尽管孔子这时候也不喜欢冉有，可是冉有是有成就的人，孔子不能说他"其终也已"。

宰我如此不受待见，他结局怎样呢？是否离开了孔子学校呢？没有记载。孔子去世之后，宰我和其他同学似乎也没有什么交集。就像现在，同学聚会总是少那么一两个人，就是宰我这样的。

宰我原本是一个智商很高的人，口才也很好，为什么混到老师讨厌，同学不喜欢，一辈子碌碌无为的田地呢？

我们不妨来把他与子贡进行对照，两人都是以口才见长。

其实我们前面已经说到了，宰我的逻辑语言能力并没有给他带来好处，反而得罪了很多人。可以说，他的口才反而成了他的负资产。

子贡的口才主要用来交朋友做生意，因此朋友多生意大，也很讨老师喜欢；宰我的口才主要用来和人辩论，尽管他的逻辑思维能力很强，很多辩论都获得胜利，可是因此得罪了很多人，老师同学们都不太喜欢他，朋友不多。

所以，口才好不等于情商高。或者说，任何不以提高情商为目的的语言，都算不上口才。真正好的口才，不是去与人争辩的，而是用来与人交流的，与人增进了解的，给人留下自尊的。相比之下，子贡的口才才是真的口才，宰我的所谓口才不过是逻辑能力强而已。

有人一定会有这样的问题：孔子总是指出弟子的缺点，帮助他们进步，可是为什么没有帮助宰我去进步呢？

唉，因为孔子辩论不过宰我。

回到现代来说，逻辑思维能力强是一件好事，但是运用逻辑去进行辩论则未必。对于纯粹的科学技术，逻辑思维是一大优势，但是对于社会交往，太依赖逻辑就会有问题。

对于那些逻辑能力很强的人来说，切记不要去压制别人、否定别人、嘲笑别人。否则，你的逻辑思维能力有多强，你得罪的人就有多少。

在《史记》中有这样的记载。宰我问五帝之德，子曰："予非其人也。"

宰我要问五帝的德体现在哪里，孔子拒绝回答，说"你不是问这个问题的人"。

孔子为什么拒绝回答？两个原因：第一，宰我根本不是朝圣人方向发展的人，问这个问题毫无意义；第二，五帝的事迹毕竟多是传说，稍有纰漏被宰我捉住，那不是一件麻烦事？

其实说句公道话，因为有宰我在，孔子说话就很小心。从这个角度说，宰我其实对孔子的帮助很大，迫使孔子在学术上更加严谨。

汉代以后，宰我成为孔子学生中的反面典型，因为他破坏师道尊严。近代，宰我得到重新评价，成为不迷信权威、不盲从上级的有独立思考能力的年轻人。

但是，不管对宰我的评价怎样变化，宰我的教训都必须要汲取。

第十七章

有校长出场了

25·20（1·2）有子曰："其为人也孝弟，而好犯上者，鲜矣；不好犯上，而好作乱者，未之有也。君子务本，本立而道生。孝弟也者，其为仁之本与！"

【译文】
有子说："孝顺父母，顺从兄长却喜欢犯上的人，这样的人是很少见的。不喜欢犯上，而喜欢作乱的人是没有的。君子致力于根本，根本建立了，秩序规则也就有了。孝顺父母、顺从兄长，这就是仁的根本啊！"

这一章讲的是有若。

有子，就是有若。有若小孔子四十三岁，是第三批学生中的后进者。

在《论语》中，除了孔子，被称为"子"的只有三个人：有若、曾参、冉有。

说起有若这个人，其实有些有趣的故事。

按照《左传》记载，有若是个勇士。吴国和鲁国打仗的时候，鲁国实力不行，连吃败仗，季孙急了，于是选了三百勇士，要趁天黑闯吴营，刺杀吴王夫差。可是后来有人劝季孙，说是吴军实力强横，这三百人都是鲁国的精英，到时候杀不了吴王，反而三百精英必死无疑，那鲁国不是要完蛋？季孙于是取消了行动，这三百名精英也算没有去送死。这三百精英中，就有有若。

就凭这个，有若的身份至少是个士。

有若的长相气质很像孔子，在孔子去世之后，子游、子夏等第三批学生为了缅怀孔子，推举有若坐在孔子的位置上接受大家的行礼，等同于参拜先师。曾参反对，随后不久，因为有若的学识实在不够，接连答不上师兄弟们的问题，因此被赶下师位。整个过程既是因为大家怀念孔子，实际上也是师兄弟间的玩笑活动。

李零认为有若是充当祭祀孔子时候的尸，恐怕不对。因为尸是躺着的，而且尸用童男，只有穷人家的孩子会去当尸。

从不多的记载能看出，有若这人虽然学问不算出色，但是人很大气宽容，因此被推举为孔子学校的校长。这也是为什么他能在《论语》中第二个出场以及被称为有子的原因了。

有若去世的时候，鲁悼公前来吊唁，子游出任葬礼司仪，可见有若当时的社会地位还是蛮高的。

南怀瑾认为有若之所以能第二个出场，是因为"当时他等于一个助教，先由他讲"。

《论语》第一篇总共十六章，其中孔子八章，有若以三章排第二，难道只是一个助教？

关于有若的背景，大师们的介绍比较少，傅佩荣基本没有介绍。

既然本章是《论语》的第二章，其意义还是很大的，至少有若本人认为这一章可以体现他的主要思想。

有若的主要思想就是"孝悌是社会和谐的基础"，意思很简单，家庭主要关系理顺了，社会关系就顺了。家庭是社会的主要单元，家庭和谐了，社会就和谐了。而这种和谐，就是遵守家庭等级，小的孝敬老的，年幼的尊重年长的。

当所有人都遵守社会等级的时候，社会就和谐了。

这样做的好处是可实施性强，因为人与人之间的等级关系很容易判断，很容易执行。坏处是容易造成社会等级固化，等级观念限制人们的想象力和创造力。总的来说，这是好的，是社会稳定的有效方法。

孔子也强调孝悌，但是并没有把它放在如此重要的地位。他最强调的还是"仁"，也就是人与人之间的无等级交往，毕竟人们的社会活动中不可能随时去问"您几岁"，何况岁数差不多的人之间应该是相互尊重而不是某一方无条件顺从的。

所以，仅从这一点来看，有若的境界与老师是有差距的，难怪被师兄弟们赶下台。从另一个方面讲，由于孔子此时把"仁"宗教化了，有若已经很难把握"仁"了，所以干脆去讲孝悌。

但是话说回来，一个人要做到仁，必须要做到孝悌，这一点是对的。一个对自己父母不好的人，他怎么可能去对别人好？

有的人对自己的父母不好，他会有自己的理由，譬如父母对自己不好、父母有什么坏习惯等，但是，这些都构不成理由。连自己的父母都不能包容，怎么能包容别人呢？

第十八章

和为贵

25·21（1·12）有子曰："礼之用，和为贵。先王之道，斯为美；小大由之。有所不行，知和而和，不以礼节之，亦不可行也。"

【译文】

有子说："礼的应用，以和谐为贵。古代君主的治国方法，可宝贵的地方就在这里。但不论大事小事只顾按和谐的办法去做，有的时候就行不通。（这是因为）为和谐而和谐，不以礼法为原则，也是不可行的。"

这一章还是讲有若。

这一章在断句上有分歧，也就导致译文不同。所有大师都采用传统的断句："礼之用，和为贵；先王之道，斯为美，小大由之；有所不行；知和而和，不以礼节之，亦不可行也。"

其区别在于，"小大由之"是跟着前句还是跟着后句，于是在译法上就有很大区别。

以傅佩荣的译法为例：礼在应用的时候，以形成和谐最为可贵。古代帝王的治国作风，就以这一点最为完美，无论小事大事都要依循礼的规定。遇到有些地方行不通时，如果只知为了和谐而求和谐，没有以礼来节制的话，恐怕还是成不了事的。

对此，我们做一个简单的逻辑分析。

第一句"礼之用，和为贵"，是在隆重推出"和"。之后，"先王之道，斯为美"，进一步将"和"推到制高点，紧接着，"小大由之"的"之"是什么？必然是"和"。那么，作者要说"小大由之"是对还是错的呢？

"有所不行；知和而和，不以礼节之，亦不可行也"给了答案："小大由之"是错的，因为必须要遵从礼的原则，不能一味求和。

所以，"小大由之"是上一句的转折，而不是递进。大师们的断句是错误的。

有子在这里的意思是，"和"虽然很重要，但只是表象、结果，不是根本，"礼"才是根本，在礼范畴内的"和"才是正确的。简单地说，"和"固然可贵，但是不能为了"和"而丧失原则。

了解了这一点，再回头去读这段话，就非常清晰了。

当然，有若所强调的，正是孔子所坚持的。

说了半天，什么是和呢？

《礼记·中庸》写道："喜怒哀乐之未发谓之中，发而皆中节谓之和。"其意思就是一个人的情绪表达恰当就是和，就像前面所说的"丧致乎哀而止"就属于"和"的范畴了。

但是，实际上"和"的范畴远远不止于情绪表达，"和"的定义也不止于这一种，我们前面提到过晏子对"和"的解说，就是和谐的意思。

那么，这里的"和"究竟是恰当的情绪表达还是和谐呢？当然是后者。所以，并不是和气的意思。

按照晏子的说法，和谐就是充分表达意见的前提下做出决策。那么，在这里的"和为贵"就应该是尊重对方表达意见的权利。但是，这种意见表达必须要合乎周礼。譬如现代社会所说的言论自由，没错，每个人都有表达自己意见的权利，但是煽动暴力可以吗？不行。

当然，和谐不仅仅体现在语言上，同样体现在行为上。还记得前面的例子，譬如两辆车在路口相遇，互相谦让就是和谐的做法。可是，如果一味谦让，可能谁也走不了，这个时候就要根据交通规则来决定谁先走。也就是说，谦让是一种态度，解决问题的根本还在于规则，也就是法，或者说是礼。

"和为贵"的含义到现在已经失去了它的本意，变成了一团和气的意思。既然是一团和气，也就无所谓礼和法了，不得罪人为前提。甚至现在的"和"也已经没有了"和谐"的含义，这不奇怪，因为"礼"已经不存在了，"和谐"自然也就失去了基础。我们现在还喜欢说"和气生财"，也跟和谐没有任何关系，现在的和谐是大家都没有意见或者大家的意见完全一致。

说来说去，虽然我们还在说"和为贵"，却已经不能理解"和为贵"的本意了。

第十九章

地主家也没有余粮了

25·22（12·9）哀公问于有若曰："年饥，用不足，如之何？"有若对曰："盍彻乎？"曰："二，吾犹不足，如之何其彻也？"对曰："百姓足，君孰与不足？百姓不足，君孰与足？"

【译文】
鲁哀公问有若说："遭了饥荒，国家用度困难，怎么办？"有若回答说："为什么不实行彻法，只抽十分之一的田税呢？"哀公说："现在抽十分之二，我还不够，怎么能实行彻法呢？"有若说："如果百姓的用度够，您怎么会不够呢？如果百姓的用度不够，您怎么又会够呢？"

这一章接着讲有若。

彻，是一种征收农业税的方法，也就是征收十分之一的粮食。有大师说还有赋，不过我前面说过，鲁国已经税赋合一了，也就是只有税没有赋了。

这显然是孔子去世之后，鲁哀公找有若来请教。钱穆的考证这是鲁哀公十二年的事情，不过看上去好像不对，因为这时候孔子还在世，轮不到有若发言。看来，后来又发生过灾荒。

鲁哀公找有若商量，其实是想通过有若的关系以及孔子学校的影响力，看能不能跟三桓出点粮食。可是有若直接让他减税，这大大出乎他的意料了，不加税就不错了，还减税？这里加句题外话，春秋末年齐国的田氏篡夺了齐国，靠的是什么？减税。晋国的三家分晋，靠的是什么？减税。鲁哀公一边想着驱逐三桓，一边又不懂得怎样拉拢人心，那还干什么？

管子是藏富于民，孔子是民本思想，本质上是一样的，只不过管子更重视财富，更有创造财富的方法。

第二十章

樊迟的三大缺点

25·23（12·21）**樊迟从游于舞雩之下，曰："敢问崇德，修慝，辨惑。"子曰："善哉问！先事后得，非崇德与？攻其恶，无攻人之恶，非修慝与？一朝之忿，忘其身，以及其亲，非惑与？"**

【译文】

樊迟随同孔子游舞雩，问："请问怎样提升德？怎样改正邪念？怎样辨别迷惑？"孔子说："问得好！做事在人先，获得在人后，不就是提高德了吗？反省自己的不足，不要攻击别人的缺点，不就是改正邪念了吗？由于一时的气愤，就忘记了自身的安危和亲人的感受，这不就是迷惑吗？"

舞雩，鲁国求雨的祭台，也是当地的著名旅游景点，有山有树林。

这一章讲樊迟。樊须，字子迟，小孔子三十六岁，鲁国人。

樊迟是季孙家的家臣，也是冉有的手下。当初冉有率领鲁军击败齐军的战斗中，樊迟就是冉有的车右。当时冉有下令冲锋，结果没人听命令。樊迟就给冉有出主意，说你要再次申明军令，然后自己率先冲锋，大家就跟着你了。冉有这么做了，果然大家跟着冲锋，战胜了齐国人。所以，樊迟立下了功劳。

后来孔子回国，在冉有的推荐下，樊迟做了孔子的学生。冉有这人做事比较周全，之所以推荐樊迟去做孔子学生，一来是希望樊迟能学些知识，今后能有发展；二来是因为樊迟勇猛憨直，正好给老师出门的时候提供保护，充当当年子路的角色。果然，孔子一开始很喜欢樊迟，出门总带着他。樊迟也很好学，爱提问题，什么仁啊智啊孝啊，什么都问。

孔子一开始确实把樊迟当成第二个子路来培养，可是渐渐地，孔子就发现樊迟比不上子路，有些缺点必须要改，譬如不够大气爱计较，爱指责别人而自己不懂反思，性格急躁不冷静等。

孔子也像对其他的弟子那样不停地敲打他，借着各种问题来帮助他改正自己的不足。令人遗憾的是，樊迟远不如子路那么聪明，也不像子路那么大气。子路不仅能听懂老师的话，而且能心无杂念地按照老师的话去改正。可是樊迟不一样，他的理解力本身就不足，一个问题问好几遍也未必能弄懂，糟糕的是他还小心眼，对老师的建议还要盘算。因此进步非常缓慢。

孔子的特点就是：无论你问什么问题，总能联系到你的不足。所以，不管樊迟为什么要问这三个问题，我们只需要看看孔子的回答就行了。

这段话唯一的争议在于"先事后得"，我们应当还记得前面的这一章："樊迟问仁。子曰：'仁者先难而后获，可谓仁矣。'"

很显然，"先事后得"与"先难而后获"是一个意思，针对的都是樊迟的缺点。

在解读"先难而后获"的时候我们说过，这是孔子在帮助樊迟解决人际关系的问题，因此应该译为"遇上困难在人先，收获成果在人后"。而不是"首先付出艰苦的努力，然后收获成果"。因为前者是在讲做人，后者是在讲做事。所有大师的译法都是"先努力致力于事，然后才有所收获"。这个道理是对的，但是不适用于这个地方。

基本上，我们把樊迟的缺点串在一起来看，就会发现他是个怎样的人。

脾气暴躁，动不动就要跟你玩命，眼中只有别人的缺点，见小利不肯吃亏。说实话，这个缺点还是比较致命的。我们对照一下就知道了，子夏见小利，但是人家清高不暴燥不会主动攻击别人；子路脾气暴躁，可是人家大度肯吃亏；子张眼里只有别人的缺点，可是人家不暴燥也不贪小利。

樊迟这样脾气的人在现在也常常能看到，这种人通常也很粗鲁，基本上没朋友，人人敬而远之。

孔子对他也算是煞费苦心，反复敲打教导，在《论语》中孔子与樊迟的对话有六处，比绝大多数弟子都多。不说别的，就说这次郊游，孔子带着樊迟，其实也是想找个清静的地方去给他一些提示。

可是，效果很差，老夫子都失去了耐心和信心。

第二十一章

我要当农民

25·24（13·4）**樊迟请学稼**。子曰："吾不如老农。"请学为圃。曰："吾不如老圃。"樊迟出。子曰："小人哉，樊须也！上好礼，则民莫敢不敬；上好义，则民莫敢不服；上好信，则民莫敢不用情。夫如是，则四方之民襁负其子而至矣，焉用稼？"

【译文】

樊迟向孔子请教如何种庄稼。孔子说："我不如老农。"樊迟又请教如何种菜。孔子说："我不如老菜农。"樊迟退出以后，孔子说："樊须真是小人。在上位者只要重视礼，老百姓就不敢不敬；在上位者只要重视义，老百姓就不敢不服从；在上位的人只要重视信，老百姓就不敢不用真心实情来对待你。要是做到这样，四面八方的老百姓就会背着自己的小孩来投奔，哪里用得着自己去种庄稼呢？"

通过前面有关樊迟的内容，其实我们已经看到孔子对于樊迟越来越失望，樊迟自己则越来越迷茫。越来越没有自信的樊迟感觉自己完全没有出仕的希望和能力，怎么办呢？好像种地才是自己下半辈子的依靠啊。

于是，樊迟就来问老师种地的事情。老师一听就火了：怎么着？在我这里学种地来了？老夫子的失望和恼火可想而知，冷冷的两句话将他打发走之后，还忍不住大骂他是个小人，烂泥扶不上墙的蠢货。

老爷子确实岁数大了，耐心已经不如从前了。从前，他是绝对不会这样骂人。而现在，他骂了宰我骂樊迟，脾气确实变坏了。

对于小人的定义，孔子有两种。一是按照地位，即士农工商中除了士之外的其他三种；另一个是按品行，不具备贵族精神的人就是小人。在这里，孔子所说的小人是以上二者的综合，说樊迟不具备贵族精神并且只配做农民。

樊迟肯定是再受打击，之后怎样了呢？史书没有记载。有传说樊迟后来和宓子贱闵子骞合伙开了一所学校，不知道是否确切。

基本上，在樊迟的教育上，孔子是失败的。不得不承认，孔子晚年的性格有些不好的变化，这也属于正常的现象吧。不过话说回来，樊迟的个性不好并且性格暴躁，确实也不适合出仕，否则很可能惹火烧身或者为害一方，当一个自食其力的农民未尝不是一个好的选择。

这就是一件简单的事情，可是有些大师不这么看。他们首先不愿意承认孔子骂人，其次不愿意承认樊迟的性格不足已经奋斗失败。所以，他们做了别样的解读，我们来看看。

　　钱穆：樊迟学稼，或欲如神农、后稷以稼穑教民。或值年歉，有感而请。本章樊迟请学稼圃，亦言为政之事，非自欲为老农老圃以谋生。然时有古今，后世文治日隆，临政者不复能以教稼自务。孔子非不重民食，然学稼学圃，终是小人在下者之事，君子在上临民，于此有所不暇。战国时，有为神农之言者许行，孟子辞而辟之，亦孔子本章之意。然李悝亦出儒门，而仕魏有尽地力之教。樊迟之问，可谓已开其先声。

　　南怀瑾：樊迟有一次向孔子请教农业的技术问题，稻子要怎样种得好。孔子说，那你不要问我，不如去问有种田经验的老农。樊迟又问如何种菜种花。孔子说，这些事你问我，我不是不懂，但只懂一点，不如去问老经验的种菜、种花的人。樊迟退出去了以后，孔子就对学生们幽默地说，樊迟这个小子，竟来问我这些农业技术问题。其实，我只教你们做人做事的大原则，并没有教种菜的技术。

　　李零：樊迟似乎是古代的重农派和民粹派，神农是重农的象征，管子、李悝、商鞅也都是重农派。孔子骂樊迟小人，是因为他们政见不合。樊迟认为，只有躬耕力田，才有天下太平。

　　傅佩荣：古代以稼圃为小人之事，并无明白贬义，只是分工合作而已。孔子这里所说的，专指少数知识分子而言，因为他们不应该没有志气与远见。

有人说，当初南宫适问孔子："羿善射，奡荡舟，俱不得其死然。禹稷耕稼而有天下。"结果，孔子暗地里狂夸南宫适。而且，孔子崇拜的圣人中，好些个都是亲自种地的，连老祖宗神农和后稷都是种地的，凭什么樊迟就不能种地？

因为对圣人而言，种地是德，是为天下示范为百姓引路的，那是高尚的。可是樊迟不同，他种地是因为颓废，是破罐子破摔。

第二十二章

孔子给原宪加薪

25·25（6·5）**原思为之宰，与之粟九百，辞。子曰："毋！以与尔邻里乡党乎！"**

【译文】

原思给孔子家当管家，孔子给他俸米九百，原思推辞不要。孔子说："不要推辞。（如果有多的）给你的乡亲们吧。"

这一章讲原宪。

原宪，字子思，小孔子三十六岁，宋国人，是孔子的第三期学生。从记载看，此人具有宋国人典型的优点和缺点，优点是诚实守信用不贪婪，缺点是死心眼不懂得变通。总之，是一个好人，与颜回很像。

上述事件发生在什么时候呢？除了李零之外，其余四位大师都说发生在孔子担任大司寇期间。但那时候原宪大概十七岁，而且人在宋国。

"与之粟九百"，有说九百斗，有说九百石。不管怎么说吧，肯定很多。

在《论语》原文中，这一章和另一章相接：子华使于齐，冉子为其母请粟。子曰："与之釜。"请益。曰："与之庾。"冉子与之粟五秉。子曰："赤之适齐也，乘肥马，衣轻裘。吾闻之也：君子周急不继富。"

因此，大师们普遍认为这两章之间有关系，钱穆甚至把它们合为一章。

来看看大师们的解读。

> 钱穆：本章孔子当冉有之请，不直言拒绝，当原思之辞，亦未责其不当。虽于授与之间，斟酌尽善而极严，而其教导弟子，宏裕宽大，而崇奖廉隅之义，亦略可见。学者从此等处深参之，可知古人之所谓义，非不计财利，亦非不近人情。

> 南怀瑾：这一节是记载孔子出仕当政时，两个不同的态度。公西赤外放当大使，同学帮忙，要求多发一点安家费，孔子认为并不需要；而原宪经济状况较差，当他为孔子当总务的时候，孔子把他的待遇提得特别高。原宪不

要，孔子却反而劝他收下。从这个故事，我们看到孔子作之君、作之亲、作之师的风范。除了是长官的身份之外，还身兼父母、师长之责，随时以生活中的事例来教育学生，这也就是后世儒家所该效法其教化精神的重点之处。

  李零：上一章，冉有请粟，是锦上添花；这一章，孔子与粟，是雪中送炭。

上一章中，冉有不听孔子的建议，给了公西华高额出差补助，当然，那是人家季孙家的，孔子没话说。可是，孔子很生气，于是给原宪大幅加薪。原宪是个实在人，说不要，自己用不了，孔子说"没关系，拿去送人吧"。

孔子为什么会斗气？

其实前面多次提及了，孔子在周游列国回到鲁国之后，最亲近的子路、子贡等人都不在身边，儿子去世，又没有老伴，年龄又大了，因此性格大变，狭隘固执易怒，骂樊迟骂宰我、与冉有断绝关系，声称要去九夷，话多啰唆管闲事等，都在《论语》中有记载。所以，孔子在这里的斗气完全合乎他当时的心态和状态。

孔子是一时的气话，加上原宪确实没法要，估计最后也就是说说罢了。

根据《史记》的记载，在孔子去世之后，因为看不惯师兄弟们的勾心斗角，原宪离开了孔家，去了卫国，生活非常艰难，住在贫民区里。后来子贡去看他，见他破衣烂衫面带菜色，于是问他是不是病了。

"我听说啊，没有财产叫作贫，学会了道理却不能去施行，那才是病呢。像我，就是贫而已，不是病。"原宪当场反驳子贡。

子贡当时非常尴尬，内心也很恼火。正常情况下，子贡应该是听说原宪生活艰难，因此看在同门师兄弟的分上前来看望他，给他提供帮助。谁知道原宪态度恶劣，子贡一气之下便走了。

最终，原宪死于贫困潦倒。

还记得这一章——宪问耻。子曰："邦有道，谷；邦无道，谷，耻也。""克、伐、怨、欲不行焉，可以为仁矣？"子曰："可以为难矣，仁则吾不知也。"

孔子为什么不同意原宪"为仁"的标准呢？因为他认为原宪够不上仁。

第二十三章

公西华的赞美

25·26（7·34）子曰:"若圣与仁，则吾岂敢？抑为之不厌，诲人不倦，则可谓云尔已矣。"公西华曰:"正唯弟子不能学也。"

【译文】

孔子说:"如果说到圣与仁，那我怎么敢当！不过（向圣与仁的方向）不停地努力，教诲别人从不厌倦，也就只能这么说吧。"公西华说:"这正是我们无法学到的。"

这一章讲公西华。

公西赤，字子华，在前面我们已经介绍，他是孔子第三批的学生，小孔子四十二岁。公西华属于那种正宗贵族，不仅家庭地位高，自身素质也高。也就是说，不论按照什么样的标准，人家都是君子。毫无疑问，孔子很喜欢他，但是他与孔子在一起的时间并不多，为什么呢？因为以公西华的家庭条件，父母不可能让他随孔子周游列国，也不会让他像子夏子游一样给孔子当书童，随侍在孔子身边。

不过，从孔子对公西华的评价来看，他应该很欣赏公西华。

那么这段对话的背景很容易推导出来，这应该是某人说孔子是圣人，于是公西华转告孔子，孔子就说了上述的话，之后公西华也说了一句非常得体的话。

这里需要讨论的是：孔子是真谦虚还是假谦虚？孔子到底算不算圣人？

所有的大师都认为孔子不是假谦虚，而是真的认为自己达不到圣和仁的标准。其中，李零做了大段的推理，非常有说服力。

按照孔子自己对于圣人的定义，以及孔子对自己的描述，他确实是达不到圣人标准的。如果孔子是假谦虚的话，就应该把圣人的标准往自己的身上靠，或者像南怀瑾那样，通过一些曲里拐弯的说法，让自己跟圣人的标准等同起来。所以，孔子不是假谦虚，这一点，即便到晚年，脾气变坏之后，也没有改变。在自知这一点上，孔子是守住了晚节的。

必须要说，公西华的回答非常得体，这是一个典型的贵族式回答。公西华没有说老师您就是圣人，这太肉麻；也没说老师您确实不是圣人，这就显得智商有点低。他说这正是我们想跟您老人家学却学不到的。也就是说不管您是不是圣人，您永远是我们学习的榜样，永远是我们敬爱的老师。

公西华的回答不是拍马屁，而是由衷的赞美。孔子到底算不算圣人呢？

钱穆和南怀瑾认定孔子就是圣人，钱穆说："故知圣与仁其名，为之不厌诲人不倦是其实。孔子辞其名，居其实，虽属谦辞，亦是教人最真实话。圣人心下所极谦者，同时即是其所最极自负者，此种最高心德，亦惟圣人始能之。"南怀瑾说："这节话在文字上是如此写，如果以逻辑的方法推论，孔子这样，就正是圣人与仁者在行为上的境界。孔子曾提到过好多种圣人，在这里我们看孔子，乃是圣之时者。孔子所努力的就是千秋事业。"

其实，这要分时间段来说。在当时来说，孔子算不上圣人。

为什么？按照叔孙豹三不朽的标准，也就是立德、立功、立言三个方面来判断，孔子在当时确实不行，立德立功立言都说不上，对于当时的社会几乎可以说没有任何影响力，也就是一个有学问的私立学校的老师。

但是，随着时间的推移，孔子确实向圣人的方向前进了一步。

孔子在立言方面的成就无疑是巨大的，不论是《春秋》还是《论语》，其中都有大量的至理名言流传于世。到现在，谁敢说自己的名言能比老夫子多？

立德方面，尽管《论语》被历代曲解，但是不管怎样，孔子的个人品质还是影响了很多人，因为有了孔子的著作，中国的普通百姓还是淳朴而知耻的。可以说，孔子的立德方面是有说服力的。

说到立功，孔子就没有了。孔子学说被专制统治者们当成了愚民工具，被曲解的孔子思想使得中国的专制集权统治绵延了两千多年。虽然这不是孔子的过错，但是孔子确实谈不上立功。

但是不管怎么说，孔子应该算得上是半个圣人。

那么，今后孔子会成为真正的圣人，还是会从圣坛上轰然倒塌呢？

这取决于我们怎样去理解孔子的思想，怎样去从孔子的思想中汲取养料。如果我们能够真正理解孔子的思想，能够恢复孔子思想的真相，并且利用它来培养我们的贵族精神和民族精神，让社会和谐包容，那孔子必然会成为一个真正的圣人。

所以，孔子能否成为圣人，不取决于孔子，而取决于你我他。

第二十四章

子游的妙言

25·27（4·26）**子游曰："事君数，斯辱矣；朋友数，斯疏矣。"**

这一章讲的是子游。

言偃，字子游，小孔子四十五岁，是孔子的第三批学生。鲁国人，也有说是吴国人。子游应当是武城人，此处本属鲁国，后被吴王夫差夺取。越王勾践灭吴之后，归还鲁国。子游与子夏齐名，是孔子第三批学生中学业最出色的，深得孔子喜爱。但是，与子夏互相瞧不起。后曾开设私校讲授儒学，称为子游之儒。

这一章有意思的地方在于"数"这个字怎么解释？"数"的意思有很多种，可能在这里用得上的是"屡次"和"责备"。

这一章是在讲人和君主、朋友之间的关系，总之，人际关系。说到人际关系，南怀瑾比其他四位大师高明太多，这在前面已经多次证明过。如果大师们有分歧的话，我挺南怀瑾。

来看看大师们的译文。

> 钱穆：事君太逼促，太琐屑，便会受辱了。交友太逼促，太琐屑，便会见疏了。
>
> 杨伯峻：对待君主过于烦琐，就会招致侮辱；对待朋友过于烦琐，就会反被疏远。
>
> 李零：跟领导走动太多，领导烦，自讨没趣；跟朋友走动太多，也招人讨厌，日久天长，反而疏远。
>
> 傅佩荣：服侍君主若是过于烦琐，就会招致侮辱；对待朋友若是过于烦琐，就会受到疏远。

除了李零，其余三位大师的译文含义都很模糊，什么叫烦琐？这几位大师的解读要么没有，要么等同于没有。这说明，这几位大师对于人际关系真的领悟不足。李零的译法同样不对，但是至少意思表达清晰。就从李零这段译文，就知道他跟领导走动不多，没有体会到其中的好处。

来看看南怀瑾怎么说：

> 这里最妙的不用孔子的，而用他学生子游的话。子游这话的意思是说，要讲仁爱之"行"，也要懂得方法，不能乱干。对君子尽忠，也不容易。君王有了不对，每次见了劝他，次数多了，硬要做忠臣，就自己跟自己过不去，有时命都丢了。对朋友也是一样，朋友不对，你劝他劝多了以后，他不听你的，就会变成冤家了。

其实，前面孔子曾经跟子贡说过类似的话："子贡问友。子曰：'忠告而善道之，不可则止，毋自辱焉。'"

什么意思？看见朋友有什么做得不对的，用恰当的办法去劝说，如果不听，就不要再说了，否则就会受到羞辱了。

这里的"数"是屡次和责备的综合，也就是屡次责备意思。当然，这里的责备，还有建议的意思。

这么，这个"屡次"究竟是多少次？孔子没有明说，子游也没有明说，感觉上，三次就算屡次了。从亲疏关系看，说一到三次，就算是最好的朋友、最信赖的领导。现在还有句俗话叫：事不过三。

子游这个人，聪明而且灵活，口才也好，在孔子第三代弟子中情商最高，最懂得如何处世。这两句话，实际上就是他的处事原则。从这两句话，也能看出子游这个人也是相当清高自傲。

尽管话是子游说的，思想还是孔子的。

处事交友，点到为止，所谓心有灵犀一点通。点了没点到，也要止。没有灵犀，戳破了也没用。

眼看他犯错，还不能说，心里窝火，怎么办？人各有命，祸福自求。何不寄情山水之间，俯仰天地，豁然开朗。

最后，是这一章的译文：

> 子游说："对君主劝谏多了，必然受到羞辱。对朋友劝说多了，必然被疏远。"

第二十五章

淡淡的悲伤

25·28（19·14）子游曰:"丧致乎哀而止。"

【译文】
子游说:"丧事只要表现出淡淡的悲伤也就可以了。"

这一章还是讲子游。这段话的重点只有六个字，但要准确理解不容易。先来看看大师们怎么说。

> 钱穆：丧礼只要极尽到遭丧者之哀情便够了。
> 杨伯峻：居丧，充分表现了他的悲哀也就够了。
> 南怀瑾：办丧事要诚心哀痛就够了。
> 傅佩荣：居丧时，充分表现悲戚就可以了。

看了几位大师的译文，其实还是不知道是怎么回事，因为所有的说法都找不到标准，什么是极尽？什么是充分？什么是诚心？

相比较，李零的解说就更加生动：哀不同于恸，只是淡淡的悲伤。丧事的悲伤，悲到"哀"也就够了。

所以，"哀"是什么？就是表现出悲伤，让人感觉到你的悲伤就行了。"哀"通常是比较平静的，不哭泣。所以，李零说是淡淡的悲伤。"致"是"至"的意思，就是到哀的程度就行了。而几位大师解释为"极致"，恰好说反了。

这句话，孔子也曾经表达过类似的意思。子游是个思维灵活的人，对于孔子的学说，他往往把符合自己想法的话拿来用。从子游强调这一点来说，他比孔子的思想要更开放一些，对于丧事没有看得那么重。

那么，子游这样的说法对吗？为什么"丧致乎哀而止"呢？
我们来从两个方面进行解析。

"丧"是丧礼或者丧事，总之，这是一个下葬亲人的过程。这个过程中，会有很多宾客前来，一方面，要表现出失去亲人的悲伤之情；另一方面，要招待宾朋，不能失礼。因此，"哀"这个程度就是最恰当的。

从另一个方面来说，亲人从生病到去世，从去世到下葬，都是一个过程。这个过程中，人的情感是在变化的。从焦虑担心，到伤心痛哭，到了丧礼的时候，实际上已经平静了很多，已经接受了失去亲人的现实。到这个时候，更多的精力实际上已经转移到了丧礼的过程。因此，从人性自然的角度说，这个时候的悲伤程度也就是哀了。

孔子重视周礼的形式，但同时并不否认人性。因此，形式归形式，人性归人性。当形式与人性相矛盾的时候，要以人性为原则。就如当你不懂得礼的时候，要以义来约束自己一样。

所以，这也体现出了孔子的变通精神。在这方面，子游可以说得到了孔子的真传。

我们说，什么事情都要适可而止，否则就假了。而假的东西不能感动人，只会让人恶心。譬如说到了清朝的时候，人们为了假装孝敬父母，在丧礼上往往号啕大哭，眼泪鼻涕横飞。有的人甚至请人来帮忙哭，于是就催生了一个哭丧的行业，很多人以哭丧为生。他们一边哭，一边唱，一般的开头是"我滴天哟……"

实际上，现在的人对生死看得比过去更加淡然一些。有的时候，甚至连哀的程度都不到了。

第二十六章

以貌取人，失之子羽

25·29（6·14）**子游为武城宰。子曰："女得人焉耳乎？"曰："有澹台灭明者，行不由径，非公事，未尝至于偃之室也。"**

【译文】
子游做了武城的长官。孔子说："你在那里得到了人才没有？"子游回答说："有一个叫澹台灭明的人，光明磊落，没有公事从不到我这里来。"

这是子游做了武城宰之后，孔子前来看望他，这一路也够远了。这一次，也就是孔子说"杀鸡焉用宰牛刀"那一次。

孔子问子游有没有发现什么人才，子游说有一个叫澹台灭明的人不错，为什么这么说呢？

径，就是便捷的小路的意思。行不由径，就是走路只走大道不走小道，规规矩矩光明磊落，不是公事就不会去找子游。换言之，从来不会为了私事去找子游走后门。

大师们多数也都是做如此解读，不过在翻译的时候就直译成"不走小路"。

可是，南怀瑾对此表示"我不同意"，我们来看看他怎么说：

> 古时候"径者道也"，并没有说必是小路。人光走大路，不走捷径是笨蛋。难道是瞎子，小路不敢走，怕跌倒？那么什么叫"行不由径"呢？这个人有江湖豪气，"行不由径"是说他行事从表面看来，有时不依常规，不循常道，有点满不在乎的味道。言偃在这里讲他"行不由径"，表面看来有违常规，但是他又发现澹台灭明还有一个很大的长处——很讲义气，绝对无私，不是为了公事，从来不到子游的房里来。因此，我认为"行不由径"四字，当作此解。

按照南怀瑾的意思，澹台灭明不是不走小路，而是什么路也不走，专走野地，表示他不循常道，然后再转折一下，他还很无私。无论从哪方面，南怀瑾的解读都是讲不通的。

澹台灭明，字子羽，比孔子小三十九岁，吴国人。

澹台灭明后来被孔子收为学生，就是通过子游的推荐。不过澹台灭明实在长得太丑，用《史记》的话说，是"状貌甚恶"。因为太丑，孔子一直不喜欢他。

澹台灭明在孔子那里一直不受重视，学了不到两年就离开了。之后去到了吴国，也像孔子一样开设学校，弟子三百人，也出了不少人才。

孔子听说澹台灭明的成就之后，曾经感慨自己以貌取人看错了人。《史记》记载，孔子闻之曰："吾以言取人，失之宰予；以貌取人，失之子羽。"

以貌取人，这个成语就是从孔子看错了澹台灭明这里来的。

这里看来，子游这个人不错，不仅有识人的眼力，而且很公正。因为推荐人给孔子也就等于给了这个人机会，子游能够从品质而不是从亲疏的角度去推荐人，非常难得。

要知道，子游就是武城人，他完全可以推荐自己的亲戚好友给孔子，或者干脆收钱受贿，但是，子游并没有这样做，证明他是一个心口合一的人。

第二十七章

吾道一以贯之

25·31（4·15）子曰："参乎！吾道一以贯之。"曾子曰："唯。"子出，门人问曰："何谓也？"曾子曰："夫子之道，忠恕而已矣。"

【译文】

孔子说："参啊，我的思想是由一个基本的思想贯彻始终的。"曾子说："是。"孔子出去之后，学生们便问曾子："这是什么意思？"曾子说："老师的道，就是忠恕罢了。"

这一章讲的是曾参。这里有两个概念，"忠"和"恕"，前面已经做了定义，"忠"是忠于事，尽心尽力于事；"恕"就是己所不欲，勿施于人。所以，一个对事，一个对人。

来看看大师们的理解。

> 钱穆：尽己之心以待人谓之忠，推己之心以及人谓之恕。
> 杨伯峻："恕"，孔子自己下了定义："己所不欲，勿施于人。""忠"则是"恕"的积极一面，用孔子自己的话，便应该是"己欲立而立人，己欲达而达人。"
> 李零：忠是尽心诚意，为自守之德；恕是尊敬对方，为待人之德。
> 傅佩荣："忠恕"代表曾子对孔子人生观的理解，而不完全等于孔子的人生观。

对于"忠恕"的理解，钱穆和李零都比较接近，主要是"忠"的解释不准确。杨伯峻的解释则完全不靠谱。

有趣的是，南怀瑾竟然在这里使用了现场还原的方法来解读，我们来看看：

> 有一天孔子坐在教室里，曾参经过他的前面，于是孔子便叫住他："参！"曾参听到老师叫，回过头来，于是孔子便告诉他说："吾道一以贯

之。"就是说，我传给你一个东西，一以贯之。这一以贯之的是什么呢？如果说是钱，把它贯串起来还可以，这"道"又不是钱，怎么一以贯之呢？但曾子听了这句话以后，打了个拱说："是，我知道了。"孔子讲了这句话，自己又默然不语了。同学们奇怪了，等孔子一离开，就围着曾参，问他跟老师打什么哑谜呢？夫子又传了些什么道给曾参呢？曾子没有办法告诉这些程度不够的同学，只有对他们说，老师的道，只有忠恕而已矣。做人做事，尽心尽力，对人尽量宽恕、包容。就此便可以入道了。曾参讲的对不对呢？有问题！那不叫"一以贯之"，该"二"以贯之了，因为一个忠，一个恕，岂不是二贯？明明孔子告诉他"一以贯之"，为什么他变出两个——忠恕来？这是一个大问题。

那么，南怀瑾怎么解决这个问题呢？他去讲了几个禅的故事，包括释迦牟尼、六祖慧能。

从对"忠恕"的理解来看，南怀瑾与其他大师也差不多。

大师们其实提出来了两个问题：第一，所谓"门人"，是孔子的学生还是曾参的学生？第二，"忠恕"到底是不是孔子所说的"一以贯之"的答案？

首先，孔子去世的时候曾参才二十六岁，这时候应该没有自己的弟子。不过，这个时候曾参应该已经是孔子学校的一个老师了，类似现在的助教。这里的门人应该是指孔子的学生，也是曾参的学生。

那么，"忠恕"到底是不是孔子所说的"一以贯之"的答案呢？当然是，否则，曾参就不会那么回答。

整个过程我们也可以来一次现场还原。

学校在上课，孔子去各个教室巡视。曾参正在讲课，孔子于是进入曾参的教室，对曾参说"吾道一以贯之"，意思是告诉曾参要把这个教授给学生们。曾参如果不知道，他应该会问。如果孔子认为曾参不知道，孔子也一定会问"你知道吗？"结果两人都没问，证明孔子确认曾参是知道的，也就是说，孔子是对曾参讲过的。

所以，这个"忠恕"不是曾参以为的答案，而是孔子教给他的答案。而这个答案，应该是孔子晚年自己所总结的。

孔子为什么没有当场把答案告诉所有人呢？因为人家曾参是老师啊，你把答案讲了，人家老师怎么办？得留给曾参来讲。

所以，孔子点点头，走了。

弟子们于是赶忙问曾参。

曾参的回答是"忠恕而已矣"，说实话，语气不是很好。为什么呢？因为人家刚才好好地上课，孔子上来打断他，心情当然不爽。

这一章里反映出来几个问题。

晚年，孔子喜欢讲"道"，就像从前喜欢讲"仁"。并且喜欢絮絮叨叨，一句话翻来覆去说，因此，弟子们有时有些烦他。就像这一次，曾参知道老师想说什么，怕他说起来没完，因此简单回答一个是字，不接下茬，孔子只好识趣地出去了。

这个"一以贯之"，前面孔子就对子贡说过，估计，孔子这时候见谁都说。

我们注意到，曾子后来说"吾日三省吾身——为人谋而不忠乎？与朋友交而不信乎？传不习乎？"第一项就是忠，第二项却不是恕，而是信，这与孔子的教导是有区别的。我的理解是，恕是对一般人的要求，是基本的原则，做到恕之后，信是更高的要求。

第二十八章

回光返照还是死里逃生

25·32（8·3） 曾子有疾，召门弟子曰："启予足！启予手！诗云，'战战兢兢，如临深渊，如履薄冰。'而今而后，吾知免夫！小子！"

【译文】

曾子有病，把他的学生召集到身边来，说道："看看我的脚！看看我的手（看看有没有损伤）！《诗经》上说：'小心谨慎呀，好像站在深渊旁边，好像踩在薄冰上面。'从今以后，我知道我的身体是不再会受到损伤了，弟子们！"

这一章还是曾参。

先说说什么是"门弟子"。其实这个很好解释，譬如一个大学校长，大学里所有的学生都算他的学生。但是，只有他亲自指导的研究生才算他的门弟子。曾参也一样，教务处长，所有孔子学校的学生都算他的弟子，可是只有自己亲自指导的才算门弟子，才能来家里。

这一章的要点在"吾知免夫"上，对于这句话，钱穆这样写道："免谓免于刑戮，毁伤亦指刑言，古者墨、劓、刖、宫，皆肉刑。孔子曰：君子怀刑。其称南容，曰：邦无道，免于刑戮。曾子此章，亦此义。"杨伯峻则写道："从今以后，我才晓得自己是可以免于祸害刑戮的了。"傅佩荣的说法是："免：手脚健全，表示一生爱护身体，也不曾犯法受刑。"

三人的意思，"免"就是不受刑罚。

看上去蛮有道理。不过，李零给出了另一种解读：

> 曾参实际上就是叫学生动动他的手脚，叫学生来看，我这手脚不是都长在我的身上吗？这是死里逃生的心情。"而今而后，吾知免夫"是说从今以后我才知道，什么叫捡了一条命。

但是，南怀瑾又给了另外一种说法，来看看：

因为他的病严重到快要死了。连自己的手脚在哪里，都不知道，自己不能指挥了。只有叫学生们，替他把手脚摆摆好。"而今而后，吾知免夫"，他说我现在告诉你们，我手脚都失去知觉了，已经死了一半了，到这个地步，我才敢说大话，我不会再犯错了。

大师们的说法似乎都有道理，又似乎都没有道理。

这里只是说"曾子有疾"，也就是说生病。如果是真的要死了，则应该说曾子疾笃，曾子将死等。毕竟，《论语》是曾子弟子整理的，这点情况还是清楚的。

同样，如果这是曾子死里逃生，那就该说曾子病愈。而且，应该说"至于今，吾知免夫"。

所以，对这段话的译文和解读，可能在一开始就是错的。

换个角度来看看。

曾子生病，躺在榻上，这时候学生们来了。曾子想要起身，却浑身无力，于是对弟子们说"动动我的脚，扶下我的手"，让弟子们帮助他坐起来。虽然坐了起来，曾子坐不稳，身体还有些晃动或者抖动，于是引用了"战战兢兢……"句。

"从今以后，我能够不再生病吗，孩子们？"曾子跟弟子们开了一句玩笑，让气氛轻松一些。

这样解释会更合理一些吗？

25·33（8·6）曾子曰："可以托六尺之孤，可以寄百里之命，临大节而不可夺也——君子人与？君子人也。"

【译文】

曾子说："可以把年幼的君主托付给他，可以把国家的政权托付给他，面临生死存亡的紧急关头而不动摇屈服——这样的人是君子吗？是君子啊！"

失去父亲为"孤"，"六尺"指十五岁以下的孩子。

这一章的意思很容易理解，所以问题只有一个：曾子为什么要说这个？是在讲历史，还是在讲现实？如果是讲历史，是不是在讲周公或季友？如果是讲现实，那就是说自己了。

孔子去世之前，将自己的孙子子思托付给了曾参。那时候，子思只有四岁。

孔子那么多的弟子，为什么偏偏把孙子托付给曾子呢？子贡太忙，怕管不过来；子夏太叛逆，子张太死板，子游太油滑。算来算去，曾子最实在，交给他放心。

我们注意到，整个《论语》第八篇，都是关于孔子和曾参的，进一步证实《论语》就是曾参及其弟子们最后整理完成。

总的来说，曾参的语录说教意味比较足，不如孔子那样接地气。当然，这与两人的成长经历不同有关。

曾参是孔子弟子中年龄比较小的一位，孔子也并不是特别欣赏他，但是对他很放心。论学术，曾参比不上子夏子游；论才能，曾参比不上子贡冉有；论修行，曾参比不上颜回子张。可是，曾参这人实在，靠得住，每天三省，第一件事就是"为人谋而不忠乎"。

曾经，曾参种地的时候穿着破旧衣服，鲁哀公看见了，派人去对他说要给他封邑，曾子再三拒绝，使者问他为什么，曾参说："受人好处，在人面前就会畏惧；给人好处，在人面前就会骄横。纵然国君不会骄横，我难道就不畏惧吗？"

为了尊严，曾子拒绝贪婪。孔子听说之后非常赞赏，这一点，孔子自己也未能做到啊。大致，这也是孔子决定托孤曾子的重要原因。

就这样，曾子成了孔子的托孤之人，顺理成章也就必然担任孔子学校的教务长或者校长。

曾子不负重托，尽心尽力地照看、培养子思，要知道，子思父亲去世、母亲改嫁，可以说是举目无亲。如果孔子当初所托非人，子思的下场可能会非常惨，小命不保家产被夺也毫不奇怪。而曾子不仅将子思培养成人，并且竭尽所能进行教诲，使得子思长大之后也有所成就，孔家家学得以传承。

从这个角度说，曾子也可算是孔子学说的正宗传人。曾子在后世得到的评价也非常高，从品德的角度说，仅次于颜回，但是情商和成就远高于颜回。

第二十九章

孔子父子

25·34（16·13）陈亢问于伯鱼曰："子亦有异闻乎？"对曰："未也。尝独立，鲤趋而过庭，曰：'学诗乎？'对曰：'未也。''不学诗，无以言。'鲤退而学诗。他日，又独立，鲤趋而过庭。曰：'学礼乎？'对曰：'未也。''不学礼，无以立。'鲤退而学礼。闻斯二者。"陈亢退而喜曰："问一得三，闻诗，闻礼，又闻君子之远其子也。"

【译文】

陈亢问伯鱼："你在老师那里听到过什么特别的教诲吗？"伯鱼回答说："没有呀。有一次他独自站在堂上，我快步从庭里走过，他说：'学《诗》了吗？'我回答说：'没有。'他说：'不学《诗》，就不懂得怎么说话。'我回去就学《诗》。又有一天，他又独自站在堂上，我快步从庭里走过，他说：'学《礼》了吗？'我回答说：'没有。'他说：'不学《礼》就不懂得怎样立身。'我回去就学《礼》。我就听到过这两件事。"陈亢回去高兴地说："我提一个问题，得到三方面的收获，听了关于《诗》的道理，听了关于《礼》的道理，又听了君子不偏爱自己儿子的道理。"

这一章讲的是孔鲤和陈亢。

孔鲤是孔子的儿子，字伯鱼，小孔子二十岁。孔鲤出生的时候，孔子按照士的待遇收到了以国君名义送来的一条鲤鱼，非常兴奋，于是给儿子取名孔鲤，字伯鱼。

陈亢，字子亢或子禽，陈国人，小孔子四十岁，是孔子第三期后进的学生。

由于此时孔子年老，陈亢能够受到老师亲自教导的机会不多。因此，陈亢有两个怀疑，第一怀疑孔子是不是有偏私，第二怀疑孔子的学说到底有什么用处。陈亢也曾经在子贡面前质疑孔子的人品和能力。

那么，孔子真的对儿子没有偏私？确实如此。但是，这反映了君子不偏爱自己的儿子吗？不是的，孔子与孔鲤的父子关系相当平淡，比孔子与几个得意门生的关系差得太多，这一点是有明证的。

整部《论语》，提到孔鲤的仅有两处，即便是这两处，孔子对他的态度也都很寻常，甚至语带斥责，看不出期许来。孔子对孔鲤的学习态度非常不满，实际上孔子也不大关心儿子的学习，只是偶尔看见了说两句，多数情况下，说都懒得说。

这次也是一样，孔子是在庭中闲立的时候看见儿子，之后半训斥地问了一句。那么，孔鲤之后说去学《诗》《礼》，跟谁学？肯定不是孔子教他。

为什么会这样呢？

首先，孔子常年和弟子们在一起，同甘共苦，荣辱与共，与儿子反而很少见面，几乎没有沟通。

其次，弟子们个性不同，但是对老师的尊重让孔子非常受用，子路的直率忠诚，子贡的贴心和善解人意，子夏的聪明好学，都让孔子打心眼里喜欢。而儿子在学问上很不用心，在自己面前畏畏缩缩，这些都常常让孔子不高兴。所以看见孔鲤，孔子的心情远不如看见子路子贡们。

再次，孔子对前妻丌官氏很不喜欢，因此休妻，大致孔鲤的性格或者长相都像他娘，孔子一看就不喜欢。后来丌官氏去世，孔鲤哭母亲的时间长了一点，孔子还怒斥他"太过分了"。按《礼记》：伯鱼之母死，期而犹哭。夫子闻之，曰："谁与哭者？"门人曰："鲤也。"夫子曰："嘻，其甚也。"伯鱼闻之，遂除之。

孔鲤不好学，而且平时的衣饰也不太讲究，这不怪他，从小就没有了娘，谁来管他的衣饰？可是，孔子最看重的就是两样：学问和衣饰。有一次，孔子看见孔鲤的穿着很不得体，叫住了他。"你看你，穿得乱七八糟，太不像话了。"孔子对儿子说话就没有对学生们说话那么循循善诱了，总是很严厉。"君子不能不学习，衣饰不能不讲究。衣饰不合适就是失礼，失礼就无法在这个社会上立足。让人远远地看到你的外貌就喜欢你，靠的是衣饰；让人跟你打交道之后越来越喜欢你，靠的是学问。"

按《说苑》。孔子曰：鲤，君子不可以不学，见人不可以不饰；不饰则无根，无根则失理；失理则不忠，不忠则失礼，失礼则不立。夫远而有光者，饰也；近而逾明者，学也。

父子之间的关系往往不是特别亲密，就是特别疏远。如果父母的关系有问题，多半父子关系都不好。而父亲对于儿子的教育，自古以来都是个难题。

所以到了孟子的时候，就感慨教育儿子很难，希望和别人交换儿子来教育。事实上，很多伟大人物都和自己儿子关系不好。

孔子与儿子的关系有些奇怪的地方。孔子二十岁时孔鲤出生，孔子二十七岁开立私校，五十三岁担任大司寇。但是从来没有教导过自己的孩子学《诗》学《礼》，既然他知道学习很重要，为什么独独不教自己的孩子呢？

孔子帮助很多学生出仕，也帮助自己的侄子出仕，可是，从来没有帮自己的儿子谋个一官半职，这应该说明他认为自己的儿子根本没有这个能力。

不仅孔子与自己儿子关系很淡，孔子的学生们似乎也都很疏远孔鲤，《论语》中也只有陈亢和孔鲤有过交流。

还有一处比较奇怪的地方，按记载，孔子家三世休妻，也就是说孔鲤也休妻了。孔子周游列国回到鲁国是六十八岁，这一年孔鲤四十八岁。第二年子思出生，同年孔鲤去世。假设孔鲤二十岁结婚，那么二十八年没有生育，直到去世那年才生了孩子。那么，休妻是在什么时候呢？那是不是意味着，孔鲤的儿子子思生下来不久就无父无母了呢？

第三十章

想不通的司马牛

25·35（12·3）司马牛问仁。子曰："仁者，其言也讱。"曰："其言也讱，斯谓之仁已乎？"子曰："为之难，言之得无讱乎？"

【译文】

司马牛问怎样做才是仁。孔子说："仁人说话是慎重的。"司马牛说："说话慎重，这就叫作仁了吗？"孔子说："做起来很困难，说起来能不慎重吗？"

25·36（12·4）司马牛问君子。子曰："君子不忧不惧。"曰："不忧不惧，斯谓之君子已乎？"子曰："内省不疚，夫何忧何惧？"

【译文】

司马牛问怎样做一个君子。孔子说："君子不忧愁，不恐惧。"司马牛说："不忧愁，不恐惧，这样就可以叫作君子了吗？"孔子说："自己问心无愧，那还有什么忧愁和恐惧呢？"

这两段话都是关于司马牛的，译文没什么好说的。解读方面，钱穆、杨伯峻和李零提到了背景，不过钱穆有错误，南怀瑾和傅佩荣则根本没有提到背景。

要解读这两段，必须要搞清楚背景。

当初，孔子师徒路过宋国的时候，险些被宋国司马桓魋所杀。桓魋本姓向，又叫向魋。当时，向魋受宋景公宠信，担任司马，在宋国权倾朝野。向魋这人傲慢自大，和宋景公之间的关系变得越来越差，最终占据曹邑叛乱，结果被宋国军队攻打，逃到了卫国，之后又逃到了齐国，投靠了田常。

向魋有一个弟弟叫向耕，字子牛，因为父亲也曾经担任司马，因此向耕又叫司马耕或者司马牛。司马牛这个人很诚实也很本分，也没有参与哥哥的叛乱。哥哥被赶跑之后，他就把自己的封邑都交了出来，逃到了齐国，田常对他很好，给了他房子。后来向魋也到了齐国，司马牛觉得跟哥哥在一起就等于是哥哥的同党，就等于叛国。于是，司马牛把齐国的房子和地都交还给了田常，自己又逃到了吴国。可是吴国人不欢迎他，就又逃到了鲁国。在鲁国，司马牛进了孔子的学校，从此也算是孔子的学生。

司马牛其实还有个哥哥叫向巢，本来是站在宋国国君一边对付向魋的，可是向魋叛逃，他也跑。国君派人告诉他说别跑了，你没事，结果他还是跑了。

宋国人就是这样，性格很倔认死理。一旦什么事情想不通，就把自己绕进去，弄得自己像祥林嫂。

司马牛就是这样，对于国家和家庭的巨变总是想不通，怎么原来还是全家忠良，突然一个晚上就都变成了逆臣叛贼了呢？要知道，司马牛家在宋国可是豪门啊。

就因为想不通，司马牛总是很忧郁很烦躁，常常自言自语，也常常像祥林嫂一样向别人诉说自己的不幸和困惑。

所以当司马牛问仁的时候，针对司马牛的忧郁症，孔子告诉他说话要谨慎，别整天神神叨叨的。

同样，当司马牛问君子的时候，孔子就说你自我反省之后发现自己问心无愧，你就不用再忧虑和恐惧了。

前面还有一章，是司马牛叹息自己没有兄弟，子夏也安慰他。可是，司马牛还是拐不过这个弯来。

终于，按照《左传》的记载，就在当年，司马牛死于曲阜城外。那么，是因为忧郁引发了心脏病？还是自杀？就不知道了。不过，如此明白地强调死的地点，应该是暗示了什么。《左传》是子夏所作，而子夏与司马牛关系不错，那么为司马牛隐瞒了什么也很正常。

实际上，司马牛在孔子这里的时间非常短，孔子对他主要是开导安慰。

第三十一章

无欲则刚

25·37（5·11）子曰："吾未见刚者。"或对曰："申枨。"子曰："枨也欲，焉得刚？"

【译文】
孔子说："我没有见过意志坚定的人。"有人回答说："申枨就是刚强的。"孔子说："申枨这个人欲望太多，怎么能刚强呢？"

这一章讲申枨。

申枨，也就是《史记》中记载的孔子的弟子申党，字周。除此之外，未见于其他史料。

孔子为人谦恭，说话很是注意不得罪人。从前，孔子很少用这样的全面否定的说法，记忆中只有一句"吾未见好德如好色者"，是用来抨击统治者的。那么，为什么这一章孔子会这样说？还是因为人老了。

孔子认为，无欲则刚。只要有欲望，就有可能被引诱，就有可能失去原则和志向。

这件事情的背景已经不可考，事实上也不重要，重要的是孔子的话。

这里的"刚"是什么意思呢？通常译为刚强，但是从孔子的回答看，译为意志坚强更为贴切。譬如说你加入了某个组织，之后被敌对组织抓获，严刑拷打之下坚决不投降不泄密，这个叫刚。敌人使用了美人计，你依然不叛变，这也叫刚。

所以，"刚"是拒绝诱惑以及承受压力。

申枨这个人可能是个硬汉形象，很坚持原则不受威胁。但是，他可能在某些方面欲望比较强，因此孔子认为他是可以利诱的。

林则徐曾经写过一副对联：海纳百川，有容乃大；壁立千仞，无欲则刚。

南怀瑾也写了一副佛家和儒家合璧的对联：有求皆苦，无欲则刚。

南怀瑾的对联更像是佛道合璧。为什么这样说呢？因为这时候的孔子俨然属于道家了，这一点在后面会详细说。

对于儒家来说，积极进取才是正道，因此怎么会没有"欲"呢？出仕不是"欲"吗？富贵不是"欲"吗？孔子的欲望，难道与众人不同吗？

所以，孔子所要表达的"无欲则刚"根本上就是道家的学说。

人是要有欲望的，否则这个世界就不能发展。任何一次人类的进步，都是欲望驱动的结果。但是，过度的欲望，也就是贪婪，会破坏人的理智，这是危险的。为什么美人计总是能够得逞？因为通常人都好色，越是英雄越好色。反过来想想也是，如果没有欲望，没有索求，当英雄干什么？所以，英雄都是有弱点的，只要你抓住了阿喀琉斯的脚后跟，就能够轻松地对付他。相反，倒是一些默默无闻无所追求的人难以威逼诱惑，譬如那些修行的隐士。

现代社会自然是一个充满欲望的时代，这本身没有问题。但是，贪图本不属于自己的、太容易得来的东西就太危险。

第三十二章

缺点集合

25·38（11·18）**柴也愚，参也鲁，师也辟，由也喭。**

【译文】
高柴木讷，曾参迟钝，子张偏激，仲由鲁莽。

这一章是四位弟子的缺点集合。

因为每个人都是用的名，因此这肯定是孔子所说。那么，这是孔子一次性说出来的，还是不同时期说的？

这是孔子集中说几个弟子的缺点，不过，应该不是批评他们，而是举例子给其他学生。正是因为举例子的性质，因此顺序就不重要了。

为什么要举例子呢？当然是教学的需要，告诉在场的弟子们怎样针对这些缺点去改正。

这应该是孔子周游列国回到鲁国期间的事情，这时候子路和高柴都已经算是成功人士，子张和曾参则都是孔子的助教，孔子直言他们的缺点而不掩饰，可见在孔子看来，每个人都是有缺点的，提出他们的缺点并不是丢人的事情。

作为《论语》的主编，曾参将这段话记下来，也是毫不避讳自己的不足，与他的自省精神是一致的。

那么，为什么孔子没有去提子贡、冉有、颜回、子夏他们的缺点呢？大致是因为他们的缺点不够典型，也有可能提过他们的缺点，只是没有被记载下来而已。

一个好的老师，是应该在教学过程中总结归纳的。在我们现代的教学中，一些优秀的老师也在做这样的事情，譬如学生们初学期间的难点在哪里，出错常在哪里，应该怎样引导。那些高考金牌老师，也一定是善于总结错误、考试策略的。但很多老师不会去总结学生的性格缺点。这不奇怪，因为现在很多老师只管学生的成绩和升学率。

但是实际上，学生的性格与成绩有很大的关系，怎样的性格应该怎样引导，才能取得更好的成绩，这本身也是学问。

我们学习《论语》也是这样，如果我们不能知道孔子弟子们的性格特点和身世背景，就无法与自己进行对照，也就不能从中学到适合自己的知识。我们学习《论语》的目的绝不应当是为了写作文的时候能多用几句格言，聊天的时候能多说几个故事而已，更不是为了自欺欺人的时候能滔滔不绝地说些高不可攀的宇宙真理，我们的目的应当是提升自己的情商，让自己成为一个君子，成为一个受尊重的人。

也许，我们可以把孔子的学生们的缺点罗列出来，看看孔子怎样帮助他们去改正，他们是不是改正了，有的为什么没能够改正，我们有没有更好的办法，等等。之后再对号入座，看看自己的缺点在哪里，看看自己的缺点更像谁，然后为自己改正缺点开出正确的药方来。

小结

真实

　　弟子三千，能够留下片言只语的也就是那么几十个，绝大多数就都被淹没在历史的长河中。

　　但是，几十人已经足够了，为什么？因为真实。

　　孔子的弟子们，无论成就如何，与孔子的关系如何，他们的优点缺点、语言行为都没有被避讳，即便是孔子晚年的种种极端狭隘，也被如实地记载了下来。

　　大师兄子路、孔子学校的财神爷子贡、霸主魏文侯的老师子夏、编委会主任的曾子等，他们都不是完美的形象，他们的缺点和不足都毫无避讳地展现出来，更不要说冉有、宰我、樊迟这样被孔子大骂的弟子。

　　绝大多数的大师显然不明白这样的道理，他们宁愿费尽心思去把孔子描绘为从来不骂学生的好好先生，把弟子们的缺点也阐述为美德，让整部《论语》成为一个大圣人与一帮小圣人之间的友爱故事。

　　孔子是一个伟大的老师，但他不是上帝，他也不可能让每一个学生都成为君子，失败的案例比比皆是。有的是学生烂泥扶不上墙，有的则是孔子没有掌握更合理的方法。不过，成功有成功的经验，失败有失败的教训，教训的价值未必比经验要小。

　　最典型的例子是宰我，他的失败与子贡的成功放在一起，其对比价值绝对比他和子贡双双成功要大得多。

　　遗憾的是关于孔子和宰我的对话记载得并不多，否则会更有价值。当初孔子见老子的时候，老子曾经给他这样的忠告："聪明深察而近于死者，好议人者也。博辩广大危其身者，发人之恶者也。"前半句适用于子贡，而后半句适用于宰我，孔子把前半句的意思教给了子贡，他一定也把后半句的意思教给了宰我。

　　孔子的学生有很多发人深省的地方，譬如樊迟和原宪，这是平实和高远的区别，高傲地死于贫困、在村头田间安享天伦之乐，哪一个才是真正明智的选择？

　　不管最终是成功的还是失败的，能够遇上孔子这样的老师，绝对是每个弟子的幸运。

第八篇

孔子论人

每个人都会评论别人，也都会被别人评论。

当你想要了解一个人的时候，你可以首先了解他喜欢什么样的人、崇拜什么样的人。这样，你就知道他大致应该是个什么样的人。你也应该了解他讨厌什么样的人，憎恨什么样的人，瞧不起什么样的人，那他一定不会是那样的人。

如果你想更深入地了解他，那么你可以了解他在一段时间里对别人的评价，这样你就能发现他的价值观的变化过程。

孔子的一生议论过很多人，除了自己的学生之外，他所议论的多数是历史上的名人，这些人的标签非常清晰，因此我们也就能够由此判断孔子的价值观，以及孔子思想的演化过程。例如孔子对管子的评价，便可让我们看出他在去齐国前后的思想变化。

那么，现在我们就来集中看看孔子怎样评价别人，从中去更多地了解孔子。

第一章

孔子挑女婿

26·1（5·1） 子谓公冶长，"可妻也。虽在缧绁之中，非其罪也。"以其子妻之。

【译文】
孔子评论公冶长说："可以把女儿嫁给他，他虽然被关在牢狱里，但这并不是他的罪过呀。"于是，孔子就把自己的女儿嫁给了他。

这里讲的是孔子的择婿标准。这一章要解决几个问题：孔子是因为公冶长坐牢才把女儿嫁给他的吗？公冶长的家庭背景怎样？嫁女儿攀高枝有错吗？

公冶长，齐国人，至于是不是孔子的学生，大家都在猜。如果是的话，应该是第二期靠前的，不过除此之外没有任何记载，我认为应该不是孔子的学生。

"缧绁"就是用黑绳捆犯人，用来指代被捕入狱。

公冶长遭受牢狱之灾，孔子相信他是清白的，最后把女儿嫁给了他。

这里有个问题，孔子说这话的时候，公冶长是不是在牢里？来看看大师们怎么说。

钱穆：先生说："公冶长，可嫁他一女儿吧。他虽曾下过牢狱，但不是他的罪过呀。"

杨伯峻：孔子说公冶长，"可以把女儿嫁给他，他虽然曾被关在监狱之中，但并不是他的罪过。"

南怀瑾：孔子认为公冶长坐牢，不是罪有应得，因此孔子把自己的女儿嫁给他。

李零：我估计，他只是订婚，还没完婚。

傅佩荣：孔子谈到公冶长，说："可以把女儿嫁给他，虽然曾有牢狱之灾，但并不是他的罪过。"

钱穆和傅佩荣的意思，这个时候公冶长没有坐牢，其余三位则认为他还在牢里。很显然，钱穆和傅佩荣是错的，因为原文是"在缧绁之中"。最有趣的译文是钱穆的"可嫁他一女儿吧"。难道还能嫁两个女儿？

事情其实是很清楚的，在公冶长坐牢之前，孔子就已经答应了公冶长的求婚。此时公冶长坐牢，孔子可以取消这门亲事，不过他认为公冶长并没有犯罪，因此坚持把女儿嫁给他。

很多人的译文模棱两可，让人以为孔子是因为公冶长坐牢，所以才把女儿嫁给他。对此，大师们怎么看？

钱穆：孔子千古大圣，而其择婿条件，极为平易近人。

南怀瑾：我们可以知道孔子的为人，绝对不是要选一个有财、有势或有学位的人，才把女儿嫁给他。

李零：孔子把女儿嫁给公冶长，了不起。

公冶，出自姬姓，为季孙氏的后代。季友有后人叫季孙冶，字公冶，公冶氏的始祖便是季孙冶。所以，公冶长是季孙家族的人。公冶长是齐国人，这很正常，鲁国人移民齐国的非常多。想想看，出身鲁国第一豪门家族，并且身在齐国，这样的女婿，谁不愿意？

要说公冶长具备大师们所说的"仁德"，恐怕有些牵强了。要知道齐国是商业文化，与鲁国文化截然不同。

所以，孔子除了欣赏公冶长这个人之外，恐怕还看重他季孙家族的背景。

侄女嫁给了孟孙家，女儿嫁给了季孙家，在攀高枝这一点上，孔子与常人并没有什么区别。事实上，公冶长没有什么成就，而孔子与季孙家族的关系始终还算不错，除了自己曾经在季孙家做过家臣之外，不知道跟这个女婿有没有关系。

有人可能认为这样的解说有损孔子的形象。

其实真不是。哪个父亲不爱自己的女儿，哪个父亲不想让自己的女儿过上衣食无忧的快乐生活？孔子自己要竭力去做圣人，但是他并不会要自己的女儿也去做圣人啊。

孔子把自己的女儿嫁给了季孙家的人，侄女嫁给了孟孙家的人，难道这是巧合吗？为自己的女儿以及侄女找到了理想的归宿，孔子可以说是一个伟大的父亲和叔父。

我们可以做这样的假设，如果让孔子在自己的得意门生中挑女婿，他会挑谁？他一定不会挑颜回、原宪、子张，排名前三位的一定是：公西华、冉有、子贡。

第二章

公叔文子

26·2（14·18）公叔文子之臣大夫僎与文子同升诸公。子闻之，曰："可以为'文'矣。"

【译文】
　　公叔文子的家臣僎和文子一同做了卫国的大夫。孔子知道了这件事以后说："（他死后）可以给他'文'的谥号。"

　　这一章讲公叔文子。
　　卫国大夫公孙拔，卫献公之孙，谥号"文"，后世称为公叔文子，比孔子略早。
　　基本上，大师们的介绍也就以上这些了。
　　按理说，国君的儿子应该叫公子，为什么公叔文子叫公孙、公叔，就是不叫公子呢？
　　这里有个典故，卫献公曾经被孙林父和宁喜赶走，立他的弟弟卫殇公为国君。这时候公叔文子就从公子变成公孙了，所以叫公孙拔。十二年后，卫献公复国，三年后，卫献公去世，儿子卫襄公继位，公叔文子又不叫公孙拔，该叫公叔拔了，因为他是国君的弟弟。
　　公叔文子是个很小心谨慎的人，一次，公叔文子上朝的时候邀请卫灵公去自己家里吃饭。辈分上说，公叔文子是卫灵公的叔叔。退朝之后，公叔文子把这事情告诉了史鱼，史鱼大吃一惊，告诫公叔文子："你家是卫国首富，而国君很贪婪，他看见你家的豪华之后会怎么想？"公叔文子吓个半死，但是已经无法改变，还是请了卫灵公，不过席间非常小心。
　　遗憾的是，公叔文子去世之后，儿子公叔戍终究还是没有能够逃过首富必亡的宿命，被卫灵公赶出了卫国，万贯家财当然也就充公了。
　　《论语》中还有一章提到公叔文子——子问公叔文子于公明贾曰："信乎，夫子不言，不笑，不取乎？"公明贾对曰："以告者过也。夫子时然后言，人不厌其言；乐然后笑，人不厌其笑；义然后取，人不厌其取。"子曰："其然？岂其然乎？"

在这一章里，孔子所说的是公叔文子有一个叫作僎的家臣，因为很有能力，公叔文子把他推荐给国君，和自己一并做了大夫。孔子之所以赞扬公叔文子，主要是因为他破格提升家臣，即使自己与家臣的关系从君臣变成同僚，也不会觉得不平衡。孔子希望大夫们都这样做，国家就大有希望了。

那么，为什么这样做就可以得到"文"的谥号呢？

关于"谥法"，说法很多，到现在没有一个统一的说法，此前子贡曾经问孔子，文子为什么谥号"文"，孔子的回答是："敏而好学，不耻下问"。可见，标准并非严格一致。

实际上，除了根据生平来确定一个人死后的谥号，春秋时期还有一个有趣的现象，那就是扎堆。譬如有一个时期，各个国家的国君都谥号桓，你就会发现，齐桓公召集诸国的时候，一堆桓公就凑到了一块。

同样，孔子这个时候，似乎谥号为文的特别多。

所以，谥号也是一个时期流行文化的体现。

第三章

孟公绰的气质

26·3（14·11）子曰："孟公绰为赵魏老则优，不可以为滕薛大夫。"

【译文】
孔子说："孟公绰做晋国赵氏、魏氏的顾问会轻松胜任，但不能做滕、薛这样小国的大夫。"

这一章讲的是孟公绰，有几个问题需要解决：孟公绰是什么人？孔子对孟公绰的判断是基于性格还是能力？

孔子为什么这么说呢？先来看看大师们怎么说。

钱穆：盖公绰是一廉静之人，为大国上卿之家臣，望尊而职不杂。小国政烦，人各有能有不能，故贵因材善用。

南怀瑾：孔子这里说，孟公绰这个人，要他做赵、魏大国中的大佬一顾问，则是第一等的好人才；他的才能、学问、道德，担任这个职务好得很，没有错。但是如果滕、薛两个小国家请他做大夫，要他在实际政务上从政，当部长，或院长，那就不行，会当不好。

李零：孟公绰是个清心寡欲的人，在大国当小官比较轻松，胜任有余，但不适合在小国当大官，那样他会很累。

傅佩荣：指因人而异，各有优劣之意。

还是先指出一个低级错误，所谓赵、魏，是晋国的赵家和魏家，而不是赵国和魏国，南怀瑾错了。

有人认为孟公绰就是那个给别人留面子的孟之反，不过时间上显然不对。

孟公绰显然是孟孙家的人，恰好他那个时期三桓家族的名字都喜欢在中间用一个"公"字。

在《论语》中还有一处孟公绰的记载——子路问成人。子曰："若臧武仲之知，公绰之不欲，卞庄子之勇，冉求之艺，文之以礼乐，亦可以为成人矣。"曰：

"今之成人者何必然？见利思义，见危授命，久要不忘平生之言，亦可以为成人矣。"

在《左传》里，还有一段孟公绰的记载。齐国的崔杼率领齐军攻到了曲阜的北面，鲁襄公害怕，要派人去向晋国求救，孟公绰对鲁襄公说："崔杼有野心，他的心思不在与我国交战上，一定会很快回去的，不用担心。"果然，齐军并没有进攻就撤回去了。

没多久，崔杼杀了齐国国君。

由这两处记载，我们能看出来，孟公绰不贪婪，遇事很镇定，很有智慧、大气。

再来说说赵、魏和滕、薛的区别。

此时的晋国被四大家族瓜分，情形类似于鲁国的三桓。晋国四大家族分别是智家、赵家、魏家和韩家，其中赵家和魏家与鲁国关系最好。作为大国的大家族，赵家和魏家都很大气，尤其是赵家的赵简子。后来三家分晋，魏国和赵国都是强国，这是后话。

孟公绰的气质和才能适合于在大国大家族效力，在那里，他不仅能发挥才干，还会受到尊重。

请注意，孔子说的是"为赵魏老"不是"为赵魏臣"，这是有区别的。鲁哀公就曾经称孔子为"国老"，"老"的含义一是受尊重，二是不用做具体工作，只需要在君主拿不定主意的时候提供建议就行，就像孟公绰给鲁襄公提建议那样。所以，在"老"的理解上，南怀瑾是对的。孟公绰不贪，所以他不用去曲意逢迎别人，能够有自己的主见。再加上他的智慧，确实非常适合"为赵魏老"。

在"优"的解读上，李零最准确。既是优秀，也是悠闲，因此就是轻松胜任。

滕、薛是两个小国，属于鲁国的附庸，战战兢兢地活着，不知道哪一天就到了终点。所以，在这样的国家做卿，每天想的就是怎样去讨大国的欢心，看大国的脸色做人。以孟公绰的性格，确实干不了这样的活，要么自己郁闷死，要么把国家搞死。

大师们的说法都是在滕、薛当官具体活太多，太累太烦，都没有说到点子上。

可以说，孔子对人的判断非常出色。如果让孔子来任用官员的话，应当可以人尽其用，各用所长。

第四章

聪明反被聪明误

26·4（14·14）子曰："**臧武仲以防求为后于鲁，虽曰不要君，吾不信也。**"

【译文】

孔子说："臧武仲用防邑为筹码请求鲁君替臧氏立后，虽然有人说他不是要挟君主，我不相信。"

这一章讲臧武仲。这一章有两个问题要解决：臧武仲到底是不是在要挟国君？孔子批评臧武仲的真正原因是什么？

首先我们要弄懂"以防求为后于鲁"的"以"是什么意思。有两种解释：杨伯峻和傅佩荣译为"凭借"和"据有"；钱穆和李零则译为"拿……交换"。

防邑地盘不大，当初孔子的祖先木金父从宋国逃到鲁国，就是被封为防邑大夫，孔子的祖墓都在防邑。

这件事情略有些复杂，当初臧宣叔从铸国娶了老婆，生了两个儿子臧贾和臧为，老婆死后，又娶了老婆的侄女，生了臧纥，臧纥从小就养在宫里，因此受到鲁国国君鲁襄公的喜爱，被立为臧家的继承人，后来臧宣叔去世，臧纥接掌臧家，就是臧武仲。臧贾和臧为则离开鲁国到姥姥家居住。臧纥和季武子的关系好，但是犯了一个错误，就是帮季武子管了一件家事，帮助季武子立了自己喜欢的小儿子季悼子为继承人，结果得罪了季武子的大儿子公弥。后来公弥和孟孙家串通，诬陷臧纥叛乱，三番五次之后，季武子终于上当，于是出兵攻打臧纥。臧家的实力比季孙家差太多，只得逃出鲁国。

逃出鲁国之后，臧纥派人去请哥哥臧贾回鲁国继承臧家，臧贾于是派弟弟臧为回鲁国去向鲁襄公求情。谁知道臧为到了鲁国之后，请求鲁襄公立自己。看来，一母所生的亲兄弟也靠不住。臧纥担心臧为搞不定，于是冒着危险回到臧家的封地防地（今曲阜境内），然后派人去向鲁襄公求情，说是自己并没有叛乱，只是办了蠢事，如今自己被赶走没关系，自己愿意把自己的封地防邑交还国君，希望能够另立继承人，保留臧家的封地（除防邑）和地位。于是，鲁襄公任命臧为为臧家继承人，臧纥在防地办了移交手续之后，逃亡齐国去了。

这件事情上，其实臧纥既没有要挟国君的实力，也没有要挟国君的想法，他根本就没有要挟国君。为什么呢？第一，臧纥本人自身难保，完全没有资格要挟鲁襄公；第二，要挟鲁襄公没有意义，因为鲁襄公也要看季武子的脸色说话。

那么，臧纥为什么要提这样的要求呢？第一，臧纥与鲁襄公的关系非常好，这相当于请朋友帮忙；第二，臧纥确实很担心家族失去地位。而臧家之所以能够保留下来，是基于多方面原因的（首先是鲁国的"亲亲上恩"的传统，大家都是周公后代，也不好意思赶尽杀绝；其次是季武子已经明白臧纥是被冤枉的）；第三，是鲁襄公出面斡旋，大家趁机给个台阶。

这件事情上，臧纥做了蠢事，但是能够冒着风险回来帮助哥哥拿到继承权，则反映了他为了家族甘愿冒险，而不是要挟国君。

但是，为什么孔子要说臧纥要挟鲁襄公呢？

因为臧纥是在他的封邑里向国君提出请求的，尽管他的实力不足，但是毕竟封邑里有他自己的武装。这就像你的邻居是个警察，你们两家闹矛盾，他穿着警服来你家争吵。他说他不是利用警察的身份来吓唬你，但是客观上他是在吓唬你。譬如你向下属借钱，你确实不是想要索贿，可是客观上你可能就是索贿，人家怀疑甚至告你索贿都是有理由的。

我们有个成语叫作瓜田李下，古人说"瓜田不纳履，李下不整冠"，意思是如果你在瓜田去系鞋带，人家就会怀疑你偷瓜；你在李树下整理帽子，人家就会怀疑你偷李子。有些事情是要有所避讳的，否则，你就有理也说不清。

所以孔子这段话的意思不是批评臧武仲要挟国君，而是批评他做事不谨慎，客观上造成了要挟国君的嫌疑，把把柄给了别人。

在前文里，子路问成人，孔子就说要有臧武仲的知。臧武仲智商超一流，可是总是忍不住卖弄自己的聪明，做不合人情的事情，结果是聪明反被聪明误。这件事情也是一样。

《左传》里有这样一段话——仲尼曰："知之难也。有臧武仲之知，而不容于鲁国，抑有由也。作不顺而施不恕也。《夏书》曰：念兹在兹。顺事、恕施也。"

什么意思？明智真是一件很难得的事情，臧武仲这么聪明的人，却在鲁国混不下去，是有理由的啊。是因为他做事不合于人情，帮助别人却不考虑别人的感受。《夏书》说：念兹在兹。就是说做事要顺乎人情，帮助人要考虑别人的感受啊。

臧武仲，典型的聪明反被聪明误。

第五章

子产的君子之道

26·5（5·16）子谓子产，"有君子之道四焉：其行己也恭，其事上也敬，其养民也惠，其使民也义。"

【译文】
孔子评论子产说："他有君子的四种品行：自己行为庄重，事君态度恭敬，对待百姓以恩惠，役使百姓符合义。"

这一章讲的是子产。
译文的部分历来大同小异，不过钱穆把"义"译为"法度"是不对的。
所有大师的解读，李零的最好，我们来共同学习：

> 这里的四大美德：恭、敬、惠、义，恭和敬是一对，惠和义是一对。恭和敬，是用于君子，属于礼。恭和敬不一样，它是用于表现自己，让别人看上去，脸色和谈吐很客气；敬是用于伺候上级和尊长，对他们非常尊敬。惠和义也不一样。惠是养民，让人民过得好；义是使民，让他们干合乎义的事。这里，"使民以义"，用的是"义"，孔子说"君使臣以礼"，用的是"礼"。使民和使臣不一样。礼是用于君子，和老百姓无关。虽然，君子对君子，君子对民，完全不一样，但四句话的主语都是君子，故曰"君子之道四焉"。

李零的解读简单清晰，令人豁然开朗。不过把原文的"使民也义"误以为是"使民以义"，但是不影响整体的意思。

现在我们来说一说子产这个人。子产，春秋时政治家。姬姓，名侨，字子产。是郑穆公的孙子，因此又叫公孙侨。因为他的父亲叫子国，所以子产的后人姓国，子产是河南国姓的得姓始祖。

子产在公元前554年任郑国卿后，实行一系列政治改革：承认私田的合法性，向土地私有者征收军赋；铸刑书于鼎，为我国最早的成文法律。他主张保留乡校、听取国人意见，善于因才任使，采用宽猛相济的治国方略，将郑国治理得秩序井然。

子产有管仲的风格，孔子对子产一向就很尊重。子产在郑简公、郑定公之时执政二十二年。其时，于晋国当悼公、平公、昭公、顷公、定公五世，于楚国当共王、康王、郏敖、灵王、平王五世，正是两国争强、战乱不息的时候。郑国地处要冲，而周旋于这两大国之间，子产却能不低声下气，也不妄自尊大，使国家得到尊敬和安全，的确是一位杰出的政治家和外交家。对比当时的鲁国和郑国，孔子更多感慨。在与孔子同时期的政治家中，子产是最受孔子推崇的。

孔子对子产的评价甚高，认为治国安邦就应当具有子产的这四种品德。子产治理郑国，确实毫无私心，因此备受尊重和信任。子产曾经说过："苟利社稷，死生以之。"后来子产去世，家无余财，儿子将他草草埋葬。而子产去世的消息传到孔子这里，孔子为之哭泣，称子产为"古之遗爱"。

不过，子产铸刑鼎这件事情受到孔子的批评。

话说回来，尽管孔子在铸刑鼎的问题上不同意子产的做法，可依然认为他是一个真正的君子，身上满满的贵族精神，因此即便政见不合，也表示尊重并且赞扬子产的美德。

因此，这一章也体现了孔子"君子和而不同"的包容精神。

26·6（14·8）子曰："为命，**裨谌草创之，世叔讨论之，行人子羽修饰之，东里子产润色之。**"

【译文】

孔子说："郑国发布的政令，都是由裨谌起草，世叔提出意见，外交官子羽加以修饰，由子产作最后修改润色。"

子产管理郑国，发布政令都很谨慎，必须经过四个人的程序，并且发挥各自的长处。裨谌是郑国著名学者，也是中国历史上著名的星象学者；世叔是游吉，子产的族侄和主要助手，为人谨慎公正；子羽名叫公孙挥，子产的堂弟，擅长辞语。经过这三个人的写作和修改，政令不仅严谨，而且用词恰当优美，最后子产再作润色，然后发布。

此事也见于《左传》，应该是孔子在修《春秋》的时候说的。

大致是看到有行人子羽的参与，傅佩荣将"命"译为"外交文件"，错。

第六章

子西究竟是谁

26·7（14·9）或问子产。子曰："惠人也。"问子西。曰："彼哉！彼哉！"问管仲。曰："人也。夺伯氏骈邑三百，饭疏食，没齿无怨言。"

【译文】
有人问子产是个怎样的人。孔子说："爱护百姓的人。"又问子西。孔子说："和子产也差不多。"又问管仲。孔子说："是个仁人啊，他把伯氏骈邑的三百家夺走，使伯氏终生吃粗茶淡饭，直到老死也没有怨言。"

这一章讲的是子西，有两个问题要解决：子西是哪个国家的？孔子到底怎样评价子西？

"人也"显然是记载错误，要么是"仁也"，要么是"仁人也"，后者的可能性更大，因为孔子早就肯定了管仲的仁。

这里有个小问题要说。管仲把伯氏骈邑的三百家夺走，是给了国家呢，还是给了自己呢？这里没说，史料也没有记载。不过，大概率是给了国家。那么，伯氏之所以没有怨言，恐怕是因为管仲依法行事，因此被夺得心服口服。当然，这说明伯氏本身也是具有君子精神的。

子西，名熊宜申，字子西，楚平王的庶子。楚平王死后，令尹子常欲立他为楚王，子西拒绝，而拥立年幼的太子珍为楚昭王。后来吴国灭楚国，在楚国复国过程中，子西功劳最大。之后，子西出任楚国令尹，力主休养生息，不与吴国交战，楚国国力因此得以恢复。之后楚国与吴国在陈国交战，楚昭王重病，临死前让位于子西，子西拒绝，扶立楚昭王的太子为王。之后，心地善良的子西召回在吴国避难的侄子白公胜（被废的太子建之子），却被白公胜所杀（孔子死于当年四月，子西死于七月）。

有两个问题需要厘清。

首先，孔子同期及稍早有两个子西，一个是郑国子产的堂兄弟公孙夏，一个是楚国的子西。钱穆、杨伯峻以及傅佩荣认为这里讲的是郑国的子西，因为孔子所议论的主要是中原国家的人物。但是，钱穆显然忽略了一个简单事实，那就是郑国子西根本不够资格与子产和管仲相提并论，而楚国子西不仅为恢复楚国立下大功，而且品质高尚，正是孔子最欣赏的一类人，也是当时的头号政治明星，他才有资格被摆在这里。

其次，"彼哉！彼哉！"怎么解？钱穆译为"他吗？他吗？"杨伯峻译为"他呀，他呀"；南怀瑾译为"他，他啊！"李零译为"就他呀，就他呀！"傅佩荣译为"他就是那样！他就是那样！"

既然钱穆、杨伯峻和傅佩荣认为这是郑国的子西，那这样翻译也没错了，基本上孔子没问"子西是谁"都算给面子了。按照南怀瑾的意思，孔子是记恨子西曾经劝说楚昭王拒绝他。且不说有没有这事，就算有，当年晏婴也劝齐景公拒绝过孔子啊，孔子没这么小心眼吧？

李零其实对背景了解得够清楚了，还这样翻译就有点说不过去了。子西爱护百姓休养生息，不正是"惠人"吗？而且，子西两次让出王位，比当年"三以天下让"的泰伯也差不了多少啊，泰伯都是圣人级别了，子西怎么才得个"就他呀，就他呀！"的差评呢？此外，李零还犯了一个不察的错误，他说"子西不听叶公之劝，引发白公之乱，死于难，孔子对他看不上"。但是孔子比子西早死三个月啊，哪里知道什么白公之乱？在白公之乱之前，子西的表现简直就接近于圣人了。

在子产去世之前，曾经对继任者游吉说过一段话："我知道你个性宽和，对我的严厉管理方法始终有意见。不过我要告诉你，只有具备高尚德行的人才能够用宽松的管理让老百姓顺从，我们这样的才能必须用严厉的政策才行。就像火，就因为炽热而让人畏惧远离，因此很少有人被烧死；而水很柔顺，人们就喜欢玩水，所以就经常有人淹死。所以，宽松的管理是很难的。"

游吉没有听从子产的话，采取很宽松的政策管理国家。于是，治安变得糟糕，盗匪四起，游吉不得不动用军队镇压，结果死了很多人。到这个时候，游吉才知道子产说的是对的。

基于此，李零的解读比较有趣：

> 我理解，孔子这段话，重点是讲仁政。他认为，仁政必宽猛相济，不能一味宽。上述三人，孔子的评价，管仲最高，虽猛而不失其仁。子产以猛济宽，也还不错。子西之仁是妇人之仁，最后把命都搭进去了，最下。

尽管这未必就是孔子的原意，不过这确实是有道理的。

第七章

三思而后行

26·8（5·20）**季文子三思而后行。子闻之，曰："再，斯可矣。"**

【译文】

季文子每做一件事都要考虑多次。孔子听到了，说："考虑两次也就行了。"

这一章讲的是季文子。三思而后行，这个成语出于这里。大师们基本上也没有什么解说，这里略掉了。

季文子即季孙行父，季友的孙子，与孔子不同时代，曾经执掌鲁国国政。为人小心谨慎，十分节俭，因此民望非常高。孔子对季文子评价很高，不过觉得他有些过于谨慎。

季文子个性谨慎细致，又非常好学。父亲早亡，因此早早就开始执掌季孙家，担任鲁国司徒。

二十岁那年季文子代表鲁国出使晋国，出发之前专门去学习了各种丧葬的礼仪，有人问为什么这样，他说听说晋国国君身体不好，说不定这次去正好薨了，先学习好礼仪，省得到时候抓瞎。

结果被他说中了，晋国国君真是死了，季文子很好地运用了周礼，得到晋国人的赞扬。

因为鲁国国君鲁成公在晋国受到羞辱，鲁成公一怒之下想要背叛晋国投靠楚国，季文子当时劝他说"非我族类，其心必异"，晋国虽然对我们不敬，可是好歹也是同宗同族的，楚国人则是异族的，跟我们不可能是一条心。

于是，鲁国就铁了心跟晋国混。

当时，叔孙家族的当家是宣伯，宣伯想要把季孙家和孟孙家全部扳倒，这样叔孙家就能独掌鲁国了。于是，宣伯暗中搞鬼，想要借晋国人的手除掉季文子。鲁成公和孟献子都建议对宣伯先下手为强，可是季文子非常谨慎，犹豫不决。结果，因为宣伯搞鬼，季文子在出使晋国的时候被扣押。最终，靠着鲁成公和孟献子的活动才被释放。

宣伯阴谋败露，鲁成公和孟献子都建议处死他，可是季文子反复思量，最后决定放过宣伯，驱逐了事，家族依然保留。季文子的想法其实也对，他觉得三桓相互依存，不能缺少其中任意一家。

季文子非常有才华，对话必引用《诗》，因此去世之后被谥为"文"。

孔子这里认为季文子做事太谨慎，思虑太多，因此就谨小慎微，优柔寡断，瞻前顾后。

"三思而后行"应当是季文子对自己的评价，因此孔子说三次太多了，两次就够。

这段话，应当是孔子修《春秋》时所说。

第八章

犯糊涂的臧文仲

26·9（5·18）子曰："臧文仲居蔡，山节藻棁，何如其知也？"

【译文】
孔子说："臧文仲藏了一只大蔡龟，藏龟的屋子斗拱雕成山的形状，短柱上画以水草花纹，这不是他的智慧水平吧？"

这一章讲臧文仲。

蔡地产大龟，很名贵，因此这种大龟称为蔡。春秋时期，麟凤龟龙为神物，因此，臧文仲得到一头大蔡，就用豪华装饰的房子把它供奉起来。而臧文仲历来以智慧闻名，因此孔子讽刺他。

南怀瑾说大蔡就是玳瑁，玳瑁是海龟，那么大蔡是海龟吗？不知道啊。

还是来介绍一下臧文仲这个人。臧文仲，名辰，鲁国公族，臧哀伯次子，谥文，故死后又称臧文仲。

季友去世之后，臧文仲以司寇职位担任鲁国执政，后让政于东门襄仲，东门襄仲被驱逐之后，轮到季文子。臧武仲就是臧文仲的后人。

基本上，大师们的背景介绍就是这些了。

其实还有更多的背景：

臧文仲在鲁国的历史上算是个响当当的人物，属于鲁国的改革派代表。眼看齐国的自由市场经济获得巨大成功，臧文仲下令鲁国改革开放。怎么改革开放？实行自由通关，免除关税。由于鲁国历来是个重农轻商的国家，他这一举动受到许多人的质疑。直到臧文仲去世之后，孔子还在说臧文仲的"三不仁"，其中一条就是"废六关"，也就是免除关税。

孔子除了说臧文仲"三不仁"，还有"三不知"，这一章关于大龟的事情，就属于"三不知"。

不过，总体来说，其实孔子对臧文仲的评价还不错，因为臧文仲不仅学识出众，还很仁义。

说两个臧文仲的小故事。

那一年鲁国大旱，按着过往的规矩，这个时候要烧死巫师和一种凸胸仰面的畸形人来祭祀老天，请求天赐雨水，因为人们认为老天爷就是因为对他们不满才不肯下雨的。

臧文仲没有这样做，他决定废除这种方式。

"杀了这两种人有什么用？老天爷如果要杀他们，那就根本不会让他们出生。要是他们能造成大旱，杀他们不是激起他们的怨恨，引发更大的旱情？这么说吧，要抗旱救灾，不靠天，不靠地，靠自己。"臧文仲说到做到，当年鲁国政府压缩各项活动，减少各类开支，全力支援农业。到年末的时候，收成虽然不好，但是还过得去，国家并没有发生粮食危机。

另外一年，臧文仲已经退居二线。

卫国的大夫宁俞出使鲁国，鲁文公宴请他，宴席上演奏了《湛露》和《彤弓》，结果宁俞在宴会之后告诉负责接待的公孙敖说这两首乐用错了，因为那是天子宴请诸侯的用乐。

公孙敖觉得奇怪，因为平时鲁文公请大伙吃饭也用这个曲子，而且是臧文仲定的。所以，公孙敖去找臧文仲。

"唉，人家宁俞是对的，可是我也没错。"臧文仲说，随后解释。"因为咱们老祖宗周公的缘故，咱们鲁国可以用天子之乐，所以，关起门来，咱们用天子招待诸侯的音乐是没有问题的。可是，外国人来了，咱们的音乐就得降一级了，否则客人的级别就不对了，知道不？"

更多的故事不说了，回到本章。为什么孔子讽刺说这不是臧文仲的智慧水平呢？

钱穆说是"因其谄龟邀福"，南怀瑾说是"影响到社会风气"，李零说是"太奢侈"，杨伯峻和傅佩荣啥也没说。

谁对谁错？看完下面一章，就有答案了。

26·10（15·14）子曰："臧文仲其窃位者与！知柳下惠之贤而不与立也。"

【译文】

孔子说："臧文仲是一个窃居官位的人吧！他明知道柳下惠是个贤人，却不举荐他一起治理国家。"

译文没什么好说。关于柳下惠，在前文也已经介绍，这里不再重复。

傅佩荣认为，"惠"是柳下惠死后由妻子给他的谥号。不知根据在哪里。

柳下惠和臧文仲同期，孔子非常推崇柳下惠，因此对于臧文仲不重用柳下惠非常不满。孔子认为，一个合格的当政者，应该举贤荐能。

其实，臧文仲也有臧文仲的难处。当时三桓已经成气候，臧文仲行事小心，自己都提前退休了，要重用柳下惠确实有一定难度。

不过，柳下惠曾经在一件事情上批评臧文仲，事情是这样的。

柳下惠七十八岁那年，有一只海鸟飞到了鲁国的东门，待了三天。

"我考证了一下，这个鸟叫作爰居，神鸟啊。大家闲着也是闲着，赶快去祭祀它吧。"臧文仲不知道从哪里考证来的，总之号召大家去祭祀。

听说这个，柳下惠忍不住说道："臧文仲就这样管理国政啊？祭祀，是国家的重要制度，现在无缘无故地增加祭典，这不是破坏制度吗？再者说了，什么样的人才能祭祀？凡是以完善的法规治理人民的就祭祀他；凡是为国事操劳，至死不懈的就祭祀他；凡是有安定国家的功劳的就祭祀他；凡是抵御重大灾祸的就祭祀他。不属这几类的，不能列入祭祀的范围。

此外再加上祭祀土地、五谷和山川的神，因为都是对人民有功德的；以及祭祀前代的圣哲、有美德的人，因为都是人民所崇信的；祭祀天上的日、月、星辰，因为都是人民所瞻仰的；祭祀大地的金、木、水、火、土，因为都是人民所赖以生存繁衍的；祭祀九州的名山大川，因为都是人民财用的来源。

现在海鸟飞来鲁国，自己弄不清楚什么原因就祭祀它，还把这定为国家的祭典，这实在不能说是仁德和明智的举动。仁德的人讲究功绩的评价，明智的人讲究事理的考察。海鸟对人民没有功绩却祭祀它，不合乎仁德；不知海鸟什么原因飞来又不向别人询问，不是明智的做法。

现在海上可能要发生什么灾变了吧？因为那广阔海域里的鸟兽常常会预先知道并躲避灾变的。"

这一年，海上常有大风，冬天则反常地暖和。

"这的确是我错了，柳下惠说得对。"臧文仲倒是认错了，他是个勇于认错的人。

同理，孔子说"臧文仲居蔡，山节藻棁，何如其知也？"

第九章

孔子眼中的霸主

26·11（14·15）子曰："晋文公谲而不正，齐桓公正而不谲。"

【译文】
孔子说："晋文公诡诈而不厚道，齐桓公厚道而不诡诈。"

这一章讲晋文公和齐桓公。

晋文公，春秋第二任霸主，本名姬重耳。齐桓公，春秋第一任霸主，本名姜小白。

晋文公是齐桓公之后的第二个中原霸主，由于击败了楚国，其霸业远超齐桓公。但是，晋文公在三点上与齐桓公不同，首先是称霸的方式，齐桓公很少动用武力，而晋文公几乎完全靠武力；其次，齐桓公尊王，而且比较规矩，晋文公也尊王，但是有强迫周王的迹象；再次，齐桓公对诸侯往往是有恩惠无索求，而晋文公索求太多，甚至从王室拿到大量土地，显得不地道。不过，话说回来，晋国和王室的关系远比齐国和王室的关系要近得多，并且，齐桓公也未必就像孔子所说的那么厚道。在齐桓公称霸的晚期，就曾经动过取代王室的念头，想要封泰山（只有周王才有资格），幸亏被管仲及时劝阻。

其实，晋文公的诡诈和齐桓公的厚道都是有历史背景的。晋文公在外流亡十九年，期间颠沛流离，多次被追杀，因此已经非常现实，加上一个精英团队特别是狐偃和先轸等人诡计多端，凡事讲究战略战术，因此使用计策比较多；而齐桓公成为国君比较容易，管仲又是尊王派，因此行事比较正派。

在《左传》里，孔子对于晋文公邀请周王出席践土之盟非常不满，认为这是以臣召君，原文是这样的："'是会也，晋侯召王，以诸侯见，且使王狩。'仲尼曰：'以臣召君，不可以训。'故书曰：'天王狩于河阳。'言非其地也，且明德也。"

相比较，齐桓公从来没有这么做过。

但是，本章原文中这件事情孔子恐怕有些误解了。

齐桓公曾经多次召开盟会，周王从来没有参加，最多是派太子出席。为什么践土之盟就要亲自出来呢？真的是被晋文公要挟吗？还真不是。

首先，齐桓公的盟会多数在卫国和宋国境内召开，对于周王来说路途远了一点。而践土之盟在郑国，离洛邑大致也就是一两天的路途，不算远。

其次，齐桓公称霸的时候，楚国对中原的威胁还不算太大。可是，晋文公称霸之前，楚国已经威震中原，鲁国、卫国这些周王室的至亲国家都投靠了楚国，周王已经感到非常严重的威胁，这时候晋国击败楚国，无疑是给了周王一颗救心丸，心情是完全不同的。周王也更希望中原国家团结起来对付楚国，当然愿意用自己的号召力来强化晋国的霸权。

再次，此前王室经历王子带之乱，周王被赶出洛邑，是晋国出兵帮助他们平叛并且护送周王回洛邑，这份人情始终没有回报。

还有，郑国在城濮之战前投靠了楚国，楚国战败之后，郑国国君十分担心被晋文公收拾，因此恳请周王前往为自己说情。王室和郑国的关系一直不错，这个忙也要帮。

综合以上的因素，周王亲自出席践土之盟其实是顺理成章的事情。

而晋国方面也并没有表现出强势，他们不仅给周王修建了临时的行宫，还进贡了楚国俘虏以及大批战利品。对周王，晋文公也是表现得非常恭敬，毫无越礼之处。

其实，孔子对于齐桓公和晋文公的评价恐怕并不完全基于这两个人，很大程度上是这两个国家给孔子的印象。齐国是个商业国家，注重的是秩序。因此，齐桓公称霸之后主要做的事情就是恢复和维护秩序，使得随后的几十年里整个中国安定和谐，人民休养生息。齐鲁两国世代联姻，从官方到民间的关系都很好，孔子曾经去过齐国，对齐国的繁华文明印象非常好，连带对管仲、晏婴都很崇拜。而晋国相反，晋国是农业国家，贪求土地财物，因此自晋文公称霸以来，可以说欺压盟国、巧取豪夺，各国每年都要给他们进贡。晋国对鲁国更是毫不客气，鲁国国君和执政大臣屡次被晋国扣押，晋国到鲁国的使者更是贪婪无度，甚至有一次晋国使者郤犨把鲁国大夫施孝伯的夫人都给抢了。

所以鲁国人对晋国人普遍反感，到孔子的时代，鲁国与晋国的关系已经非常糟糕。孔子一生中去过许多国家，甚至包括他认为是南蛮的楚国，却独独没有去过晋国。

正是基于以上的种种因素，孔子才贬晋文公崇齐桓公。不过从历史评价来看，也是齐桓公在晋文公之上。从现代社会的标准来看，也应该是齐桓公在晋文公之上。

当然，说到个人能力和魅力，晋文公确实比齐桓公强。

第 十 章

八士

26·12（18·11）**周有八士：伯达、伯适、仲突、仲忽、叔夜、叔夏、季随、季骓。**

【译文】
周代有八个士：伯达、伯适、仲突、仲忽、叔夜、叔夏、季随、季骓。

这一章是周朝八士。最让人无法下手的是，谁的解释都凑不齐这八个人。别说八个，两个都凑不上。所以，干脆就说不知道算了。如果一定要硬凑的话，只能是自露破绽。有人说这是一母所生的四对双胞胎，不过这个概率实在是太低了。但是，这八个人的名字是伯仲叔季各两个，单从名字看，绝对是有关系的，是八个堂兄弟？

傅佩荣再次把"士"译成了读书人。我们也再次说明，"士"不等于读书人。李零认为，这八个人都属于殷遗民，这显然是不对的。首先，是"周有八士"，而不是"殷有八士"；其次，伯仲叔季这样的取名方法是周朝的，商朝根本不这样取名。

南怀瑾说："周朝的兴起来，除了主要的姜太公、周公以外，还有重要的干部，就是这八个人，幕僚中的要角。"且慢，如果真是重要干部，那就不是"士"了。

孔子强调这八个人的"士"的属性，就意味着他们都是平民百姓，所以他们能够令人赞赏的恐怕不是安邦治国之才，而是他们的品行高尚，学识渊博，或者看淡名利，隐居山林之类。

如果一定要编故事的话，那应该按照这样的路数编下去：他们是周公的发小，住在村子里，学识出众，就是不肯出山。周公一定要他们出来帮着自己治理天下，结果他们突然一天都消失了，传说中他们去了天山。

或者按照这样的路数编下去：周王听说这八个人非常有才，于是派人请他们出来做官，他们打死也不去。后来，他们都成了神仙。

第十一章

孔子的偶像周公

26·13（8·11）子曰："如有周公之才之美，使骄且吝，其余不足观也已。"

【译文】
孔子说："一个人即使有周公那样美好的才能，如果骄傲自大而又吝啬小气，那其他方面也就不值得一看了。"

这一章讲的是周公。

周公，姓姬，名旦，周文王的第四子，周武王的同母弟。因采邑在周，称为周公。长子伯禽封在鲁国，因此鲁国国君的祖先就是周公。次子继承周公爵位。周武王死后，太子周成王年幼，因此周公摄政当国。又平定"三监"叛乱，大行封建，营建东都，制礼作乐，最后还政成王。周公在当时不仅是卓越的政治家、军事家，而且还是个多才多艺的诗人、学者，是西周时期的政治家、军事家、思想家、教育家，被尊为"元圣"，儒学先驱。

周公参照商朝的商礼制定了周礼，其言论见于《尚书》诸篇，被尊为儒学奠基人。"文武周公"是孔子最为推崇的人物，孔子一生主张周礼。正是由于周公为周朝制定了礼乐等级典章制度，使得儒家学派奉周公、孔子为宗，之后历代文庙也以周公为主祀，孔子等先贤为陪祀。

周公的政绩，《尚书大传》概括为："一年救乱，二年克殷，三年践奄，四年建侯卫，五年营成周，六年制礼乐，七年致政成王。"

自春秋以来，周公被历代统治者和学者视为圣人。孔子推崇周公，向往周公的事业，盛赞周公之才。唐代韩愈为辟佛老之说，大力宣扬儒家道统，提出尧、舜、禹、汤、文、武、周公、孔子、孟子的统序。自此以后，人们常以周孔并称，在教育上则有"周孔之教"的概念。总之，言孔子必及周公，这是古代尊崇周公的情况。这种尊崇除了政治上的某种需要之外，其主要方面则反映了古人对西周优秀传统文化教育的珍视，以及对周公这位伟人的真诚敬仰。

周公是中国古代史上一位伟大的政治家，同时又是中国古代教育开创时期的杰出代表。孔子和周公在教育思想上存在着渊源关系，在教育实践上也存在着继承关系。周公生活于三千多年前,他对中国古代教育的发展曾经起过巨大作用。如果说孔子是中国古代教育的伟大奠基人,那么周公则是中国古代教育的伟大开创者。

周公是一个非常谦恭的人,周朝取代商朝之后,不仅善待商朝百姓,保留商朝的国家,学习商朝的商礼,而且向商朝的微子请教治理天下的方法,一同总结商朝灭亡的教训。

"一沐三握发,一饭三吐哺"的典故说的就是周公,为了及时接见天下前来的贤士们,周公洗一次澡要中断三次,一顿饭要分成三次吃。

可以说,在孔子心目中,周公地位至高无上。如此完美的一个人,如果骄傲而且吝啬,也就没戏了。因此可见,孔子对于骄傲和吝啬是多么的反感。李零说得很有道理:孔子少时贫且贱,贵族的傲慢与偏见令他刻骨铭心。

26·14(7·5)子曰:"甚矣吾衰也!久矣吾不复梦见周公!"

【译文】

孔子说:"我衰老得很厉害了,我好久没有梦见周公了。"

周公是孔子最崇拜的人,年轻的时候,孔子经常梦见周公给自己上课,正所谓日有所思夜有所梦。到后来颠沛流离,克己复礼基本上没有可能实现了,孔子梦见周公的时候就少了。

至于说到老了梦不到周公,有很多原因,譬如岁数大了觉少,做梦的机会就少了很多;再者,老了之后,孔子研究道家的东西多了,梦见周公的机会也就少了。

表面上在说做梦,实际上是说人老了,就没有什么理想了。

关于周公更多的介绍,建议去看我的《说春秋》第一部。

第十二章

圣王的品质

26·15（8·20）**舜有臣五人而天下治。武王曰："予有乱臣十人。"孔子曰："才难，不其然乎？唐虞之际，于斯为盛。有妇人焉，九人而已。三分天下有其二，以服事殷。周之德，其可谓至德也已矣。"**

【译文】

舜有五位贤臣，就能治理好天下。周武王也说过："我有十个帮助我治理国家的臣子。"孔子说："人才难得，难道不是这样吗？唐尧和虞舜之间及周武王这个时期，人才是最盛了。但十个大臣当中有一个是妇女，实际上只有九个人而已。周拥有天下的三分之二，仍然事奉商朝。周朝的德，可以说是最高的了。"

这一章是讲周武王。

舜有臣五人，传说是禹、稷、契、皋陶、伯益。其中的前三位分别是夏朝、周朝和商朝的祖先。

周武王所说的十人，历来说法不一，主要是这个"妇人"是谁。其余九人是周公旦、召公奭、太公望（姜太公）、毕公高、荣公、太颠、闳夭、散宜生、南宫适。"妇人"有两个说法，一是武王的母亲太姒，一是武王的夫人武姜（邑姜）。周礼，王不得以母亲为臣，因此，不可能是太姒。而根据周礼，夫妇一体，周武王似乎同样也不能以邑姜为臣。

有人认为孔子这段话是藐视妇女，认为妇女不能列为人才。其实不然，孔子的意思，武王与邑姜夫妇一体，因此邑姜并不是周武王的臣。所以，这段话并没有歧视妇女的意思。相反，作为商朝的后代，却盛赞周朝的开国君主，孔子的胸怀是很宏大的。

不过这里有个小小的矛盾，那就是根据周礼，不仅国君的夫人不是国君的臣，国君的老丈人也不是臣。周朝时期，诸侯一律不在本国娶夫人，就是担心今后跟老丈人不好处。所以很多人看历史的时候可能觉得奇怪，为什么中国历朝历代都有外戚干政的事情，春秋时期却没有呢？这就是原因。

那么，如果老丈人也不算臣的话，姜太公是周武王的老丈人，似乎也不能算臣啊，那岂不是周武王的"乱臣"就只有八个了。

有的时候，真不能太较真。

唐虞之际，指的是尧和舜的时期，因为尧在位的时代叫唐，舜在位的时代叫虞。

周拥有天下的三分之二是怎么回事呢？按照李零的说法，夏朝在山西，商朝在河南，周朝在陕西。此时的周已经占领了夏的地盘，因此占有了天下的三分之二。

不管怎样，周朝孟津之会到了八百诸侯，这个时候周的实力确实强过了商。不过，如果要说这个时候周的地盘有多大，也未必，只是盟友多而已。

那么，为什么周的地盘和盟友都比商多呢？其实有两个非常重要的原因：第一，商是经商的，对地盘兴趣不大，而周是种地的，对土地有狂热追求，因此周一直在占领土地；第二，商是内婚制，不与外族通婚，周是同姓不婚，专门和外族通婚，亲戚老表一大堆，打架的时候都来帮忙了。

那么，为什么孔子说周的地盘比商大了还侍奉商朝就是德呢？这也容易理解，这就是发达了还不忘本的意思，也是仁至义尽的意思。

26·16（20·1） 尧曰："咨！尔舜！天之历数在尔躬，允执其中。四海困穷，天禄永终。"舜亦以命禹。曰："予小子履敢用玄牡，敢昭告于皇皇后帝：有罪不敢赦。帝臣不蔽，简在帝心。朕躬有罪，无以万方；万方有罪，罪在朕躬。"周有大赉，善人是富。"虽有周亲，不如仁人。百姓有过，在予一人。"谨权量，审法度，修废官，四方之政行焉。兴灭国，继绝世，举逸民，天下之民归心焉。所重：民、食、丧、祭。宽则得众，信则民任焉，敏则有功，公则说。

【译文】

尧说："啧啧！舜啊！上天的大命已经落在你的身上了。诚实地保持那中道吧！假如天下百姓都隐于困苦和贫穷，上天赐给你的禄位也就会永远终止。"舜也这样告诫过禹。（商汤）说："我小子履谨用黑色的公牛来祭祀，向伟大的天帝祷告：有罪的人我不敢擅自赦免，您的臣仆我也不敢掩蔽，都由您的心来分辨、选择。我本人若有罪，不要牵连天下万方，天下万方若有罪，都归我一个人承担。"周朝大封诸侯，善待臣民使之富贵。（周武王）说："我虽然有周济亲朋，不如关爱所有人。百姓有过错，都在我一人身上。"认真检查度量衡器，周密地制定法度，全国的政令就会通行了。恢复被灭亡了的国家，接续已经断绝了家族，提拔被遗落的人才，天下百姓就会真心归服了。所重视的四件事：人民、粮食、丧礼、祭祀。宽厚就能得到众人的拥护，诚信就能得到别人的任用，勤敏就能取得成绩，公平就会使百姓公平。

这一段，几乎都是抄用古本，大致是《舜典》《商书》和《尚书》，对于孔子来说都是古文。

对这一章，李零做了大量训诂，很有说服力。南怀瑾也说了很多，与李零差别很大。

"善人是富"通常译为"使善人都富贵起来"，从意思上讲非常奇怪，因为周武王封赏的都是功臣与贤能，哪有什么善人这样的分类？

"虽有周亲，不如仁人"通常译为"我虽然有至亲，不如有仁德之人"，同样很奇怪，因为这里是周武王在讲自己的做法，是说我虽然有分封土地给自己的兄弟，但是更多的是给了功臣和贤能。

换言之，"善""是""周""仁"在这里都是动词。

基本上，这一段我们可以看到古代圣王的执政思路：把功劳归于上天，把福利归于人民，自己来承担罪过责任。宽厚、诚信、勤敏、公平，于是老百姓都心悦诚服，最终达成和谐社会。

执政为民就是这个意思吧？要让老百姓心悦诚服，不是那么简单的事情。

而暴虐的君主，把功劳和福利归于自己，却把责任推给上天和百姓。譬如专制集权朝代里，但凡风调雨顺五谷丰登的年头，百姓就要说是皇上洪福齐天，给大家带来福荫。可是大旱大涝，颗粒无收的时候，就没人说这是皇上造的孽，大家是受皇上的连累了。

所以，与古代的圣王们相比，后世的专制统治者们把自己打扮成神明和救世主，把功劳归于自己，责任推给别人，我们只能用三个字来形容他们：不要脸。

第十三章

商朝的仁人

26·17（18·1）**微子去之，箕子为之奴，比干谏而死。孔子曰："殷有三仁焉。"**

【译文】

微子离开了纣王，箕子做了他的奴隶，比干被杀死了。孔子说："这是殷朝的三位仁人啊！"

这一章是讲商朝三位仁人。

首先，关于这几个人，我们来看看《史记》的记载。

《史记·殷本纪》：纣愈淫乱不止。微子数谏不听，乃与太师、少师谋，遂去。比干曰："为人臣者，不得不以死争。"乃强谏纣。纣怒曰："吾闻圣人心有七窍。"剖比干，观其心。箕子惧，乃佯狂为奴，纣又囚之。

基本上，这就是这三个人的简单事迹。下面来做一个略为详细的介绍。

这是商朝的事情，微子是商王的长子，但是母亲不是夫人。后来母亲扶正，又生了纣王。于是，微子算庶出，纣王算嫡出，这样纣王就继位成了商王。

商纣王暴虐荒淫，哥哥微子、叔叔箕子和比干都来劝他改邪归正，结果商纣王不仅不改，还变本加厉。微子知道国家这样下去要完蛋，还担心纣王猜忌自己，因此悄悄地出走避祸了。比干继续劝谏纣王，纣王大怒，说"听说圣人的心有七窍，我要看看到底是不是"，于是杀害了比干，把心挖出来。箕子发现大事不妙，于是开始装疯避祸，把自己弄得披头散发浑身脏臭，跟奴隶们住在一起。商纣王怀疑他是装疯卖傻，于是将他关进了监狱。

后来，周武王灭了商朝，为了表彰商朝的忠良，追封了比干。同时，释放了箕子，周武王向他请教商朝所以灭亡的教训。

周武王让纣王的儿子武庚禄父继续做商王，臣属于周朝。可是武庚禄父反叛，于是周公出兵灭了武庚禄父，封微子为宋国国君，公爵，继承了商朝。因此，微子是宋国的开国国君，也是孔子的祖先。

基本上，这三位的故事大家都知道。问题是，孔子为什么认为他们都是仁人呢？

大师们的解说中，李零议论最多。其余基本上都在引用孔子的"杀身成仁""有道则见，无道则隐""邦无道，则可卷而怀之""邦无道，则愚"等句，一概省略，我们从另外的角度来看问题。

商朝大厦将倾，微子、箕子、比干都是既得利益者，肯定是一损俱损。怎么办？他们选择了三种做法。

比干选择了殉葬的做法，壮烈，但是毫无意义。箕子选择了鸵鸟的办法，听天由命，但是不主动送命。他做完自己该做的事情之后，选择了保护自己，无奈但是很明智。

微子的情况最为特殊，在《史记·殷本纪》中记载："微子数谏不听，乃与太师、少师谋，遂去。"在《史记·周本纪》中记载："太师疵、少师强抱其乐器而奔周。"

那么问题来了，在孔子的时期，人们应当是知道微子奔周的，孔子依然说微子是仁人，为什么？就是因为那是自己的祖先吗？还是因为孔子确实认为微子是仁人呢？

答案是后者，理由有如下几点：

第一，商纣王无道，天下背叛，说明天命已经不在商朝。而周文王周武王圣明，天下归心，说明天命已经归到了周朝。所以，微子弃商投周是顺应天命。

第二，大厦将倾无力阻止，与其被压死在下面，为什么不在大厦倒下之前多救出一些人呢？微子投周应该与周人有约定，譬如保留商国、善待商人等。商朝灭亡之后，应该是在他的建议之下，周武王让纣王的儿子武庚禄父管理商朝旧地，可见微子投周的目的并不是为了自己的利益。

第三，武庚禄父叛乱被杀，整个商族面临灭顶之灾，这个时候微子被封于商丘，国号宋。因此可以说，商族以及商文化得以保留，微子居功至伟。

由此，孔子在这里将微子排在第一位就顺理成章了。

实际上，孔子是商朝王族的后人，可是，对于周朝取代商朝一向持坚决支持的态度，为什么？因为他站在更高的高度看问题。

相对于整个人类来说，一个人、一个民族、一个国家是渺小的，人类发展的大趋势才是判断事物正确还是错误，一个人一个民族一个国家一种文化的存在是否有价值的标准。

所以，如果逆潮流而行、逆大势而行、逆人性而行、逆文明而行，无论一时是多么的强大、多么的不可一世，最终一定会受到惩罚和抛弃。

第十四章

泰伯的至德

26·18（8·1）子曰："**泰伯，其可谓至德也已矣。三以天下让，民无得而称焉。**"

【译文】
孔子说："泰伯可以说是品德最高尚的人了，几次把王位让给季历，老百姓都找不到合适的词句来称赞他。"

这一章是说泰伯。
还是先来说说这段历史。
传说周太王古公亶父知道三子季历的儿子姬昌有圣德，想传位给季历。按照周族的嫡长子继位制度，太王去世之后就应该是大儿子泰伯继位，泰伯去世后则是泰伯的儿子继位，那么姬昌将没有可能成为周王。
为了成就父亲的心愿，也为了整个周族的未来，泰伯决定牺牲自己的利益。于是，泰伯和二弟仲雍一起避居到吴，给弟弟季历让路。
泰伯后来又断发文身，表示终身不返。古公亶父死，季历继位，季历之后姬昌继位，即周文王。
泰伯和仲雍在吴地建立了吴国，他们就是吴国的开国君主，也是吴姓的祖先。
无得，就是实在是找不到恰当的词汇。太伟大了，现有的词汇都不够用了。
不过，钱穆认为，"民无得而称焉"的意思是"人民拿不到事迹来称道他"，也就是做好事不留名的意思。
"三以天下让"是历来讨论的重点，也是大师们解说的重点，到底哪三次？其实就是各种猜测，不过好像没有一种令人信服。其实，重要的不是"三"，而是"让"，所以，与其瞎猜，不如不说。
在孔子看来，泰伯就是知进退知取舍不贪婪的那种人，避免了父子和兄弟之间的矛盾和猜忌。同时也是知天命顺天命的人，他知道天命在周文王的身上，于是果断地选择离开。

其实，泰伯还是一个勇敢独立的人，不啃老，靠自己开创事业。

这里需要特别提出的是：前面微子箕子比干三人，孔子说他们是"仁"，而这里，孔子说泰伯是"德"，区别在哪里？

"仁"是处世之道，商朝"三仁"所体现的都是在乱世之中所做出的选择。而"德"是做出表率，因此孔子赞赏泰伯的是他的做法给后世的榜样作用。

"仁"是一时一地，有条件设定的，因人而不同。而"德"是放之四海而皆准的，随时适用的。可以说，孔子对泰伯的评价是高于商朝"三仁"的。

那么，泰伯的德体现在哪里？不争。

这种德在孔子的时期是有意义的，因为这个时候各个诸侯国以及周王室都存在为了君位而兄弟相争甚至相残的现象。

这种德在现在同样是有意义的，不论是有钱人还是没钱人，为了父母的财产而争得头破血流，甚至闹上法庭的事情简直多如牛毛。在印度还发生了一起为了争夺遗产，双胞胎兄弟互射导致双双身亡的事情。

而泰伯不同，如果泰伯活在今天，他就会把父母的财产都留给自己的兄弟，自己独立创业，开辟另一片天地。

如果大家都能像泰伯一样，这世界不是会美好得多？

第十五章

尧舜禹的美德

26·19（8·21）子曰："禹，吾无间然矣。菲饮食而致孝乎鬼神，恶衣服而致美乎黻冕，卑宫室而尽力乎沟洫。禹，吾无间然矣。"

【译文】
孔子说："对于禹，我没有什么可以挑剔的了；他的饮食很简单而尽力去孝敬鬼神；他平时穿的衣服很简朴，而祭祀时尽量穿得华美，他自己住的宫室很低矮，而致力于修治水利事宜。对于禹，我确实没有什么挑剔的了。"

26·20（8·18）子曰："**巍巍乎，舜禹之有天下也而不与焉！**"

【译文】
孔子说："多么崇高啊！舜和禹得到天下，却并不据为己有。"

26·21（8·19）子曰："**大哉尧之为君也！巍巍乎！唯天为大，唯尧则之。荡荡乎，民无能名焉。巍巍乎其有成功也，焕乎其有文章！**"

【译文】
孔子说："真伟大啊！尧这样的君主。多么崇高啊！只有天最高大，只有尧才能效法天的高大。（他的恩德）多么广大啊，百姓们真不知道该用什么语言来表达对他的称赞。他的功绩多么崇高，他制定的礼仪制度多么光辉啊！"

这一章是讲尧舜禹。

传说中，华夏民族最早拥有天下的祖先是黄帝，黄帝有二十五个儿子，嫡长子玄嚣，次子昌意。黄帝去世的时候两个嫡子都已经去世，于是传位给昌意的儿子颛顼。颛顼去世，传位给玄嚣的孙子帝喾。帝喾去世，传位给大儿子挚。挚在位不久，去世或者退位，弟弟尧继位。

尧是个非常有雄心有能力的人，在任期间做了大量的基础建设，包括制定历法、制定制度、修建水利等。因此，尧是一个极具开拓性的人物。

尧年老之后主动退位，他认为自己的儿子不行，于是把天下传给了舜。舜品行高尚，兢兢业业，他同样认为自己的儿子不行，在去世之前把天下传给了禹。禹就是治水的大禹。

禹去世的时候，其实也参照了尧和舜的做法，将天下传给了自己的助手益。但是，益没有接受，而大家认为禹的儿子启不错，因此拥立启。于是，启继位，并且确定今后天下就是自家的，确定国号为夏，就有了夏朝。

尧舜禹都是传说中的人物，都是黄帝的后代，因此也可以说都是中华民族的祖先。

他们的美德历来受到称颂，尽管他们的事迹已经无法考据。

近年来有些人质疑他们的事迹甚至他们本身是否存在，这样的做法毫无意义。实际上，他们对于我们来说，是否真的存在并不重要，重要的是他们的品德存在于我们的心中。

孔子赞扬尧舜禹，因为他们具有多个方面的美德。但是，最重要的美德似乎还是他们不把天下据为己有。孔子赞扬泰伯的也是这一点。

由此可见，孔子是由衷赞赏禅让制度的，不知这算不算一种民主思想的表现。

历朝统治者都尊奉孔子，可是好像没有一个皇帝响应孔子的号召？

小结

孔子的偶像们

如果你还不清楚什么是真正的贵族精神，那么教你一个办法：去看看孔子的偶像们都是怎样做的。

孔子的偶像中，比较简单的是老子和柳下惠。老子之所以成为孔子的偶像，是因为他的学识高明，柳下惠之所以成为孔子的偶像，是因为他的品德高尚，孔子都是自愧不如。

孔子心目中的头号偶像自然是周公，周公符合孔子理想中的所有贵族标准。实际上这很容易理解，周公制定了周礼，制定了贵族精神的标准，而孔子就是在宣扬贵族精神。

关于周公的故事，大家不妨去看看《史记》的记载。

管仲、子产和晏婴是稍早于孔子的人，对于孔子来说，他们算是摸得着看得见的偶像了。孔子对他们三个人都有些不同的看法，但是这不妨碍孔子崇拜他们，这就是孔子自己在演绎君子和而不同吧。

那么，我们来看看他们的共同点吧。

这三个人都是包容的人，管子建立了啧室，用于给不同政见者发表看法。晏婴则阐释了"和"与"同"的不同含义。"子产不毁乡校"的故事我们应当都知道，他充分尊重大家表达意见的权利。

子产和晏婴都很穷，因为他们的俸禄都用来周济族人了。子产死后草草下葬；晏婴穿着打满补丁的衣服，并且拒绝搬离菜市场附近的陋室。他们都有一种无所畏惧的气场，并且都有极好的口才。子产是郑国的相国，而郑国是个小国，可是子产面对霸主晋国毫不畏惧，据理力争，不仅为郑国争取了利益，还让晋国权臣们敬佩得一塌糊涂。晏婴代表齐国出访楚国，面对咄咄逼人的楚灵王，一番话说得楚灵王羞愧难当，对晏婴和齐国肃然起敬。

在孔子的眼中，管子、子产和晏婴都是仁者、勇者、智者的完美化身。

孔子是一个厚古薄今的人，他痴迷一般崇拜上古的圣贤。崇拜他们什么？不贪婪。通过孔子论人，我们其实可以看到孔子最看重的品质：不贪婪、守规则、包容。

第九篇

孔子论道

折腾了一辈子，蓦然回首，孔子有些茫然。自己的主张被当权者漠视，老百姓蔑视。是自己的主张不对，还是自己不够努力？人事已尽，难道是冥冥之中早有定数？于是，孔子决定研究一直很感兴趣的《周易》，试图从中找到答案。那一年，孔子七十一岁。

研究《周易》的结果是孔子大大丰富和发展了《周易》，因为《周易》的卦辞和爻辞看起来很简单，但不容易理解。因此，孔子按照自己的理解和理念作了进行进一步解释，这些解释就是彖、系、象、说卦、文言。

孔子从《周易》中悟到了许多道理，慨叹："再给我数年时间，我就能精通《周易》了。"孔子对《周易》的研究极有心得，应用起来似乎也很准确。于是孔子再次感慨："要是再早一点，五十岁的时候就研究《周易》，那我后来就不会犯什么大过错了。"

晚年的孔子已经痴迷于《周易》，专注于论道了。这时候的孔子，更像个道家。

来看看孔子怎样论道吧。

第 一 章

孔子的心路历程

27·1（2·4）子曰："吾十有五而志于学，三十而立，四十而不惑，五十而知天命，六十而耳顺，七十而从心所欲，不逾矩。"

【译文】

孔子说："我十五岁立志于学习；三十岁有了自己的事业；四十岁能不被外界事物所迷惑；五十岁懂得了天命；六十岁能正确对待各种言论，不觉得不顺；七十岁能随心所欲而不越出规矩。"

这一章是孔子的人生简历。

虽然讲述的是自己从十五岁到七十岁的心路历程，可是总结是在七十岁之后做出的。所以，这当然是孔子在七十岁之后的想法。到了晚年，孔子开始讲道，讲命。

对于这一连串的数字，大师们当然需要做一个解释。不过，李零下功夫最多，对孔子的身世了解明显也要多很多。南怀瑾虽然也说了很多，可是全然没有提到孔子的一生。

在解说之前，首先要确定一点，那就是孔子所说的这些年岁并不是确定的，只是大致。

为什么孔子十五而志于学？

当然，笼统来说，十五岁就接近成人，有自己的志向了。但是，有一件事对孔子的立志是非常有影响的，那就是孔子十五岁这年，叔孙豹去世。叔孙豹的葬礼以周王赠送的路车陪葬，规格等同于诸侯，十分荣耀。而叔孙豹以学问著称，在国际上广受尊重，是孔子敬佩的人。目睹叔孙豹的葬礼，孔子下定决心要像叔孙豹一样博学，在世的时候受人尊重，死的时候能够享受这样的荣耀。

为什么说三十而立？

孔子大致二十七岁开办私校，一开始非常艰辛，经过几年的经营，逐渐稳定下来，财务上实现了自由，真正有了安身立命的资本，不用看别人的脸色过日子。所以，到这个时候，孔子敢于说三十而立了。

为什么说四十而不惑？

三十岁到四十岁之间，孔子做了两件大事。第一是去了一趟洛邑，参观了周朝的祖庙，又向老子请教了周礼。因此，此前对于周礼中的诸多不理解搞清楚了，而在为人处世方面也是受益匪浅，让孔子眼前一亮。第二是去了一趟齐国，对于鲁国人来说，齐国就是一个人间乐园，孔子一直不知道齐国为什么比鲁国强，也不知道齐国人为什么疯狂崇拜管子。后来孔子终于明白了这一点。他不仅彻底改变了对管子的看法，而且在齐国听到了韶乐，亲眼看到了齐国人民的幸福生活。

这两件大事解除了他的诸多困惑，使他明白了很多从前想不明白的道理，站在了更高的高度看问题。所以，这个时候，孔子敢于说自己不惑。

李零也提到了这两件事，只是并没有具体追究下去。

为什么说"五十而知天命"？首先要说说什么是"天命"。

> 钱穆：天命指人生一切当然之道义与职责。
> 南怀瑾：天命是哲学的宇宙来源，这是形而上的思想本体范围。
> 李零：知天命就是知道自己几斤几两，到底能干点什么，命中注定该干点什么。
> 傅佩荣：知天命就是领悟自己负有使命，必须设法去完成。这种使命的来源是天，所以称为天命。孔子的天命包括三项内容：一、从事政教活动，使天下回归正道；二、努力择善固执，使自己走向至善；三、了解命运无奈，只能尽力而为。

这些说法都不对。命，是讲个人的。可是，天命，不是讲个人的。

周朝灭商的时候，周公说"天命在周"。天命并不是个人的命运，而是天下的大势。"天命在周"的意思也并不是周朝的命运早已经注定，而是周朝承担了上天赋予的统治天下管理天下的权力和责任。

按照大师们的说法，孔子知天命就是孔子能与上天对话或者能够窥探到上天的隐私，基本上孔子就是个天师之类的神人了。但实际上，知天命只是根据世间发生的事情来判断上天抛弃了谁，将来的大趋势会是怎样。譬如当初说天命已经从商朝转移到了周朝，并不是像《圣经》里那样上帝直接告诉了摩西，而是通过商纣王的种种作为来判断。

孔子说他知天命，知的什么天命呢？

这要说说孔子五十岁前的几年中发生的两件大事。第一件事是周王室的王子朝之乱，先是王子朝在孔子三十六岁的时候驱逐了周敬王，后来周敬王在晋国帮助下赶跑了王子朝，回到了洛邑。但是在孔子四十八岁那年，王子朝余党儋翩在周作乱，得到郑国的帮助。鲁国奉晋国之命讨伐郑国，但是周敬王还是被赶出了洛邑。孔子四十九岁那年，晋国军队才再次帮助周敬王夺回了洛邑。第二件事情是孔子四十八岁那年，鲁国发生了阳虎之乱。

两件事情叠加在一起，孔子看到周朝王室已经极度衰落，除了王室之外地位最为尊崇的鲁国也已经乱成了一锅粥，与王室血缘关系最近的郑国不仅不帮助周朝，反而总是添乱，周朝王族中实力最强的晋国则已经被六卿瓜分。这一切都表明，上天正在抛弃周朝，天命也将不再属于周朝。

这，才是孔子所知的天命。知天命之后的孔子怎样呢？如果说此前他的理想还是希望恢复周朝王室的强大和秩序的话，那么现在，他对王室已经失去了信心，他的理想只是用周礼来拯救天下，而新的秩序由谁来建立并不重要。所以，此后孔子周游列国，甚至去了他认为是蛮夷的楚国，却独独没有去洛邑见周王。

为什么说"六十而耳顺"呢？

孔子在五十一岁任中都宰，然后是小司空、大司寇，仕途实际上一帆风顺，可是为什么最后待不下去呢？实话实说，有点膨胀。具体而言，孔子竟然要帮助鲁定公对付三桓，确实是有些不自量力。这个过程中包括子路、冉有等学生以及其他人都曾经劝说，可是他完全听不进去。

到后来去了卫国，继续碰钉子，包括去见南子这件事情，都是执意而为。

遇到了诸多挫折之后，孔子才反省自己过去听不进劝说的问题。所以到了这个时候，他愿意听不同的意见，并且不再像过去那样与人争辩。

愿意听不同的意见，这就是耳顺。

为什么说"七十而从心所欲，不逾矩"呢？

六十八岁的时候，孔子总算是回到了家乡，结束了在异国他乡的生活。这个时候，孔子已经是倦鸟思归的状态，他也知道自己的政治理想不可能实现。我们知道，孔子的政治理想就是"知其不可为而为之"，是为了天下而不是为了个人。那么现在终于可以稳定下来，经济有了保障，教学也不用自己操心，孔子决定做一些自己内心一直想做的事情，那就是著述。

于是，《诗经》《春秋》《易经》被孔子率领学生编纂出来。可以想象，如果孔子早一点有动笔的念头，他一生能写出多少书来？

想做什么，就去做什么，不再勉强自己去做那些不可为的事情，这就是从心所欲。

年老了，人会变得小心，处处不逾越规矩，这是一般人都有的想法。孔子也是如此，不足为怪。

基本上，这就是孔子一生的历程，不同的时间段发生了不同的事情，于是有不同的感悟，进而影响到下一阶段的行为。

至于孔子所说的一系列数字，并不是适用于所有人的，也没有必要对号入座。有的人十岁就有志于学了，有的人一辈子都立不起来，啃老啃到死。有的人少年老成，有的人大器晚成。

综观孔子一生，有一点失败和若干点成功。失败的地方在于主要的理想没有实现，折腾一辈子没有人欣赏他的政治理想。但是，他开创私校、编纂书籍、培养人才，这些都是万世之功，影响深远。可以说，在文化和教育两个方面，孔子居功至伟，可以与他的偶像周公并肩。

孔子最令人敬佩的还有两点：

第一，是"知其不可为而为之"，五十知天命，却不认命，一直在抗争，并且不后悔，这一份意志令人望尘莫及。

第二，是孔子的奋斗精神。出身卑微理想高远，十五岁有志于学，二十七岁自己创业开办私校，冒着极大的风险。此后孜孜不倦一往无前，即便成为"丧家之狗"也不抱怨。大的理想没有实现，但是其他理想都实现了。

试想孔子如果生活在今天，他一定是一个成功的创业者。

第二章

孔子爱谈天命

27·2（9·1）子罕言利，与命与仁。

【译文】
孔子很少谈到利益，宁愿谈天命和仁。

这一章谈天命。
这里有一个断句的问题："子罕言利，与命与仁""子罕言利与命，与仁""子罕言利与命与仁"，三种断法，意思是不一样的。
大师们的说法是这样的，钱穆和李零的意思如上述译文，不过他们译成"赞同天命和仁"，意思差不多。杨伯峻、南怀瑾和傅佩荣译成"孔子很少主动谈起有关利益、命运与行仁的问题"，他们的断句显然是最后一种。
李零做的功课最扎实，他把《论语》中出现的"利""命""仁"的次数做了统计，同时界定了孔子对这三个概念的正负态度，结果发现：如果以孔子谈的次数来说，那应该是"子罕言利与命，与仁"，但是以孔子的态度来看，就应该是"子罕言利，与命与仁"。
李零这算科学方法吗？当然算。
那么，南怀瑾和傅佩荣的依据在哪里呢？不妨来看看他们的解读。

>　　南怀瑾：孔子讲不讲命？后世以算命看相的"命"为命，但是这里的命是广义的，包涵生命来源的意义而言。但是中国人不大追究生命来源这个问题，尤其孔子思想，在下论中就提到"未知生，焉知死？"不要问，所以对于"命"，孔子很少讲。孔子在教育方面，知道哲学上生命来源的道理，很难讲得清楚，所以很少讲。《论语》所讲的只是仁的作用、仁的性质，对于"仁"本身究竟是什么，并没有下定义，所以这里说孔子很少讲"仁"。
>　　傅佩荣：(之所以孔子少言命，是因为)命运是难以解释的谜。重要的是，如何在面对命运时，把握自己的使命。命运与使命的分辨更是微妙，不能不慎重言之。(之所以孔子少言仁，是因为)人生正途在于择善固执，必须

依个人的处境来判断，很难作概括的说明。此外，孔子的"仁"字统摄了人之"性、道、成"，是一个整体的、连续的、动态的人生历程，所以最好留待学生请教时再作说明。

现在我们可以发现为什么他们之间有这样的区别了，那是因为他们对于"命"的理解不同，南怀瑾说成了生命起源，杨伯峻和傅佩荣则说是命运。按这样的定义，孔子确实不能多讲，否则就成生物学家和算命先生了。

钱穆的说法是"命原于天，仁本于心"，李零则说"孔子关心的是天命之命，人性之性，而不是天道运行，死生夭寿"。

钱穆和李零对"命"的理解是天命，这是孔子学说的一个部分，而"仁"更是孔子学说的核心。他不讲这些，讲什么？

由此可见，对概念的正确理解的重要性。

最后说说杨伯峻的看法，他说《论语》中貌似孔子说"仁"说得多，其实这是因为他说得少。因为他说得少，弟子们觉得稀罕，就每一次都赶紧记下来，所以就显得多了。这个逻辑是不是很奇怪？

下面来做一个简单解读。

孔子很少言利，这个没问题。一来，孔子不重利；二来，跟这帮穷学生也没有什么好言利的。

孔子是讲天命的，当然更是讲仁。为什么孔子从来不讲仁的定义？因为在那个时代这是不言而喻的，孔子当然不会在谈仁的时候先把定义拿出来说一遍。

那么，在《论语》中孔子为什么很少说到天命？

其实很简单，仁是讲人际关系的，这是孔子常常跟学生讲的，学生们印象深刻。而天命是在讲历史、讲天下的时候才讲的，基本上就是上大课的时候讲的，一来学生们缺乏切身的感受，二来感觉那好像大路货，哪里好意思提出来写进《论语》？

所以，不是孔子讲天命讲得少，而是记录在《论语》中的少。

第三章

君子要知天命

27·3（20·3）孔子曰："不知命，无以为君子也；不知礼，无以立也；不知言，无以知人也。"

【译文】

孔子说："不懂得天命，就不能做君子；不懂得礼，就不能立身处世；不懂得正确理解语言，就不能真正了解他人。"

这一章依然谈天命，要义还在这个"命"上。

> 钱穆：知命，即知天。
> 杨伯峻：不懂得命运，没有可能作为君子。
> 南怀瑾：就是一个人不知道时代的趋势，对于环境没有了解，不能有前知之明，无法为君子。
> 李零：命是天命，在人事之上，最不可测。
> 傅佩荣：命，兼指使命与命运。既要明白人生有行善的使命，努力求其至善，又要了解人间富贵的客观限制，因而不必强求。知命之后，可以"行其所当行，止于其所不得不止"，由此成为君子。

对于"命"的解说，南怀瑾是最准确的。这里的"命"，就是天命。这一点李零都说了，钱穆也是这个意思。但是关于天命的解说，钱穆基本没有，李零则是错误的。

所谓天命，就是大势所在。古人认为，这种无法抗拒的大势，就是上天的意思，所以称为天命。天命不是算出来的，而是根据现实中的各种事件推理出来的，与什么使命命运毫无关系，那是算命的勾当。

第四章

天命能改变吗？

27·4（14·36）公伯寮愬子路于季孙。子服景伯以告，曰："夫子固有惑志于公伯寮，吾力犹能肆诸市朝。"子曰："道之将行也与，命也；道之将废也与，命也。公伯寮其如命何！"

【译文】

公伯寮向季孙投诉子路。子服景伯把这件事告诉给孔子，并且说："季孙氏已经被公伯寮迷惑了，我的力量能够把公伯寮当众诛杀以证其罪。"孔子说："道能够得到推行，是天命决定的；道不能得到推行，也是天命决定的。公伯寮能把天命怎么样呢？"

这一章依然谈命，有两个问题需要解决：第一，子服景伯为什么要将公伯寮"肆诸市朝"？第二，这里的"命"怎样解？

这段话要讲清楚，需要了解稍微复杂一点的背景知识。

我们直接来解决第一个问题：子服景伯为什么要将公伯寮"肆诸市朝"？

看看大师们怎么说。

钱穆：杀其人而陈其尸。大夫尸于朝，士尸于市。公伯寮是士，当尸于市。此处市朝连言，非兼指。景伯言吾力犹能言于季孙，明子路之无罪，使季孙知寮之枉诉，然后将诛寮而肆诸市也。

南怀瑾：公伯寮是鲁国政治上、社会上有地位的人，当时鲁国政权在季家三兄弟手中，公伯寮就暗地挑拨是非，在季孙面前讲孔子学生子路的坏话，也是间接的攻讦了孔子。当时有一个孔子的学生姓子服，名何，字伯，后来谥号景，当时是鲁国大夫。有一天来告诉孔子，公伯寮在捣乱，到处造谣和老师作对，并且在季孙家说子路的坏话，增加老师的麻烦，今天我在政府中的权力可以左右一切，可以放手去做，这种害群之马，我有力量除掉他。意思是向老师请示，要怎样处置这样一个坏人。孔子说，不要那样冲动，不可以这样，我走的是为国家民族、为人类、为天地行正道，能够走得通，是命。倘使这个文化命脉真的要中断了，也是民族、国家、时代的命运。公伯寮这样捣乱，影响不了什么。又有什么关系？

李零：子服景伯说他还有把子力气，足以杀掉公伯寮，让他伏尸街头。古时杀人，一般要陈尸于市或者陈尸于朝三天，是谓"肆诸市朝"。

傅佩荣：子服景伯为孟孙家族的人，所以自认为有些势力，能够让公伯寮尸首在街头示众。

不得不说，南怀瑾又是一堆的低级错误。

仅仅从名字来看就能基本判断，公伯寮是季孙家的旁支。《史记》说他是孔子的学生，其他记载则无，因此很难判断他是不是孔子的学生。

那么，子服景伯是什么人呢？

年龄上，子服景伯大致与子贡相当，也就是小孔子三十岁上下。能力很强，基本上属于那一辈鲁国唯一拿得出手的人物了。子服景伯不仅敬重孔子，与孔子的弟子如子路、子贡、冉有等人关系都很好，这一章是在帮子路。此前叔孙武叔诋毁孔子，子服景伯还特地去告诉子贡。

这段话一定发生在子路做季孙家宰的那一段时间里，也就是孔子担任大司寇期间。这时候子服景伯也就是二十多岁，血气方刚，并且孟孙家和孔子家是亲戚。至于公伯寮，大致也是这样的岁数。

先说说子服景伯为什么要公伯寮"肆诸市朝"，首先肯定是因为公伯寮说了子路的坏话，子服景伯为子路抱不平，其次有孔子这个大司寇撑腰，公伯寮在季孙家也不算个什么角色，杀了他不会有太大麻烦。

那么，"肆诸市朝"究竟是什么意思呢？这就要明白春秋时期君子杀人的规矩了，不管是为了正义还是为了报仇，君子杀人有一个条件：当面杀，杀之前要明证其罪，让被杀者知道是谁杀他，是为什么被杀。所以这里，子服景伯要将公伯寮肆诸市朝，目的并不是要陈尸，而是要在大庭广众的面前宣告公伯寮的罪过，让公伯寮当场知罪认罪伏罪。

肆，陈列的意思，这里是陈尸的意思。

再来解决第二个问题：这里的"命"怎样解？

钱穆、李零均解释为"天命"，杨伯峻、南怀瑾、傅佩荣译为"命运"。

孔子是只讲天命，不讲命运的。孔子认为公伯寮不能改变天命，对吗？多数情况是对的，但是并不绝对，否则，就没有蝴蝶效应了。

第五章

孔子何时学《周易》

27·5（7·17）子曰："加我数年，五十以学易，可以无大过矣。"

【译文】
孔子说："借给我几年时间，如果五十岁就开始学习《易》，我就可以没有大的过错了。"

这一章谈《易》，有两个问题需要解决：第一，孔子什么时候说的这样的话？第二，易和命的关系是怎样的？加同假，借的意思。

从语法上来说，这段话是假设或者条件句式。

首先来解决第一个问题：孔子什么时候说的这样的话？所有大师认为这是孔子五十岁之前说的。孔子的意思是自己如果还能多活几年，活到五十岁，就可以学习《周易》了。

那么这就很奇怪了，如果孔子认为学了《周易》就可以没有大的过失了，那么为什么不立即就学，要等到五十岁？如果之前没学过，又怎么知道学了《周易》就可以没有大的过失了？

所以，大师们的判断都是讲不通的。

我们知道，孔子晚年研究《周易》，颇有心得。这个时候，孔子才会感慨：唉，如果老天爷给我几年时间，让我五十岁的时候就开始学习《周易》的话，那么这后来的弯路就可以不走了。

这话，一定是在孔子晚年研究《周易》之后才说的。

之后来解决第二个问题：易和命的关系是怎样的？为什么孔子要提到五十岁这个节点呢？两个原因：

第一，五十岁后才是孔子事业的开始，此后他如果掌握得好，实际上可以做很多事，完全不用去周游列国，在鲁国就有可能实践自己的学说。

第二，五十岁的时候孔子知天命了，知道大的趋势了。但是，他对于自己如何去把握趋势并不了然，因此处处碰壁。

而《周易》与天命不同，天命是势，《周易》讲的是事。也就是说，《周易》

可以让你对具体事物和个人前途做出正确的判断。形象一点说，天命决定大方向，《周易》则解决怎么走。

所以说，一知天命，二知《周易》，就可以没有大的过失了。

那么，大师们怎样解读呢？

> 钱穆：原文中的"易"应该是"亦"，断句则是"加我数年，五十以学，亦可以无大过矣。"
> 南怀瑾：根据现代医学，人类智慧发展得最成熟的时候，是五十岁开始，到六十岁这个阶段。
> 李零：孔子学《易》，是为了知命，知道自己是不是应该出来做官。
> 傅佩荣：孔子自十五岁志于学，并且终身学不厌，因此我们没有理由说他五十以前不曾学过《易经》，何况他早已知道学习之后可以无大过。

钱穆的解读完全讲不通，不知道发生了什么。到这里，要稍微总结一下了。其实，所谓天命，就是道家里的道，就是大势，就是大的规律。所谓知天命，就是遵循大趋势和固有的规律。

孔子曾经拜访老子，并且接受了老子的教诲。大致从那时候开始，孔子的学说中掺杂进了道家的内容，典型的就是天命。

到晚年之前，孔子学说中的道家成分也就仅限于天命。但是，在晚年回到鲁国之后，孔子的心静了下来，更多考虑的是生命的终结。这个时候，开始研究《周易》，开始倾向于学习道家的思想。

也就是在这个时候，孔子的道家言论多了起来，开始尊崇道。

第六章

追求道家的境界

27·6（7·6）子曰："志于道，据于德，依于仁，游于艺。"

【译文】
孔子说："以道为志向，以德为根据，以仁为凭借，精熟于六艺。"

这一章谈道。
先来看看大师们怎样翻译。

  钱穆：立志在道上，据守在德上，依倚在仁上，游泳在艺上。
  杨伯峻：目标在"道"，根据在"德"，依靠在"仁"，而游憩于礼、乐、射、御、书、数六艺之中。
  南怀瑾：根据原文"志于道"，可以解释为形而上道，就是立志要高远，要希望达到的境界。这个"道"就包括了天道与人道，形而上、形而下的都有。这是教我们立志，最基本的，也是最高的目的。至于是否做得到，是另一回事。
  李零：有志于道，熟习于德，亲近于仁，游心于艺。
  傅佩荣：立志追求人生理想，确实把握德行修养，绝不背离人生正途，自在涵泳艺文活动。

那么，"道"是什么意思呢？
钱穆说"孔子十五而志于学，即志于道"，杨伯峻没说，南怀瑾说"孔子自己没有下定义，所以我们很难替他下定义"，李零没说，傅佩荣的意思就是"人生理想"。
基本上，越看越糊涂。
孔子的一生，一开始强调礼，之后强调仁和德，并且逐渐将其宗教化神秘化。现在，孔子开始讲道了，并且把道放在了最高的位置，超过了德和仁。道是目标，德和仁都是实现道的手段，艺只能是小手段。

所以,"道"是什么?

既然德和仁都已经宗教化神秘化了,道自然是更难理解了。从这个角度说,南怀瑾其实是对的:孔子自己没有下定义,我们很难替他下定义。

道,就像一切纯粹的宗教概念一样,什么也不是,但也什么都是。你看不见摸不着说不清,但是它随时在你的身边,贯穿在你的生活中。你倒霉的时候不能抱怨它,但是你发达的时候要感激它。你需要帮助的时候不能指望它,但是你摆脱困境的时候要归功于它。

孔子一生在讲礼乐仁德,但是到了最后,发现要以道为志向,仁德都不过是辅助工具。不知道这是孔子思想的升华还是绝望。

道德仁义,孔子在讲道德了。

怎么说呢?这个时候,孔子的内心实际上已经是一个道家。或者说,他在追求道家的境界了。

第七章

君子要求道

27·7（15·32）子曰："君子谋道不谋食。耕也，馁在其中矣；学也，禄在其中矣。君子忧道不忧贫。"

【译文】
孔子说："君子只谋求道，不谋求衣食。耕田，也免不了饿肚子；学习，俸禄就在其中了。君子只担心道不能行，不担心贫穷。"

这一章还是谈道。

馁，饥饿的意思。先来说一个低级错误，傅佩荣把"馁在其中矣"译为"自然得到了食物"，他认为馁是"正常情况下的收获"。南怀瑾也类似。

孔子的意思很清晰，如果你当个农民呢，难免有个灾难荒年什么的，免不了饿肚子的时候。可是如果你好好学习当了官呢，旱涝保收有俸禄。所以，还是要好好学习。后代常说"书中自有颜如玉，书中自有黄金屋"，都是这个道理。到现在，则派生出投入和回报的概念

这一章一开头说"谋道不谋食"，似乎很高尚。不过后面的意思是说学好了，就不用担心没饭吃。归根结底，孔子想告诉大家的还是：好好学习吧，学习好了，就能当官，就不怕没饭吃。那么，这段话是不是针对樊迟想要学种地的事情说的呢？不一定，但肯定是针对那些对学习有动摇，急着去种地养家的人说的。

这里的"道"是什么意思？其实不重要了，重要的是要学习才能学到道，而当官是学习道的过程中的副产品。

"谋道"，与上一章中的"志于道"在意思上是相类似的。

27·8（14·2）子曰："士而怀居，不足以为士矣。"
【译文】
孔子说："士如果留恋家庭的安逸生活，就不配做士了。"

对于这一章，大师们的解读要么没有，要么很短，解读也就是几句套话，什

么胸怀天下，什么出门修行，什么要有志向之类，这很容易理解，因为这看上去确实没有什么好解读的。

看到这一章，就想起孔子所说的"父母在不远游"了。怀居，大概专指老婆孩子热炕头。

那么，到底是什么使得士必须要出门打拼呢？孔子没说，不过能够做出如此大的牺牲的，恐怕只有道了，毕竟孔子说过"志于道"。

大致，孔子这话是针对想回家的学生说的。

在孔子的时代，一个一般的士如果不出门打拼，大致也就只能在家种地了。不过，时代来到今天，事情已经发生了变化，各人有各人的生活追求，很多人就追求怀居的感觉。所以，怀居也未必就是坏事。

第八章

避世与守旧

27·9（9·14）子欲居九夷。或曰："陋，如之何？"子曰："君子居之，何陋之有？"

【译文】

孔子想要搬到九夷地方去居住。有人说："那里非常落后闭塞，不开化，怎么能住呢？"孔子说："有君子去居住，就不闭塞落后了。"

这一章还是谈道。

九夷是哪里？钱穆、杨伯峻、李零略做探讨，基本上确定在齐鲁之南的淮夷。可是南怀瑾还是犯了低级错误，他称"九夷是东南方一带蛮夷之地，当时包括现在的广东、广西、湖南、江西、浙江、福建等南方省份的边区。这些地方还没开发，还是披发文身，非常落后的地区"。

非常遗憾，南怀瑾所说的地方都不是九夷，其中只有浙江地区偶尔被称为夷越，其余地区都属于蛮，根本不在地图上。

孔子为什么要去九夷？

南怀瑾说"孔子当时想另外开辟一个天地，保留中国文化"，傅佩荣说"孔子自认为可以化民成俗"，钱穆则持相反态度，认为这就是孔子开个玩笑，"若必谓孔子抱化夷为夏之志，则反失之"。

谁对谁错？反正孔子最后没去。

这当然是孔子在晚年由于对世界的失望，萌发出了去野蛮地区生活的念头，也就是避世的思想。要说开玩笑，那肯定不是。要说不是开玩笑，实际上却根本没有办法去实施。

基本上，孔子这是要向老子学习，老子去了西方，孔子就准备去九夷。连"君子居之，何陋之有"这话，听起来也像是老子的口气。这时候，孔子跟老子有什么区别呢？区别是：老子去了，而孔子没去。

孔子想要离家远走，去荒蛮的无人知道的地方。可是，他毕竟没有达到老子的高度，所以也就仅仅是想想而已，说说而已，并没有行动的勇气。或者说，孔子的道，还残留了儒家的成分。

避世文化就属于道家文化，居于九夷则是避世得非常彻底的那种。

后来，唐代的刘禹锡写了一篇《陋室铭》，非常著名，看看原文：山不在高，有仙则名。水不在深，有龙则灵。斯是陋室，惟吾德馨。苔痕上阶绿，草色入帘青。谈笑有鸿儒，往来无白丁。可以调素琴，阅金经。无丝竹之乱耳，无案牍之劳形。南阳诸葛庐，西蜀子云亭。孔子云："何陋之有？"

27·10（7·1）**子曰："述而不作，信而好古，窃比于我老彭。"**

【译文】
孔子说："只阐述而不创作，相信而且喜好古代的东西，我私下把自己比作老彭。"

首先，老彭是谁？

公认的是商朝大夫老彭，并且认为这就是彭祖的原型。但是传说中活了八百多岁的彭祖与黄帝是同时的啊，不过，传说大致也不可信。

对于老彭，李零做了大量的功课；唯有南怀瑾认为老彭指的是老子和彭祖。

不管怎样吧，都是道家人物。

孔子之所以与老彭相比，自然就是因为"述而不作，信而好古"，而这就是道家的特点。

按照老子《道德经》的叙述来看，道家主张因循守旧，不要有变化有发明，"述而不作，信而好古"就是这个意思。

这两章，如果没有明确记载是孔子说的，大家一定认为这是一个道家人物说的。

第九章

无为而治

27·11（15·5）子曰："无为而治者其舜也与？夫何为哉？恭己正南面而已矣。"

【译文】
孔子说："能够无所作为而治理天下的人，大概只有舜吧？他做了些什么呢？只是庄严端正地坐在朝廷的王位上罢了。"

这一章还是谈道。

无为而治是道家的理念，怎么孔子这里也讲？大师们大概也感到疑惑，所以他们要竭力证明孔子这里所说的无为而治不等于道家的无为而治，而是儒家的。不过，这有点难度了。

来看看大师们怎么说。

钱穆：孔子屡称尧、舜之治，又屡称其无为，其后老庄承儒家义而推之益远。其言无为，与儒义自不同，不得谓《论语》言无为乃承之老子。

南怀瑾：一般人说儒家的人反对道家，说道家所提倡的"无为而治"，就是让当领袖的，万事都不要管，交给几个部下去管就是。这样解释道家的"无为"，是错误的。实际上道家的"无为"，也就是"无不为"，以道家的精神做事做人，做到外表看来不着痕迹，不费周章。

李零：道家也好，儒家也好，所谓无为，其实是无不为。

傅佩荣：无为而治也是道家老子的思想，但是差别在于：孔子所强调的是"恭己正南面"，亦即端坐在面向南方的王位上，有修德与尽职的责任，知人善任，分层负责，而不是真正无所事事。

孔子晚年，越来越倾向于道家思想，讲到无为而治再正常不过。所以，完全没有必要过度解读。

第十章

道不同，不相为谋

27·12（15·29）子曰："人能弘道，非道弘人。"

【译文】
孔子说："人能够去宣扬道，不是道来帮助人。"

孔子对道越来越痴迷了，这里又说到了道。道原本就是一个高深莫测的词，直到现在也无法给出一个公认准确的定义。

来看看大师们怎么说。

> 钱穆：自有人类，始则浑浑噩噩，久而智德日成，文物日备，此人能弘道。若道能弘人，则人人尽成君子，世世尽是治平，学不必讲，德不必修，坐待道弘矣。
>
> 杨伯峻：这一章只能就字面来翻译，孔子的真意何在，又如何叫作"非道弘人"，很难体会。
>
> 南怀瑾：一切人事、一切历史，都是人的问题。人才能够弘扬道。所谓道，就是真理，这是一个抽象的名词，呆板的，它不能弘扬人，须要人培养真理。
>
> 李零：道是人追求的目标，不是帮助人出名的。
>
> 傅佩荣：道指人生理想。再伟大的道也无法使一个人完美，除非这个人主动努力去体现道。因此，了解"道"的人，还须以行动配合；不了解"道"的人，则由于人性向善，也有可能本着良知走上正途。

不管道是什么，它一定不是人生理想。人生理想对于道来说实在太过渺小，根本不值一提。

27·13（15·40）子曰："道不同，不相为谋。"

【译文】

孔子说:"道不同,不在一块谋划。"

什么是道?是什么道?这不重要,重要的是孔子现在喜欢用这个词,这个词代表了一切。道不同,就是说咱们谈不到一块,咱们境界有差距。所以,咱们就别讨论了。

道不同的都不相为谋了,何况根本没有道的人呢?意思就是,如果你不是道家,我根本懒得跟你说话了。

道不同,不相为谋。这个成语出自这里。说这话的人,通常以为自己比对方高明。

大千世界,谁也不能独善其身。如果"相为谋"的都是些很差劲的人,就说明自己的道出了问题,就该去找道比较高明的人去谋一谋了。钱穆说"各人道路不同,便无法互为谋虑了";南怀瑾说"思想目的不同,没有办法共同相谋";傅佩荣译为"人生理想不同的话,不必互相商议"。

看看这个"道"字被大师们怎样折腾啊。不过,李零的解说比较有意思:"道不同,是根本原则不同……虽然信教的是一类,不信教的是一类,信教的却最容不得其他信仰,不信教的反而是他们争取的对象。"

第十一章

朝闻道而夕死

27·14（4·8）子曰："朝闻道，夕死可矣。"

【译文】
孔子说："早晨明白了道，当天晚上死去也心甘。"

这一章还是谈道。

这一章让人迎头就想起了"杀身以成仁"，大凡动不动说到死，基本上就是宗教了。如果不是宗教，谁舍得死？所以，这个道，必然是道家的道。

那么，大师们是怎么说的？

钱穆：道者，人生之大道。人生必有死，死又不可预知，正因时时可死，故必急求闻道。否则生而为人，不知为人之道，岂不枉了此生？若使朝闻道，夕死即不为枉活。因道亘古今，千万世而常然，一日之道，即千万世之道。故若由道而生，则一日之生，亦犹夫千万世之生矣。

南怀瑾：孔子在这里讲的"朝闻道，夕死可矣"的道，究竟是形而上的那个道，还是形而下的那个心性的法则呢？无法定论，这个问题很大。

李零：早上听说真理，晚上死了也值了。

傅佩荣：了解人生的价值何在，可以依此而行，死而无憾。这句话显示孔子知生也知死，而这种贯穿生死的道，无异于他一再强调的仁。

首先，这里的"道"一定不是"人生之大道"，也不是"人生的价值"，为什么？因为早上刚刚弄懂人生的大道，刚刚明白人生的价值，还没有去实践去验证去享受，晚上就死了，甘心吗？就像你辛辛苦苦奋斗，终于发了大财，结果还没来得及享受就死了，你会甘心？

其次，"道"也不能简单说成是真理，真理多了去了。什么是真理？木炭燃烧生成二氧化碳是不是真理？数理化课上天天讲真理。

其实根本不用去探讨是什么意思，这个道就是《道德经》里的道。要弄清楚这个道，可以等到解读《道德经》的时候再去做。现在我们要探讨的，只是孔子晚年成为道家这个事实。

那么，为什么懂得了道家的道，就能朝闻道而夕死呢？

因为儒家的东西是学来安身立命的，学到了就是拿去应用的，怎么能学了就死呢？道家的道则是讲天地运行的规律，人是超然物外的，这个世界上有没有人存在都一个样，而且懂得了也没法去施行。所以死就死了，没什么所谓。

但是，绝大多数的所谓道家人物都并没有参透，对生死并没有看透。换言之，能够看透生死的，一定是真正的道家人物，譬如庄子。从这个角度来说，孔子晚年已经成为一个真正意义上的道家。

第十二章

河图洛书

27·15（9·9）子曰："凤鸟不至，河不出图，吾已矣夫！"

【译文】
孔子说："凤鸟不来了，黄河中不出现八卦图了。我这一生也就一事无成了吧！"

这一章还是谈道。

什么是凤鸟？凤鸟就是凤凰，传说凤鸟在舜和周文王时代都出现过，凤鸣岐山说的就是这件事情，它的出现象征着"圣王"将要出世。凤鸟不至，也就是说看不到圣王的出现了。

什么是河图？传说在上古伏羲氏时代，黄河中有龙马背负八卦图而出，它的出现也象征着"圣王"将要出世。河不出图，也就是说看不到圣王的出现了。

这一章，反映的是孔子对于这个世界的绝望。事实上，孔子晚年多次发出类似的感慨。

那么这一次的感慨有什么不同吗？当然有不同，而且是本质上的不同。因为他思考问题的角度不一样了，他在用道家的角度思考问题。这就像发现一个病人不可救药了，中医会说"脉象紊乱，印堂暗淡"，西医则会说"免疫系统崩溃，心脏衰竭"。

这应该是孔子这一生最后的慨叹了。

小 结

不要说孔子是道家

人生是一个生老病死的过程，就像一首乐曲，有序曲，有高潮，有收尾，跌宕起伏，最终归于寂静。

人生有他固有的规律，这个规律谁也无法逃脱。

孔子其实对此也有过总结，譬如他说"少之时，血气未定，戒之在色；及其壮也，血气方刚，戒之在斗；及其老也，血气既衰，戒之在得"。

对于自己，孔子也都按照年龄段做了总结。

随着年龄的增长，人的见识增加了，身体由不成熟到成熟再到衰老，思想则由天真激进到务实最后到保守，性格上也是同样的变化过程。

孔子的思想内核从礼义到仁德，最后归于道。对于许许多多的思想家来说，似乎宗教都是他们的最终归宿，这一点早已经被世界历史所证明。

人老了，追求的是宁静和淡泊，就像人老了吃饭要清淡，运动要太极一样。生命力渐渐失去，人的追求也就渐渐失去，剩下的就是对着夕阳回想过去，幻想将来，喃喃自语。

这个时候，只有道才是孔子感兴趣的事情了。这个时候，孔子就是一个道家。他在不眠的夜里遥望星辰，想象着宇宙怎样运行，感受着什么叫作无为而治——天何言哉，而日月行焉。

但是，不要说孔子是道家，否则的话，每个人都是道家，因为每个人都会老。

第十篇

子曰

《论语》有大量的"子曰",记载着孔夫子的话。

在前面的若干篇里,已经有许多的"子曰"。但是,还是一些"子曰"似乎找不到合适的地方,于是就将它们集中在这里,单独作为一篇。这一篇的内容多半与孔子的理想有关。

第 一 章

王者与善人

28·1（13·11）子曰："'善人为邦百年，亦可以胜残去杀矣。'诚哉是言也！"

【传统译文】

孔子说："'善人治理国家，经过一百年，也就可以消除残暴，废除刑罚杀戮了。'这话真对呀！"

28·2（13·12）子曰："**如有王者，必世而后仁。**"

【译文】

孔子说："如果有王者兴起，也一定要经过一代人才能实现仁。"

这一章孔子谈的是自己的最高理想。

在《论语》的原文中，这两章就放在一起，原本可能就是一章。

按照传统的解读，"善人"就是"善良的人"。但是，这样的解读有两个大问题：第一，什么是善良的人？难道王者就不善良吗？第二，如果善人是指一个人，他怎么可能为邦百年呢？除非他的儿子、孙子、重孙子都是善人，一个善人世家才可能为邦百年。这就像一个人说用某个办法可以做一百年炊饼，却不能说武大郎能做一百年炊饼。

这里的"善人"不应该指人，而是指方式，意思是"以善待百姓的方式"。统治者以善待百姓的方式来统治国家，以身作则，用自己的诚意来感化百姓，这样经过几代人一百年的统治之后，人民被感化，这个国家就可以消除残暴，废除刑罚杀戮了。

这并不是孔子推崇的方式，孔子推崇的方式是"以礼治国"，是用规则来治理国家，而不仅仅是善待百姓。所以孔子接着说"如有王者，必世而后仁"，王者就是用礼来治理天下的，只需要一代人就能够把天下治理得妥妥贴贴。

王者治理天下，善人治理国家。王者经过三十年，善人经过一百年。王者可以达到仁的地步，善人只能达到胜残去杀的地步。二者的差别为什么这么大呢？

因为境界不同。

以善待百姓的方式来治理国家，当然不会折腾老百姓，对百姓很好。但是，仅仅如此是不够的。善待百姓只能说明你是一个善良的人，但是治理国家需要的不是善良，而是规则。

王者不同，王者致力于制定规则，什么样的规则？孔子这里所说的自然是礼。

说来说去，治理国家，方法比善良重要，规则比品德重要。

在这里，大师们依然把"善人"当成了名词来解，李零说是"贤人"，傅佩荣说是"行善的人"。实际上，在先秦时期，"善人"从来也不是"善良的人"，不仅《论语》中不是，《道德经》中也不是。很多词汇的意思是经过历史变迁的，千万不要理所当然地用现代的意思去硬套经典。

所以，这一章的正确译法应该是这样的：

> 孔子说："以善待百姓的方式治理国家，经过一百年，也就可以消除残暴，废除刑罚杀戮了。这话真对呀！"

第二章

此善人非彼善人

28·3（7·26）子曰："圣人，吾不得而见之矣；得见君子者，斯可矣。"子曰："善人，吾不得而见之矣；得见有恒者，斯可矣。亡而为有，虚而为盈，约而为泰，难乎有恒矣。"

【译文】

孔子说："圣人我是不可能看到了，能看到君子，这就可以了。"孔子又说："善人我不可能看到了，能见到有恒心的人，这也就可以了。没有却装作有，空虚却装作充实，穷困却装作富足，这样的人是难于有恒心的。"

这一章孔子继续谈"善人"。

这一章的理解有些困难：首先，这一章的内容似乎可以分成两章。但是从句式来看，又好像是一章。其次，"善人"和"有恒者"之间有什么联系？

君子和圣人是一个系列的，因此可以说见不到圣人还能见到君子。可是，"善人"和"有恒者"是吗？你可以说我没吃过榴莲但是吃过香蕉，可是你不能说我没吃过榴莲可是我见过流氓。

如果我们认为"有恒者"的意思很清楚的话，那么就必须重新审视"善人"的定义了。

善，本身有"高明、工巧"的含义，因此，此处的"善人"应该是指在某方面有超卓技能的人。有的人虽然天分差一些，不够高明，但是有恒心，虽然用时长一点，也能完成工作。这样的解释，就合理很多了。

那么，对于这一点，大师们怎么说呢？

大师们没有考虑"善人"的定义是不是有问题，他们去改造"有恒者"的定义去了。

譬如杨伯峻就翻译成："善人，我不能看见了，能看见有一定操守的人，就可以了。"有恒者怎么就成了有一定操守的人了呢？

而南怀瑾译为"只要看到一个有恒心的人，做到'守死善道'"。问题是，一个"守死善道"的人不就是善人吗？

傅佩荣则译为"善人：行善有成的人，在此相近于仁者。至于有恒者的'恒'字是指择善之'固执'而言。若是有恒到一定程度，即可成为善人，亦即行善有成。"他的意思其实与南怀瑾一样，有恒者就是善人。

从逻辑上讲，这些译文都站不住脚。

进一步分析，如果圣人和君子是讲品德的话，善人和有恒者就是讲品格。圣人和君子是讲做人的话，善人和有恒者就是讲做事。

"善人"这个词在《论语》中出现过五次，但是意思并不固定。如果拘泥于一种理解，那么必然要出现自相矛盾、难以自圆其说的结果。

那么，为什么"亡而为有，虚而为盈，约而为泰"的人就没有恒心呢？

因为如果你没有而希望有，你就会努力去学习去获取。可是你没有却假装有，你不仅欺骗别人，也在欺骗自己，也就给自己找到了不去做的理由。

在这一章里，孔子应该还是在和学生们对话，他的意思是：努力学习吧，虽然做不了圣人，但是你可以争取去做一个君子。就算你成不了某个方面的大师，只要你有恒心，总会有所成，做个师傅还是可以的。可是，如果你出于虚荣而自欺欺人，那么你也就不会有恒心，最终一事无成。

前面孔子曾经说过"人而无恒，不可以作巫医"，其实，何止巫医？所以这一章，实际上也是类似的意思。

第三章

错误的判断

孔子有的时候也会想当然，以下的两章就是典型案例。

28·4（6·24）子曰："齐一变，至于鲁；鲁一变，至于道。"

【译文】

孔子说："齐国一改变，可以达到鲁国这个样子；鲁国一改变，就可以达到和谐社会了。"

来看看大师们怎么说。

  钱穆：齐有太公之余风，管仲兴霸业，其俗急功利，其民喜夸诈。鲁有周公伯禽之教，其民崇礼尚信，庶几仁厚近道。道，指王道。孔子对当时诸侯，独取齐鲁两国，言其政俗有美恶，故为变有难易。当时齐强鲁弱，而孔子则谓齐变始能至鲁，鲁变易于至道。

  南怀瑾：在孔子当时，鲁国文化，还大有可观之处。孔子的思想中，认为要把中国传统文化保留起来，乃至于振兴起来，就要以齐国的文化为基础，再加上好的转变，就可以到达当年鲁国的情况；再把鲁国的文化，提高一点水准，就可以恢复中国传统文化的"道"。这是他的一个看法，一个感叹。

  李零：鲁比齐更近于周道。孔子的改制，是以西周为理想。他的理想，完全行不通。

基本上，大师们都知道当时的情况是齐强鲁弱。但是进一步，就未必知道。实际上，当时的齐国商业发达文化自由，从文化角度来说，也是齐国比鲁国更先进。

孔子没去齐国之前，以为齐国很落后，所以说了上面的话。这不怪他，只怪他没去过齐国。齐国的开国国君是姜太公，鲁国的开国国君是周公的儿子伯禽。齐鲁两国都是侯爵国家，一开始国家大小差不多。但在治理国家的思路上，两国截然不同。姜太公简化风俗，入乡随俗，大力发展工商业，齐国因此发展很快；伯禽则是移风易俗，用周文化改变当地的风俗，重视农业轻视工商。没有多久，两国的差距就出来了，虽然都是越来越强大，但鲁国远远落在齐国之后。

到了管仲为齐国上卿的时候，齐国的治理进入了一个新时期，更加强大富裕和开化。到了孔子这个时候，齐国已经是当时的文化中心，富裕程度远超鲁国。可惜的是，孔老师不知道天外有天，还以为齐国人民生活在水深火热中呢。

后来孔子去了齐国，待了一年时间，这才发现自己弄反了，这才明白为什么大家都想移民到齐国了。

齐国为什么比鲁国先进？因为齐国是有坚持有变通地运用周礼，很好地结合了当地的具体情况，而鲁国只有坚持没有变通。

再好的制度，也必须与实际情况结合，才能发挥其作用。

最后说一个常识性的错误，南怀瑾说"姜太公一系遗留在中国的文化，可以说代表了传统道家的文化"。估计，这是受了《封神演义》和崂山道士的影响。

28·5（13·7）子曰："鲁卫之政，兄弟也。"

【译文】
孔子说："鲁和卫两国的政事，就像兄弟（的政事）一样。"

来看看大师们怎么说。

> 钱穆：两国衰乱相似。
> 南怀瑾：他认为卫国的文化、政治，基本上还是不错的，还能始终保存着周代封建当初的"兄弟之邦"的精神。
> 李零：鲁国是周公旦之后，卫国是卫康叔之后，周公旦和卫康叔是兄弟。
> 傅佩荣：鲁为周公之后，卫为康叔之后，周公与康叔二人原是兄弟，并且感情最睦。这里就"政"而言，表示遗风犹存，处境却同样不太理想，既使人缅怀，又使人感叹。

这是孔子前往卫国的时候说的，意思有两个。第一是说国君，鲁国开国国君伯禽的父亲周公与卫国开国国君康叔是同母兄弟，因此两国在血缘上相当亲近；第二则是说政治，两国都是在周公的指导下建国，政治思想上比较接近，如兄弟一般。孔子这样说，实际上是给自己打气，想说明自己对卫国的情况其实也很清楚，能够把卫国治理好。

第四章

无法实现的理想

28·6（12·13）子曰："听讼，吾犹人也。必也使无讼乎！"

【译文】
孔子说："审理诉讼案件，我同别人也是一样的。应该使诉讼根本不发生！"

孔子有的时候也会很天真，实际上理想主义者都会很天真。

这一章中，"也"字用来表示强调，并没有实际的意思。

大师中唯有傅佩荣的翻译不同，他的译文是："审判诉讼案件，我与别人差不多。如果一定要有所不同，我希望使诉讼案件完全消失。"不得不说，这样的译文在逻辑上确实有些难以自圆其说。

这是孔子担任大司寇时说的话。这个时期，孔子还是在拼命鼓吹周礼的。依据理想中的周礼社会，人们自觉遵守周礼，不仅平时的行为举止由周礼来约束，就是犯了错，也按照周礼的精神自我惩罚，自我了断。如果大家都做到了这一点，就没有诉讼发生了。所以，孔子尽量寻求诉讼的调解，在这一点上对中国后来的司法影响巨大，至今依然有民事诉讼的调解程序。

一次，父子二人互相诉讼，孔子将他们关了几个月却不审理，父子二人领悟到骨肉相残的愚蠢，于是撤诉回家了。这是孔子担任司寇时处理的著名案例之一。

但是，这只是一个特例，并不支持孔子的理想。

有人会说，按照孔子的想法，那么杀人了怎么办？杀人犯还不肯自杀怎么办？也不用诉讼吗？孔子的想法是：支持血亲复仇。换了在西方，就是支持私人间的决斗。不得不说，孔子的这个理想并不现实，过于天真。事实证明，孔子过于强调礼而轻视法，这是他治理国家理念中最大的问题。

第五章

厚古薄今老夫子

孔子是个厚古薄今的人,这两章就是明证。

28·7(17·16)子曰:"**古者民有三疾,今也或是之亡也。古之狂也肆,今之狂也荡;古之矜也廉,今之矜也忿戾;古之愚也直,今之愚也诈而已矣。**"

【译文】

孔子说:"古代人有三种毛病,现在恐怕连这三种毛病也不是原来的样子了。古代的狂者不过是言语不羁,而现在的狂者却是行为放荡;古代骄傲的人不过是骄傲自恋,现在那些骄傲的人却是蛮横暴戾;古代愚笨的人不装,现在愚笨的人还要假装聪明啊!"

这一章很有趣,需要逐字来解读了。

传统译文来自杨伯峻:

> 孔子说:"古代的人民还有三种(可贵的)毛病,现在呢,或许都没有了。古代的狂人肆意直言,现在的狂人便放荡不羁了;古代自己矜持的人还有些不能触犯的地方,现在自己矜持的人却只是一味老羞成怒,无理取闹罢了;古代的愚人还直率,现在的愚人却只是欺诈耍手段罢了。"

再来看看南怀瑾的解读:

> 孔子说,古代的狂不过放肆一点,不大受规范,现在的人糟糕了,狂的人则荡,像乱滚的水一样,兴风作浪。古代的矜,比较自满自傲,但有一个好处,因为自己要骄傲,自己把自己看得很重,于是比较廉洁自守,人格站得很稳;现在骄傲自矜的人,对任何人任何事都看不惯,而有一种忿怒暴戾之气。古代比较笨的老实人,还是很直爽的;现在更糟了,已经没有直爽的老实人,而社会上那些笨人都是假装的笨人,只是一种狡诈的伎俩而已。

孔夫子厚古薄今，就连古人的缺点也比今人要可爱。但是要注意的是，古人的缺点也是缺点，不可以说成是优点。这一点上，杨伯峻、李零和傅佩荣就出了问题，杨伯峻直接说古人的毛病是"可贵的"，李零说"古代的狂是直言不讳，古代的矜是严于律己"，傅佩荣说"古代矜持的人不屑造作，古代愚昧的人还算直率"，这些是缺点吗？根本就是优点啊。

先来看看孔子所说的古代和春秋时期狂者的区别，也就是"肆"和"荡"的区别。两者都是放纵的意思，但是"肆"是口头上放肆，"荡"是行为不检。

再来看"矜"的区别，也就是"廉"和"忿戾"。"矜"做骄傲解，这里的"廉"应该是自恋的意思，牛逼突突瞧不起人。忿戾则不仅是瞧不起人，还性情暴躁，会口出恶语进行人身攻击。

再来看"愚"的区别，也就是"直"和"诈"。三句当中，最难解的就是这一句了，因为"直"和"诈"都不是"愚"的体现。所以孔子的意思就是：古代的笨人笨就是笨，不装；现在的笨人已经很笨了，还要做出很聪明的样子来，实际上更笨。

所以，除了孔子的厚古薄今之外，这段话应该是有所指的，大概有的人行为不检，却以为自己是狂士。有的人性格暴戾具有攻击性，却说自己是骄傲的人。有的人智商不高却爱耍小聪明，自以为很聪明，实际上很蠢。

厚古薄今自然是有片面性的，但是有一点必须要承认：随着人类社会的发展，好人不一定比从前好，坏人则往往比从前坏。

28·8（15·26）子曰："吾犹及史之阙文也。有马者借人乘之，今亡矣夫！"

【传统译文】
孔子说："我还能够看到史书存疑的地方。有马的人（自己不会调教）先给别人使用，这种精神，今天没有了罢。"

这一章真的很难，大师们的译文都有些不知所云。以上的译文摘自杨伯峻，是迄今为止最合理的译文。

按照杨伯峻的注释，古代史官记史，遇到有疑问的地方便缺而不记，这叫作阙文。

那么，其他大师的译文是怎样的呢？

  钱穆：我犹看到官文书上有空阙的字，又有有马的借人乘用，现在这些都没有了。

  南怀瑾：孔子说从残缺的史料中"有马者，借人乘之"，可见古代社会，彼此之间的互助精神非常好。

  李零：这种"阙文"留下来，是让后来者补正。就像自己有马，借给别人骑。

  傅佩荣：我还能看到史书里存疑的地方，就像有马的人自己不骑借给别人骑一样。现在看不到这种情形了！

首先要说的是，李零和傅佩荣犯了低级错误，因为春秋之前的人是不骑马的，所以也不会借给别人骑。

看上去，这是一个小小的不经意的错误，但是事情的突破口恰恰就在这里。

自己有马，为什么不用？因为没车。把马借给别人干什么？别人有车。所以，把马"借人乘之"，就是把马借给别人，别人套上车，然后乘之。

这说明一个什么道理？我没有的，你可能有；你没有的，我正好有。凑到一块，就齐活了。古代的阙文，是史官弄不懂的地方留下的空白，留下空白干什么？给懂的人来补正的。我不懂的留给你，你正好懂，补上，齐活了。

这就是前后两句话的关联了，后者用来说明前者。

孔子主张多闻阙疑，自己不懂的地方不要强行解释或者糊弄别人，留下来给懂的人去解决。

在这里，孔子感慨说"今亡矣夫！"意思是现在的人常常不懂装懂，宁可强词夺理故弄玄虚，也要把自己装成无所不知的大师。

正确的译文如下：

  孔子说："我还能够看到史书所留下的阙文，这样的做法就像我有马而别人有车，我借给别人凑成一乘车一样。这种精神，今天已经没有了。"

第六章

靠别人不如靠自己

28·9（7·12）子曰："富而可求也，虽执鞭之士，吾亦为之。如不可求，从吾所好。"

【译文】

孔子说："如果富可以求取的话，就算为人仆役，我也愿意去做。如果富不是通过努力就能得到的，那就还是按我的爱好去干事。"

孔子是个直率的人，从不掩饰自己的内心，他直言自己追求富贵。这让那些将他奉为圣人的人实在为难。

执鞭之士，按《周礼》，执鞭者见于两种职务：一是天子诸侯出行的时候，手持鞭子开路的人，基本等于现在骑摩托的开路警察，低级公务员；二是市场的看门人，类似现在的城管辅警一类。

孔子出身低贱，小的时候很穷，就算后来开办私校，也并不富裕。做官做到了大司寇，地位可以说到了天花板，可是也不是太富，因为鲁国的财富都在三桓手中，他是给鲁国国君干活，薪酬不会太高。真正比较富足是在周游列国回到鲁国之后，季康子给的津贴很多。

所以，这就解释了孔子为什么只说富不说贵，因为已经很贵了。同时，这也说明这话是在孔子周游列国回到鲁国之前说的。

从孔子的身世看，孔子对富贵的渴求是必然的，也是正常的。所谓"可求"，意思是通过某种努力就一定能得到。"不可求"呢？就是通过努力也不一定能得到，会有风险。所以孔子说，还是教我的书吧，这样还比较稳当，也合乎我的爱好。

孔子把富贵看得很重，实际上也是他一生的追求。可是后来他发现，他的个性妨碍了他的追求，他不能像冉有一样能伸能缩，也不能像子贡一样低买高卖，所以他认命了。

这句话可以理解为孔子的无奈，也可以理解为他的清高，还可以理解为他的清高和无奈。

问题是，如果你不去求，你怎么知道不可求？要求过才知道啊。孔子求过没有？当然求过。所以孔子这段话应该说成"如求而不得，从吾所好"。

富而可求也，求之。如求而不得，从吾所好。美色而可求也，求之。如求而不得，退而求其次。

追求富贵不仅是合理的，也是正确的，即便是圣贤也是如此，就如子贡所说："夫子之求之也，其诸异乎人之求之与？"

那么，圣贤与常人的不同在哪里呢？在于圣贤在自己富贵的同时，引导大家都富贵，就像管仲这样的人。孔子同样是这样的人，追求地位财富的同时，他在寻求一个更好的制度以造福天下。

可是，一些人一定要把圣贤当成不食人间烟火的神仙，似乎只要提到富贵就是对他们的否定或者侮辱，似乎圣贤就一定要受贫受苦，过苦行僧一样的生活。

好了，来看看大师们怎样说。

> 钱穆：此章重言命，兼亦有道。知道必兼知命，知命即以善道。
> 南怀瑾：孔子认为富是不可以去乱求的，是求不到的，假使真的求得来，就是替人拿马鞭，跟在后头跑，所谓拍马屁，乃至教我干什么都干。假使求不到，那么对不住，什么都不来。"从吾所好"。孔子好的是什么？就是下面说的道德仁义。现在孔子所谓的求，不是"努力去做"的意思，而是"想办法"，如果是违反原则去求来的，是不可以的。
> 李零：如果富贵可求，就是地位再低，我也愿意试一下；如果只是做梦，安贫乐道好了。
> 傅佩荣：可与不可是就手段而言，亦即手段是否正当。所好者不是指财富，而是指原则或理想。

钱穆直接又给弄到"道"的高度上去了，那就说不清了。南怀瑾首先弄错了"执鞭之士"的意思，而且驾马车的不是赶驴车的，不用跟在后面跑吧？之后又说拍马屁都行，又说违反原则不行，等于说拍马屁不违反孔子的原则，这恐怕不是孔子的意思吧？

孔子的所好到底是什么呢？我们知道，一个人所好的一定是一件事，吃喝玩乐学习都可以，唯独不能是道德或者理想，谁听说过爱好善良的？那不等于是做梦吗？所以，南怀瑾、李零和傅佩荣所解读的"所好"都是说不通的，孔子的所好其实一点也不复杂，早期好礼，后期好教书育人研究学问，晚期好整理编纂书籍以及研究《周易》。

孔子当然不会为了富而违反做人的原则，但是，孔子在这里要强调的恐怕不是这个。命中有时终须有，命中无时莫强求。这话当然是正确的，但是这里要强调的也不是这个。

富,是人的欲望,满足的是人的身体;所好,是人的乐趣,满足的是人的精神。富,需要自身的努力,更需要别人的帮助或者施舍;所好,主要靠的是自己的努力。

所以,孔子在这里想要强调的是,在靠别人实现的欲望和靠自己实现的乐趣之间,他选择后者。

第十一篇

君子与小人

孔子喜欢说君子和小人，中国历史上就是从孔子开始讲君子与小人的。

这是好事吗？不是。

我们注意到，孔子的教学方法是肯定式、鼓励式、提示式的，他对学生们的教育是因人施教，同时非常注意方式，意图在潜移默化之间去改变学生。这一点，我们在子路和子贡身上看得最清楚，孔子最严厉的教育无非就是讽刺他们一下而已。

所以，孔子说君子说仁说得多，目的在于引导学生走向正确的方向。

但是，晚年孔子从卫国回到鲁国，理想破灭，年龄垂老，性格也因此有了很大的变化。一个非常明显的变化就是：喜欢骂人和抱怨了。与此同时，孔子喜欢说小人了，动不动就否定一切。

要骂小人，当然就需要君子来反衬。所以，孔子在这个时期说了很多君子与小人对照的话，多数都是怨言气话，说君子是铺垫，说小人才是重点。

晚年孔子喜欢给人贴标签，我喜欢的就是君子，我讨厌的就是小人。而符合他的君子标准的寥寥无几，结果就是经常否定所有人，打击一大片。

何况，这个世界并不是由君子和小人构成的，也就是说，不应该把人简单地用君子和小人来界定。

第一章

君子群而不党

29·1（15·22）子曰："君子矜而不争，群而不党。"

【译文】
孔子说："君子庄重而不与别人争执，合群而不结党营私。"

君子是有很多标准的，这一章就是其中的一条。

这里的"党"不是乡党的党，而是为了某种利益关系而勾结在一起的一群人。君子很"矜"，因此不与人争；既然不与人争，也就没有结党的必要了。不结党，但是还要合群才行，否则就是离群索居。合群，就要懂得与人相处之道。群而不党，与和而不同意思相近。

其实我们看"群"和"党"这两个字就能发现问题，群就是"君羊"，羊性格温顺，被认为是君子的性格，所以"群"本身就有君子的意思。

古写的党是"黨"，上面堂而皇之，下面下黑脚。

小人就正好反过来：小人争而不矜，党而不群。

那么，将两句话结合一下，就成了：君子矜而群，小人党而争。

到了后汉的时候，就开始有了党争，明朝则到了一个高峰，太监们组成了阉党，阉党统治了国家。阉党们的共同点就是都断子绝孙，因此完全不为子孙后代着想，全力折腾祸害百姓，最终葬送了这个国家。

孔子的这段话，在当今社会恐怕不能一概而论了。

譬如说党和党争。党争是不是君子行为，取决于这种争夺是不是合于规则，大家是不是按照游戏规则来进行。如果大家守规则，那么就不算违背君子精神。相反，如果破坏规则践踏规则，就是小人行为。

与规则内的党争不同的是，有的党争表面和和气气，似乎还在礼让的时代，暗地里则是你死我活，谁也不管规则。昨天晚上还在同桌喝酒，兄弟加战友，今天早上就是你死我活。这一类的党争，不论在什么时代都是小人之争。

第二章

君子泰而不骄

29·2（13·26）子曰："君子泰而不骄，小人骄而不泰。"

【译文】
孔子说："君子低调而不骄傲，小人骄傲而不低调。"

这一章又是君子和小人的区别。

这段话的字面意思一目了然，"泰"是平和安详的意思，现代话讲就是低调。

这个"泰"字，钱穆、南怀瑾和傅佩荣译为"舒泰"，杨伯峻译为"安静坦然"。李零认为"泰"原本是奢侈的意思，是个坏词。在这里，当自尊来解。

但是，"泰"恐怕并不是坏词，否则就不会有泰山、泰伯这样的地名人名了。从孔子想要表达的意思来看，是要表达君子和小人对人的态度，君子低调内敛，小人傲慢凌人。因此，"泰"还是应该作"低调"解。

那么，君子为什么低调呢？因为君子实际上很高傲，所以根本不想去显摆，通过压制别人来抬高自己。

为什么小人傲慢呢？因为心里没底，怕被人瞧不起，怕被人接近之后暴露了自己的底牌。

所以，傲慢的多半是小人，低调的多半是君子。就像我们现在常说的"半桶水响叮当"一样，越有内涵越低调。

其实，这一章和上一章都是在讲君子与人相处的态度：庄重低调。

如果说这一段有什么背景的话，这有可能是孔子当年教训颜高的话。

颜高是鲁国著名的勇士，能拉一百八十斤的硬弓。当年阳虎攻占匡地，颜高就曾经参加战斗，并且率先登城。后来颜高做了孔子的学生，并且随孔子路过了匡地。在城外，颜高在老师面前炫耀自己当年的武力，对着匡地城墙指指点点，说"当年我就是从那个缺口杀进去的"。正是颜高的指指点点，引起了守城士兵的注意，这才发现孔子很像阳虎，进而出兵包围了孔子师徒。

事后，孔子可能就这样批评了颜高，说正是因为你的骄傲带来麻烦，今后不要骄而不泰了。

后来，颜高又一次犯了同样的错误。那次是鲁国与齐国交战，颜高在鲁军阵地上炫耀自己的硬弓，被鲁军兄弟们拿去传看，结果这时候齐国人杀过来了，颜高手中没有称手的兵器，好在运气不错，抢了一把普通的弓，侥幸保住了小命。

所以，做人要低调，这也是贵族精神的体现。

不过，到了这个时代，低调就有些落伍了，现在讲的是要懂得表现自己、推销自己，因此不仅不能低调，还要高调。不骄傲，但是也不要太低调。

问题是，如何能够做到不低调的同时不骄傲呢？高调一旦掌握不好，就成了吹牛忽悠，就成了傲慢了。

于是，有人这样总结：低调做人，高调做事。

或许，这是一个不错的说法。不过真要做到这一点，也不容易。

第三章

君子量才录用

29·3（13·25）子曰："君子易事而难说也。说之不以道，不说也；及其使人也，器之。小人难事而易说也。说之虽不以道，说也；及其使人也，求备焉。"

【译文】

孔子说："为君子效力很容易，但要讨好他很难。不按正道去讨好他，他是不会喜欢的。但是，当他使用人的时候，总是量才而用人。给小人卖命很难，但要讨好他很容易。不按正道去讨好，也会得到他的喜欢；但等到他使用人的时候，却是求全责备。"

说，通悦，是取悦讨好的意思。

这一章孔子在说给君子效力和给小人卖命的不同。

事，是侍奉的意思，侍奉这个词在今天实际上找不到替代的词，因为这种侍奉既不是打工，也不是做奴才，比效力更正规。不管怎样，我们这里用效力和卖命来表达。

这里的君子和小人不是按照社会地位来区分的，而是按照此人是否遵从周礼来判断的。如果单从社会地位来说，君子和小人的社会地位都不低，因为他们都要别人来效力。

给君子效力是比较容易的，因为君子会量才录用，不会苛求你，并且懂得尊重你。所以你只要认真工作就好。

为什么难以取悦他？因为他不喜欢别人拍马屁，不喜欢别人送礼，不喜欢别人投其所好，不喜欢私下里偷偷摸摸地交往，因此想讨好他的人没什么机会。

给小人卖命是比较难的，因为小人多半自私，对别人求全责备，也不懂得尊重人，动辄呵斥辱骂。那么为什么小人容易讨好取悦呢？因为你只要投其所好，他就很高兴，譬如拍马屁、送礼、陪他打麻将打网球，他才不管你这些做法是不是正当呢。

这一章令人想起前面的这一章——子游为武城宰。子曰："女得人焉耳乎？"曰："有澹台灭明者，行不由径，非公事，未尝至于偃之室也。"

澹台灭明，就是典型的君子，他不会使用不正当的手段去讨好上司。澹台灭明如果为君子效力，君子会欣赏他，譬如子游就很欣赏他。如果他为小人卖命，小人一定不喜欢他。

大师们对这一章的译文和解读都差不多，没什么好说的。作为一个人情世故的老手，南怀瑾的一番议论倒是有些意思：

> 孔子这些话，都是从政的经验，这就是圣人。把人情世故，透彻到极点。因此我们知道做领导人的，用人不要过分要求，世上没有样样都好的人，爱打牌的劝他少打一点，爱喝酒的劝他少喝一点。办好了事，让他去，不要求备。希望每一个部下都是孔子，道德又好，才能又好，太不可能了。如果孔子来做自己的部下，自己又是一个什么"子"，才能承当呢？

> 李零："事""使"同源，都是出自"吏"字分化。下奉上曰"事"，上使下曰"使"。

> 傅佩荣：事，服侍。君子与小人是指德行修养而言，因为二者显然皆在上位，犹如今日所谓老板或长官。我们当然也可以由行事作风去判断君子与小人。

几位大师的解读都不错，不过傅佩荣把"事"解释为"服侍"并不准确，李零认为"说"的意思是"说服"则是缺乏说服力的。

第四章

君子喻于义

29·4（4·16）子曰："君子喻于义，小人喻于利。"

【译文】
孔子说："君子可以晓之以义，小人只能晓之以利。"

这一章又是讲君子和小人的区别。

什么是君子？就是具有贵族精神的人。什么是小人？就是不具有贵族精神的人。

来看看大师们怎么说。

> 钱穆：君子所了解的在义，小人所了解的在利。
> 杨伯峻：君子懂得的是义，小人懂得的是利。
> 南怀瑾：与君子谈事情，他们只问道德上该不该做；跟小人谈事情，他只是想到有没有利可图。
> 李零：君子方可晓之以义，小人只能晓之以利。
> 傅佩荣：君子能够领悟的是道义，小人能够领悟的是利益。

基本上，钱穆、杨伯峻和傅佩荣的解读是一致的，他们的"喻"是"明白、知晓"的意思；南怀瑾和李零的意思是一样的，他们的"喻"是"开导"的意思。

按照前者的意思，对于同一件事情，君子从义的角度去考虑，而小人从利的角度去考虑，那么二者的做法就会有不同了。按照后者的意思，同一件事情要让君子去做，要从义的角度去说服他；要让小人去做，要从利益的角度去诱使他。

自然，这也是君子与小人的区别。但是，君子与小人往往不是这样泾渭分明，非此即彼的。

我们做一个简单的组合题，一件事情只能有四种组合：

第一种，有义有利。既有好处，又有好名声，这样的事情自然是人人愿意干的。

第二种，有义无利。这种事情，其实人们都想躲，没好处的事情越来越没有人做。你说这些都是小人吗？恐怕不是。

第三种，有利无义。这种事情，很多人不会去做，因为良心上过不去。但是，很多人愿意做，并且越来越多的人在做，做伪劣产品的就是这类人。这类人，当然算是小人。

第四种，无利无义。这种事情，就是俗话说的"损人不利己"，属于羡慕嫉妒恨到变态的心理，这样的人越来越多了，比小人还要糟糕，孔子大概从来没见过。

问题是，世界上的事情并不都是这样清晰分类的。

譬如，你怎样去确认一件事情的义和利？站在不同的高度，不同的角度，可能得出完全不同的结论。有的事情，近期无利可是长远有利，做不做？有的事情，看上去不义实际有义，做不做？所以有这样一句话：民可与乐成，不可与虑始。

世界上有一种人叫作伪君子，他们的口才很好，能够把有利无义说成有义无利。伪君子越来越多之后，孔子关于君子小人的区分方法就失效了。

29·5（14·23）子曰："君子上达，小人下达。"

【译文】
孔子说："君子关注仁义，小人关注利益。"

君子上达，小人下达，达什么？关于这一点，历来说法纷纭。
来看看大师们的说法。

> 钱穆：君子日日长进向上，小人日日沉沦向下。
> 杨伯峻：君子通达于仁义，小人通达于财利。
> 南怀瑾：所谓"上达"，以现在思想的习惯而言，就是比较形而上的、升华的。所谓"下达"，就是比较现实的、卑下的。
> 李零：君子达于天命，小人达于眼前的利益。
> 傅佩荣：君子不断上进，实践道义；小人放纵欲望，追求利益。

基本上说，大师们一致认为君子追求的是精神上的崇高，小人追求的是物质上的满足。

这一章与上一章在意思上接近，都是说小人关心利益，君子关心精神。

第五章

君子成人之美

29·6（12·16）子曰："君子成人之美，不成人之恶。小人反是。"

【译文】
孔子说："君子成全别人的好事，而不破坏别人的事。小人则与此相反。"

这一章还在讲君子和小人的区别。
先来看看大师们的说法。

  钱穆：君子助成别人的美处，不助成别人的恶处。
  杨伯峻：君子成全别人的好事，不促成别人的坏事。
  南怀瑾：一个君子人，看到朋友、同事以及任何的好事，都愿意帮助他完成，坏事则要设法阻难使他无法完成。
  李零：成人之美以正面表扬为主，成人之恶以负面攻击为主。
  傅佩荣：君子帮助别人完成善行，不帮助别人完成恶行。

钱穆等四人的意思基本一致，李零例外，按照李零的说法，原句似乎应该是"君子称人之美，不称人之恶"。

按照大师们的说法，"不成人之恶"就基本等于"不助纣为虐"。那么小人就反过来，他们破坏别人的美事，也喜欢助纣为虐。

成人之美是个成语，意思是成全别人的好事。但是，在孔子这里，就未必是这个意思了。

"君子成人之美，不成人之恶"可以有很多种的译法，譬如：君子成为别人赞美的对象，而不成为别人憎恶的对象、君子成就别人的美名，而不成就别人的恶名。

君子成全别人的事，而不破坏别人的事。

这些说法加上大师们的说法，哪种是更合理的呢？我们把主语换成小人来看看，小人反是嘛。

先看大师们的说法，以钱穆为代表：小人助成别人的恶处，不助成别人的美处。

再看看另外三种：小人成为别人憎恶的对象，而不成为别人赞美的对象、小人成就别人的恶名，而不成就别人的美名、小人破坏别人的事，而不成全别人的事。

于是我们发现，钱穆的说法和最后一种说法看上去最为合理。但是，两者所表达的意思是有区别的。

按照钱穆的说法，君子是一个正义之士，不仅成人之美，还要与恶势力作斗争，就是历史上的比干、箕子这样的人。按照最后一种说法，君子就是一个与人为善、乐于助人的人。哪一个更接近于孔子所说的君子呢？

钱穆还说，小人不仅破坏别人的美处，还助成别人的恶处。而第三种说法中的小人只是破坏别人的美处。两相比较，钱穆理解的小人更坏。

孔子所说的小人有这么坏吗？

总的来说，第三种说法中的小人属于"羡慕嫉妒恨"，钱穆所说的小人则属于"变态"。

当今时代，"羡慕嫉妒恨"已经成为流行，变态也越来越多。至于君子，做正义之士风险很大，降低标准，做一个与人为善的人就已经很不错了。

第六章

君子做不好小事吗？

29·7（15·34）子曰："君子不可小知而可大受也，小人不可大受而可小知也。"

【译文】

孔子说："君子不能从小聪明的角度去看他，但可以让他承担重任；小人不能让他承担重任，但可以从小聪明的角度去分析他。"

这段话的译文和解读历来也是有分歧的：

钱穆：一个君子，不可从小处去赏识他，但他可接受大任务。一个小人，不能接受大任务，但可于小处被赏识。

杨伯峻：君子不可以用小事情考验他，却可以接受重大任务；小人不可以接受重大任务，却可以用小事情考验他。

南怀瑾：以客观而言，我们对伟大成功的人物，不能以小处来看他，等他有成就才可以看出他的伟大；相反的，就是小人看不到大的成就，小地方就可以看出他的长处。以主观而言：君子之大，有伟大的学问、深厚的修养、崇高的道德，看事情不看小处而注意大处。小人则不可太得志，如果给他大受，他受不了，小地方他就满足了。

李零：君子不可用小事考验，但可委以重任。小人不可委以重任，但很容易了解。

傅佩荣：君子没有办法在小地方显示才干，却可以接受重大的任务。小人没有办法接受重大的任务，却可以在小地方显示才干。

大师们将"小知"理解为从小事、小地方去看，强调的是事情的大小。

但是这样讲的话有很大的纰漏，因为这意味着君子做小事不行，专门做大事，小人做小事很在行。问题是，俗话说得好："一屋不扫，何以扫天下？"从小事可以看到一个人的品行和能力，小事不行，凭什么说大事就行呢？况且，曾子说过"为人谋而不忠乎",难道君子为人办小事就不应该办好?

真正的君子,无论事情大小都应该全力以赴去做好,而不是小事做不好,专门做大事。

所以,大师们的说法都是不成立的。

"小知"不是指小处,而是指小智慧小聪明,"知"在这里依然是"智"的意思,孔子在这里强调的是评判君子的角度。

譬如一个人去买车票,趁人不注意插队,结果买到了。这就是小聪明小智慧,君子不为。那么君子的大智慧是什么?守规则。宁可买不到票,绝不插队。所以,两人一块去买票,一个人插队买到了,另一个没买到,你不能因此而判断没买到的不如买到的。

同样,出门旅游,一个人零团费,一个人正常团费。看上去,零团费的省钱聪明。实际上,正常团费的人明白"世界上最贵的就是免费的"这个道理。最终的结果,零团费的不仅多花了钱,还没玩好。

从小聪明的角度去看问题,小人比君子聪明。君子是大智慧,大智慧才能委以重任。但这绝不等于是君子做小事就不如小人、不能从小事去判断君子。恰恰相反,从小事既能判断君子,也能判断小人。

现实生活中,就有这样一些人,高不成低不就。小事做不好,一门心思做大事,美其名曰"我就是做大事的材料"。可是真的让他做大事,一定是一塌糊涂。

事实上,真正有成就的人,都是从小事开始认真做起的。

第七章

混乱的逻辑

29·8（4·11）子曰："君子怀德，小人怀土；君子怀刑，小人怀惠。"

【译文】
孔子说："君子想的是德，小人想的是土地；君子畏惧刑罚，小人贪图恩惠。"

毫无疑问，这一章的君子和小人是按照社会地位来划分的，卿大夫为君子，平民百姓为小人。因此，这一章对小人的贬损意味是比较轻的。

德是什么？以身作则。君子想的就是怎样给百姓做出垂范以领导和管理百姓。土是什么？对农民来说是土地。对其他百姓来说是乡土，也就是老婆孩子热炕头。

对于君子和小人来说，这都是合乎其社会地位的行为，可以说正常而且正确。如果说君子想的不是垂范百姓，那他就要与民争利；如果说一个农民想的不是土地，他八成就是想去当流氓了。

不过说到"君子怀刑，小人怀惠"，就有些不好理解了。

按照周礼，刑不上大夫，礼不下庶人。卿大夫是不适用于刑的。除非谋反成为敌我矛盾，否则卿大夫就算是犯了死罪，也是自我解决，与刑不发生关系。刑是用于庶人的。所以，从理论上说，应该是君子怀礼，小人怀刑。或者是君子怀礼，小人怀惠。

看看大师们怎么说。

钱穆：君子常怀念于德性，小人常怀念于乡土。君子常怀念到刑法，小人常怀念到恩惠。

杨伯峻：君子怀念道德，小人怀念乡土；君子关心法度，小人关心恩惠。

南怀瑾：说君子的思想中心在道德，君子最怕的事，是自己违反德性，其次怕做犯法的事情，因此君子是怀畏刑法，小人只是怀思福惠——处处讲利害，只要有好处就干了。

李零：德，告他该干什么；刑，告他不该干什么。

傅佩荣：君子关心的是德行，小人在乎的是产业。君子关心的是规范，小人在乎的是利润。

29·9（14·6）子曰："君子而不仁者有矣夫，未有小人而仁者也。"

【译文】
孔子说："君子中没有仁的人是有的，而小人中有仁的人是没有的。"

这一章有些逻辑混乱了。

孔子曾说君子小人有两个分类方法，一个是按社会地位，另一个是按是否具备贵族精神。具体到这段话，如果划分标准是按前者，那么前半段成立，后半段不成立。因为卿大夫中肯定有人没有仁，但是，卿大夫之外的人肯定有人具备仁。如果是按后者的标准，那么前半段不成立，后半段成立。因为君子肯定有仁，否则就不是君子。小人本身就是不具备仁的，否则就不叫小人了。

那么，大师们怎么说呢？

钱穆：君子或许有时也会不仁，这是有的吧！但没有一个小人而是仁的呀！

杨伯峻：君子之中不仁的人有的罢，小人之中却不会有仁人。

南怀瑾：一个君子不仁，是有的；但是一个小人能仁，这种事是不会有的。以现在的话来说，一个好人不仁慈，有这个道理，如果说一个坏人而能仁慈，那是不可能的。

李零：孔子关于君子小人的两套概念有矛盾，孔子认为，身份君子未必是道德君子，君子也有不仁者，不能一概而论。但身份小人和道德小人却基本上是重合概念，身份地位低，道德教养也一定低，只能一概视为不仁。

傅佩荣：人生正途的具体表现是择善固执。君子立志走在人生正途上，却未必可以固执到底；小人无志，根本不考虑择善固执。

几位大师中，李零大概是提出了异议的。

第八章

君子还是伪君子

29·10（17·12）子曰:"色厉而内荏，譬诸小人，其犹穿窬之盗也与？"

【译文】

孔子说："外表严厉而内心虚弱，以小人作比喻，就像是挖墙洞的小偷吧？"

以上译文摘自杨伯峻，也是通行的译文。窬（音于），在墙上或者门上打洞的意思。南怀瑾将"穿窬"译为"被抓住"，看来没有查字典。

色厉内荏，这个成语出于这里。

但是，这里有一个问题：孔老师怎么要拿小人作比喻，小人就是小偷吗？还是只有小人才当小偷？还是小人中的小偷才是色厉内荏的，君子中的小偷就是气宇轩昂的？

这段话分明可以没有"譬诸小人"这四个字，也不应该有这四个字。孔子为什么一定要加这四个字呢，这就像有人歧视某个人，所以说到什么坏事都要提到他一样。

从这里，我们能看到孔子对小人的极度鄙视。

29·11（11·21）子曰:"论笃是与，君子者乎？色庄者乎？"

【译文】

孔子说："当有人言辞诚恳、赞同并且亲近，你要看他是真君子呢，还是伪君子呢？"

这一章的译文历来有争议，我们来看看大师们怎样说。

钱穆：但听他议论笃实，便赞许他，那知他真是一君子呢？还是仅在容貌上那么的庄严呢？

杨伯峻：总是推许言论笃实的人，这种笃实的人是真正的君子呢？还是神情上伪装庄重的人呢？

南怀瑾：不要认为此人话讲对了，就是君子，是了不起的人。你看见他态度温和，言谈温和，就认为此人很有礼貌，很有见解，很有才气，这也错了。

李零：对言辞老实的人应该赞许，但还应看他是真君子，还是表面上装得老实？

傅佩荣：言论笃实固然值得肯定，但也要分辨他是言行合一的君子，还是面貌显得庄重的人？

这一章的难点是"论笃是与"中的"是与"，传统的译法都是"对他表示赞许"。也就是说，"论笃是与"这四个字里，前两个字的主语和后两个字的主语竟然是不同的，那为什么中间没有标点符号呢？按照这样的译法，整句的译文感觉非常奇怪。

实际上，"是"是赞成的意思，"与"是亲近的意思，"论笃是与"的主语同是一个，译文应该是"言谈诚恳、赞同、亲近"，也就是说，一个人与你谈话，态度非常友好。这种情况下，你不能太得意或者轻易地与他太亲近，你要判断他到底是一个君子，还是一个伪君子或者骗子。

如果按照传统的以及大师们的译文和解读，就有一个严重的逻辑问题。为什么别人言论笃实你就要表示赞许呢？如果他的言论是正确的而你表示了赞许，又何必管他是君子还是伪君子呢？你赞许的只是他的言论，而不是他这个人。

但是如果按照我们的分析就很好解释了，因为他表现出要和你交往的姿态，这个时候你需要做出一个是否与他交往的决定，所以，你需要判断他到底是君子还是伪君子。

尽管解说纷纭，不过大意都是说不要被表面现象所迷惑。

第十二篇

最后的致敬

每个人都会老，都会不同程度地健忘、抑郁、烦闷、不耐烦。人老了，会有很多从前没有的毛病，譬如固执、偏执、看什么都不顺眼，喜欢抱怨、唠叨。

孔子也不例外，这一点在《论语》中有清晰的体现。

在孔子老年，有些话说得很绝对，有些话说得很刻薄，有些话自相矛盾，这些话往往价值不高，甚至是错误的。

人非圣贤，孰能无过？孔子的话也不是每一句都是金玉良言。

一个伟人之所以伟大，不是因为他不犯错，而是因为他敢于承认自己所犯的错。

孔子的伟大就在于，在他老年痴呆之前，仍告诉了我们许多道理，这些道理直到今天依然适用。他从来不认为自己就是圣人，从来不认为自己什么都正确，也从来不认为自己就比所有人都高一头。

在这里必须要说的是，君子闻过则喜，如果孔子知道他的错误被人指出来，他会非常高兴的。所以，挑出《论语》中那些没有价值甚至是错误的话，才是对孔子最高的致敬。

这一篇是最后一篇，搜集了孔子一些不知所云的、错误的言论。

第一章

为谁而学习

30·1（14·24）子曰："古之学者为己，今之学者为人。"

【译文】
孔子说："古代的人学习是为了自己，而现在的人学习是为了别人。"

厚古薄今，又是一例。

这一章看上去就有点难以理解，因为在今天的语言看来，为自己是自私，为别人才是高尚。但是很显然，孔子是在赞扬古人贬低今人，那么，该怎样解读呢？

还是先来看看大师们的意思吧。

> 钱穆：孔子所谓为己，殆指德行之科言。为人，指言语、政事、文学之科言。孔子非不主张学以为人，惟必有为己之本，乃可以达于为人之效。
>
> 杨伯峻：古代学者的目的在修养自己的学问道德，现代学者的目的却在装饰自己，给别人看。
>
> 李零：为自己而学习，就是为了自己的兴趣爱好而学习；为了找工作找饭碗，表面上也是为了自己而学习，其实是为了别人。
>
> 傅佩荣：古代的学者认真修养自己，现在的学者一心想要炫耀。孔子时代的古今，在今天都算古代了。当时的学者已经有"为人"的缺点，更何况现代？为己与为人，若能分辨本末，未必不可兼顾。

为什么南怀瑾的解读被省略了呢？不是太少，事实上他的议论有两千字之多，之所以省略，是因为我没看懂他到底想说什么。

钱穆的解释过于牵强了，或者说完全讲不通。相比较，杨伯峻的解说更接近于孔子的本意。

不过，这一章本身有大问题，我们不妨从几个方面来看。

首先，为人为己是一个说不清楚的问题，譬如李零就说出去工作就是为别人。但实际上是，绝大多数的事情并不是简单的为人还是为己，而是既为人也为己。在一个社会中，人们之间的协作合作是随时随地发生的，世界上没有人是纯粹为自己的，也没有人是纯粹为别人的，否则无法生存。

其次，为人或者为己并不是由时代来决定的，而是由社会来决定的。按照大师们的说法，为自己学习就是为了自己的兴趣。问题是，这需要财务的支持。你不出去工作就没饭吃，那么怎么可能为自己的兴趣去学习呢？除非你饿死。

我们知道，贵族社会中，贵族阶层衣食无忧，因此可以为了自己的兴趣去学习，这一点在欧洲最为典型，很多科学家出身都很好，他们有自己的兴趣爱好，能够不顾一切去钻研，于是他们为人类的现代科学奠定了基础，他们就是孔子所说的"古之学者为己"了。

在孔子之前的时代，或者说在周朝早期，贵族阶层人数比较少，可以做到为自己的兴趣而学习。可是到了孔子的时代，贵族阶层比例大为降低，即便是贵族阶层也面临生存危机，这个时候还怎么为自己的兴趣而学习呢？

孔子的学生中，真正为自己的兴趣而学习的有几个人？如果说有，那么大概是颜回和公西华，公西华可以说是贵族，衣食无忧并且学以致用。颜回呢？结局就是贫病交加而死。

所以，孔子的话既不能说明古人更高尚更高明，也不能说明今人更愚蠢更卑劣。

那这段话最大的问题是什么？是话说得太绝对。要么全盘肯定，要么全盘否定。毫无疑问，这样的话是孔子在晚年所说，话语中包含了沉重的抱怨和失望。

第二章

先进与后进

30·2（11·1）子曰："先进于礼乐，野人也；后进于礼乐，君子也。如用之，则吾从先进。"

这属于没头没尾的一章，后人基本无法理解，其难度与"色斯举矣……"和"有马者借人乘之……"一样。这段话到底什么意思？似乎自古以来也没有确论，并且，从目前的各种解读来看，没有一种令人信服。

大师们实际上也就是从古人的译文和解读中进行挑选，并没有推出新的见解。

杨伯峻的译文和解读最具有代表性，不妨先来看看：

> 孔子说："先学习礼乐而后做官的是未曾有过爵禄的一般人，先有了官位而后学习礼乐的是卿大夫的子弟。如果我要选用人才，我主张选用先学习礼乐的人。"
>
> 孔子是主张"学而优则仕"的人，对于当时的卿大夫子弟，承袭父兄的庇荫，在做官中去学习的情况可能不满意。

傅佩荣基本同杨伯峻，与杨伯峻不同的是，钱穆和李零认为这是孔子在说自己的学生，早期的学生多是野人出身，后期的学生则有些出身贵族。南怀瑾则从上古的野人开始说起："上古的上古，可能没有文化，同动物一样。人类就叫倮虫，没有毛，不穿衣，裸体的虫，也是一种生物。"

当然，其他还有一些说法，譬如说"先进"指商朝，"后进"指周朝，大师们认为那些更不合理。

可以说，以上的各种说法都完全讲不通。

那么，正确答案是什么呢？没有正确答案，只有更合理的猜测。

先进、后进、礼乐、野人、君子，要让这些词放在一起，首先要弄明白这些词的意思。其中，关键是"先进"和"后进"，大师们解读成"先当官""先入学"等都是没有根据的，而且与"礼乐""野人"和"君子"也没有关系。

截至成书，我所能想象到的最合理的解释是这样的：

这是孔子在和学生们讲修编《诗经》的事情，《诗经》分为风雅颂三篇，首先被选进来的是"风"，从礼乐的角度来说，这一部分根本不入礼乐，内容完全是生活爱情逸闻八卦，流传于老百姓之中，因此属于野人之诗，这里的野人，是老百姓的意思。而后选进来的雅颂才属于礼乐的范畴，流传于君子间。

孔子接着说，如果平时要使用这些诗，我主要使用先被选进来的"风"这一篇的。

所以，这一章的断句应该是这样的：

子曰："先进，于礼乐，野人也。后进，于礼乐，君子也。如用之，则吾从先进。"

【译文】

孔子说："先选进来的诗，从礼乐的角度来说，是属于百姓的；后选进来的诗，从礼乐的角度来说，是属于君子的。如果平时运用的话，我主要选择前面的这些诗。"

期待有更合理的译文和解读。

第三章

骥的德究竟是什么

30·3（4·25）子曰："德不孤，必有邻。"

【译文】
孔子说："有德的人是不会孤立的，一定会有思想一致的人与他相处。"

这一章孔子说德。看看大师们怎么说。

> 钱穆：有德之人，决不会孤立，必然有来亲近他的人。
> 杨伯峻：孔子说："有道德的人不会孤单，一定会有（志同道合的人来和他做）伙伴。"
> 南怀瑾：自己有道德的涵养，能体用兼备，自然会影响近身的人。
> 李零：有德者并不孤立，总有想法一样的人，站在你一边。
> 傅佩荣：有德行的人是不会孤单的，他必定得到人们的亲近与支持。

德，到底是德本身，还是有德的人？是本原意上的"以身作则"，还是宗教化的模糊概念？不好说。"德不孤"与"必有邻"到底是陈述，还是因果，还是推测？不好说。总之，孔子的意思，好人或者好品德并不是孤立的。

李零对这段话不是太同意，所以他说："不一定吧？"

30·4（14·33）子曰："**骥不称其力，称其德也**。"

【译文】
孔子说："千里马值得称赞的不是它的气力，而是它的德。"

先来看看大师们怎么说。

> 钱穆：骥，善马名，一日能行千里。然所以称骥，非以其力能行远，乃

以其德性调良，与人意相和协。人之才德兼者，其所称必在德。

  杨伯峻：称千里马叫作骥，并不是赞美它的气力，而是赞美它的品质。

  南怀瑾：真正的千里马，并不是说它的力量有多大，而是说它的德性好。中国古代的千里马是了不起的。我们看西方赛马，马跑的时候，一跳一蹦的，骑在上面实在不好受。中国的良马，跑的时候，左右腿交替奔驰，快得像风一样，骑在上面，有如在平稳的水面上行船，一点都没有颠簸的感觉。良马如遇主人坠鞍，它立刻站住，等主人起来，绝不会践踏到主人或拖着主人跑。如果肚带没有系紧，马鞍不完全，就是骑上去了，它也不走，用鞭子打它也不走。又如老马识途等等，都是良马的德性。

  李零：马有什么"德"可称？郑玄说是"调良"，即训练得好。也可能是指它跑的结果怎样，跑到终点才是好马。

  傅佩荣：德，在人为德行、操守或作风，在马则是天生的优雅姿态或风格，譬如，善用力气，奔驰千里，即是马的风格。

这一段，如果把五位大师放在一起讨论，估计会吵成一锅粥。

  杨伯峻说了，善跑的马就是骥。照这说法，跟德无关。钱穆不同意了，他说善不善跑不重要，重要的是有德。李零说了，德嘛，就是跑得到终点。南怀瑾不同意了，他说跑到终点把人颠死了有什么用？跑得稳才是德。傅佩荣表示不同意，他说了，跑得稳那还不如骑驴？跑得姿态美那才是德。

  到底什么是骥的德？如果出个高考作文题，能总结出一万条来。

  但是究竟是什么？我不知道。其实孔子也未必知道，大致是在讲课讲到德比才重要的时候，顺便拿骥作比喻。

  同样的比喻随处可见也随处可用，譬如把原文的"骥"字换成水牛，也可以这么说。

第四章

门和出户

30·5（6·17）子曰："谁能出不由户？何莫由斯道也？"

【译文】
孔子说："谁能不经过户出入呢？那为什么不按照这样的方法做呢？"

又是让人抓瞎懵圈的一章，来看看大师们怎样发挥。

钱穆：谁能出外不从门户呀？但为何没有人肯从人生大道而行呢？
杨伯峻：谁能够走出屋外不从房门经过？为什么没有人从我这条路行走呢？
南怀瑾：哪一个要出外的人，能够不经过门户出去呢？出了门才走上正路，人一定要走上正路的，走邪门，行左道，终归曲折而难有结果。
李零：谁能出屋不走房门？为什么大家都不顺道而行？
傅佩荣：谁能走出屋外而不经由门户？为什么做人处事却不经由我所提供的正途呢？

大师们这一次的译文和解读貌似非常一致，但是前后句缺乏最基本的逻辑关系，说服力也不够。

问题出在哪里？孔子为什么来这么一句？我也只能尽量给出更合理的解读。

这一章的关键是"户"字，孔子为什么不说"出不由门"？

户和门的区别是什么？大师中只有南怀瑾说道"大门里的门为户"，算是注意到了这个问题。

门是两扇，户是一扇。但是，这只是形式，内涵上的区别是什么？

其实很简单，通常人家，两扇的门只在院子和厅堂，其他都是一扇的门，也就是户。对于卿大夫阶层的人家，因为要进出车马，因此门很大，所以平时不开，除非车马进出以及贵宾来到。那么，平时进出院子怎么办？就在门的一侧开一个一扇的小门，也就是户。这样，方便管理，不用总是开着大门，人进出都

"由户"而不是"由门"。

有的人家，可能院子门旁边没有位置了，于是就在其中一扇大门上面再开一个户，平时关闭大门，用这个户。所以，南怀瑾说"大门里的门为户"。

有了这样的区别，我们就知道，门是堂堂正正的大道，走起来不仅正确，而且有面子。户算是小道，不算有面子，有的时候看上去好像还有点鬼鬼祟祟，但是能保证你正常进出，而且省事。

所以，这里的情况大致是这样的：孔子做某件事情遭到质疑，因为孔子的做法不是理论上最正规最合乎礼的做法，孔子于是告诉他，这就像大家平时出入都走户一样，你说的方法固然有排场有面子，可是我这才是最简单适用的，为什么不按照我的方法做呢？

30·6（6·25）子曰："觚不觚，觚哉！觚哉！"

【译文】
孔子说："觚不像个觚了，觚啊！觚啊！"

这一章的出现，非常突兀。
来看看大师们怎么说。

  钱穆：觚，行礼酒器。上圆下方，容二升。或曰：取名觚者，寡少义。戒人贪饮。时俗沉湎于酒，虽持觚而饮，亦不寡少，故孔子叹之。或曰：觚有棱，时人破觚为圆，而仍称觚，故孔子叹之。觕羊之论，所以存名。觚哉之叹，所以惜实。其为忧世则一。

  南怀瑾：酒杯的样子都变了！什么都在变，时代已经变了；酒杯啊！酒杯啊！他是感叹连这样一个用具都跟着时代在演变了，人更是永远在演变，历史是拉不回来的。

  李零：我怀疑"觚"是沽的借字。孔子的意思是：我要不要把自己卖个好价钱呢？要啊，要啊。或者把觚读为孤，孔子也是自问自答：我孤独吗？孤独呀！孤独呀！

傅佩荣的解读类似钱穆。这一章，记录者没有给出任何的参考背景，所以我们理解为孔子的一种慨叹或许就是最好的办法。

孔子大致是在喝酒的时候感慨世界的变化，看见觚也不像从前的觚，于是来了这么一句。

第五章

酒后的感言

30·7（15·25）子曰："吾之于人也，谁毁谁誉？如有所誉者，其有所试矣。斯民也，三代之所以直道而行也。"

【译文】
孔子说："我对于别人，诋毁过谁？赞美过谁？如有所赞美的，必须是曾经考验过他的。夏商周三代的人都是这样做的，所以三代能直道而行。"

这一章孔子谈自己的最高理想。

　　钱穆：我对人，哪个是我毁了，哪个是我誉了的呢？我若对人有所誉，必是其人已确有所试，见之于实的了。这人呀，即是三代以来全社会一向有直道流行其间的人呀！
　　南怀瑾：孔子这里说，听了谁毁人，谁誉人，自己不要立下断语；另一方面也可以说，有人攻讦自己或恭维自己，都不去管。假使有人捧人捧得太厉害，这中间一定有个原因。过分的言词，无论是毁是誉，其中一定有原因，有问题。所以毁誉不是衡量人的绝对标准，听的人必须要清楚。孔子说到这里，不禁感叹："现在这些人啊！"他感叹了这一句，下面没有讲下去，而包含了许多意思。然后他讲另外一句话："三代之所以直道而行也"，夏、商、周这三代的古人，不听这些毁誉，人取直道，心直口快。

李零和傅佩荣的译文参照杨伯峻。虽然南怀瑾的译文肯定是错的，可是他的道理讲得是最好的。杨伯峻的译文可能是正确的，也可能是不正确的。
　　孔子这话像是喝多了之后说的，否则平白无故说什么赞扬过谁诋毁过谁？孔子平常不说这样的话。诋毁别人，不管是当面还是背后，都是孔子所反对的。
　　这应当也是孔子老年所说的话。

30·8（6·19）子曰："人之生也，直。罔之，生也幸而免。"

【译文】

孔子说:"一个人之所以能生存,在于正直。失去了正直,生存就只是侥幸地避免了灾祸。"

这一章原先的断句是:子曰:"人之生也直,罔之生也幸而免。"

大师们都采用传统的断句,译文和解读也都差不多,此处省略。

基本上,这段话又是孔子的激情发言,可惜自相矛盾。孔子自己曾经说,邦有道,正直;邦无道,逃命。如果邦无道的时候还正直并且还能活下来,那才是幸而免。

如果孔子这段话是对的,岳飞和秦桧怎么说?

所以,话不能这么说,要看情况而定。世道好的时候,正直的人容易活下去;世道糟糕的时候,正直的人反而活得艰难。

当然,一个人应该尽量让自己活得正直。不能说真话的时候,不说假话就是正直;必须说假话的时候,不创造性地说假话就是正直;必须创造性说假话的时候,二话不说,逃命为上。

第六章

有的话不能说出来

30·9（2·10）子曰："视其所以，观其所由，察其所安。人焉廋哉？人焉廋哉？"

【译文】

孔子说："了解他的动机，观察他的手段，洞察他的目的，他还怎样隐藏自己的真面目呢？他还怎样隐藏自己的真面目呢？"

不得不说，有的时候，孔子有点过度敏感。廋：音搜，隐藏、藏匿。
大师们的译文和解读也都差不多，不赘述。
要了解一个人，当然从这三个方面去着手，即"视其所以，观其所由，察其所安"。
人与人打交道，如果总是去探寻对方的动机目的，是不是很累？如果总是怀疑别人的动机目的，是不是疑心太重？
孔子当年批评子张的不就是这样吗？
孔子年老之后，疑心也比从前重，常常怀疑别人的目的。因此这段话，实在不是孔子的什么至理名言。

30·10（6·21）子曰："中人以上，可以语上也；中人以下，不可以语上也。"

【译文】

孔子说："中等水平以上的人，可以告诉他高深学问；中等水平以下的人，不可以告诉他高深学问。"

以上是杨伯峻的译文。其余大师的译文基本也是这个意思，唯有傅佩荣译为："中等材质的人愿意上进，就可以告诉他们高深的道理；中等材质的人自甘堕落，就没有办法告诉他们高深的道理了。"
傅佩荣认为"以上"是"愿意上进"的意思，似乎没什么根据。

过去的解释认为这是孔子在讲学生，但是从用词和语气来看，未必。这应当是孔子与某人交谈之后，感觉很不好，认为这人的才智不值得去跟他交谈。

孔子年老以后，耐心和包容性也差了很多。

人生而智力水平有差别，这是事实。对于理解能力不同的人，确实不能和他讨论相同等级的问题。但是，有些事情可以做，却不可以说。这段话就属于这一类的事情，你可以去这样做，但是说出来就不好，何况你是个老师。

第七章

隐者招谁惹谁了

30·11（17·18）子曰："恶紫之夺朱也，恶郑声之乱雅乐也，恶利口之覆邦家者。"

【译文】

孔子说："我厌恶用紫色（杂色）取代红色（正色），厌恶用郑国的声乐扰乱雅乐，厌恶用伶牙利齿而颠覆国家这样的事情。"

这又不知道孔子是在看谁不顺眼。

紫色为杂色，红色为正色，郑国的音乐以淫荡著称。先说这两样，实际上落在最后一样，就是"恶利口之覆邦家者"，指的是谁呢？不知道。

傅佩荣认为鲁国从鲁桓公开始尚紫，李零则说齐桓公和鲁桓公都喜欢紫色。不过，两个桓公跟孔子不是一个时代吧？

"紫之夺朱"也许就是指家里的花，譬如紫色野百合比红色玫瑰开得好。

李零在这里给孔子下了一个定义：反对时髦是孔子的特点。

这应当还是孔子晚年，看什么都不顺眼，颜色要管，声音也要管，能说会道也要管。总之，看什么都不顺眼。

30·12（16·11）孔子曰："见善如不及，见不善如探汤。吾见其人矣，吾闻其语矣。隐居以求其志，行义以达其道。吾闻其语矣，未见其人也。"

【译文】

孔子说："看到善就去追求，看到不善就好像把手伸到开水中一样赶快避开。我见到过这样的人，也听到过这样的话。隐居来追求自己的志向，依照义而达到自己的理想。我听到过这种话，却没有见到过这样的人。"

关于这一章，译文和解读上也有些混乱，还是先来看看大师们怎么说。

钱穆：盖圣人之学，以经世为本，而不以独善为极。不惟成己，亦当成物。孔子门下，颜闵之徒，亦其庶几。然仅见其隐，未见其用，故曰未见其人矣。斯孔子甚深慨叹之辞。

杨伯峻：看见善良，努力追求，好像赶不上似的；遇见邪恶，使劲避开，好像将手伸到沸水里。我看见这样的人，也听过这样的话。避世隐居求保全他的意志，依义而行来贯彻他的主张。我听过这样的话，却没有见过这样的人。

南怀瑾：这里两条作为对比。上面是说专门做好事，坏事碰都不碰，这样的人蛮多，第二条的人难了，一辈子功名富贵不足以动心的，这在理论上讲容易，到功名富贵摆在面前时，而能够不要的，却很难很难！

李零：这是孔子对隐者的批评。"见善如不及，见不善如探汤"，这是形容隐者洁身自好，爱惜羽毛。孔子说，这种人我见过，话也听过，没什么了不起。"隐居以求其志，行义以达其道"，才是孔子赞成的做法，即在隐居中坚持信念，尽一切可能，推行自己的主张。他说，这种话我听过，人没见过，大家说说容易做着难，没人当真要这么干。

傅佩荣：人有机会入世发挥抱负时，能够坚持道义原则吗？能够秉持原有的理想吗？恐怕十分困难。这是孔子"未见"这种人的原因。

这一章的难点在于"行义以达其道"，除了南怀瑾之外，其余大师的意思都是要出来做官以实现自己的主张。因此，他们的整体意思就是孔子说做一个善良的人容易，做一个既能隐居也能出来做官的人不容易。南怀瑾认为，"行义以达其道"应该依然在隐居状态下。

我赞同南怀瑾的说法。

首先，"行义"并不是做官的意思，"达其道"的"道"也不是主张的意思。其次，李零说这是孔子在批评隐者，恐怕难以说通，因为人家隐者招谁惹谁了？你孔子无端端攻击人家，不仅无事生非，而且是无的放矢。

其实，这段话的重点在最后一句：吾闻其语矣，未见其人也。什么意思？有人天天说要去隐居，其实根本不去，就是忽悠大家。

第八章

皇帝的新衣

30·13（15·35）子曰："民之于仁也，甚于水火。水火，吾见蹈而死者矣，未见蹈仁而死者也。"

【译文】

孔子说："百姓们对于仁的畏惧，甚于对于水火的畏惧。我见过人跳到水火中而死的，却没有见过为了仁而死的。"

这一章孔子是一竹竿打翻一船人的感觉。译文历来就是错误的，还是先来看看大师们怎么说。

钱穆：人生有赖于仁，尤甚其有赖于水火。吾只见蹈火蹈水而死了的，没见蹈仁而死的呀！

杨伯峻：百姓需要仁德，更急于需要水火。往水火里去，我看见因而死了的，却从没有看见践覆仁德因而死了的。

南怀瑾：一般人一提到仁义的事，那种惧怕的心理比怕水火还更厉害，水会淹死人，火会烧死人，所以人看到水火会怕。孔子说：我看见过人跳到水里被淹死，跳到火里被烧死。仁义没有这样可怕，真去做的话，不会被饿死的，真仁义还有好处的。

李零：这并不是表达人民对仁的依赖有甚于水火，而是说人们避仁唯恐不及，有甚于水火。孔子对统治者失望，对老百姓同样失望。

傅佩荣：百姓需要走上人生正途，胜过需要水与火。为了得到水与火，我见过有人牺牲了生命，但是却不曾见过有人为了走上人生正途而死的。

从文字上来说，这段话其实一点也不难理解。

当水火放在一起说的时候，常见的是水火无情、水深火热、水火不容等，有一个是好词吗？

这依然是孔子晚年的事，越来越多的不满、抱怨、不顺眼。对于统治阶层，他当然一向不满。对于百姓，孔子从前从来不批判，他常说的就是老百姓的仁，取决于统治者的德。所以，老百姓没错，错的都是统治者。可是现在，孔子对百姓也绝望了，因为百姓也不支持他，甚至取笑他。所以，孔子的感觉是"我为天下奋斗一生，天下却弃我如粪土"。

这里，孔子整段话想要表达的是，老百姓对于仁的恐惧甚于水火。他们宁可死于水火，也不愿意接受仁。

可以说，这段话既不理智也不明智，这段话是孔子对自己的否定，因为这里没有包容，没有求仁得仁的精神，没有反思……

所幸的是，这只是孔子晚年的非正常语言，并不影响他的伟大形象。

但是，我们应当明白，这样的话不应当被当成孔子的思想，也不应当成为名言名句。

第九章

多管闲事

30·14（14·21）**陈成子弑简公。孔子沐浴而朝，告于哀公曰："陈恒弑其君，请讨之。"公曰："告夫三子！"孔子曰："以吾从大夫之后，不敢不告也。君曰'告夫三子'者！"之三子告，不可。孔子曰："以吾从大夫之后，不敢不告也。"**

【译文】
齐国权臣田常（陈成子）杀了齐简公。孔子沐浴更衣以后，随即上朝去见鲁哀公，报告说："田常（陈恒）把他的君主杀了，请您出兵讨伐他。"哀公说："你去跟三桓说吧！"孔子退朝后说："因为我现在是从大夫，所以不敢不来报告，君主却说'你去跟三桓说吧'！"孔子去跟三桓说，但三桓不愿派兵讨伐，孔子又说："因为我现在是从大夫，所以不敢不来报告呀！"

不在其位，不谋其政。人老了，连这个也忘了。

这是鲁哀公十四年的事情，这一年孔子七十一岁。

陈成子，也叫田成子。名恒字常，通常的记载叫作陈常或者田常，此处孔子直呼其名表示蔑视。

"从大夫"的定义历来没有准确的说法，按字面解释，似乎应该是"享受大夫待遇"的意思，按孔子被鲁哀公称为国老，大致可以理解为这是鲁哀公给孔子的待遇，也就是按照当年大司寇的上大夫待遇，可以随时去见鲁哀公商讨国事。大致相当于现在的国事顾问。

"以吾从大夫之后"的解释应为：自从我受聘为从大夫之后。

下面，看看大师们怎么说，再做解读。

钱穆：孔子亦知其所请之不得行，而必请于君，请于三家，亦所谓知其不可而为之也。

杨伯峻：孔子请讨陈恒，主要地由于陈恒以臣弑君，依孔子的学说，非讨不可。同时孔子也估计了战争的胜负。

南怀瑾：这就是中国文化，自古以来，都是世界大同的政治思想，所谓

"兴灭国，继绝世"的主要精神，就是在国际间，碰到任何一个国家出了事，出兵帮忙，替别人消灭了祸乱，然后还是把政权交还给该国。我们只需要他年年进贡，岁岁来朝。……所有的权力，都在季家三兄弟的手里。

傅佩荣：春秋时代，尚为周朝天下，一国有篡逆之事，各国可以出兵声讨。所以，孔子并非多管闲事。

先说几处低级错误。

鲁国三桓不是季家三兄弟，南怀瑾已经不是第一次犯这样的错。出兵与声讨是两回事，声讨何须出兵？周朝时期，也不是"一国有篡逆之事，各国可以出兵声讨"的，当初姜太公封齐，周公任命其为"方伯"，在东方可以讨伐诸侯，这是一份特权，不是每个诸侯都有的。到了春秋时期，只有周王授命的"霸主"才有这个权力。这是傅佩荣的错误。

孔子这算不算是管闲事呢？当然算。

第一，不在其位，不谋其政。孔子不过是个顾问，顾问顾问，不顾不问，国君来求教你该不该讨伐齐国，你再说该讨伐。国君根本没问你，你主动去说，这就是越界了。

第二，鲁国管不了齐国的事，鲁国从来也没有被任命为方伯，而时任霸主应该依然是晋国。

鲁国除了法理上没有资格管这件事情之外，在实力上也没有资格。

齐国比鲁国强大得多，鲁国平时避之犹恐不及，怎么可能自己找这事情？以鲁国的军力，根本不是田常的对手，怎么可能讨伐人家？当时鲁哀公也问了这个问题，说我们躲齐国还不及呢，自己主动送上门不等于送死？孔子当时回答："怕他们什么？田常杀害了国君，齐国百姓只有不到一半人服他。我们用鲁国的兵力，再加上齐国一半的老百姓，难道打不过他？"

孔子这话，说得鲁哀公哭笑不得。

所以，孔子做这样的事情，纯粹自找没趣，不自量力。

第十章

天下的木铎

30·15（9·17）子在川上曰："逝者如斯夫！不舍昼夜。"

【译文】
孔子在河边说："流逝的时光就像这河水一样啊，昼夜不会停留。"

一切都已经逝去，只有老夫子的光辉永远地流传下来。
按照钱穆综合前人的解说，认为这一章有两种解读：

> 或说：本篇多有孔子晚年语，如凤鸟章，美玉章，九夷章，及此章，身不用，道不行，岁月如流，迟暮伤逝，盖伤道也。或说：自本章以下，多勉人进学之辞。

也就是说，一种说法是这是孔子感叹人生易老，另一种说法是孔子勉励学生们学习。

基本上，大师们都倾向于前一种，唯有南怀瑾认为是后一种。

请注意，孔子这段话的起头就是"逝者"，这已经为整段话做了精准定位，要么就是当初在黄河边上说的，要么是孔子晚年在鲁国的某条河边说的。

当初孔子在卫国看不到前途，决定前往晋国碰碰运气。来到黄河边，渡过黄河就是晋国了。这时候传来消息，说是晋国权臣赵简子杀了窦犨鸣犊和舜华两个贤人。孔子一听，决定不去晋国了。看不到前途，而时间如白驹过隙，孔子这时候发出感慨就不足为奇了。

如果这话是在晚年所说，基本上就该在泗水或者汶水这样的大河边上说了，孔子来到这里，看着昼夜不停的流水，回想自己的一生，不停奋斗却无所成就，禁不住发出感慨。

逝者如斯夫。逝去的不仅是孔子，也是每个人的生命。

30·16（3·24）仪封人请见，曰："君子之至于斯也，吾未尝不得见也。"从者见之。出曰:"二三子何患于丧乎?天下之无道也久矣,天将以夫子为木铎。"

【译文】

仪这个地方的负责边境管理的官员请求见孔子,他说:"凡是君子到这里来,我从没有见不到的。"孔子的随从学生引他去见了孔子。他出来后(对孔子的学生们)说:"你们几位何必为此时的奔波而发愁呢?天下无道已经很久了,上天将以孔夫子为圣人来号令天下。"

"仪"是哪里?有说鲁国,有说卫国,均无确凿证据。什么是"封人"?负责边境封土植树的小官,级别不高。

这是什么时候发生的事情呢?从"仪封人"的话看,应该是孔子周游列国期间事情。什么是"丧"?有大师说是孔子失去了大司寇这件事情,恐怕不对。"丧"应当如丧家之犬的意思来解,也就是流离在外无所依托的意思。

什么是"木铎"?就是木舌的铜铃,古代天子发布政令时摇它以召集听众。

按仪封人的话说,凡是从此处过境的贤人他都要拜会,可以说也是阅人无数的,别看官小,见识不少。

能对孔子有这么高的评价,仪封人真可以说眼力不俗。

从汉朝开始独尊儒术,孔子就算成了天下的木铎。

参考文献

钱穆：《论语新解》，成都：巴蜀书社，1985年。
南怀瑾：《论语别裁》，上海：复旦大学出版社，2003年。
李零：《丧家狗：我读〈论语〉》，太原：山西人民出版社，2007年。
李泽厚：《论语今读》，合肥：安徽文艺出版社，1998年。
傅佩荣：《傅佩荣解读论语》，北京：线装书局，2006年。
鲍鹏山：《论语新读》，上海：东方出版中心，2006年。
杨伯峻：《论语译注》，北京：中华书局，1980年。